山钢年鉴

SD STEEL YEAR BOOK

2024

《山钢年鉴》编纂委员会　编

冶金工业出版社

图书在版编目（CIP）数据

山钢年鉴．2024／《山钢年鉴》编纂委员会编．
北京：冶金工业出版社，2025．6． -- ISBN 978-7-5240-
0240-6

Ⅰ．F426.31-54

中国国家版本馆 CIP 数据核字第 2025YK1381 号

山钢年鉴 2024

出版发行	冶金工业出版社	电　　话	(010)64027926
地　　址	北京市东城区嵩祝院北巷 39 号	邮　　编	100009
网　　址	www.mip1953.com	电子信箱	service@mip1953.com

责任编辑　于昕蕾　美术编辑　彭子赫　版式设计　郑小利
责任校对　王永欣　责任印制　范天娇
北京捷迅佳彩印刷有限公司印刷
2025 年 6 月第 1 版，2025 年 6 月第 1 次印刷
787mm×1092mm　1/16；27.75 印张；8 彩页；680 千字；430 页
定价 199.00 元

投稿电话　(010)64027932　投稿信箱　tougao@cnmip.com.cn
营销中心电话　(010)64044283
冶金工业出版社天猫旗舰店　yjgycbs.tmall.com
（本书如有印装质量问题，本社营销中心负责退换）

编辑说明

　　《山钢年鉴》是山东钢铁集团有限公司（简称山钢集团或集团公司）主办的综合性年刊，主要记录山钢集团及各权属单位重点工作，展现改革发展的重要成果，反映各方面的新进展、新情况、新经验。本部年鉴是山钢集团成立以来的第15部年鉴，与《山钢年鉴》（2023）相衔接。

　　本卷收录2023年发生在山钢集团的大事要闻，有些资料适当上溯或下延。卷首刊载了反映山钢集团重大事件、重要工作、两个文明建设重要成果的彩色图片。全卷设特载、专论专文、大事记、概况、机构与人事、战略合作与交流、专业管理、党群工作、山钢股份、权属单位、统计资料、荣誉、附录，共13个栏目，全面展现了山钢集团以习近平新时代中国特色社会主义思想为指导，深入贯彻落实党的二十大精神和党中央、山东省委关于经济工作的决策部署，面对钢铁市场严峻形势，坚持党的全面领导，坚持稳中求进、以进固稳，坚持创建世界一流企业，坚持"精品与规模并重、沿海与内陆并进、绿色与智慧并举"发展战略，坚定不移锚定"争上游、走在前"目标要求，聚力改革创新，着力提质增效，全力防范化解风险，推动企业高质量发展的新成就；真实记载了山钢集团立足新发展阶段，贯彻新发展理念，融入新发展格局，不断推动企业实现新跨越的发展历程。

　　全卷框架结构及内容经集团公司领导审阅，稿件由山钢集团各单位、各直属机构及总部各部门提供，部分稿件由编纂委员会办公室撰写，均经单位主要负责人审阅。主要数据资料由运营管理部、财务部、人力资源部、科技创新部提供并审阅，机构与人事资料由党委组织部提供并审阅，主要图片资料由党委宣传部、新闻传媒中心提供并审阅。

　　全卷的编辑出版，得到了各级领导及各单位、各部门的大力支持和帮助，在此谨表诚挚谢意。由于时间较紧，加之水平所限，纰漏与不足在所难免，恳请读者批评指正。

《山钢年鉴》编纂委员会

2024年12月

山东钢铁集团有限公司党委书记、董事长　侯军

山东钢铁集团有限公司党委副书记、总经理　陶登奎

2023 年 1 月 31 日,中共山东省委书记林武(中)到山钢集团日照公司调研。省委常委、秘书长张海波,日照市委书记张惠参加调研。山钢集团党委书记、董事长侯军陪同调研

2023年8月2日，中共山东省委书记林武（右二）到山钢集团调研工业产业绿色转型升级发展情况。省委常委刘强、张海波，省直有关部门主要负责人参加调研。山钢集团党委书记、董事长侯军，山钢集团副总经理，山钢股份党委书记、董事长王向东陪同调研

2023 年 10 月 28 日，生态环境部部长黄润秋（右二）在参加中国生态文明论坛济南年会上观看山钢集团宣传展板。山钢集团党委书记、董事长侯军，山钢集团副总经理，山钢股份党委书记、董事长王向东陪同观看

2023 年 2 月 17 日，中共山东省委常委、省纪委书记、省监委主任夏红民（前左二）到山钢集团调研。省纪委副书记、省监委副主任雷云陪同调研。山钢集团党委书记、董事长侯军，党委副书记、总经理陶登奎，党委常委、纪委书记、监察专员赵文友汇报山钢集团工作情况

2023 年 10 月 30 日，山东省副省长，公安厅党委书记、厅长李伟（左三）到山钢集团调研。省政府副秘书长王贞军等参加调研。山钢集团党委书记、董事长侯军，山钢集团副总经理，山钢股份党委书记、董事长王向东陪同调研

2023 年 2 月 7 日，山东省政协主席葛慧君（左三）到山钢集团调研。省国资委党委书记、主任满慎刚及省政协、省国资委有关领导陪同调研。山钢集团党委书记、董事长侯军，党委副书记、总经理陶登奎汇报了山钢有关工作情况

　　2023 年 12 月 28 日，山东省人民政府与中国宝武钢铁集团有限公司在济南签署合作框架协议及相关投资协议，中国宝武战略投资山钢集团，双方开启全面合作。中共山东省委书记、省人大常委会主任林武，省委副书记、省长周乃翔，省委常委、组织部部长王宇燕，省委常委、秘书长张海波，副省长、省政府秘书长宋军继，副省长周立伟；中国宝武党委书记、董事长胡望明，总经理、党委副书记侯安贵；山钢集团党委书记、董事长侯军等出席签约仪式

2023年3月27日，中国矿产资源集团与山东钢铁集团、山东省港口集团战略合作框架协议签约仪式在山东大厦举行。中共山东省委书记林武，副省长周立伟，中国矿产资源集团董事长姚林、总经理郭斌，山钢集团党委副书记、总经理陶登奎出席

2023年2月21日，山东工业职业学院召开干部会议，宣布学院隶属关系调整事宜。山东工业职业学院由山钢集团管理调整为由山东省国资委管理。山东省国资委党委书记、主任满慎刚，省委教育工委委员、省教育厅党组成员、副厅长邢顺峰，省国资委党委委员、副主任尹刚，山钢集团党委书记、董事长侯军，淄博市委常委、宣传部部长、市委教育工委书记雷霞等参加会议

　　2023年1月6日，山东钢铁集团有限公司第一届职工代表大会第五次会议召开，山钢集团党委书记、董事长侯军出席会议，党委副书记、总经理陶登奎向大会作了题为《奋楫扬帆启新程　赓续前行谋跨越　加快建设世界一流企业　谱写高质量发展新篇章》的工作报告

　　2023年6月8日，山钢集团2023年度型钢特钢重点用户专场座谈会在济南召开

2023 年 1 月 6 日，山钢集团以视频会议形式召开 2023 年度工作会议暨安全环保工作会议

2023 年 6 月 29 日，山钢集团党委以视频会议形式召开庆"七一"表彰大会暨主题教育工作推进会议，庆祝中国共产党成立 102 周年，表彰先进集体、优秀个人、十佳党建工作品牌和党建工作创新案例

2023 年 4 月 19 日，山钢集团召开 2023 年一季度工作会议，总结工作，部署任务，表彰奖励 2022 年度在科技进步、管理创新中作出突出贡献的团队和个人，奖励总额近千万元

2023 年 7 月 21 日，山钢集团以视频会议形式召开 2023 年半年工作会议

2023 年 10 月 16 日，山钢集团以视频会议形式召开 2023 年三季度工作会议

山钢集团日照基地

山钢集团莱芜基地生产厂区一角

山钢集团总部大楼

目　　录

战略合作与交流

专业管理

党群工作

山钢股份

Contents

Chronicle of Events

Overview

Institutions and Personnel

Strategic Cooperation and Communication

Professional Management

山钢年鉴 2024

山钢集团
SD STEEL

特 载

山钢集团
SD STEEL

山钢文化

核心理念

山钢使命：
　　为建设钢铁生态圈贡献新动能
　　为制造业高质量发展提供强支撑

山东省人民政府与中国宝武签署合作协议
山钢集团与中国宝武开启全面合作

2023 年 12 月 28 日，山东省人民政府与中国宝武钢铁集团有限公司（以下简称中国宝武）在济南签署合作框架协议及相关投资协议，中国宝武战略投资山钢集团，双方开启全面合作。这是山东省委省政府和中国宝武贯彻习近平新时代中国特色社会主义思想和党的二十大精神、中央经济工作会议精神，落实习近平总书记关于中国宝武重要讲话和重要指示批示精神，积极践行中国式现代化，携手加快推进新型工业化，深化钢铁行业供给侧结构性改革的重要举措。

山东省委书记、省人大常委会主任林武，省委副书记、省长周乃翔，省委常委、组织部部长王宇燕，省委常委、秘书长张海波，副省长、省政府秘书长宋军继，副省长周立伟；中国宝武党委书记、董事长胡望明，总经理、党委副书记侯安贵；山钢集团党委书记、董事长侯军等出席签约仪式。

市场化方式推进中国宝武战略投资山钢集团对山东省、中国钢铁行业、中国宝武都具有重要意义。通过本次战略投资，中国宝武将持有山钢集团 49% 股权，宝钢股份将持有山钢集团日照公司 48.6139% 股权。中国宝武将充分发挥管理、技术、人才和品牌优势，充分借重山东省独特的区位、资源和产业优势，与山东省共同做强做优山钢集团，提升其核心竞争力，实现产业要素资源的集聚和优化配置，助力山东省深化新旧动能转换和中国钢铁产业实现高质量发展。此次合作是中国宝武和宝钢股份完善沿江沿海"弯弓搭箭"战略布局，提升北部沿海区域产业引领能力，坚定不移做强做优钢铁产业，实现优质钢铁基地强强联合，释放区域协同效应，更好发挥科技创新、产业控制和安全支撑作用的重要举措。同时，中国宝武将汇集更多企业要素资源，高效推进新型低碳冶金现代产业链建设。

签约仪式前，林武、周乃翔会见了胡望明一行，双方进行了座谈交流。

林武、周乃翔对客人的到来表示热烈欢迎。林武、周乃翔说，今年以来，我们深入学习贯彻习近平总书记重要指示要求，以建设绿色低碳高质量发展先行区为总抓手，大力发展数字经济，推动产业转型升级，经济社会发展取得新进展新成效。山东是钢铁生产大省，近年来我们着力优化钢铁产业布局，规模集聚效应不断放大，产业竞争力持续提升。山东钢铁产业的发展，离不开中国宝武的大力支持。希望以此次签约为契机，进一步促进山东钢铁产业布局优化、结构调整、节能降耗。我们将完善沟通协调机制，全力服务好项目建设，努力实现互利共赢。

胡望明感谢山东省委省政府对宝武的大力支持和指导。在简要介绍了宝武的发展历程、"一基五元"战略布局和 2023 年的生产经营情况后，胡望明表示，进一步加强与山东省的合作，对于宝武坚定不移做强做优、调整产业布局、发挥协同价值具有重要意义。宝武将进一步加强与山东省的沟通交流，促进双方合作项目落实落地，助力山东绿色低碳高质量发展。

山东省政府党组成员、副秘书长徐闻，

日照市委书记李在武，山东省国资委党委书记、主任满慎刚，山东省委组织部、省委办公厅、省政府办公厅和省发展改革委、省工业和信息化厅、省财政厅、省自然资源厅、省生态环境厅负责同志；中国宝武党委常委，宝钢股份党委书记、董事长邹继新，中国宝武党委常委、总会计师、董事会秘书朱永红，总法律顾问及有关部门主要负责人；山东国惠党委副书记、总经理高长生，山东财欣党委书记、董事长许庆豪等出席相关活动。

（摘自"中国宝武"微信公众号
审稿：于文波）

中共山东省委书记林武到山钢集团日照公司调研

2023年1月31日，中共山东省委书记林武到山钢集团日照公司调研。他强调，要把发展经济的着力点放在实体经济上，深化新旧动能转换，着力改造提升传统产业，着力培育壮大新兴产业，加快构建现代化产业体系，推动绿色低碳高质量发展不断取得新成效。山东省委常委、秘书长张海波，日照市委书记张惠参加调研。山钢集团党委书记、董事长侯军，日照公司党委书记、总经理张润生陪同调研。

在炼铁厂高炉主控室，林武详细了解了山钢集团和日照公司的基本情况、发展历史、规划布局、生产经营情况，通过大屏幕观看绿色智能高炉操作流程，并深入高炉出铁现场实地了解情况。

林武在调研中勉励企业抢抓市场机遇，加强科技创新，提升核心产品竞争力，推动企业做大做强。他说，企业要增强信心，只要是符合国家产业发展方向和当地发展需求、严格按法律法规和规章制度办事的，我们都全力支持。

林武指出，我们推动高质量发展，必须贯彻好新发展理念，要深化新旧动能转换，着力改造提升传统产业、培育壮大新兴产业。没有落后的产业，只有落后的技术和产品。要加快传统产业转型升级，抓好科技创新、技术改造、减污降碳等工作，厚植传统产业优势。钢铁企业要严格落实环保要求，加大废水、废气、固废治理力度，努力实现更高水平的超低排放，切实守牢生产安全和生态安全底线。做好要素保障和人才服务工作，提升龙头企业本地配套率，不断提升产业链发展水平。项目建设是扩需求、稳增长的重要方式，要抢抓当前项目施工黄金期，盯紧靠上抓好项目建设，能开工复产的尽快开工复产，推动工业运行加力提速，奋力争取一季度"开门红"。

侯军介绍了山钢集团的基本情况。他说，近年来，山钢集团全面落实省委省政府"走在前、开新局"工作部署，深入推动黄河流域生态保护和高质量发展，通过强党建、去产能、上项目、搞改革、甩包袱等举措，发生了一些根本性的变化，在资源优化配置、绿色低碳引领、智能高效示范等方面打造领军企业，在运营效率、经营绩效、服务增值等方面打造领先企业，在履行社会责任等方面打造典范企业。环保全域已经达到超低排放标准，部分指标达到超超低排放。在钢铁市场下行的严峻形势下，做实商业计划书，巩固攻坚成果，建立完善"定标倒逼、模型控制、细化纠偏、激长克短"工作推进机制，一些指标和工作保持行业和省属企业前列。下一步，山钢集团将坚持"精品与规模并重，沿海与内陆并进，绿色与智慧并举"发展战略，继续服务于山东先进装备制造业，锚定"争上游、走在前"目标定位，加快建设世界一流企业，为全面建设新时代社会主义现代化强省贡献力量。

张润生汇报了日照公司近几年工程建设、生产经营、未来规划等情况。

（撰稿：张荣海　郭　阳

审稿：于文波）

中共山东省委书记林武到山钢股份调研

2023 年 8 月 2 日，中共山东省委书记林武到山钢股份调研工业产业绿色转型升级发展情况。他强调，要深入贯彻落实习近平总书记重要指示要求，把发展经济的着力点放在实体经济上，加快产业转型升级，协同推进降碳、减污、扩绿、增长，不断增强产业核心竞争力，推动绿色低碳高质量发展。

省委常委刘强、张海波，省直有关部门主要负责同志参加调研。山钢集团党委书记、董事长侯军，山钢集团副总经理，山钢股份党委书记、董事长王向东陪同调研。

林武在现场察看了高炉绿色升级改造项目 3800 立方米高炉主控室、数字智能炼钢项目控制系统、起重机集中管控中心，深入生产车间，了解企业生产经营情况。

林武在调研中强调，要聚焦降本节支、提质增效，加强企业管理，推动各项经营指标持续向好。

林武指出，山东是工业大省，也是能耗大省。近年来，我们加快新旧动能转换，推动传统产业转型升级，绿色低碳高质量发展取得新成效，但任务依然艰巨繁重。企业要瞄准绿色低碳，坚决扛起责任，积极对标先进，改进生产技术，提高能效水平，进一步降低能耗、减少污染物排放。要以科技创新为引领，依托用好工业互联网平台，加快企业数字化转型和技术改造，推动产业高端化、智能化、绿色化发展。有关部门要优化政策举措，实施差异化管理，坚决避免"一刀切"，助推企业加快改造提升。要整合相关资源，助力企业不断延伸产业链、提升价值链，实现产业链向中高端迈进，不断提高产品核心竞争力，促进传统产业焕发新活力。

（撰稿：王天宁　刘　芳

审稿：于文波）

中共山东省委常委、省纪委书记、省监委主任夏红民到山钢集团调研

2023 年 2 月 17 日，中共山东省委常委、省纪委书记、省监委主任夏红民到山钢集团调研，强调要深入学习贯彻党的二

十大精神，认真落实二十届中央纪委二次全会和十二届省纪委二次全会部署，坚定不移推进全面从严治党，引领和保障企业

做大做强，助力全省加力提速工业经济高质量发展。省纪委副书记、省监委副主任雷云陪同调研。山钢集团党委书记、董事长侯军，党委副书记、总经理陶登奎汇报了山钢集团概况和近期的改革发展工作；党委常委、纪委书记、监察专员赵文友汇报了山钢集团纪检监察工作。

夏红民对山钢集团在改革发展、党的建设、全面从严治党、纪检监察等方面取得的成效给予充分肯定。他强调，坚持党的领导、加强党的建设是国有企业的"根"和"魂"，山钢党委要把加强党的领导写入企业章程落到实处，坚决贯彻落实党中央决策部署和省委安排，扛牢压实管党治党政治责任，把全面从严治党摆在突出位置来抓，特别是建好建强集团领导班子，为企业行稳致远提供坚强保证。他要求，山钢集团纪检监察机构要在省纪委监委和山钢集团党委的双重领导下扎实履职尽责，为企业做大做强保驾护航。要充分运用"一台账、两清单、双责任、双问责"监督机制和政治监督活页等有效载体，围绕山钢集团确立的改革发展思路举措开展具体化、精准化、常态化政治监督，确保有效落实。要强化日常监督，紧盯重点对象以及混改企业等相关公职人员，突出重点领域，用好大数据监督等现代手段，及时精准发现问题。要坚持严管厚爱结合、激励约束并重，既对腐败问题零容忍减存量、遏增量，又严格落实"三个区分开来"，实事求是执纪执法，坚持尽职免责、失职追责、精准问责，常态化做好容错纠错等工作。要全面加强自身建设，提升纪检监察干部能力素质，加强规范化法治化正规化建设，坚持依规依纪依法开展工作，确保每项工作都经得起历史、实践和人民的检验。

调研中，夏红民还实地察看了山钢集团远程运维指挥中心，并到纪检监察机构看望纪检监察干部。

（撰稿：王天宁　李建辉
审稿：于文波）

山东省副省长李伟到山钢集团调研

2023年10月30日，山东省副省长，公安厅党委书记、厅长李伟到山钢集团调研。省政府副秘书长王贞军等参加调研。集团公司党委书记、董事长侯军，副总经理，山钢股份党委书记、董事长王向东陪同调研。

李伟首先来到山钢股份莱芜分公司新旧动能转换厂区，实地察看了高炉绿色升级改造项目3800立方米高炉主控室、数字智能炼钢项目控制系统、起重机集中管控中心，听取了山钢集团创业历程、技术革新、安全生产、生态环境保护等情况介绍，深入了解企业内部安全保卫、职工思想动态、重大项目服务保障措施落实等情况。

在银山公安局消防支队、直属分局南岭派出所，李伟详细了解基层单位相关工作情况，观摩指导消防指战员应急救援综合演练，并与民警辅警进行了深入交流。

（撰稿：刘　芳　亓　迪
王　瑞　蒲　旭　郝雨辰
审稿：于文波）

山东省政协主席葛慧君两次到山钢集团调研

2023 年 2 月 7 日，山东省政协主席葛慧君到山钢集团调研，省国资委党委书记、主任满慎刚及省政协、省国资委有关领导陪同调研。山钢集团党委书记、董事长侯军，党委副书记、总经理陶登奎汇报了企业有关工作情况。

侯军汇报了企业概况和近期的改革发展情况。他说，近年来，山钢集团着力强党建、去产能、上项目、搞改革、甩包袱，企业在运营效率、经营绩效、绿色发展、科技创新等方面取得显著成绩。下一步，山钢集团将坚决扛起政治责任，聚力改革图强，锚定"争上游、走在前"目标定位，打造行业标杆企业，努力为钢铁强国建设贡献力量。

听取汇报后，葛慧君对企业各项工作给予充分肯定，强调要进一步突出主责主业，做大做强固有优势，深化国企改革，更加注重科技创新、数字赋能和绿色发展，在推动高质量发展中闯出新路子、展现新作为。

调研中，葛慧君一行先后到山信软件智慧云管理中心和山钢资本，听取数智山钢建设情况汇报，了解金融融入钢铁产业链、服务钢铁生态圈的具体情况。

2023 年 5 月 6 日，山东省政协主席葛慧君一行围绕绿色低碳高质量发展到山钢股份莱芜分公司调研。山钢集团党委书记、董事长侯军，山钢集团副总经理，山钢股份党委书记、董事长王向东陪同调研。

侯军介绍了山钢集团近期改革发展情况。他表示，山钢集团始终坚持绿色发展、低碳发展，锚定"争上游、走在前"目标定位，持续深化"构建生态圈、打造新标杆"发展方略，推动"数智山钢"建设，实施能源技术创新，加快低碳技术突破，坚定不移打造钢铁业绿色智能高端高效发展新标杆，为山东省建设绿色低碳高质量发展先行区贡献"山钢力量"。

葛慧君一行在山钢股份莱芜分公司数字智能炼钢项目观看了智慧炼钢建设宣传片，了解了数字智能控制系统运行情况，并深入转炉连铸车间进行实地调研。她对山钢集团在智慧炼钢等方面取得的成绩给予肯定，鼓励企业继续深化改革，加强科技创新，推动绿色低碳高质量发展。

王向东介绍了莱芜分公司在践行绿色发展理念、打造城市钢厂方面的具体思路和做法。

（撰稿：袁伟祎 丁书洪
韩圣鹏 李 淼 李建辉
审稿：于文波）

学本领 解难题 聚合力
为建设中国式现代化强省贡献钢铁力量

——广大党员干部深刻学习领会山钢集团学习贯彻习近平新时代
中国特色社会主义思想主题教育工作会议精神

山钢集团学习贯彻习近平新时代中国特色社会主义思想主题教育工作会议召开

后，广大党员干部认真学习领会会议精神，大家一致表示，要深入学习领会习近平总书记重要讲话精神，自觉增强"四个意识"、坚定"四个自信"、做到"两个维护"，把学习贯彻习近平新时代中国特色社会主义思想转化为凝聚奋进高质量发展、加快建设世界一流企业的强大合力，为建设中国式现代化强省贡献钢铁力量。

作为开展主题教育的重要职能部门，山钢集团党委组织部承担着组织协调、推进落实、检查指导、总结评比等职责任务。"开展学习贯彻习近平新时代中国特色社会主义思想主题教育，是当前全党的重大政治任务，要深刻认识开展主题教育的重大意义，牢牢把握主题教育的目标要求，全面落实主题教育的重大措施，切实增强思想自觉、政治自觉、行动自觉，推动学习贯彻习近平新时代中国特色社会主义思想主题教育在全集团走深走实、落地见效。"山钢集团党委组织员、组织部副部长李勇实表示，"将高质量抓好理论学习、调查研究、推动发展、检视整改等重点措施，坚持问题导向，突出实践特色，把党员干部在主题教育中激发出来的热情转化为攻坚克难、干事创业的实际成果，为建设中国式现代化强省贡献山钢力量。"

深化学习，铸魂增智，解决理论学习方面存在的突出问题，是这次主题教育的重要任务。"高质量开展好这次主题教育，必将为山钢集团'争上游、走在前'、加快创建世界一流企业提供强大政治保障和不竭动力源泉。"山钢集团党委宣传部副部长张兰润表示，"下一步将深化学习党的创新理论，刚性落实党委理论学习中心组制度、'第一议题'学习制度，原原本本研读原文原著，分专题开展研讨交流；广泛组织各层次宣讲，发挥各级领导干部、先模人物的作用，开展灵活多样的宣讲，让党的创新理论'飞入寻常百姓家'；营造浓厚的创新氛围，充分运用报纸、电视、新媒体、工作简报等平台载体，及时宣传

上级组织关于主题教育的新要求、各单位推进主题教育的有效措施和取得的成效。"

这次主题教育是贯彻落实党的二十大精神的重大举措，时间紧、任务重、标准高、要求严，各级党组织必须提高政治站位，增强紧迫感，不折不扣抓好主题教育各项措施。山钢矿业党委副书记、纪委书记、工会主席封常福表示，"我们将迅速抓好主题教育的落实，学思用贯通、知信行合一，党委班子率先垂范、以上率下，结合山钢矿业经营发展问题，大兴调查研究，注重问题导向，把理论学习成果转化为促进发展的强大力量，突出教育实效。"

2023年4月17日，在山钢股份莱芜分公司物流运输部装卸车现场，一辆辆火车在职工的快速装卸下秩序井然，为钢铁主业提高生产效率提供了坚实保障。

物流运输部党委副书记、经理翟大强认为，要牢牢把握"学思想、强党性、重实践、建新功"的总要求，把主题教育的部署要求落实到指导实践、推动工作上，把思想、行动统一到提升物流运输绩效上来，把降低物流费用的责任和使命扛在肩上，加快提升卸车效率、精整修磨量、产成品发货效率和客户满意度，以更高标准更严要求构筑物流运输的新优势；要坚持高目标引领，加快推进完善"一人一表"业绩指标体系和"赛马"机制，用高指标、高目标引领党员干部职工把各项任务指标做到极致，展现更大担当作为。

山钢集团学习贯彻习近平新时代中国特色社会主义思想主题教育工作会议要求，紧密结合企业生产经营和改革发展中心工作，持续在深学、细悟、笃行上下功夫，自觉从伟大思想中寻找破解发展难题的"金钥匙"，提高企业核心竞争力，推动企业攻克关键技术难题，增强党员干部斗争本领、激发干事创业活力，切实把学习成果转化为落实党的二十大精神的实干效果。

莱钢银山型钢板带厂党委书记、经理孙正旭表示，"要不断汲取理论力量，坚定信仰信念信心，增强志气骨气底气，切实把理论伟力转化为实践力量，紧盯'极致效率、极低成本、极稳质量'三项关键重点，提指标增效益，以对标宝武站前排、对标行业做一流的决心，坚决完成各项任务目标，努力开创板带厂高质量发展新篇章！"

2023年4月17日，日照公司各条生产线正按照山钢股份"决战二季度、冲刺双过半"的目标要求满负荷生产。日照公司党委书记、总经理张润生表示，"我们将进一步提高政治站位，紧紧围绕主题教育的目标任务，聚焦高质量发展主战场，树牢实践意识，把习近平新时代中国特色社会主义思想转变成改造主观世界和客观世界的强大思想武器，转化为推动日照公司'争上游、走在前'、打造山钢集团高质量发展先行示范区的强大力量，不断构建'四转四突八极'工作格局、深化'五大能力'建设、塑造'八大优势'，全力以赴打造世界一流精品板材基地，全面赢得'决战二季度、冲刺双过半'最终胜利，推进日照公司高质量发展不断取得新进展、新突破。"

日照公司党委组织部/人力资源部副部长高峰表示，将把扎实开展主题教育作为重大政治任务，准确把握和认真落实主题教育总要求、根本任务和具体目标，按照要求和分工重点做好日照公司主题教育具体工作，及时传达到基层党组织和广大党员，广泛开展调研、强化问题整改、动态过程督导，将广大党员的学习工作热情转化为推动企业高质量发展的具体实践。

2023年以来，酸洗机组、酸轧机组、连退机组、镀锌机组产量目标和工序改判率是日照公司冷轧厂攻关的重点和难点。该公司冷轧厂党委书记、经理徐卫国表示，将把开展主题教育同坚持党的领导、加强党的建设紧密结合起来，同完成上半年产量任务、降本增效任务紧密结合起来，全面完成"决战二季度、冲刺双过半"和全年任务目标，为企业高质量发展提供冷轧力量。

奋斗创造历史，实干成就未来。山钢集团将高举习近平新时代中国特色社会主义思想伟大旗帜，扎实开展好主题教育，牢记"国之大者"，勇担时代使命，踔厉奋发、勇毅前行，锚定"争上游、走在前"目标定位，加快推进"精品与规模并重，沿海与内陆并进，绿色与智慧并举"的发展战略，建设世界一流企业，为新时代社会主义现代化建设贡献力量。

（撰稿：赵　腾　杨位钦　刘佳宝
审稿：于文波）

山钢集团表彰一批创新团队、科技人才、管理成果

2023年4月19日下午，山钢集团表彰奖励了2022年度在科技进步、管理创新中作出突出贡献的团队和个人，奖励总额近千万元。

山钢集团决定授予日照公司侯晓英"山钢集团科技进步突出贡献奖"；授予"极限薄规格钢板生产关键技术开发及产业化推广应用"等34项成果"山钢集团科技进步奖"，其中特等奖1项、一等奖7项、二等奖11项、三等奖15项；授予"一种形状不规则钢板的在线定尺智能分段剪切系统、方法及剪切设备"等10项专利"山

钢集团专利奖"，其中一等奖 2 项、二等奖 3 项、三等奖 5 项。

山钢集团公布了 2021 年度管理创新成果 60 项。其中，山钢股份完成的《全面对标找差体系的系统构建和落地实践》等 8 项成果获一等奖，山钢股份莱芜分公司完成的《料场智能化管理系统的构建与实施》等 16 项成果获二等奖，日照公司完成的《基于精益管理下"1+4+N"预算管理模式的应用与研究》等 36 项成果获三等奖。

（撰稿：党 浅 王天宁 谢 晖
审稿：于文波）

同频　同向　同行
——山钢集团推动党建工作与生产经营深度融合

冬日向暖，千帆竞发。"战'寒冬'，党员要率先站出来，坚决把生产任务完成好。"山钢股份莱芜分公司炼钢厂炼钢二车间党员、一助手王新朋表示。山钢集团广大党员围绕生产经营任务的重点和难点，立足岗位，冲锋在前，带头打好化危为机主动仗。

在巨大的生存压力和重重困难面前，在滚石上山、爬坡过坎的关键时刻，山钢集团将党建工作与生产经营深度融合，确保各项改革发展任务顺利完成。山钢集团党委书记、董事长侯军要求："把提高企业效益、增强企业竞争力、实现国有资产保值增值作为各级党组织工作的出发点和落脚点，以改革发展成果检验党组织的工作和战斗力。"

破题，坚持党建"核心"

时近深冬，寒气袭人。可在日照公司中厚板厂保障作业区，一场气氛热烈的恳谈会正在火热进行中。"难题面前，我这个老党员又焕发了新活力。"该作业区党支部书记李玉峰介绍，他们在破解生产瓶颈难题上，支部引领、党员带头，确保生产绩效最大化。

山钢集团党委以党建工作引领和保障改革转型战略落地，坚持问题导向，树牢有解思维，深入推进党建工作与生产经营双促进、双进步，与企业改革同谋划、同部署、同实施。

山钢股份莱芜分公司党委把如何彻底解决党建工作与生产经营"两张皮"问题作为切入点和发力点，提出推进党的建设与生产经营、学习型党组织与过硬党支部建设、学习型组织建设与精益管理深度融合的工作要求，着力构建以高质量党建引领高质量发展的工作格局。今年以来，制定印发《党组织履行全面从严治党主体责任暨党建工作责任制》《党建工作责任制考核办法》，采取"月度报告+季度督导+年度考评"相结合的方式，延伸督导管控触角。同时，把生产经营指标完成情况作为评价各级党组织工作成效的重要内容，把党建工作纳入领导班子和领导干部综合考核评价，与干部使用、评先树优、薪酬发放挂钩，促进了党政同责、目标同向、工作共为。

"我们在抓好深入调研的基础上，确立 35 项调研题目，做到党员领导干部一人一项目，帮助基层解决疑难问题。"莱钢集团党委办公室主任王晓冰介绍。该公司党委围绕丰富生态圈、完善产业链，积极策划研究转型发展规划，初步构建了"2+2+x"产业发展思路，加快塑造发展新优势。

日照公司党委充分发挥"把方向、管大局、促落实"作用，确立了"建设安全智能高效绿色高端钢铁强企，打造世界一流精品板材基地"的共同愿景，明确了"引领国内钢铁产业高质量发展，为用户提供满意的产品和服务"的使命任务，清晰描绘了高质量发展新蓝图。充分发挥党委政治核心作用，利用党委会审议决策"三重一大"事项，确保企业始终坚持正确的政治方向稳步前进。

破难，深化思想"融心"

"积极响应山钢集团'争上游、走在前'的号召，扎实做好降低轧辊、轴承、油脂等消耗的攻关，为企业提指标增效益贡献自己的力量。"莱钢银山型钢公司板带厂轧钢车间党员颜磊说。

单丝不成线，独木不成林。在山钢集团各基层单位，像颜磊这样的党员还有很多，这股强劲"红色力量"的背后，是山钢集团党委坚持"围绕中心抓党建，抓好党建促发展"的坚定决心和有力作为。

2023年10月8日，山钢集团召开各方面代表人员座谈会，侯军等集团党政领导与职工面对面、心贴心交流，认真听取大家在加强科技创新、吸引培养人才、产品结构调整、数字化智能化改造等方面的意见和建议，并作出承诺："职工关心的短板，就是我们要答好的答卷。"

山钢集团党委持续创新党建工作形式，加强党员教育阵地建设，深入推进形式多样的劳动竞赛，凝聚起攻坚克难、奋发有为的正能量。

"我从一名普通的炼焦工一步步成长为班组长、值班长，找到了那份属于自己的价值感和获得感……"2023年10月26日上午，在莱芜分公司焦化厂炼焦四车间班组学习室，宣讲员栗豹讲述自己的故事《庆幸那年没有错过你》。

近期，"中国梦·强企梦·我的梦"职工宣讲，在山钢股份莱芜分公司成为职工关注的焦点。从"要干就干到最好"到"纪录就是用来打破的"，从"保指标就是保收入"到"小岗位成就大作为"，从"开着高铁闯'寒冬'"到"同心协力尽快跨过'生存线'"，宣讲员深入班组一线，以"故事会"的形式讲述劳模工匠的优秀事迹，介绍先进的工作经验和方法，让有解思维、极致思维、市场意识、成本意识深入人心。

"着重在'转文风'把握'时度效'等方面下功夫，用职工喜闻乐见、更加贴近基层的语气，传递信息、传导压力，凝聚广泛共识和合力。"莱芜分公司党委宣传部宣传与新闻网络室主任于泉友介绍，围绕贯彻落实山钢集团相关会议精神，党委宣传部策划、编发"十条路径""质量提升""跨过生存线""'保卫战'只能赢，不能输！""我们为谁而战？"等形势任务教育材料，讲清内外部形势和企业压力，进一步营造攻坚决战氛围。

日照公司依托"解放思想强信心 勇于担当见行动"全员大讨论活动，聚焦进一步"解放思想、坚定信心，敢于担当、做到极致，共克时艰、迎接挑战"，引导干部职工在理论上先学一步、学深一层，在工作中勇于担责、大胆创新，在作风上公道正派、勤勉务实，做到"六认清六树立"，为实现全年生产经营目标奠定坚实思想基础。

金岭矿业强化党建在指标攻坚战、生存保卫战中的示范引领，瞄准降本增效靶心，紧扣生产重点，从小处着眼、从细处入手、从实处用力，全力做好各项工作。

破冰，攻坚克难"强心"

近日，在莱芜分公司焦化厂，生产经

营"挂牌出题"、党组织"揭榜领题"、党员"亮牌解题"的工作机制火了。

该厂炼焦四车间党支部书记、主任孙振华带领车间职工逐点发力，解决制约产线提速的各岗位瓶颈。他们以"作业标准化"为抓手，将煤线合格率等纳入"一人一表"重点考核指标，引导职工"用精益、能创新、会改善"。今年以来，该车间连续3个月获得厂"一人一表"前场赛道第一名。

一名党员就是一面旗帜。山钢集团各基层党组织通过示范岗、先锋队、认领课题、揭榜挂帅等多种形式，引导党员亮身份、树形象、作先锋。

在莱钢银山型钢公司板带厂厚板线运行车间，以吕英峰为代表的党员攻关团队深入开展现场观察，全面分析并系统解决"浪费点在哪里""如何优化流程""怎样开展技术改造"。"以党员为主体，建立'专业项目+自主项目'的全员改善体系，细化分解对标改善、现场诊断、揭榜课题等多个模块，发挥党员先锋模范作用。"该车间党支部书记张富介绍，他们先后实施

了加热炉助燃风机和粗轧除尘风机变频改造、降低变频器和动力设备维修费用等攻关项目，创效20余万元。

山信软件莱芜自动化分公司/电子公司党委以市场需求为导向，积极组织"先锋项目认领""党员示范岗""党群联合共建"等主题活动，发挥党员"头雁"作用，认领项目60余项，承担折铁机器人等重点项目20余项。

山钢股份莱芜分公司物流运输部车务一段第一党支部按照"打造主动协同、高效协同铁运"要求，深入推进"站段融合"，促进协同双赢，解决制约生产问题26项。

挑战面前不回避、问题面前不推脱、困难面前不退缩。山钢集团各级党组织带领全体职工提振精气神、提升战斗力、创造好业绩，充分发挥了党建工作在企业高质量发展中的引领和保障作用。

（撰稿：祝 叶 张怀鹏
刘佳宝 张 胜 赵思远
苗 睿 审稿：于文波）

"一人一表"的山钢实践

——山钢集团定标倒逼机制改革推动企业增利增效

山钢股份莱芜分公司型钢厂大型轧钢车间里，轧钢班大班长贺磊又一次加班加点进行轧制试验。看着火红的钢坯在轧线上穿行而过，他说："分道'赛马'、奖优罚劣，让每个职工都'跑'起来，成为企业极致生产的'千里马'。"

在距离莱芜分公司200多公里的日照公司，郗来朋正在热轧厂热轧作业区调整卷取机入口侧导板开口度和卷筒张力，确保每一卷精品钢卷整齐下线。作为日照公司热轧厂热轧作业区卷曲班组副班长的郗来朋说："指标数据每天一统计、一公开，后面盯得紧、追得急，我们一点也不敢松劲。"

"一人一表"，"赛马"追标。2023年3月份以来，山钢集团多个权属单位自上而下推行定标倒逼机制改革，推进的情况怎么样了？取得的成效如何？有哪些亮点？

近日，记者走进基层一线，探访"一人一表"赛马机制带来的变化。

疾速行动　强力推进
——"速度之快、力度之大，前所未有"

2023 年 2 月份，山钢股份莱芜分公司运营管理部经理李家波随山钢股份考察团赴鄂钢考察学习。"团队出发前，就通过各种报道提前对鄂钢的'一人一表'情况进行了研究和学习，一番对标下来，鄂钢的极高效率和极严管理给我留下了深刻的印象。"

"确实感受到时不我待的紧迫感。"有同样感受的还有莱芜分公司财务部经理高相南，"与鄂钢相比，我们算账经营的理念还需要再提升，必须强化'对标找差、突破自我'的意识，进一步提升盈利能力。"

要想改变，唯有实干！

莱芜分公司率先跑出"赶超速度"。从 2 月中旬组织人员赴鄂钢学习，到 3 月份按照"一人一表"进行考核兑现，莱芜分公司仅用了一个月时间。

日照公司同样快速推进"一人一表"。日照公司运营管理部/绩效统计室主任和华介绍，3 月份，该公司完善修订"一人一表"定标倒逼业绩管理体系，4 月份已经完成全员"一人一表"，内部各单位均建立了"赛马"机制，并且在当月绩效分配时运行。

山东耐材、山钢财务、山钢研究院等单位也以"等不得、慢不得"的加速度，开启"一人一表"实践。

速度之快、力度之大的背后，是山钢集团聚焦变革驱动的决心和态度，更体现出追赶奋进的毅力和恒心。

定标倒逼　业绩赛马
——指标设定高标准、高层级

一份令人信服的评价考核，必须要有一个公正、公允的标准，"一人一表"业绩指标体系就是最强有力的抓手。

"企业不能等靠要，需要自我审视不足，更需要自我修复短板。"作为山钢集团第一家推行"一人一表"赛马机制的权属单位，莱芜分公司率先行动，按照量化倒逼原则，从上年实绩、预算目标、历史最佳、行业标杆等维度，高标准设定 KPI 指标值，确保达到的指标不退步、预算指标坚决完成。

据参与方案制定的该公司运营管理部运营改善室相关负责人介绍，在莱芜分公司层面，设置主赛道和分赛道两个赛道。在各个赛道上，开展团队"赛马"和个人"赛马"。为保证业绩"赛马"的公平公正，莱芜分公司专门制定了考核评价结果申诉与指标修订流程。在厂级层面，各单位也分别根据各科室、车间、班组承担的工作任务、指标难度，确定了前、中、后场赛道，分别制定了团队、个人业绩"赛马"评价办法，将"一人一表"得分与每名职工的收入挂钩。

日照公司也在为激发全员热情而努力。在业绩指标设置上，该公司坚持商业计划目标引领、月度预算目标驱动，由上而下，逐级分解、层层支撑，建立 5 级金字塔式指标体系，确保"一人一表"管理 100%落实到岗位。考核指标值的确定实行倒逼机制，从上年最好三个月平均、历史最佳、对标企业水平、行业最好水平等维度，高标准设定指标值，确保指标不退步，坚决实现预算目标。

翻开山东耐材的《市场化绩效考核体系建设运行情况分析》，"引入计件考核、计分考核、工时定额考核""坚持预算管理、强化自我约束"等制度赫然纸上。据山东耐材党委办公室副主任刘军介绍，他们以利润总额、营业收入、产量等核心绩效指标为主线，层层传递压力、层层分解落实，形成了从经营管理层到目标执行层的"一人一表"考核评价体系，做到指标到人、责任到人。

较真碰硬　刚性兑现
——坚持让多劳者多得、让奋斗者出彩

2023年8月8日，山钢股份莱芜分公司焦化厂化产精制车间4号煤压机检修现场一派繁忙的景象，动力车间维检一班班长刘东带着班组成员正在进行紧张的检修工作。

"时间就是金钱，这个道理大家都明白，完成这个活，任务量又能涨上一截，收入也相应提高不少。"刘东表示。

如何进一步推广借鉴鄂钢经验？怎样把企业面临的形势和"一人一表"赛马机制给职工说清楚、讲明白？

最直接的答案是，让多劳者多得，让干了的和没干的不一样。

自3月份推行"一人一表"定标倒逼业绩管理体系以来，莱芜分公司已授予8家单位流动红旗，奖励金额十余万元。1名六级管理人员受到提醒谈话，1名六级管理人员在3月份执行当地最低生活保障。新体制的正向激励与反向约束作用愈加凸显。

"一人一表"的激励带动作用也为营销"铁军"注入了干事创业的活力。"正数第一名和倒数第一名收入相差近万元，靠指标挣绩效，有实在业绩才有发言权。在这种氛围下，大家都铆足劲往前冲，生怕落后、失面、丢钱。"山钢股份营销总公司华北销售公司总经理王国栋说。

"指标好了吃肉，完成不好只能喝汤。"日照公司焦化厂炼焦作业区主任常庆明深有感触地说，"大家的工作状态更加积极，作业区热修班就是典型之一。近日我们快速攻克了炉门冒烟问题，现场环境明显改善。"

各权属单位根据不同特点，融合现有的绩效考核机制，构建完成全员的"一人一表"及"赛马"机制。

远在合肥的营销总公司华南销售公司高级主管孙大鹏，是型钢销售团队的负责人。在他们团队成员的办公桌前，人人都有"定制化"的一张表，时刻提醒着自己的任务指标。"以前我们制定过个人工作清单，但因团队每个人的工作重点和性质不同，用传统的考核方式，无法有效评价每名成员的贡献，成员的活力和积极性还有余量。这次借鉴鄂钢'一人一表'经验，我们将指标定制化明确，扛明确的指标、盯实在的进度，排除了人为干预，简化了测算过程，干了多少、干得好坏，都是数据说了算。"孙大鹏说。

在日照公司热轧厂，每个人都有一份私人订制的"绩效评价跟踪表"。"我们坚持一边推进一边完善，设置了月度纠偏机制。对起点略低，但是月月都有进步的职工合理加分，实现与同伴横向对比、与自己纵向对比的双维度综合评价模式。"该厂党委书记、经理孟祥瑞介绍。

激发干劲　增强信心
——"形势不好的时候，就看谁跑得更快、谁干得更好"

"一人一表"的推行和落地，是一场思想观念和管理理念的变革，必须要有一线职工的积极响应。

在采访中，很多干部职工对当前严峻形势下建立更高目标引领表示理解，并表示在指标制定和追赶过程中收获了信心。

莱芜分公司棒材厂中小轧车间轧钢班班长张忠任，带领职工围绕提高效率、降低成本开展攻关，每支钢筋的出钢时间由6秒缩短至4秒、3秒，现在达到1.5秒，把过去看似不可能的事情变成了现实。

"我们主动参与修旧利废，一块电路板、一个螺丝钉，在大家眼里都成了'香饽饽'，无论是拆解成备用零件，还是重新

装配组合直接投入使用，都可以变废为宝，不仅为企业省了钱，也能为自己'创收'。"莱芜分公司焦化厂动力车间区域师石荣翔说，从一开始的不明白、不接受，到现在的主动找活干，多劳多得已经成为大家的共识。

变化，还在于视野的拓展、格局的打开、作风的转变。

"不仅要看到自己和同部门的'一人一表'，还能看到其他部门同事的，拓宽视野才能更好地知差距、明定位、增动能。"营销总公司特钢销售部主管师陈有才说。

"没有办法想办法，没有方案出方案，把应该办又'行不通'的事变成'行得通'。""标准降了就会忽视问题，标准抬高才能看到问题。"

在采访中许多职工表示，与过去相比，如今在日常工作中浪费的时间少了，在解决问题上用的精力更多了。

莱芜分公司生产管理部相关负责人表示，推行"一人一表"为主要做法的定标倒逼机制改革，就是千方百计抓发展，实现赶超。下一步，他们将在总结提炼的基础上，让成果实时共享、稳步提升。

严峻的市场形势，激烈的外部竞争，注定了企业的发展之路绝非坦途。在山钢集团 2023 年半年工作会议上，党委书记、董事长侯军强调，要在全集团范围内推广"一人一表"，让工作目标化、可量化、可追溯。相信在实践中完善、在推进中提升、在奔跑中调整的山钢"一人一表"工作，必将进一步助力企业实现高质量发展。

（撰稿：祝　叶　崔　爽
审稿：于文波）

山钢年鉴 2024

山钢集团
SD STEEL

专论专文

山钢集团
SD STEEL

山钢文化

核心理念

山钢愿景：
　　成为钢铁业绿色智能高端高效发展新标杆

争上游　走在前
以自信自强新作为推动集团公司跃上
高质量发展新征程

——在集团公司 2023 年度工作会议上的讲话

党委书记、董事长　侯　军

（2023 年 1 月 6 日）

同志们：

一年春作首，万事行为先。新年伊始，集团公司利用一天时间召开一届五次职代会、安全环保会议和 2023 年度工作会议，全面总结 2022 年工作，安排部署 2023 年任务。主要目的是以更加充沛的精力抢时间赶进度，以"起步就要提速、开局就要争先"的精气神，奋力夺取"开门红""开门稳"。本次年度会的主要任务是：以党的二十大精神为指引，全面落实中央经济工作会议和山东省委经济工作会议部署要求，总结回顾第二轮新旧动能转换三年行动计划实施情况，认真研判宏观形势、行业走势、区域态势，找准定位、加压奋进，聚焦深化改革和商业计划书管理推进，固化提升"攻坚四季度"做法，定标倒逼、模板控制、细化纠偏、激长克短，以勇立潮头的自信自强推动集团公司在建设世界一流企业、推动高质量发展新征程中争上游、走在前。

一届五次职代会审议了总经理陶登奎同志作的工作报告，讨论通过了一系列事关集团公司改革发展和职工切身利益的重要议题。报告实事求是、全面客观回应了一个时期特别是一年来职工关切的问题，明确了集团公司新一年以及今后一个时期的目标任务。安全环保会议听取了向阳同志作的工作报告，对 2023 年安全环保重点工作进行了安排部署。各单位、各部门要迅速传达会议精神，认真抓好落实。

2022 年，极不平凡、极不容易、极其难忘。我们经受住了外部环境复杂多变的冲击、多重矛盾交织叠加的压力、钢铁市场急转直下的阵痛、各种困难矛盾风险的挑战，经过全集团上下共同努力，有力应对超预期因素冲击，稳住了发展底盘，守住了稳定底线，一些指标和工作保持行业和省属企业前列，顺利完成第二轮新旧动能转换三年行动计划（2020—2022 年）总体目标。过去三年，是集团公司发展历史上极不平凡的三年，总的来看，困难比预料的大，成效比预想的好。面对疫情防控和改革发展稳定的艰巨繁重任务，我们高举习近平新时代中国特色社会主义思想伟大旗帜，坚决贯彻新发展理念，坚定不移推进新旧动能转换，按照"构建生态圈、打造新标杆"发展方略，锚定"四个走在前列"目标，"补窟窿""找路子"，推动高质量发展走深走实，全集团改革发展稳定呈现趋势性、关键性、根本性变化。

高质量发展的良好态势加速形成。"进入世界 500 强、利润百亿级、创建高科技企业"三大目标基本实现。连续三年跻身世界 500 强，2022 年排名较 2020 年提升 127 位。钢铁行业综合竞争力排名连续五年达到 A+（竞争力极强）。营业收入、利润总额、净利润平均值较前三年分别增长37.78%、33.01%、52.76%，其中，2021年利润总额达到148.61亿元，创历史新高；累计向社会贡献铁8130.15万吨、钢8878.68万吨、钢材8871.35万吨；累计纳税达238.08亿元，较前三年增长7.3%；累计研发投入165.33亿元、研发费用125.33亿元，较前三年分别增长149.37%、284.68%。日照公司等9户企业认定为高新技术企业。

转型升级的比较优势加速形成。安全高效钢铁产业生态圈构建成效初显，国企改革三年行动圆满收官，国有经济布局优化和结构调整加速推进，钢铁主业一体化运营迈出坚实步伐，相关产业多极支撑协同发力，运营质量实现新跃升。通过筹划推进与中国宝武联合重组基本抚平了重大历史创伤，全面深化改革强壮了"筋骨"、畅通了"血脉"，肌体更加健康，应对风险挑战的能力、底气和韧性大幅提升。

风清气正的政治生态加速形成。党的建设全面加强，"根魂"优势持续巩固。全面从严治党不断深入，一体推进"三不腐"，反腐败斗争朝着压倒性胜利加速迈进。创新构建大监督体系，探索"室企地"联合办案模式，严肃查办了营销、煤焦采购、设备装备、工程建设、历史遗留等领域一系列严重违纪涉嫌犯罪案件。三年来，全集团党政纪处分318人次，组织处理847人次，分别较前三年增长了66%和145%。把握"三个区分开来"，落实容错免责机制，完善澄清保护机制，激励干部担当作为。广大党员干部职工人心思进、人心思变、人心思干的氛围越来越浓厚。

和谐稳定的发展环境加速形成。始终把职工生命安全和身体健康放在首位，筑牢了疫情防控和安全生产双重防线。全力推动绿色低碳发展绩效走在行业前列、"数智山钢"建设引领制造方式变革，职工的工作环境显著改善，劳动效率有效提升。"幸福和谐企业"建设不断深化，职工的收入水平、生活条件和精神面貌发生了根本性改变。职工年人均收入较2019年增长了27.52%。在2021年度省属企业绩效考核中首次达到A级最高标准。

当前，集团公司阔步迈入冲刺高质量发展新阶段、新征程，但我们必须保持清醒头脑和战略定力，精准识别制约高质量发展的短板、弱项和不足。摆在首位并十分重要的是思想观念、理念上对市场环境严峻性以及对自身改革发展存在问题的严重性认识不足。经过"攻坚四季度"洗礼，集团危机意识显著增强，但部分单位对当前形势的复杂性、艰巨性、持久性认识还不到位，缺乏打持久战的坚定信心和思想准备，仍寄望于在政策支持下市场快速好转，存在工作按部就班、平划平推、四平八稳的现象。从行业运行情况看，2022年1~11月，受下游需求减弱、钢材价格下跌、原料成本上升等诸多因素挑战，全国粗钢产量9.35亿吨，同比下降1.4%；粗钢表观消费量8.87亿吨，同比下降2.7%，产销双双呈现回落趋势；会员企业利润983亿元，同比下降72.5%，利润率1.66%，同比下降3.88个百分点，远低于工业平均利润率。2023年，随着疫情防控政策持续优化，宏观政策调控力度不断加大，各类政策协调配合，稳经济效应将逐步释放，对钢铁消费形成有力支撑。中央经济工作会议深刻指出，当前我国经济恢复的基础尚不牢固，需求收缩、供给冲击、预期转弱三重压力仍然较大，外部环境动荡不安，给我国经济带来的影响加深，叠加房地产市场持续低迷和制造业出口增速回落的影响，钢铁市场走势仍存在较大不确定性，"过冬"大概率还将持续较长时间。由于近几年来企业盈利状况较好，市场巨大变化冲击中，不少领导和干部职工尚未清醒认识练好内功、直击挑战的艰巨性、重要性。与重大改革相匹配的治理体系准备不足。与先进企业相比，我们管理架构层级多、链条长、效率低，相关机制制度还存在"形到神不到"、系统配套不够等问题，联合重组后集团公司功能定位将发生根本性转换，未来资产经营、生产运营、管理体系面临升级重构。自主创新的引领作用发挥不充分。核心技术能力支撑企业应对行业周期变化的保障性存在不足，顶尖科技领军人才匮乏，研发体系能力特别是协同研发水平亟待提升。2022世界钢铁企业技术竞争力分级评价排名中，山钢位列第17位，其中体现核心竞争力的产品技术能力仅排名第28位。说明我们在"独占鳌头"的核心技术、"先人一步"的商业模式、"高人一筹"的品牌经营等方面还有很大差距；2027年欧盟将正式全面开征碳关税，低碳甚至"零碳"钢铁将是未来竞争力所在，我们还没有全面开展产品生命周期评价和绿色采购，绿色产品认证只有日照公司管线钢一项，绿色绩效支撑作用亟待提高。关键质量性指标与先进企业相比差距明显。近几年，集团公司体量进入了世界500大，但随着报表合并范围大幅调整后，"体量优势"锐减，回旋余地和缓冲空间变小，亏损企业治理、有息负债控制等各项工作需要持续加力，资产负债率一直逼近"天花板"，仍是制约企业高质量发展的关键桎梏；法人压减、"两非"资产业务清理总体力度还有不小差距，历史遗留问题处置压力仍然较大；极致思维树得不牢，全面对标找差仍需不断完善，部分单位关键核心质量性指标改进不明显，不同程度存在自我满足思想，实质上、根本上是压力传导不到位，惯性思维影响了应对挑战的能动性。从2022年高质量发展绩效考核自评结果看，虽然集团公司党的建设和改革绩效完成较好，但经营绩效与考核目标差距较大，且存在巡视、审计整改和安全事故扣分项。

面对新形势新任务新目标新要求，我们唯有发扬争上游、走在前的坚韧顽强作风，保持奋发有为、励精图治的良好精神状态，才能进一步解放思想、革新创新，不断开创高质量发展新局面。集团公司确定2023年和今后一个时期工作的指导思想是：以习近平新时代中国特色社会主义思想为指导，全面贯彻落实党的二十大精神，深入落实习近平总书记关于国有企业改革发展和党的建设重要论述，坚持和加强党的全面领导，持之以恒推进全面从严治党，完整、准确、全面贯彻新发展理念，服务构建新发展格局，坚定不移把"争上游、走在前"作为目标定位，敢于斗争、善于斗争，加快推进重大改革，在更大平台上深化"构建生态圈、打造新标杆"发展方略，全面对标提升，推进治理体系和治理能力现代化，创新商业模式，加快塑造差异化竞争优势，不断提升本质化运营水平，实现质的有效提升和量的合理增长，以团结奋斗新作为奋力谱写建设世界一流企业新篇章，为全面建设社会主义现代化国家、全面推进中华民族伟大复兴贡献山钢力量。

一、高标引领，在精准识变中增强"争上游、走在前"的自觉性

高质量发展是一场淘汰赛，有崛起就会有掉队，是进是退、是生是死，关键看能否坚持、笑到最后。未来三至五年将是山钢赶超进位的关键时期，找准"争上游、走在前"目标定位，既是在危机中育新机的重大责任使命，也是于变局中开新局的强大精神引领，必须自我加压，奋勇争先。

"争上游、走在前"是融入大局的使命担当。"争上游、走在前"就要承担更大的责任、扛起更重的担当，把山钢的发展放在全国全省大局中考量。从全国看，党的十八大以来，习近平总书记高度重视国有经济、国有资本、国有企业发展。党的二十大报告强调："完善中国特色现代企业制度，弘扬企业家精神，加快建设世界一流企业。"世界一流企业由"培育"转入"加快建设"阶段。我们要牢记"国之大者"，把"争上游、走在前"作为忠诚拥护"两个确立"、坚决做到"两个维护"的具体实践，作为锚定"世界一流企业"奋进的具体行动。从省内看，省第十二次党代会提出"走在前、开新局"的目标要求。省委、省政府《关于国有企业创新驱动高质量发展的十条意见》明确提出，推动能源、有色、先进制造等基础较好的企业率先创建世界一流企业。2022年3月22日，时任省委书记李干杰同志到莱芜基地调研时，要求山钢作为省属骨干企业带头实现高质量发展，为新时代社会主义现代化强省建设作出贡献。我们作为省属国有骨干企业、省内钢铁"链主"企业，要勇担全省经济社会发展"压舱石""顶梁柱"的使命责任，在加快建设世界一流企业、推动高质量发展中不断提升话语权和影响力。

"争上游、走在前"是着眼长远的战略谋划。"争上游、走在前"意味着跟最优者比肩、向最高处攀登。"争上游"着重于与行业、先进企业之间对标，反映的是纵向的争先进位，充分体现比较优势；"走在前"的要义是全面高质量发展，追求和展现的是横向保持快的速度、示范引领，是整体实力的稳固提升。综合起来，就是找准坐标定位，正视问题差距，不断革故鼎新，奋力实现赶超。在最新一期世界级钢铁企业竞争力榜单中，中国宝武、鞍钢、马钢、沙钢4家企业入选，我们在市场定价能力、高附加值产品、技术创新能力、下游及非钢业务等权重较高的指标方面，均与榜首的国际国内先进企业存在较大差距。对于关键性、质量性、竞争性指标我们必须面对，亟待解决的瓶颈问题必须以壮士断腕、刮骨疗毒的勇气，消除痛点、疏通堵点，锤炼"看家本领"，练就"独门绝技"，在塑造比较优势中牢牢把握发展主动权。

"争上游、走在前"是回应职工期盼的必然选择。近期，在与不同层面干部职工调研座谈中，广大干部职工在肯定集团公司近年来取得成绩的同时，迫切希望我们深化改革的步子迈得再快一些、力度再大一些，在新的发展阶段跃上一个更大的台阶。职工的所思所盼，就是我们奋斗的目标。"争上游、走在前"根本价值取向就是增进职工福祉，最终目的就是满足职工对美好生活的向往。"争上游、走在前"，让职工期盼照进现实。面对行业发展现状和工资总额决定机制，只有"争上游、走在前"才能有力应对行业变局、打赢生存保卫战、实现更可持续发展，才能使山钢综合实力更强劲、治理管控更完善、品牌形象更突出、职工生活更幸福。职代会打响了"向世界一流企业进军"的发令枪。要系统部署建设世界一流企业实施方案，明确任务目标和责任分工，切实凝聚起全集团力量，在思想解放上实现大突破，在战略布局上实现大提升，在创新创造上实现大跨越，在深化改革上实现大作为，在高举旗帜上实现大担当，以一流的业绩、一流的能力、一流的作风、一流的形象，创造山钢更加美好的未来。山钢有"争上游、走在前"的良好基础。第一轮新旧动能转换三年行动，我们实现了由"求生存"到"谋发展"的转变，第二轮三年行动，站到了谋划"强"起来、冲刺高质量发展的新起点。尽管当前面临各种困难挑战，但要看到，我们有2000亿级资产规模、"沿海+内陆"两千多万吨钢铁基地、超万名技术技能人才，有国内钢铁行业第一梯队的品牌价值、第一方阵的绿色发展优势、全省第一体量的钢铁规模等，这些都是增强我们"争上游、走在前"的底气和信心。

二、结果导向，以定标倒逼激发"争上游、走在前"的能动性

"争上游、走在前"是目标导向与结果导向的有机统一，既突出高目标引领，更注重结果实效。"争上游、走在前"是发展速度、质量和韧性的比拼，要持之以恒，真抓实干，把"争上游、走在前"作为谋划和推动各项工作的基本准则，思想观念按照"争上游、走在前"来定位，工作思路着眼"争上游、走在前"来谋划，工作举措围绕"争上游、走在前"来制定，工作成效运用"争上游、走在前"来衡量，让"争上游、走在前"成为各项工作的坚定追求。要迅速建立"争上游、走在前"目标指标体系，"钢铁就是山钢，山钢就是钢铁"是资产整合阶段后的现实定位，要以吨钢利润分位值为核心，未来三年，山钢股份口径要力争进入宝武系钢铁公司前三名，行业内站稳第一梯队，即吨钢利润分位值力争达到70分位以上（目前为50分位，其中，日照公司82分位，莱芜分公司28分位），分年度目标为2023年力争达到56分位、2024年力争达到62分位、2025年力争达到70分位以上；日照基地要达到88分位，全力冲刺第一梯队前列，莱芜基地要达到50分位，奋力走在第二梯队前列。继续巩固提升本质化运营比较优势，2023年钢铁主业全域实现环境绩效A级目标；全面导入智慧制造体系，按照"云-边-端"架构体系，推进公司智慧制造提升工作策划和落实，加快补齐智慧制造短板弱项，促进智慧制造指数持续提升。

要在提升治理效能上"争上游、走在前"。牢牢把握集团公司重大改革进入决策审批阶段的重要机遇，坚持将完善中国特色现代企业制度和建设世界一流企业有机结合，持续推进治理体系和治理能力现代化。换版升级管控体系。以资产经营效率、生产运营效率极致和资产回报率、效益最大化为目标，全面升级"1+6"治理管控体系，界定集团公司功能定位和产业定位，建立"分业经营、分级管理"管控架构，稳步推进"一总部两基地"管理体系变革，建立健全符合各层级功能定位的法人层级管控体制，打造形成极具专业能力的资产经营公司和执行有力、极致高效的生产运营公司。进一步理清集团公司与所出资企业业务管理界面和权责划分，系统优化对子公司授权放权体系，坚持"放权到位、激励到位、监督到位"，探索对权属公司和参股公司实施差异化管控模式。提升现代企业治理能力。坚决贯彻落实"两个一以贯之"，巩固深化国企改革三年行动现代企业制度建设成果，进一步梳理不同治理主体间权责关系，确保权责明确、有序衔接，健全权责法定、权责透明、协调运转、有效制衡的公司治理机制。全面优化"三重一大"决策实施办法及事项清单，持续完善并严格执行党组织前置研究讨论重大经营管理事项清单，强化各治理主体权责事项清单的系统匹配、科学规范。推动董事会规范运作，系统优化董事会授权体系，健全完善经理层对董事会负责、向董事会汇报工作机制。全面开展各专业领域管理对接，完善提升符合治理管控体系要求的制度体系。坚持基于信息化、数字化、智慧化的流程再造和管理变革，减少管理环节、流程节点间"活套"，助推公司治理体系和治理能力现代化。

要在提升极致效率上"争上游、走在前"。没有极致效率就不可能形成持久的核心竞争力，各单位要将追求极致效率作为工作重中之重。系统推进人事效率提升。锚定人员年优化率8%目标，各单位根据自身实际确定极致奋斗目标，强化顶层设计，将人事效率提升与管理体制变革有机结合，与推进智慧制造、推进专业协作同步策划实施，推广实施共享用工，大力推进跨单位、跨区域人员有序流动，实现集团整体人力资源优化配置。健全劳动合同管理和岗位聘用管理，深化"三能"机制，细化职工不胜任退出情形，完善职工奖惩机制，对于经培训、调整仍不胜任岗位的，依法依规实施市场化退出。强化职工定员编制工作，竞争未上岗人员转入企业人力资源储备中心进行培训；发挥人力资源服务中心（储备中心）的作用，畅通人员优化退出渠道，构建灵活高效的市场化劳动用工机制。系统推进专业协作管理变革，回归专业化协作本源，理清协作业务界面，辨析确定不可协作业务，形成统一的供应商管理标准、管理制度、业务流程；不断提高专业化协作集中度水平，从"主从"关系协力向"平等"关系协作转变，加快培育"专业化、规模化、市场化"的战略协作队伍。系统推进资金效率提升。抓住资产负债率这个"牛鼻子"，建立稳控并力降资产负债率模型，强化集团管控，头部消肿，重心下移，增利创效，全力增加经营性现金流，2023年力争实现集团归母为正。强化钢铁及矿业、耐材日均库存管控模式，发挥集中采购、产线协同和两基地保供优势，明确界定极限库存目标，建立存货动态管理标准；2023年"两金"周转效率同口径较2022年提升5%以上。山钢国贸"两金"要纳入钢铁主业全流程管理，实现库存和资金占用最优。巩固集团各项费用削减专项行动成果，建立长效机制，剔除人工折旧政策性规费后，各项付现费用环比2022年实际下降5%以上。系统推进资产效率提升。严控增量、审慎投资，落实"严控投资风险，增强投资回报意识，坚决杜绝低效、无效投资"等要求，从严把握做好2023年投资项目审批和投资计划编制工作。持续开展提质增效和亏损企业治理工作，一企一策，紧盯抓实亏损大户扭亏，2023年力争亏损面不超过10%。持续推进企业瘦身健体工作，对不满足公司战略及收益率低的子公司和参股公司，应减尽减，应退尽退。2023年完成17户法人压减和15户参股企业退出。加大闲置、无效资产盘活处置力度，按照"亩产效益"积极研究现有闲置土地资产利用效率，加快推进永锋淄博、莱芜分公司新旧动能转换项目、莱钢建设等涉及的重大资产处置工作。

要在提升创新能力上"争上游、走在前"。习近平总书记强调，提升国有企业原创技术需求牵引、源头供给、资源配置、转化应用能力，打造原创技术策源地。这是习近平总书记赋予国有企业的重大政治任务。集团公司作为我省制造业骨干和钢铁产业链链主企业，要加强以攻关"卡点"为主的科技创新，重点在低碳冶金、智慧制造、高品质能源用钢等重点领域开展科研攻关，推行"揭榜挂帅"项目遴选制度，接近现场、贴近市场，在合金优化、热送直轧、控轧控冷等节能降本技术方面做到极致，在"减量、长寿、高效"产品研发方面实现重大突破，全面增强企业自主创新能力；开展研发投入和研发费用管理提升活动，按照工业企业3%、制造业企业4%的目标持续提升研发投入强度；推进山钢股份、金岭矿业等开展高新技术企业培育和创建工作，形成新的高新技术企业增长点，将科技创新打造成山钢集团的亮丽名片。深化以集中群智为主的全员创新，强化工匠学院和各级劳模创新工作室建设，为广大职工提供更加广阔的创新舞台。强化全员创新成果转化应用，打造一批全国优秀职工创新项目，探索职工按创新要素参与分配，让更多"草根发明家"享受创新带来的红利。持续推进以商业计划为主的管理创新，运用统一战略管控工具和方法，建立统一的战略落地与实施工作流程，形成统一的战略管理思维和管理语言，把各种资源聚焦在核心竞争力的提升上，形成并完善争先进位、力攻难点、培植潜力、提升绩效为特色的山钢集团商业计划体系。深化以"五位一体"为核心的商业模式创新，结合QCDVS用户定制服务体系建设，建立客户价值评价体系，突出客户需求和客户价值导向，提升钢铁主业的资源配置能力和市场服务水平，形成满足客户差异化需求的钢铁材料综合解决方案；持续构建与山钢发展方向和产品结构升级契合的稳固战略用户群体，系统推进产品结构、用户结构优化升级，做优品种、做精品牌，增强订单保证能力，提高整单交付率，以过硬产品和服务打造具有山钢特色的竞争优势。2023年差异化产品超额毛利环比进一步提升50%，分品种销售价格跑赢行业大盘，型钢毛利跑赢马钢、厚板跑赢南钢（扣除人工差异），莱芜基地长材产品单位利润与永锋临港差距缩小到200元/吨以内。

要在提升一体协同上"争上游、走在前"。强化规划协同，实现莱芜、日照基地整体规划、协同发展、一体化推进。莱芜基地采取存量优化策略，统筹考虑后续转型战略调整空间、降低投资和提升产线效率等因素，将品种结构优化升级作为将来的发展重点，具备1200万吨粗钢生产能力，着力将效率提升融入到产线改造和产品结构提升之中，后续通过优化轧线实现品种结构升级，打造成为以型钢和优特钢为主的具有北方区域优势的千万吨级内陆钢铁基地。日照基地采取增量发展策略，整体规划分步建设日照二期项目，多种渠道获取产能等各关键要素指标，根据市场需求和新技术成熟度对工艺路线、规模等进行动态优化，最终朝着实现2000万吨级产能规模迈进，打造成为国内最大的板材基地和最具竞争力的钢铁基地之一。2023年要确保在2022年核定产量基础上再争获钢产量指标。强化管理协同，山钢股份要充分发挥一体化运营优势，突出抓好莱芜、日照两基地一体化运营，加大在大宗原燃料、废钢和备品备件、辅料、耐材等方面的采购协同力度，深入推进破"独"行动，推进实施两基地统一招标、统一采购。2023年莱芜、日照两基地销购差价不低于2022年平均水平（分别为900元/吨、914元/吨），并力争达到2020—2022年平均水平（分别约为1088元/吨、1096元/吨）；日照基地务必大幅增盈，吨钢利润达到行业84分位以上；莱芜基地务必彻底扭亏，吨钢利润达到行业36分位值以上。强化产业协同，积极推进多元产业与钢铁产业的联动发展，以钢铁主业带动耐材、信息技术、矿产、国贸、产业金融等多元产业发展，以多元产业的优质服务促进钢铁主业做强，做到以"主"带"辅"，以"辅"强"主"。强化对外协同，持续深化推进与中国宝武业务协同项目创效运作，用好中国宝武采购、销售、融资、电商等平台优势，提高资源采购效率，实现降低库存、资金占用和融资成本；建立共同开发终端用户机制，着力提升市场研判能力、市场开拓能力、资源管控能力、订单交付能力；充分利用中国宝武战略合作银行金融优惠政策，拓展融资渠道，优化融资结构，降低利息支出，确保资金链安全接续。

要在强化干部人才队伍支撑上"争上游、走在前"。人才是实现高质量发展的第一资源。认真贯彻落实中央和山东省委人才工作会议精神，坚持党管干部、党管人才原则，系统策划实施干部人才队伍建设工作，分业分级分类建立纵向梯队分明、横向融合贯通的人才发展体系，以战略领军人才为牵引，带动各产业、各区域、各专业人才梯次发展。要坚持新时代党的组织路线和新时期好干部标准，注重将党管干部原则与健全市场化选人用人机制相结合，立足企业长远发展加强经营管理者队伍建设，发挥市场机制的择优、激励效用，深化任期制和契约化管理、竞争上岗、不胜任退出、末位调整等改革举措，持续推进干部"能上能下"，高质量推进干部素质提升工作，坚持在实践中锻炼干部，让干部在多岗位锻炼中磨砺成长，锻造高素质专业化干部人才队伍。要立足抓好事业后继有人这个根本大计，大力推动发现培养选拔优秀年轻干部，结合集团公司领导班子、领导干部调整，落实配备比例要求，推动选用年轻干部工作尽快取得积极进展。要加强精英总部建设，科学设置集团公司总部目标定员，逐步推进与中国宝武管理层级和薪酬考核体系的对接，优化队伍结构比例，强化总部人员教育培训和岗位交流，继续加大优秀青年人才上与下挂职锻炼的力度。坚持员工能进能出，健全市场化用工机制，坚持"先内后外"的原则，人员需求优先面向集团内部。校园招聘坚持"三个靠前"基本要求，持续提升毕业生引进质量；社会招聘精准面向高精尖缺人才，通用类岗位原则上全部由集团内部统筹解决。坚持"引育结合，培养为主"，探索实施领军人才招揽引进、技能人才量质齐升、管理人才蹲苗培优、科技人才放活松绑、青年人才托举培养五大工程，全方位培养、用好人才。

要在提升发展质效上"争上游、走在前"。着力提升全面对标能级。中国宝武钢铁主业对标模块于2022年12月底已开始试运行，所属钢铁生产基地开展涵盖36项主要经营和技经指标对标，其中产品价格、毛利、主要原燃料采购成本、主要产品工序加工成本等指标按日跟踪，能耗等指标按周或月跟踪，针对性、时效性强。莱芜、日照基地已纳入宝武对标系统，要用足用活与宝武企业同台竞技的平台，全面融入宝武系全工序对标提升体系，开展同工序横向对标，聚焦全工序关键经济技术指标，直面在品种结构优化、精益运行效率提升、极致降本等方面的差距，聚焦核心竞争能力要素，以稳步提高关键绩效指标行业分位值为核心，设定改进目标，明确缩差时间表，制定改善路径图，并在商业计划书和预算中加以控制，深化全流程、全要素、全岗位对标，向对标要质量、要效益、要发展，始终把控"内部挖潜节支增效高于市场减利等综合因素变化"不等式，倒逼极致拓展提升空间。着力提升绿色低碳能级。落实《山东省建设绿色低碳高质量发展先行区三年行动计划（2023—2025年）》部署要求，识别把握绿色制造、制造绿色，遵循减污降碳内在规律，以降碳为总抓手，跟踪低碳冶金技术，减污降碳同向发力、协同发展，及时科学采用成熟适用工艺，强化源头治理、系统治理、综合治理；莱芜分公司创建环保绩效A级企业，山钢钢铁板块实现全域A级环保绩效，为实现碳达峰、碳中和、打造生态保护样板区贡献山钢力量。着力提升智慧制造能级。加快"数智山钢"建设，以数字化转型加快山钢集团打造高科技企业的步伐，部署实施"四三二一"智慧工程（即以全面提升"四个一律"与"三跨融合"为基础，构建"大数据中心和工业互联网平台"两个中心，探索并布局一个"工业大脑"），围绕平台化运营、专业化管理、区域化运行三大能力建设，高标准、高质量推动钢铁产业智慧制造重点项目建设，破题推进智慧经营系统提升，着手启动供产销信息化建设工作，适时做好智慧治理平台导入，加速"整合、融合、化合"数智化提升进程，形成面向生产全流程、管理全方位、产品全生命周期的智慧制造模式，培育数字化生产力，构建起连接行业上下游、用户和社会大众共同发展的产业生态圈，增强"数字蝶变"效能。着力提升混合所有制改革能级。混合所有制改革不是为混而混，而是为了深度转换经营机制、放大国有资本功能和提高国有资本配置效率。坚持"宜混则混""能混快混""已混深混"原则，聚焦主责主业，按照"集团公司-上市公司-上市公司子公司"产权链条，加快上市公司产业资源整合，以"积极股东"完善公司治理，实现出资者主体到位，实现子公司自带动力、自我约束和强化激励，放大国有资本功能，推动产业结构调整与转型升级。

三、细化纠偏，以刚性约束强化"争上游、走在前"的主动性

蓝图已绘就，奋进正当时。集团上下要坚定信心、迎难而上，切实增强战胜困难的志气、骨气、底气，敢于斗争、善于斗争，全力以赴做好各项目标任务落地落实。

"争上游、走在前"必须坚持以党的建设为引领。全集团要把深入学习贯彻党的二十大精神作为当前和今后一个时期的首要政治任务，认真贯彻党的二十大关于坚持和加强党的全面领导和党中央集中统一领导的部署要求，在全面学习、全面把握、全面落实党的二十大精神上狠下功夫，严格落实"第一议题"制度，发挥好党委理论学习中心组领学、促学作用，深刻领悟"两个确立"的决定性意义，不断提高政治判断力、政治领悟力、政治执行力，始终在思想上政治上行动上同以习近平同志为核心的党中央保持高度一致，以实际行动增强"四个意识"、坚定"四个自信"、做到"两个维护"。在大力挖掘学习贯彻党的二十大精神实践成果上狠下功夫，坚持建强基层党组织不放松，以提升组织力为重点，持续抓好党支部评星定级管理，把基层党组织建设成为有效实现党的领导的坚强战斗堡垒；坚持服务生产经营不偏离，以改革发展成果检验各级党组织的工作和战斗力；各级宣传部门要做到"舆论引导先声夺人、阵地建设先人一步"，深入开展"争上游、走在前"主题宣传活动，唱响主旋律、凝聚正能量、打好主动仗。在统筹把握意识形态、职工心态、舆情动态上狠下功夫，把体现党的主张和反映职工心声统一起来、把教育职工和服务职工结合起来、把满足职工需求和提高职工素养联系起来，深化企业文化建设和宣贯融合，用思想引领、用文化凝聚、用宣传鼓劲、用品牌增值，凝聚起全体山钢人"争上游、走在前"的强大力量。

"争上游、走在前"必须坚持以安全发展为底线。安全是发展的前提，发展是安全的保障。党的二十大报告指出，必须增强忧患意识，坚持底线思维，做到居安思危、未雨绸缪。我们必须牢牢守住风险防控一排底线。持续深化全面依法治企，落实风险管理超前、精准、分级防控制度，建立风险管理档案，健全完善风险管理"三道防线"，"防"字当先、源头控制，加快实现风险管理"四个到位"，去存量、遏增量，严防发生重大风险事件。充分发挥审计"治已病、防未病"职能作用，突出审计监督重点，坚持问题导向，既要做好"当下改"，又要注重"长久立"，不仅纠正审计发现问题，更要找准体制障碍、机制缺陷和制度漏洞，达到"审计一点、整改一片、规范一面"，高质量做好审计监督"后半篇文章"。统筹好疫情防控和生产经营，按照中央和省委以及地方政府有关要求加强统筹衔接，确保防控措施调整转段平稳有序。牢牢守住安全生产红线，持续加力狠抓制度落实、推动双重预防体系高质量运行、加大追责问责力度，坚决扛牢扛实安全生产责任，推动隐患排查整治，狠抓关键领域安全风险管控落地见效，坚持不懈地把安全工作抓严抓实抓细。及时做好形势动态研判，有效抓好资金、信访、保密、统战、外事等工作，确保不出问题。

"争上游、走在前"必须坚持以良好生态为保障。科学精准推进作风建设，在抓细、抓常、抓长上下功夫，一体发现、治理"四风"和腐败问题，以严明纪律整饬作风。坚持问题导向，重点纠治形式主义、官僚主义，坚决防止以形式主义反对形式主义、以官僚主义反对官僚主义。坚持风腐同查，深挖细查"风"背后的"腐"，坚决斩断由风及腐链条，发挥案件查办的震慑作用，把查处"四风"问题更加紧密地同深化改革、完善制度、促进治理贯通起来，深化以案促改、以案促治，推进作风建设常态化长效化。坚持零容忍的警醒和力度，结合重点领域腐败积弊集中整治，对内外勾结、利益输送、权力寻租的腐败现象深挖彻查。深化拓展"一台账、两清单、双责任、双问责"监督机制，用好政治监督活页，动态更新领导干部廉洁档案，形成"发现问题、严明纪律、整改纠偏、深化治理"的工作闭环，促进政治监督走深走实。坚持对"一把手"和领导班子的监督，重点检查各级党委落实全面从严治党主体责任、规范权力运行、规范和加强党内政治生活等情况。深化标本兼治，紧盯案件背后的深层次问题和潜在风险隐患，加大促改、促治工作力度，推动堵塞制度漏洞、化解潜在风险隐患。加强新时代廉洁文化建设，营造和弘扬崇尚廉洁、抵制腐败的良好风尚，确保一体推进"三不腐"取得更多、更大治理效能。近日，集团党委出台了问责工作办法，主要意旨是贯通把握党的十八大以来党中央关于全面从严治党的新思想、新理念，深化运用到企业管理中去，尤其是在钢铁行业形势异常严峻、企业面临生存困境的背景之下，各单位各部门要切实用好问责这个管党治党的利器、管企治企的利器，健全尽职免责、失职追责、精准问责长效机制；各级领导干部要清醒认识到问责工作办法其中重要内容之一是问责约束一把手和领导班子成员，务必增强斗争精神，严负其责、严管所辖，对分管范围内发生的突出问题，主动安排、督促启动开展问责，从根本上形成守土有责、守土尽责、各负其责、齐抓共管的管理和运营生态，以常态化问责倒逼和强化责任落实。同时，对在推动改革发展中的无意过失，大胆容错免责，做到制度约束有硬度、组织关怀有温度，充分激发和保护干事创业的积极性、主动性、创造性，以风清气正的政治生态和阳光高效的运营生态推动集团公司加快实现高质量发展。

"争上游、走在前"必须坚持以职工福祉为前提。广大职工群众是集团公司战胜一切困难挑战的底气。要聚焦共建共治共享，坚持发展为了职工，发展依靠职工，发展成果由职工共享，依靠职工群众凝聚发展新合力。坚持以人为本，让"效益决定收入、贡献决定薪酬"成为鲜明导向，真正实现由"发工资"到"挣工资"的转变，在劳动效率提高、企业效益提升的前提下，职工收入与福利待遇保持稳步增长，不断提升职工获得感幸福感安全感。持续完善以职工代表大会为基本形式的民主管理制度，坚持职工主体地位，大力弘扬劳模精神、劳动精神、工匠精神，深化新时代产业工人队伍建设改革，激发广大职工群众的创新潜能、发展活力和奋斗伟力，打造使命共担、责任共尽、情感共融、利益共享的命运共同体。要把解决职工群众急难愁盼的操心事、烦心事、揪心事作为每一级党组织、每一个单位、每一名党员领导干部的心上事，分级推进民生项目，在实践中不断丰富服务职工群众的载体和平台。广大职工代表既要做好"宣传员"，更要争当"实干家"，聚焦改革攻坚重点、发展瓶颈难点、群众关注焦点等，积极参政议政，持续建言献策，主动担当作为，争当实干表率，不断汇聚助推企业高质量发展的智慧和力量。

上下同欲者胜，同舟共济者赢。全集团广大干部职工要团结成"一块坚硬的钢铁"，按照集团公司决策部署，心往一处想，劲往一处使，同心同德，奋勇前进，奋力谱写"争上游、走在前"新篇章，开启魅力山钢建设新征程。

春节将至，预祝大家新春愉快、身体健康、阖家幸福、皆得所愿！

勠力同心担使命　实干笃行克时艰
在激流勇进中推动集团公司"争上游、走在前"

——在集团公司 2023 年半年工作会议上的讲话

党委书记、董事长　侯　军

（2023 年 7 月 21 日）

同志们：

面对当前钢铁行业异常严峻形势和集团公司生产运营艰巨挑战，召开这次半年工作会议，主要任务是：回顾总结工作，查找问题不足，明晰举措重点，理性应对变局，动员全集团咬定目标不放松、精准发力抓落实、千方百计提质效，以下半年整体经营绩效水平不低于二季度为原则，扭亏止损、力争盈利、保基础指标争挑战目标，为集团公司"争上游、走在前"走实每一步、做好每件事。

上午商业计划书管理报告会系统总结了半年工作，剖析了问题差距，明确了目标任务，各单位要根据集团领导点评要求细化指标分解，抓好举措落实，按月调度进展，抓住问题不放，及时纠偏定向。下午有关单位作了发言，目标任务就是承诺书，表态就是军令状，要"言必行、行必果"，拿出破釜沉舟的决心，唯旗是夺的勇气，以绩效成果检验能力水平。

下面，根据前期调研情况和党委常委会研究的意见，我讲三个方面内容。

一、清晰发展方位，明确行业态势怎么看，在主动求变中积极应对问题挑战

作为典型的周期性行业，在历经 6 年多供给侧结构性改革政策红利期后，去年下半年开始，我国钢铁行业进入下行周期、减量化发展阶段，阶段性亏损、长期低盈利成为新常态。面对钢铁行业"需求减弱、价格下跌、投资回落、成本上升、利润下滑"的新形势，全集团坚决贯彻省委、省政府部署要求和省国资委工作安排，扎实抓好学习贯彻习近平新时代中国特色社会主义思想主题教育，锚定"争上游、走在前"目标定位，精准把握行业进入"短期严峻复杂、长期不容乐观"的新周期，坚持"定标倒逼、模型控制、细化纠偏、激长克短"，全力以赴"决战二季度、冲刺双过半"，确保了集团公司运营稳定有序，发展韧性不断增强。

行业"形势变"。上半年，钢铁市场由经济强预期向经济恢复不及预期转变，供需矛盾突出，市场竞争加剧，上下游产业链错配严重，原燃料价格仍相对处于高位，钢材价格降幅大，钢厂亏损面明显增加。供给方面，铁、钢、材产量同比分别增长2.7%、1.3%、4.4%。需求方面，下游行业恢复缓慢，整体用钢量增长不及预期，特别是房地产行业开发投资、施工面积同比分别下降7.9%、6.6%，预计下半年新开工面积维持低位，整体用钢需求偏弱；受资金端制约，1~5月全国各地基建项目累计投资同比下滑6.64%，基建用钢边际转弱；受此影响，工程机械用钢需求下降，上半年挖掘机产量同比下降18%。出口方面，上半年出口4358.3万吨，同比增长31.3%，但受海外制造业景气度下滑、钢铁供给紧张状态缓解，以及海内外钢材价差明显收窄等因素影响，预计下半年我国钢材出口面临收缩压力（6月份已环比下降10.1%）。钢材价格方面，由涨转跌，低位震荡，4月、5月持续下行，同比降幅超过原燃料价格降幅，普钢绝对价格指数均价同比下降16.5%左右，行业营业收入和利润大幅下滑。今年1~5月，中国钢铁工业协会重点统计会员钢铁企业营业收入同比下降2.16%，营业成本同比增加1.05%，收入降幅高于成本3.21个百分点；利润总额同比下降73.22%；利润率同比下降2.51个百分点，亏损面达到44.57%，比去年同期上升22.83个百分点。钢铁企业面临着成本韧性与需求不足的双重挤压，过去是"快与慢"的分化，现在则面临"生与死"的考验。有业内人士预判，在未来几年，大概率会有30%、40%甚至50%的钢铁企业将被市场竞争淘汰。钢铁行业已开始白炽化竞争，仅靠"咬咬牙""熬一熬"挺过去是不现实的。

正如调研中一位同志说的，"在低迷的市场和激烈竞争下，我们没有好轧的钢了。"

应对"措施实"。面对行业变局，集团公司准确研判形势，去年半年会及时作出"保生存"工作部署，行动快、有效果。产业运转平稳有序。今年以来，多元板块协同发力，为集团贡献盈利9亿元，弥补了部分主业利润缺口。积极拓展出口市场，钢材出口45.23万吨，同比增长27.73%；耐材产品出口收入8365万元，同比增加204万元。与中国宝武实现协同效益12.81亿元，同比增加86.19%。获取各项政策优惠1.74亿元。安全环保形势保持稳定，莱芜、日照基地绿色化发展指数分别达77分、81分。合理控制投资节奏，上半年在建项目127个，完成投资6.83亿元。深化改革纵深推进。积极稳妥推进联合重组各项工作。"一人一表""赛马机制"全面推行。完成8户"两非"企业处置。融资结构不断优化，6月末平均融资成本4%，比年初下降33BP；中长期融资占比37.86%，较年初提高4.22个百分点。持续优化人力资源配置，截至6月末，在岗员工优化率8.64%，钢铁主业在岗职工年化人均产钢量1111.4吨，同比增长9.71%。创新活力不断激发。科技研发投入强度3.01%，同比增长11.1%；新申请受理专利361件，同比增长67.9%。科技政策利用收益3.14亿元，同比增长56.2%。创新推出"一个协议一个清单一个中心"新型合作模式，不断深化QCDVS用户定制服务。钢铁重点产品比例达37.6%，产品结构增效42.19元/吨，吨钢售价较行业平均同比进步44.6元。智慧制造"四个一律"指数提升至35.97，较年初提升12.79%。党的建设全面加强。坚持把主题教育作为重大政治任务抓紧抓实，建立配档表、"四张清单"，对第一批12个参加单位全覆盖指导，问题整改扎实推进。

加强党建品牌建设，20 项党建工作品牌、40 项党建工作创新案例受到表彰。对 2 家单位开展巡察，制修订各类制度 221 项。深化"三不腐"一体推进，上半年处理处分 69 人。"靠企吃企"问题专项整治走深走实，排查廉政风险点 112 项，制定整改措施 98 项。

运营"趋势明"。上半年，集团公司经营指标完成情况与预算目标差距较大，但从二季度运行情况看，止住了下滑势头，向稳向好的态势更加明显。经营指标企稳回升。二季度，集团公司营业收入、利润总额、净利润、归母净利润环比一季度分别增加 39.22 亿元、6.83 亿元、6.30 亿元、4.39 亿元，营业收入增幅 12.65%，利润总额实现为正，净利润、归母净利润亏损额大幅收窄。关键指标位次不断前移。二季度，山钢股份吨钢利润 84 元，比一季度提高 163 元。其中，莱芜基地 22 元，比一季度提高 179 元；日照基地 194 元，比一季度提高 173 元。预计山钢股份上半年分位值 48，较一季度末进步 13 分位。比较优势持续夯实。钢铁主业深挖降本潜力，进口矿采购成本跑赢普指 6.30 美元/干吨，生铁成本比行业平均低 51.41 元/吨；强化对标提升，上半年莱芜基地吨钢利润比马钢高 55 元，日照基地比湛江高 28 元。

发展"承压重"。运营质效亟待提升。上半年，集团公司经营指标与省管企业高质量发展绩效考核目标差距较大，其中利润总额、净资产收益率、营业收入利润率仅完成考核目标的 50%、29% 和 42%。钢铁主业同比减利 16.43 亿元，矿业板块同比减利 1.38 亿元，距离"决战二季度，冲刺双过半"基础目标差距很大。平台公司实际亏损达 14.9 亿元，多元产业盈利难以覆盖平台亏损。铁、钢、材产量分别完成年计划日历进度 95.97%、94.20%、94.12%，均未达到 98% 以上的绿线水平；

"全面对标、系统提升"总体监控指标上半年纵向进步率 62.5%、横向达标率 57.5%，均未达到年度总体目标 90% 和 70%。亏损企业治理任务艰巨，截至 6 月末，全集团亏损企业户数 22 户，亏损企业亏损额合计 4.85 亿元，经营性亏损面 20.62%，超目标 5.68 个百分点。资产质量亟待提高。截至 6 月末，集团公司资产负债率较国资委监管线还有一定差距；有息负债余额较年初增加 44.38 亿元。经营性应得现金流比一季度大幅改善，但应得实得现金流差距较大以及经营性现金流为负的问题依然存在。运行效率亟待提速。生产效率与宝武系先进标杆存在较大差距，日照基地 1 号、2 号高炉利用系数不到湛江同类型高炉八成的水平；日照基地冷轧工序效率发挥率与宝山、湛江相差 10 个百分点。决策效率不够高，各治理主体职能权限、决策边界不够清晰，"1+6"治理管控体系文件运行近四年来，一直未升级换版，部分审批流程与企业发展需求不相适应。发展信心亟待提振。从去年下半年开始，由于经营业绩下滑，按照工资总额决定机制，职工收入受到一定影响，思想出现波动。在开展主题教育专题调研时，有职工提到对钢铁行业的低迷状态"看不到底"，对企业何时摆脱困境缺乏信心；还有职工提出由于联合重组迟迟没有落地，有些工作处于"坐等""观望"状态，对未来发展感到迷茫。

市场是公平的，山钢要发展，最终还得靠自己。上半年经营业绩趋好，得益于集团公司坚持以习近平新时代中国特色社会主义思想为指导，精准研判形势，科学应对变局，明确把"度寒冬""保生存"作为首要任务，瞄准建设世界一流企业目标，将当前低迷形势作为"冬练"的战略机遇期，知难而进、迎难而上；得益于全集团思想认识趋于统一，上下同欲，正视内外部错综复杂的发展环境和矛盾问题，积极培育"过冬"能力、夯实"过冬"举措，实化"五位一体"商业模式创新，外拓市场、内强管理，本质化运营水平不断提升；得益于全集团广大干部职工团结奋斗、承压奋进，深入推进"一人一表"，全方位提升效率，为穿越行业周期蓄力聚能。面对今后一个时期行业发展新方位新挑战，我们要继续发扬成功经验，正视短板不足，以苦练内功的坚定性，积极应对市场变化的不确定性。

二、突出重点方向，明确应对变局怎么办，在精准发力中提升发展质效

三季度是巩固向好趋势、确保实现全年绩效目标的重要关键期。在调研中，职工反映强烈，"我们不能改变市场，但我们可以改变自己"，并对深挖潜力、开拓市场增效益等提出意见建议，反映出职工积极向上的精神面貌和难中求变的急迫心态。面对二季度经济复苏动能偏弱、市场需求不足矛盾凸显等问题，国家有关财政、货币、产业等政策陆续出台。6月16日，国务院常务会议要求从加大宏观政策调控力度、着力扩大有效需求、做强做优实体经济、防范化解重点领域风险等四个方面及时出台推动经济持续回升向好的一批政策措施。7月19日，《中共中央 国务院关于促进民营经济发展壮大的意见》发布，提出31条政策支持民营经济发展。工信部提出"加紧制定实施汽车、电子、钢铁等十个重点行业稳增长的工作方案"。财政部、商务部等部委也出台了支持新能源车发展、促进出口的意见。7月下旬中央政治局将召开会议分析研究当前经济形势和经济工作，必将进一步稳定市场预期，提振发展信心。全集团要树牢目标导向、问题导向、政策导向，坚持"自己的耙子上柴火"，以止损增盈、挖潜增效为重点，紧盯关键环节、重要节点，内抓极致运行、外拓购销价差，全力破解制约生产经营绩效提升的瓶颈问题，跑出发展加速度、跑赢行业大盘。

为实现经营绩效支撑集团公司高质量发展和保障职工权益，按照"下半年整体经营绩效水平不低于二季度"的原则，集团公司确定基础目标是全年实现营业收入1475亿元，利润总额-8亿元，经营性净现金流15亿元，年末资产负债率82.48%；挑战目标全年实现营业收入1500亿元，利润总额0.45亿元（集团口径不亏损），经营性净现金流20亿元，年末资产负债率82.15%。保基础指标就是保稳定大局、保职工福祉，争取挑战目标就是争取未来可持续发展主动权，一个是发展的底线，一个是发展的底气。

坚守"为民情怀、职工福祉"，坚决完成关键考核指标，跨过"生存线"。根据省国资委工资总额管理办法及工资总额预算管控政策，完成去年实际利润和营业收入水平才能保证工资总额不降低。从集团公司上半年指标完成情况看，利润总额、营业收入指标年化后仅分别完成考核基准的68%、83%，亏损额已经突破80%工资总额保底线。集团公司以预借方式对完成指标差距较大的单位，按90%保底核准工资总额。但如果三季度、全年不能完成基础目标，职工收入将无法保障。在调研中，"工资收入怎么保"也是职工关注的焦点。各单位领导班子特别是主要领导，要勇担保关键指标就是保工资收入的责任，突出"算账"经营，优化月度控制模型，从"干着算"向"算着干"转变，一月盯着一月干、一步紧着一步走，以突破性的举措确保指标任务完成。财务部要围绕实现下半年及全年目标加强与各单位对接，建立集团监控预警模型，及时分析查找短板弱项，分解督导落实。利润总额要奋力实现"一减两增"。"一减"就是减少平台单位亏损规模。要从集团母公司着手，并着力重心下移，结合联合重组积极推进，下半年加大高息负债循环置换力度，力争有息负债规模较年初降低40亿元，财务费用支出较二季度降低1亿元左右；强化成本控制，严控各项支出，能减则减、能缓则缓；莱钢集团、淄博张钢等平台公司要协同发力，制订并落实减亏计划，控制好资产处置节奏，严控费用支出，兼顾去化进度与处置损益，全力降低亏损额；改制单位盈利力争较二季度有提升。"两增"就是增强钢铁主业盈利能力、增强多元产业创效水平。钢铁主业要制订每个月的模板计划，既要抓吨钢利润分位值提升，更要抓利润绝对额提升；铁钢稳产高产，再降铁水成本、材料消耗，进一步提高高盈利产品月产量，将改善低利产品盈利能力落在品种上；努力扩大购销差价；三季度日照基地吨钢经营利润要确保190元以上、力争230元，莱芜基地吨钢经营利润实现为正、力争50元，四季度两基地综合吨钢利润在三季度基础上再努力提升50元。多元板块要立足增盈，全面提升绩效。在当前形势下，宁可鞭打快牛，也不能要竹篮打水一场空。营业收入提升要坚持追求有利润的收入和有现金流的利润。钢铁、矿业、耐材等生产板块通过积极稳妥增产增加营业收入；贸易单位要在确保风险可控、流程合规的前提下，积极提升贸易规模。山钢股份要强化与山钢国贸、山钢资本、山东耐材、山信软件等相关单位的统筹，稳妥推进营业收入提升。

抓好关键性质量指标提升，夯实发展根基，努力迈过"发展线"。省国资委近期正式发布了2023年度省管企业高质量发展考核方案，主要包括党的建设和经营发展两项内容，其中经营发展重点考核经济效益、国有资本回报和改革发展情况，包括经营绩效考核和改革绩效考核，更加突出利润总额和净资产收益率，更加突出全员劳动生产率、营业现金比率和资产负债率，更加突出新一轮国企改革行动任务。集团公司各部门要严格贯彻落实省管企业高质量发展绩效考核方案，围绕实现下半年及全年目标主动对接、提前行动。要高度关注经营活动净现金流管理，二季度集团公司经营性实得现金流虽然环比一季度大幅改善，但经营性现金流净额为负的问题必须引起高度重视。各单位要进一步突出并牢固树立现金为王的理念。我们讲过，经营性现金流为负是一个企业衰败的标志。集团公司按照季度经营性实得现金流10亿元为目标，制定了三季度各月度及四季度集团公司现金流增长的测算模型。各单位要按照指标计划分解落实，坚持以提升经营绩效为核心，努力扩大销售规模，三、四季度末"两金"占用力争不高于年初水平，力争全年经营性现金流实得应得比上半年有大幅改善。筑牢资金风险安全防线。按照集团公司《资金链风险防控方案》要求，认真落实风险防控措施，积极配合集团公司安排的各项资金运作，加大"两金"分类管控力度，提升整体防控能力，保障全集团整体资金链安全稳定。降负债是实现集团公司健康稳定发展的关键，各单位要进一步直面资产负债率这一矛盾，深入推进"风险防控不到位，国有企业资产负债率偏高"专项整治，集团总部作为压降有息负债规模的闸口，加强资金进出的总体把握，开拓渠道、大胆设计、重心下移、力求速降。

实施强激励硬约束考核机制，强力传导市场压力和政策导向。集团公司将制定下半年经营目标专项激励约束政策，对分解确定的各单位下半年利润总额、营业收入、经营性现金流净额、资产负债率等经营指标的两档目标（基础目标和挑战目标）加大激励约束力度。对组织绩效实行正激励，在保持现行工资总额决定机制和管控规则不变的基础上，按照超额利润进行提成，利润总额超过基础目标部分提成10%、超过挑战目标部分提成15%。加大对"关键少数"的强激励硬约束，将下半年利润总额、营业收入基础目标和挑战目标与各单位负责人年度绩效薪酬挂钩考核，实现挑战目标，钢铁主业负责人绩效薪酬可以增加30%、其他板块可以增加20%；完不成基础目标减少绩效薪酬，钢铁主业负责人最多要降低30%、其他板块最多要降低20%。各单位要层层分解指标，压紧压实各级管理责任，配套相应考核政策，引导全体职工凝心聚力，共克时艰，全力以赴完成集团公司下半年经营目标、争取最好业绩。

坚持创新驱动，全面提升发展动力。深化科技创新体制机制改革攻坚。着力加大内部研发资源整合力度，强化全产业链协同创新。持续推进"揭榜挂帅"、关键核心技术管理新模式，推动科研管理信息系统覆盖应用。持续提升研发投入强度，确保研发投入强度不低于3.0%，研发费用增长率不低于10%。扎实推进重大科技项目实施，积极申报2023年省重点研发课题。推动"数智山钢"建设。加快推进智慧制造"四个一律"类项目建设，整体筹划"三跨融合"，积极推进公司治理变革和业务流程固化融合，提升"数智"支撑决策能力。坚持绿色导向，大力推进节能降碳。习近平总书记在中央全面深化改革委员会第二次会议上要求，推动能耗双控逐步转向碳排放双控。抓住用好集团公司重大改革历史机遇，在高端用钢、智慧制造、低碳冶金等战略性、前瞻性领域有新布局，提升绿色制造、制造绿色能力。强化系统思维，突出高效协同。发挥"五位一体"商业模式创新优势，进一步提高基地、产业间协同运作实效，

内部市场资源配置项目化，提高资源采购效率具体化，建立共同开发终端用户机制，以钢铁主业高质量发展带动耐火材料、信息技术、产业金融、矿产、国贸等产业迈向高端。

全面深化改革，激发发展活力。筹划实施新一轮国企改革深化提升行动，按照近日国务院召开会议、国资委下达的国企改革深化提升方案，要求构建中国特色现代企业制度下的新型经营责任制，全面提升公司治理现代化水平。纵深推进干部人事制度改革。落实《部分重点岗位轮岗交流规定》，完成全集团干部年度轮岗交流工作；落实管理人员竞聘上岗、不胜任退出、末位调整等制度规定，加大优秀年轻干部培养储备力度；谋划岗位体系优化、总部队伍建设、管理模式创新和制度完善等工作，构建适应现代企业制度要求和市场竞争需要的干部管理机制。积极推动人事效率提升。着力完善市场化的劳动用工管理体系，拓宽人员优化配置渠道，以人事及劳动效率水平提高和经营效益增长支撑职工收入稳定增长。加大"招才引智"工作力度。用好集团现有企业技术中心、工程技术研究中心、院士工作站、博士后科研工作站、博士后创新实践基地等人才聚集平台，研究制定更加有力的引才举措，强化人才聚集和人才培养。对标找差再提升。做实寻标对标争创一流行动实施方案，提档升级对标提升行动，既要勇于对标世界一流和行业龙头，又要精准对标同行"单打冠军"和自身"历史最好"，完善"对标、定标、追标、超标"各环节，对出真指标、提升真实效。建立和优化覆盖全员的员工业绩考核体系，确保"一人一表"落地见效、"赛马机制"刚性兑现。

三、找准工作方法，明确完成指标怎么干，在转作风抓落实中确保实现目标

高质量开展主题教育，凝聚全员共识。

在学习贯彻习近平新时代中国特色社会主义思想中学理论、找方法、闯路子，严格落实"第一议题"学习制度，发挥各级党委理论学习中心组的示范带动作用，实现学习的"关键少数"示范带动和"绝大多数"的全面覆盖，用党的创新理论统一思想、意志、行动、引领推进企业改革发展。高质量抓好主题教育成果落实。做好调研成果转化，7月底前，各单位领导班子都要召开调研成果交流会，交流成果，研究对策，形成解决问题、促进工作的思路举措。坚持不懈抓好形势任务教育，坚持"形势发展到哪、工作推进到哪，教育就跟进到哪、观念就转变到哪"，通过多种渠道、不断丰富形式，向职工讲清内外形势和企业压力、讲清应对措施和发展前景，推动宣传思想工作与生产经营目标同向、过程同频、考核同步。当前，要统筹推进意识形态工作"三对标两提升"行动、"争上游、走在前"主题宣传实践活动、"我为发展献良策、解难题、建新功"系列活动，汇聚一起来想、一起来干的强大合力。动真碰硬推进专项整改整治，用好"四张清单"，实行台账式管理、项目化推进，压紧压实责任，确保整改实效；高标准高质量部署开展好第二批主题教育。

坚持以人为本，以强烈的责任担当抓落实。坚持问题导向。敢于斗争、善于斗争，拿出揭短亮丑的精神、动真碰硬的勇气，不掩盖、不回避、不推脱问题，以"有解"思维创新"优解"路径，统筹用好一切资源，把事关集团长远发展的大事干成干好。提升工作效能。各级领导和总部部门要保持"马上就办"的精神状态，树立"今天再晚也是早、明天再早也是晚"的效率意识，与基层单位同责共担、同题共答、同步共进。对于基层提出的事项，既要敢于说"不"，还要善于说"行"。要加强部门服务联动和上下互动，

减少部门间的"文来文往"，多一些面对面沟通的"人来人往"。近期，集团公司将对治理管控体系文件进行调整优化，切实为基层松绑减负，确保各治理主体权责匹配更加精准、总部决策审批流程在依法合规基础上更加简洁高效。总部部门要深入倾听基层单位意见建议，积极给予反馈解释，做好必要政策解读。增进职工福祉。推进幸福和谐新山钢创新版建设，深化厂务公开民主管理，全面开展互助互济保障工作，加强困难职工帮扶救助，让广大群众更好更充分地享受各项惠民政策。深入推进产业工人队伍建设改革工作，加强工匠学院建设，发挥好工匠高技能人才作用，深化全员创新工程，开展劳动和技能竞赛，多通道搭建职工成才展才平台。

坚决筑牢"一排底线"，全力以赴防范风险。市场环境越是复杂严峻，越要守牢风险防线。深化风险内控合规法务"一体化"管理，既要重视已出风险的化解和重大风险的处置，更要重视潜在风险的识别和防控预案的制定，对照《重大经营风险专项防控指引》，认真组织开展经营风险专项排查，分级防控、动态监控，确保风险早发现、早识别、早预警、早处置；坚决杜绝偏离主营业务、片面追求短期指标等行为，高度重视合作伙伴风险、合同管理风险、投资风险，对违反规定造成风险的，要严肃追责。扎实推进全员安全环保责任落实，绝不能只重发展不顾安全，要强化安全环保督导检查，重点抓好重大事故隐患专项整治工作，从根本上消除事故隐患。各单位要时刻关注职工思想动态和精神状态，加强联保互保，严防职工带病作业、疲劳作业、情绪作业。不断提升审计服务和监督效能，推进集团公司经营风险及2022年度绩效评价审计的后续工作，抓好落实整改。严肃财经纪律，将各单位2023年度经营情况作为审计巡察重点，严

禁跨周期调整，严禁数据造假，确保指标真实。全力做好疫情防控、意识形态、信访、保密、外事等工作。

大力营造风清气正政治生态，护航企业改革发展。推动政治监督具体化精准化常态化，深化拓展"一台账、两清单、双责任、双问责"监督机制，制定出台对改制企业、混改企业公职人员的监督意见。一体推进"三不腐"，深化"靠企吃企"专项整治，加强重点领域专项巡察和审计，对侵害企业和职工利益的行为露头就打、反复敲打，持续释放反腐"无禁区、全覆盖、零容忍"的强烈信号，以斗争精神正风肃纪反腐。持续强化作风建设，坚持实事求是，深入开展不担当不作为乱作为假作为问题专项整治，对5类20项专项整治重点问题，通过深入调查把情况摸清、把问题找准、把措施定实，绝不能"心中无数决心大，情况不明办法多"。广大党员干部要带头发扬"严、真、细、实、快"的作风，以目标倒逼责任、以时间倒逼进度、以考核倒逼落实，用自己的"辛苦指数"提升职工的"幸福指数"。

根据行业情况预测，只要各单位完成基础目标，集团公司将跨过行业"生存线"，尽力冲刺挑战目标，将迈进"发展区"；山钢股份吨钢利润分位值超过56分位，日照公司达到84分位以上，莱芜基地达到36分位以上，各权属公司保持绩效稳步提升，就能有力有效助推集团公司"争上游、走在前"取得实质性成效。

同志们！安危不贰其志，险易不革其心！建设世界一流企业是我们矢志不渝的目标追求！关键在实干，重点看作风、看担当。面对重重挑战，全集团广大干部职工要坚定信心、迎难而上、真抓实干、激流勇进，坚决完成三季度、下半年、全年任务目标，保集团、保上市公司、保职工利益，向省委省政府、省国资委和全集团干部职工交上一份合格满意的答卷！

在国企改革深化提升行动动员部署会议暨 11 月份生产经营调度会上的讲话

党委书记、董事长 侯 军

（2023 年 11 月 13 日）

同志们：

2023 年还剩 49 天，集团各项工作进入收官期、决战期。今天的会议，既是立足当前冲刺全年任务的分析会、调度会，也是着眼长远谋划改革的动员会、部署会。主要任务是传达贯彻全省国有企业改革深化提升行动动员部署视频会议精神，深入分析当前生产经营中面临的问题挑战，牢牢把握改革发力点和目标成效要求，以提高核心竞争力、增强核心功能为重点，聚焦重点任务，破解难点问题，以逆水行舟、放手一搏的决心和勇气，全力冲刺全年目标任务。

2023 年下半年以来，集团公司针对内外部环境变化，采取按月调度生产经营情况的方式推进工作落实，从整体进展情况看，各单位自我加压、负重拼搏，在困难挑战中锤炼韧性，取得了一定成效，但绩效完成情况与滚动预算存在较大差距。1～10 月份，集团公司累计实现营业收入 1159.44 亿元、亏损达 9.9 亿元，同比分别减少 148.71 亿元、12.18 亿元，特别是亏损额已突破 8 亿元的基础目标，对保生存、保职工福祉、保未来发展造成严重冲击；10月份集团公司实现营业收入137.14亿元、亏损2.08亿元、经营性净现金流7.95亿元。10月份利润总额不及预期的主要原因是钢铁板块吨钢边际贡献与目标差距较大，打开分析原因主要有：一是煤炭采购价格短板明显，焦煤、喷吹煤采购价格分别较去年退步43.59元/吨、15.74元/吨，配煤结构优化协同作用不明显，吨铁成本退步32.02元/吨；二是产品结构亟待优化，在近期中厚板价格大幅下降、冷轧产品利润增加的情况下，集团公司冷轧产品短板更加凸显，汽车钢、新能源用钢占比明显偏低；三是产量指标制约效率发挥，在当前两基地有较高边际贡献的情况下，产量指标需要进一步去"抢"；四是费用管控没有做到极致，基层存在一定的等待情绪。按照财务部目前汇总情况看，后两个月滚动预算在年底将出现"鼓疙瘩"问题，与基础目标差距甚远。截至10月底，全国247家钢企盈利面已缩小至16.45%，在市场大环境短期内逆转可能性很小的情况下，如何下功夫补足短板、扭转增亏局面是直接现实的考验。山钢近年来的发展证明，一切肇始于改革、得益于改革、成就于改革。即使没有行业下行，在未来竞争中我们也必将经历这样一个阵痛阶段。当前，钢铁行业进入了颠覆传统、深化改革的重要窗口期和历史机遇期，在集团公司重大改革推进的关键时期，我们必须通过深化改革找出从根源上提升本质化运营水平、稳定穿越周期的办法。

2023年6月17日，中办、国办印发《国有企业改革深化提升行动方案（2023—2025年）》，这是习近平总书记站在党和国家工作大局的战略高度，继国企改革三年行动之后，再次亲自谋划、亲自部署、亲自推动的又一次新时代国企改革重大行动。10月27日，《山东省国有企业改革深化提升行动实施方案（2023—2025年）》印发。11月1日，全省国有企业改革深化提升行动动员部署视频会议强调，扎实实施国有企业改革深化提升行动，推动国有资本和国有企业做强做优做大。省国资委近期将深入安排部署省属企业改革深化提升行动具体事宜，要求省属企业今年年底前出台具体实施方案。

下面，就做好改革深化提升行动、全面抓好后续生产运营，我讲三方面意见。

一、明确目标任务，在"改什么"上统一思想

精准把握国有企业改革深化提升行动和国企改革三年行动的"不变"与"变"。"两个行动"在时间节点上前后紧密衔接，在改革思路上既一脉相承，又与时俱进，联系与区别重点体现在"四个没有变"和"三个变"上。"四个没有变"主要是"两个行动"的指导思想、原则、总目标和首要任务是一以贯之的。指导思想强调始终坚持以习近平新时代中国特色社会主义思想为指导，完整、准确、全面贯彻新发展理念。原则强调要坚持和加强党对国有企业的领导，坚持和完善社会主义基本经济制度，坚持社会主义市场经济改革方向。总目标是坚定不移、旗帜鲜明做强做优做大国有资本和国有企业。首要任务是健全国有企业各级党组织学习贯彻习近平总书记重要指示精神的"第一议题"制度，将深入学习贯彻习近平总书记关于国有企业改革发展和党的建设的重要论述作为首要任务。"三个变"主要是改革的发力重点、任务要求、成效目标发生了变化。一是改革发力重点发生变化。以往国企改革三年行动强调抓重点、补短板、强弱项，当前国有企业改革深化提升行动则是以提高国有企业核心竞争力和增强核心功能为重点，坚持分类改革，体现了当前国企改革面临形势之变的新要求。二是改革任务要求发生变化。国企改革三年行动聚焦国资国企体制机制的改革，从完善中国特色现代企业制度、推进国有资本布局优化和结构调整、积极稳妥推进混合所有制改革、健全市场化机制等八个方面攻坚克难、动真碰硬，实现了国有企业同市场经济的深度融合，国有企业独立市场主体地位不断巩固，市场竞争力、发展活力显著增强。国有企业改革深化提升行动则是顺应新时代新征程的大背景，锚定服务国家重大战略，围绕新征程上国有企业的功能使命，着力提升企业核心竞争力、增强核心功能，更强调要切实发挥国有企业在建设现代化产业体系、构建新发展格局中的科技创新、产业控制、安全支撑作用。同时，提出要把国企改革三年行动在中国特色现代公司治理、市场化机制等方面形成的机制长效化制度化，在注重精准化和差异化的前提下进一步落实落细。三是改革成效目标发生变化。国企改革三年行动强调要在制度、结构、效率上取得"三个明显成效"，国有企业改革深化提升行动提出新的"三个明显成效"，要求到2025年，在增强国有企业服务国家战略功能作用上取得明显成效，在推动国有企业真正按市场化机制运营上取得明显成效，在加快建设世界一流企业和培育专精特新企业上取得明显成效。

精准把握国有企业改革深化提升行动的深刻意旨。省委省政府出台的实施方案梳理了省属企业在发展质效、资本布局等9个方面17项问题，研究提出一系列以专项行动、工作机制、创新平台为载体的改革举措，把做强做优放在优先位置，绝不盲目求大，大力推进功能性、结构性改革，切实发挥国企在建设现代产业体系、服务和融入新发展格局中的科技创新、产业控制、安全支撑作用。具体要求可以概括为做到"三个坚定不移"、深化了取得"三

个明显成效"的内涵，即坚定不移把深入学习贯彻习近平总书记关于国有企业改革发展和党的建设的重要论述作为首要任务，坚定不移把做强做优做大国有资本和国有企业作为根本目标，坚定不移把提高国有企业核心竞争力、增强核心功能作为重中之重，努力在增强国有企业服务重大战略功能作用上取得明显成效，在推动国有企业真正按市场化机制运营上取得明显成效，在加快建设世界一流企业和培育专精特新企业上取得明显成效，更好实现国有企业经济属性、政治属性、社会属性的有机统一。

全集团要切实增强深化改革的责任感使命感紧迫感，把思想和行动统一到习近平总书记关于国有企业改革发展和党的建设重要论述精神上来、统一到党中央决策部署上来，按照省委省政府"实施方案"确定的改革事项，逐项对表落实，把深化改革作为稳大局、应变局、开新局的重要抓手，深刻理解以上目标要求，确保改革方向不偏离、目标不动摇、任务不遗漏。

二、直击重点难点，在"如何改"上靶向发力

自2019年国企改革三年行动实施以来，集团公司全面完成量化指标采集表109项指标、改革台账5大类28项任务，取得了一系列突破性、标志性成果。但本轮市场下行对改革成效的现实检验，突出暴露出一些体制机制和结构性问题，主要表现为活力不足、运行效率不高、内部经营机制不够灵活、激励约束机制不完善等现实问题，说明我们在治理升级、能级提升、布局优化、生态改善等方面"补考""赶考"的任务还很重，山钢集团仍然是解决国有企业痛点的"缩影"。我们要把这轮改革作为解决发展"近忧"与"远虑"的战略指引，紧盯重点难点持续发力，在更深层次、更高标准推进改革。

算账经营算到点子上，把功夫下到创效止损上。算账经营是目前严峻市场形势下实现"破局"的关键。如果降本增效的差距账、精细账、潜力账没有真正算透、算清，那我们就只能走到哪算哪，从目前财务部汇总的滚动预算情况也反映出来，我们对集团口径经营的具体结果没有做到精准预判，进度明显不及预期。从移动靶看，按照年初确定的吨钢利润分位值目标，山钢股份、莱芜基地、日照基地还分别低11分位、4分位、19分位，钢铁主业是否以"高效产线产能利用率能否提升、高盈利产品产量比重能否提高、产品结构整体是否有效优化、经营业绩是否持续改善"来评价算账经营的工作成效等方面存在差距。我们都看到马钢这几个月进步比较快，可能有产品结构等因素，但马钢通过及时调整资源配置，高效产线产量在原历史最高水平基础上提升，动态优化生产机制，整合长材特钢低效益产线资源，集中开停、并线组产，也是很重要的原因。算账经营是以合同为中心的生产组织模式下，跟踪全流程成品制造、质量和工艺信息，进行产品"物料+合同"全流程成本计算和分析，将真实制造成本和盈利水平反映到每份合同上，让算账经营的结果真正在经营绩效中有体现。钢铁主业紧盯全年上市公司归母净利润为正、完成现金流指标和年度吨钢利润分位值指标"三大目标"，加强动态滚动经营预测，坚决克服"坐等"思想，树牢极致降本理念，进一步梳理挖潜增效举措，倒逼管理体系和能力提升，推动一体化极致高效运营，11月、12月两个月坚决防止经营绩效大幅度下滑，降幅力求比宝武各基地小；加快推进采购、研发体系改革，主动优化营销策略，尽快扭转煤炭采购价格的被动局面，持续优化产品结构，形成敏捷应对市场变化的产销研一体化能力，千方百计扩大购销价差，提高单位边际贡献；最大限度争取产量指标，做好动态平衡，把有限的产量指标与优化生产组织运营结合好，日照基地全力提产增效，莱芜基地奋力止损扭亏。多元产业要保持冲刺劲头，在确保完成全年挑战目标基础上，最大限度提升经营绩效贡献度，有效平抑钢铁行业的周期性波动。平台板块既要算眼前账，也要算长远账，向资产盘活要效益、向成本管控要效益，有效管控资金使用的每个过程、每个环节，让每分钱都花得其所、花出效应。财务部要发挥集团监控预警模型作用，加强对各单位的督导调度，实现财务数据有力有效的"模板运行"。

把创新驱动的着力点放在提高国有企业核心竞争力和增强核心功能上，提升本质化运营水平体现在效率效益上。山钢集团的核心竞争力体现在价值创造能力和可持续发展能力上，具体指标如吨钢利润分位值、净资产收益率、研发投入率、高端产品比例等，核心功能体现在产业控制作用和安全支撑作用上，具体指标如资源自给率、产业链链长建设任务、战略产业占比等。根据36家上市钢企三季报披露，1~9月份有22家实现盈利，山东钢铁亏损3.4亿元；第三季度已有多家企业业绩明显改善，26家实现盈利，22家归母净利润实现环比正增长；从绝对值看，截至10月末，集团公司下半年利润总额欠目标5亿元，其中钢铁主业减利6.6亿元。切实提升产品经营能力。产品经营变革的实质是产销研实体化、一体化，主要目的是实现从制造到市场到研发的全流程无界面贯通，提高反应速度、明确主体责任、授权决策权利，形成从市场到现场的快速循环机制，持续提升产品竞争力。坚持"高端+差异化"研发策略，加大"一绿一黄一蓝"品种钢开发力度，瞄准高端装备制造、重大工程建设、战略性新兴产业等领域关键材料需求持续加大研发投入。省里改革方案提出，到 2025 年，省属重点制造业企业研发投入强度要达到 5% 以上，截至 9 月末山钢研发投入强度为 2.85%。要高度重视研发效率提升和研发成果转化，把重大科技成果的产出和运用转化情况，作为创新主体资金绩效管理的重要依据，用吨钢利润反映科技创新实效。要持续强化深化 QCDVS 用户服务，推进"一个协议一个清单一个中心"新型合作模式，全力聚合战略合作用户资源，进一步抢抓优质订单、高效订单，全力弥补滚动预算 11 月、12 月两基地购销价差比 10 月份水平再度减少的状况。加快数智山钢建设步伐。按照《山东省制造业数字化转型提标行动方案（2023—2025 年）》要求，结合集团公司重大改革事项进展情况，进一步优化"数智山钢"布局规划，形成 2024 年度数智化快速提升工作路线图，具备条件的项目要迅速组织落实，推动集团公司数智化转型提效、提速、提质。锚定人员年优化率 8% 目标，将人事效率提升与管理体制变革有机结合，与推进智慧制造、推进专业协作同步策划实施，大力推进跨单位、跨区域人员有序流动，实现集团全口径人力资源优化配置。山钢股份要统筹做好莱芜分公司、日照公司人员优化工作，真正将全口径人工成本降下来。推进绿色低碳转型。10 月 28 日，在山钢承办的中国生态文明论坛年会上，生态环境部部长黄润秋对集团公司超低排放工作超前作为、走在前列给予高度评价。我们要再接再厉，今年完成莱芜区域创 A 目标，成为全省首家全域环境绩效 A 级钢铁企业。同时，要紧盯低碳前沿技术，聚焦绿色产品、绿色工艺、绿色能源，加大技术攻关力度，努力打造绿色低碳原创技术策源地。要用足用好相关政策，让更多真金白银尽快"落袋"。

树立极致思维，在打通堵点难点上狠下功夫务求实效。聚焦治理管控深化改革。按照省委省政府部署要求，统筹推进重大改革落地，提前做好新型经营责任制落实和治理管控体系重构等相关准备工作。财务部要组织做好宣贯，指导各单位和部门做好明年商业计划书编制工作。对于重点指标、重点任务要做到责任到人、刻度到月、措施到位，密切跟踪任务进度，及时调整工作部署，确保取得成效。聚焦资金效率提升深化改革，集团公司 10 月末资产负债率较 9 月末升高 1.01 个百分点，财务部要做好集团压降资产负债率的统筹及动态监控工作，资金中心应对方案要留有余地，各权属单位通过效益提升、严控两金占用及有息负债规模等措施做好支撑。全力压降有息负债额度，资金中心结合重组安排做好工作预案。高度关注库存和资金占用，10 月末，集团公司存货净额 198.7 亿元，环比 9 月末增加 1 亿元；1~10 月份年化两金周转天数 59.83 天，较 2022 年同口径减少 0.55 天，距离年初确定的提升 10%（剔除贸易影响）仍有差距。马钢集团管理口径存货为 106.79 亿元，环比下降 2.23 亿元，两金周转天数 48.86 天，较 2022 年末减少 4.02 天，提升 7.63%。更加关注现金流动态，注重从资产端要现金流，不能通过拉升经营负债的方式增加现金流。聚焦资产效率提升深化改革。截至 10 月末，集团公司经营性亏损企业亏损面 22.68%，超控制目标 7.15 个百分点，导致亏损面增加的主要原因是新增亏损企业 12 户。各相关单位及总部有关部门要主动作为，按时间节点完成铁源炉料、鲁颂置业、日照山钢有关事项内部决策流程，加快推进东方星城扭亏工作；其他新增亏损企业按照既定治亏方案，落实各项措施，确保年底前完成扭亏。财务部要加强过程监控，异常情况要有应对预案，不能走到哪算哪。聚焦考核评价优化深化改革。突出"能者上、庸者下、劣者汰"，按照任期制和契约化管理规范，大力推进管理人员竞争上岗，把政治过硬、业绩突出，有专业能力、专业素养、专业精神的优秀干部及时选出来用起来；严格末位调整和不胜任退出，通过常态化开展岗位评估，对不作为的干部坚决调整、及时处理；按照差异化实施原则，对不同职务层次、不同履职功能的岗位，采取不同的竞争上岗方式，既要符合干部管理有关要求，又要贴合山钢实际情况。突出"优者奖"，实施超额价值分享，坚持创造价值才能分享价值，坚决摒弃"没有功劳也有苦劳""效益好讲贡献、效益差怪市场"的认识偏差。要研究制定好相关规则，防止"短视"经营行为和重大经营风险。

三、压紧压实责任，在"改得好"上主动作为

全面加强党的领导和党的建设，牢牢把握改革发展正确方向。始终坚持党对国有企业的领导这一重大政治原则，坚持"两个一以贯之"，用好"第一议题"制度，巩固拓展第一批主题教育经验成果，加强对第二批主题教育的组织领导和工作指导。全面推进党建工作与生产经营深度融合，把提高企业效益、增强企业竞争力、实现国有资产保值增值作为各级党组织工作的出发点和落脚点，深入落实"四同步""四对接"要求，以改革发展成果检验党组织的工作和战斗力。

坚持上下联动，确保各项改革任务高效有序落实。深改办作为牵头部门，要抓好分解落实，细化具体任务，抓好方案和台账编制工作，确保所有改革事项都放得下、接得住；各权属二级公司是改革的主体，"一把手"是第一责任人，要确保各项改革按照既定时间表、路线图有力有序推进；总部各牵头部门要履职尽责，强化服务，与责任部门和单位联动协作、合力攻坚，确保改革深化提升行动抓实抓细抓到位，确保国有企业改革深化提升行动起好步、开好头。对于2023年底前启动或完成的任务，要逐条逐项尽快梳理，排定"时间表""路线图"；对于后两年的改革任务，也要尽快厘清思路、把握节奏，尽早实质启动。有些现在还无法看清想透的改革事项，要根据改革进展适时动态优化。

同志们，面对全年任务收官冲刺、明年工作谋篇开局，全集团要进一步增强交卷意识、前瞻思维，再对标、再盘点、再落实既定目标任务，以更多硬招实招攻坚重点指标，坚决守牢安全生产等一排底线，确保交出全年考核高分答卷！

在中国共产党山东钢铁集团有限公司第一届纪律检查委员会第八次全体（扩大）会议上的讲话

党委书记、董事长　侯　军

（2023年2月2日）

同志们：

刚才文友同志代表集团纪委常委会作了工作报告。这个报告已经集团党委常委会研究同意，集团公司各级党委、纪委要

结合实际抓好贯彻落实。

2022年，集团公司各级党组织坚持以习近平新时代中国特色社会主义思想为指导，认真学习贯彻党的二十大精神，履行主体责任，坚持党的全面领导，加强党的建设，推进全面从严治党向纵深发展，为集团公司高质量发展提供了坚强有力的政治保障。面对疫情对生产经营的巨大冲击和行业形势的急剧下滑，全集团上下同欲、众志成城，以非常之举应对非常之难，坚决打赢生存保卫战，取得了安全稳定与高质量发展的"双胜利"，顺利完成第二轮新旧动能转换三年行动计划（2020—2022年）总体目标。各级纪委履行协助职责和监督专责，聚焦"两个维护"，坚持严的基调不动摇，强力正风肃纪反腐，严肃监督执纪问责，党风廉政建设和反腐败斗争取得新成效，多个领域腐败案件查处取得新突破，风清气正的政治生态不断巩固，为集团公司打赢生存保卫战、实现高质量发展提供了纪律保障。2022年度纪检监察工作再次在全省考核为优秀等次，继续走在了省属企业前列。1名同志被评为全国纪检监察系统先进工作者，是全省2个先进工作者之一。巡察工作坚持"四个落实"，把准巡察监督的时代性，深化政治巡察，落实巡察监督的政治性，利剑作用凸显。各级纪检监察、巡察人员严自律、敢担当、善作为、展形象，在此，我代表集团党委，向奋战在纪检监察和巡察工作战线上的全体同志表示衷心感谢！

1月9日，习近平总书记在二十届中央纪委二次全会上发表重要讲话，深刻总结新时代全面从严治党取得的重大成果，深刻阐述健全全面从严治党体系的目标任务、实践要求，对坚定不移深入推进全面从严治党作出战略部署，是深入推进全面从严治党的根本遵循，是新时代新征程纪检监察工作高质量发展的根本指引。1月

19日，山东省委书记林武在省纪委十二届二次全会上，就贯彻落实习近平总书记重要讲话精神，深入推进全省全面从严治党工作提出明确要求。这次会议，重点就贯彻落实党的二十大和二十届中央纪委二次全会、省纪委十二届二次全会精神，推进集团公司全面从严治党工作进行部署，同时对全集团党员领导干部开展政治纪律和政治规矩教育，开展党风廉政警示教育和廉政谈话。根据集团党委研究的意见，我重点讲四个方面。

一、深入学习贯彻党的二十大精神，切实增强全面从严治党的思想自觉和行动自觉

党的二十大是在全党全国各族人民迈上全面建设社会主义现代化国家新征程、向第二个百年奋斗目标进军的关键时刻召开的一次十分重要的大会，是一次高举旗帜、凝聚力量、团结奋进的大会。大会深刻阐释了新时代坚持和发展中国特色社会主义的一系列重大理论和实践问题，描绘了全面建设社会主义现代化国家、全面推进中华民族伟大复兴的宏伟蓝图，为新时代新征程党和国家事业发展、实现第二个百年奋斗目标指明了前进方向、确立了行动指南，是党和人民智慧的结晶，是党团结带领全国各族人民夺取中国特色社会主义新胜利的政治宣言和行动纲领，是马克思主义的纲领性文献。学习贯彻党的二十大精神是各级党组织和党员干部当前和今后一个时期的首要政治任务。

（一）深刻领悟"两个确立"的决定性意义，坚决扛牢"两个维护"根本政治责任

学习宣传贯彻党的二十大精神，最根本的是坚定拥护"两个确立"、坚决做到"两个维护"。集团各级党组织和党员领导干部在坚决维护习近平总书记党中央的核

心、全党的核心地位，坚决维护以习近平同志为核心的党中央权威和集中统一领导上肩负重大使命责任，必须不断提高政治判断力、政治领悟力、政治执行力，更加深刻领悟"两个确立"的决定性意义，更加深化对"两个确立"的政治认同、思想认同、理论认同、情感认同，更加自觉增强"四个意识"、坚定"四个自信"、做到"两个维护"，全面贯彻习近平新时代中国特色社会主义思想，把坚持党中央集中统一领导这个最高政治原则落实到行动上、体现到工作中。

（二）坚持不懈用党的创新理论凝心铸魂，坚持用习近平新时代中国特色社会主义思想武装头脑

加强思想建设，夯基固本，开展集中性教育和经常性教育，增强政治自觉、思想自觉、行动自觉，坚持不懈用习近平新时代中国特色社会主义思想武装头脑、指导实践、推动工作。广大党员干部要从思想上正本清源、固本培元，筑牢信仰之基、补足精神之钙、把稳思想之舵，保持共产党人政治本色，挺起共产党人的精神脊梁。要发扬斗争精神，增强斗争本领，勇于面对各种风险挑战，勇于克服各种困难，对集团改革发展稳定、意识形态领域、党风廉政等方面存在的突出矛盾问题，要敢于斗争、善于斗争、团结奋斗、敢于胜利。

（三）紧紧围绕中心工作，强化政治监督

推进政治监督具体化、精准化、常态化，牢记"国之大者"，立足全面贯彻新发展理念、着力推动高质量发展、主动构建新发展格局，加强对习近平总书记重要指示批示精神和党中央重大决策部署、省委省政府和集团党委工作安排贯彻落实情况的监督检查，加强对贯彻党的二十大精神、疫情防控、深化国有企业改革、集团"争上游、走在前"等重点工作措施落实

情况开展监督检查，确保执行不偏向、不变通、不走样。要及时准确发现有令不行、有禁不止，做选择、搞变通、打折扣等突出问题，切实打通贯彻执行中的堵点难点。督促各级党组织和党员干部严明政治纪律和政治规矩，自觉同党中央对标对表，以实际行动拥护"两个确立"，践行"两个维护"。各级党委要切实担负起政治监督的主体责任，把加强政治监督作为提高党的建设质量的重要抓手，统筹谋划。党委书记要以上率下亲自抓，班子成员各司其职分头抓。各级纪委要把加强政治监督作为重大政治使命，放在纪检工作的首要位置，精准有力开展工作。要在坚持中深化、在深化中坚持，推动完善重大决策部署落实机制，以有力有效日常监督促进各项政策措施落实落地。

（四）发扬彻底的自我革命精神，坚决将党风廉政建设和反腐败斗争进行到底

党的二十大对坚定不移推进全面从严治党作出战略部署，指出"全面从严治党永远在路上，党的自我革命永远在路上，决不能有松劲歇脚、疲劳厌战的情绪，必须持之以恒推进全面从严治党，深入推进新时代党的建设新的伟大工程，以党的自我革命引领社会革命。"习近平总书记在二十届中央纪委二次全会上进一步强调，要站在事关党长期执政、国家长治久安、人民幸福安康的高度，把全面从严治党作为党的长期战略、永恒课题，始终坚持问题导向，保持战略定力，发扬彻底的自我革命精神，永远吹冲锋号，把严的基调、严的措施、严的氛围长期坚持下去，把党的伟大自我革命进行到底……要坚持内容上全涵盖、对象上全覆盖、责任上全链条、制度上全贯通，进一步健全全面从严治党体系，使全面从严治党各项工作更好体现时代性、把握规律性、富于创造性。这再一次充分宣示了党以永远在路上的清醒和

坚定推进党风廉政建设和反腐败斗争的坚强决心。我们要推动全面从严治党向纵深发展，保持战略定力，始终绷紧从严从紧这根弦，坚持以严的基调强化正风肃纪反腐，坚决打赢反腐败斗争攻坚战持久战。

二、持之以恒正风肃纪，以钉钉子精神纠治"四风"

作风建设只有进行时、没有完成时。各级党组织要坚持从政治上认识和把握作风建设要求，把政治纪律和政治规矩摆在首位，将落实中央八项规定精神作为检验是否做到"两个维护"的试金石，增强责任感、使命感和紧迫感，强化作风建设，发扬"严真细实快"工作作风，涵养正气清风。

（一）坚持严字当头，持续纠治享乐主义、奢靡之风

经过大力整治，集团面上的享乐主义、奢靡之风得到遏制。但高压态势下，"四风"问题穿上"隐身衣"、躲进"青纱帐"，防反弹、防变异任务仍然艰巨，必须下更大功夫，反复抓、抓反复，采取有力措施坚决予以遏制。要坚持问题导向，对违规收送礼品礼金、违规吃喝等顽瘴痼疾深化专项整治，对收受电子红包、快递送礼、在隐蔽场所吃喝、借培训考察名义公款旅游等隐形变异问题早发现早纠治。要准确把握风腐同源、由风变腐的特征，对风腐一体问题深挖细查，健全风腐同查工作机制，着力发现和查处享乐主义、奢靡之风背后的利益交换、请托办事问题，坚决破除特权思想和特权行为。

（二）从讲政治的高度审视，重点纠治形式主义、官僚主义

持续在选人用人、深化改革、安全环保、资金安全、采购营销、历史遗留等"四风"问题和腐败易发多发领域开展监督，坚决纠正影响党中央重大决策和省委省政府及省国资委重要部署贯彻落实、影响集团公司重点工作推进、漠视职工群众利益、侵害国有资产、加重基层负担等形式主义、官僚主义问题，严查不尊重规律、不尊重客观实际和职工群众需求的乱作为问题以及推诿扯皮、不思进取的不作为问题，让基层干部轻装上阵，切实把时间和精力用于抓落实、促发展。

（三）健全作风建设常态化长效化机制

要坚持以人民为中心的发展思想，维护好实现好发展好职工群众根本利益，从职工群众反映强烈的具体事入手，一个节点一个节点突破，一个问题一个问题解决，使职工群众获得感成色更足、幸福感更可持续、安全感更有保障。要加大通报曝光力度，把通报曝光作为整治"四风"的有力武器。紧盯重要节点，抓住典型问题，应曝尽曝，持续释放整治"四风"越往后越严的强烈信号。深化大监督体系建设，加强协作配合，整合监督力量，全面推行"一台账、两清单、双责任、双问责"监督机制，坚持"查打一体"，靶向聚焦，精准发力，对监督中发现违规违纪、失职失责等问题，快查快办、严查严办。要坚持纠"四风"树新风并举，教育引导党员干部牢记"三个务必"，大力弘扬对党忠诚、艰苦奋斗的光荣传统和优良作风，党员干部特别是领导干部要带头深入调查研究，多到分管领域的基层一线去，多到困难多、职工意见集中、工作打不开局面的地方去，扑下身子干实事、谋实招、求实效。要教育引导党员干部与服务对象光明磊落交往，亲而有度、清而有为，推动形成亲清客户关系，让清正廉洁的风气不断充盈。

（四）激励干部担当作为

习近平总书记指出，"全面从严治党和鼓励担当作为是内在统一的，不是彼此对

立的。严并不是要把大家管死，使人瞻前顾后、畏首畏尾，搞成暮气沉沉、无所作为的一潭死水，而是要通过明方向、立规矩、正风气、强免疫，形成风清气正的党内政治生态，营造有利于干事创业的良好环境，进一步调动全党的积极性、主动性、创造性。"要坚持严管和厚爱结合、激励约束并重，既动真碰硬按照《问责工作办法（试行）》抓问责，倒逼责任落实，形成有力震慑，同时精准把握事业为上、实事求是、依纪依法、容纠并举，认真落实"三个区分开来"、深化运用"四种形态"，做到应容则容、应免则免，旗帜鲜明地支持改革者、鼓励探索者、宽容失误者、保护担当者，加大容错纠错、澄清正名、严查诬告陷害、关爱回访等工作力度，更好激发广大党员、干部的积极性、主动性、创造性，营造激浊扬清、干事创业浓厚氛围。

三、永远吹冲锋号，一体推进不敢腐、不能腐、不想腐

习近平总书记指出，反腐败斗争形势依然严峻复杂，遏制增量、清除存量的任务依然艰巨。必须深化标本兼治、系统治理，一体推进不敢腐、不能腐、不想腐。只要存在腐败问题产生的土壤和条件，反腐败斗争就一刻不能停，必须永远吹冲锋号。集团各级党组织要始终保持反腐败政治定力，把不敢腐、不能腐、不想腐有效贯通起来，三者同时发力、同向发力、综合发力，把不敢腐的震慑力、不能腐的约束力、不想腐的感召力结合起来，坚定不移把全面从严治党向纵深推进。

（一）系统剖析案发机理，深刻汲取反面典型教训

党的十九大以来，在省委的坚强领导下，集团党委坚持以习近平新时代中国特色社会主义思想为指导，深入贯彻全面从严治党战略方针，坚持"三不腐"一体推进，坚持系统施治、标本兼治，惩治震慑、制度约束、提高觉悟一体发力，治理成效不断放大，各级纪检监察机构忠实履行职责，强化监督执纪问责，反腐败斗争震慑效应显现，政治生态更加风清气正，运营生态更加阳光规范，为集团高质量发展提供了有力保障。2017—2022年，山钢集团处理处分1830人次，运用"四种形态"处理处分1605人次，开除党籍66人，开除/解除合同39人，已有57人被公安机关逮捕或被地方监委采取留置措施（其中集团内部人员42人），实现了政治效果、纪法效果、社会效果相统一。这些腐败案件（包括这次会议通报的案例），触目惊心、发人深省，全集团广大党员干部要深刻汲取反面案例的惨痛教训，以案为鉴，知敬畏、存戒惧、守底线。这些腐败案件最典型的特征就是"靠企吃企"：问题线索占比高，2020—2022年三年，其占全部问题线索总数的40%；发生的主体大多是"手中有权"的党员领导干部，特别是各领域各层级的"一把手"，甚至最基层的"兵头"班组长；发生的方式手段主要是以权谋私、内外勾结、弄虚作假等；发生的领域主要在营销、招投标、原燃料采购、设备装备管理、资金管理、工程建设、选人用人、检化验等方面；发生的主要风险点主要在资源集聚性强、资金流动活跃、审核裁量权集中等环节，尤其是与市场"点对点"、与客户"面对面"的业务层面。系统剖析，既有全面从严治党不力、政治生态不良的问题，也有党员干部自身免疫力不强的问题。归结有以下五个方面的原因：

理想信念滑坡，是党员干部发生蜕变的主观动机。理想信念动摇是最危险的动摇，理想信念滑坡是最危险的滑坡。理想信念是共产党人精神上的"钙"，共产党人如果没有理想信念，精神上就会"缺

钙"，就会得"软骨病"，必然导致政治上变质、经济上贪婪、道德上堕落、生活上腐化。教训启示我们，党员领导干部要不断改造主观世界，解决好世界观、人生观、价值观这个"总开关"问题，补足精神之钙，不断增强政治定力，增强党性觉悟，坚定信仰信念，严守纪律规矩，以对党忠诚的实际行动，坚定捍卫"两个确立"、坚决做到"两个维护"。

纪法意识淡薄，是党员干部腐化堕落的重要因素。不学法、不懂法、不遵章守纪，党员干部就不能发挥引领带头作用，也不能成为遵纪守法的标杆。有的甚至认为被抓的是少数，漏网的是多数，心存侥幸。教训启示我们，党员领导干部要时刻保持敬畏之心，带头学纪学法，模范遵纪守法，始终敬畏法纪，严守纪法底线。

权力非法滥用，是违法乱纪的风险源头。党员干部如果不能正确处理用权和限权的关系，任性用权，公与私不分，把权力当成谋私的工具，迟早会走向违纪违法甚至犯罪的深渊。法定职责必须为，法无授权不可为。教训启示我们，党员领导干部要算好政治、经济、名誉、家庭、自由、健康六笔账，自觉接受最严格的约束监督，规范权力运行，正确处理公私关系、客户关系、用权与限权关系，切实做到秉公用权、依法用权、廉洁用权。

品行道德失范，是滋生腐败的催化剂。德不配位，必有灾殃。从集团查处的党员干部情况看，有的党员干部作风品行失范，自觉抵制不良风气的意识淡薄，心无敬畏，令人震惊。教训启示我们，党员领导干部要弘扬优良作风，培养健康的生活情趣，始终自律自省自重，慎独慎微慎初，牢记人情之中有原则，交往之中有政治，把握好交往的尺度和分寸，自觉净化社交圈生活圈朋友圈，自觉抵制不良习气，树立良好形象。

管家治家不严，是家风腐败的导火索。家风关系党风民风。家风好，就能家道兴盛、和顺美满；家风差，难免殃及子孙、贻害社会，正所谓"积善之家，必有余庆；积不善之家，必有余殃"。有的党员领导干部不能正确对待亲情，摆不正亲情和原则的位置，对子女家属要求不严，导致家风不正。修身治国平天下。教训启示我们，党员领导干部，尤其是"一把手"要正确对待亲情，严格家教家风，管好配偶子女和亲属，防止由"全家福"变为"全家腐"。

（二）持续加压不敢腐，强化惩治腐败的力度

二十届中央纪委二次全会指出，深化整治金融、国有企业、政法、粮食购销等权力集中、资金密集、资源富集领域的腐败，这是中央纪委全会连续三年将国有企业列为腐败治理的重点。2022年，集团纪委运用第四种形态处理人数占16.52%，远远高于中央纪委国家监委、省纪委监委的3.5%和3%，表明集团反腐败形势依然严峻复杂，去存量、遏增量的任务还很繁重。明确惩治重点。要深刻把握腐败问题的政治本质和政治危害，从政治纪律角度审视违纪违法问题，坚持有腐必反、有贪必肃，始终保持零容忍震慑不变、高压惩治力量常在，坚决惩治不收敛不收手、胆大妄为者，坚决查处政治问题和经济问题交织的腐败案件，坚决查处对党不忠诚不老实、阳奉阴违、欺上瞒下行为，坚决查处营私舞弊、滥用职权、内外勾结、损公肥私等问题。提高惩治效率。要用足用好"室企地"联动监督和联合办案机制优势，继续深挖细查营销、煤焦、装备、招投标、建设领域及历史遗留问题违纪违法行为，同时要拓展其他领域的问题线索。对重大复杂问题提级立案、查深查透，对靠钢吃钢、靠企吃企等违法犯罪行为严惩不贷、一查

到底。加大对各级领导干部特别是"一把手"的监督、问责力度，整治"链条式"腐败，严查公权私用、以权谋私，严防利益输送、利益勾连，对违纪违法、损害国有企业利益的或者失职失责、导致国有资产严重流失的，不论涉及到谁、不论离开岗位多久，坚决倒查追责、一追到底，将集团党委"一案四查"的要求坚决落实到位。落实"宽严相济"的政策。实事求是贯通运用"四种形态"，充分发挥惩治震慑力、政策感召力、思想政治工作向心力，引导出现不良倾向的党员、干部洁身自好、及时知止，引导违纪违法人员充分认识到主动与不主动，处理结果大不一样，主动、全面、彻底交代问题是唯一正确出路。对主动交代问题、真诚认错悔错的，依规依纪从轻减轻处理；对不收敛不收手，一再挥霍组织教育挽救机会，妄图避重就轻、转移视线的，依规依纪从重加重处理。

（三）深化拓展不能腐，前移反腐关口

加强对权力运行的监督制约，管住关键人、关键时、关键处、关键事，形成监督合力，把权力管住管好，防止权力滥用。

扎紧织密制度"笼子"。坚持用制度管权、按制度办事、靠制度管人，继续全面开展廉洁风险点排查，建立廉洁风险防控清单、履职行为负面清单，特别是针对前期营销、煤焦采购、装备、工程建设等领域暴露出的问题，要定期分析诊断，并拓展到其他领域，堵塞制度漏洞。完善合法合规性审查机制，严防不合规风险，推进依法治企。

推进权力规范运行。健全公司权力运行制度体系，严格执行公司治理议事规则和决策流程，形成有权必有责、用权必担责、滥权必追责的制度安排。要把"三重一大"决策机制建设和执行情况列为巡察监督、审计监督、专项督查、领导人员考

察重要内容。将廉洁要求融入制度规范，体现到管理制度制定、公司治理规范中，推动制度优势更好转化为治理效能。坚持基于信息化、数字化、智慧化的流程再造和管理变革，减少管理环节、流程节点间"活套"，助推公司治理体系和治理能力现代化。

深化源头治理。坚持严惩腐败与严密制度、严格要求、严肃教育紧密结合，推动反腐关口前移，深化源头治理，加强重点领域监督机制改革和制度建设，健全防治腐败滋生蔓延的机制。做实以案促改、以案促治，把问题作为富矿，深刻剖析，系统总结某一类型、某一领域违纪违法问题，研究案发规律，深挖问题根源，提出意见建议，督促提升单位治理效能。着力提高纪检监察建议质量，按照"谁建议、谁督导、谁评估"原则，加强建议落实闭环管控，督促案发单位有效整改、主责部门系统整治。

加强对"关键少数"的监督。深入落实中央、省委关于加强对"一把手"和领导班子监督的意见及集团党委贯彻落实若干措施，发挥大监督体系优势，以党内监督为主导，推动纪律监督与各类监督统筹衔接，形成主动开展监督、自觉接受监督的良好环境。紧盯"一把手"权力运行，强化对"一把手"和领导班子对新形势下党内政治生活的若干准则、贯彻民主集中制、"三重一大"决策、重大事项请示报告制度、突出政治标准选人用人等制度规定落实情况的监督检查，对"一把手"存在的突出问题进行梳理，形成重点问题清单，逐一对账督促整改。"一把手"要以身作则，自觉接受监督，自觉反对特权思想、特权现象，始终保持共产党人清正廉洁的政治本色。健全谈心谈话制度、用好任前廉政谈话、任职谈话、日常谈话、提醒谈话、诫勉谈话等方式，让"咬耳扯

袖""红脸出汗"成为常态。

年轻干部要扣好廉洁从业"第一粒扣子"。年轻干部要守住拒腐防变防线，最紧要的是守住内心，从小事小节上守起，正心明道、怀德自重，勤掸"思想尘"、多思"贪欲害"、常破"心中贼"。对发现的年轻干部苗头性、倾向性问题，及时批评教育，以内无妄思保证外无妄动。对违纪违法行为露头就打，警醒年轻干部守住政治关、权力关、交往关、生活关、亲情关。

（四）巩固提升不想腐，正本清源固本培元

强化教育引导，筑牢思想道德防线。要推动理想信念教育常态化制度化，巩固拓展党史学习教育成果，深入开展对党忠诚教育、党的光荣传统和优良作风教育，培树优良工作作风。要深入开展政德教育，深入贯彻落实习近平总书记关于"领导干部要讲政德"的重要指示要求，大力弘扬忠诚老实、公道正派、实事求是、清正廉洁等价值理念，严明政治纪律和政治规矩，倡导清清爽爽的同志关系、规规矩矩的上下级关系、干干净净的客户关系。要健全党规党纪学习教育制度，将党规党纪教育纳入各级党委全面从严治党主体责任内容，各级党组织每年要对下级党组织"一把手"进行一次党规党纪教育，开展领导干部任前廉政谈话和廉洁考试。要深化同级同类警示教育，分级分类开展领导干部廉洁从业专题警示教育，做到警钟长鸣、震慑常在。强化传承浸润，厚植廉洁奉公文化基础。要在红色教育中传承党的廉洁基因，深入挖掘红色资源，讲好廉洁故事，淬炼党员干部公而忘私、甘于奉献的高尚品格。用社会主义先进文化凝聚思想共识。践行社会主义核心价值观，丰富廉洁文化建设载体，将廉洁文化元素融入幸福和谐新山钢建设，培育党员干部廉洁从业、秉公用权的文化土壤，涵养克己奉公、廉洁

自守的精神境界。强化家风建设，助推廉洁齐家修身。把对党忠诚纳入家庭家教家风建设，教育党员和领导干部做家风建设的表率，警醒领导干部及家人汲取家风不正的教训，筑牢反腐倡廉家庭防线。

四、深化实化巡察监督，发挥巡察利剑作用

自2017年4月开展巡察以来，集团党委把巡察作为全面从严治党的重要抓手，作为督促各级党组织履行管党治党政治责任的有力手段，作为保障集团党委重点工作安排扎实落地的有效举措。几年来，巡察充分发挥了发现问题、形成震慑、推动改革、促进发展的重要作用。根据中央、省委对巡视巡察工作的重要部署，结合集团公司全面从严治党的形势任务，巡察还不能松劲歇脚，还要在深化监督、精准监督上下功夫，要把巡察利剑磨得更光更亮，勇于亮剑，始终做到利剑高悬、震慑常在。

（一）坚守政治巡察职能定位，把握好监督重点

巡察是政治巡察，作为国有企业，加强党的领导，推动党的建设，实现国有资本安全完整、保值增值就是重要的政治任务。巡察要围绕企业中心任务，服务改革发展大局，帮助集团党委了解基层单位真实情况，挖出集团党委最关切的问题，为集团党委全面系统地解决问题、作出决策提供充分的事实依据。

（二）坚守政治监督定位，制定好工作规划

要深入贯彻落实中央、省委关于巡视巡察工作的决策部署，统筹做好第十二届省委任期内的巡察工作。按照上级指示精神，结合公司实际，谋划好今后一段时期的巡察工作规划，要坚持巩固、深化、规范、创新、提升，聚焦集团公司改革发展重点任务，不断提升巡察工作科学化、制

度化、规范化水平。进一步深化政治巡察、进一步完善巡察监督、进一步提高巡察质量、进一步强化成果运用、进一步增强监督合力，聚力改革发展攻坚任务，推动集团公司高质量发展。

（三）提升问题整改成效，严格落实整改责任

集团党委经过三轮巡察全覆盖和两轮专项巡察，发现了一大批制约企业改革发展的典型问题，发现问题是为了更好地解决问题，切实解决好这些问题，有利于企业更高质量的发展。有的问题出在下面但根子还是在上面，总部职能监督第一道防线的作用还没有得到充分发挥。集团党委按照省委关于巡视巡察问题整改的指示精神，制定下发了《关于加强巡察整改和成果运用的实施意见》，明确了巡察问题整改责任，规定了问题整改节点，进一步压实了被巡察党组织整改主体责任，纪委、组织部门整改监督责任，职能部门成果运用责任，巡察办统筹督促责任。相关部门单位要履行好相应职责，健全整改长效机制，深化系统治理，切实抓好职责范围内的整改任务落实，以问题整改推动各项工作全面提升。

纪检监察机构是推进全面从严治党的重要力量，使命光荣、责任重大，必须忠诚于党、勇挑重担，敢打硬仗、善于斗争，在攻坚战持久战中始终冲锋在最前面。要紧紧围绕企业中心工作忠诚履职，加强规范化、法治化、正规化建设，发扬斗争精神，在大是大非面前敢于亮剑，在矛盾冲突面前敢于迎难而上，在危机困难面前敢于挺身而出，在歪风邪气面前敢于坚决斗争，在党风廉政建设和反腐败斗争一线砥砺品格操守，提升敢于善于斗争的能力本领。要加强思想政治工作，从严教育管理监督干部，引导树立正确权力观、政绩观、事业观，坚守政治红线、纪律高压线、廉洁底线，自觉接受各方面的监督，坚决防治"灯下黑"，以铁的纪律打造忠诚干净担当的铁军。

同志们！全面从严治党永远在路上，反腐败斗争永远在路上。在新时代山钢做强做优做大的征程上，我们要更加紧密团结在以习近平同志为核心的党中央周围，增强"四个意识"、坚定"四个自信"、做到"两个维护"，振奋精神、齐心协力、攻坚克难、迎难而上，以党风廉政建设和反腐败斗争的新成效助推山钢高质量发展！

奋楫扬帆启新程　赓续前行谋跨越
加快建设世界一流企业谱写高质量发展新篇章

——在山钢集团第一届职工代表大会第五次会议上的工作报告

总经理　陶登奎

（2023年1月6日）

各位代表：

初心如磐开启壮阔征程，团结奋斗逐梦星辰大海。现在，我代表集团公司向大会报告工作，请予审议；同时，请列席会

议的同志提出意见。

一、2022年工作回顾

站在万象更新的时间节点，回首2022

年，这一年过得特别快，走得比较难。变局加速演进，疫情延宕反复，经济持续承压，行业调整下行，企业步入"严冬"。面对复杂形势、严峻挑战，全集团广大干部职工高举习近平新时代中国特色社会主义思想伟大旗帜，全面贯彻"疫情要防住、经济要稳住、发展要安全"重大要求，深入落实省委、省政府和省国资委决策部署，聚焦"一二三四五六七"和"经营要抢、疫情要防、重组要快、安全要保"工作思路，全力推动"八个全面跃升"，以超常规的认知、超常规的举措、超常规的行动、超常规的实效，在大战大考中坚守疫情防控"安全线"、稳固生产经营"基本盘"、勇蹚改革攻坚"深水区"，在风高浪急中稳舵行船，挺了过来。除受市场等重大外部因素影响收入、利润指标未完成外，上次职代会确定的其他任务目标有效兑现。

2022年，时间向前，我们向上。经营韧性提升，竞争优势增长。非常之举应对非常之难，顶住疫情冲击、市场下滑、"双限""双控"等不确定因素影响，"压舱石"作用充分彰显。上半年围绕大局担当尽责，"稳增长"目标超额完成。三季度钢铁市场断崖下跌、主业效益急速下滑，审时度势把工作重心转到保生存、打赢生存保卫战。全集团按照"三要三硬三保"部署，坚定前行，决战四季度。按照预算口径，预计全年实现营业收入2017亿元、利润总额11.37亿元；全年生产生铁2566万吨，粗钢2942万吨，商品坯材2991万吨，其中粗钢、商品坯材产量分别同比增长4.2%、3.5%；生产铁精粉287万吨，耐火原材料及制品32万吨。综合实力和影响力不断增强，连续第三年跻身世界500强列第332位，较上年跃升52位；连续五年位列中国钢企综合竞争力排名A+（竞争力极强）行列；荣获中国钢铁企业高质量发展AAA企业；蝉联"山东社会责任企业"荣誉称号。

2022年，无畏风雨，镌刻温暖。职工是企业战胜困难的最大底气。一年来，"每个人都不容易"，大家风雨兼程，埋头苦干，奋斗不止，用艰辛拼搏奉献刻画出一个奋进的山钢。我们看到，在高炉旁、转炉前、百米井下，在营销一线，科技前沿、各级机关，万名职工驻企，勇毅坚守、无私奉献、无怨无悔，最大程度确保生产经营秩序稳定。我们看到，在决战攻坚的阵地，各产业板块扛牢责任、只争朝夕、星夜奋战，用闻令而动、令行必果的行动兑现铮铮诺言。钢铁主业一天当两天用，不断挑战极限，奋力超越自我，啃下了难啃的硬骨头，打赢了几场关键仗。我们看到，一个个日夜忙碌的身影、一幕幕负重前行的瞬间、一次次守望相助的温暖，奋斗姿态和干劲从未改变，涓涓细流汇聚成坚不可摧的山钢力量。战疫情、稳运营、御"严冬"，使我们更加坚信，没有什么能够阻挡山钢前进的脚步，没有什么能够动摇山钢人必胜的信念！战疫情、稳运营、御"严冬"，使我们更加坚信，山钢需要广大职工以企为家、挺膺担当；广大职工需要山钢乘风破浪、行稳致远。岁月静好，只因有人默默付出；双向奔赴，才能相互成就。2022年，每一位奋斗的山钢人都了不起。山钢因你而骄傲。大家辛苦了！

2022年，爬过一些坎，成就不少事。

转型升级积厚成势。第二轮新旧动能转换三年行动收官，"构建生态圈、打造新标杆"发展方略深度实施。聚焦国家和省重大战略谋篇布局，钢铁制造业中长期战略规划初步成形，发展路径日渐清晰，山钢蓄势待发。项目建设取得重大进展，日照基地铁路专用线开通，彭集铁矿、耐材王铝北矿取得采矿许可证。非主业资产清理整合三年行动首年任务全面完成。其他产业发展态势良好。山东耐材步入良性循环。山钢矿业效率效益逆势而上。山钢国贸钢材出口量效双增。山信软件经营绩效再创新高。山钢资本全产业链类金融服务更加聚焦。山钢财务资金归集实现突破。莱钢集团、山钢地产存量资产有效处置。淄博张钢职工分流安置完成阶段目标。职业学院毕业生就业质量稳中向好。

改革攻坚取得突破。国企改革三年行动 5 大类、28 项改革任务全面完成。法人治理体系优化完善，31 户建立董事会的企业实现外部董事占多数。三项制度改革持续深化，市场化经营机制不断健全。69 户各级子企业，227 位经理层成员全部实施任期制和契约化管理，8 户权属企业开展职业经理人制度试点。11 户权属二、三级公司中长期激励方案落地。人力资源储备机构建立，共享用工模式创新实施，外委用工有效压减。管理人员能上能下，年内末位调整和不胜任退出管理人员占比 10.5%。工资效益同向联动，薪酬管理进一步规范。在省委、省政府坚定支持和全集团艰苦努力下，中泰出表、济钢出列，永锋钢铁及 9 家改制公司合并方式调整，与中国宝武联合重组进入新阶段。

发展动能不断增强。高科技企业创建扎实推进，日照公司通过高新技术企业认定。研发投入强度稳步增长，预计研发投入 51.83 亿元、研发费用 42.28 亿元，同口径分别同比增长 2.72 亿元、1.9 亿元。4 项国家和省部级重大科技专项结题验收，9 项科技成果获省部级以上奖励，两项目获冶金科学技术奖一等奖。"山钢制造"备受各界瞩目。超低排放改造和环境绩效评级成果不断巩固，节能环保指标持续提升，全集团未发生环境污染事件，继续保持环保信用绿标企业。"数智山钢"建设推进，智慧制造"四个一律"指数提升 13.2%，超额完成任务目标。机器人应用数量突破百台套级。山钢股份 5G 智慧冶金项目在全国大赛折桂。

运营质量显著改善。商业计划书全面导入，对标提升扎实开展，吨钢利润、生铁成本、综合能耗等核心指标有效改善。"五位一体"协调运转，钢铁主业一体化运营取得进展。营销变革全面铺开，QCDVS 定制服务创新实施，预计全年销售独有、领先、重点产品 602 万吨，同比提升 26.5%。"三大效率"长足进步，资产负债率同比降低，有息负债较年初降低 270 亿元；平均融资成本较年初降低 53BP；担保压减 332 亿元；全集团在岗职工优化率 10.5%，钢铁主业年人均产钢 1010 吨，同比提升 13.7%。与中国宝武实施 64 个业务协同项目，累计产生效益 18 亿元。安全生产形势保持稳定。审计监督保障作用进一步增强。依法合规治企一体推进，"六大存量攻坚"取得超预期成果。

政治生态持续向好。全集团通过多种方式传达学习党的二十大精神，迅速掀起宣传贯彻落实热潮。坚持"第一议题"制度，强化理论武装，坚决捍卫"两个确立"、做到"两个维护"。"学习创新争先锋，建功献礼二十大"主题实践活动扎实开展，党支部评星定级管理全面推行，四星级及以上党支部占比 75.2%。思想政治工作创新发展，意识形态阵地管理明显加强，全媒体传播体系建设卓有成效。全面从严治党纵深推进，反腐败斗争取得压倒性胜利并全面巩固。持之以恒纠治形式主义、官僚主义。《问责工作办法》出台，对"一把手"和领导班子监督全面加强。"幸福和谐新山钢"创新版启动。产业工人队伍建设持续深化，山钢集团获评全国机械冶金建材系统产业工人队伍建设改革示范单位。各级各类劳动竞赛、岗位创新广泛开展，集团公司被评为全国"安康杯"竞赛优胜单位，职工创新创效成果获得省级决赛"特等奖"。厂务公开民主管理扎实推进，上次职代会92件职工代表提案全部得到落实。

信访稳定、武装保卫、统战、共青团、女职工、离退休、档案史志等工作持续加强，均取得新进步。

各位代表！奋斗饱含艰辛，成绩难能可贵。每一分收获都浸润着汗水、凝聚着心血，都是实打实干出来、拼出来的！成绩的取得，是以习近平同志为核心的党中央领航定向的结果，是习近平新时代中国特色社会主义思想科学指引的结果，是省委、省政府和省国资委正确领导的结果，更是全体山钢人团结拼搏、砥砺实干的结果。在此，我代表集团公司向各位代表，并通过你们向广大职工、离退休老同志、职工家属，向所有关心和支持山钢改革发展的各级领导、地方政府、各界朋友，向给予山钢管理能力支持、体系能力支撑的中国宝武，向并肩作战的中泰证券、济钢集团、永锋钢铁、各改制公司，表示衷心的感谢和崇高的敬意！

审视2022年，一路栉风沐雨，一路披荆斩棘，我们深刻体会到：

赤胆忠心是奋勇前行的精神动力。做好山钢工作、推动山钢发展，最根本的是始终坚持党中央权威和集中统一领导，始终在思想上政治上行动上同以习近平同志为核心的党中央保持高度一致，把衷心拥护"两个确立"、忠诚践行"两个维护"，落实到做强做优做大国有企业和国有资本上，体现在与企业同舟共济、对职工切实负责的火热实践中。这也是我们应对一切不确定性的最大确定性、最大保证。

以人为本是工作开展的价值遵循。职工是推动集团公司高质量发展的坚实力量。唯有坚持发展为了职工、发展依靠职工，特别是把职工的"急难愁盼"挂在心上、抓在手上，解决在职工的心坎上，发展才能更有"力度"、民生才能更有"温度"、

企业才能更有"厚度"，才会内化为职工对企业的认同感、归属感。

团结奋斗是攻坚克难的制胜法宝。团结就是力量，团结才能胜利。面对前所未有的改革发展稳定任务，全集团风雨同舟、和衷共济，一次次共克时艰、化危为机，山钢力量、山钢速度、山钢担当充分彰显。实践证明，只有牢牢把握团结奋斗的时代要求，以最牢固的团结进行最有力的奋斗，才能一步一个脚印把各项决策部署和任务目标付诸于行动、见之于成效。

实干担当是履职尽责的最美姿态。没有等来的精彩，只有拼来的辉煌。越是形势严峻复杂、任务艰巨繁重，越需要各级管理人员始终保持大战状态、大考作风，发扬斗争精神，以守土有责、守土负责、守土尽责的责任担当，以时不我待、追求极致、事争一流的精神状态，扩大比较优势，全力力争上游，争取各项工作最好的结果。

经验启示弥足珍贵，要倍加珍惜、长期坚持，不断丰富发展。

回顾2022年，我们也清醒认识到，前进道路上还存在许多问题和不足，主要是：发展质量效益不够稳固。一些经营指标与年度预期目标差距较大，钢铁主业效益大幅下滑，反映出应变能力不够强，产业转型升级步伐不够快，有效对冲市场风险的能力亟待提升。创新引领作用不够突出。科技研发、管理变革等方面，原创性、引领性、颠覆性的成果偏少，重点领域和关键环节改革有待突破；研发投入产出率不高，部分产业和产品仍处于价值链中低端。运营质效改善不够明显。与先进企业和高质量发展要求相比，资产负债率、人事效率、吨钢盈利能力等长期困扰企业生存发展的质量性指标亟待有效提升。作风能力建设不够有力。运营管理仍有短板，安全生产、资产质量、资金安全等领域还有风

险隐患，不仅暴露出公司治理体系、管控模式、制度建设等存在诸多薄弱环节，也反映出部分领导干部存在担当不够、作风不实以及能力不足、本领恐慌等突出问题。形式主义、官僚主义时有表现，面对复杂多变的严峻形势和千帆竞发的发展态势，有的同志仍在"坐等""躺平"。对此必须始终保持高度的警醒，要以永远在路上的坚韧和执着，发扬斗争精神，不断自我革命，全力破解发展中的难题，决不辜负全集团职工的重托。

二、2023 年面临的形势任务

各位代表！2023 年是全面贯彻落实党的二十大精神的开局之年，是实施"十四五"规划承上启下的关键之年，也是集团公司深化改革谋求跨越的重要一年。做好今年的工作具有特殊重要意义。

当前，世纪疫情仍在冲击，百年变局加速演进，世界进入新的动荡变革期，外部环境更趋严峻复杂。从全局大势看，国内经济发展正经历三重压力考验，钢铁行业正面临供需矛盾突出、产能分散落后、资源保障困难三大问题挑战，各种不确定难预料因素增多。但中央洞察时与势，把握危与机，我国经济韧性强、潜力足、回旋余地广，长期向好的基本面不会改变。国家采取一系列有力有效措施，稳住了经济大盘，巩固了企稳向好趋势。2023 年中国经济运行有望总体回升。从政策趋势看，党的二十大把发展质量摆在更加突出的位置。中央经济工作会议提出，继续实施积极的财政政策和稳健的货币政策，加大宏观政策调控力度，形成共促高质量发展合力。山东省委十二届二次全会以建设绿色低碳高质量发展先行区为总抓手，统筹经济社会发展各项工作，一系列重大战略、一揽子工作举措正在发力。从发展态势看，通过连续几年不懈努力，集团公司历史遗留问题基本出清，资产质量得到夯实，为我们创造了轻装上阵的发展条件。同时，省委、省政府对山钢发展高度重视、寄予厚望。特别是 2022 年 3 月 22 日，时任省委书记李干杰到莱芜基地现场调研时，对山钢疫情防控、生产经营、动能转换等方面工作给予充分肯定，要求山钢作为省属骨干企业要带头实现高质量发展，为新时代社会主义现代化强省建设作出贡献。省委、省政府的殷切期望将山钢工作提升到前所未有的战略高度，也为山钢未来发展注入了澎湃动力。我们既要看到面临的复杂环境、严峻形势，更要笃定信心，看到山钢发展仍处于重要战略机遇期，完全有基础、有条件在新征程上实现更大突破。

综合考虑，2023 年总体思路是：以习近平新时代中国特色社会主义思想为指导，深入贯彻落实党的二十大精神和党中央、山东省委关于经济工作的决策部署，坚持党的全面领导，坚持稳中求进、以进固稳，坚持创建世界一流企业，坚持"精品与规模并重，沿海与内陆并进，绿色与智慧并举"发展战略，坚定不移锚定"争上游、走在前"目标要求，按照"激一控三稳六"（激活钢铁主业、把控好莱钢集团、山钢地产、淄博张钢工作节奏，稳定提升矿业、财务、资本、贸易、信息技术、耐火材料等六家公司经营绩效）工作思路，聚力改革创新，着力提质增效，全力防范化解风险，推动高质量发展实现新跨越，为全面建设社会主义现代化国家开好局起好步贡献山钢力量。

2023 年主要预期目标是：

（1）经营质量全面改善。确保全集团利润总额为正，努力实现营业收入 1395 亿元、利润总额 15.70 亿元、净利润 7.98 亿元、归母净利润为正的奋斗目标。资产负债率力争到年底降低 1 个百分点以上。

（2）转型升级全面起势。世界一流企

业建设高水平推进；钢铁产业规划及调整方案高标准实施，莱芜基地新旧动能转换项目稳步推进，日照基地二期一步适时落地，彭集铁矿项目择机建设。

（3）深化改革全面突破。联合重组取得决定性成果，管控模式和管控体系优化变革，钢铁主业一体化运营取得新进展。

（4）发展动能全面激发。向高科技企业转型迈出新步伐；钢铁产业智慧制造（四个一律）指数年度提升率不低于20%；城市钢厂绿色发展指标持续提升。

（5）运营效率全面夯实。全集团在岗职工优化率不低于8%，钢铁主业年人均粗钢产量增幅不低于15%；安全环保实现"七为零"；职工收入与企业效益联动，力争人均收入实现稳定增长。

（6）政治生态全面向好。党的二十大精神落地生根，党建工作实现新提升，党风廉政建设和反腐败工作取得新进展，"幸福和谐新山钢"呈现新面貌。

实现上述目标，要重点把握好"五个必须"：

必须把党的领导作为最大优势。坚持党的领导、加强党的建设是我们的光荣传统，也是国有企业的"根"和"魂"。只有坚持和加强党的全面领导，企业的发展才有根本方向，才能一切工作从政治上考量、在大局下行事；只有在执行党中央决策部署和山东省委、省政府工作要求上不打折扣、不做选择、不搞变通，才能将党的领导独特优势转化为企业的竞争优势和发展优势，为实现企业高质量发展提供坚强政治保证。

必须把推动发展作为最硬道理。党的二十大报告明确指出："高质量发展是全面建设社会主义现代化国家的首要任务"。没有发展，山钢就没有未来，发展仍是解决山钢一切矛盾、困难和问题的基础和关键。

必须坚定发展是第一要务，依靠高质量发展稳固山钢在行业的地位，依靠高质量发展整合创造更多的资源，依靠高质量发展实现更加协调有效的增长扩容，开辟广阔空间，形成对国家战略的坚强支撑。

必须把深化改革作为最佳出路。山钢这几年之所以发生如此变化，一切肇始于改革、得益于改革、成就于改革。几年来，我们解放思想，实事求是，动真碰硬，改革关键处落子，干成了一批过去想干而没有干成的事。改革深得人心，深受广大职工衷心拥护，改革成为山钢最鲜明的特征。改革没有完成时，站在新的历史关头，山钢更需要以前所未有的决心和力度推动改革，在更高层面、更高水平上大胆尝试、敢于突破，着力开展系统性重塑、整体性重构，以更加积极、更加平衡、更加高效的改革推动山钢实现高质量发展。

必须把以人为本作为基本遵循。职工是最宝贵的财富。企业发展，必须始终恪守"为民情怀、职工福祉"的信念追求，把实现好、维护好、发展好广大职工根本利益作为一切工作的出发点和落脚点，在发展中保障和改善民生，让广大职工得到更多实惠，收获更多幸福，更好凝聚起心往一处想、劲往一处使的强大合力。

必须把安全稳定作为最严底线。牢固树立底线思维，敬畏市场、敬畏法治、敬畏规律，切实统筹好发展和安全的关系。纵观全局，面对外部环境的不确定性，只有稳妥审慎、谋定后动、筑牢底线，才能居安思危、有备无患，才能遇事不慌、临危不乱，才能有防范风险的先手、化解风险的高招，有效规避风险，牢牢把握工作的主动权。

行动是最有力的宣言，落实是最有效的担当。只要我们始终保持迎难而上的勇气、只争朝夕的劲头，就一定能推动各项工作不断实现新的突破。

三、2023 年重点工作

各位代表！2023 年集团公司处在承前启后、继往开来的历史节点，改革发展任务重、挑战多、要求高，必须以更加宽广的视野谋划发展，以更加先进的理念指导实践，以更加有力的举措推动工作，奋力实现"八个新跨越"。

（一）奋楫扬帆启新程，在创建一流企业上实现新跨越

把加快建设世界一流企业作为学习贯彻党的二十大精神的重要任务，努力实现产品卓越、品牌卓著、创新领先、治理现代。

明确新坐标。站在更高层面审视未来，做好建设世界一流企业顶层设计，策划实施创建示范、管理提升、价值创造和品牌引领等专项行动。产业发展注重协调做大规模，更突出做强塑造优势，在资源优化配置、绿色低碳引领、智能高效示范等方面打造领军企业。价值创造注重短期效益提升，更突出可持续价值输出，在运营效率、经营绩效、服务增值等方面打造领先企业。责任管理注重回报股东，更突出践行新发展理念，在履行社会责任等方面打造典范企业，勇当党和人民可信赖、可依靠的"大国重器"。

优化新路径。坚持把集团战略融入国家和区域发展大局，主动顺应钢铁工业高质量发展大势，聚焦国有经济布局优化和结构调整，做好"进、退、整、合"。加快推动与中国宝武联合重组，筹划管理对接，推动各产业板块、业务模块战略协同，高标准实施钢铁产业规划及调整，把山钢打造成为北方最具竞争力钢铁企业、全国一流影响力的高品质钢材生产商、服务商和全国循环经济示范基地。持续开展瘦身健体，实现全年"两非"业务退出及转型发展 26 户、法人压减 17 户、参股企业退

出 15 户。一体化整合同类业务资产，促进要素资源在更大范围内配置流动。发挥"链主"企业带动作用，构建现代化产业体系，力促"圈链融合、延链扩圈"。

展现新作为。建设世界一流企业，是使命所系、责任所在、发展所向。开阔"大视野"。以思想之变催生发展之变。坚持世界眼光、国际标准、国企担当，把自身发展放在全球发展大潮中去思考，放在国家发展大势中去对接，放在区域发展大局中去谋划，奋力打造"国之重器"。构建"大格局"。以积极开放的心态拥抱竞争，与最优者对标、与最强者比拼、与最快者赛跑，推动各项工作"争上游、走在前"。到"十四五"规划末，全面完成魅力山钢"两步走"目标，初步建成国内一流、国际先进的现代化钢铁强企。激发"大担当"。锚定标准，追求卓越，事争一流，以奋进担当扛起责任使命，实现产品生产能力一流、品牌塑造能力一流、创新引领能力一流、现代治理能力一流。

（二）奋楫扬帆启新程，在提升发展韧劲上实现新跨越

稳增长是保生存谋发展的必然选择。坚持用好商业计划书，千方百计稳运营，全力打赢生存保卫战。

管理变革深化。做实商业计划书，巩固攻坚成果，建立完善"定标倒逼、模型控制、细化纠偏、激长克短"工作推进机制。坚持以目标倒逼责任、以时间倒逼进度、以考核倒逼落实，力保全年任务目标完成。钢铁主业盈利水平跑赢行业大盘。未来三年，日照基地要稳固第一梯队前列；莱芜基地进位赶超，确保跻身第二梯队前列。建立工作模型，明确管理主题、绩效导向、评价规则，将股东意图、管控意志充分嵌入日常管理和经营工作中。强化过程控制，做实商业计划、管理报告、绩效审核，实现"自上而下"战略牵引与"自

下而上"执行反馈有效互动。优化分析评价，巩固和拓展优势，动态推进，确保实效。

精益效能提质。产量指标是稀缺资源，科学安排生产组织，动态调整作业计划，强化系统平衡、界面协同和工序保障，最大限度让有限资源最大产出、发挥最大价值。钢铁主业坚决把到手的指标干出来，同时预留空间积极谋求承接更多产量。坚持以边际效益水平驱动生产，把最宝贵资源向高效益品种和产线倾斜。加快进口原燃料资源保障体系建设，主流资源长协或美元期货占比实现提升。实施精品化战略，以质量提升、服务提质抵御市场波动，赢得市场赢得客户。

要素集聚创效。全面提升资源聚集和配置能力，破除妨碍要素有效流动的体制机制障碍，推动发展环境迈向更高水平，更大程度激发企业活力、创新发展。深化"五位一体"商业模式创新，保护各主体权益，全力打造一体化协同创效新模式；深度推进"高层营销、营销高层"，完善QCDVS定制化服务，突出营销龙头地位，全年重点工程、终端用户直供比达到60%，近地化销售占比达到73%。以钢铁为基，其他产业不断拓展创效空间，切实把价值体现到报表、体现到归属集团公司净利润上。研究用好用活各类惠企政策包，实实在在挖出"真金白银"。

（三）奋楫扬帆启新程，在锻造硬核实力上实现新跨越

抢抓山东省建设绿色低碳高质量发展先行区重大机遇，聚焦聚力布局优化和结构调整，推动产业发展向现代化迈进、产品结构向高端化升级、发展方式向绿色低碳转型。

产业发展现代化。构建"钢铁为基、多极互动"的产业格局，推动产业体系链式发展、集群发展、集约发展。坚定不移

打造世界级先进钢铁基地，"增量发展+存量优化"同步发力、"沿海布局+内陆优化"协同并进。日照基地打造高质量发展先行示范区，发挥资源禀赋、特色优势。莱芜基地树牢有解思维，变革求生，闯开生存发展之路。把重大项目作为重头，涵养发展后劲，积蓄发展动能。钢铁产业统筹谋划、一体推进，日照基地二期项目适时开工建设。着力发展资源综合开发与利用、清洁能源和环保、新材料、智慧服务、现代产业园区、产业金融等钢铁相关产业，培育一批细分领域的专精特新和单项冠军。

产品结构高端化。突破重点领域，打造具有全球竞争力的产品服务，以新技术新业态新标准改造提升产品档次。紧跟市场变化，加强高端供给，抢占"独有+领先"产品占比，实现"精品+服务"产品增值。日照基地特色引领，打造世界一流精品板材基地；莱芜基地结构优化，打造具有全球竞争力的型材特钢基地。突出"一绿一黄一蓝"钢铁产品布局，形成以"低碳减量"为特色的绿色产品、"黄河钢"和蓝色海洋高端装备用钢的"全品种"覆盖。独有、领先及重点品种占比达到35%以上。加强品牌建设，推动百年耐材由"产品出海"向"品牌出海"蝶变。

绿色制造低碳化。紧扣我省建设绿色低碳高质量发展先行区要求，深入开展绿色制造、绿色产品、绿色产业专项行动，坚定不移走好生态优先、绿色低碳高质量发展转型之路。全面推进降碳、减污协同增效，探索全产业链绿色化，加快源头减排、过程控制、末端治理、综合利用全流程绿色发展。推行精益节能环保管理，打破界面束缚，构建全流程精益节能环保协同管理体系。巩固超低排放改造成果和优势，继续领跑全省、引领行业。积极探索绿色金融业务，倡导绿色低碳生活方式。深化产城融合，推进"三治四化"，不断

提升城市钢厂绿色发展指标。日照基地建成 AAA 级工业旅游景区。强化节能环保风险防控，严守环境安全底线，保持节能环保行政零处罚和环保信用绿标企业。

（四）奋楫扬帆启新程，在持续深化改革上实现新跨越

巩固深化国企改革三年行动成果，乘势而上实施新一轮深化改革行动，推动改革在重要领域和关键环节取得更大突破。

优化管控模式。牢牢抓住联合重组重大机遇，精准把握工作重点、时序步骤和力度节奏，迎来互动发展、融合发展。明确集团公司功能定位和产业定位，探索建立"分业经营、分级管理"管控架构和"一总部两基地"管理体系。钢铁主业做实一体运营。实施组织机构改革，推动管理流程再造，构建与变革相适应、相匹配的机构模式。厘清管理界面和权责划分，系统优化授权放权体系，探索对权属公司和参股公司实施差异化管控。全面开展管理对接，做到管控要求清楚、管理界面清晰、管理语言统一、日常运作高效。

提升治理能力。坚决贯彻落实"两个一以贯之"，完善中国特色现代企业制度和建设世界一流企业有机结合，建立权责法定、权责透明、协调运转、有效制衡的公司治理机制。全面优化"三重一大"决策实施办法，严格执行党组织前置研究讨论重大经营管理事项清单，构建落实董事会、经理层职权的制度体系，促进制度优势不断转化为治理效能。治理主体权责关系清晰，工作流程有序衔接，决策效率实现提升。推动董事会规范运作，系统优化董事会授权体系，定期报告、跟踪监督、动态调整的授权机制建立健全。

推进机制变革。深化三项制度改革，激发活力、注入动力。坚持市场化选人用人，巩固提升经理层成员任期制和契约化管理实效，坚决打破论资排辈，真正让吃苦者吃香、能干者能上、有为者有位、优秀者优先。权属公司研究建立宽带薪酬制度。坚持市场化薪酬兑现，严格落实工资总额决定机制，让"工资是挣出来的""多创才能多得"成为普遍共识和价值遵循。

（五）奋楫扬帆启新程，在创新驱动发展上实现新跨越

聚焦高质量发展要素供给，强化科技驱动、数智赋能、人才支撑，坚定不移向高科技企业转型，不断塑造发展新动能新优势。

点燃科技引擎。以"十年磨一剑"的定力打造科技创新策源地，为构建国家战略科技力量提供源头创新。加快关键技术攻关和科技成果应用，围绕产业链部署创新链，聚焦低碳冶炼技术、冶金流程数字孪生技术、高品质能源用钢等重点领域，在解决关键技术难题中锻造自己的关键核心技术。持续开展研发投入和研发费用管理提升活动，加强高层次科技创新平台布局，统筹项目、平台、资金、人才一体推进。建立健全符合科研活动规律的人才评价、项目评价和薪酬激励制度，营造鼓励创新、宽容失败的良好创新创业生态。完善以需求为导向的科技成果转化机制，让市场检验价值。支持各产业培育和壮大一批瞪羚企业、专精特新企业、单项冠军企业。

提速"数智山钢"。持续加快智慧制造提升，按照"云-边-端"架构体系，全面落实"四个一律"，积极完善"三跨融合"布局，智慧制造指数年度提升率不低于20%。启动数字化的全面协同与跨部门的流程再造，积极建设产供销一体化等智慧经营系统，适时导入穿透类、共享类智慧治理平台，将"智慧制造"与"智慧治理"连点成面，逐步融入"智慧服务"生态圈。推进"工业大脑"研究，培育数字化生产力，突破一批原创性软硬件智能化关键技术。加快工业机器人、智能装备、远程运维等先进技术的应用，推进现场管理向更高协同效率、更快反应速度、更强运营能力迈进。

构筑人才高地。高度重视新时代人才工作，凝心聚力抓好第一资源。一流企业首先要建设一流人才队伍。深化人力资源管理体系变革，分业分级分类建立纵向梯队分明、横向融合贯通的人才发展体系。探索建立柔性人才引进模式，聚焦高水平领军人才精准发力，"一人一策"厚植群英汇聚的人才沃土。坚持能进能出，校园招聘提升质量，社会招聘面向高精尖缺，通用类岗位内部统筹调剂；健全劳动合同管理和岗位聘用管理，依法依规实施市场化退出。

（六）奋楫扬帆启新程，在提升运营质效上实现新跨越

学习借鉴先进企业经验，持续开展对标找差，从先进管理中要质量、要效益、要增长，切实提升经营管理效能。

深化对标提升。持续开展"全面对标，系统提升"行动，全过程对标，全年纵向比较进步率不低于90%、横向比较达标率不低于70%。注重内外兼修，全方位"赛马"，充分利用中国宝武对标交流平台，激长克短，日照基地学习湛江基地，莱芜基地学习马钢股份，在宝武系力争上游。以吨钢利润为核心，用三年时间，日照基地达到行业88分位，莱芜基地达到50分位，山钢股份达到70分位以上。注重上下同欲，全层级联动，各司其职，分类管控，分级支撑，守土尽责。注重过程管控，钢铁、矿业、耐材等制造业板块立足"跑赢大盘"，"争上游、走在前"；金融、贸易、信息化等板块塑成比较优势，确保措施可操作、指标可量化、过程可追溯、节点可控制。

强化极致降本。坚持订单为王、成本为王、现金为王、效率为王，扎实练好内功，抓实生产运营，尽最大努力，争最好结果。各产业立足自身对冲外部减利影响，全力挖出效率提升、成本消减和产品增效最大潜力。加快基地间大宗原燃料、备品备件、辅料等统一招标、统一采购，加强内部资源科学流动，实现产业链资源渠道整合共享。强化关键生产指标分析管控，持续提高热装热送比例，有效降低生铁成本。实施经济库存管理，合理区间压到极致，减少资源占用。牢固树立"一切成本皆可降"的理念，非生产性费用、非必要性支出进一步压减。

提升"三大效率"。提升资金效率，强化资金统一运作，全口径资金集中度保持50%以上。全力以赴压降有息负债，资产负债率力争到年底降低1个百分点以上。优化融资结构，降低融资成本，短期融资控制在3%左右、中长期融资不超过3.6%。提升资产效率。严控项目投资，注重投资回报，防范投资风险。加大闲置和无效资产处置，推动资产处置和压减工作取得新进展。强化资产证券化资源整合和培育，做大做强上市公司。提升人事效率。深入挖掘和创造岗位资源，实施沿海撬动内陆，推动跨单位、跨区域人员有序流动。推广实施共享用工，规范协力业务管理，加强非在岗人员管控，畅通人员优化退出渠道。全集团在岗员工优化比例不低于8%、钢铁主业年人均粗钢产量增幅不低于15%。

（七）奋楫扬帆启新程，在筑牢安全防线上实现新跨越

坚持底线思维，增强忧患意识，下先手棋、打主动仗，坚决守住一排底线，妥善防范化解各种风险挑战。

深化依法合规建设。以习近平法治思想为指引，以法治山钢品牌培育建设为主线，加快总法律顾问、公司律师、首席合

规官三项机制建设。持续推进风险、内控、合规、法务"四位"一体，打造事前制度规范、事中动态监管、事后监督问责的全链条管理体系，加速提升法治护航和价值创造能力。抓好审计常态化"经济体检"，抓实对"一把手"和"关键少数"监督，权属二级单位主要负责人离任审计率100%。强化巡察、审计整改和成果运用，持续做好"后半篇文章"。

防范化解风险挑战。提升风险防控认知和能力水平。研究建立风险研判机制、决策风险评估机制、风险防控协同机制，构建超前、精准分级防控体系。加强风险预警管理，持续做好风险提示，让预防式监督始终跑在风险之前。推进重大风险穿透管控，动态化解存量风险，有效遏制新增风险，务求风险防控实效。做好"六大存量"攻坚战三年收官。做好担保压减，"两金"压控，亏损企业治理，确保资金链安全。

夯实安全稳定基础。以"时时放心不下"的责任感，坚持改革发展、疫情防控和安全生产统筹兼顾、协同推进。坚决拧紧安全生产责任链条，实施全员安全责任清单化管理，落实重大风险管控各级负责人包保制，推动"八抓20条"创新措施落地。抓好安全生产风险分级管控和隐患排查治理，精准管控煤气、危化、熔融金属、矿山等高危领域风险。强化相关方安全管理，不怕越位绝不缺位。准确把握疫情防控新形势新任务，因时因势调整优化防控措施。抓实抓细信访维稳、网络安全、保密等工作，全力维护和谐稳定局面。

（八）奋楫扬帆启新程，在涵养良好生态上实现新跨越

深入推进新时代党的建设新的伟大工程，把党的政治优势、组织优势转化为竞争优势、发展优势，以高质量党建引领保障高质量发展。

建强党建引领"主阵地"。忠诚拥护"两个确立"，坚决做到"两个维护"。把学习贯彻党的二十大精神作为首要政治任务，分领域、多层次、全覆盖开展系统培训。坚持大抓基层的鲜明导向，抓实党支部评星定级。坚持正确选人用人导向，推动干部队伍整体素质持续增强。统筹把握意识形态、职工心态、舆情动态，弘扬主旋律，传播正能量，把形势任务教育落到最基层、把思想政治工作做到第一线，为推动集团公司高质量发展提供有力的思想保证、舆论支持和精神动力。

树牢正风肃纪"风向标"。坚定不移全面从严治党，一体推进不敢腐、不能腐、不想腐，把严的主基调长期坚持下去，以彻底自我革命精神打好反腐败斗争攻坚战持久战。优化完善"大监督"体系，深入推进规范化、法治化、正规化建设，把制度的笼子扎得更牢更紧。坚决整治职工身边的腐败和不正之风，不断增强职工的获得感、幸福感和安全感。大力弘扬"严真细实快"工作作风，全面落实《问责工作办法》，向不作为、慢作为、乱作为开刀亮剑，营造正气充盈、奋发有为的良好政治生态。

谱写幸福和谐"同心曲"。全面深化产业工人队伍建设改革，持续加大工匠技能人才培养力度，加快培育造就一支高素质产业工人大军。广泛开展主题劳动竞赛、职工平凡创新工程，大力培育劳模和工匠人才创新工作室，为广大职工搭建建功立业、实现价值的平台。健全以职工代表大会为基本形式的民主管理制度，全面强化职工民主监督。着力打造"幸福和谐新山钢"创新版，用心用情用力解决好职工最关心、最直接、最现实的利益问题，用各级领导干部的"实干指数"提升职工的"幸福指数"！

各位代表！一切伟大成就都是接续奋斗的结果。新时代新征程，让我们更加紧密地团结在以习近平同志为核心的党中央周围，在省委、省政府和省国资委坚强领导下，笃行不怠，勇毅前行，加快建设世界一流企业，为开创新时代社会主义现代化强省建设新局面作出更大贡献，奋力谱写新时代山钢高质量发展新篇章！

山钢年鉴 *2024*

山钢集团
SD STEEL

大事记

山钢集团
SD STEEL

山钢文化

核心理念

山钢核心价值观：共创、共进、共赢

2023年山东钢铁集团有限公司
大 事 记

1月

6日 集团公司召开2023年度工作会议暨安全环保工作会议。集团公司党委书记、董事长侯军作了题为《争上游 走在前 以自信自强新作为推动集团公司跃上高质量发展新征程》的讲话；党委副书记、总经理陶登奎主持会议并讲话。集团公司党政领导陈向阳、赵文友、刘秀元、王鸿飞等参加会议。

● 集团公司召开第一届职工代表大会第五次会议。集团公司党委书记、董事长侯军出席会议，党委副书记、总经理陶登奎作工作报告。集团公司党政领导参加所在代表团的讨论和审议。

● 集团公司精神文明建设委员会印发《关于命名表彰2022年度山钢集团文明单位的决定》（山钢文明委〔2023〕1号），山东耐材、日照公司科技质量中心、山钢金控融资租赁公司、济南市钢城小贷公司、日照公司冷轧厂、山信软件日照自动化分公司、山东融鑫投资公司等7个新申报单位和45个复查合格单位被授予2022年度山钢集团文明单位。

9日 集团公司党委下发《关于曹庆良同志任职的通知》（山钢党字〔2023〕4号）：曹庆良任巡察工作领导小组办公室巡察组组长。

● 集团公司党委下发《关于任向兵等同志职务任免的通知》（山钢党字〔2023〕5号），集团公司下发《关于朱月肖任职的通知》（山钢任字〔2023〕1号）：任向兵任山东钢铁集团房地产有限公司党委委员，纪委委员、书记。朱月肖不再任山东钢铁集团房地产有限公司党委委员，纪委书记、委员职务，聘任为山东钢铁集团房地产有限公司副调研员。

● 集团公司党委下发《关于徐峰同志免职的通知》（山钢党字〔2023〕6号）：徐峰不再任纪委常委、委员，纪委、监察专员办公室综合部部长职务。

10日 集团公司党的二十大精神宣讲团副团长、党委副书记、总经理陶登奎为所在党建联系点党员和结对单位专家人才、党外知识分子宣讲党的二十大精神。

11日 集团公司纪委常委会召开会议。党委常委、纪委书记、监察专员赵文友主持会议并讲话。

12日 集团公司党委下发《关于公布苏斌同志免职的通知》（山钢党字〔2023〕7号），接中共山东省委组织部（鲁组任字〔2022〕617号）、山东省国资委（鲁国资任字〔2023〕1号）任免通知：苏斌不再任山东钢铁集团有限公司党委副书记、常委、委员，董事职务。

● 集团公司党委下发《关于李宏伟同志任职的通知》（山钢党字〔2023〕8号）：李宏伟任山东钢铁集团房地产有限公司党委委员、副书记。

● 集团公司党委下发《关于高勇等同志职务任免的通知》（山钢党字〔2023〕9号）、《关于范鹍等同志职务任免的通知》（山钢党字〔2023〕11号），集团公司下发《关于董保树任职的通知》（山钢任字

〔2023〕4号）：高勇、张瑾任山东钢铁集团财务有限公司党总支委员、副书记。范鹏任山信软件股份有限公司党委委员、副书记。董保树不再任山东钢铁集团财务有限公司党总支副书记、委员职务，聘任为山东钢铁集团财务有限公司副调研员。张瑾不再任山信软件股份有限公司党委委员职务。

● 集团公司党委下发《关于李士安同志任职的通知》（山钢党字〔2023〕10号）：李士安任山东钢铁集团国际贸易有限公司党委委员、副书记。

● 集团公司下发《关于高勇免职的通知》（山钢任字〔2023〕2号）：高勇不再任山东耐火材料集团有限公司董事职务。

● 集团公司下发《关于范鹏等人员免职的通知》（山钢任字〔2023〕3号）：解聘范鹏、高勇的运营管理部副总经理、信息化管理办公室副主任职务。

● 集团公司党委下发《关于秦立彬同志免职的通知》（山钢党字〔2023〕12号）：秦立彬不再任山东钢铁集团有限公司纪委常委、委员，纪委、监察专员办公室第二纪检监察室主任职务。

● 集团公司下发《关于邱现金等人员职务任免的通知》（山钢任字〔2023〕5号）：邱现金为冶金工业工程质量监督总站山钢监督站站长。解聘孙日东的冶金工业工程质量监督总站山钢监督站站长职务。

12日至17日 山东省政协委员、集团公司党委书记侯军参加山东省政协十三届一次会议，当选中国人民政治协商会议第十三届山东省委员会常务委员，并任经济委员会副主任。

18日 集团公司党委常委会召开会议。党委书记侯军主持会议并讲话，集团公司党委领导陶登奎、陈向阳、赵文友、刘秀元、王鸿飞等出席会议。

● 山东钢铁集团日照有限公司无党派人士胡淑娥当选山东省出席第十四届全国人民代表大会代表，选举结果报全国人民代表大会常务委员会代表资格审查委员会审查。

31日 中共山东省委书记林武到山东钢铁集团日照有限公司调研。省委常委、秘书长张海波，日照市委书记张惠参加调研。集团公司党委书记、董事长侯军，日照公司党委书记、总经理张润生陪同调研。

2月

2日 集团公司召开纪委一届八次全委（扩大）会议。党委书记、董事长侯军讲话，党委副书记、总经理陶登奎作工作报告，党委常委刘秀元宣读表彰通报。集团党政领导王鸿飞、付博、董立志、刘慈玲、王培文参加会议。

7日 集团公司党委书记、董事长侯军，党委副书记、总经理陶登奎，党委常委、董事陈向阳，副总经理王向东在总部办公楼与来访的北京科技大学校长杨仁树一行座谈。

● 山东省政协主席葛慧君到集团公司调研。省国资委党委书记、主任满慎刚及省政协、省国资委有关领导陪同调研。集团公司党委书记、董事长侯军，党委副书记、总经理陶登奎汇报了企业有关工作情况。

● 集团公司党委举办党的二十大精神专题学习班暨集中轮训，党委常委刘秀元出席开班仪式并讲话。

9日 集团公司党委副书记、总经理陶登奎，副总经理付博，总经理助理刘慈玲在总部办公楼会见来访的宝武资源有限公司党委书记、董事长施兵，党委常委、高级副总裁朱学滨一行。

● 集团公司党委常委会召开会议，专

题学习习近平在中共中央政治局第二次集体学习时的重要讲话精神。党委书记、董事长侯军主持会议并讲话。党委常委陶登奎、陈向阳、赵文友、王鸿飞参加会议。

10日 2023年集团公司"两非"产业（业务）处置暨法人压减和参股企业退出工作推进会议召开。集团公司党委常委、董事陈向阳，副总经理付博及有关部门、权属单位负责人参加会议。

13日 集团公司总经理助理刘慈玲在总部办公楼与来访的山东省港口集团党委委员、总经理助理、山东港口投控集团党委书记、董事长姜春风一行座谈。

14日 集团公司党委举办第二期党的二十大精神专题学习班。党委常委、董事陈向阳出席开班仪式并讲话。

15日 集团公司党委常委会召开2022年度民主生活会。集团公司党委书记、董事长侯军主持会议并作总结讲话。中共山东省委第三十四督导组组长、省国资委党委委员、副主任尹刚到会指导，省纪委监委第五监督检查室副主任牛德峰列席会议。

16日 集团公司党委召开党委（扩大）会议暨2022年度党组织书记履行全面从严治党责任和抓基层党建工作述职评议会议。党委书记侯军主持会议并讲话，党委副书记陶登奎，党委常委陈向阳、赵文友、王鸿飞出席会议。山东省国资委党委组织与统战工作处李皎宁到会指导。

●集团公司党委书记、董事长侯军，党委副书记、总经理陶登奎，党委常委、总审计师王鸿飞在总部办公楼会见来访的交通银行山东省分行行长童波一行。

17日 中共山东省委常委、省纪委书记、省监委主任夏红民到集团公司调研。省纪委副书记、省监委副主任雷云陪同调研。集团公司党委书记、董事长侯军，党委副书记、总经理陶登奎汇报了集团公司概况和近期的改革发展工作；党委常委、

纪委书记、监察专员赵文友汇报了集团公司纪检监察工作。

18日 集团公司党委书记、董事长侯军一行到山钢股份莱芜分公司调研。山钢股份党委书记、董事长，莱芜分公司党委书记王向东汇报工作。

●2023年济南市新旧动能转换重点项目现场观摩活动走进山钢股份莱芜分公司。济南市委书记刘强，市委副书记、市长于海田，市人大常委会主任韩金峰，市政协主席雷杰，市委副书记杨峰一行到莱芜分公司考察项目进展情况。集团公司党委书记、董事长侯军，山钢股份党委书记、董事长，莱芜分公司党委书记王向东陪同。

20日 集团公司党委理论学习中心组举行集体学习，主题为"在中国式现代化新长征中贡献钢铁力量"。集团公司党委书记、董事长侯军主持学习会。集团公司党委常委、高管人员、总部各部门主要负责人参加学习。

●集团党委常委、总审计师王鸿飞在总部办公楼会见来访的聊城市审计局党组书记、局长陈长华带领的考察组一行7人。

21日 山东工业职业学院召开干部会议，宣布学院隶属关系调整事宜。山东省国资委党委书记、主任满慎刚，省委教育工委委员、省教育厅党组成员、副厅长邢顺峰，省国资委党委委员、副主任尹刚，集团公司党委书记、董事长侯军，淄博市委常委、宣传部长、市委教育工委书记雷霞等人参加会议。

22日 集团公司党委书记、董事长侯军，党委常委、总审计师王鸿飞，总经理助理刘慈玲在总部办公楼会见来访的建设银行总行投资银行部副总经理魏巍一行。

●集团公司党委副书记、总经理陶登奎到山钢股份莱芜分公司调研。集团公司副总经理，山钢股份党委书记、董事长，莱芜分公司党委书记王向东参加。

- 2021年度集团公司管理创新成果终评会议召开。党委常委、董事陈向阳出席会议并讲话。

23日 集团公司党委常委会召开会议。集团公司党委书记、董事长侯军主持会议并讲话，党委常委陶登奎、陈向阳、王鸿飞参加会议。

- 集团公司党委常委、董事陈向阳陪同山东省国资委省属企业监事会主席韩斌到山东耐材进行安全维稳督导检查。

24日 集团公司党委书记、董事长侯军，党委副书记、总经理陶登奎，党委常委、董事陈向阳在总部办公楼会见来访的中国金属学会理事长张晓刚一行。

3 月

1日 集团公司党委常委、总审计师王鸿飞在总部办公楼会见来访的星展银行（中国）有限公司行长兼行政总裁郑思祯一行。

- 集团公司印发《2023年权属二级公司董事长责任制治理管控绩效考核办法》（山钢运营字〔2023〕7号）。

2日 集团公司第四届董事会召开第二十六次会议。集团公司董事长侯军主持会议。董事陈向阳、梁阜、高景言出席会议，总法律顾问董立志、董事会秘书李学玉及有关部门负责人列席会议。

- 集团公司党委书记、董事长侯军，党委常委、总审计师王鸿飞，总经理助理刘慈玲在总部办公楼会见来访的浙商银行济南分行行长王君双一行。

3日 集团公司召开庆"三八"暨女职工工作总结表彰大会。省冶金工会副主席肖敬慧出席会议并致辞。

7日至8日 集团公司党委书记、董事长侯军，党委副书记、总经理陶登奎，

党委常委、董事陈向阳，副总经理王向东、付博，总经理助理刘慈玲在总部办公楼会见来访的中国宝武党委常委，宝钢股份党委书记、董事长邹继新一行。

13日至15日 集团公司党委常委、总审计师王鸿飞到重庆钢铁、马钢集团进行学习交流。重庆钢铁公司党委副书记、纪委书记、工会主席姚小虎，马钢集团（股份）党委副书记、纪委书记高铁参加座谈交流。

14日 山钢股份全员创新总结表彰暨创新周启动大会在莱芜分公司炼钢大学堂举行。山东省总工会党组成员、副主席唐艳霞，山东省冶金工会副主席肖敬慧，集团公司党委书记、董事长侯军，集团公司副总经理、山钢股份党委书记、董事长王向东出席会议，并为受表彰的个人和集体代表颁奖。

- 集团公司党委书记、董事长侯军到山钢股份莱芜分公司进行包保责任制安全检查。山钢股份党委书记、董事长，莱芜分公司党委书记王向东，集团公司安全总监王培文陪同。

21日 集团公司党委副书记、总经理陶登奎到菏泽市巨野县万丰镇走访慰问山钢驻村第一书记。

- 集团公司党委召开2023年第一轮巡察进驻动员会，启动对山信软件、山钢财务的巡察工作。集团公司党委常委、纪委书记、监察专员、巡察组组长赵文友作动员讲话。

24日 集团公司党委书记、董事长侯军到山钢股份调研。山钢股份党委书记、董事长王向东汇报工作情况。

- 集团公司党委副书记、总经理陶登奎，副总经理付博在总部办公楼会见来访的淄博市博山区委书记路德芝一行。

27日 中国矿产资源集团与山东钢铁集团、山东省港口集团战略合作框架协议

签约仪式在山东大厦举行。中共山东省委书记林武，副省长周立伟，中国矿产资源集团董事长姚林、总经理郭斌，集团公司党委书记、董事长侯军，党委副书记、总经理陶登奎出席。

29 日 集团公司党委书记、董事长侯军在总部办公楼会见来访的聊城市东阿县委书记祁学兰一行。

● 集团公司举办"学习贯彻问责工作办法"专题培训班。党委常委、纪委书记、监察专员赵文友作开班讲话，总部各部门、直属机构和各单位分管负责人、集团纪委和各单位纪委有关工作人员参加培训。

● 集团公司召开 2022 年度绩效审计及境外投资专项审计进点会议。党委常委、总审计师王鸿飞出席会议并提出要求。

30 日 集团公司召开党委常委会会议。党委书记、董事长侯军主持会议并讲话，党委常委陶登奎、陈向阳、赵文友、王鸿飞参加会议。

31 日 集团公司党委理论学习中心组举行集体学习，主题为"学习全国两会精神，凝聚奋进力量"。集团公司党委书记、董事长侯军主持学习会，党政领导陶登奎、陈向阳、赵文友、王向东、董立志、王培文等参加学习。

本月 集团公司首套自主研发 LF 智能精炼控制模型在日照公司成功上线运行。

● 集团公司研发产品 400 兆帕级耐低温冲击抗震钢筋在山钢股份莱芜分公司棒材生产线试制成功。

● 集团公司 4 个项目入选中国企业联合会发布的"2022 企业绿色低碳发展优秀实践案例"名单。

● 山钢股份莱芜分公司型钢厂低合金高强度结构用热轧 H 型钢、碳素结构钢热轧 H 型钢，莱钢银山型钢板带厂 4300 毫米厚板线生产的高强度结构用调质钢板被中国钢铁工业协会冠名为"金杯优质产品"。

4 月

2 日 在"2022 山东社会责任企业（企业家）"发布暨"2023 山东社会责任企业（企业家）"推选活动启动仪式上，集团公司当选"2022 山东社会责任企业"，集团公司党委书记、董事长侯军上台领奖并接受大众日报的专访。

7 日 集团公司党委书记、董事长侯军，党委常委、董事陈向阳以视频形式出席山钢股份"决战二季度、冲刺双过半"动员大会。集团公司副总经理，山钢股份党委书记、董事长王向东参加会议。

12 日 集团公司印发《权属二级公司人事效率提升与工资总额联动考核暂行办法》（山钢人字〔2023〕3 号）。

14 日 集团公司召开党委常委会会议。集团公司党委书记、董事长侯军主持会议，党委常委陶登奎、赵文友、王鸿飞参加会议。

● 集团公司印发《山东钢铁集团有限公司合规管理办法》（山钢合规字〔2023〕2 号）。

18 日 集团公司党委书记、董事长侯军参加由中国机械冶金建材工会主办、山钢集团工匠学院承办的全国钢铁行业工匠人才创新交流活动并致辞。中国机械冶金建材工会主席、分党组书记陈杰平，钢铁工作部部长、一级调研员王欣，钢铁工作部二级调研员孙丽娟；山东省总工会二级巡视员、省冶金工会主席刁维强，山东省冶金工会副主席肖敬慧参加活动。

19 日 集团公司召开 2023 年一季度工作会议。集团公司党政领导侯军、陶登奎、陈向阳、赵文友、王鸿飞等参加会议。

● 集团公司召开"靠企吃企"问题专项整治工作实施方案落实会议。集团公司党政领导侯军、陶登奎、陈向阳、赵文友、王鸿飞等出席会议。

21 日 集团公司工会召开一届九次委员会（扩大）会议。集团公司党委常委、董事陈向阳出席会议。

24 日至 25 日 集团公司关工委副主任苏斌出席山东省国资委省属企业关心下一代工作推进会暨离退休党组织书记培训班。

25 日 集团公司召开党委常委会会议。集团公司党委书记、董事长侯军主持会议，党委副书记、总经理陶登奎，党委常委陈向阳、王鸿飞参加会议。

27 日 集团公司举行学习贯彻习近平新时代中国特色社会主义思想主题教育读书班暨党委理论学习中心组学习（扩大）会。党委副书记、总经理陶登奎主持开班式，集团公司党委书记、董事长侯军讲话，主题教育省委第十六巡回指导组有关领导，集团公司党委常委、高管，总部各部门主要负责人，参加第一批主题教育的权属二级单位、直属机构党组织主要负责人等参加学习。

• 集团公司下发《关于董立志任职的通知》（山钢任字〔2023〕11 号）：聘任董立志为山东钢铁集团有限公司首席合规官。

28 日 集团公司召开庆"五一""五四"暨表彰大会。集团公司党委书记、董事长侯军，党委副书记、总经理陶登奎，党委常委、董事陈向阳，党委常委、纪委书记、监察专员赵文友，党委常委、总审计师王鸿飞为获奖者颁奖。

本月 低屈强比（≤0.83）Q460GJD（Z15-Z35）高建钢在莱钢银山型钢板带厂4300 毫米宽厚板生产线试制开发成功并批量供货。

5月

6 日 山东省政协主席葛慧君一行围绕绿色低碳高质量发展到山钢股份莱芜分公司调研。集团公司党委书记、董事长侯军，集团公司副总经理，山钢股份党委书记、董事长王向东陪同调研。

• 集团公司召开安全生产工作专题视频会议暨二季度安委会（扩大）会议。集团公司党委书记、董事长、安委会主任侯军出席会议并讲话，陈向阳、赵文友、王鸿飞等党政领导参加会议。

• 集团公司召开生产经营座谈会。集团公司党政领导侯军、陈向阳、赵文友、王鸿飞等出席。

9 日 集团公司党委常委、总审计师王鸿飞，总经理助理刘慈玲在总部办公楼会见来访的中国工商银行总行公司金融业务部副总经理顾西贝一行。

• 集团公司副总经理、总法律顾问、首席合规官董立志在总部办公楼会见来访的山东大学法学院党委副书记邹永厚一行。

10 日 集团公司党委常委、总审计师王鸿飞，总经理助理刘慈玲在总部办公楼会见来访的华宝信托总经理、党委副书记孔祥清一行。

16 日 集团公司党委书记、董事长侯军在总部办公楼会见来访的西马克中国CEO孙宇一行。

• 中国品牌日（山东）活动嘉宾在山东省市场监管局党组书记、局长吴承丙，日照市政府副市长林彦芹的带领下到山东钢铁集团日照有限公司进行现场观摩。

17 日 集团公司召开财务系统 2023年一季度工作例会。集团公司总经理助理刘慈玲出席会议。

• 集团公司印发《山东钢铁集团有限公司员工公开招聘管理办法（试行）》（山钢人字〔2023〕4 号）。

19 日 集团公司举办学习贯彻习近平新时代中国特色社会主义思想主题教育第二专题读书班，并召开党委理论学习中心组集体学习（扩大）会暨读书班交流会议。党委书记、董事长侯军主持会议，集团公司党政领导结合会议主题作交流发言。

● 集团公司党委常委、总审计师王鸿飞在总部办公楼会见来访的日照市岚山区委书记焦春锋一行。

● 集团公司召开"靠企吃企"问题专项整治工作推进会。集团公司党委常委、董事、"靠企吃企"问题专项整治领导小组副组长陈向阳主持会议。党委常委、纪委书记、监察专员、"靠企吃企"问题专项整治领导小组副组长赵文友讲话。党委常委、总审计师王鸿飞，副总经理王向东、董立志参加会议。

22 日　集团公司党委书记、董事长侯军到山钢股份开展主题教育专题调研。山东省委第十六巡回指导组副组长刘国华、组员况旻，集团公司副总经理，山钢股份党委书记、董事长王向东参加。

23 日　集团公司党委、集团公司分别下发《关于公布陶登奎同志免职的通知》（山钢党字〔2023〕58 号）、《关于陶登奎免职的通知》（山钢任字〔2023〕12 号）；接中共山东省委组织部印发《关于陶登奎同志免职的通知》（鲁组任字〔2023〕285 号），免去陶登奎同志的山东钢铁集团有限公司党委副书记、常委、委员职务；解聘陶登奎的山东钢铁集团有限公司总经理职务。

25 日　山东省总工会副主席李业文一行到山钢调研。集团公司党委常委、董事陈向阳参加调研。

26 日　集团公司召开党委学习贯彻习近平新时代中国特色社会主义思想主题教育领导小组会议。集团公司党委书记、董事长，主题教育领导小组组长侯军主持会议。党委常委陈向阳、王鸿飞等集团公司党委主题教育领导小组成员，领导小组办公室成员参加会议。

29 日　中共济南市委常委、副市长孙斌一行到山钢调研。集团公司党委常委、董事陈向阳参加调研。

30 日　山东省派驻济南市"四进"工作总队到山钢开展纪检监察工作护航优化营商环境调研。集团公司党委常委、纪委书记、监察专员赵文友，副总经理王向东参加调研。

本月　山东钢铁集团日照有限公司入选山东省工业和信息化厅公布的山东省新材料 2022 年度领军企业 50 强。

6 月

1 日　集团公司党委举办学习贯彻习近平新时代中国特色社会主义思想主题教育专题党课。集团公司党委书记、董事长，主题教育领导小组组长侯军以《坚持发扬斗争精神 坚定必胜信心决心 全力推动山钢集团"争上游、走在前"》为主题作专题党课。省委第十六巡回指导组况旻、卢建民参会指导。

2 日　集团公司召开党委常委会会议。党委书记、董事长侯军主持会议，党委常委陈向阳、赵文友、王鸿飞参加会议。

5 日　集团公司党委下发《关于刘彬同志免职的通知》（山钢党字〔2023〕60 号）：刘彬不再任山东耐火材料集团有限公司党委委员职务。

8 日　集团公司召开 2023 年度型钢特钢重点用户专场座谈会。集团公司党委书记、董事长侯军与部分用户进行座谈交流。集团公司党委常委、董事陈向阳，济南市钢城区委副书记、区长程学锋分别致辞。集团公司副总经理，山钢股份党委书记、董事长王向东主持会议。

● 集团公司党委常委、总审计师王鸿飞在总部办公楼会见了来访的中国建设银行总行金融同业部总经理齐建功一行。

14日 集团公司召开2023年度厚板重点用户专场座谈会。集团公司副总经理，山钢股份党委书记、董事长王向东与日照市委副书记王新生分别致辞。

20日至21日 集团公司举行学习贯彻习近平新时代中国特色社会主义思想主题教育读书班暨党委理论学习中心组学习（扩大）会议。会议围绕"正确理解和大力推进中国式现代化"这一主题开展第四次集中学习和交流研讨。集团公司党委常委侯军、陈向阳、王鸿飞，集团高管等参加了会议。

21日 集团公司主题教育工作领导小组第二次会议召开。集团公司党委书记、董事长，主题教育领导小组组长侯军作讲话，党委常委、董事陈向阳主持会议，党委常委、总审计师王鸿飞出席会议。

25日 集团公司召开党委常委会会议。集团公司党委书记、董事长侯军主持会议，党委常委陈向阳、王鸿飞参加会议。

26日 集团公司2023年度冷热轧重点用户专场座谈会在日照召开。集团公司党委书记、董事长侯军，日照市副市长吕祥永分别致辞，集团公司副总经理，山钢股份党委书记、董事长王向东主持会议。

27日 山钢集团与济南大学毕业生就业实习基地协议签署暨揭牌仪式在集团公司总部办公楼举行。集团公司党委书记、董事长侯军，济南大学党委书记刘春华出席签约仪式并为济南大学就业实习基地揭牌。集团公司副总经理、总法律顾问董立志主持签约仪式。

● 集团公司下发《关于董保树免职的通知》（山钢任字〔2023〕13号）：解聘董保树的山东钢铁集团财务有限公司副调研员职务。

29日 集团公司党委以视频会议形式召开庆"七一"表彰大会暨主题教育工作

推进会议。集团公司党委书记、董事长、主题教育领导小组组长侯军出席会议并讲话；党委常委、董事陈向阳主持会议；赵文友、王向东、董立志、刘慈玲、王培文等集团领导参加会议。

● 集团公司召开各民主党派、无党派人士和党外知识分子"凝心铸魂强根基、团结奋进新征程"主题教育动员会暨统战工作座谈会。集团公司党委常委、董事陈向阳出席会议并讲话。

● 山东省纪委常委、省监委委员徐玉一行到集团公司就企业开展"靠企吃企"问题专项整治工作进行督导调研。集团公司党委书记、董事长侯军，党委常委、纪委书记、监察专员赵文友分别汇报工作情况。

7 月

5日 集团公司党委常委、董事陈向阳带领集团公司工会有关负责人到山钢股份开展全员创新送奖及"夏送清凉"活动。集团公司副总经理，山钢股份党委书记、董事长王向东介绍相关情况。

11日 中共山东省委第十六巡回指导组现场督导山钢集团主题教育座谈会在山信软件莱芜自动化分公司/电子公司召开。省委第十六巡回指导组副组长刘国华，集团公司党委常委、总审计师王鸿飞出席座谈会。

● 山钢集团领导干部公开接访首日，集团公司党委书记侯军在集团总部信访接待场所接访，并调研信访工作。

● 集团公司党委书记、董事长侯军，党委常委、董事陈向阳在总部办公楼会见来访的中国二十二冶集团党委书记、董事长袁斯浪一行。

13日 集团公司党委审计委员会第四

次会议在总部办公楼召开。集团公司党委书记、董事长、审计委员会主任侯军出席会议并讲话，党委常委、总审计师、审计委员会副主任王鸿飞主持会议，委员会成员单位主要负责人参加会议。

20日　集团公司党委常委、董事陈向阳在总部办公楼会见来访的济南市投资促进中心、住友商事（中国）有限公司金属部门金属二部部长周健一行。

21日　集团公司以视频形式召开2023年半年工作会议。党委书记、董事长侯军作了题为《勠力同心担使命，实干笃行克时艰，在激流勇进中推动集团公司"争上游、走在前"》的讲话。党委常委、董事陈向阳主持会议并讲话。集团公司党政领导赵文友、王鸿飞、王向东、董立志、刘慈玲、王培文出席会议。

24日　集团公司召开党委常委会会议。集团公司党委书记、董事长侯军主持会议。党委常委陈向阳、赵文友、王鸿飞参加会议。

● 集团公司党委理论学习中心组举行集体学习，主题为"深悟思想伟力，笃行实干担当"。集团公司党委书记、董事长侯军主持学习会，党委常委陈向阳、赵文友、王鸿飞参加学习。

25日　集团公司党委下发《关于孙永和同志免职的通知》（山钢党字〔2023〕69号），集团公司下发《关于孙永和免职的通知》（山钢任字〔2023〕15号）：孙永和不再任巡察工作领导小组办公室主任，解聘孙永和的审计部总经理职务。

● 集团公司下发《关于周艳梅免职的通知》（山钢任字〔2023〕14号）：周艳梅不再任山钢资本（深圳）有限公司财务总监职务。

27日　集团公司党委常委、纪委书记、监察专员赵文友在总部办公楼会见来访的济宁城投控股集团党委委员、纪委书记、监察专员孙德玉一行。

31日　集团公司党委召开学习贯彻习近平新时代中国特色社会主义思想主题教育调研成果交流会。集团公司党委书记、董事长侯军主持会议，党委常委、纪委书记、监察专员赵文友，党委常委、总审计师王鸿飞交流调研成果；党委常委、董事陈向阳提交书面调研报告；集团高管、总部各部门主要负责人参加会议，中共山东省委第十六巡回指导组刘国华、况旻、卢建民到会指导。

本月　2023年《财富》中国上市公司500强排行榜揭晓，山钢股份列第133位。

8月

2日　中共山东省委书记林武到集团公司调研工业产业绿色转型升级发展情况。省委常委刘强、张海波，省直有关部门主要负责人参加调研。集团公司党委书记、董事长侯军，集团公司副总经理，山钢股份党委书记、董事长王向东陪同调研。

4日　集团公司下发《关于调整推荐山东耐火材料集团有限公司董事、监事会成员人选的函》（山钢函〔2023〕4号）：车连房为山东耐火材料集团有限公司董事、董事长；陈剑、辛本权为山东耐火材料集团有限公司董事；瞿守民为山东耐火材料集团有限公司监事、监事会主席；张金鹏为山东耐火材料集团有限公司监事。郝之峰不再任山东耐火材料集团有限公司董事职务。

9日　山钢股份、日立建机（中国）公司、合肥三洋钢材公司战略合作协议签订仪式在济南市钢城区钢都大厦举行。集团公司副总经理，山钢股份党委书记、董事长王向东，日立建机（中国）公司总经理山野辺聪，合肥三洋钢材公司董事长潘峰出席签约仪式。

10日 山钢股份与济南市城乡交通运输局签署战略合作协议。济南市城乡交通运输局党组书记、局长曹殿军，济南市钢城区委书记郇颂，钢城区委副书记、区长程学锋，集团公司副总经理，山钢股份党委书记、董事长王向东出席签约仪式。

11日 集团公司召开生产经营调度会。集团公司党委书记、董事长侯军主持会议。党委常委、高管，各单位主要负责人、总部各部门及资金中心主要负责人参加会议。

● 集团公司党委召开"靠企吃企"问题专项整治工作推进会议。集团公司党委书记、董事长，集团党委"靠企吃企"问题专项整治领导小组组长侯军出席会议并讲话。集团公司党委常委、董事，集团党委"靠企吃企"问题专项整治领导小组副组长陈向阳主持会议。党委常委、纪委书记、监察专员，集团党委"靠企吃企"问题专项整治领导小组副组长赵文友宣读集团党委专项整治工作措施。党委常委、总审计师王鸿飞，副总经理王向东、付博、董立志，总经理助理刘慈玲等参加会议。

● 集团公司召开纪检监察"保障提质增效、强化使命担当"专题会议。集团公司党委常委、纪委书记、监察专员赵文友出席会议并讲话。

16日 集团公司党委理论学习中心组举行集体学习研讨。根据山东省国资委党委安排，山东人才集团党委副书记、董事杨光军等旁听并作点评。会议邀请山钢资本、山钢财务的两名中国民主建国会会员、无党派代表人士列席旁听。集团公司党委常委、高管，总部各部门和团委主要负责人参加学习。

17日 集团公司党委常委、总审计师王鸿飞参加由山东省国资委联合沂南县委

县政府举办的"省属企业沂南行"活动，并代表山钢集团与沂南县工信局签署战略合作框架协议。

18日 集团公司召开党委常委会会议。集团公司党委书记、董事长侯军主持会议，党委常委陈向阳、赵文友、王鸿飞参加会议。

● 集团公司党委常委、董事，"靠企吃企"问题专项整治领导小组副组长陈向阳到山钢股份对"靠企吃企"招标投标领域问题专项整治工作进行现场督导。

24日 集团公司党委常委会召开学习贯彻习近平新时代中国特色社会主义思想主题教育专题民主生活会。集团公司党委书记、董事长侯军主持会议，党委常委陈向阳、赵文友、王鸿飞参加会议。中共山东省委第十六巡回指导组组长刘晓到会指导。

● 集团公司党委召开学习贯彻习近平新时代中国特色社会主义思想主题教育评估座谈会。中共山东省委第十六巡回指导组况旻、卢建民参会指导。集团公司党委常委、董事陈向阳主持会议。集团公司副总经理，山钢股份党委书记、董事长王向东等9名党员群众代表参加座谈。

● 集团公司举办学习贯彻山东省工会第十六次代表大会精神暨职工代表培训班。集团公司工会主席、职工董事李长青作开班讲话。

● 集团公司召开财务系统2023年二季度工作例会。集团公司总经理助理刘慈玲出席会议并讲话。宝武资源预算总监潘海江、山东财经大学教授杨公遂进行专题讲座。

31日 集团公司召开党委常委会会议。集团公司党委书记、董事长侯军主持会议并讲话，党委常委陈向阳、赵文友、王鸿飞参加会议，安全总监王培文列席会议。

9 月

1 日 集团公司党委召开 2023 年第二轮巡察进驻动员会，启动对山钢国贸、山钢资本的巡察工作。集团公司党委常委、纪委书记、监察专员、巡察组组长赵文友作动员讲话。

6 日 集团公司召开招标投标领域"靠企吃企"问题专项监督启动会。集团公司党委常委、董事陈向阳参加会议并讲话。

7 日 集团公司印发《事故隐患内部举报奖励实施办法》（山钢安字〔2023〕26 号）。

11 日 集团公司在山钢股份办公楼召开生产经营调度会。集团公司党委书记、董事长侯军主持会议并讲话。集团公司党政领导陈向阳、赵文友、王鸿飞、王向东、董立志、刘慈玲、李长青、王培文参加。

● 集团公司召开工程建设领域"靠企吃企"问题专项监督启动会。集团公司党委常委、董事陈向阳出席会议并讲话。

12 日 山钢集团日照公司受邀参加国家管网集团 2023 年度钢板、钢管框架签约及业务研讨会，并在会上与国家管网集团签署 2023 年度钢板框架协议。

19 日 集团公司召开党委保密委员会会议暨理论学习中心组集体学习会。集团公司党委书记、董事长，党委保密委员会主任侯军主持会议。集团公司党委常委、高管人员，总部各部门、直属机构主要负责人参加会议。

20 日 集团公司副总经理、总法律顾问、首席合规官董立志就国企改革领域"靠企吃企"问题专项整治工作，到山钢资本进行督导调研。

21 日 集团公司党委常委、总审计师王鸿飞在总部办公楼会见来访的山东省内部审计师协会会长薛岩一行。

22 日 集团公司党委常委、总审计师王鸿飞到山东耐材开展全面从严治党、党风廉政建设专题调研。

27 日 集团公司召开党委常委会会议。集团公司党委书记、董事长侯军主持会议并讲话。党委常委陈向阳、赵文友、王鸿飞出席。

● 集团公司召开"靠企吃企"问题专项整治工作调度会。集团公司党委常委、纪委书记、监察专员，集团党委"靠企吃企"问题专项整治领导小组副组长赵文友出席会议并讲话。

● 集团公司副总经理王向东在总部办公楼会见来访的中国生态文明研促会副秘书长于绪文一行。

28 日 集团公司党委下发《关于曹庆良同志免职的通知》（山钢党字〔2023〕80 号）：曹庆良不再任巡察工作领导小组办公室巡察组组长职务。

● 集团公司下发《关于郝之峰免职的通知》（山钢任字〔2023〕16 号）：解聘郝之峰的战略发展部副总经理、国际事业部副总经理职务。

本月 中国制造企业协会发布 2023 年《中国制造业综合实力 200 强》暨《中国装备制造业 100 强》排行榜，山钢股份列综合实力 200 强第 65 位，列装备制造业 100 强第 42 位。

10 月

8 日 集团公司召开各方面代表人员座谈会。集团公司党委书记、董事长侯军，党委常委、纪委书记、监察专员赵文友，党委常委、总审计师王鸿飞出席座谈会。

● 集团公司邀请中国工程院院士，东

北大学教授、博士生导师王国栋作题为《钢铁行业数字化转型，走新型工业化道路》的专题报告。集团公司党委常委、董事陈向阳，集团公司副总经理，山钢股份党委书记、董事长王向东与东北大学轧制技术及连轧自动化国家重点实验室主任袁国，副主任刘振宇、张殿华，东北大学低碳钢铁前沿技术研究院院长储满生，东北大学机械工程及自动化学院副院长孔祥伟等21位教授和专家出席了报告会。

● 山东省总工会直属大企业民主管理观摩互检组到集团公司检查指导工作。集团公司工会主席李长青陪同检查。

11日 集团公司第十一期中青年干部培训班开班。集团公司党委常委、总审计师王鸿飞出席开班仪式并讲话。

12日 集团公司副总经理，山钢股份党委书记、董事长王向东应邀出席中国船舶集团在福州举行的供应商大会。山钢股份在会上被授予2022年度"金牌供应商"荣誉称号。

14日 全球低碳冶金创新联盟年度工作会议在上海举行，会上通过集团公司加入联盟申请。中国宝武总经理、党委副书记、全球低碳冶金创新联盟秘书长侯安贵主持会议并作总结讲话。集团公司副总经理，山钢股份党委书记、董事长王向东作交流发言。

16日 集团公司以视频形式召开2023年三季度工作会议。集团公司党委书记、董事长侯军作题为《凝心聚力强根基，众志成城战寒冬，奋力开创"争上游、走在前"新局面》的讲话。集团公司党委常委、董事陈向阳主持会议并讲话。集团公司党政领导赵文友、王鸿飞、王向东、付博、董立志、刘慈玲、王培文出席会议。

18日 集团公司副总经理，山钢股份党委书记、董事长王向东应邀出席由欧冶云商承办的2023新型低碳冶金现代产业链共链行动暨钢铁产业互联网大会。山钢股份获"钢厂生态合作奖"。

19日 集团公司党委常委、董事陈向阳在山东省国资委分会场参加国务院国资委召开的国有企业对标世界一流企业价值创造行动推进会。

● 集团公司总经理助理刘慈玲出席由冶金工业经济发展研究中心与冶金财会杂志社联合主办、山钢股份协办的"系统降本 价值创造"研讨会暨《冶金财会》2023年会。

19日至20日 集团公司党委常委、总审计师王鸿飞到山钢地产进行"靠企吃企"问题专项整治工作违规融资、信贷、担保领域的督导调研。

20日 集团公司召开党委常委会会议。集团公司党委书记、董事长侯军主持会议并讲话，党委常委陈向阳、赵文友出席会议。

21日 集团公司党委常委、总审计师王鸿飞出席"全国钢铁智能制造行业产教融合共同体"暨"山东省新材料产教融合共同体"成立大会。

24日 集团公司党委常委、董事陈向阳，副总经理、总法律顾问董立志在总部办公楼会见来访的包钢集团党委常委张伟一行。

26日 集团公司工会主席李长青在总部办公楼会见来访的潍坊市高新区总工会主席初咏明，歌尔股份党委副书记、工会主席徐小凤一行。

26日至27日 集团公司召开2023年关工委工作推进会暨专题培训会议。集团公司关工委副主任苏斌出席会议并讲话。

27日 集团公司召开工程建设领域"靠企吃企"问题专项监督情况反馈会。集团公司党委常委、董事，工程建设领域专项整治领导小组组长陈向阳出席会议并讲话。

● 集团公司党委召开"靠企吃企"问题专项整治工作调度会。集团公司党委常委、纪委书记、监察专员，"靠企吃企"问题专项整治领导小组副组长赵文友出席会议并讲话。

28日至29日 由中国生态文明研究与促进会、济南市人民政府、山东省生态环境厅共同主办，山钢集团协办的第十一届中国生态文明论坛——中国生态文明论坛济南年会在济南举办。生态环境部部长黄润秋，山东省委副书记、省长周乃翔，山东省委常委、济南市委书记刘强出席开幕式并致辞。集团公司党委书记、董事长侯军出席大会，并接受媒体采访。集团公司副总经理，山钢股份党委书记、董事长王向东在分论坛作主题演讲，并接受中国生态文明研究与促进会常务理事单位证书。

30日 山东省副省长，公安厅党委书记、厅长李伟到集团公司调研。省政府副秘书长王贞军等参加调研。集团公司党委书记、董事长侯军，副总经理，山钢股份党委书记、董事长王向东陪同调研。

● 集团公司召开党委理论学习中心组集体学习研讨会，主题为"认真学习、科学把握习近平文化思想"。集团公司党委书记、董事长侯军主持会议，党委常委陈向阳、赵文友、王鸿飞，总部各部门负责人等参加学习研讨。

● 集团公司党委书记、董事长侯军到山钢股份进行专题调研，并与山钢股份领导班子成员进行廉洁谈话。集团公司副总经理，山钢股份党委书记、董事长王向东汇报情况。

● 北京大学法学院-山钢集团高端法务管理人员研修班在北京大学法学院开班。北京大学法学院党委副书记杨晓雷为开班仪式致辞，集团公司副总经理、总法律顾问、首席合规官董立志作开班动员讲话。

● 集团公司党委常委、总审计师王鸿

飞与山钢选派的第五轮省派第一书记及"加强农村基层党组织建设工作队"队员进行座谈。

31日 集团公司党委、集团公司分别下发《关于刘淑云等同志免职的通知》（山钢党字〔2023〕82号）、《关于刘淑云同志免职的通知》（山钢党字〔2023〕83号）、《关于安燕免职的通知》（山钢任字〔2023〕17号）：刘淑云不再任集团公司纪委委员、山东钢铁集团淄博张钢有限公司党委委员，纪委书记、委员。安燕不再任巡察工作领导小组办公室主任助理职务，解聘安燕的审计部高级经理。

11 月

1日 山东省政协党组成员、副主席张新文一行到集团公司调研。集团公司党委书记、董事长侯军，党委常委、董事陈向阳陪同调研。

8日 集团公司举办庆祝第24个中国记者节暨2023年宣传思想文化工作和新闻业务培训班。集团公司党委书记、董事长侯军出席开班仪式并讲话。

● 集团公司副总经理，山钢股份党委书记、董事长王向东出席由山东省工业和信息化厅、烟台市人民政府、哈尔滨工程大学联合主办的山东省船舶与海工装备产业链"五链"融合创新发展大会。

● 集团公司党委常委、董事陈向阳到山钢矿业就全面从严治党和党风廉政建设工作进行专题督导。集团公司副总经理，山钢矿业党委书记、董事长付博汇报情况。

● 集团公司举办学习贯彻中国工会十八大精神暨"强思想、当先锋、建新功"群团工作培训班。集团公司工会主席、职工董事李长青作开班讲话。

9日 集团公司党委书记、董事长侯军，党委常委、总审计师王鸿飞在总部办公楼会见来访的建设银行山东省分行党委书记、行长杨军一行。

10日 山东省国资委党委书记、主任满慎刚带领部分省属企业主要负责人到山东钢铁集团日照有限公司调研。日照市委副书记、市长王新生，市委常委、秘书长明铭，集团公司党委书记、董事长侯军参加调研。

13日 集团公司召开国企改革深化提升行动员部署会议暨11月份生产经营调度会。集团公司党委书记、董事长侯军主持会议并讲话，集团领导陈向阳、赵文友、王鸿飞、王向东、王培文出席会议。

14日 集团公司党委常委、纪委书记、监察专员赵文友在总部办公楼会见来访的华鲁集团纪委书记、监察专员姜浩俭一行。

● 集团公司党委常委、纪委书记、监察专员赵文友在总部办公楼会见来访的恒丰银行党委委员、省纪委监委驻恒丰银行纪检监察组组长王玉一行。

● 集团公司党委常委、总审计师王鸿飞参加省属企业深圳党建工作综合协作区座谈会。

15日 集团公司党委常委、总审计师王鸿飞参与调研山东发展权属企业深圳市东华实业（集团）有限公司，并出席山东省"双招双引"工作驿站和鲁深高质量融合发展中心揭牌仪式。

17日 山钢管线用钢产品推介会在日照召开。集团公司副总经理，山钢股份党委书记、董事长王向东以视频方式出席并致辞。

21日 集团公司党委书记、董事长侯军在总部办公楼会见来访的包钢集团党委书记、董事长孟繁英一行。集团公司党政领导陈向阳、王鸿飞、王向东、董立志、刘慈玲、李长青，包钢集团党委常委、高

管参加座谈。

● 集团公司党委书记、董事长侯军在总部办公楼会见来访的济南市副市长杨丽一行。

22日 集团公司召开党委常委会会议。集团公司党委书记、董事长侯军主持会议，党委常委陈向阳、赵文友、王鸿飞参加会议，集团公司副总经理王向东、董立志，总经理助理刘慈玲等列席会议。

● 集团公司副总经理王向东在总部办公楼会见来访的中国宝武原料采购中心总经理徐昌林一行。

23日 集团公司举行完善公司治理中加强党的领导专题培训班。集团公司党委常委、总审计师王鸿飞出席开班式并作动员讲话。

29日 集团公司党委常委、纪委书记、监察专员赵文友在总部办公楼会见来访的水发集团党委委员、纪委书记薛忠勇一行。

30日 集团公司召开党委理论学习中心组集体学习研讨会，主题为"学习贯彻习近平总书记同中华全国总工会新一届领导班子成员集体谈话时、同全国妇联新一届领导班子成员集体谈话时的重要讲话精神"。集团公司党委书记、董事长侯军主持会议，党委常委、高管人员、总部各部门负责人以及部分职工代表参加学习。

● 工信部信息技术发展司副司长王威伟一行到集团公司调研。集团公司党委常委、总审计师王鸿飞陪同调研。工信部信息技术发展司相关领导，山东省工信厅党组成员、副厅长安文建等相关领导参加调研。

12月

1日 集团公司党委"靠企吃企"问

题专项整治工作调度会议在总部办公楼召开，要求进一步提高认识、对标对表、落实责任，加大整治力度，持续推进整改，以更高标准、更严要求、更实举措，不断取得专项整治新成效。集团公司党委常委、纪委书记、监察专员，集团公司党委"靠企吃企"问题专项整治领导小组副组长赵文友出席会议。

● 集团公司党委常委、总审计师王鸿飞带队到山东黄金集团开展党建对标学习交流。山东黄金集团党委副书记、董事初明锋参加交流活动。

5 日　集团公司印发《山东钢铁集团有限公司数据安全管理办法（试行）》（山钢信字〔2023〕2 号）。

7 日　山东省召开审计机关成立 40 周年座谈会。集团公司党委常委、总审计师王鸿飞应邀参会并作为内部审计代表发言。

8 日　山东省政协副秘书长王琳一行到集团公司进行调研。集团公司党委常委、董事陈向阳陪同调研。

11 日　集团公司召开 12 月份生产经营调度会。集团公司党委书记、董事长侯军主持会议并讲话，党政领导陈向阳、赵文友、王鸿飞、付博、董立志、刘慈玲、李长青、王培文出席会议。

● 集团公司召开党委常委会。集团公司党委书记、董事长侯军主持会议，党委领导陈向阳、赵文友、王鸿飞参加会议。

12 日　集团公司党委资本运营委员会举办第一期资本运营专项培训。集团公司党政领导陈向阳、赵文友、王鸿飞、付博、刘慈玲，各权属二级公司、相关直属机构、总部相关部门主要负责人参加培训。

● 集团公司印发《安全生产费用提取和使用管理规定》《生产安全事故应急预案管理办法》（山钢安字〔2023〕31 号）。

13 日　集团公司党委书记、董事长侯军会见来访的浦发银行济南分行党委书记、行长陆炜一行。

● 山钢股份与山东乾钢金属科技有限公司举行共建技术创新协同中心签约暨揭牌仪式。集团公司副总经理，山钢股份党委书记、董事长，山钢研究院院长王向东出席。

15 日　集团公司党委常委、总审计师王鸿飞出席在辽宁鞍山召开的中国冶金政研会第十届第五次理事会并发言。会上，集团公司报送的多篇论文获奖。

19 日　集团公司党委书记、董事长侯军在总部办公楼会见来访的中国银行山东省分行党委书记、行长徐效强一行。

● 集团公司党委召开巡察工作高质量发展主题研讨会。集团公司党委常委、纪委书记、监察专员赵文友主持会议，巡察工作领导小组相关成员、有关部门负责人、部分二级单位主要负责人、多次参加过巡察工作的人员代表以及巡察办相关人员参加会议。

20 日　集团公司党委理论学习中心组集体学习研讨会在总部办公楼召开，主题为"学习贯彻中央经济工作会议精神，进一步坚定高质量发展信心"。集团公司党委书记、董事长侯军主持会议，党委常委、高管人员、总部各部门负责人参加。会议以视频形式学习了中央经济工作会议精神和专家解读，集体学习了习近平总书记在第十个国家宪法日之际作出的重要指示精神、全国网络安全和信息化工作会议精神、全省网络安全和信息化工作会议精神等内容。

21 日　山钢集团日照公司举行钢廉文化园启用仪式暨"清风护航"廉洁主题教育活动。日照市委常委、市纪委书记、市监委主任刘军，集团公司党委常委、纪委书记、省监委驻集团公司监察专员赵文友，日照市岚山区委书记焦春锋等出席。

28 日　山东省人民政府与中国宝武钢铁集团有限公司在济南签署合作框架协议

及相关投资协议，中国宝武战略投资山钢集团，双方开启全面合作。中共山东省委书记、省人大常委会主任林武，省委副书记、省长周乃翔，省委常委、组织部部长王宇燕，省委常委、秘书长张海波，副省长、省政府秘书长宋军继，副省长周立伟；中国宝武党委书记、董事长胡望明，总经理、党委副书记侯安贵；山钢集团公司党委书记、董事长侯军等出席签约仪式。

● 集团公司召开党委常委会会议。集团公司党委书记、董事长侯军主持会议，党委常委陈向阳、赵文友、王鸿飞参加会议，集团公司副总经理王向东、董立志，总经理助理刘慈玲等列席会议。

● 集团公司2023年度财务决算专题工作会议以视频形式召开。集团公司总经理助理刘慈玲参加会议并讲话。

29日 集团公司党委召开一届五次全委会议，集团公司党委书记、董事长侯军受党委常委会委托主持会议，党委委员陈向阳、赵文友、王鸿飞、王向东、董立志、吕铭等参加会议。会议听取并审议通过了侯军同志代表山钢集团党委常委会所作的一届四次全体会议以来的工作报告、《山东钢铁集团有限公司改革深化提升行动实施方案（2023—2025年）》、山钢集团党委一届五次全体会议决议（草案）。

（注：● 与上面日期相同）

（撰稿：张　序　审稿：李学玉）

2023年山钢集团十大新闻

一、深入开展学习贯彻习近平新时代中国特色社会主义思想主题教育

4月14日，山钢集团学习贯彻习近平新时代中国特色社会主义思想主题教育工作会议召开，对主题教育作出安排部署。有效落实"四张清单"，一体推进理论学习、调查研究、推动发展、检视整改，先后举办4期主题教育读书班，山钢集团领导班子成员围绕9项重点课题深入调研并进行成果交流，各级党组织将主题教育与中心工作紧密融合，取得了以学铸魂、以学增智、以学正风、以学促干的积极成效。评选表彰"十佳"党建工作品牌、党建工作创新案例，6个党建品牌入选省属企业优秀党建品牌。

二、山东省政府与中国宝武签署合作协议，山钢集团与中国宝武开启全面合作

12月28日，山东省人民政府与中国宝武签署合作框架协议及相关投资协议，中国宝武战略投资山钢集团，双方开启全面合作。通过本次战略投资，中国宝武将持有山钢集团49%股权，宝钢股份将持有日照公司48.6139%股权。根据协议，中国宝武将充分发挥管理、技术、人才和品牌优势，借重山东省独特的区位、资源和产业优势，与山东省共同做强做优山钢集团。

三、中共山东省委书记林武两次到山钢集团调研

1月31日，中共山东省委书记林武到山钢集团日照公司调研。他强调，要把发展经济的着力点放在实体经济上，深化新旧动能转换，着力改造提升传统产业，着力培育壮大新兴产业，加快构建现代化产业体系。8月2日，林武到山钢股份莱芜分公司调研工业产业绿色转型升级发展情况。他强调，要加快产业转型升级，协同推进降碳、减污、扩绿、增长，不断增强产业

核心竞争力，推动绿色低碳高质量发展。

四、全集团锚定"争上游、走在前"目标定位，全力以赴迎战行业"寒冬"

1月6日，山钢集团召开一届五次职代会和2023年度工作会议，明确"争上游、走在前"目标定位。面对异常严峻的行业变局和市场挑战，全集团开展"争上游、走在前"主题宣传实践活动和"夯实基础争上游、追求极致走在前"劳动竞赛，深入学习鄂钢经验，推行"一人一表"赛马机制，深化细化"算账"经营，全员全方位全过程挖潜增效。钢铁主业大力推进一体化运营，成立采购中心，构建一协议、一清单、一中心的"三个一"新型服务模式，2023年前11个月可比成本降低率达5.39%；多元产业对集团经营绩效发挥了重要支撑作用。

五、连续第三年千万元重奖创新团队和个人，一批科技创新项目实现新突破

4月19日，山钢集团隆重表彰获得科学技术奖的团队和个人，奖励总额近千万元，其中"科技进步突出贡献奖"获得者侯晓英得奖80万元。山钢集团5个项目上榜2023年冶金科学技术奖，其中《超高料层均质低碳烧结关键技术及应用》荣获一等奖。山钢《超大宽厚比薄规格中厚板高效产线填补国际空白》入选2023年世界钢铁工业十大技术要闻。成功研发全球最高等级500兆帕级风电钢、全球最高强度级别海洋工程用钢 EH690Z35、国内首台（套）异形连铸坯表面质量在线检测和预报系统等，实现了科技创新的新突破。

六、山钢成为山东省首家全域实现全流程环境绩效 A 级钢铁企业，绿色低碳发展成就获广泛赞誉

9月26日，全省钢铁行业第一家 AAA 级景区——山钢日照公司工业旅游景区正式挂牌。至2023年底，山钢成为山东省首家全域实现全流程环境绩效 A 级的钢铁企业。山钢股份积极引入和推进 ESG（环境、社会、公司治理）管理，在国内首个钢铁行业 ESG 评级中被评为 AAA 级企业；山钢集团加入全球低碳冶金创新联盟，4个项目入选中国企业联合会"2022企业绿色低碳发展优秀实践案例"，山钢股份莱芜分公司、日照公司双双入选"双碳最佳实践能效标杆示范厂"培育企业。在中国生态文明论坛上，山钢绿色低碳发展成就得到生态环境部部长黄润秋等上级领导和社会各界高度评价。

七、智慧制造"四个一律"指数提升率超20%，"数智山钢"建设再结硕果

6月30日，山东省钢铁行业首家智慧水务中心在日照公司正式投运。截至11月底，智慧制造"四个一律"指数达到38.76，较年初提升21.54%。机器人应用数量达到171台套，年均增长率超过170%。山钢集团通过数据管理能力成熟度3级（稳健级）评估，处于省属企业领先水平。日照公司入选2023年省级智能工厂，"新一代钢铁智慧制造工厂""冶金炼钢厂倒罐间数字化、智能化折铁系统"在国务院国资委举办的首届"国企数字场景创新专业赛"中获奖。

八、"靠企吃企"问题专项整治工作扎实推进，审计工作卓有成效

4月19日，山钢集团召开会议，部署开展"靠企吃企"问题专项整治工作。7个工作组分别对招标投标、工程建设等领域展开专项监督，处置问题线索51件。深化拓展"一台账、两清单、双责任、双问责"监督机制，聚焦靶向精准发力开展巡察工作，巡察存量问题整改完成率

100%。加强党委对审计工作的领导，充分发挥内部审计"经济监督"职能，推进审计问题存量压减攻坚，山钢集团荣获"全国内部审计先进集体"和山东省"内部审计工作规范化建设示范单位"称号。

九、法治山钢升级版全面落地，"六大存量攻坚战"圆满收官

4月，山钢集团成立合规委员会，在全省率先设立首席合规官。印发《合规管理办法》，建立"全面风险防控+风险专项防控"的"一全多专"新机制，推行风险"三控"新模式，实施案件"四一"管理法，实行合同管理"八步法"，标志着法治山钢升级版全面落地。历时三年的"六大存量攻坚战"圆满收官，应收账款累计压减20亿元，担保压减467亿元，有力提升了资产质量和资金效率。

十、企业补充医疗保险开始实施，幸福和谐新山钢建设再"加码"

2023年，企业补充医疗保险在10家法人单位正式实施，惠及职工近3万人，6条保障普惠线全面运行。产业工人队伍建设改革成果丰硕，胡淑娥当选第十四届全国人大代表，李子高荣获"齐鲁大工匠"称号，山信软件获"山东省全员创新企业"称号，山钢集团工匠学院列为中国劳动关系学院新时代产业工人教育研究中心调研基地。山钢集团入选全国厂务公开民主管理示范单位。

山钢年鉴 *2024*

概 况

山钢集团
SD STEEL

山钢文化

核心理念

山钢经营宗旨：
　　精品赢得市场，诚信创造未来

公 司 简 况

山东钢铁集团有限公司（简称山钢集团）是山东省属国有重要骨干企业，2008年由济钢、莱钢、山东省冶金工业总公司下属单位组建成立，目前由中国宝武钢铁集团有限公司、山东省人民政府国有资产监督管理委员会、山东国惠投资控股集团有限公司、山东省财欣资产运营有限公司分别持有 49%、35.7%、10.2%、5.1%的股权。总部位于山东济南。旗下现有山东钢铁股份有限公司、莱芜钢铁集团有限公司、山东金岭矿业股份有限公司、山东钢铁集团国际贸易有限公司、山东钢铁集团房地产有限公司、山东钢铁集团财务有限公司、山钢资本控股（深圳）有限公司、山东耐火材料集团有限公司、山信软件股份有限公司、山东钢铁集团永锋淄博有限公司、山东钢铁集团淄博张钢有限公司等子公司。控股山东钢铁和金岭矿业两家 A 股上市公司。

截至 2023 年末，山钢集团注册资本 119.69 亿元，资产总额 1858.36 亿元，企业信用等级 AAA。连续五年跻身中国钢企综合竞争力排名 A+（竞争力极强）行列，钢铁主业位列 2023 年《财富》中国上市公司 500 强第 133 位、中国制造业综合实力 200 强第 65 位、中国装备制造业 100 强第 42 位。荣获"中国钢铁企业高质量发展 AAA 企业""山东社会责任企业""全国循环经济试点示范企业""中国钢铁工业清洁生产环境友好型企业""全国冶金行业绿色发展标杆企业"，以及国家级"绿色工厂""全国企业文化建设特殊贡献单位"等称号。

作为山东省钢铁产业链"链主"企业，山钢集团重点发展"黑色金属采矿、冶炼及加工，钢铁贸易及服务，新材料、高端装备制造及技术服务"三大主业，培育发展产业金融、产业园区开发运营、信息技术等新兴产业。坚持"精品与规模并重，沿海与内陆并进，绿色与智慧并举"发展战略，聚焦钢铁产业转型升级，着力打造日照钢铁精品基地、莱钢精品钢基地、临沂临港先进特钢基地、德州永锋短流程高品质建材基地，逐步形成年产 2000 多万吨钢生产规模，工艺技术和装备达到国内领先水平。主要钢铁产品包括板带、板材、型钢、特钢、建材五大系列，涵盖高端装备、海洋工程、汽车用钢、电站锅炉、轨道交通、白色家电、石化装备、工程机械等重点领域，畅销全国并远销 70 多个国家和地区，成功应用于港珠澳大桥、大兴国际机场、北京冬奥会场馆、北极亚马尔液化天然气项目等重要工程。30 多项钢铁产品被评为中国名牌、山东名牌、全国冶金产品实物特优质量奖和"金杯奖"。

山钢集团坚定不移打造世界一流企业，着力锻造绿色、智慧、可持续发展比较优势。秉承"共创、共进、共赢"的核心价值观，与国内外 100 多家大型企业集团结成战略合作伙伴关系，携手共建共享高质量钢铁生态圈。坚持生态优先、绿色低碳发展，在山东省率先实现钢铁全流程全工序超低排放改造，成为全省钢铁企业绿色转型的示范者、引领者。大力实施创新驱动发展战略，拥有 3 个国家级科技创新平台、16 个省级科技创新平台和 20 余家科技型企业，每年新获授权专利近 500 项。2023 年科技研发投入强度 2.79%，新申请受理专利 683 件，同比增长 5.7%，其中发明专利申请占比 71%。

山钢集团切实履行国有企业政治责任、社会责任和经济责任，全面加强党的建设和领导，深入推进市场化改革，推动国有资本和国有企业做强做优做大。2020 年至 2023 年，累计生产钢材过亿吨，纳税超 300 亿元。积极践行"为民情怀、职工福祉"信念追求，始终坚持发展为了职工、发展依靠职工、发展成果由职工共享，全面实施"幸福和谐新山钢"建设，使山钢人推动高质量发展的脚步更加坚实，圆梦热情更加激昂。

立足新发展阶段，贯彻新发展理念，融入新发展格局，山钢集团将立足"聚合资源、开放共享，构建安全高效钢铁产业生态圈；动能转换、创新治理，打造绿色智能行业发展新标杆"的发展方略，持续深化体制机制改革，加快培育新质生产力，全力打造发展方式新、公司治理新、经营机制新、布局结构新的"四新"现代合资新国企，在推进中国式现代化山东实践中展现山钢担当、山钢作为！

（撰稿：孙亚宁　审稿：李波涛）

2023 年工作综述

【主要经营指标】　2023 年，面对多重超预期因素影响，山钢集团广大干部职工坚持以习近平新时代中国特色社会主义思想为指导，坚定在山东省委、省政府和省国资委的领导下，在中国宝武强力协同支撑下，锚定"争上游、走在前"目标定位，难中求成、变中求进，坚定沉着、直面挑战、勇毅前行，经营韧性巩固提升。全年生产生铁 1737.76 万吨、粗钢 1944.75 万吨、商品坯材 1890.11 万吨，完成山东省下达的"平控"目标；生产耐火原材料及制品 29.97 万吨，同比增长 4.17%；铁精粉 105.07 万吨，同比保持较高水平；钢材出口 90.65 万吨、耐材产品订货值 3.14 亿

元，同比分别增长 42.44%、73.92%。山钢集团荣获"中国卓越钢铁企业品牌"称号，连续第四年被评为"山东省社会责任企业"。钢铁主业列中国制造业综合实力 200 强第 65 位、中国装备制造业 100 强第 42 位，荣获"2023 中国钢铁企业 ESG 评级 AAA 级企业"称号。

【深化改革】　国企改革深化提升行动高点起步，26 项任务工期倒排，挂图作战，稳妥推进。布局结构持续优化，与中国宝武开启合作共赢新征程，宝钢股份全体系对日照公司协同支撑工作全面启动。瘦身健体成效显著，法人压减 11 户，参股企业退出 4 户；产权和管理层级全部控制在四级以内，如期完成非煤矿山管理层级控制在三级以内。钢铁主业深化营销改革，成立采购中心，整合研发资源，一体化实现新突破。三项制度改革持续深化，经理层成员任期制和契约化管理保持全覆盖，8 户权属公司推行职业经理人制度。"强激励、硬约束"有效落地，末位调整和不胜任退出制度全面实施，调整退出管理人员 27 人。工资总额决定机制不断完善，中高层人员薪酬差异化系数连续两年超过 3.66。7 户权属企业实施中长期激励。山工职院隶属关系顺利调整。亏损企业治理精准施策，亏损面、亏损额均完成目标。审计监督规范化建设全省示范，荣膺"全国内部审计先进集体"。"一全多专"风控新机制创新推出，"六大存量攻坚战"取得阶段胜利，一批制约发展的现实难题和潜在风险得到稳控化解。

【科技创新】　科技创新活力迸发。持续深化科技创新体系变革，项目绩效薪酬、创效提成、成果奖励等激励机制相继落实。"五位一体"协同研发不断强化，5 项成果获冶金科学技术奖，16 项成果获冶金企业管理现代化创新成果奖，3 个项目列入省重点研发计划重大科技创新工程，协同创

新成势见效。2023年，山钢集团研发投入39.2亿元，研发投入强度2.79%。新申请受理专利684件，同比增长5.7%，其中发明专利占72.6%，同比增长7.3%。科技政策利用收益3.27亿元，同比增长56.2%。创新平台提档扩容，创新型企业梯次培育，高新技术企业达到7户。全员创新氛围浓厚，呈现出理念务实、认知到位、机制引领、形成合力、平台支撑、高效赋能，激励到位、激发活力的特点，形成了"人人皆可创新、事事皆可改善"的全员创新文化。智能制造转型升级。2.35亿元投入数字化转型，"云-边-端"数智化架构日趋完善。智慧制造"四个一律"指数38.82，较年初提升21.73%；机器人应用数量达到171台套，年均增长170%。日照公司被认定为省级智能工厂。

【绿色发展】环保绩效巩固提升。投资5.4亿元建成41个节能环保项目，深入推行环境深度治理，环境信用评级全部为绿牌。细化措施，环境绩效持续提升，各项污染物排放全部完成排污许可指标，污染物排放合格率100%；日照公司废水持续实现零外排，莱芜分公司银山型钢区域基本实现近零排放。莱芜分公司超低排放通过中国钢铁工业协会审查公示和山东省厅环境绩效A级企业现场审核，山钢集团实现钢铁板块环境绩效全面达A目标，绿色发展成果受到生态环境部和省市领导的高度评价。持续实施蓝天保卫战。莱芜分公司投资4.24亿元，完成创A项目16项；日照公司、莱芜分公司焦化厂、银山型钢公司通过环境绩效A级企业复审。持续提升清洁运输比例，达到87.3%。严格落实焦化行业超低排放实施方案，在全省率先完成焦化工序超低排放改造。节能降碳深入推进。贯彻落实国家"双碳"目标要求，深入开展节能增效，提升极致能效，开展全流程能效诊断，制定年度节能增效实施方案。

日照公司积极推进余热利用与片区供热一体化项目，每年可外供热水热量近200万吉焦，节约标准煤6.8万吨，减排二氧化碳17.7万吨；投资5977万元，实施节能项目13项，增效约2488万元。莱芜分公司实施电力系统现场诊断，精准控制重点耗电设备关键运行参数，节电2%；推进加热炉余热蒸汽等优化利用，提高余热发电机组稳定运行效率；能源系统节能增效36.62元/吨钢。完成年度组织碳排放核算报告编制上报、工序碳排放核算工作；完成冷轧镀锌板等8个钢材产品碳足迹评价、热轧板等4个钢材产品EPD评价；三项成果入选2022年度企业绿色低碳发展优秀实践案例。2023年，山钢集团吨钢综合能耗完成503.86千克标准煤/吨，同比降低8.28%；吨钢新水消耗2.39立方米/吨，同比降低1%；自发电量45.35亿千瓦·时，同比增加8.9%；日照公司废水持续实现零外排，建成投运全省钢铁行业首家智慧水务项目，获国家"水效领跑者"称号。莱芜分公司、日照公司先后被授予"双碳最佳实践能效标杆示范厂培育企业"称号。绿色发展水平持续提升。全面实施《绿色城市钢厂评价指标体系》，将"绿色化指数提升"作为重点工作纳入年度目标责任书，形成推动绿色低碳发展的巨大合力，带动"大环保"管理体系建设和工作推进。日照公司、莱芜分公司绿色发展指数较上年分别提升9分、3.5分。积极创建绿色工厂/矿山、工业旅游景区，日照公司被评为AAA级景区，成为山东省钢铁行业首家工业旅游景区。日照公司、莱芜分公司被评为全国冶金绿色先进单位、钢铁行业绿色发展标杆企业。山钢矿业、山东耐材积极拓展渣石、尾矿资源化利用途径，开展矿山绿化和生态修复，山东耐材王铝矿被评为省级绿色矿山。

【社会责任】坚持企业发展与社会责任履

行相辅相成，以实际行动践行国企使命，展现企业良好形象。积极投身扶贫开发和乡村振兴工作，派出优秀骨干担任"第一书记"及工作队成员，向派驻地捐赠乡村振兴项目帮扶资金 170 万元、困难群众走访慰问资金 3.7 万元，截至 2023 年末，山钢集团累计选派 9 名干部担任本轮省派第一书记，向派驻地提供直接资金帮扶 320 余万元，累计吸纳农村人口就业 350 人。认真贯彻落实《国有企业与示范区结对关系》要求，专题推进与济南市钢城泉韵乡居乡村振兴齐鲁样板示范区结对工作，在产业培育、基础设施、公共服务、乡村治理等方面开展高效务实合作，积极推动示范片区创建提质增效。扎实做好公益慈善工作，开展"慈心一日捐"活动，向山东省慈善总会捐赠 10 万元。坚持"为民情怀、职工福祉"，依法加强职工劳动关系管理，切实做好职工劳动保护和职业安全与健康，不断改善职工劳动环境与条件，依法依规有情做好职工内部转岗安置，做好大中专毕业生招聘和复转军人安置，促进劳动就业。

【党的建设】 坚持用习近平新时代中国特色社会主义思想凝心铸魂，把学习贯彻习近平新时代中国特色社会主义思想主题教育作为重大政治任务，高标准高质量开展主题教育，"四张清单"有效落实。坚持"两个一以贯之"，不断加强党的领导。坚持深化党的创新理论武装，严格落实"第一议题"学习制度，深刻领悟"两个确立"的决定性意义，坚决做到"两个维护"。过硬党支部建设和评星定级管理持续深化，四星级及以上党支部占比超过 80%。全面从严治党纵深推进，正风肃纪反腐持续深化，保持对腐败问题的"零容忍"，持续强化"不敢腐"的震慑，深入推进"靠企吃企"问题专项整治，运用"四种形态"处理 186 人；深化大监督体系建设，两轮巡察压茬推进，充分发挥了"监督保障执行、促进完善发展"的作用；把握"三个区分开来"，落实容错免责机制，完善澄清保护机制，激励干部担当作为。广大党员干部职工人心思进、人心思变、人心思干的氛围越来越浓厚。压实意识形态工作责任，旗帜鲜明坚持党管宣传、党管意识形态，形势任务教育深入人心，有效防范化解意识形态领域风险。持续推进"幸福和谐新山钢"创新版建设，用心用情做好惠民生、暖民心的事，职工工作条件不断改善，劳动生产率逐步提高，职工的精神面貌逐步向好。产改工作全省领先、全国示范，山钢集团工匠学院成为中国劳动关系学院新时代产业工人教育研究中心调研基地，被中国机械冶金建材工会推荐为全国工匠学院示范点。民主管理质效提升，荣获"全国厂务公开民主管理示范单位"称号。职工六条普惠保障线有效运行，企业补充医疗保险全面落地，被全国总工会列为提升职工生活品质企业试点单位。

（撰稿：孙亚宁　审稿：李波涛）

山钢年鉴 2024

山钢集团
SD STEEL

机构与人事

山钢集团
SD STEEL

山钢文化

核心理念

山钢精神：信恒如山，创新超越

山东钢铁集团有限公司组织机构图

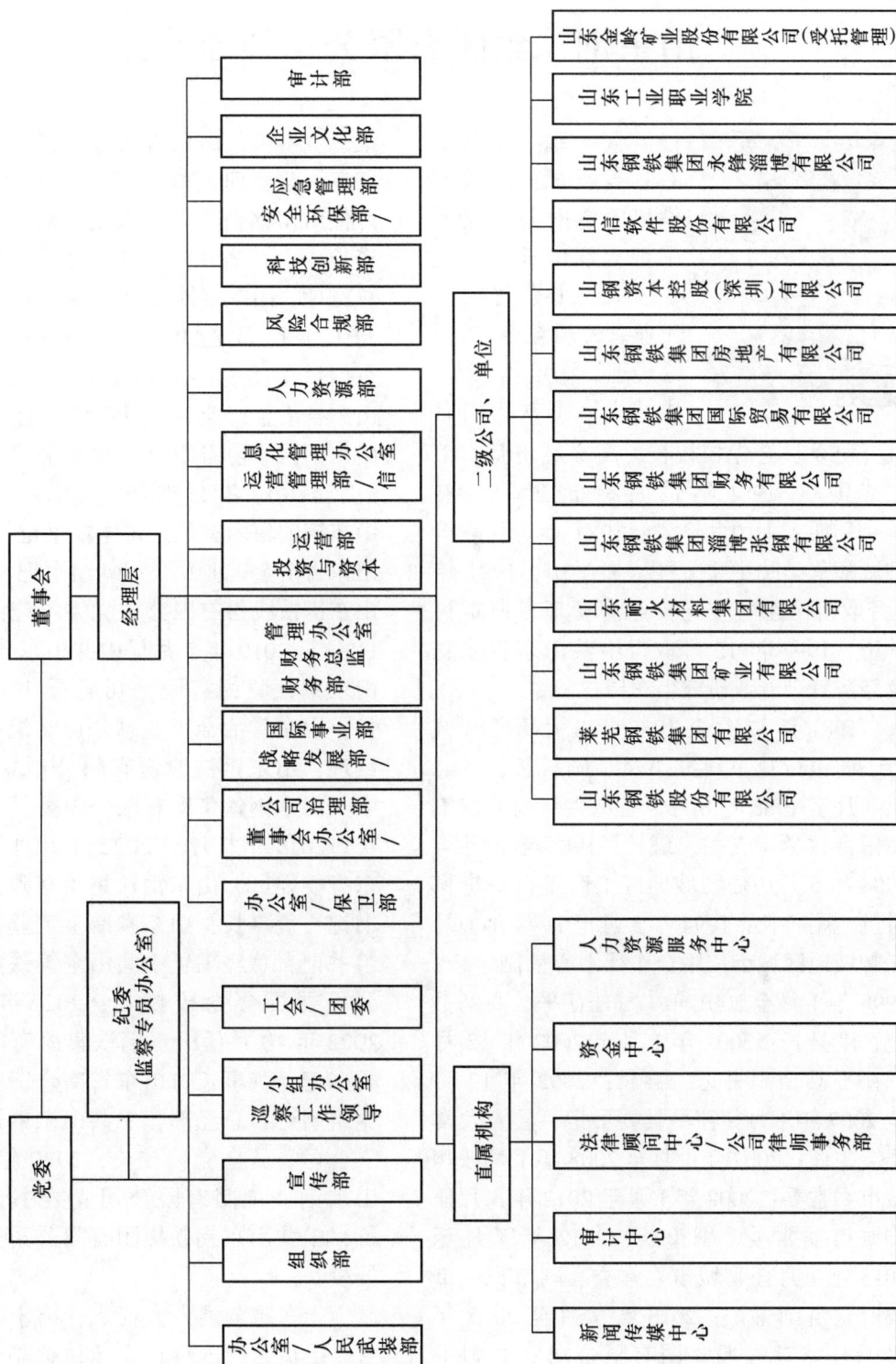

党委 — 董事会 — 经理层

纪委（监察专员办公室）

经理层下设部门：
- 审计部
- 企业文化部
- 安全环保部／应急管理部
- 科技创新部
- 风险合规部
- 人力资源部
- 运营管理部／信息化管理办公室
- 投资与资本运营部
- 财务管理部／财务总监办公室
- 战略发展部／国际事业部
- 董事会办公室／公司治理部
- 办公室／保卫部

党委下设部门：
- 工会／团委
- 巡察工作领导小组办公室
- 宣传部
- 组织部
- 办公室／人民武装部

二级公司、单位：
- 山东金岭矿业股份有限公司（受托管理）
- 山东工业职业学院
- 山东钢铁集团永锋淄博有限公司
- 山信软件股份有限公司
- 山钢资本控股（深圳）有限公司
- 山东钢铁集团房地产有限公司
- 山东钢铁集团国际贸易有限公司
- 山东钢铁集团财务有限公司
- 山东钢铁集团淄博张钢有限公司
- 山东耐火材料集团有限公司
- 山东钢铁集团矿业有限公司
- 莱芜钢铁集团有限公司
- 山东钢铁股份有限公司

直属机构：
- 人力资源服务中心
- 资金中心
- 法律顾问中心／公司律师事务部
- 审计中心
- 新闻传媒中心

山东钢铁集团有限公司领导简介

侯 军 中共山东省委委员，山东钢铁集团有限公司党委书记、董事长、法定代表人，山东省冶金工业总公司党组书记、总经理、法定代表人，中共山东钢铁集团有限公司委员会党校校长，高级经济师。山东莘县人，1981年12月参加工作，1985年9月加入中国共产党，1987年7月取得聊城师范学院中文专业大专学历，1991年7月取得山东省委党校经济管理专业本科学历，1997年12月取得中共山东省委党校经济管理专业研究生学历。

1981年12月至1986年8月历任聊城市工商银行秘书科办事员、副科长；1986年8月至1988年8月任省电大济南分校工商银行教学班支书、班长；1988年8月至1994年5月历任聊城地区工商银行信贷科科员、副科长；1994年5月至1998年1月任聊城地区城市信用合作社中心社副主任；1998年1月至2001年1月任荏平县委副书记、副县长；2001年1月至2002年12月任荏平县委副书记、县长；2002年12月至2007年1月任荏平县委书记、县人大常委会主任；2007年1月至2008年1月任聊城市委常委；2008年1月至2012年3月任聊城市委常委、副市长；2012年3月至2013年7月任聊城市委常委、副市长、市政府党组副书记；2013年7月至2015年11月任华鲁控股集团有限公司党委副书记、董事、总经理；2015年11月至2015年12月任山东钢铁集团有限公司党委书记、董事长，山东省冶金工业总公司党组书记、总经理；2015年12月至2016年12月任山东钢铁集团有限公司党委书记、董事长，山东省冶金工业总公司党组书记、总经理，山东钢铁股份有限公司党委书记；2016年12月至2017年6月任改建后的山东钢铁集团有限公司党委书记、董事长，山东省冶金工业总公司党组书记、总经理，山东钢铁股份有限公司党委书记；2017年6月至2018年11月任中共山东省委委员，山东钢铁集团有限公司党委书记、董事长，山东省冶金工业总公司党组书记、总经理，山东钢铁股份有限公司党委书记；2018年11月至2019年9月任中共山东省委委员，山东钢铁集团有限公司党委书记、董事长，山东省冶金工业总公司党组书记、总经理，山东钢铁股份有限公司党委书记，中共山东钢铁集团有限公司委员会党校校长。2019年9月至2022年6月任中共山东省委委员，山东钢铁集团有限公司党委书记、董事长，山东省冶金工业总公司党组书记、总经理，中共山东钢铁集团有限公司委员会党校校长；2022年6月至2022年10月任山东钢铁集团有限公司党委书记、董事长，山东省冶金工业总公司党组书记、总经理，中共山东钢铁集团有限公司委员会党校校长；2022年10月任山东钢铁集团有限公司党委书记、董事长，中共山东钢铁集团有限公司委员会党校校长。

十三届全国人大代表，第十一届山东省委委员，中国钢铁工业协会副会长，中国金属学会副理事长，山东金属学会理事长、《山东冶金》理事长。

陶登奎　山东钢铁集团有限公司党委副书记、总经理，工程技术应用研究员。山东莱芜人，1988年7月参加工作，1984年10月加入中国共产党，1988年7月研究生毕业于北京科技大学冶金机械专业，并取得工学硕士学位。

1988年7月至1997年12月历任莱钢轧钢厂带钢车间技术组组长、主任助理、副主任，中小型车间筹备组组长、车间主任；1997年12月至2002年6月历任莱钢轧钢厂副厂长，中型厂副厂长、厂长兼党委书记、厂长兼党委副书记；2002年6月至2008年2月历任莱钢股份有限公司副总经理，莱钢集团有限公司总经理助理，莱钢股份有限公司董事；2008年2月至2009年11月任山东钢铁集团有限公司党委委员、副总经理；2009年11月至2011年8月任山东钢铁集团有限公司党委委员、副总经理，山东钢铁集团有限公司资金中心总经理；2011年8月至2014年7月任山东钢铁集团有限公司党委委员、副总经理，山东钢铁集团有限公司资金中心总经理，山东钢铁集团财务有限公司董事长（其间：2013年8月起挂职中国工商银行北京总部风险管理部副总经理一年，2013年5月至2013年9月任日照钢铁精品基地工程指挥部副总指挥）；2014年7月至2015年5月任山东钢铁集团有限公司党委委员、副总经理，山东钢铁股份有限公司党委常委，山东钢铁集团有限公司资金中心总经理，山东钢铁集团财务有限公司董事长；2015年5月至2015年8月任山东钢铁集团有限公司党委委员、副总经理，山东钢铁集团有限公司资金中心总经理，山东钢铁集团财务有限公司董事长，山东钢铁股份有限

公司党委常委、董事；2015年8月至2015年11月任山东钢铁集团有限公司党委委员、副总经理，山东钢铁集团财务有限公司董事长，山东钢铁股份有限公司党委常委、董事；2015年11月至2015年12月任山东钢铁集团有限公司党委副书记、副董事长、总经理，山东钢铁集团财务有限公司董事长，山东钢铁股份有限公司党委常委、董事；2015年12月至2016年12月任山东钢铁集团有限公司党委副书记、副董事长、总经理，山东钢铁股份有限公司党委副书记、董事长，山东钢铁集团财务有限公司董事长；2016年12月至2017年9月任改建后的山东钢铁集团有限公司党委副书记、总经理，山东钢铁股份有限公司党委副书记、董事长，山东钢铁集团财务有限公司董事长；2017年9月至2019年9月任山东钢铁集团有限公司党委副书记、总经理，山东钢铁股份有限公司党委副书记、董事长；2019年9月至2023年4月任山东钢铁集团有限公司党委副书记、总经理；2023年4月至2023年5月任山东钢铁集团有限公司总经理。

中国金属学会理事，山东金属学会副理事长。曾获山东省优秀知识分子、山东省优秀青年企业家等荣誉称号。

苏斌　山东钢铁集团有限公司党委副书记、董事，教授级高级政工师。山东定陶人，1984年7月参加工作，1983年12月加入中国共产党，1984年7月大学毕业于山东农业大学土化系土壤农化专业，2002年7月取得中央党校经济管理专业研究生学历，2005年4月取得南开大学商学院高级管理人员工商管理硕士学位。

1984年7月至1985年9月任济南市郊区姚家办事处纪检委员、团委副书记；

1985年9月至1986年10月任共青团济南市郊区区委副书记;1986年10月至1987年4月在山东省委组织部知识分子工作处帮助工作;1987年4月至2002年5月历任山东省委组织部知识分子工作处副科级巡视员、正科级巡视员、助理调研员、副处长,企业干部办公室副主任(其间:1994年3月至1995年9月挂职山东省平原县平原镇党委副书记,1999年9月至2002年7月在中央党校经济管理专业研究生班学习);2002年5月至2004年6月历任山东省委企业工委省管企业监事会管理办公室主任、监事会工作处处长;2004年6月至2010年9月历任山东省国资委人事教育处(外事处)负责人、处长,机关党委副书记,人事处处长(其间:2008年2月至2008年12月在山东省委党校第18期中青年干部培训班学习);2010年9月至2012年4月任山东钢铁集团有限公司党委副书记、纪委书记;2012年4月至2014年7月任山东钢铁集团有限公司党委副书记、纪委书记,山东钢铁股份有限公司监事会主席;2014年7月至2015年5月任山东钢铁集团有限公司党委副书记、纪委书记,山东钢铁股份有限公司党委副书记、监事会主席、纪委书记;2015年5月至2016年12月任山东钢铁集团有限公司党委副书记、纪委书记,山东钢铁股份有限公司党委副书记、纪委书记;2016年12月至2017年3月任改建后的山东钢铁集团有限公司党委副书记、董事;山东钢铁股份有限公司党委副书记、纪委书记;2017年3月至2019年9月任山东钢铁集团有限公司党委副书记、董事;山东钢铁股份有限公司党委副书记;2019年9月至2022年11月任山东钢铁集团有限公司党委副书记、董事;2022年11月至2023年1月任山钢集团董事。

中国劳动学会冶金分会常务理事、副会长,中国冶金职工思想政治工作研究会副会长,山东省省管企业党建思想政治工作研究会副会长,山东省社会科学界联合会第八届委员会委员。曾获山东省五一劳动奖章、山东省优秀思想政治工作者,中共山东省委组织部和山东省国资委机关先进工作者、优秀共产党员等荣誉称号。

陈向阳 山东钢铁集团有限公司党委常委、董事,工程技术应用研究员。山东冠县人,1988年7月参加工作,1994年5月加入中国共产党,1988年7月大学毕业于东北工学院钢铁冶金专业,2003年12月取得武汉科技大学冶金工程硕士学位,2010年4月取得东北大学钢铁冶金专业研究生学历和工学博士学位。

1988年7月至1989年11月莱钢炼钢厂炼钢车间见习;1989年11月至1992年2月任莱钢炼钢厂技术科助理工程师;1992年2月至1996年7月历任莱钢炼钢厂连铸车间主任助理、副主任;1996年7月至1997年2月任莱钢炼钢厂连铸二车间主任;1997年2月至1999年4月历任莱钢炼钢厂生产经营部业务科长、技术科业务科长;1999年4月至2001年1月任莱钢股份有限公司炼钢厂副厂长;2001年1月至2005年7月任莱钢股份有限公司炼钢厂党委副书记、厂长;2005年7月至2006年2月任莱钢股份有限公司副总经理;2006年2月至2008年2月任莱钢集团有限公司总经理助理,莱钢股份有限公司副总经理;2008年2月至2009年7月任莱钢集团有限公司党委副书记、副董事长、总经理,莱钢股份有限公司党委副书记、董事长;2009年7月至2009年10月任山东钢铁集团有限公司党委委员、董事、副总经理,莱钢集团有限公司党委副书记、副董事长、总经理，莱钢股份有限公司党委副书记、董事长；2009 年 10 月至 2010 年 3 月任山东钢铁集团有限公司党委委员、董事、副总经理，济钢集团有限公司党委副书记、副董事长、总经理；2010 年 3 月至 2012 年 4 月任山东钢铁集团有限公司党委委员、董事、副总经理；2012 年 4 月至 2013 年 5 月任山东钢铁集团有限公司党委委员、董事、副总经理，山东钢铁股份有限公司董事；2013 年 5 月至 2013 年 9 月任山东钢铁集团有限公司党委委员、董事、副总经理，山东钢铁股份有限公司董事，日照钢铁精品基地工程指挥部副总指挥；2013 年 9 月至 2014 年 7 月任山东钢铁集团有限公司党委委员、董事、副总经理，山东钢铁股份有限公司董事，日照钢铁精品基地工程指挥部总指挥，山东钢铁集团日照有限公司党委书记、执行董事、总经理；2014 年 7 月至 2015 年 5 月任山东钢铁集团有限公司党委委员、董事、副总经理，山东钢铁股份有限公司党委常委、董事，日照钢铁精品基地工程指挥部总指挥，山东钢铁集团日照有限公司党委书记、执行董事、总经理；2015 年 5 月至 2016 年 5 月任山东钢铁集团有限公司党委委员、董事、副总经理，山东钢铁股份有限公司党委常委，日照钢铁精品基地工程指挥部总指挥，山东钢铁集团日照有限公司党委书记、执行董事、总经理；2016 年 5 月至 2016 年 12 月任山东钢铁集团有限公司党委委员、董事、副总经理，山东钢铁股份有限公司党委常委，日照钢铁精品基地工程指挥部总指挥，山东钢铁集团日照有限公司党委书记、执行董事；2016 年 12 月至 2017 年 3 月任改建后的山东钢铁集团有限公司党委常委、董事，山东钢铁股份有限公司党委常委，日照钢铁精品基地工程指挥部总指挥，山东钢铁集团日照有限公司党委书记、执行董事；2017 年 3 月至 2017 年 7 月任山东钢铁集团有限公司党委常委、董事，山东钢铁股份有限公司党委常委、副董事长，日照钢铁精品基地工程指挥部总指挥，山东钢铁集团日照有限公司党委书记、执行董事；2017 年 7 月至 2019 年 9 月任山东钢铁集团有限公司党委常委、董事，山东钢铁股份有限公司党委常委、副董事长，山东钢铁集团日照有限公司党委书记、执行董事；2019 年 9 月任山东钢铁集团有限公司党委常委、董事。

中国钢铁工业协会质量标准化工作委员会委员，中国金属学会理事，山东省钢铁协会轮值会长，山东省冶金质量协会副会长。曾获全国重点钢铁联合企业节能工作先进个人、山东省劳动模范、山东省十大杰出青年、山东省"富民兴鲁"劳动奖章等荣誉称号。

赵文友　山东钢铁集团有限公司党委常委、纪委书记，山东省监察委员会驻山东钢铁集团有限公司监察专员，高级会计师。山东临朐人，1991 年 7 月参加工作，1994 年 12 月加入中国共产党，1991 年 7 月大专毕业于山东财政学院税收系税收专业，1996 年 7 月取得山东财政学院会计学专业管理学学士学位，2008 年 7 月取得中央党校经济学专业研究生学历。

1991 年 7 月至 2004 年 5 月历任山东省旅游局审计室干部，财务管理处科员、副主任科员、主任科员（其间：1993 年 9 月至 1996 年 7 月在山东财政学院函授会计学专业学习）；2004 年 5 月至 2008 年 7 月任山东省旅游局办公室副主任（其间：2004 年 7 月至 2007 年 6 月援藏任西藏自治区日喀则地区旅游局副局长；2005 年 9 月至 2008 年 7 月在中央党校研究生院在职研究生经济学专业学习）；2008 年 7 月至 2009 年 6 月任山东省监察厅驻省旅游局监察专员办公室副主任；2009 年 6 月任 2014 年 11 月任山东省纪委驻省旅游局纪检组副组长，山东省监察厅驻省旅游局监察专员办公室主任；2014年11月至2017年1月任山东省民委党组成员，山东省纪委驻省民委纪检组组长，山东省监察厅驻省民委（省宗教局）监察专员；2017年1月至2017年3月任山东钢铁集团有限公司党委常委、纪委书记；2017年3月至2019年8月任山东钢铁集团有限公司党委常委、纪委书记，山东钢铁股份有限公司党委常委、纪委书记；2019年8月至2019年9月任山东钢铁集团有限公司党委常委、纪委书记，山东省监察委员会驻山东钢铁集团有限公司监察专员，山东钢铁股份有限公司党委常委、纪委书记；2019年9月任山东钢铁集团有限公司党委常委、纪委书记，山东省监察委员会驻山东钢铁集团有限公司监察专员。

曾获山东省五一劳动奖章、山东省财税大检查先进个人等荣誉称号，省人社厅、省旅游局联合荣记个人二等功两次、三等功一次。

刘秀元 山东钢铁集团有限公司党委常委、党委组织部部长，教授级高级政工师。山东招远人，1981年10月参加工作，1988年3月加入中国共产党，1987年7月取得山东广播电视大学大专学历，2004年6月取得山东省委党校经济管理专业研究生学历。

1981年10月至1985年8月任济钢炼钢分厂工会干事、团委副书记；1985年8月至1987年7月为山东广播电视大学学生；1987年7月至1991年8月任济钢团委干事、青工部副部长；1991年8月至1997年4月历任济钢团委副书记、书记；1997年4月至2002年7月任济钢中板厂党委书记、纪委书记；2002年7月至2004年1月任济钢组干部部长；2004年1月至2006年9月历任济钢党委委员、组干部部长、组织部部长；2006年9月至2008年2月任济钢党委委员、工会主席；2008年2月至2012年4月任济钢集团有限公司党委常委、董事、工会主席；2012年4月至2014年7月任济钢集团有限公司党委常委、董事、工会主席，山钢股份有限公司职工监事；2014年7月至2015年5月任山钢股份有限公司职工监事，山钢股份有限公司济南分公司党委副书记、纪委书记、工会主席，济钢板材公司党委副书记、纪委书记、工会主席；2015年5月至2015年8月任山钢股份有限公司职工监事，山钢股份有限公司济南分公司党委副书记、纪委书记、工会主席，济钢板材公司党委副书记、纪委书记、工会主席；2015年8月至2016年3月任山东钢铁集团有限公司职工董事，山钢股份有限公司职工监事，山钢股份有限公司济南分公司党委副书记、纪委书记、工会主席，济钢板材公司党委副书记、纪委书记、工会主席；2016年3月至2016年12月任山东钢铁集团有限公司职工董事，山钢股份有限公司职工监事，山钢股份有限公司济南分公司党委副书记、纪委书记、工会主席，济钢集团有限公司党委副书记、董事、纪委书记、工会主席，济钢板材公司党委副书记、纪委书记、工会主席；2016年12月至2017年1月任改建后的山东钢铁集团有限公司党委常委、职工董事，山钢股份有限公司职工监事，山钢股份有限公司济南分公司党委副书记、纪委书记、工会主席，济钢集团有限公司党委副书记、董事、纪委书记、工会主席，济钢板材公司党委副书记、纪委书记、工会主席；2017年1月至2017年2月任山东钢铁集团有限公司党委常委、职工董事，山钢股份有限公司职工监事；2017年2月至2017年3月任山东钢铁集团有限公司党委常委、职工董事、党委组织部部长，山钢股份有限公司职工监事；2017 年 3 月至 2017 年 4 月任山东钢铁集团有限公司党委常委、职工董事、党委组织部部长，山钢股份有限公司党委常委、职工监事；2017 年 4 月至 2018 年 2 月任山东钢铁集团有限公司党委常委、职工董事、党委组织部部长，山钢股份有限公司党委常委；2018 年 2 月至 2019 年 9 月任山东钢铁集团有限公司党委常委、党委组织部部长，山东钢铁股份有限公司党委常委；2019 年 9 月至 2023 年 2 月任山东钢铁集团有限公司党委常委、党委组织部部长。

济南市第十一次党代会代表。曾获全国优秀工会工作者、山东省"富民兴鲁"劳动奖章、山东省省管企业优秀党务工作者、山东省优秀青年工作者、济南市五一劳动奖章等荣誉称号。

王鸿飞　山东钢铁集团有限公司党委常委、总审计师，正高级审计师。山东东平人，1987 年 7 月参加工作，1987 年 7 月加入中国共产党，1987 年 7 月毕业于山东省司法学校法律专业，2001 年 7 月取得中央党校领导干部在职研究生班经济管理专业研究生学历。

1987 年 7 月至 1989 年 2 月任山东省司法学校政治处干事；1989 年 2 月至 1991 年 2 月任冶金部山东地勘局党委秘书、团委干事；1991 年 2 月至 1995 年 8 月任冶金部山东地勘局团委副书记（其间：1992 年 8 月至 1994 年 12 月在中央党校函授学院本科班经济管理专业学习，1989 年 4 月至 1991 年 12 月在山东大学高等教育自学考试法律专业大专班学习）；1995 年 8 月至 1999 年 1 月任冶金部山东地勘局机关党委副书记、团委书记；1999 年 1 月至 2000 年 9 月任山东省审计厅人教处副处级干部；

2000 年 9 月至 2001 年 11 月任山东省审计厅人事处副处长、调研员（其间：1998 年 9 月至 2001 年 7 月在中央党校领导干部在职研究生班经济管理专业学习）；2001 年 11 月至 2006 年 7 月任山东省审计厅社会保障审计处处长（其间：2003 年 2 月至 2003 年 12 月在省委党校中青班学习）；2006 年 7 月至 2012 年 9 月任山东省审计厅人事处处长（其间：2006 年 5 月至 2006 年 11 月在美国康涅狄格州中央州立大学做访问学者）；2012 年 9 月至 2015 年 3 月任山东省审计厅固定资产投资审计处处长（其间：2012 年 4 月至 2012 年 12 月在省委第一巡视组挂职）；2015 年 3 月至 2017 年 6 月任山东省审计厅固定资产投资审计一处处长；2017 年 6 月至 2017 年 12 月任山东省审计厅固定资产投资审计处处长；2017 年 12 月至 2018 年 12 月任山东省审计厅固定资产投资审计处处长、一级调研员；2018 年 12 月至 2020 年 8 月任山东省审计厅二级巡视员、固定资产投资审计处处长；2020 年 8 月至 2020 年 10 月任山东钢铁集团有限公司党委常委；2020 年 10 月任山东钢铁集团有限公司党委常委、总审计师。

山东省内部审计师协会第五届理事会副会长。曾获全省建购职工住房审计先进个人等荣誉称号，荣记个人二等功一次。

王向东　山东钢铁集团有限公司党委委员、副总经理，山东钢铁集团有限公司研究院院长，山东钢铁股份有限公司党委书记、董事长，山东钢铁股份有限公司莱芜分公司党委书记，莱芜钢铁集团银山型钢有限公司党委书记、执行董事，高级政工师。山东东平人，1989 年 7 月参加工作，1995 年 12 月加入中国共产党，1989 年 7 月中专毕业于山东电子工业学校计算

机应用专业，1999 年 7 月取得山东省经济管理干部学院经济管理专业大专学历，2003 年 7 月取得山东行政学院经济管理专业大学学历，2009 年 9 月取得天津大学工业工程领域专业工程硕士学位。

1989 年 7 月至 1993 年 7 月为济钢材料处见习、计算机管理员；1993 年 7 月至 1995 年 2 月任济钢材料处管理科副科长；1995 年 2 月至 1996 年 10 月任济钢材料处计划管理部经理；1996 年 10 月至 1997 年 12 月任济钢材料处处长助理（科级）；1997 年 12 月至 2002 年 5 月任济钢材料处副处长；2002 年 5 月至 2005 年 11 月任济钢材料处处长；2005 年 11 月至 2006 年 2 月任济南钢铁股份有限公司销售公司经理；2006 年 2 月至 2008 年 3 月任济南钢铁股份有限公司销售公司经理、党总支书记；2008 年 3 月至 2008 年 10 月任济钢集团有限公司党委办公室主任、办公室主任；2008 年 10 月至 2008 年 12 月任济钢集团有限公司总经理助理、党委办公室主任、办公室主任；2008 年 12 月至 2009 年 3 月任济钢集团有限公司副总经理、党委办公室主任、办公室主任；2009 年 3 月至 2009 年 8 月任济钢集团有限公司副总经理、党委办公室主任、办公室主任，销售公司经理；2009 年 8 月至 2009 年 11 月任济钢集团有限公司副总经理、销售公司经理；2009 年 11 月至 2010 年 2 月任济钢集团有限公司副总经理、销售公司经理，山钢销售中心总经理；2010 年 2 月至 2011 年 9 月任山钢集团销售中心总经理、济钢集团有限公司副总经理；2011 年 9 月至 2012 年 4 月任山钢销售中心总经理，济钢集团有限公司党委常委、副总经理；2012 年 4 月至 2014 年 7 月任山钢股份有限公司副总经理、山钢销售中心总经理，济钢集团有限公司党委常委、副总经理；2014 年 7 月至 2016 年 3 月任山钢股份有限公司副总经理、山钢销售

中心总经理，山钢股份有限公司济南分公司党委委员、副总经理；2016 年 3 月至 2016 年 12 月任山钢股份有限公司副总经理、销售中心总经理，山钢股份营销总公司党委书记、总经理；2016 年 12 月至 2017 年 2 月任山钢股份有限公司副总经理，山钢股份营销总公司党委书记、总经理；2017 年 2 月至 2017 年 3 月任山东钢铁集团有限公司副总经理，山钢股份有限公司副总经理，山钢股份营销总公司党委书记、总经理；2017 年 3 月至 2017 年 11 月任山东钢铁集团有限公司副总经理；2017 年 11 月至 2017 年 12 月任山东钢铁集团有限公司党委委员、副总经理；2017 年 12 月至 2019 年 9 月任山东钢铁集团有限公司党委委员、副总经理，山东钢铁集团有限公司研究院院长；2019 年 9 月至 2021 年 12 月任山东钢铁集团有限公司党委委员、副总经理，山东钢铁集团有限公司研究院院长，山东钢铁股份有限公司党委书记、董事长，山东钢铁股份有限公司莱芜分公司党委书记，莱芜钢铁集团银山型钢有限公司党委书记；2021 年 12 月任山东钢铁集团有限公司党委委员、副总经理，山东钢铁集团有限公司研究院院长，山东钢铁股份有限公司党委书记、董事长，山东钢铁股份有限公司莱芜分公司党委书记，莱芜钢铁集团银山型钢有限公司党委书记、执行董事。

山东省第十四届人民代表大会代表，济南市第十八届人民代表大会代表，中国钢铁工业协会统计与信息委员会副主任委员，中国金属学会总工程师委员会、中国金属学会生产技术与科技咨询工作委员会委员，山东省上市公司协会（理事会）副会长，东北大学校董会常务校董。曾获山东省"富民兴鲁"劳动奖章、济南市五一劳动奖章、济南市优秀共产党员等荣誉称号。

付　博　山东钢铁集团有限公司党委委员、副总经理，山东钢铁集团矿业有限公司党委书记、董事长，高级工程师。山东沂水人，1994 年 7 月参加工作，2000 年 5 月加入中国共产党，1994 年 7 月大学毕业于鞍山钢铁学院钢铁冶金专业，2005 年 11 月取得美国莱特州立大学研究生学历、工商管理硕士学位。

1994 年 7 月至 1995 年 3 月莱钢炼钢厂技术科见习；1995 年 3 月至 1996 年 8 月为莱钢炼钢厂连铸车间作业长；1996 年 8 月至 1996 年 12 月为莱钢炼钢厂调度室调度员；1996 年 12 月至 1998 年 3 月为莱钢炼钢厂连铸二车间责任工程师；1998 年 3 月至 1999 年 3 月为莱钢炼钢厂生产调度室调度员；1999 年 3 月至 1999 年 8 月为莱钢炼钢厂生产科助理工程师；1999 年 8 月至 2000 年 2 月任莱钢炼钢厂 4 号连铸机副总机长；2000 年 2 月至 2001 年 1 月任莱钢炼钢厂 1 号炉副总炉长、炉长；2001 年 1 月至 2001 年 12 月任莱钢炼钢厂厂长助理；2001 年 12 月至 2007 年 8 月任莱钢炼钢厂副厂长；2007 年 8 月至 2008 年 6 月任莱钢股份有限公司品质保证部党委书记、副主任，莱钢集团有限公司品质保证部副部长，莱钢银山型钢公司品质保证部副主任；2008 年 6 月至 2016 年 9 月任山东钢铁集团有限公司资本运营部部长；2016 年 9 月至 2017 年 2 月任山东钢铁集团有限公司资本运营部总经理；2017 年 2 月至 2017 年 11 月任山东钢铁集团有限公司副总经理、董事会秘书、资本运营部总经理；2017 年 11 月至 2020 年 8 月任山东钢铁集团有限公司党委委员、副总经理、董事会秘书；2020 年 8 月任山东钢铁集团有限公司党委委员、副总经理，山东钢铁集团矿业有限公司党委书记、董事长。

中国钢铁工业协会企业改革与管理工作委员会副主任委员。曾获山东省国资委齐鲁创业先锋共产党员荣誉称号。

董立志　山东钢铁集团有限公司党委委员、副总经理、总法律顾问，高级经济师。山东德州人，1992 年 8 月参加工作，1995 年 11 月加入中国共产党，1992 年 7 月大学毕业于烟台师范学院英语专业，1997 年 7 月取得大连海事大学专门用途外语专业研究生学历、文学硕士学位，2013 年 7 月取得中南财经政法大学工商管理专业工商管理硕士学位。

1992 年 8 月至 1994 年 9 月任德州粮食学校教师；1994 年 9 月至 1997 年 7 月为大连海事大学专门用途外语专业学生；1997 年 7 月至 2001 年 1 月任青岛外轮代理公司职员；2001 年 1 月至 2001 年 12 月任青岛市招商局促进局干部；2001 年 12 月至 2003 年 5 月任青岛市招商局三处处长；2003 年 5 月至 2004 年 2 月任青岛开发区外贸局副局长；2004 年 2 月至 2008 年 12 月任青岛开发区欧美亚投资促进局副局长（其间：2004 年 8 月至 2008 年 6 月任中国驻迪拜总领事馆经济商务领事）；2008 年 12 月至 2009 年 12 月任莱钢集团有限公司副总经理；2009 年 12 月至 2011 年 12 月任莱钢集团有限公司副总经理、总法律顾问；2011 年 12 月至 2012 年 5 月任莱钢集团有限公司副总经理、总法律顾问，山钢驻塞拉利昂唐克里里办事处主任；2012 年 5 月至 2013 年 9 月任莱钢集团有限公司副总经理、总法律顾问，山钢集团非洲总代表处总代表；2013 年 9 月至 2015 年 7 月任莱钢集团有限公司党委常委、董事、副总经理、总法律顾问，山钢非洲总代表处总代表；2015 年 7 月至 2016 年 3 月任莱钢集团有限公司党委常委、董事、副总经理、总法律顾问；2016 年 3 月至 2016 年 6 月任山钢集团有限公司总法律顾问、法律事务部部长；2016 年 6 月至 2016 年 9 月任山钢集团有限公司总法律顾问、法律事务部部长，山钢股份有限公司监事会主席；2016 年 9 月至 2017 年 2 月任山钢集团有限公司总法律顾问，山钢股份有限公司监事会主席；2017 年 2 月至 2017 年 4 月任改建后的山东钢铁集团有限公司总法律顾问，山钢股份有限公司监事会主席；2017 年 4 月至 2017 年 11 月任山东钢铁集团有限公司总法律顾问；2017 年 11 月至 2019 年 9 月任山东钢铁集团有限公司党委委员、总法律顾问；2019 年 9 月任山东钢铁集团有限公司党委委员、副总经理、总法律顾问。

山东省企业商事法律研究会常务理事、副会长，中国钢铁工业协会法律事务分会副会长，山东省仲裁发展促进会理事。曾获全国十佳首席法务官、山东省十大法治人物、山东省"七五"普法先进工作者、青岛市最佳创汇能手、青岛市对外开放系统突出贡献个人等荣誉称号。

刘慈玲 山东钢铁集团有限公司总经理助理（挂职），经济师。江苏仪征人，1998 年 7 月参加工作。1998 年 7 月毕业于上海大学国际商学院国际金融专业，获经济学学士学位。

1998 年 7 月至 2002 年 5 月在宝钢国贸经营财务部工作；2002 年 5 月至 2003 年 3 月任宝钢国际资产管理部投资主管；2003 年 3 月至 2006 年 7 月任宝钢国际经营财务部合并报表主管、子公司会计主管、预算主管；2006 年 7 月至 2011 年 3 月任宝钢资源有限公司资产财务部资金经费高级主管；2011 年 3 月至 2012 年 3 月任宝钢资源有限公司资产财务部见习副部长、资金经费高级主管；2012 年 3 月至 2012 年 10 月任宝钢资源有限公司资产财务部副部长；2012 年 10 月至 2013 年 1 月任宝钢资源有限公司资产财务部副部长兼预算管理高级主管；2013 年 1 月至 2013 年 4 月任宝钢资源有限公司金属贸易部副总经理（挂职）、资产财务部副部长兼预算管理高级主管；2013 年 4 月至 2014 年 4 月任宝钢资源有限公司金属贸易部副总经理（挂职）、资产财务部副部长；2014 年 4 月至 2015 年 3 月任宝钢资源有限公司金属贸易部副总经理；2015 年 3 月至 2015 年 6 月任宝钢资源（国际）有限公司金属贸易副总经理；2015 年 6 月至 2016 年 7 月任宝钢资源（国际）有限公司风险管理总经理；2016 年 7 月至 2018 年 7 月任宝钢资源（国际）有限公司财务总经理（境内）；2018 年 7 月至 2019 年 3 月任宝钢资源（国际）有限公司财务总经理（境内）、风险管理总经理；2019 年 3 月至 2020 年 5 月任宝钢资源（国际）有限公司、宝钢资源有限公司副总裁兼财务部总经理、风险管理总经理；2020 年 5 月至 2021 年 8 月任宝钢资源（国际）有限公司、宝钢资源有限公司副总裁、董事会秘书兼经营财务部总经理；2021 年 8 月任山东钢铁集团有限公司总经理助理（挂职）。

中国钢铁工业协会第四届财务工作委员会副主任委员。

李长青 山东钢铁集团有限公司工会主席、职工董事，高级经济师。山东临沂人，1987 年 7 月参加工作，1987 年 1 月加入中国共产党，1987 年 7 月毕业于山东省第二轻工业学校工业企业管理专业，1992

年7月取得复旦大学企业管理专业大学学历、经济学学士学位。

1987年7月至1994年3月为济钢组织干部部科员、主办科员；1994年3月至2002年7月历任济钢组织干部部科技干部管理科副科长、科长；2002年7月至2008年5月历任济钢组织干部部部长助理、人力资源处副处长；2008年5月至2010年2月任济钢人力资源处处长；2010年2月至2011年9月任济钢人力资源处处长、教育培训中心主任；2011年9月至2012年5月任济钢组织部部长、人力资源处处长、教育培训中心主任、党校常务副校长；2012年5月至2013年9月任济钢集团党委常委、组织部部长、人力资源处处长、教育培训中心主任、党校常务副校长；2013年9月至2014年7月任济钢集团副总经理、组织部/人力资源部部长、教育培训中心主任、党校常务副校长；2014年7月至2016年3月任济钢集团董事、副总经理、党委常委、工会主席；2016年3月至2016年5月任济钢集团董事、副总经理、党委常委；2016年5月至2017年1月任济钢集团董事、副总经理、党委常委兼济钢板材公司、山钢股份济南分公司副总经理、党委委员；2017年1月至2017年6月任济钢集团董事、党委副书记、纪委书记；2017年6月至2017年11月任济钢集团董事、党委副书记、纪委书记、副总经理；2017年11月至2018年12月任济钢集团董事、党委副书记、副总经理；2018年12月至2019年9月任济钢集团党委副书记、董事、工会主席；2019年9月至2021年12月任山东钢铁集团有限公司安全总监；2021年12月至2022年2月任山东钢铁集团有限公司总经理助理级领导；2022年2月任山东钢铁集团有限公司工会主席、职工董事。

济南市第十次党代会代表。曾获山东冶金优秀组织人事干部荣誉称号。

王培文　山东钢铁集团有限公司安全总监，高级工程师。山东蓬莱人，1995年7月参加工作，1995年1月加入中国共产党，1995年7月毕业于东北大学金属压力加工专业，获工学学士学位，2008年11月在职取得美国莱特州立大学商务专业研究生学历、工商管理硕士学位。

1995年7月至1996年8月在莱钢轧钢厂中小型车间见习；1996年8月至1997年4月任莱钢轧钢厂中小型车间助理工程师；1997年4月至1998年9月任莱钢轧钢厂中型车间助理工程师；1998年9月至1999年5月任莱钢中型厂轧钢车间主任助理、助理工程师；1999年5月至2000年9月任莱钢市场部科员、助理工程师；2000年9月至2000年11月任莱钢集团市场部市场研究二室副主任（副科级）、助理工程师；2000年11月至2001年5月任莱钢股份中型厂轧钢车间主任、工程师；2001年5月至2002年3月任莱钢股份中型厂轧钢车间工会主席兼车间副主任、工程师；2002年3月至2002年8月任莱钢股份中型厂技术科副科长（主持工作）；2002年8月至2005年6月任莱钢股份中型厂技术科科长；2005年6月至2006年3月任莱钢股份中型厂厂长助理、高级工程师；2006年3月至2012年6月任莱钢股份型钢厂副厂长；2012年6月至2014年2月任莱钢集团/山钢股份莱芜分公司规划发展部副部长、银山型钢公司规划处副处长；2014年2月至2014年8月任莱钢集团/山钢股份莱芜分公司规划发展部副部长（主持工作），银山型钢公司规划处副处长（主持工作）；2014年8月至2014年12月任山钢股份莱芜分公司规划发展部副部长（主持工作），银山型钢公司规划处副处长（主持工作）；

2014年12月至2015年3月任山钢股份莱芜分公司规划发展部部长，银山型钢公司职工代表董事、规划处处长；2015年3月至2016年6月任山钢股份莱芜分公司运营管理部部长，银山型钢公司职工代表董事、运营管理处处长；2016年6月至2017年4月任山钢股份莱芜分公司党委委员、总经理助理、总法律顾问、运营管理部部长，银山型钢公司职工代表董事、运营管理处处长；2017年4月至2017年6月任山钢股份副总经理，山钢股份莱芜分公司党委委员、副总经理、总法律顾问、运营管理部部长，银山型钢公司职工代表董事、运营管理处处长；2017年6月至2017年7月任山钢股份公司副总经理、运营管理部经理（兼），山钢股份莱芜分公司副总经理、党委委员、总法律顾问、安全总监、运营管理部部长，银山型钢公司职工代表董事、运营管理处处长；2017年7月至2017年8月任山钢股份公司副总经理、运营管理部经理（兼），山钢股份莱芜分公司副总经理、党委委员、总法律顾问、安全总监、运营管理部部长，银山型钢公司职工代表董事、副总经理、运营管理处处长；2017年8月至2017年9月任山钢股份公司副总经理、运营管理部经理（兼），山钢股份莱芜分公司副总经理、党委委员、总法律顾问、安全总监、运营管理部部长，银山型钢公司党委委员、职工代表董事、副总经理、运营管理处处长；2017年9月至2018年12月任山钢股份公司副总经理，山钢股份莱芜分公司副总经理、党委委员、总法律顾问、安全总监，银山型钢公司党委委员、职工代表董事、副总经理；2018年12月至2019年9月任山钢股份公司副总经理，山钢股份莱芜分公司副总经理、总法律顾问、安全总监，银山型钢公司职工代表董事、副总经理；2019年9月至2020年3月任山钢股份公司副总经理，山钢股份莱芜分公司党委委员、副书记、总经理、总法律顾问、安全总监，银山型钢

公司党委委员、副书记、总经理、职工代表董事；2020年3月至2021年12月任山东钢铁股份有限公司副总经理，山钢股份莱芜分公司党委副书记、总经理、总法律顾问，银山型钢公司党委副书记、总经理、职工董事；2021年12月任山东钢铁集团有限公司安全总监。

曾获山东省优秀共产党员、山东省新旧动能转换综合试验区建设先进个人等荣誉称号。

中共山东钢铁集团有限公司委员会

委　　员　（按照姓氏笔画顺序）
　　　　　王向东　王鸿飞
　　　　　左海青（3月14日止）
　　　　　付博　吕铭
　　　　　刘秀元（2月2日止）
　　　　　陈向阳　赵文友
　　　　　侯军
　　　　　陶登奎（4月27日止）
　　　　　董立志
常　　委　侯军
　　　　　陶登奎（4月27日止）
　　　　　陈向阳　赵文友
　　　　　刘秀元（2月2日止）
　　　　　王鸿飞
书　　记　侯军
副书记　　陶登奎（4月27日止）

山东钢铁集团有限公司董事会

董　　事　侯军
　　　　　苏斌（1月10日止）

陈向阳
李长青（职工代表）
梁阜（外部董事）
高景言（外部董事）
董 事 长 侯军
董事会秘书 李学玉

山东钢铁集团有限公司监事会

监 事 李荣臣（职工代表）
陈明玉（职工代表）

山东钢铁集团有限公司经理层

总 经 理 陶登奎（5月23日止）
副总经理 王向东 付博 董立志
总 审 计 师 王鸿飞
总法律顾问 董立志
首席合规官 董立志（4月27日任）
总经理助理 刘慈玲（挂职）
安 全 总 监 王培文

中共山东钢铁集团有限公司纪律检查委员会

委 员 田勇
刘淑云（10月31日止）
孙日东 李学玉
来现民（3月31日止）
陈明玉 罗文军
封常福 赵文友
赵智珠（3月31日止）

李荣臣
徐峰（1月9日止）
秦立彬（1月12日止）
蒋晓文
常 委 赵文友 李荣臣
徐峰（1月9日止）
秦立彬（1月12日止）
田勇 蒋晓文
书 记 赵文友
副 书 记 李荣臣

集团公司总部部门

办公室/党委办公室/人民武装部/保卫部/信访办公室
（合署办公）

党委办公室主任
李学玉
党委办公室主任助理
李波涛 陈振
办公室主任
李学玉
办公室主任助理
李波涛 陈振
人民武装部部长
李学玉
保卫部总经理
李学玉
信访办公室主任
李学玉

董事会办公室/公司治理部
（合署办公）

董事会办公室副主任
陈茂文

公司治理部副总经理

陈茂文

战略发展部/国际事业部
（合署办公）

战略发展部副总经理

邱现金 郝之峰（9月28日止）
魏水才

战略发展部高级经理

王传斌

国际事业部副总经理

邱现金 郝之峰（9月28日止）
魏水才

国际事业部高级经理

王传斌

财务部/财务总监管理办公室
（合署办公）

财务部副总经理

李 强 唐邦秀（挂职）

投资与资本运营部

总 经 理 王其成
副总经理 吕永刚 陈 剑
高级经理 杨瑞山 苏爱军

运营管理部/信息化管理办公室
（合署办公）

运营管理部总经理

孙日东

运营管理部副总经理

孙 敏（11月24日止）
范 鹛（1月12日止）
高 勇（1月12日止）

运营管理部高级经理

张金鹏

信息化管理办公室主任

孙日东

信息化管理办公室副主任

孙 敏（11月24日止）
范 鹛（1月12日止）
高 勇（1月12日止）

信息化管理办公室主任助理

张金鹏

纪委/监察专员办公室
（合署办公）

纪委书记、监察专员

赵文友

纪委副书记

李荣臣

党委组织部/人力资源部
（合署办公）

党委组织部部长

刘秀元（兼，2月27日止）

党委组织部常务副部长

来现民（3月31日止）

党委组织部副部长

李 林 李勇实 阎文龙（挂职）

集团公司党委组织员

李勇实

人力资源部总经理

来现民（3月31日止）

人力资源部副总经理

张永护 李 林 李勇实
阎文龙（挂职）

风险合规部

总 经 理 罗文军

副总经理　马先红
高级经理　赵东岳　杜　鲲

科技创新部

副总经理　李丰功　杨俊生
高级经理　宋国栋

安全环保部/应急管理部
（合署办公）

安全环保部副总经理
　　王志强　刘汉春（2月24日止）
安全环保部高级经理
　　杨富廷
应急管理部副总经理
　　王志强　刘汉春（2月24日止）
应急管理部高级经理
　　杨富廷

党委宣传部/企业文化部
（合署办公）

党委宣传部副部长
　　张兰润　周传勇
企业文化部副总经理
　　张兰润　周传勇

巡察工作领导小组办公室/审计部
（合署办公）

巡察工作领导小组办公室主任
　　孙永和（7月25日止）
巡察工作领导小组办公室副主任
　　刘兰雪
巡察工作领导小组办公室主任助理
　　沈立军　安　燕（10月31日止）

巡察工作领导小组办公室巡察组组长
　　曹庆良（1月9日任，9月28日止）
审计部总经理
　　孙永和（7月25日止）
审计部副总经理
　　刘兰雪
审计部高级经理
　　沈立军　安　燕（10月31日止）

集团公司工会/团委
（合署办公）

工　会　主　席　李长青
工　会　副　主　席　刘松林　张永护
团　委　书　记　张海鹰
工会女工委主任　金连华

机关党委
（与党委组织部、人力资源部合署办公）

委　　　员　（按照姓氏笔画顺序）
　　　　　李勇实　张兰润
书　　　记　李勇实

机关纪委

委　　　员　（按照姓氏笔画顺序）
　　　　　王径成　沈立军
副　书　记　王径成

机关工会

主　　　席　刘松林
委　　　员　孙　波　王利峰　李　霞
　　　　　张　颖　郦　鑫

山钢党校

校　　　长　侯　军

集团公司直属机构

新闻传媒中心

总 经 理　周传勇
副总经理　张庆斌
《山东钢铁报》报社社长　周传勇

审计中心

总 经 理　刘兰雪
高级经理　韩典平

法律顾问中心/公司律师事务部
（合署办公）

法律顾问中心总经理
　　马先红
法律顾问中心高级经理
　　苏 伟
公司律师事务部总经理
　　马先红

人力资源服务中心

人力资源服务中心总经理
　　张永护
人力资源服务中心副总经理
　　于亦海　黄 丽

资金中心

副总经理　王 勇

集团公司所属子公司、直属单位

山东钢铁股份有限公司

党委委员　王向东　吕 铭　高凤娟
　　　　　赵智珠（3月31日止）
　　　　　秦立彬（12月29日任）
党委书记　王向东
党委副书记　吕 铭　高凤娟
纪委书记　赵智珠（3月31日止）
　　　　　高凤娟（3月31日任，12月29日止）
　　　　　秦立彬（12月29日任）
工会主席　高凤娟
董 事　王向东
　　　　　徐金梧（7月13日止）
　　　　　汪晋宽　王爱国
　　　　　刘 冰（5月10日止）
　　　　　马建春（7月13日止）
　　　　　苗 刚　陈肖鸿　孙日东
　　　　　徐 科（8月17日任）
董 事 长　王向东
董事会秘书　金立山（4月28日止）
监 事　高凤娟　罗文军　徐 峰
　　　　　高淑军（职工代表）
　　　　　李东祥（职工代表）
监事会主席　高凤娟
总 经 理　吕 铭
副总经理　尉可超（12月29日止）
　　　　　张润生
　　　　　周 铭（挂职，5月11日止）

财务负责人　尉可超
安 全 总 监　于忠念（11月30日止）
总法律顾问　尉可超（9月21日任）

莱芜钢铁集团有限公司

党 委 委 员　李洪建　李茂岭　李荣臣
　　　　　　陈肖鸿
　　　　　　张晓燕（2月14日止）
党 委 书 记　李洪建
党委副书记　李茂岭
纪 委 书 记　李荣臣
工 会 主 席　李茂岭
董　　　事　李洪建　陈明玉　王文学
　　　　　　孙日东
　　　　　　李茂岭（职工代表）
董 事 长　李洪建
监　　　事　陈肖鸿（职工代表）
　　　　　　杨致东
　　　　　　王友军（职工代表）
监事会主席　陈肖鸿
总 经 理　李洪建
副总经理　孟宪俭
财务总监　陈明玉
安全总监　樊章新

山东工业职业学院
（2023年5月移交山东省国资委管理）

党 委 委 员　左海青　马光亭　彭丽英
　　　　　　赵红军　白星良　魏安庆
　　　　　　金奎文　张峰
党 委 书 记　左海青
党委副书记　马光亭
纪 委 书 记　魏安庆
院　　　长　马光亭
副 院 长　彭丽英　赵红军　白星良

山东钢铁集团矿业有限公司

党 委 委 员　付博　封常福

杜文华（12月12日止）
刘长进（12月12日止）
党 委 书 记　付博
党委副书记　封常福
纪 委 书 记　封常福
工 会 主 席　封常福
董　　　事　付博　刘纯　陈剑
　　　　　　张新福
　　　　　　封常福（职工代表）
董 事 长　付博
监　　　事　杨致东
总 经 理　付博
副总经理　刘伟　王尧伟

山东金岭矿业股份有限公司
（12月12日领导班子及成员调整为
集团公司党委管理）

党 委 委 员　付博　戴汉强　封常福
党 委 书 记　付博
党委副书记　戴汉强　封常福
纪 委 书 记　封常福
董　　　事　付博　刘伟　刘纯
　　　　　　陈剑　张新福
　　　　　　宁革（职工代表）
　　　　　　王毅（独立董事）
　　　　　　肖岩（独立董事）
　　　　　　孙晓琳（独立董事）
董 事 长　付博
监　　　事　王尧伟　杨致东
　　　　　　刘强（职工代表）
监事会主席　王尧伟
总 经 理　戴汉强
副总经理　马金宝　王博

山东耐火材料集团有限公司

党 委 委 员　车连房　王佑宝　瞿守民
　　　　　　王金海
　　　　　　刘彬（6月5日止）
党 委 书 记　车连房

<table>
<tr><td>党委副书记</td><td>王佑宝　王金海</td></tr>
<tr><td>纪委书记</td><td>瞿守民</td></tr>
<tr><td>董　　事</td><td>车连房</td></tr>
<tr><td></td><td>陈　剑（8月4日任）</td></tr>
<tr><td></td><td>辛本权</td></tr>
<tr><td></td><td>王金海（职工代表）</td></tr>
<tr><td></td><td>郝之峰（8月4日止）</td></tr>
<tr><td></td><td>高　勇（1月12日止）</td></tr>
<tr><td>董 事 长</td><td>车连房</td></tr>
<tr><td>监　　事</td><td>瞿守民</td></tr>
<tr><td></td><td>张金鹏（8月4日任）</td></tr>
<tr><td></td><td>瞿红军（职工董事）</td></tr>
<tr><td>监事会主席</td><td>瞿守民</td></tr>
<tr><td>总 经 理</td><td>王佑宝</td></tr>
<tr><td>副总经理</td><td>张延敏　汪继炉</td></tr>
<tr><td>财务总监</td><td>辛本权</td></tr>
<tr><td>安全总监</td><td>张延敏</td></tr>
</table>

山东钢铁集团淄博张钢有限公司

<table>
<tr><td>党委委员</td><td>王兴强</td></tr>
<tr><td></td><td>刘淑云（10月31日止）</td></tr>
<tr><td>党委书记</td><td>王兴强</td></tr>
<tr><td>纪委书记</td><td>刘淑云（10月31日止）</td></tr>
<tr><td>执行董事</td><td>王兴强</td></tr>
<tr><td>监　　事</td><td>孙耿平</td></tr>
<tr><td>副总经理</td><td>满生堂　宗作波</td></tr>
</table>

山东钢铁集团财务有限公司

<table>
<tr><td>党总支委员</td><td>王　勇</td></tr>
<tr><td></td><td>高　勇（1月12日任）</td></tr>
<tr><td></td><td>董保树（1月12日止）</td></tr>
<tr><td></td><td>张　瑾（1月12日任）</td></tr>
<tr><td></td><td>宋　军</td></tr>
<tr><td></td><td>段晓民（4月3日任）</td></tr>
<tr><td>党总支书记</td><td>王　勇</td></tr>
<tr><td>党总支副书记</td><td>高　勇（1月12日任）</td></tr>
<tr><td></td><td>董保树（1月12日止）</td></tr>
</table>

<table>
<tr><td></td><td>张　瑾（1月12日任）</td></tr>
<tr><td>董　　事</td><td>王　勇　李　强　尉可超</td></tr>
<tr><td></td><td>戴汉强（8月10日止）</td></tr>
<tr><td></td><td>邱卫东（8月10日止）</td></tr>
<tr><td></td><td>董保树（职工代表，8月10日止）</td></tr>
<tr><td></td><td>张　瑾（8月10日任）</td></tr>
<tr><td>董 事 长</td><td>王　勇</td></tr>
<tr><td>监　　事</td><td>高　勇（1月12日止）</td></tr>
<tr><td></td><td>李　涛</td></tr>
<tr><td></td><td>杨　栋（4月10日任）</td></tr>
<tr><td></td><td>刘爱华（职工代表）</td></tr>
<tr><td>监事会主席</td><td>高　勇（1月12日止）</td></tr>
<tr><td></td><td>李　涛（4月10日任）</td></tr>
<tr><td>总 经 理</td><td>王　勇（2月22日止）</td></tr>
<tr><td></td><td>高　勇（3月2日任）</td></tr>
<tr><td>副总经理</td><td>张云庭（2月17日止）</td></tr>
<tr><td></td><td>杨士东</td></tr>
<tr><td>副调研员</td><td>董保树（1月12日任，6月27日止）</td></tr>
<tr><td>总经理助理</td><td>王伟平（挂职，9月1日任）</td></tr>
</table>

山东钢铁集团国际贸易有限公司

<table>
<tr><td>党委委员</td><td>王兴强</td></tr>
<tr><td></td><td>李士安（1月12日任）</td></tr>
<tr><td></td><td>张海鹰　李宪龙　王　涛</td></tr>
<tr><td>党委书记</td><td>王兴强</td></tr>
<tr><td>党委副书记</td><td>李士安（1月12日任）</td></tr>
<tr><td></td><td>张海鹰</td></tr>
<tr><td>纪委书记</td><td>张海鹰</td></tr>
<tr><td>工会主席</td><td>张海鹰</td></tr>
<tr><td>董　　事</td><td>王兴强　魏水才　吕永刚</td></tr>
<tr><td></td><td>苏　伟</td></tr>
<tr><td></td><td>张海鹰（职工代表）</td></tr>
<tr><td>董 事 长</td><td>王兴强</td></tr>
<tr><td>监　　事</td><td>张明山　万　军</td></tr>
<tr><td>总 经 理</td><td>李士安</td></tr>
<tr><td>副总经理</td><td>邢　磊　顾志国</td></tr>
</table>

刘　扬（挂职，8月31日任）

调 研 员　李强笃（2月24日止）

财务总监　张　钢（1月9日任）

山东钢铁集团房地产有限公司

党 委 委 员　王文学

李宏伟（1月12日任）

贾秀光（3月22日止）

朱月肖（1月9日止）

任向兵（1月9日任）

田发永（4月20日止）

郑汉超（4月20日任）

夏　雷（4月20日任）

党 委 书 记　王文学

党委副书记　李宏伟（1月12日任）

贾秀光（3月22日止）

任向兵（3月22日任）

纪 委 书 记　朱月肖（1月9日止）

任向兵（1月9日任）

工 会 主 席　贾秀光（3月22日止）

任向兵（3月22日任）

董　　　事　王文学　王其成　曹海良

孙李涛（8月31日止）

杜祖伦（8月31日任）

贾秀光（职工代表，4月3
日止）

任向兵（职工代表，4月3
日任）

董 事 长　王文学

监　　　事　张明山　狄会爱

冀　晋（职工代表）

宋　正（职工代表）

总 经 理　王文学（1月1日止）

李宏伟（1月1日任）

副 总 经 理　王吉涛（1月1日止）

李宏伟（1月1日止）

王　剑（1月1日任）

王少卿（1月1日任）

总经理助理　王　剑（1月1日止）

郑汉超（挂职，9月4日任）

副 调 研 员　朱月肖（1月8日任，3月
31日止）

贾秀光（3月21日任）

安 全 总 监　王少卿（1月6日止）

向为涛（1月6日任）

山钢资本控股（深圳）有限公司

党 委 委 员　黄振辉　乔立海　马晋宇

王启明　潘小丽

党 委 书 记　黄振辉

党委副书记　乔立海　马晋宇

纪 委 书 记　马晋宇

工 会 主 席　马晋宇

董　　　事　黄振辉　张新福　李　强

谭　军

马晋宇（职工代表）

董 事 长　黄振辉

监　　　事　李　涛　万　军

总 经 理　乔立海

副 总 经 理　王　磊　时鹏刚　侯世杰

财务总监　周艳梅（7月25日止）

总经理助理　吴　浩（3月16日任）

山信软件股份有限公司

党 委 委 员　张元福

范　鹍（1月12日任）

丁光伟

张　瑾（1月12日止）

孟凡平

段方民（4月3日任）

党 委 书 记　张元福

党委副书记　范　鹍（1月12日任）

丁光伟

纪 委 书 记　丁光伟

工 会 主 席　丁光伟

董　　　事　张元福　赵东岳　毕衍涛

　　　　　　闵宪金（3月15日止）

　　　　　　潘　刚（3月15日任）

　　　　　　丁光伟（职工代表）

董 事 长　张元福

监　　　事　田玉山（2月27日止）

　　　　　　刘长进（12月12日任）

　　　　　　吴玉峰

　　　　　　张　瑾（职工代表，1月12

　　　　　　日止）

监事会主席　田玉山（2月27日止）

　　　　　　刘长进（12月12日任）

总 经 理　范　鸥

副 总 经 理　王江臣（3月2日止）

　　　　　　胥爱国

　　　　　　张卫华（挂职）

　　　　　　孙　玮

山东钢铁集团永锋淄博有限公司

执 行 董 事　魏　凤

总 经 理　魏　凤

监　　　事　李明江

（撰稿：马家泰　审稿：阎文龙）

山钢年鉴 2024

山钢集团
SD STEEL

战略合作与交流

山钢集团
SD STEEL

山钢文化

核心理念

山钢使命:
　　为建设钢铁生态圈贡献新动能
　　为制造业高质量发展提供强支撑

中国矿产资源集团与山东钢铁集团、山东省港口集团签署战略合作框架协议

2023年3月27日下午，中国矿产资源集团与山东钢铁集团、山东省港口集团战略合作框架协议签约仪式在山东大厦举行。中共山东省委书记林武，副省长周立伟，中国矿产资源集团董事长姚林、总经理郭斌，山钢集团党委书记、董事长侯军，党委副书记、总经理陶登奎出席。

根据协议，三方将在铁矿石等资源储备、产业链供应链服务、铁矿石数据平台搭建、钢铁冶金原料绿色低碳应用等方面开展深入合作，实现合作共赢、共同发展。

（撰稿：李子路　刘　兵
审稿：张兰润）

山钢集团与"一带一路"沿线近四十个国家（地区）互联互通

2023年6月，山钢集团签约南非最大家电制造商，实现了非洲家电钢产品销售的市场突破。"一带一路"倡议提出10年来，山钢集团稳步推进实施国际化战略，与"一带一路"沿线近40个国家（地区）互联互通，相关经贸合作、基建互通、投资融资等方面的营业额累计超500亿元人民币，大大提升了面向全球的市场竞争及资源配置能力，为"一带一路"建设作出了山钢贡献。

围绕"一带一路"共建国家（地区），山钢集团建立健全国际化营销网络，实现产品销售和原燃料供应多点布局。目前，山钢集团在欧、亚、非境外供应商超过100家，长期密切合作关系客户达40多家。在欧洲，开发的6个品种、76个规格系列欧标海工钢产品，应用到俄罗斯阿穆尔天然气加工及亚马尔等项目；1500吨耐指纹镀锌卷成功中标德国第一大镀锌进口商某项目，并与宝马汽车签订高强度汽车钢订单。在亚洲，型钢产品中标中老铁路

项目，供货2.66万吨；作为国内唯一一家生产城市地下管廊电力管线承载用异型钢的企业，山钢成为新加坡城市管廊工程电力隧道专用型钢的全球唯一供应商；汽车用冷轧酸洗产品成功进入韩国现代，实现汽车用钢领域冷轧酸洗产品零的突破。在非洲，成功交付尼日利亚莱基深水港项目用高附加值美标管线钢卷板，该项目总投资10.43亿美元，是中非合作论坛框架以及"一带一路"倡议下的重要项目。

山钢集团持续推进国际企业认证、产品质量认证，近年来，钢板、钢带、型钢、钢筋、锚链圆钢等产品的18个品种先后拿到6个"一带一路"共建国家的第三方产品认证，高品质钢材应用于多个国际知名工程项目。部分钢材产品通过挪威克瓦纳集团公司和荷兰皇家壳牌石油公司产品认证，成为荷兰皇家壳牌石油公司国内唯一型钢供应商；开发风电用钢产品，得到美国通用电气质量认可，打入世界三大风机制造企业，跻身世界高端风电用钢领域。

日照公司成功获取全球最大石油生产公司——沙特阿美石油公司供应商资格认证，正式进入其合格供应商名录，扩大了山钢管线钢在"一带一路"共建国家市场占有率。

山钢集团党委书记、董事长侯军表示，山钢集团将继续与"一带一路"共建国家（地区）开展深度合作交流，让"山钢造"源源不断走出国门、走向世界，让世界看到一个更加立体、开放、包容、负责任的大国企业形象，为打造人类命运共同体作出山钢贡献。

（撰稿：赵　腾　王　刚
审稿：张兰润）

山钢股份与济南市城乡交通运输局签订战略合作协议

2023年8月10日，山钢股份与济南市城乡交通运输局签署战略合作协议。济南市城乡交通运输局党组书记、局长曹殿军，钢城区委书记郅颂，钢城区委副书记、区长程学锋，山钢集团副总经理，山钢股份党委书记、董事长王向东出席签约仪式。

王向东在致辞中说，本次签约正式开启了企地全方位、深层次合作的序幕，为山钢产品实现属地化销售带来了新的市场机遇、拓展了新的需求空间。下一步，山钢将抓住当前发展机遇期，加速推进新旧动能转换，着力建设城市钢厂绿色发展样板，与区域发展同频共振，共同推动山钢高效钢铁产业生态圈优化升级。

郅颂代表钢城区委区政府对本次签约表示热烈祝贺。她说，钢城区委区政府将以更优质的服务、更优惠的政策、更快捷的效率，全力支持精品钢及上下游产业发展，千方百计为企业发展提供优良环境。

曹殿军表示，战略合作协议的签署，进一步奠定了双方携手并进、共谋发展的坚实基础，实现了"济南用、济南造"，对加快项目建设进度、打造精品优质工程、促进交通运输事业绿色低碳高质量发展具有重要意义。希望双方进一步加强沟通对接、深化务实合作，共同推动双方合作结出更多丰硕成果。

活动中，山钢股份与济南市城乡交通运输局、山钢股份营销总公司与中铁十四局集团、山东高速莱钢钢构与中铁十四局工业北路东延项目部分别签署战略合作协议。

签约前，曹殿军一行到莱芜分公司炼钢厂新动区参观了智慧炼钢集控中心、起重机集中管控中心和转炉连铸机生产现场，听取了新旧动能转换项目建设、智慧钢厂建设、智慧炼钢新技术研发应用以及转炉系统生产工艺等情况介绍。

（撰稿：袁伟祎　韩圣鹏　刘晓涵
丁书洪　审稿：张兰润）

山钢股份与日立建机（中国）、合肥三洋钢材签署战略合作协议

2023年8月9日，山钢股份、日立建机（中国）公司、合肥三洋钢材公司战略

合作协议签订仪式在济南市钢城区钢都大厦举行。山钢集团副总经理，山钢股份党委书记、董事长王向东，日立建机（中国）公司总经理山野边聪，合肥三洋钢材公司董事长潘峰出席签约仪式。

王向东在致辞中说，山钢股份正式与日立建机（中国）、合肥三洋钢材确立战略合作关系，必将为各方的更好发展注入新的动力与活力。山钢股份将以签约仪式为新起点，着力深化以客户为引领、人才为支撑、产销研高效协同的"五位一体"商业模式创新，积极构建"一协议一清单一中心"的新型合作模式，突出强化三方的全面战略合作，努力提供更高品质的产品和更加细致的服务，携手开创高质量发展的美好未来。

山野边聪在致辞中说，钢材的稳定采购对日立建机（中国）来说是一个非常重要的课题，希望双方以本次签约仪式为新的起点，进一步强化日立建机（中国）与山钢股份的稳定供应关系，加强合作交流，实现共同发展。

山钢股份党委副书记、总经理吕铭代表山钢股份与日立建机（中国）、合肥三洋钢材签署战略合作协议。

仪式上，与会人员共同观看了山钢股份宣传片，并就相关内容进行了深入交流。仪式后，与会人员参观了莱芜分公司炼铁厂和炼钢厂。

（撰稿：袁伟祎　张　超　韩圣鹏　丁书洪　审稿：张兰润）

山钢股份与宝武智维签署战略合作协议

2023年5月10日，山钢股份与宝武装备智能科技有限公司（简称宝武智维）签署战略合作协议，在智能运维、共同破解瓶颈技术、深化协同发展等方面达成多项共识。

山钢集团副总经理，山钢股份党委书记、董事长王向东，宝武智维党委书记、董事长朱湘凯出席签约仪式。山钢股份党委副书记、总经理吕铭与宝武智维党委副书记、总裁陶树贵代表双方签约。

多年来，山钢股份与宝武智维始终保持密切合作，特别是在建筑维修、设备检修、在线检测、远程运维以及技术培训等方面共创共进共赢，为推进深层次、多元化合作打下了坚实基础。双方希望以此次签约为契机，在携手共建钢铁生态圈等方面，打造山钢集团与中国宝武共建共享钢铁生态圈的样板与示范。

（撰稿：袁伟祎　王子寒　审稿：张兰润）

山钢年鉴 2024

专业管理

山钢集团
SD STEEL

山钢文化

核心理念

山钢愿景：
　　成为钢铁业绿色智能高端高效发展新标杆

行政事务管理

【综述】　集团公司办公室与党委办公室、人民武装部、保卫部合署办公，主要职能为：负责集团公司党委会、经理层日常事务；组织安排集团公司重大活动、会议，督促检查重要工作部署贯彻落实，及时向上级报告山钢集团有关重要情况；综合调研、重要文稿的起草和审核，信息上报；信访维稳、机要、保密、文电、印信、外事、接待和行政后勤事务管理；公文审批流转和拟发公文审核，档案管理、史志编纂，集团公司及权属公司加入学会、协会等管理；人民武装、治安保卫、消防安全、反恐防暴、人民防线建设等工作。截至2023年底，共有职工15人。其中，高级工程师4人，高级经济师1人，高级政工师2人，工程师1人，经济师2人，政工师1人，记者1人，助理经济师1人，高级技师1人；研究生4人，大学本科10人，技校1人。

【文秘工作】　起草和报送各类文稿60余篇，主要包括：山东省委书记林武、省政协主席葛慧君、省纪委书记夏红民、省政协副主席张新文分别视察山钢时的汇报材料，在全省加力提速工业经济高质量发展会议、全省先进材料产业链"链长"专题会、济南市支持钢铁产业发展工作座谈会、省属国资国企座谈会、"央企省企济宁行"、2024年战略客户恳谈会暨京杭运河大宗商品交易创新发展大会等活动和会议上的发言材料，集团公司2023年度工作会议、一届五次职代会、一届五次党委全委会、庆"七一"表彰大会暨主题教育工作推进会议、季度工作会议、月度生产经营调度会等讲话材料，高管团队三年经营情况报告等。策划编发《每日摘要》，为集团公司主要领导提供快捷、权威、实用的时政热点、政策法规、行业动向、企业动态等消息参考。全年编发249期，累计编发507期。

【信息调研工作】　聚焦改革发展中心任务，推动信息工作再上新台阶，形成了一批有分量的调研成果和专报信息，在钢铁行业和省国资国企系统树立了良好形象。全年报山东省国资委信息114篇，被省委、省政府采用信息33篇、总得分273分；报中国钢铁工业协会信息251篇、网站刊登140篇，数量创新高。参与的2项成果分获中国冶金协会管理创新成果一、二等奖。

【公文印信管理】　严格执行集团公司党委和集团公司《公文处理办法》，充分发挥办公自动化系统功能作用，强调"快、准"，提高公文运转效率和质量，强化领导阅批后的督促落实，2023年接收处理内、外部文件3581余份。对2023年机要文件进行整理，组织将2020年至2022年3000余份机要文件及多年来总部部门、单位清退的内部文件资料送省销毁中心销毁。为解决形式主义、防止出现文山会海的现象，实施文件计划管理，认真做好日常公文处理工作，扎实做好集团公司发文的办理、管理、归档等工作，每半年对收发文进行情况汇总通报，收发文限时办结完成率达到100%，驳回率0%，公文质量明显提升。认真做好集团公司用印管理工作，持续做好部分印章使用网上审批管理，严格审批流程，落实工作责任，强化风险防控，保证用印材料与决策通过的材料真实意思表达一致，切实维护集团公司利益。围绕新冠疫情形势任务需要，推动OA系统移动办公总部部门全覆盖。督促集团公司门户网站信息发布工作，组织山信软件公司做好集团公司外网网站维护，每月通报网站信息发布情况，确保集团公司外网网站信息发布及时。

【会务接待】 积极协调，精心组织，做好会议、来宾接待工作。完成了山钢集团2023年度工作会议暨安全环保工作会议、山钢集团学习贯彻习近平新时代中国特色社会主义思想主题教育工作会议、集团公司庆"七一"表彰大会暨主题教育工作推进会议、集团公司生产经营调度会、山东省人民政府与中国宝武钢铁集团有限公司合作协议签约仪式、集团公司党委理论学习中心组集体学习会议、集团公司党委常委会、总经理办公会、董事会等145个集团公司及集团公司总部部门牵头组织的综合会议（包括视频会议）的会务组织工作。具体策划实施完成了上级领导及业务相关单位调研、来访、工作交流79次，接待来宾820人次。精心编制统筹安排集团公司领导周会议活动计划，协调领导会议活动工作，减少工作安排重叠，提高工作效率。

【安保应急】 济南市公安局经文保支队多次到山钢开展重点要害部位检查，并调研全国两会期间社会稳定风险排查治理工作，了解重点人员隐患风险摸排情况，对集团公司治安保卫工作提出指导性意见，对网络安全、消防安全事故等提出要求。3月29日，组织总部办公楼综合检查，共查处3类12项问题，并落实整改。5月9日，组织驻总部办公楼各单位、总部各部门及各直属机构签订《消防安全责任协议书》和《消防安全责任书》，并提出明确要求，压实消防安全责任。7月3日，组织各部门、直属机构和驻总部办公楼单位部分人员进行消防安全知识培训。7月7日，组织驻总部办公楼各单位、各直属机构及总部各部门全体人员应急疏散演练。9月26日，组织总部办公楼安全消防、治安保卫综合检查，共查处3类12项问题，督促整改。11月15日，结合消防安全月要求，组织各部门、直属机构和驻总部各单位开展应急疏散演练，进一步提高消防安全意识，熟悉逃生路线。2023年度，集团公司保卫部1人获济南市公安局"治安保卫成绩突出个人"称号。

【人民武装】 7月26日，根据省国资委转发《山东省国防动员办公室关于征集山东省国防动员专家库专家的函》要求，按时报送《山东省国防动员专家库专家推荐表》。8月3日，根据省国资委关于转发《山东省双拥工作领导小组办公室关于征集〈山东双拥大典〉有关资料的通知》要求，填报《2013—2022年省属国有企业双拥活动开展情况统计》。10月18日，根据省军区动员局要求，转发《关于加强新时代普通民兵建设的意见（试行）》（动联〔2023〕6号），由各单位落实，并确定民兵建设联系人。

【行政事务】 整改办公楼电梯隐患。对办公楼高区3号、5号及低区6号、7号、8号等5部电梯曳引轮钢丝绳招标采购更换，委托鲁冶项目管理有限公司对施工过程中安全、质量进行全过程监理。对办公楼配电系统进行优化整改，组织莱芜分公司机械动力部、能源动力、物业等制定办公楼配电系统改造施工方案，解决冬季供暖电力负荷不足问题。组织完成办公楼空调冬夏两季换季保养，整改存在的问题，确保办公楼冬季供暖、夏季制冷等后勤保障措施到位。顺利完成职工食堂服务商更换及顺利交接工作。成立招标小组对食堂服务进行招标采购，经综合评价并请示集团公司同意，确定北京宝丰园餐饮服务有限公司为中标单位。组织各方力量利用端午节期间组织职工食堂盘点交接，协助服务公司处理相关问题，制定职工食堂供应商退场工作方案，明确交接职责、交接内容、交接程序及应急措施，确保服务商交接顺利，保障了职工餐不受影响。制定服务合同、食堂管理考核办法等系列文件，进一步规范了职工食堂管理和规范运行。组织实施办公楼 303 会议室升级改造，实施降本增效措施。根据 2023 年集团公司生产经营形式，及时制定减支创收措施，从办公用房出租、电费节约等方面节支创效，对年初预算进行压减与优化。规范行政管理，组织集团总部公务用车竞争性磋商，完成山信软件、山钢国贸、金控等驻总部单位房屋租赁合同签署及房租结算。续签招标代理合同、办公楼维修工程监理合同、职工健康查体合同等，规范了管理。规范和加强政务平台转办事项办理。及时解决职工群众反映的问题，化解矛盾和纠纷，提升各类政务服务平台答复满意率。全年共办理政务热线 16 件。积极为集团总部创收，2023 年集团总部办公用房出租收入共计 2356 万元，与上年基本持平。

【史志年鉴】 完成《山钢年鉴》（2023）编辑出版工作。本卷设"特载""大事记""专业管理""党群工作"等 13 个栏目，将集团公司 2022 年度重大事件、重要工作以及重大活动等载入史册，全面展现了山钢集团深入贯彻落实中共山东省委、省政府决策部署，认真学习宣传贯彻党的二十大精神，面对钢铁市场严峻形势，全面导入商业计划书管理模式，打响生存保卫战的新业绩；真实记载了山钢集团持续深化改革，加快转型发展，坚定不移打造世界一流企业，着力锻造绿色、智慧、可持续发展比较优势，立足新发展阶段，贯彻新发展理念，融入新发展格局，加快谋划"强"起来，不断推动企业高质量发展新征程，以及努力实现转型升级走在全国国企前列、综合竞争力走在国内钢铁强企前列、深化改革走在省属企业前列、信息化建设水平走在国内钢铁行业前列，全力打造一个"注入改革基因、充盈市场元素、拥有创新特质、饱含人文情怀"的魅力山钢的新成就。本卷由冶金工业出版社出版发行，共计 73 万多字。加强读鉴用鉴工作，深入挖掘志鉴信息资料，为集团公司生产经营、改革创新服务。及时将年鉴发放到集团公司各单位、各直属机构和总部各部门，并与同行业和上下游战略合作伙伴加强年鉴交流，扩大赠阅范围。按时完成《中国钢铁工业年鉴》《山东档案年鉴》的供稿任务。

（撰稿：张海明　孙　波　魏　东
孙亚宁　张　序　宋玉前　刘孝存
审稿：李波涛）

公司治理

【综述】 公司治理部主要职能为：负责拟订集团公司章程、董事会议事规则，制定二级公司章程；负责集团公司派出的非执行董事、监事履职管理及日常管理；负责集团公司管控体系构建，设计二级公司管控模式；负责集团公司治理体系优化和提升，拟订二级公司法人治理结构构成，检查指导二级公司治理体系的运行；负责山钢集团组织架构、集团公司组织机构设置与职责管理，二级公司管理和业务部门设置审批管理；组织拟订集团公司管控权限清单，并持续优化调整；组织拟订集团公司管理流程及制度体系；研究、提出集团公司和适用于权属公司的体制机制改革思路，并牵头组织方案设计及落实；牵头拟订山钢集团内部职能业务整合方案；负责职责范围内的规章制度制定、落实情况的考核监督工作等。截至 2023 年底，共有职工 4 人。其中，高级经济师 4 人；研究生 2 人，大学本科 2 人。

【治理体系建设】 持续督导推进"1+6"

治理管控体系执行。开展董事会授权事项合规性自查工作，对部分事项提出调整意见，印发《山东钢铁集团有限公司董事会关于暂停执行部分担保授权事项的通知》。印发《关于总经理岗位空缺期间公司法人治理结构运行有关事项的通知》，切实保证公司治理规范。按年度动态优化调整董事会授权，印发《山东钢铁集团有限公司董事会关于延长〈山东钢铁集团有限公司董事会授权事项〉执行期的通知》，定期做好授权对象决策、执行情况报告及规范性审核，确保董事会授权"接得住""接得好"。推进金岭矿业股权托管，完成非煤矿山管理层级压减至三级以内目标任务，明确托管期间治理管控安排，确保金岭矿业规范托管运行。对集团公司治理管控体系文件4年来运行情况进行系统梳理分析，汇总形成优化调整初步方案，为治理管控体系优化升级做好准备工作。落实集团公司《制度管理办法》，加强制度审核，推动制度体系建设。

【改革深化提升行动】 制定出台改革深化提升行动方案和任务清单，明确时间表、路线图、责任人，强化深改办综合督导协调、主责部门专项督导推动、各单位分级主责落实，坚持党的领导、建设中国特色现代企业制度、市场化改革方向三项原则，聚焦核心竞争力和核心功能两个核心，统一经济属性、政治属性、社会属性三个属性，着力强化科技创新、产业控制、安全支撑三大作用，在优化布局结构、深化转型升级、增强科技创新、优化资本配置、提升发展质效、完善公司治理、转换经营机制、涵养良好生态八个方面推进推动山钢集团改革深化提升。

【外派董监事履职管理】 加强外派董监事履职管理。做好外派董监事日常工作沟通、履职报告、履职考核评价及日常管理服务等各项工作。截至2023年底，共有专职外派董事2人、外派监事7人。

（撰稿：刘晨 刘宁 于奇 审稿：陈茂文）

战略发展管理

【综述】 战略发展部/国际事业部是集团公司战略发展管理的职能部门，主要职能为：集团公司战略规划的研究、拟订与管理，组织指导集团公司相关部门编制山钢集团各专项规划；集团公司主业发展及权属公司产业发展方向定位，二级公司发展规划的指导、管理及执行监督；经济发展、产业政策、核心竞争力等重大课题研究立项；产业结构、产业链研究，推动山钢集团内产业整合、产业结构调整升级、产业协同发展；山钢集团品牌规划、建设和管理；集团公司境外产业发展战略研究、规划及信息搜集和分析；集团公司董事会战略与预算委员会的日常事务；职责范围内的规章制度制定、落实情况的考核监督工作。截至2023年底，共有职工5人。其中，高级工程师3人，高级经济师1人，工程师1人；研究生1人，大学本科4人。

【战略规划】 组织开展重大专项规划方案编制。一是组织开展日照基地二期（一步）规划方案编制前期工作。2023年9月25日，向中国宝武非正式提交日照基地二期一步项目建设方案山钢建议；二是落实《山东省国资委关于推动省属控股上市公司高质量发展的实施意见》（鲁国资收益〔2023〕1号），编制山钢集团推动权属控股上市公司高质量发展工作方案，推动山钢集团权属控股上市公司充分利用资本市场实现高质量发展；三是开展山钢集团"十四五"战略规划执行情况评价。借助参与山东省发改委开展的山东省先进钢铁制造产业基地发展规划（2018—2025）中期评估、省国资委开展的山东省省属国资国企"十四五"规划中期评估的机会，开展山钢集团"十四五"战略规划执行情况评价，增加了对山钢集团"十四五"战略执行情况的全面了解，深化了对山钢集团未来战略规划的前瞻性认识。

【产业管理】　组织开展专项、日常产业管理工作。一是确认山钢集团主责主业。2023年10月起，按照山东省国资委部署安排，重新确认山钢集团主责主业，包含：主业及产业分布情况梳理和统计、主责主业确认、主业目录和企业名录编制（含其他产业）等准备工作。二是持续推进山钢集团"两非"（非主业、非优势）产业（业务）处置专项工作。2023年3月，制定下发了《关于下发2023年"两非"产业（业务）处置计划的通知》（逐户下发），并组织有序推进实施。截至2023年底，已完成退出40户，其他标的企业正在推进中。三是产业链"链长制"相关工作推进。山钢集团作为山东省先进钢铁材料产业链"链主"企业，及时总结季度/年度"产业链"工作开展情况，研究制定了工作计划，并在省先进材料产业链"链主"企业主题会议上发言。四是多元产业与宝武协同工作按计划推进，协同项目进展顺利。截至2023年底，8个项目已完成3个，需长期推进的5个项目按计划持续推进。

【母公司经济研究类课题管理】　山钢研究院负责的经济与战略研究业务继续由集团公司战略发展部和山东钢铁股份有限公司共同管理。战略发展部按照管理职责，一是完成了2022年度课题评奖兑现；二是以山钢股份立项为主，确定了2023年度研究课题，启动了2023年经济类课题研究成果评奖工作。

【国际化业务管理】　组织开展山钢集团境外国有产权排查整治专项行动，聚焦境外产权管理方面的5类情形，对各级全资、控股及实际控制的境外企业开展排查整治，并形成《境外国有产权排查整治工作台账》，对查出的两项问题进行了整改，形成了山钢集团关于境外国有产权排查整治专项行动总结报告。按要求推进"一带一路"工作，形成了《山钢集团"一带一路"工作总结（10年）》《山钢集团参与"一带一路"建设情况的报告》。进一步强化海外利益安全防范，深化境外国有资产监管，按照工作计划正常推进相关工作，并形成工作总结及报表。持续开展"靠企吃企"境外腐败领域问题专项整治工作。严格执行月调度制度，动态更新自查台账和廉洁风险点台账并及时总结，按时报送纪委。积极响应山东省国资委组织的外事活动，按照要求组织山钢集团5家单位、1个部门（共13人），参加了第六届中国国际进口博览会。

（撰稿：王传斌　王　刚　崔大成

审稿：邱现金）

财务管理

【综述】　财务部是山东钢铁集团有限公司财务管理的职能部门，主要职能为：负责山钢集团及权属公司会计政策、会计报表、会计科目标准制定与管理，山钢集团会计报表编制及财务分析，编制山钢集团年度全面预算方案及调整方案，二级公司年度预算方案备案，山钢集团担保管理，山钢集团及权属公司清产核资、资产减值核销管理，山钢集团财务管理及财务风险控制，监督指导权属公司财务风险控制，山钢集团整体税收管理，指导权属公司开展税收管理工作，山钢集团所持股企业利润分配管理，上交国有资本收益和留存收益使用管理，山钢集团及权属公司对外捐赠管理，山钢集团外派财务总监履职管理及日常管理，山钢集团总部、直属机构财务管理和会计核算，职责范围内的规章制度制定、落实情况考核监督工作，山钢集团财务信息披露工作等。截至2023年底，共有职工13人。其中，正高级会计师1人，高级会计师5人，高级审计师1人，高级经济师2人，中级会计师2人。

【财务状况】 2023年，山钢集团累计实现营业总收入1408.20亿元，较上年度1826.68亿元减少418.48亿元，降幅22.91%；实现利润总额-20.77亿元，较上年度4.63亿元减少25.40亿元；实现净利润-24.06亿元，较上年度-2.53亿元减少21.53亿元。年末资产总额1781.69亿元、负债总额1488.16亿元、所有者权益293.53亿元，分别较期初增长0.02%、降低3.39%、增长21.81%；经营活动现金净流入15.09亿元，较上年度减少213.92亿元，投资活动现金净流出5.12亿元，较上年度减少78.13亿元，筹资活动现金净流出1.27亿元，较上年度增加400.89亿元。资产负债率83.53%，流动比率0.53，营业收入利润率-1.65%，总资产报酬率1.20%，应收账款周转率54.70次/年，存货周转率6.49次/年。

【会计工作】 按月及时完成山钢集团月度报表编制工作；组织完成2022年度财务决算工作，并对资产负债率等主要指标予以重点关注；加强山钢集团会计核算与管理；按山东省国资委要求，完成山钢集团年度、半年报及季度的财务等重大信息公开工作；定期报送国家税务总局"千户集团信息采集"和山东省财政厅、省国资委、钢协月度快报；以内外部审计整改为契机，持续

夯实会计基础工作，确保财务信息质量。

【财务决算】 2023年财务决算涉及法人单位97家，管理级次4级。其中，一级子公司14户，二级子公司57户，三级子公司25户。一级子公司分别为山东钢铁股份有限公司、莱芜钢铁集团有限公司、山东钢铁集团财务有限公司、山东钢铁集团国际贸易有限公司、山东钢铁集团矿业有限公司、山钢资本控股（深圳）有限公司、山东金岭铁矿有限公司、山东钢铁集团淄博张钢有限公司、山东耐火材料集团有限公司、山东钢铁集团永锋淄博有限公司、山东冶金机械厂有限公司、淄博东方星城置业有限公司、莱芜钢铁集团银山型钢有限公司、山东钢铁集团房地产有限公司。

【预算管理】 预算编制始终坚持以推动企业改革发展为核心，引导成员单位发挥极致思维，优化资源配置，提升资产使用效率，注重协同创效，细化实施路径，推进快赢项目落地。同时，认真谋划、部署预算年度各项工作，做好"工作预算、管理预算、改革预算"，推动各项改革任务落地实施。积极探索商业计划书编制模式，建立"以战略目标为引领，以跑赢大盘为目标，以ROE改善项目为路径，以预算数据为基础"的编制思路，把战略规划落实到商业计划书中，把商业计划书体现到年度预算中，按照"纵向不低于上年，横向不弱于大盘"的思路，结合不同企业所处产业的特性，逐户确定了主要预算指标目标，进而推进集团公司经营绩效水平持续改善，资产质量稳步夯实，有息负债规模持续压降。在预算执行监控过程中，持续优化完善商业计划书管理报告模式，定期召开专题会议，组织各权属单位对预算执行情况进行分析，发现工作差距及问题，对下一步工作提出指导意见。年中，结合钢铁市场大幅波动及产量指标变动情况，对年度预算指标进行了调整，经过多轮测算及论

证后确定了新的年度预算目标，并报上级单位批准。

【降杠杆工作】　坚持以控风险、挖潜力为核心对"两金"进行管控，并通过债务结构优化及融资成本压降工作，持续压降有息负债。对标行业先进企业水平，学习借鉴先进企业在降杠杆工作方面的先进经验。加强资本运作，组织开展了各类提质增效专项工作。密切关注各经营事项对资产负债率的影响，定期对山钢集团资产负债率情况进行跟踪模拟测算，精准控制各事项对资产负债率的影响。截至2023年末，山钢集团资产负债率83.53%，较2022年末降低1个百分点以上，全面完成资产负债率相关目标。

【亏损企业治理】　认真贯彻落实全省主题教育专项整治工作会议要求及《山东省国资委关于印发省属企业亏损企业治理工作方案的通知》，坚持深化改革，以重点任务攻坚方案为指引，严格落实国资委的统一部署和要求，按照"谁亏损、谁治理"和"逐级管理、逐级负责"相结合的原则，持续推进亏损企业治理制度化、清单化、常态化。全集团建立亏损企业治理和法人压减、参股退出、两非清理的联动机制，细化、明确治亏目标，制定配档表，明确推进时间、节点目标，层层压实责任，确保治亏工作责任到人。集团及各权属公司"不等、不怨、不靠"，主动担当作为，创新工作思路，积极寻求对策，针对不同企业的实际情况，制定相应的工作举措和治亏措施，按照"一企一策，分类治理"的原则，坚持目标导向、问题导向，分类施策、分类治理，积极推进亏损企业治理各项工作不断深化。2023年，山钢集团亏损企业治理工作顺利完成高质量发展考核各项任务目标。

【外派财务总监管理】　截至2023年末，财务部向山东耐材、山钢国贸2家成员单位委派财务总监。各外派财务总监严格按照《山东钢铁集团有限公司财务总监管理办法》规定，参加所在单位重要决策会议，对其中涉及财务问题的重大事项，发表专业意见，充分发挥财务总监职能，切实提高所在单位财务管理水平；同时严格执行工作报告制度，及时向财务总监管理办公室汇报近期及重要工作事项。

【担保管理工作】　以担保压减、风险防控为主线，强化担保管理工作；坚持按照"严控增量、处置存量、逐年压减、最终归零"的原则，在保证资金链安全的情况下，严控新增担保，多渠道多策略压减担保额度。全年压减担保额度120余亿元。采取的主要措施：一是压减有息负债规模，降低担保额度。通过压减"四金占用"，增强盈利能力，提高资金使用效率，强化资金集中管理，融通内部资源，进而减少外部融资，降低担保额度；二是利用战略合作效应及经营绩效向好的契机，提升信用评级，全力推动担保融资向信用融资转变；三是严控新增担保，压减存量担保。严格审核担保项目合规性、可行性、被担保企业资信情况以及风险防控措施，保证被担保项目合法合规、风险可控；四是落实并推进担保压减计划，严格考核。

（撰稿：鉴　康　周琳琳
审稿：王　勇）

投资与资本运营管理

【综述】　投资与资本运营部是集团公司投资与资本运营管理的职能部门，主要职能为：负责山钢集团资本运营计划、投资计划制定，集团公司投资管理，权属公司投资审批管理；负责资产重组管理、改制管理、山钢集团产（股）权管理、固定资产管理、资产处置、资产评估备案管理等工作；负责资本运营项目的方案审核或拟订与组织实施、权益性融资方案拟订及组织实施等。截至 2023 年底，共有职工 12 人。其中，高级职称 8 人，中级职称 3 人；硕士及以上学历 7 人，大学本科 5 人。

【投资管理】 围绕贯彻落实党的二十大精神、中央经济工作会议精神和习近平总书记系列重要讲话精神，紧紧锚定"走在前、开新局"，立足新发展阶段、贯彻新发展理念、构建新发展格局，以深化新旧动能转换推动绿色低碳高质量发展，加快国有经济布局优化和结构调整为方向，以推动国有资本和国有企业做强做优做大，提升企业核心竞争力为目标，审慎研究论证投资方向、投资能力、投资程序、投资回报，统筹安排年度内各类投资，以高质量投资引领高质量发展，实现了山钢集团资产质的有效提升和量的合理增长，较好地完成了 2023 年投资计划执行任务。全年累计完成投资 27.1 亿元，其中，固定资产投资 20.56 亿元，股权投资 6.54 亿元。

【法人压减和参股企业退出】 按照国务院国资委关于全面落实"国企改革三年行动计划"的工作部署，山东省国资委关于推动省属企业规范参股管理的通知等文件精神，山钢集团自 2022 年起带头创新，主动作为，在确定山钢集团七条法人压减标准和九条参股企业退出标准、工作方案、工作专班的基础上，逐年制订年度法人压减工作计划，并通过集团总部和权属公司两级工作专班、定期通报和督导、滚动实施工作机制，深入推进法人压减和参股企业退出工作。2023 年，共计完成 11 户法人压减和 4 户参股企业退出，较好地实现山钢集团资产结构优化提升。

【产权交易】 2023 年，共计决策审批股权流转项目 14 项，其中对外公开挂牌交易项目 3 项，内部非公开协议转让项目 8 项，对外非公开协议转让项目 1 项，内部无偿划转项目 1 项，减资退股项目 1 项；涉及法人压减和参股企业退出的项目 4 项，落实法人层级压减项目 6 项，资产优化和产权结构优化项目 4 项，有效压减了法人和参股企业数量以及法人层级，进一步优化了山钢集团公司资产质效，实现了瘦身健体。

【评估备案】 强化资产评估监督管理，印发《关于进一步规范资产评估有关工作的通知》，优化内部国有资产评估项目备案管理流程和备案材料清单及文档规范，加强对资产评估项目的全过程监督，将评估质量纳入对权属二级公司年度考核，形成长效监督管理机制。全年受理审核评估项目 44 项，完成备案 33 个，涉及资产账面值合计 6.02 亿元，评估值合计 13.77 亿元。评估项目类型以设备、附属设施资产及房产等资产处置为主，以及部分债权处置评估项目；重点项目涉及莱钢资产调整与优化处置，山钢股份新旧动能转换相关资产处置，永锋淄博停产后资产处置，淄博张钢、银山型钢公司闲置资产处置，日照公司海域土地使用权转让，山钢资本、山钢股份、山钢地产有关股权与债权转让等评估项目备案。

【产权基础管理】 严格把关产权登记审核工作，全年受理审核 60 项，完成产权登记 54 项；其中，涉及产权占有 1 项，涉及产权变动 39 项，涉及产权注销 14 项。按月度更新山钢集团产权结构表。截至 2023 年底，山钢集团各级子企业共 165 户；按照企业类别划分，全资 62 户，控股 39 户，实际控制 3 户，参股 61 户。

【企业上市管理】 组织实施山钢集团增持山东钢铁股份有限公司工作。山东钢铁股份有限公司于 2023 年 5 月 30 日发布《关于控股股东增持公司股份计划实施结果的公告》(公告编号：2022-021)，北京金诚同达(济南)律师事务所对该股份增持进行核查，并出具专项核查意见。本次增持计划自 2022 年实施以来，累计实现山钢集团增持山东钢铁股份有限公司 310266600 股。根据山东省国资委关于企业管理层级压减相关工作要求，组织实施山钢集团直接受托管理上市公司山东金岭矿业有限公司股权相关工作。山东金岭矿业有限公司于 2023 年 9 月 1 日披露了《收购报告书》《收购报告书摘要》《简式权益变动报告书》等，山钢集团实现对山东金岭矿业有限公司直接管控。

【土地管理】 为进一步增加山钢集团国家资本金，组织实施山钢集团第二批国有划拨土地使用权作价出资工作。2023 年 4 月 13 日，山东省政府第 8 次常务会议研究了山钢集团部分国有划拨土地作价出资事宜；省自然资源厅于 2023 年 9 月 19 日向山钢集团下发了《关于同意山东钢铁集团有限公司部分国有划拨土地使用权作价出资土地估价报告备案和土地资产处置方案的函》(鲁自然资函〔2023〕968 号)，同意将山钢集团 38 宗国有划拨土地使用权，由省政府作价出资注入山钢集团，相应增加山钢集团国家资本金 77598.89 万元。

(撰稿：王德志　审稿：黄振辉)

运营管理

【综述】 运营管理部是集团公司运营管理的职能部门，主要职能为：负责分解集团公司年度生产经营计划目标；负责二级公司年度生产经营计划执行情况监督，集团产业运营过程监控、运营分析管理；负责集团公司产业协同管理，协调推进 BS 业务协同工作；负责阳光采购管理；负责集团公司综合统计工作，产业运营数据和信息的收集、汇总、分析和对外报送。截至 2023 年底，共有职工 10 人。其中，高级经济师 2 人，高级工程师 3 人，高级统计师 2 人，高级会计师 1 人，会计师 1 人，统计师 1 人；研究生 3 人，大学本科 7 人。

【2023 年主要生产运营指标完成情况】 按照合并会计报表口径，2023 年集团公司全年产生铁、粗钢、商品坯材分别为 1737.76 万吨、1944.75 万吨、1890.11 万吨，分别完成年计划的 92.68%、90.45%、90.78%，同口径同比分别减少 3.87%、3.88%、3.66%。其中，产成品钢材 1844.22 万吨，完成年计划的 90.80%，同口径同比减少 2.68%；产商品坯 45.89 万吨，完成年计划的 89.97%，同口径同比减少 31.46%。产铁精粉 105.07 万吨，完成年计划的 100.07%，同口径同比减少 0.07%。产耐火原料及制品 29.97 万吨，完成年计划的 103.82%，同比增加 4.17%

【"对标提升、争创一流"行动】 坚持高目标引领，深度承接、实施国资委"寻标对标，争创一流行动"，围绕集团公司"争上游，走在前"目标定位，全面优化形成 2023 年度集团监控指标体系，多维度构建涵盖 15 项争创指标、20 项集团监控指标、203 项权属二级公司内控指标和 11 项重点战略任务的立体化对标体系，构建了一体六翼管理体系和六步推进路径，有效保障对标方案落地实施。集团公司总体监控指标全年纵向进步率 86.25%，横向达标率 75%，寻标对标目标完成率分别为 95.83% 和 107.14%，要素类指标完成率 100%，日照公司入选国资委争创行业一流培育库，淄博锚链入选争创单项冠军企业培育库。

【阳光采购管理】 根据省国资委《山东省省属企业阳光采购监督管理办法》要求及具体工作部署，集团公司完成了阳光购销信息管理平台接口升级，顺利实现了省国资委线上对集团公司采购公告、结果信息监管的实时全覆盖。制定了集团公司《阳光采购管理办法》，同步升级了阳光购销信息管理平台，通过数据对接，与省国资阳光采购监管系统实现了采购信息互联互通。2023年，集团公司已完成的购销项目直购比94.53%，直销比55.02%，中间商占比8.64%，均优于2022年度。

【产业协同管理】 深入贯彻落实集团党委2023年"争上游、走在前"工作部署，聚合产业优势，切实提升内部市场产业协同价值创造能力。以集团公司整体效益最大化为目标，建立铁精粉、耐火材料、金融等内部资源配置机制；完善"市场化+行政约束"工作模式，进一步加大基地、产业、标杆间协同力度，扩大产业链业务协同范围，破除区域壁垒，提升产业链供应链一体化运营水平。2023年，集团公司内部市场产业协同金额14.46亿元。其中，耐材、钢铁等产品11.91亿元；工程建设2.52亿元，各类服务336.36万元。

自2021年9月启动BS业务协同工作，由宝武钢铁产业发展中心牵头，宝武各协同支撑单位积极与山钢集团对口的部门、单位协同联动，在系统对标、技术支持、资源协同等方面积极给予支持与帮助，协助策划并指导各BS业务协同项目有序推进，协同质效不断提升，协同生态圈不断扩大。2023年，集团公司BS业务协同项目累计实现效益4.61亿元，超额完成年度计划。日照公司冷轧、厚板、炼钢、炼铁技术提升，品种质量提升等7大类23个项目在宝武专家的大力帮助下已全部完成，21项KPI指标，进步率100%，达标率81%，累计创效4962.41万元。

（撰稿：胡　玉　罗　剑　马丽萍
审稿：王　磊）

信息化管理

【综述】 信息化管理办公室与运营管理部合署办公，是集团公司信息化管理的职能部门。主要职能为：负责集团公司信息化规划、年度计划制定和推进，全集团信息化一体化管理；网络安全管理；软件正版化管理；数据安全管理；负责职责范围内的规章制度制定、落实情况的考核监督工作等。

【制度建设】 进一步优化提升山钢集团信息化管理体系，规范山钢集团数据安全管理，2023年完成山钢集团《数据安全管理办法（试行）》制定，并开展数据分类分级工作，进一步健全了信息化管理制度管理体系。

【网络安全管理】 以全面提升集团公司整体网络安全水平为目标，健全网络安全监测预警机制、网络安全通报机制，不断提升网络安全防护和预警、预防能力。坚持开展全集团互联网网站和重要信息系统的月度安全技术监测和通报，及时消除互联网系统各类安全隐患。按照上级工作部署，制定《山东钢铁集团有限公司2023"国企网安"省属企业网络安全实战攻防演习护网工作方案》，组织参加山东省国资委2023"国企网安"攻防演习等重要网络安全活动。及时通报钓鱼邮件、勒索病毒、CentOS停服等网络安全预警信息，开展针对性整治攻坚行动，加强对各单位网络安全工作现场督导检查，为山钢集团网络安全保障奠定了坚实基础，在省属企业网络安全实战攻防演习中名列前茅。实现全年网络安全零事故。

【软件正版化】 统筹推进山钢集团软件正版化工作，已实现全集团办公软件国产化和正版化、办公终端杀毒软件的统一，集团公司在山东省版权局正版化检查工作中荣获2023年山东省版权示范单位（软件正版化）。

【"数智山钢"建设】 对标钢铁行业数字化、智能化先进标杆，紧紧抓住数字化转型发展机遇，持续完善"云-边-端"数智化架构体系，加快钢铁产业智慧制造重点项目建设，不断提升智慧制造（四个一律）指数。全力推进无人化/少人化项目建设，机器人应用数量达到171台套，年均增长率超过170%，各类型机器人服务于3D（Dirty、Dangerous、Duplicate）环境，助力生产效率大幅跃升。积极开展集控中心建设，莱芜基地特钢集控中心、日照基地智慧水务中心建成投用，试点开展高度自动化条件下的"操检维调"流程变革。稳步推进"云端"平台接入，深度开展与欧冶云商和欧贝平台的业务合作，部署实施钢铁产业营销数据分析系统，实现在金陵钢宝电商平台厚板现货业务上线投放。截至年末，钢铁产业智慧制造"四个一律"指数提升至38.82分，较年初值（31.89）提升21.73%，超额完成年度计划目标。日照公司《大型钢铁企业全流程智能管控智慧工厂》入选2023年省级智能工厂，新一代钢铁智慧制造工厂建设初见成效。集团公司通过数据管理能力成熟度3级（稳健级）评估，处于省属企业领先水平。

（撰稿：郭全生　审稿：王　磊）

绩效管理

【综述】 集团公司绩效管理由运营管理部/信息化办公室负责，其绩效管理的主要职能为：负责权属二级公司组织绩效考核方案的制定及组织实施；负责集团公司管理的权属二级公司领导人绩效考核方案的制定及组织实施；负责集团公司组织的权属二级公司经理层契约化考核方案的指导、备案；负责省属企业负责人经营绩效考核工作的政策研究及业务对接。

【组织绩效管理】 贯彻落实国务院、省国资委工资总额管理要求和精神，结合山钢集团所处行业及实际运营情况，不断优化与山钢集团相适应的工资总额管理与考核方案。严格执行山东省国资委工资总额管控政策，按照《工资总额管理与考核办法》的规定，开展组织绩效考核及工资总额管控，根据集团公司经营实际合理控制工资总额增减幅度，确保工资总额随企业效益同向联动，"工资是挣出来的"的理念成为山钢集团的普遍共识和价值遵循。加强工资总额预算过程管控，引导各单位切实落实控保结合原则，通过不断提升人事效率水平，保障人均收入相对稳定，达到"工资总额下降、人均工资少降"的效果，确保职工收入平稳有序浮动；通过"一人一表"等考核机制实施，保证工资总额向盈利产线倾斜、向一线职工倾斜。实施强激励硬约束考核机制，针对年度经营任务目标，实施经营目标专项考核政策，加大对组织绩效的正激励和对负责人等"关键少数"的强激励硬约束力度，强力传导市场压力，奋力完成全年目标。

【负责人绩效管理】 省属企业负责人考核方面，深入贯彻山东省委、省政府和省国资委各项部署，对照《2022年度省管企业高质量发展绩效考核方案》（鲁委考办发〔2022〕9号）和《省管企业高质量发展绩效考核指标标准（2022年版)》的规定，开展政策研究及业务对接，争取上级政策支持，客观对标行业实绩，最大限度争取政策支持并科学合理评价集团公司经营业绩考核等级（2022年度山钢集团考核等级为B级）。权属企业负责人考核方面，严格执行《权属二级公司董事长责任制考核办法》《权属二级公司领导人员年度考核薪酬管理办法》《权属二级公司契约化方案指导意见》等考核制度，坚持市场化衡量标准，严格落实负责人分类考核机制。从业绩贡献、对标评价、改革绩效和风险管控等方面完成对权属二级公司负责人年度业绩实施考核评价，按贡献合理拉开差距，精准考核、精准激励，考核薪酬增幅、降幅最大的分别达到 14.4%、31.6%，薪酬极差 1.53 倍，薪酬差异充分体现了市场化标准和各单位业绩贡献。

【契约化管理】 严格贯彻落实山东省国资委关于经理层契约化和职业经理人《两项规范》制度，深入推行经理层契约化管理，稳步实施职业经理人制度，践行契约精神，实行高目标引领、市场化业绩、市场化薪酬，指标完成高低直接与薪酬挂钩，刚性考核、刚性兑付，业绩不达标下不保位，实现责权利有机统一。经理层契约化方面，2023 年经理层任期制和契约化管理已在集团公司层面及各级权属子公司实现全覆盖（100%），2022 年度权属二级公司契约化经理层成员年度薪酬极差 1.8 倍，各级契约化人员采取末位调整和不胜任退出机制，实现责任、利益、风险高度捆绑。职业经理人方面，坚持"业绩与薪酬双对标"的原则，督导各单位董事会对职业经理人实施高标准、严要求管理，同时选择市场化程度高、社会人力资源市场成熟、符合推行条件的企业，审慎推行职业经理人制度。截至 2023 年底，实施职业经理人管理的单位增加到 3 家。

（撰稿：朱碧桃　审稿：王　磊）

人力资源管理

【综述】 人力资源部与党委组织部、机关党委合署办公，是集团公司人力资源管理的职能部门，主要职能为：负责编制、实施集团公司人力资源发展规划；负责人力资源配置；负责劳动合同管理、劳动争议处理和劳动保障年检；负责集团人才发展和高层次人才的引进、选拔、推荐和评选；负责职工教育培训管理；负责工资总额预算、清算管理；负责集团公司薪酬福利管理，负责集团公司党委管理的权属二级公司领导人员、总部及业务中心员工的薪酬核算分配；负责"五险一金"管理；负责人力资源信息统计；负责人力资源管理信息化建设等。

【薪酬管理】 按照山东省国资委考核结果批复，山钢集团研究制定了企业负责人2022 年度薪酬分配方案，并上报省国资委备案后组织兑现。根据集团公司核定的2022 年权属二级公司负责人年度考核薪酬标准，核定集团公司党委管理的权属二级公司领导人员 2022 年度薪酬，备案后由权属二级公司组织兑现。完成集团公司 2022年工资总额清算和 2023 年工资总额预算编制工作。进一步完善工资总额决定机制，推动各权属公司工资总额与经济效益同向联动、与劳产率水平挂钩；健全差异化薪酬分配机制，持续深化全员绩效考核，适度拉开各级各类员工收入差距；健全完善企业领导人员年薪制、经营管理人才契约化薪酬、科研人才项目薪酬、营销人才"底薪+提成"、技术技能人才"基于岗位价值、能力素质、业绩贡献的宽带薪酬、岗位津贴"等多元化的考核分配制度，使各类骨干人才薪酬逐步与市场接轨。

【人事效率提升】 紧紧围绕集团公司人力资源发展规划（2021—2025），坚持以"控制人员总量，提高劳动效率；引进各类人才，改善队伍结构；培养发展存量，提升整体素质；激发人员活力，发挥人力效能"为主要任务，保障完成"年人力资源优化不低于 8%、钢铁主业人均粗钢产量年均增长 10% 以上"的效率提升目标。全年在岗员工优化率 12.24%，钢铁主业在岗员工人均年化产钢量 1125 吨，超额完成全年任务目标。强化劳动合同管理，完善劳动合同管理配套制度，严格考核结果运用，强化劳动合同对员工能出的约束；严格落实《山东钢铁集团有限公司职工违规违纪处理规定》，对违反法律法规、企业规章制度等符合解聘条件的，依法解除劳动合同。

【人才引育】 围绕单位战略任务、使命类产品和关键技术，厘清需求清单，锚定高精尖缺人才，通过积极、开放、有效的人才引进政策，持续提升人才聚集能级。2023 年与 2 名意向海外人才签订合作协议，完成 QM 创新申报工作，成功入选 1 人，实现海外专项引才工作重大突破。坚持"人才是第一资源"，把人才优先发展融入企业经营管理全过程，围绕产业发展战略和重点建设项目，强化需求导向，加大省级及以上高层次人才培养力度，确保各类高层次人才数量实现逐年增长。2023 年，入选国务院政府特殊津贴 1 人、全国钢铁行业技术能手 4 人、泰山产业领军人才 2 人、齐鲁首席技师 3 人、山东省技术能手 1 人、齐鲁大工匠 1 人、齐鲁工匠 2 人、日照市首席技师 2 人，有力地促进了企业核心竞争力的提升。根据各权属单位的实际需要，结合岗位属性、所需专业、工作区域等，形成差异化的校园招聘标准。2023 年，山钢集团全职引进博士学位人员 1 人、博士后出站留企 1 人、海外硕士留学人员 7 人；全年招聘的硕士研究生及以上学历占比为 62.8%；除政策性安置等人员、涉密岗位人员及其他特殊用工外，公开招聘率保持 100%。

【员工能进能出】 在推进员工能进方面，坚持招聘配置计划编制制度，统筹全集团整体情况，合理确定各单位引进计划，加强与重点高校合作交流，通过系列校园活动以及资助学生创新等，积极培育山钢集团雇主品牌，提升毕业生引进质量；在推进员工能出方面，畅通员工退出通道，通过培训、转岗、内退、解除劳动关系等方式，有序推进员工转型发展、合理流动；强化劳动合同管理，完善劳动合同管理配套制度，严格考核结果运用，强化劳动合同对员工能出的约束；严格落实《山东钢铁集团有限公司职工违规违纪处理规定》，对违反法律法规、企业规章制度等符合解聘条件的，依法解除劳动合同。

（撰稿：李小权　魏　鹏
审稿：李　林）

档案管理

【综述】 办公室负责集团公司档案管理。主要职能为：贯彻执行国家和省档案法律法规及有关部署要求，统筹规划集团公司档案工作；制定集团公司文件材料归档和档案鉴定、整理、保管、统计、利用等有关规章制度；负责集团公司总部部门档案的收集、整理、保管、鉴定、统计和提供利用工作；指导集团公司总部部门文件材料的收集、整理及归档工作；监督、指导、检查各单位和各直属机构的档案工作；依照有关规定向国家档案馆或有关单位移交档案。

集团公司实行"统一领导，统一制度，分级管理，共享平台"的档案管理模式。档案工作在实行统一领导和统一制度的前提下，集团公司办公室负责集中统一管理集团公司总部形成的各类档案，并对集团所属单位的档案工作进行监督指导；所属各单位档案部门分别负责本单位的档案管理；总部各部门设置兼职档案工作人员。

【组织制度建设】 集团公司建立相关档案管理制度，成立档案管理领导小组。2023年，集团公司坚守"为党管档、为国守史、为民服务"职责，完善档案工作机制。贯彻执行《全国档案事业统计年报制度》，按照山东省档案局统计工作要求，组织各单位填报2023年度档案统计年报，审核汇总后及时上报省档案局。

【基础设施建设】 截至2023年底，全集团馆（室）总面积达到3.1万平方米。2023年，集团公司组织全集团档案管理部门进行安全自查和安全检查，各管档单位均实现了人防、技防、物防、联防相结合，以技防为主的安全控制措施，杜绝安全事故的发生，制定集团公司安全防范清单，切实落实安全责任，排除安全隐患，全年档案库房安全事故为零，未发生档案安全事件。

【资源建设】 梳理年度重大事件清单，从源头上加强对各类档案的收集。包括各类管理文件、综合报表合同协议、专利科研、新闻书稿、照片证书、奖杯奖牌、光盘实物等资料归档率、完整率、准确率保持在99%以上，对规定应当整理归档的文件材料，做到应管尽管、应归尽归。

【信息化建设】 年集团公司落实山东省档案信息化建设任务，对全集团档案信息化建设提出要求，联合集团公司山信软件对多家档案系统进行优化，收集各单位档案系统新开户人员信息，指导做好档案系统使用工作。稳妥推进集团公司档案数字化建设，着力提升档案数字化水平，确立了大集中式的上下联动档案信息化系统升级方案，目标档案管理系统与知识管理平台对接。加强档案信息安全管理，严格按照档案类别和用户权限利用档案。按照"涉密信息不进系统，系统信息不涉密"的原则，认真做好档案保密工作。加强档案信息系统服务器和网络系统的管理，保障操作安全、接入安全和应用服务安全。

【培训与交流】 集团公司高度重视档案业务指导和培训工作，积极组织公司档案人员参加省、市有关档案机构举办的各类业务培训班和研讨会，提高了档案人员的业务水平和综合素质；定期开展档案业务培训，举办全集团档案专题培训班，扩大培训范围，采取封闭式培训方式，对各单位分管档案部门主要负责人、各管档单位档案管理人员进行业务知识讲解。

【开发利用】 加强档案宣传，提高档案影响力，展现档案作为。档案工作服务企业大局，在档案记录企业历史、法律保护、挖掘生产潜力和创新能力、提升企业形象等方面发挥重要作用，开展档案利用服务工作，将利用频率高、非密级非电子形式的文书档案逐步数字化，实现档案快捷方便查阅和利用。全年全集团共提供利用档案2.8万人次、4.5万卷次，为集团公司领导决策和部门工作提供了有力支持。

（撰稿：张　序　审稿：李波涛）

外事管理

【综述】 办公室负责集团公司外事管理，主要职能为：负责集团公司外事工作的计划汇编、组织实施、指导协调、总结考核；国家外事政策、方针的宣传贯彻；集团公司外事管理制度的制定与执行；外事翻译；负责集团公司因公出国（境）团组一定权限的审批与管理；组织参加国际会议与国际展会；邀请和接待国（境）外来访；出国（境）证照、签注、签证的申办等工作。

【出访团组审批申办工作】 2023年，山钢集团全年审批申办因公出国（境）团组 25 批次、74 人次，其中办理赴港团组 12 批次、22 人次；集团自行审批团组 9 批次、23 人次。新增办理因公护照 48 本，港澳通行证 3 本；出访目的地主要包括新加坡、日本、俄罗斯、德国、法国、沙特阿拉伯、阿联酋等国家，以及中国香港等地。全年办理邀请外国人来华 5 批次，17 人次。办理护照迁移 34 本，办理护照注销 183 本。

（撰稿：郑　玮　审稿：李波涛）

安全环保管理

【综述】 安全环保部与应急管理部复合设置，是集团公司安全、环保、应急管理的职能部门。主要职责：落实安全生产、职业卫生、环境保护、节能减排、应急管理等方面的法规、政策和标准，制定山钢集团节能环保绿色发展规划，建立健全目标责任体系并贯彻执行；负责安全生产、职业卫生、环境保护、能源管理、节能减排工作的监督检查和考核；贯彻国家、省有关消防的法规和政策，督促各单位火灾、交通事故的分析、统计和上报；负责集团公司应急体系和平台建设，编制应急预案，优化应急资源配置，健全应急救援力量；完成上级主管部门交办的各项应急管理任务，做好应急协调组织等工作；对权属公司应急管理进行督促指导、监督检查；负责职责范围内的规章制度制定、落实情况的考核监督工作。截至 2023 年底，共有职工 7 人，其中内退职工 1 人。

【指标完成情况】 2023 年，集团公司各权属单位建设项目安全、职业卫生、节能、环保"三同时"执行率达到 100%；特种设备安全技术状况检测率 100%；特种作业人员持证上岗率 100%；职工及相关方安全培训教育率 100%；接毒接害岗位人员查体率 100%；工作场所职业病危害因素检测率 100%；隐患整改落实率 100%。全年没有发生工亡事故和负主要责任的相关方事故，实现了生产安全事故"六为零"。主要污染物化学需氧量（COD）、氨氮、二氧化硫、氮氧化物、颗粒物等按证排放，污染物达标排放率 100%，并完成地方政府下达的总量控制目标。固危废资源化利用或无害化处置率、无组织排放有效控制率均 100%。未发生较大及以上环境污染事件，各权属单位能源环保行政处罚全部为零，企业环境信用评价全部为绿牌。

【主体责任落实】 年初召开年度安全环保工作会议，对全年的安全环保工作进行总体部署，下发重点工作分解配档表，与各权属单位、直属机构及总部各部门签订《安全生产目标责任书》《节能环保目标责任书》，明确安全环保任务目标和责任。各单位层层分解和逐级压实安全责任，签订班组长以上各级管理人员安全目标责任书 1958 份，节能环保目标责任书 286 份。实施全员安全责任清单化管理，健全激励约束机制，激发全员参与安全生产工作的积极性和主动性。各单位实行季度履职量化考评排名，考评结果与绩效考核挂钩，建立切实有效的问责机制，确保安全责任的有效落实。强化职能部门履职。专项听取各职能部门安全履职汇报，并对其履职情况进行监督检查，强化"三管三必须"要求落实落地。各单位分别建立职能部门安全责任述职机制，每季度定期向本级安委会报告履职情况，推动专业职能部门的安全责任落实。有效保障资金投入。高度重视安全环保项目建设，持续加大资金投入，着力解决薄弱环节和突出问题，全年安全投入 1.45 亿元，实施安全技术项目 44 个；环保投入 7.32 亿元，实施环保项目 57 个；

节能投入1.14亿元，实施节能项目23个，推动本质化安全、节能环保水平大幅提升。

【风险管控】 强化风险的动态辨识和管控。对作业范围、生产设备等变更及外部典型事故，及时开展风险辨识，修订完善风险点信息台账，落实分级管控要求，4557个风险点（其中一级风险点46个，二级风险点158个）得到有效管控。持续推进事故隐患排查整治。印发《事故隐患内部举报奖励实施办法》，全方位调动职工参与事故隐患排查的主动性、积极性。对照工贸行业等重大事故隐患判定标准，排查出重大事故隐患41项，全部整改完成。组织各单位有计划地进行全面隐患排查，全年共查改隐患96717项，有效保证了生产的安全顺行。安全专项行动扎实推进。部署开展危化品、有限空间、违规电气焊作业等专项整治工作。各单位成立以主要负责人为组长的工作专班，进行全面排查整治，危化品储存使用等重点领域和环节的管控得到了进一步加强。认真吸取事故教训。针对"5.1"鲁西化工、宁夏银川烧烤店燃气爆炸等事故教训，聘请省内行业专家对所属二级单位的危险化学品生产、使用、储存以及消防环节进行了全面的专项安全诊断，查改问题509项，及时消除事故隐患。高度关注特殊敏感时段、特殊区域、特殊人员、特殊作业、特殊专项活动的安全管理。山钢股份莱芜分公司强化拆除项目安全监管，积极调配专业力量，加强项目的驻点监管，顺利完成1号至4号高炉，4号、6号制氧机组等拆除任务。加强相关方管理。深入推进"四个统一"管理要求，组织专业力量对相关方单位开展起底式专项检查评审，着重解决相关方安全协议、作业方案、作业行为等不规范问题。强化特殊时段安全督查。春节、全国两会、中秋国庆等特殊时段，对权属单位22个生产单元进行了多轮次全覆盖安全督查，共查改问题488项，确保关键时期的安全形势稳定。

【安全基础建设】 持续完善制度体系，及时识别各种安全法律法规，适时制、修订了《安全生产费用提取和使用管理规定》等内部安全管理制度。各单位快速落实上级部门的要求，制定管理制度209项，修订完善472项，确保安全管理制度的合规性和实效性。扎实推进安全教育培训，紧盯"关键少数"，针对生产单位主要负责人、主要安全管理人员、车间主任，集团公司组织举办4期培训班，努力提高其安全意识和履职能力。各单位结合单位实际，开展各种特色安全培训1677班次，培训人员13万余人次，职工安全技能和素养得到进一步提升。不断深化班组安全建设，全面规范基层安全管理内容要求，完善车间、班组安全基础建设内容，扎实落实车间、班组安全领导包保制，对850个班组开展安全合格班组验收，达标率99.76%，推动安全管理工作重心下沉、防线前移。持续加强职业健康管理，定期组织职业健康体检，全年接害职工查体14560人，妥善安置职业禁忌证人员82人。加强职业健康防护设施督查，强化职业病危害因素定期检测，确保职业病防护设施正常运行。

【绿色发展推进】 吨钢综合能耗完成503.86千克标准煤/吨，同比降低8.28%；吨钢新水消耗2.39立方米/吨，同比降低1%；日照公司废水持续实现零外排，莱芜分公司银山型钢区基本实现近零排放；自发电量44.7亿千瓦·时，同比增加8.9%。日照公司获国家"水效领跑者"称号。莱芜分公司、日照公司先后被授予"双碳最佳实践能效标杆示范厂培育企业"称号；莱芜分公司超低排放通过中国钢铁工业协会审查公示和山东省生态环境厅环境绩效A级企业现场审核，集团公司在全省率先实现钢铁板块环境绩效全面达A目标，绿色发展成果受到生态环境部和省市领导的高度评价。持续提升清洁运输比例，严格落实新发布的焦化行业超低排放实施方案，在全省率先完成焦化工序超低排放改造。开展水资源节约专项课题研究。莱芜分公司建立取水模型，改善用水结构，使用城市中水量达 1 万吨/天，工业循环水重复利用率达到 98%。日照公司进一步优化用水结构和管理方式，提升用水效率，吨钢耗新水保持全国钢铁行业水效领跑者地位。充分挖掘固体废弃物消化处理功能，积极消纳炼铝行业产生的赤泥。开展土壤污染调查，定期进行地下水检测，对输水管网渗漏进行排查治理。以建设绿色低碳生态园林工厂为目标，积极推进创建绿色工厂/矿山，日照公司被评为 AAA 级景区，成为山东省钢铁行业首家工业旅游景区。日照公司、莱芜分公司被评为全国冶金绿色先进单位、钢铁行业绿色发展标杆企业，山东耐材王铝矿被评为省级绿色矿山。全面实施《绿色城市钢厂评价指标体系》，日照公司、莱芜分公司绿色发展指数较上年分别提升 9 分、3.5 分，圆满完成集团确定的绿色发展指数提升目标。

【节能降碳管理】　深入推进减污降碳协同增效。开展全流程能效诊断，制定年度节能增效实施方案，系统优化追求极致能效。2023 年在全国重点大型耗能钢铁生产设备节能降耗对标竞赛中，山钢股份 6 座炉窑分别荣获"冠军炉""优胜炉""创先炉"称号。精益能源管理，系统提升极致能效。持续提高余热余能回收利用水平，日照公司推进余热利用与片区供热一体化项目，每年可外供热水热量近 200 万吉焦，节约标准煤 6.8 万吨；莱芜分公司利用余热向社会供暖面积达到 650 万平方米。莱芜分公司实施电力系统现场诊断，精准控制重点耗电设备关键运行参数，推进加热炉余热蒸汽等优化利用，提高余热发电机组稳

定运行效率，能源系统节能增效 36.62 元/吨钢。实施煤气极限回收。莱芜公司实现高、焦炉煤气零放散。日照公司焦炉煤气保持零放散，转炉煤气回收量 0.86 吉焦/吨，创历史最高水平。全力提升余热余能自发电贡献度。莱芜分公司年发电 33.4 亿千瓦·时，比上年同期提高 3.79 亿千瓦·时。金岭铁矿建成 1.5 兆瓦分布式光伏发电项目，年节约电费 120 余万元，实现集团绿电"零"突破。加强对外协调，降低用电成本。莱芜分公司动态管控降低最大需量，每月节约电费约 1000 万元。日照公司积极争取自备电厂优惠政策，同比 2022 年降低费用支出 8645 万元。金岭铁矿开展直供电交易，年降低电费支出 140 万元。推进全生命周期管理。精益环保管理在保证环保稳定达标排放的前提下，优化环保设施运行参数，吨钢环保运行费用降低 10 元。完成年度组织碳排放核算报告编制上报、工序碳排放核算工作；完成冷轧镀锌板等 8 个钢材产品碳足迹评价，热轧板等 4 个钢材产品 EPD 发布。《480 平方米烧结机高效节能和环保技术应用》等四项成果入选中国企业联合会 2022 年度企业绿色低碳发展优秀实践案例。

（撰稿：韩怀平　审稿：王志强）

风险管理

【综述】　风险合规部是集团公司风险管理职能部门。主要职能：集团公司全面风险、法务、内控、合规管理体系的建设、评估、完善，组织拟定年度工作计划；全面监控集团公司及权属单位风险、合规、法务管理工作的计划执行情况，并对执行有效性进行评价；集团公司董事会审计与风险管

理委员会相关日常事务；职责范围内的规章制度制定、落实情况的考核监督。截至2023年底，共有职工5人。其中，具有高级专业技术职务的4人、中级1人；硕士研究生3人，大学本科2人。

【深化"四位一体"管理】 强化管理创新，持续完善以法治为基石、以内控为手段、以合规为标尺、以风险防控为靶向的"四位一体"管理体系，加快四业融合、协同发力、成效叠加；推动构建上下联动、界面清晰的"三道防线"，风险控制、合规审核、法律把关嵌入流程，"三道防线"职责明确、协同联动、梯次防控、有序运行，为公司依法决策、科学管理、高效运行、最大程度地防险避损提供支撑和保障。集团各权属单位健全"四位一体"管理机构、设置岗位、配置人员，实现"四位一体"管理常态化运行，贯通业务管理接口，促进提升企业的经营运行法治化规范化水平。

【创新风险防控管理】 按照风险分级分类管理要求，创新推出"一全多专风控新机制"，探索实施"风险三控新模式"，助推风险管理再上新台阶。扎实推进"全面风险系统控"。按照风险分类分级标准，组织开展集团公司和权属单位两级重大风险的辨识评估工作，对辨识的风险进行评估排序，重大风险实现归口动态管理，实施风险防控动态监控。集团及权属单位普遍建立了以年度风险管理报告为统领的全面风险系统防控机制。稳步推进"重点风险专项控"。在"全面风险系统控"的基础上，组织对重点风险建立多项专项风险防控制度。先后制定下发《重大经营风险专项防控指引》《资金链风险防控方案》《与上市公司信息披露有关的风险防控指引》《投资项目风险管控指引》等多项重点风险专项防控指引；通过推进实施，各权属单位结合业务情况，落实专项防控要求，重点风险专项防控体系日益完善，各类重大风险总体受控。有序展开"潜在风险前置控"。印发《关于加强潜在风险防控的通知》，组织各单位对潜在风险提前辨识评估，前置防控风险，建立潜在风险防控清单，实施风险动态管理。通过一系列创新风险防控管理举措，加快推动风险管理从被动防控到主动防控、从点线防控到系统防控、从防控结合到本质安全的转变，助推风险管理迈上新台阶。

【商业计划书管理落地落实】 根据集团公司商业计划书管理要求，围绕减亏扭亏、增盈增效，稳步推进风险内控、依法合规管理"六个100%"指标体系落地落实。强化工作督导，印发《关于做好2023年风险合规管理绩效自评工作的通知》，有针对性地指导各权属单位开展专业管理自评；强化过程管理，按季度组织逐项复核评价，为年终对权属单位董事长责任制及总经理契约化业绩连挂总评排序夯实基础。集团公司及各权属单位锚定"六个100%"目标，紧盯计划节点，扎实做好风险内控、法律审核、合规保障，高质量高标准完成"六个100%"目标。

【"六大存量攻坚战"收官】 持续推进"六大存量攻坚战"，组织各单位各部门细化攻坚计划，聚焦攻坚目标合力攻坚；集团总法律顾问亲自挂帅、靠前指挥，专题研究疑难问题，成功化解一系列制约集团公司发展的历史存量问题。2023年应收账款、非正常债权、担保压减、资产减值准备核销、审计巡察问题整改等六大存量问题处置按计划圆满收官，"六大存量"三年攻坚取得显著成效：应收账款压减、清收20.47亿元，长期挂账资产转资117项，资产减值核销24.5亿元，担保压减475亿元，完成审计巡察发现问题整改311项，畅通了企业经营管理循环渠道，有效推动公司高质量运行。

（撰稿：徐　晨　审稿：罗文军）

法务与合规管理

【综述】　风险合规部是集团公司法务、合规管理部门。负责制定法务与合规业务的制度、流程和标准；负责集团公司规章制度、重大经营决策合规审查；提出集团公司法律业务需求；推进法治山钢建设，开展普法教育培训；指导和监督法律顾问中心/公司律师事务部法务业务计划执行情况，对其开展各类法务业务进行考核评价；办理集团公司法定代表人授权事务。

【总法律顾问制度建设】　纵深推进总法律顾问制度建设，实施总法律顾问制度写入《公司章程》，由具有法律职业资格、企业法律顾问资格的"双资格"高管人员担任总法律顾问；建立首席合规官制度，集团公司总法律顾问兼任首席合规官，推进总法律顾问制度、首席合规官制度、公司律师制度"三制度"集成融合；集团公司总法律顾问/首席合规官按规定参加或列席集团公司党委、董事会、总经理办公会等重要会议，参与公司重大经营决策，出具法律合规意见；公司律师为集团各权属单位提供预防性实务性管理性的法律支持与服务，最大程度地提升法治绩效。深化总法律顾问制度建设、加快"三制度"集成融合，夯实防范法律合规风险的基础，增强了法治合力，精准高效地护航集团改革发展。

【创新推进法务管理】　坚持法商融合，强化法务管理制度供给与制度实施。围绕经营管理的要害因素、交易业务的核心要件，创新制定《商事合同尽职调查指南》《商业贿赂风险专项防控指南》《案件溯源管理指南》《重大纠纷案件"四一"工作机制》《合同法律审查八步法操作指南》等

法务管理制度；结合管理实际，创新提出尽调"八要素"，将商业贿赂行为列为合同违约条款；首创"一案一人""一案一策""一案一表""一案一改"的纠纷案件处理"四一"工作法，强化案件溯源管理，揭示案件背后的管理问题，制定并落实整改措施；针对合同审查的重点事项，创新推出合同审查"八步法"，逐一列出具有较强实操性的具体举措。创新推进法务管理，法治嵌入流程、融入业务、转化成制度，法治保驾护航、赋能增效作用更加凸显。

【合规管理走深走实】　落实山东省国资委部署要求，在省管企业中率先设立首席合规官，实行首席合规官制度与总法律顾问制度、公司律师制度一体化运行新模式；制定《合规管理办法》，健全合规管理的组织、制度、运行及保障四大体系，通过九大运行机制；将合规审核嵌入经营业务流程，加快合规管理的标准化、规范化、体系化建设；强化对重点领域的合规审查，建立重大经营决策、规章制度、经济合同的合规审查机制，合规审核要求纳入商业计划书管理，重大经营决策、规章制度、经济合同实现了依法合规审核率"三个100%"目标。

【重大纠纷案件管理】　持续强化重大纠纷案件管理，"提上来"研究、"沉下去"督导，关口前移防控风险，合力攻坚处理纠纷案件，加快推进重大纠纷案件结案，最大程度地避免和挽回经济损失，为企业赋能增效。2023年，1000万元以上重大纠纷案件结案17件，标的额6.85亿元，避免、挽回损失5.89亿元。案件当事单位认真汲取经验教训，全面查找管理漏洞弥补短板，妥善应对防范法律风险，取得良好法治绩效。

【名称字号保护管理】　坚持服务保障与价值创造并举，依法规范名称字号使用与维

权。落实省国资委清理假冒国企及严禁挂靠经营的要求，积极开展打击假冒国企、挂靠国企专项行动，依法推进名称字号维权；系统排查集团全级次企业和市场监督管理总局反馈数百户企业信息，通过分类清理，运用多种方式对擅自使用名称字号问题的22家企业进行集中专项整治，全部按期完成整改；压实管理责任，完善长效机制，严控新发生挂靠经营等违规事项。集团公司违规挂靠经营集中专项整治工作得到省国资委认可，形成上报了工作典型案例。

【法治文化建设】 强化山东省习近平法治思想研究基地（课题组）建设，践行习近平法治思想，建设社会主义法治文化，组织形成了《"六大存量攻坚战"推动集团公司高质量发展的创新实践》等企业法治建设课题；组织30名高端法务管理人员到北京大学法学院开展法治研修培训，提高站位、拓宽视野、明辨思维、提升素养，汇聚北大智慧，打造培养山钢高端法治队伍；持续开展"送法到一线"活动，"送法到一线"宣讲团深入基层单位开展法治宣讲，利用山钢讲堂等平台开展法律法规及国资监管政策培训，使法治的权威性、规范性和价值导向性得到充分结合；落实省国资委关于国家宪法日、宪法宣传周普法宣传要求，利用"报视网微"广泛开展法治宣传教育，在企业网站转载《维护宪法权威，总书记这些话掷地有声》，认真学习习近平总书记关于宪法的重要讲话和指示批示精神；在《山东钢铁报》开辟"学习宪法 践行宪法 大力弘扬宪法精神"专栏，转载新华社文章《弘扬宪法精神 建设法治文化》，发表《弘扬宪法精神 培育法治文化 建设现代法治企业》等文章，全面营造法治氛围，弘扬法治精神，增强干部职工的法治意识，不断提升法治山钢建设水平。

（撰稿：徐　晨　审稿：罗文军）

审计管理

【综述】 审计部是集团公司审计管理的职能部门，主要职能为：负责山钢集团审计管理体系建设、评估、完善，组织拟定审计工作计划；负责制定审计业务制度、流程和标准，监控审计中心审计计划执行情况，指导和监督其开展各类审计业务并进行考核评价；负责提出对集团公司及权属公司发展规划、战略决策、重大措施以及年度业务计划执行情况的审计需求；负责提出对集团公司及权属公司财务收支、固定资产投资项目，经济管理和效益情况、内部控制和风险管理、领导人员履行经济责任情况的审计需求；负责上级审计问题组织整改，集团公司审计问题监督整改；负责集团公司董事会风险管理与审计委员会相关日常事务；负责职责范围内的规章制度制定、落实情况的考核监督工作；完成集团公司交办的其他工作。

【党委审计委员会】 加强党对审计工作的全面领导，持续推进"集中统一、全面覆盖、权威高效"审计监督体系在山钢贯彻落实，为集团内部审计的开展提供了坚强的政治保证。深入学习贯彻习近平总书记关于审计工作的重要指示批示精神，紧紧围绕公司改革发展中心任务，牢牢把握正确政治方向，聚焦主责主业强化审计监督，着力抓好审计领域重大工作的顶层设计、总体布局和统筹协调，指导开展常态化"经济体检"工作。2023年7月13日，山钢集团党委召开审计委员会第四次会议，集中学习了习近平总书记在二十届中央审计委员会第一次会议重要讲话精神。会议听取了山钢集团经营风险及2022年度绩效审计工作情况，强调要加强审计成果运用，切实抓好审计发现问题整改，做好审计整改"下半篇文章"。努力探索构建审计整改的长效机制，提高审计的执行力、公信力和整改效果。

【业务开展】 按照集团党委审计委员会安排部署，指导和组织开展山钢集团经营风险及2022年度绩效审计工作。通过聚焦主责主业，坚持以风险为导向，加强监督和服务并重，充分揭示了被审计单位经营管理中存在的问题和风险，督促即知即改、有效整改，促进了被审计单位风险防控及管理水平的持续提升；加强对"一把手"的监督，指导和组织开展了对14家权属公司经济责任审计；加大对重点单位、重点领域、重点人员的审计力度，对领导干部履职情况作出客观评价，促进领导干部依法用权、秉公用权、廉洁用权。

【审计整改】 加大协调督促力度，审计整改工作成果显著。完善审计整改闭环管理机制，规范审计整改台账管理，做到问题不整改挂号督办，整改不到位不销号，审计整改工作进一步规范化、常态化、长效化、协同化。纳入2023年度审计整改范围的问题233个，完成185个，整改完成率80%；深入贯彻落实集团公司"六大存量攻坚战"工作部署，审计整改攻坚战圆满收官，163项存量问题全部整改完成，整改完成率100%。各责任单位通过盘活资产、税务筹划等多种方式创造直接效益1.26亿元，制定完善制度28项，化解了一批重大历史遗留问题，提高了抗风险能力和经营管理水平。

【管理创新】 坚持以干代训，以培促学，认真落实审计业务培训计划，先后派出多人次参加山东省审计厅、内审协会等单位组织的专题培训班，与山东港口一起在南京审计大学联合举办内部审计技能提升高级研修班，及时掌握审计和财务方面的最新理论知识。加大宣传力度，通过报纸、电视台等媒体对审计工作进行宣传报道，扩大了企业内审工作影响力。山钢审计工作得到了审计署和省审计厅的高度评价，曾三次受邀到山东省审计厅介绍山钢审计的做法和经验。注重对标交流，年度内赴重庆钢铁、马钢集团进行对标学习。聊城市审计局、济南市钢城区审计局以及山东财欣、济南城建等单位先后到山钢集团进行审计学习交流。山东省内审协会到山钢集团就内部审计工作予以现场指导并提出专业建议。高度重视审计人才培养，有计划选派审计人员参加上级单位巡察和审计任务，使审计人员在更大的舞台上得到锻炼和成长。积极开展理论研讨和工作创新，山东省审计重点科研课题《中国特色国有企业总审计师制度的实践路径研究》经省审计厅审核准予结项，其余多篇论文、创新成果在国资系统、集团内部获奖。

【荣誉成果】 山钢集团获得"2020—2022年度全国内部审计先进集体""山东省内部审计工作规范化建设示范单位"荣誉称号，荣获山东省首届内部审计职业技能竞赛一等奖1人、三等奖2人，荣获"山东省内部审计技术标兵"1人，山钢集团审计部荣获优秀组织奖。2023年12月，山东省审计厅印发《关于公布全省内部审计人才库首批入库人员名单的通知》，山钢集团入选山东省内部审计人才库专家人才1人、山东省内部审计人才库骨干人才5人。

（撰稿：李　志　审稿：刘兰雪）

科研管理

【综述】 科技创新部是集团公司科研管理的职能部门，主要职能为：负责山钢集团科技创新体系建设，科技创新规划、年度计划的组织制订与实施；负责集团公司重大科技专项管理，二级公司重大科技创新项目备案管理，专利、技术秘密等登记及转让管理，科技成果、科技奖励的组织评审；负责集团公司对外技术合作、各类科技创新平台建设工作，负责与政府、行业科技管理部门的对接；指导和协助权属公司进行内外部科技资源整合、协同创新管理；负责集团公司科学技术委员会与智库管理；指导权属公司科技创新体制机制、平台载体、科技人才队伍建设；负责集团公司管理创新管理，管理创新成果评审；负责省金属学会活动（由山钢集团代为管理）等。截至2023年底，共有职工6人。其中，正高级工程师2人，高级工程师3人，经济师1人；研究生2人，大学本科4人。

【研发费用和研发投入管理】 按照集团公司商业计划书下达的指标目标，深入贯彻《国企改革三年行动方案》，持续开展研发投入和研发费用专项管理提升活动。全年集团公司研发投入39.59亿元，占营业收入比例为2.81%，目标完成率93.70%；研发费用31.23亿元，占营业收入比例为2.22%，目标完成率92.32%。

【科技创新项目管理】 全年权属各单位下达科技创新年度项目计划458项，结题验收244项。各单位在研项目819项，其中重大项目12项。在国家和省部级重大科技专项方面，新增《海工装备用关键材料与焊接技术开发》等3项，在研《海洋工程用特种钢板制备关键技术研究及应用》等9项。

【对外合作及平台建设】 全年累计签订引进技术合作56项。科技创新平台累计34个，其中国家级4个，省级19个，市级11个，新增淄博市低碳冶金用耐火材料重点实验室市级平台1个。科技型企业合计26家，包括高新技术企业7家；山东省技术创新示范企业3家；山东省"专精特新"中小企业5家，济南市"专精特新"中小企业2家；山东省"瞪羚企业"2家，济南市"瞪羚企业"2家；国家专精特新"小巨人"企业1家；山东省军民融合企业1家；济南市技术成果转移转化服务机构1家；国家工业设计绿色示范企业1家。累计签订战略合作协议39项，共建或加入山东临清轴承产业技术研究院等联合研发机构/联盟23个。

【科技成果管理】 组织完成2022年度科学技术奖的终评，并于4月18日印发《关于2022年度山钢集团科学技术奖励的决定》，授予山东钢铁集团日照有限公司侯晓英山钢集团科技进步突出贡献奖；授予"极限薄规格钢板生产关键技术开发及产业化推广应用"等34个项目山钢集团科技进步奖，其中特等奖1项，一等奖7项，二等奖11项，三等奖15项；授予"一种形状不规则钢板的在线定尺智能分段剪切系统、方法及剪切设备"等10项专利山钢集团专利奖，其中一等奖2项，二等奖3项，三等奖5项。4月19日，集团公司召开2023年一季度工作会议，对于获奖人员、项目和单位进行了表彰奖励，奖励金额达877万元。作为牵头单位获2023年度冶金科学技术奖3项，其中二等奖2项，三等奖1项；作为参与单位获2023年度冶金科学技术奖2项，其中一等奖1项，三等奖1项。

【专利管理】 全年集团公司主要权属单位新申请专利686件，其中发明专利497件；新获授权专利447件，其中发明专利239件。截至2023年底，累计有效专利2899件，其中发明专利1623件。

【标准管理】 全年完成标准制修订项目24项，其中国家标准4项，行业标准5项，地方标准3项，团体标准12项；参与在编标准制修订项目51项，其中国家标准6项，行业标准28项，团体标准17项。累计完成标准制修订项目 181 项，其中国家标准 40 项，行业标准 81 项，地方标准 12 项，团体标准 48 项。

【科技优惠政策利用】　全年科技相关政策性收益 3.35 亿元，其中，研发费用加计扣除减免企业所得税 1.85 亿元，高新技术企业减免所得税 1.45 亿元，专利项目获政府支持 489.75 万元，科技平台等获政府支持 25 万元。

【管理创新】　组织完成 2021 年度集团公司管理创新成果的终评、公示和审核，并于 4 月 18 日印发《关于公布 2021 年度管理创新成果评审结果的通知》，评定出 2021 年度管理创新成果 60 项，其中，一等奖成果 8 项，二等奖成果 16 项，三等奖成果 36 项。组织推进 2022 年度管理创新成果的申报和评审，全集团共计申报成果 104 项，并完成申报成果的初评、终评和公示。组织完成 2023 年度管理创新课题立项及备案工作，全集团共计立项实施课题 283 项。开展向上级部门推荐申报优秀管理创新成果工作，累计向中国钢铁工业协会和山东省企业管理现代化创新成果评审委员会推荐申报优秀成果 56 项，获奖 16 项，其中，一等奖成果 1 项，二等奖成果 4 项，三等奖成果 11 项。

（撰稿：牛玉波　谢　晖
审稿：李丰功）

企业文化管理

【综述】　企业文化部与党委宣传部合署办公，是山钢集团企业文化建设管理的职能部门。主要职能为：在集团公司企业文化建设管理委员会领导下，负责制定企业文化建设发展规划、年度工作计划及管理制度，承担集团公司企业文化建设管理委员会日常工作；组织研究集团公司企业文化理念、视觉和行为识别系统核心内容的创建、导入和融合提升；制定集团公司对内对外企业文化应用和宣传规范，并监督执行；统一组织集团公司对外企业文化宣传；山钢品牌推广，指导、协调品牌形象展示和产品推介宣传。

【完善文化内涵】　山钢集团企业文化建设坚持在"共创、共进、共享"的山钢核心价值观基础上与时俱进，不断践行提升发展"共赢"文化理念。推进企业文化迭代升级，将"成为钢铁业绿色智能高端高效发展新标杆"作为新的山钢愿景；将"为建设钢铁生态圈贡献新动能；为制造业高质量发展提供强支撑"作为新的山钢使命。同时深化文明单位创建，持续开展山钢集团道德模范人物评选，积极参与权威性品牌评选活动，加快推进幸福和谐新山钢创新版建设。

【企业文化建设】　把企业文化建设纳入党建责任制考核、纳入权属二级公司董事长责任制治理管控绩效考核，为推动企业高质量发展提供强大精神动力和有力文化条件。山钢集团社会责任报告与《钢铁行业社会责任蓝皮书（2023）》同时在北京发布，山钢集团申报的《强化科技创新引领　推动山钢高质量发展》企业文化成果作为优秀案例入选《蓝皮书（2023）》。组织开展"全民国防教育月"活动，集中开展国防学习宣讲、红色教育、群众性宣传教育等，教育引导干部职工强化国防观念和忧患意识，凝聚关心国防、热爱国防、建设国防、保卫国防的思想共识，并把国防教育激发出来的动力转化为进一步推动降本增效、科技创新、改革攻坚的有力行动。以文明单位创建为重要载体，围绕中央文明办要求的五个方面内容和山东省文明办要求的六个方面内容，结合企业实际，常态化开展志愿服务关爱行动、走访慰问老党员、困难职工、一线职工和关爱青少年、学雷锋等志愿服务活动、送温暖活动。在中共山东省委宣传部公布的第八届全民阅读先进典型中，山钢集团职工金连华、宋雪荣获阅读推广人，莱钢泉城书房荣获全民阅读示范基地。

（撰稿：徐大天　审稿：于文波）

资金中心工作

【综述】　资金中心是集团公司资金管理的职能部门，主要职能为：负责山钢集团资金管理制度的制定和修改完善；山钢集团收付款政策研究；货币政策、债券市场、汇率、利率研究和分析；山钢集团资金预算编制、分析和汇总，依据有关规定，审核成员单位资金预算；资金预算系统维护及管理；山钢集团银行统一授信管理；山钢集团银行账户开立和注销管理；山钢集团票据池和本外币资金池的搭建和管理；山钢集团融资渠道、种类、期限结构和成本管理；集团公司融资业务；集团公司信贷资金结算及核算业务；集团公司内部借款管理；山钢集团资金归集管理、资金理财业务管理及资金月末存放管理；山钢集团境外债券发行与管理；山钢集团资金资源的协同管理；山钢集团有息负债、财务费用分析和控制；融资融信系统的维护与管理等。截至2023年底，共有职工8人。其中，正高级会计师1人，高级经济师2人，注册会计师2人，会计师2人，持有法律职业资格证1人；研究生7人，大学本科1人。

【制度建设】　为防范化解山东钢铁集团有限公司资金链风险，增强风险防控能力，针对复杂市场形势下的资金风险，制定了《资金链风险防控方案》，形成全集团"一全多专"的风控新机制下资金链风险专项防控体系。明确了保稳定、降成本、优负债的资金链风险防控目标，提出了债券利率、资产负债率、存量货币资金等五项风险标识及风控预警指标。通过压紧压实主体单位责任，强化组织领导等措施，保证资金链风险受控。

【资金管理】　扩额度。2023年度主要合作银行新增授信60亿元，取得银行间交易商协会260亿元债券发行注册通知书，增加融资资源储备，提升资金保障能力。降成本。持续强化资金统一运作，提升整体议价能力，在行业下行、经营不及预期的情况下，保持现有融资成本下行，新增及续借融资平均成本3.20%。2023年末平均融资成本3.70%，较年初降低63BP，利息支出减少4.45亿元。调结构。优化融资品种结构，拓宽银行融资渠道，逐步压缩债券、非标融资占比，银行融资占比54.18%，较年初提高6个百分点，提高债务稳定性；优化债务期限结构，增加中长期融资占比，减少短期融资占比，中长期融资占44.48%，较年初提高10.84个百分点，减轻短期兑付压力。

【管理创新】　充分发挥先进制造业优势，吃透用足政策，让政策红利落袋。在"金融回归实体经济本源"、金融服务"双碳"目标等大背景下，紧盯国家政策导向，研究吃透政策精神。对内深挖融资资源，对外抢抓机遇，让政策红利落袋。2023年合计办理低成本政策性贷款20.43亿元，其中首次办理"煤电保供"专项贷款2.15亿元。

【债券发行】　加强政策研判，抢抓市场有利窗口期，全年山钢集团累计发行债券34期，发行金额合计370亿元，有效保障山钢集团资金链安全。截至2023年末，山钢集团债券余额429.74亿元。持续强化债券发行与存续期管理，严格遵守自律规则，提升信息披露质量，山钢集团获2023年度上海证券交易所"产业债优秀发行人"荣誉称号。

【权益融资】 2023年度，累计开展权益性融资140亿元。克服永续中票发行密集、有效认购量不足等不利因素，通过各方协调、发行路演、市场研判、内外联动一系列举措，发行100亿元永续中票；克服银行资金投向受限、信托通道监管趋严等不利因素，通过结构化创新，办理并表信托业务40亿元。截至2023年12月末，权益性融资余额166.90亿元，降低集团资产负债率9个百分点。

（撰稿：张文坛　审稿：王　勇）

审计中心工作

【综述】 山东钢铁集团有限公司审计中心（以下简称审计中心）是集团公司的直属机构，主要职能是：在审计部的业务管理和指导下，执行集团公司年度审计计划，完成各项审计任务；承接权属公司委托的审计业务；完成计划外的重点审计工作任务，包括投资项目后的评估审计、经济责任审计、各类专项审计、各项管理审计等。审计中心内设综合室、第一审计室、第二审计室、第三审计室。截至2023年底，共有职工34人。其中，正高级职称2人，高级职称16人，中级职称14人；国际注册内部审计师5人，国家注册一级建造师1人，注册造价师2人；研究生6人，大学本科27人；中共党员24人（含预备党员1人）。2023年累计完成财务审计项目33项，其中绩效审计18项、经济责任审计14项、专项审计1项；累计完成工程结算审计1598项，涉及建筑安装工程结算金额11.60亿元（含EPC项目），审计核减1177.23万元。

【绩效审计】 按照集团党委审计委员会安排部署，完成权属二级单位经营风险及2022年度绩效审计工作。本次审计涉及资产总额3007.60亿元，审计发现问题160项，提出审计建议70条；累计形成审计专报4份，移交线索1份。通过聚焦主责主业，坚持以风险为导向，加强监督和服务并重，充分揭示了被审计单位经营管理中存在的问题和风险，督促即知即改、有效整改，促进了被审计单位风险防控及管理水平的持续提升。

【经责审计】 严格执行中共中央办公厅、国务院办公厅印发的《党政主要领导干部和国有企事业单位主要领导人员经济责任审计规定》及集团公司《任期经济责任审计规定》，进一步做好常态化"经济体检"工作，加大对重点单位、重点领域、重点人员的审计力度，以监督领导干部履职尽责担当为主线，促进权力规范高效运行。通过经责审计，客观评价领导干部任期经济责任和工作业绩，检查领导干部廉洁自律情况，健全领导干部的监督管理，促进领导干部更好地履职担责。全年接受二级单位委托开展任期经济责任审计14项，通过审计核实了离任者任期内经营成果，认定了任期经济责任，对离任者经济责任履行情况作出了客观公正的评价。

【工程审计】 全年累计完成工程结算1598项，结算原报金额11.60亿元，审计审定11.48亿元，在权属单位审核基础上审计核减创效1177.23万元，切实降低了工程造价；同时，针对审计过程中发现的问题，提出了加强结算风险点管控以及流程优化等相关审计建议30多条，充分发挥了审计服务增值作用。

【专项审计】 为进一步强化集团公司境外国有资产监管，维护境外国有资产安全，审计中心派出 3 个审计工作组，赴中国香港、新加坡对山钢国贸、山钢资本所属（托管）的境外 7 家公司开展专项审计，进一步提高了境外公司的风险管控水平，完善了经营管理链条的闭环。

【党群工作】 审计中心党总支以创建五星级党支部为抓手，开展以"三明三亮"为主题的"党员示范岗"活动，随时接受群众监督；按程序规范开展组织生活会及民主评议党员工作；党总支及所属 3 个支部均按期完成换届选举工作；规范推进发展党员工作，年内 1 人按期转正，1 人转为预备党员。坚持党对审计工作的全面领导，推进基层党建"五大工程"建设，灵活学习教育形式，年度内共开展"我来讲党课"5 次、联合专题辅导 2 次，赴孟良崮、济南战役纪念馆、南京审计博物馆等现场教学活动 3 次，累计 150 余名党员接受教育；以"审计出成效，帮建有实效，促改提质效"为目标，推进"审帮促，争先锋"党建品牌创建工作，年内有 2 项党建品牌获得集团公司党建工作创新案例，1 个党支部获评集团"五星级党支部"。班子成员积极履行"一岗双责"，切实抓好党建工作责任落实，深入开展基层党支部建设和党风廉政建设，以党建为引领，积极促进党建工作与审计业务深度融合、同向发力，实现"共促进、双提升"。

【队伍建设】 加强人才强审建设，坚持以干代训，以培促学，在圆满完成全年审计工作的同时，抽调 10 余人参加国家审计署特派办、山东省审计厅以及中国宝武等组织的重大审计项目，使审计人员在更大的舞台上得到锻炼和成长；认真落实培训计划，先后派出 100 余人次参加山东省审计厅、内审协会等单位组织的专题培训，联合山东港口集团在南京审计大学举办内部审计技能提升高级研修班，及时掌握审计和财务方面的最新理论知识；坚持推行"导师制""传帮带"，形成了审计人才培育管理长效机制。抽调业务骨干参加山东省"技能兴鲁"首届全省内部审计职业技能竞赛，多人次获奖。通过以点带面推进审计中心高技能内审人才队伍建设，1 人获"山钢青年岗位能手"荣誉称号，4 人入选山东省内部审计人才库骨干人才；集团公司获得"2020—2022 年度全国内部审计先进集体""山东省内部审计工作规范化建设示范单位"称号。

【研究成果】 审计中心高度重视团队管理创新能力的提升，积极组织开展多项管理创新活动，多篇优秀论文成果在相关专业报刊发表并获奖。《基于建设项目投资安全的内部审计探索与实践》《两统筹理念下绩效审计与其他审计协同路径的研究实践》两项研究成果，分别荣获山钢集团管理创新成果二、三等奖；《中国特色国有企业总审计师制度的实践路径研究》为山东省审计重点科研课题，经山东省审计厅审核，准予结项。

（撰稿：赵修华　审稿：沈立军）

法律顾问中心工作

【综述】 法律顾问中心/公司律师事务部（简称法律中心）是集团公司直属机构，作为山钢集团法律共性业务运行平台，承担集团公司及权属单位的法律共性业务。主要职责包括：合同法律服务、纠纷处理法律服务、重大事项法律顾问服务、工商及知识产权法律服务、招投标法律服务等，下设第一、第二、第三顾问室和综合室。截至 2023 年底，共有在册在岗职工 21 人。

其中，高级专业技术职务 6 人，中级专业技术职务 11 人；研究生 8 人，大学本科学历 12 人；具有法律职业资格证的 17 人，具有公司法律顾问资格的 8 人，公司律师 17 人。法律中心设党总支部，下设济南、莱芜、日照 3 个党支部，共有中共党员 15 人。

【重大专项法律服务】 以有解思维着力打好化危为机主动仗，迎难而上、扎实高效推进工作，积极防控各种风险，护航公司改革发展。围绕集团公司重大重组事项，积极主动对接市场监督管理部门，快速办结冶金公司和惠济新生等相关市场主体变更登记，为推进重组和防范化解相关历史遗留问题奠定基础；深度参与淄博张钢后续处置工作，提出涉案重大资产转让建议，提示风险并提出专业法律意见，保证资产转让稳步推进；为山钢矿业职工安置工作提供法律服务，突出事前预防，防范化解风险，保障了职工安置顺利完成，为山钢矿业改制重组创造了有利条件；针对山东省国资委对安银基金风险防范问题提示函，形成了基金系列案件专题汇报，提出了防范和化解基金风险的措施及建议。2023 年度共出具法律意见书 41 份，为集团公司及权属单位高质量发展提供了有力支撑。

【案件处理】 发挥项目制优势，合力攻坚克难，一批重大案件处理结案，有力维护企业合法权益。精研相关法律法规，严把事实证据关口，喀什银根案、钢城建材案、廊坊凯福案最终胜诉，有力维护权属单位合法权益。现金为王、抢抓机遇，天津诚丰仲裁执行案、莱钢上海经贸强制清算案快速收回现金 5642 万元。多措并举、主动作为，积极沟通协调，在梓椤村案处置过程中避免巨额现金支出，解决莱钢集团办公楼土地不动产登记难题。统筹谋划、刑民结合，在上海倍安案一审判决不利的前提下引入刑事程序，通过重审驳回对方起诉，避免损失 1.12 亿元。2023 年共指导、

办理集团公司及各权属单位纠纷案件 148 件，标的额 30.93 亿元；避免挽回损失 9.48 亿元，人均年办案创效超 4500 万元。

【非正常债权清收】 组建攻坚团队，统筹谋划，靶向发力，与当事单位密切配合，聚焦重点单位、重点债权，通力协作，全力推进非正常债权清收压减。2023 年共压减非正常债权 64 项，金额 7401 万元，其中收回现金 2228.28 万元。三年累计压减债权 1180 余项，共压减金额 18.83 亿元，收回现金 7.47 亿元，圆满实现了债权压减任务目标，为"六大存量攻坚战"圆满收官贡献法治力量。

【非诉业务处理】 坚持目标有高度、工作有热度、指标有硬度、行动有力度，多维度、全方位为集团公司及权属企业提供法律服务，助力集团公司抗击市场"严冬"。全年共审查各类合同 3610 份，标的额 60.08 亿元，审查招标文件 2868 份；发送律师函 579 份；协助日照市公安局办理假冒集团公司合同章、法人章诈骗案件，有力维护了集团公司声誉。

【制度建设】 系统思考抓创新，不断夯实法务管理基础。创新案件管理模式与机制，制定实施具有山钢纠纷案件管理特色的《案件溯源管理指南》《重大纠纷案件"四一"工作机制》，落实一案一策、一案一人、一案一表、一案一改工作措施，不断提升案件处置能力和管理水平；结合合同管理实际，总结提炼形成《合同法律审查八步法操作指南》，针对实践中容易产生纠纷的合同审核要点，总结出浓缩精炼、简便易行的合同风险防控具体举措；制定《反商业贿赂示范条款》，印发《商业贿赂风险专项防控指南》，将商业贿赂行为列为合同违约条款，提升对方违约成本，在合同双方之间筑起了一道"防火墙"，法商融合的价值创造作用进一步彰显。

【知识产权保护】 开拓思路，多措并举，

扎实推进假冒国企、挂靠经营整治工作。通过梳理排查，向山东省国资委上报22家假冒国企，其中17家被成功认定；通过发送律师函、向市场监管机构举报及行政复议等方式，督促17家单位全部整改，整治工作受到省国资委高度评价，并作为典型案例向国务院国资委推荐。2023年共完成集团公司及权属企业市场主体备案变更登记、商标保护性注册与续展等事务30余项。

【公司律师管理】 截至2023年底，山钢集团公司律师事务部共有公司律师48人。全年办理公司律师申请事项9人，为2名公司律师办理注销手续；组织公司律师参加继续教育200余人次，按规定组织了年度考核，完成了48名公司律师工作证年度考核备案；及时为公司律师办案出具出庭函、调查函170余份，为公司律师发挥专业职能作用提供了平台和支持。

【党建工作】 法律中心党总支深入抓好党建工作，紧盯关键环节，主题教育成效显著。理论学习形式丰富多彩、群众喜闻乐见。调查研究坚持问题导向，系统思考，注重实效，疏通了管理上的堵点，形成了2份具有较高价值的调研报告。抓成果转化，促进纠纷案件管理从"末端救济"向"源头治理"改变，推动办案实践经验提炼转化，为妥善化解重大纠纷案件、保障企业资金链安全提供了有力支撑。2023年获评集团公司优秀共产党员1名、优秀党务工作者1名，济南党支部被评定为五星级党支部，党建品牌"红色法盾"被评为集团公司党建工作创新案例。

（撰稿：宋 哲 审稿：宋 正）

人力资源服务中心工作

【综述】 人力资源服务中心是集团公司直属机构，业务上接受人力资源部指导，主要职能为：集团人力资源管理系统的维护、使用及信息统计等，离休人员管理服务、离退人员统筹外费用或年金管理发放，承接总部、直属机构及相关公司社保、年金等业务，集团公司人才招聘平台的管理、维护和使用，人才引进、招聘等具体业务的执行，全集团内部人力资源市场的建设和运行，执行集团培训计划、承接培训课题的实施和管理，职称评审、管理、职业技能鉴定等。截至2023年底，在册职工15人。其中，高级工程师1人，高级经济师1人，高级政工师1人，高级会计师1人；研究生1人，大学本科4人，大学专科4人，中专1人。设总经理1人，副总经理2人。

【冶金公司存续及承接新力公司业务】 继续履行冶金公司对破产、特困企业离休人员的"两费"及20世纪60年代精简下放人员生活补助等申报发放工作职能，冶金公司离退休249名人员健康查体及信息认证、4名遗属健康信息认证、去世人员抚恤金发放；新力公司退休63名人员健康信息认证，确保各项工作平稳接续和离退休人员的稳定。

【职称评审员工培训】 全面开展专业技术职务的评审及继续教育工作，向山东省政工职评办公室申请组建了山钢集团政工专业中评委，健全了集团公司专业技术职务评审专业资质。组织集团公司政工、工程技术中级专业职务198人评审工作，其中申报政工8人、工程技术179人，评审通过申报政工8人、工程技术143人；组织集团公司高级、正高级专业职务295人申报工作，其中政工高级申报材料19人、正高3人；工信厅工程系列，正高级31人，副高级169人；经济系列，正高级2人，副高级13人；财政厅会计系列，正高级3人，副高级16人；建筑系列，副高级36

人；新闻系列，副高级 2 人；安全工程系列，正高级 1 人，副高级 3 人。有序推进集团公司 2023 年员工培训计划，组织 2023 年度宝武一线员工 20 期培训，培训达 1265 人次；针对权属单位对宝武一线员工培训的意见及建议，与宝武培训中心及时进行沟通，培训的科目及人员数量根据单位意见进行了调整。

【社保年金】 全面开展社保、年金管理工作。及时完成 256 名职工工资待遇审核发放和"五险一金"申报缴纳工作；办理了 2 名省管干部信息审核，补缴 1994 年 1~5 月社保缴费和 13 名退休人员退休审核、公示及退休金、年金核算等业务。为 13 名退休职工办理独生子女一次性养老补助申领，5 名退休人员转接组织关系、档案移交社区。提交离休人员医疗费报销 23 人次，及时完成特困（困难）企业离休干部待遇差申报发放工作，全年共申报特困企业补贴、困难企业补贴 247.11 万元；完成了 20 世纪 60 年代精简下放人员（济南片区）46 人、枣庄片区 99 人健康信息认证，共发放补贴 73.336 万元。

【老干部工作】 认真落实老干部管理服务要求，坚持离休干部"一对一"亲情服务工作机制，定期联系走访离休老干部，立足政治上尊重、精神上关怀、生活上照顾，协助解决实际困难，做好人文关怀。及时与老干部进行双向沟通交流，向其通报集团公司改革发展、生产经营、重大事项等情况，听取老干部意见建议，营造和谐氛围，凝聚发展合力。开展元旦、春节、"七一"探望慰问离休干部、厅级老领导及生活困难老党员、老干部，表达集团公司关心，送去组织温暖。按照中共山东省委老干部局要求，为 2 名困难企业离休干部及离休干部遗属申报特殊困难专项救助工作。

【自身建设】 针对人力资源服务中心新部门、新业务的实际情况，对职工队伍提出的新要求，在全体职工中开展"大学习、大培训、大提升"管理工程，通过集中学习、专题培训、专家讲座、业务实操"传帮带"等形式，强化专业理论学习和业务培训，提升全员履职能力。根据职能定位和业务要求，组建 4 个业务室，明确职能业务分工和业务室负责人。

【党建工作】 人力资源服务中心党支部认真落实全面从严治党和抓基层党建责任，以党建统领整体工作，把全面从严治党与中心工作同谋划、同部署、同推进。党支部通过每月制订支部学习、工作计划，把政治理论学习、党性锻炼实践、党员干部组织生活、党风廉政建设、支部基础建设融入日常工作。严格落实"三会一课""主题党日""第一议题"制度，全年组织 12 次支委会、5 次支部党员大会和党员集体学习，开展 12 次主题党日活动、4 次党课教育。开展廉政建设主题党日，组织参加集团公司的廉政教育活动，及时通报违规违纪案例，开展岗位廉洁风险自查，进一步增强党员干部遵守党规党纪、廉洁自律的自觉性。坚持以星级支部创建为抓手，通过与宣传部党支部结对共建，开展星级支部和特色品牌创建工作，党支部的规范化水平进一步提升，荣获集团公司四星级党支部称号。

（撰稿：于亦海　审稿：张　岳）

山钢年鉴 *2024*

党群工作

山钢集团
SD STEEL

山钢文化

核心理念

山钢核心价值观：共创、共进、共赢

综　述

【概况】　集团公司党委隶属山东省国资委党委管理，实行常委制，截至 2023 年底，党委常委 4 人，其中，党委书记 1 人，纪委书记 1 人。实行"双向进入、交叉任职"的领导体制，集团公司董事长兼任党委书记，总经理兼任党委副书记；党委常委中有 2 人按照法定程序进入董事会。集团公司党委设有办公室（与人民武装部、保卫部合署办公）、组织部（与人力资源部合署办公）、宣传部（与企业文化部合署办公）、工会/团委、纪委（实行常委制，其中，书记 1 人，副书记 1 人，纪委委员 6 人，纪委常委 2 人，与省监委驻山钢集团监察专员办公室合署办公）等党群机构；下设 11 个二级单位党委（凡设党委均设纪委）、4 个直属党总支，其中，山钢股份党委、山钢矿业党委、山钢国贸党委、山钢地产党委、山钢资本党委、山信软件党委、机关党委、银山公安局党委、山钢财务党总支、法律顾问中心党总支、审计中心党总支、新闻传媒中心党总支等党组织关系隶属于集团公司党委；莱钢集团党委隶属于济南市委；山东耐材党委隶属于淄博市委；淄博张钢党委隶属于淄博市国资委党委。二级单位党组织班子配备齐全，多数权属公司实现党组织书记、董事长一肩挑，并配备 1 名专职副书记。截至 2023 年底，全集团共有 493 个党组织，党员 10878 人。集团公司第一届工会委员会委员有 29 人，其中主席 1 人，副主席 1 人；集团公司第一届工会女职工委员会委员有 9 人，其中主任 1 人；集团公司第一届团委委员有 7 人，其中书记 1 人。

【党的建设】　认真组织开展学习贯彻习近平新时代中国特色社会主义思想主题教育，一体推进理论学习、调查研究、推动发展、检视整改，扎实有效落实"四张清单"，主题教育激发的动力有效转化为推动改革发展的实绩。集团党委聚焦 9 项课题牵头开展解剖式调研，建立固化创新举措 19 项，检视问题整改成效明显。坚持"两个一以贯之"，在完善公司治理中加强党的领导，党委把方向、管大局、保落实的领导作用得到充分发挥。坚持深化党的创新理论武装，严格落实"第一议题"学习制度和党委理论学习中心组学习规范，做到了研讨角度"准"、研讨方式"活"、研讨交流"深"、研讨成效"好"。集团党委理论学习中心组全年集体学习研讨 13 次，引领带动各级党委开展理论学习中心组学习 960 余次，中心组成员研讨交流、领题调研、专题党课均达到 100%。深入学习贯彻习近平总书记关于国企改革发展和党的建设的重要论述，编发学习资料，开展集中培训。组织 2022 年度党建工作责任制检查，考核结果同领导班子考核评价、经营业绩考核紧密衔接，与领导人员薪酬奖惩紧密挂钩，推动党建工作责任制与生产经营责任制有效联动。开展"党的领导融入公司治理不够有效"问题专项整治，全面规范"党建入章"，举办在完善公司治理中加强党的领导专题培训。围绕落实《关于加强和改进省属混合所有制企业党建工作的指导意见（试行）》，指导相关企业完善工作机制、制定落实措施，提高党建质量。认真落实省属企业党建对标提升要求，由党委常委带队赴山东黄金集团开展对标学习。深化过硬党支部建设和评星定级管理，全集团四星级及以上党支部占比超过 80%。坚持"党委创特色、支部树品牌"，评选表彰党委（总支）、党支部层面"十佳"党建工作品牌 20 项、党建工作创新案例 40 项，6 个党建品牌入选省属企业优秀党建品牌，并在第二届全国国有企业党的建设论坛、省属企业党建品牌建设成果展上集中展出。加强基本队伍建设，以党支部落实全面从严治党主体责任、加强党员教育管理监督为主题，开展联合调研，发现问题不足，明确改进措施。总结评估《2019—2023年全国党员教育培训工作规划》及山东省委实施意见贯彻落实情况，年度党员教育培训任务全部落实。加强调度指导，从严审核把关，完成山东省国资委下达的25名党员发展计划。加强基本制度建设，扎实做好清查整治突出问题规范党务工作各项任务。抓好"三会一课"、民主生活会、组织生活会等组织生活制度落实，党委常委带头参加双重组织生活，认真落实基层党建工作（党支部）联系点制度。开展党费和党组织工作经费管理专项检查，进一步规范基础工作。

【领导班子和干部队伍建设】 坚持党管干部原则，认真落实好干部标准，立足事业发展选干部、配班子，全年共调整集团公司党委管理的干部职务63人次，其中5人提拔任职。常态化落实干部能力素质提升重点举措，落实干部教育培训计划，高质量举办中青年干部培训班及各类专业班次，坚持在实践和多岗位锻炼中历练干部，继续开展管理人员挂职锻炼工作，集团内部挂职17人，推荐1名干部到财政部山东监管局挂职。落实集团公司党委《大力发现培养选拔优秀年轻干部实施办法》，开展年轻干部工作专题调研，部署实施干部能力素质提升"3+1远航工程"。大力加强优秀年轻干部选拔配备和培养锻炼，补充40岁以下中层副职人员2名，推荐3名40岁以下优秀年轻干部挂职有关权属公司领导职务。强化干部轮岗交流工作，结合"靠企吃企"问题专项整治，全年完成交流229人。落实干部日常管理监督制度，对集团党委管理的11个权属公司领导班子、101

名干部开展了年度考核，一并开展了各权属单位党组织选人用人"一报告两评议"工作。针对山东省委组织部反馈问题，制定了《关于2022年度干部选拔任用"一报告两评议"反馈情况的分析整改报告》，明确整改提升工作重点举措并积极推进。常态化做好干部人事档案管理审核、因私出国（境）审批管理等工作，受理查核职工群众反映权属单位选人用人及干部思想、作风等方面存在的突出问题线索8件。认真部署和开展选人用人领域"靠企吃企"问题专项整治，全集团组织人事系统深入整改6项廉洁风险点问题；印发《选人用人领域"靠企吃企"重点廉洁风险问题及防范整治措施》，形成包括坚持党管干部原则等四个方面内容共8项问题表现的"负面清单"，逐一明确整治措施；强化各级领导班子成员党风廉政建设"一岗双责"要求，推动整改整治工作有效服务集团公司改革发展大局。

【宣传思想工作】 深入开展党的二十大精神专题宣讲，扎实开展"三百"系列活动，用好"学习强国"等数智学习宣传平台，实现理论学习"关键少数"的有力示范带动和"绝大多数"全面有效覆盖。组织开展"学思想、强党性、重实践、建新功"专题宣传、"争上游、走在前"主题宣传实践活动、"一人一表""赛马机制"系列典型报道，唱响主旋律、打好主动仗。持续深化全媒体传播体系建设，集团新媒体用户总量达18万人次，阅读量3000万人次，再创新高。针对钢铁市场复杂严峻形势和企业艰巨的生产经营任务，通过召开各方面代表人员座谈会、深入基层面对面交流、组织重点工作解读评论、开展线上线下形势任务宣讲等大众化和分众化相结合的宣教方式，有力畅通了上情下达、下情上传的渠道。开展"中国梦·新时代·新使命"暨"争上游、走在前，奋进新征程"百姓宣讲活动，全集团共计宣讲近千场次；在省属企业百姓宣讲比赛中获一等奖2件、二等奖1件、三等奖3件，山钢集团获得优秀组织奖。14篇论文获中国冶金职工思想政治工作研究会表彰，1篇论文获省属企业党建思想政治工作研究会表彰一等奖，山钢集团在"加强党的建设，优化钢铁产业链"现场交流会暨中国冶金政研会第十届第五次理事会上作《坚持守正创新　深度融入中心　在推动企业高质量发展中彰显文化力量》典型发言。

【精神文明建设】　扎实开展群众性精神文明创建活动，实施"益企阅读"春风行动，全集团7500多人参与，1篇案例入选省属企业优秀案例，2名职工入选山东省第八届全民阅读推广人，入选山东省全民阅读示范基地1处；3个基地入选省属企业教育基地。推荐申报全国文明单位1个、省级文明单位2个、省属企业文明单位5个，新增山钢集团文明单位5个。加强企业品牌建设，履行国企社会责任，山钢集团上榜"2023中国卓越钢铁企业品牌""2023山东社会责任企业"。

【统战和意识形态工作】　积极推动统战工作的科学化、规范化、制度化建设，坚持融入中心抓统战，充分调动统战成员干事创业的积极性、主动性。在集团公司各民主党派、无党派人士和党外知识分子中开展"凝心铸魂强根基、团结奋进新征程"主题教育；举办纪念"五一口号"发布75周年座谈会，发布"共话团结情　奋力走在前"倡议书，不断加强民主党派、无党派代表人士和党外知识分子队伍建设，凝聚一起来想、一起来干的统战合力。部署开展贯穿全年的意识形态工作"三对标两提升"行动，建立对标找差"问题清单"和"整改提升配档表"，修订和新建意识形态风险防控预案、责任清单、负面清单等制度5项，在2023年专项巡察中开展意识形态工作督查，开展意识形态工作年度检查、网上舆情风险隐患排查和网上评论模拟演练，推动工作绩效水平系统提升。严格落实党委全面领导责任，集团党委常委会会议专题研究意识形态工作2次，意识形态和宣传思想工作领导小组会议部署2次，组织舆情会商研判5次，通报意识形态领域情况1次，向上级报告工作情况4次，形成重大决策事项舆情风险评估报告及预案2项。集团党委书记、董事长侯军领题开展抓实意识形态赋能重大改革落地和推进经营绩效改善情况调研，形成高质量调研报告，并推进成果落地转化。旗帜鲜明坚持党管意识形态工作，利用内外部媒体、百姓宣讲、主题宣传等载体，大范围、多层次、高频度开展形势任务教育，引导职工知形势、明任务、树信心、见行动；积极开展网上舆论引导、舆情监测，应对处置网上虚假信息，工作，实现了网上舆情平稳。

【纪律检查工作】　聚焦习近平总书记重要指示批示、党中央重大决策部署、山东省委和省纪委监委工作安排，紧盯黄河重大国家战略和深化新旧动能转换推动绿色低碳高质量发展在山钢落地，健全政治监督活页，深化拓展"一台账、两清单、双责任、双问责"监督机制。印发《关于加强参股企业公职人员监督工作的意见（试行）》，制发联系监督工作点制度，加强对各级"一把手"和领导班子的监督。坚持"严"的基调，一体推进"三不腐"。第一种形态处理120人，占71%；第二种形态处理38人，占22.48%；第三种形态处理6人，占3.56%；第四种形态处理5人，占2.96%。巩固不敢腐的惩治震慑。处置问题线索288件，立案51人，党纪处分46人次，行政处分48人次，组织处理169人次。深化"室企地"联合监督办案机制，协调推进"警纪警企"联合办案机制，移送地方监委立案留置 8 人，公安机关采取强制措施 14 人。强化不能腐的体制机制。制发《问责工作办法（试行）》，统筹党内问责和企业经营管理问责，追责问责 193 人次。印发《关于进一步加强违规经营投资责任追究工作的通知》。指导开展进厂废钢掺杂诈骗问题追责问责，问责党组织、单位 4 个，处理处分 25 人。向集团党委提出《关于进一步强化各级领导班子成员"一岗双责"的建议》，联合集团党委组织部向山钢股份党委印发《关于加快重点岗位人员轮岗交流的函》，并得到有效落实。向山钢股份党委制发《关于强化进厂物资检化验领域廉洁风险防控的纪检监察建议》《关于进一步强化炼铁系统廉洁风险防控的纪检监察建议》。拍摄《念错生意经 走错人生路》《被利益熏黑的人生》2 部警示教育片，开展观看一场警示教育片、组织一次党风廉政应知应会知识测试、通报曝光一批严重违纪违法典型案件、到监狱接受一次警示教育、编辑印发一册《山钢集团纪委查处严重违纪违法党员干部忏悔录选编》"五个一"党风廉政警示教育系列活动。为"廉政教育基地"命名，组织廉洁知识竞赛、编演清廉吕剧、深化家庭助廉，建设廉洁示范点，营造崇尚廉洁的良好风尚。加强落实习近平总书记重要指示批示精神、党中央重大决策部署情况监督检查，共发现 5 个方面 42 个问题。开展基层调研 28 次，主动约谈 52 人，召开党风廉政专题会 25 次，参与民主或组织生活会 31 次，廉政意见回复 260 件、1668 人。强化"双线作战"，开展"靠企吃企"问题专项整治。以零容忍态度坚决查办"靠企吃企"腐败案件，处置问题线索 49 件，纪律审查立案 18 人，党纪处分 21 人次，政务处分 8 人次，采取留置措施或强制措施 22 人，交流调整 37 人。

【群团工作】 职工思想政治引领持续强化。举办山钢集团学习贯彻省总工会十六大精神暨职工代表培训班、学习贯彻中国工会十八大精神暨群团干部培训班，全集团工会主席、职工代表、群团干部 130 余人参培。参加山东省职工宣讲比赛，山钢集团斩获一枚铜奖，山钢集团工会荣获优秀组织奖。组织学习贯彻山钢集团上半年工作会议精神网上有奖答题、学习宣贯中国工会十八大精神和山东省第十六次工代会精神网络答题、职工法律条规学习网络知识答题等活动，参与职工 19400 人次；向全集团各级劳模、工匠、标兵发出《紧起来 动起来 跑起来 在跨过"生存线"迈过"发展线"中勇当排头兵》倡议书。开展山钢集团"争上游、走在前"新媒体原创作品大赛暨 2023 年"劳动我最美"短视频互动活动，共收到诵读等六类作品 347 件；参加第五届全省工会新媒体原创作品大赛暨短视频互动活动，获一等奖 1 件、二等奖 1 件，优秀作品奖 5 件，获奖数量和奖项为历史最好水平。联合开展 2023 年全员节能环保低碳知识竞赛、"纪检人的故事"等活动。产改工作走深走实。产改工作保持全省领先、全国示范，作为全省唯一一家国有企业代表，两次参加全总产业工人队伍建设调研座谈会，并作专题发言。强化工匠学院建设。山钢工匠学院申报中国劳动关系学院新时代产业工人教育研究中心调研基地，承办全国钢铁行业工匠人才创新交流活动，山钢工匠学院被中国机械冶金建材工会推荐为全国工匠学院示范点；强化工匠人才建设，1 人荣获齐鲁大工匠、2 人荣获齐鲁工匠、1 个单位荣获山东省全员创新型企业称号，获奖数量实现历史新高。全员创新持续发力。第三届全省职工创新创效竞赛决赛山钢集团获得一等奖 2 项，二等奖 1 项，三等奖 4 项，成果申报质量和获奖数量为历史之最。厂务公开民主管理工作持续深化。荣获全国民主管理厂务公开示范单位；《构筑"四维一体"新模式，集聚改革发展新动能》民主管理典型材料在山东省厂务公开民主管理联席会办公室《厂务公开信息》刊发，全省交流推广。职工普惠保障工作有力推进。积极探索职工生活品质提升通道，搭建惠工生活平台，完善提升"齐鲁工惠·幸福山钢"品质生活版块，并荣获全总提升职工生活品质企业试点单位。开展送温暖、送清凉工作，2023年集团工会元旦春节送温暖救助108人、23.2万元，集团各级工会组织划拨送清凉专项资金511.53万元、慰问职工8125人次。企业补充医疗保险全面落地，共有10家法人单位参保，惠及职工近3万人，赔付437人次，赔付金额560.6万元；重疾绿通服务职工15人次；互助互济25719人参保，赔付173人、139.15万元；办理山东省慈心一日捐活动捐款10万元。女职工工作不断深化。组织开展"巾帼心向党，建功展芳华"庆"三八"系列活动，拍摄女职工工作专题片，组织巾帼事迹报告，开展女职工短视频大赛、书香活动、维权月活动等；深化巾帼岗位建功，开展女职工劳动竞赛、巾帼岗位创新、巾帼金点子合理化建议活动，全年举办女职工提素建功培训班、讲座、流动课堂等1969期次、各类劳动竞赛技术比武活动176场次，女职工1个班组荣获全国五一巾帼标兵岗、1人荣获全国五一巾帼标兵、1人山东省劳动模范、1人山钢集团劳动模范、1人获百万科技创新大奖；深化女职工维权服务，为全体女职工购买团体特种疾病保险，扎实做好女职工困难帮扶、"妈妈小屋"建设、职工子女暑假托管班工作，全集团举行女职工讲座、普法宣传活动184场、4854人参加；开展女职工"两癌"筛查的用人单位152个、受益女职工5087人，举办工会婚恋服务活动9次、840人参加，建立工会妈妈小屋13个，开

展心理健康讲座101次、2793人参加；深化女职工读书活动品牌建设，组织开展山钢集团第六届书香三八·魅力女工读书活动，参加全国书香三八、全总"玫瑰书香"等活动，山钢集团"钢铁玫瑰"女职工读书会荣获全国"玫瑰书香·最美女职工阅读点"称号，1件阅读作品荣获短视频典型成果，成为全省唯一一家获得两项荣誉的单位，山钢集团荣获书香企业称号，山钢集团工会荣获第十一届全国书香三八活动特别组织奖，4家权属单位获得优秀组织奖，50件作品获奖，3人荣获全国书香三八推广人；获得全省第八届全民阅读先进集体1个、先进个人2个。扎实开展团员和青年主题教育，开展学习研讨178次，赴孟良崮战役纪念馆、沂蒙红嫂家乡等开展各类实践体验47次，参加团员和青年2652人次；开展青年突击队、青年创新创效等各类青年建功活动29个次，为企业实现降本增效1773万元，形成了"学思践悟分享会"等一系列效果较好的工作案例，有力确保了团员和青年主题教育实效。推进"生态链+青年科技创新"工作品牌建设，与山东科创集团开展青年科技创新"手牵手"，开展创新"一线讲堂"、团务联建等活动。山钢集团团委先后荣获全国钢铁行业五四红旗团委、全国钢铁行业"青安杯"竞赛优胜单位等称号，先后有57个集体和个人获上级团组织表彰。

【离退休干部管理与服务】 强化制度建设，制定下发《关于做好企业职工荣誉退休工作的通知》《关于做好新退休干部适应期培训的通知》等文件，组织集团公司首期新退休干部适应期培训班。强化人文关怀，组织开展2023年度离休干部及遗属特殊困难专项救助工作，为13名离休干部和遗属申报发放专项救助金94000元；组织总部退休老领导参加健康疗养等活动。强化学习引导，组织离退休职工参加2023年度退

休省管干部研习班、全省离退休干部党建工作骨干培训班和省属企业离退休党组织书记培训班等培训班次；组织离退休干部党员参加主题教育，配合做好"新时代加强和改进离退休干部思想政治工作"专题调研，开展"话传统、谈复兴、聚力量"专题调研。强化文化养老，组队参加全省老干部广场舞比赛，获得比赛金奖、优秀组织奖等荣誉。

【关工委工作】 加强关工委组织体系建设，将关工委工作纳入党建工作责任制考核，做到与党建工作同部署、同督促、同检查、同考核；强化党建带关建组织体系建设，指导集团所属二级单位党委全部成立关工委。强化阵地建设，莱钢展馆、山东耐材厂史馆先后被省国资委关工委命名为山东省国资委关心下一代教育基地，成为促进广大青年职工思想道德教育"学、思、知、行"有效结合的重要阵地。拓宽宣传渠道，山钢集团关工委在省属企业关心下一代工作推进会上作典型发言。抓点带面、示范引领，特色活动不断丰富。联合团委等部门开展"关注乡村振兴，情系乡村教育"青年党性实践教育活动，为巨野县万丰镇许庄小学送去1万余元学习生活用品。积极搭建公益性婚恋交友平台，关怀服务日照公司单身青年职工婚恋等。

（撰稿：孙亚宁　审稿：李波涛）

党委综合事务管理工作

【综述】 党委办公室是集团公司党委综合事务管理部门，与集团公司办公室、人民武装部、保卫部合署办公，主要职能为：审核、起草和制发以集团公司党委（党委办公室）名义发布的各类文件和领导讲话、会议报告等综合类文稿，承办和管理上级党组织及其有关部门和集团公司各单位党组织来文来电；负责集团公司党委有关会议的筹备、会议记录、纪要整理等工作，负责集团公司党委领导公务活动的组织安排、集团公司党委重大活动的组织筹备和重大接待活动的组织协调；组织实施并督促检查集团公司各单位党组织对集团公司党委有关管理制度、公文、会议决定事项及领导要求的贯彻落实；负责集团公司党委部署的调查研究工作，集团公司党委机要保密和印信管理工作，党委保密委员会、密码工作领导小组、外事工作领导小组的日常工作；做好信访和稳定工作，处理信访日常事务。

【文秘调研】 起草集团公司党委组织召开的一届五次党委全委会、庆"七一"表彰大会暨主题教育工作推进会议等材料；起草或审核把关集团公司党委上报上级部门以及党委领导参加公司外部会议材料等。做好集团公司党委理论学习中心组集体学习、党委常委会等重要会议的记录和纪要。做好集团公司党委领导调研相关协调工作和党委文件审核工作。

【机要保密工作】 印发集团公司保密委2023年工作要点，对年度保密工作进行安排部署。9月，召开集团公司党委保密委扩大会议。加强保密宣传教育工作，坚持将保密工作纳入党委理论学习中心组学习内容。组织开展保密宣传月活动，为二级单位配发保密公益海报，组织总部及二级单位利用内网网站、《山东钢铁报》、显示屏、微信公众号等播放保密宣传片，刊登保密常识。组织开展保密公益宣传片和创意文案征集，向主管部门推荐2个作品。认真落实《信息公开保密审查管理办法》，严格做好外网信息发布前的保密审查，全年审核在集团公司外网拟发布信息222次。夯实基础管理，做好涉密载体日常管理，严格按照有关要求制发涉密文件。将保密经费纳入集团公司年度预算。6月，采取问卷调查、座谈交流、实地调研相结合的方式，组织开展国家秘密载体管理和商业秘密保护工作专题调研，认真整改调研发现的薄弱环节，为总部部门和直属机构配齐了保密柜，组织对留存在各部门、各单位的涉密文件资料进行清退。认真做好涉密人员管理，利用多种机会组织涉密人员参加培训，做好涉密人员入职、离职保密管理工作。加强计算机网络及重点部位保密管理，落实专用网络信息系统保密管理制度，在重要节点组织开展专用网络检查，提出整改意见建议。为有关部门增配涉密计算机。组织实施专用会议室改造项目。推进保密自查自评工作，2月，组织年度保密、信息化工作现场检查，对总部部门、直属机构、各单位进行督导检查。对2022年度保密自查自评工作专项督查情况进行通报，书面反馈各单位发现的问题，督促限期整改。4月至6月，针对年度检查发现的问题，组织开展了全集团计算机终端保密复查。10月下发通知组织开展年度保密自查自评工作，完成集团公司的自查自评项目，形成自查自评工作报告。

【信访稳定】 以习近平新时代中国特色社会主义思想为指导，深入学习贯彻习近平总书记关于加强和改进人民信访工作的重要思想，全面落实山东省委、省政府和省国资委党委关于信访工作安排部署，坚持党对信访工作的全面领导，研究部署重点信访问题，推进信访问题源头治理和信访稳定风险隐患大排查大化解工作，强化突出信访问题源头预防和有效处置，扎实做好全国两会期间维稳安保领导带班值守和领导干部公开接访等工作，确保了全国两会和亚运会期间和谐稳定，维护了集团高速改革发展稳定大局。全年集团公司总部共办理职工群众来访、来信、来电及网上信访信息系统转送信访事项70件次42人次（含重复访），严格按照信访工作程序和标准，提升了信访办理质效和案件结服率，推动信访事项案结事了。结合开展"《信访工作条例》落实年"活动，各单位通过媒体宣传10场，主题宣讲13场，利用自媒体平台宣传30场，集中宣传日开展活动8场，总计受众教育5175人次，发放宣传材料2800余份。通过开展主题宣讲、座谈交流、案例警示教育等活动，推动信访工作依法规范运行、职工群众诉求依法理性表达、合法权益依法有效保护。

（撰稿：孙亚宁　张海明
审稿：李波涛）

组织工作

【综述】 党委组织部与人力资源部、机关党委合署办公。主要职能为：负责集团公司党组织建设和党员管理，领导班子建设和干部管理，老干部管理与服务，人员编制管理，承担机关党委日常工作。截至2023年底，共有职工12人。其中，高级经济师2人，高级政工师8人，政工师1人，工程师1人；研究生学历8人（其中3人具有硕士学位），大学学历4人（其中1人具有硕士学位）。

【党的建设】 高质量开展学习贯彻习近平新时代中国特色社会主义思想主题教育。结合企业实际，研究制定方案，建立配档表，组建领导机构。深化理论学习，举办4期读书班，围绕6个专题开展集中研讨。聚焦生产经营与改革发展主要矛盾、突出问题，确定9项调研课题，明确2个正面典型案例和1个反面典型案例。抓好调研成果转化，主题教育期间建立固化19项创新举措。抓好问题整改整治，建立问题清单，对5项问题开展专项整治。在完善公司治理中切实加强党的领导。深入学习贯彻习近平总书记关于国企改革发展和党的建设的重要论述，编印论述汇编，举办专题培训班，开展"党的领导融入公司治理不够有效"专项整治，更好地推动党的领导和公司治理有机融合。深化实施党建"强基、品牌、头雁、对标、激励"五大工程，全面提高基层党的建设质量。深化过硬党支部建设和评星定级管理，全集团四星级及以上党支部占比超过80%。评选表彰党委（总支）、党支部层面"十佳"党建工作品牌20项、党建工作创新案例40项。山钢股份"五心四化"等6个党建品牌入选省属企业优秀党建品牌。举办党组织书记高级研修班，对党支部书记进行轮训，不断提高履职能力。围绕"争上游、走在前"，开展党员示范岗、责任区、突击队和承诺践诺等实践活动。召开庆"七一"大会，表彰98名优秀共产党员、48名优秀党务工作者、19个先进基层党组织、140个五星级党支部。认真抓好基层党建工作重点任务落实。扎实做好清查整治突出问题规范党务工作各项任务。开展党费、党组织工作经费专项检查。充分发挥山钢党校培训、轮训基层党员干部的主渠道、主阵地作用，举办培训162场次，培训学员11679人次。坚持标准、保证质量、改善结构、慎重发展，全集团发展党员137名。

【领导班子和干部队伍建设】 认真落实新时期好干部标准，坚持将党管干部原则与健全市场化选人用人机制有机结合，立足山钢集团长远发展选干部、配班子，全年共调整集团公司党委管理的干部职务63人次，其中5人提拔任职。高质量推进干部教育培训工作，针对干部在现代企业治理、战略思维等方面的能力短板，先后与山东大学、浙江大学、中国石油大学、新加坡国立大学等知名高校建立常态化合作，举办多形式的专家讲堂、主体班次、研修班，用前沿理论成果为干部拓界赋能；坚持在实践中锻炼干部，常态化推进管理人员挂职锻炼，统选派11名干部参加山东省"四进"工作队，派出4名优秀干部参加省派第一书记、加强农村基层党组织建设工作队驻村帮扶工作。立足抓好后继有人根本大计，认真谋划健全年轻干部工作机制，制定并严格落实《关于加强和改进年轻干部若干重点举措的通知》，举办第十一期中青年干部培训班；全集团18名优秀年轻干部参加管理人员挂职锻炼，其中3人挂任权属公司领导职务；开展年轻干部工作专题调研，掌握全集团年轻干部配备储备情况底数，查摆存在问题，明确下一步重点工作举措，部署实施干部能力素质提升"3+1远航工程"。强化干部轮岗交流，指导权属单位制定落实年度干部轮岗交流计划，多岗位锻炼复合型干部，全年完成干部轮岗交流235人。对集团公司党委管理的10个权属单位领导班子、85名干部进行了年度考核，严格落实集团公司党委《领导班子及领导人员综合考核评价办法》《领导人员末位调整实施办法（试行）》规定，对3名认定为"末位"的干部执行了岗位调整，同时严格督导权属各级公司按照干部管理权限，落实管理人员末位调整的有关规定；对10家权属单位开展了干部选拔任用"一报告两评议"，逐一进行了问题反馈。认真组织开展领导干部个人有关事项报告年度填报和抽查核实工作，年度随机抽查核实比对一致率保持100%。受理和查办反映权属公司选人用人问题线索9件。

【干部人事制度改革】 落实国企改革深化提升行动有关部署，持续深化干部人事制度改革。经理层成员任期制和契约化管理继续保持全覆盖，集团公司本部及67户各级子企业199位经理层成员全部实施契约化管理，其中 8 户企业 23 位经理层成员实施职业经理人制度；部署开展经理层成员任期制和契约化管理提质工程，推动加强党的领导、健全法人治理结构，认真查摆文书规范、履约质量方面存在的突出问题并深入整改；落实山东省国资委外部董事占多数要求，30 户建立董事会的各级子企业全部实现外部董事占多数。扎实推进各级管理机构、管理人员优化精简，截至年末全集团管理人员占在岗职工总量的 2.44%，远优于省国资委要求的 8% 目标；进一步健全和落实管理人员能上能下机制，大力推行管理人员公开选聘竞聘，严格落实末位调整、不胜任退出制度规定，年内通过竞争上岗方式新聘任各级管理人员 43 人，调整退出各级管理人员 17 人。

（撰稿：张怀鹏　马家泰
审稿：阎文龙　李勇实）

意识形态和宣传思想工作

【理论武装】　认真开展学习贯彻习近平新时代中国特色社会主义思想主题教育，集团党委率先垂范，党委理论学习中心组建立理论"学习清单"和"问题清单"，深入学习研讨、调研实践。严格落实"第一议题"学习制度和党委理论学习中心组学习规范，采取中心组"常规学习+专题研学"的灵活方式，开展中心组集体学习研讨 12 次，发言 40 人次，中心组成员研讨交流、领题调研、专题党课均达到 100%，与 2 家省属企业开展中心组学习列席旁听，集团各方面代表人员列席旁听 8 次，通过年初部署、过程指导、定期通报等多种形式提升学习质效。深入开展党的二十大精神专题宣讲，扎实开展"三百"系列活动，用好"学习强国"等数智学习宣传平台，实现理论学习"关键少数"的有力示范带动和"绝大多数"全面有效覆盖。

【意识形态】　部署开展贯穿全年的意识形态工作"三对标两提升"行动，建立对标找差"问题清单"和"整改提升配档表"，修订和新建意识形态风险防控预案、责任清单、负面清单等制度 5 项。在 2023 年专项巡察中开展意识形态工作督查，开展意识形态工作年度检查、网上舆情风险隐患排查和网上评论模拟演练，推动工作绩效水平系统提升。严格落实党委主体责任、党委书记第一责任人责任和"一岗双责"，集团党委常委会会议专题研究意识形态工作 2 次，意识形态和宣传思想工作领导小组会议部署 2 次，组织舆情会商研判 5 次，通报意识形态领域情况 1 次，向上级报告工作情况和舆情情况 4 次，形成重大决策事项舆情风险评估报告及预案 2 项。集团党委书记、董事长侯军领题开展《抓实意识形态赋能重大改革落地和推进经营绩效改善情况调研》，形成高质量调研报告，并推进成果落地转化。

【宣传工作】　坚持内聚力量，先后组织开展"学思想、强党性、重实践、建新功"专题宣传、"争上游、走在前"主题宣传实践活动、"一人一表""平凡创新"系列典型报道，构建全媒体传播体系，让正能量转化为大流量，新媒体用户总量达 18 万人次，全年编发稿件 2 万多篇次、阅读量 3000 万人次，唱响主旋律、打好主动仗，为推动党的中心工作和生产经营发展营造了浓厚氛围。坚持外塑形象，外宣稿件频频登上《人民日报》、"学习强国"、新华网、人民网、《大众日报》、山东电视台等权威媒体，进一步扩大了山钢品牌的影响力和美誉度。强化典型选树，扎实开展志愿服务关爱行动，深化文明单位创建，推荐申报全国文明单位 1 个、省级文明单位

2个、省属企业文明单位5个，新增山钢集团文明单位5个，49个山钢集团文明单位通过复审。

（撰稿：王利峰　徐大天
审稿：张兰润）

统一战线工作

【综述】　山钢集团党委宣传部具体负责集团公司统一战线工作，在集团公司党委领导下开展工作。主要职能为：贯彻落实党对统一战线工作的理论方针政策和决策部署，负责发现、联系和培养党外代表人士及党外后备干部队伍建设工作，联系民主党派，牵头协调无党派人士工作，支持民主党派和无党派人士履行职责、发挥作用，统筹协调民族宗教工作，在统一战线工作中落实意识形态工作责任制，负责开展统一战线宣传工作等。截至2023年底，共有统战成员969人。其中，民主党派成员52人，党外干部5人，无党派人士10人；党外知识分子546人（按大学学历且有一定影响力的员工统计）；少数民族职工254人；信教人员35人；侨眷2人；出国留学人员1人，归国留学人员69人。

【组织领导】　建立完善党委统一领导、统战部门牵头协调、各方面协同联动的工作机制。坚持把统战工作纳入重要议事日程、纳入党委重点工作、纳入理论学习重点内容，党委常委会议专题研究统战工作1次。集团党委常委会会议"第一议题"深入学习习近平总书记在中央统战工作会议上的重要讲话精神，专题研究"凝心铸魂强根基、团结奋进新征程"主题教育工作。党委理论学习中心组2次集体学习习近平总书记关于做好新时代党的统一战线工作的重要思想。把统战工作纳入集团党委年度工作计划，纳入党建工作责任制考核，加强统筹协调和督促指导，推动统战工作责任制落实落地。

【宣传引导】　集团党委牢牢把握统战工作固守圆心和扩大共识关系，努力发展一致性，正确引导多样性，最大程度画好理想信念、价值追求、目标导向的同心圆。把开展"凝心铸魂强根基、团结奋进新征程"主题教育作为重大政治任务，结合"争上游、走在前"主题宣传实践活动、"中国梦·新时代·新使命"百姓宣讲活动等，深入开展主题教育，鼓励支持各民主党派、无党派人士和党外知识分子扎扎实实学思想、强根基、重履职、建新功。召开纪念中共中央发布"五一口号"75周年座谈会，发布"共话团结情　奋力走在前"倡议书。密切联系群众，落实党委常委与党外代表人士联系交友制度，召开集团公司各方面代表人员座谈会，多渠道、多方式倾听心声、问计问策，协调解决党外代表人士的思想问题和现实难题，鼓励党外代表人士积极参政议政。

【服务企业发展】　坚持围绕中心、服务大局，聚焦企业重大改革和经营绩效提升，充分发挥统战工作优势作用，广泛凝聚共识、争取人心，团结一切可以团结力量一起来想、一起来干。开展"我为发展解难题""爱企业、献良策、做贡献"系列活动，广泛征集职工合理化建议；搭建劳模创新工作室，组建研发攻关团队，设立省级博士后创新实践基地，开展重点项目攻关和全员"平凡创新"行动，涌现出胡淑娥、赵培林等一大批优秀的党外代表人士科研人员、劳模工匠。九三学社日照市第一届青年工作委员会副主任、日照市政协委员、山钢日照公司冷轧产品研究所所长侯晓英荣获"山钢集团科技进步突出贡献奖"。

（撰稿：王利峰　审稿：于文波）

纪检监察工作

【综述】　中共山东钢铁集团有限公司纪律检查委员会，在中共山东省纪律检查委员会、中共山东钢铁集团有限公司委员会的领导下开展工作，是集团公司党内监督的专责机关，设有综合部、案件管理室、第一纪检监察室、第二纪检监察室、案件审理室等5个内设机构。主要职责：协助党委推进全面从严治党、加强党风廉政建设和反腐败工作，一体推进"不敢腐、不能腐、不想腐"；履行监督第一职责，确保党的路线方针政策和重大决策部署在集团公司落到实处；加大对党委管理人员的监督执纪力度，始终保持惩治腐败的高压态势；依规依纪开展问责或提出问责建议；指导、检查、督促各级纪检组织层层落实监督责任；加强对纪检监察干部的日常教育、管理和监督。在省纪委监委2021年度、2022年度、2023年度派驻机构工作考核中连续三年被评为优秀等次。

【政治监督】　聚焦习近平总书记重要指示批示、党中央重大决策部署、中共山东省委和省纪委监委工作安排，紧盯黄河重大国家战略和深化新旧动能转换推动绿色低碳高质量发展在山钢落地，健全政治监督活页，深化拓展"一台账、两清单、双责任、双问责"监督机制。认真落实中共山东省委常委、纪委书记夏红民到山钢集团调研时的讲话要求，印发《关于加强参股企业公职人员监督工作的意见（试行）》。制发联系监督工作点制度，加强对各级"一把手"和领导班子的监督。

【反腐败工作】　巩固不敢腐的惩治震慑。处置问题线索288件，立案51人，党纪处分46人次，行政处分48人次，组织处理169人次。深化"室企地"联合监督办案机制，协调推进"纪警企"联合办案机制，地方监委立案留置8人，公安机关采取强制措施14人。查办了山钢股份莱芜分公司炼铁系统王子金、孙建设、张明三任领导人员连续性、系统性、塌方式严重违纪违法腐败案件；查办了日照公司"废钢合同诈骗案"，对7名供应商和废钢保障作业区主任等3名重点岗位人员采取刑事强制措施，25名重点岗位人员主动向组织交代问题；查办了某公司出具虚假工程量骗取日照公司工程进度款的涉嫌合同诈骗案件，避免了日照公司直接经济损失1.1亿元。

【以案促改】　制发《问责工作办法（试行）》，统筹党内问责和企业经营管理问责，按照职责权限依规依纪依法开展追责问责，共追责问责193人次。建立问责启动提示机制，指导开展进厂废钢掺杂诈骗问题追责问责，问责党组织、单位4个，处理处分25人。指导山钢股份纪委在商务合同中设置廉洁条款"清廉屏障"。联合党委组织部向山钢股份党委制发《关于加快重点岗位人员轮岗交流的函》，得到有效落实。向山钢股份党委制发《关于强化进厂物资检化验领域廉洁风险防控的纪检监察建议》《关于进一步强化炼铁系统廉洁风险防控的纪检监察建议》。拍摄警示教育片《念错生意经　走错人生路》《被利益熏黑的人生》2部，开展观看一场警示教育片，组织一次党风廉政应知应会知识测试，通报曝光一批严重违纪违法典型案件，到监狱接受一次警示教育，编辑印发一册《山钢集团纪委查处严重违纪违法党员干部忏悔录选编》"五个一"党风廉政警示教育系列活动。为"廉政教育基地"命名，组织廉洁知识竞赛、编演清廉吕剧、深化家庭助廉，建设廉洁示范点，营造崇尚廉洁的良好风尚。

【协助责任】　协助党委制发《关于进一步加强违规经营投资责任追究工作的通知》《关于转发〈关于构建省属企业内部大监督体系的指导意见〉的通知》等，压实各级党组织全面从严治党主体责任，推动解决贯彻落实重大决策部署不坚决、履行职责使命不到位、推进重大改革和重点工作不扎实等突出问题。向集团党委提出《关于进一步强化各级领导班子成员"一岗双责"的建议》，解决权属各级单位、部门党政领导班子成员对"一岗双责"认识不到位、落实虚化等问题。与党委组织部开展党支部落实全面从严治党主体责任、加强党员教育管理监督、打通全面从严治党"最后一公里"情况专题调研，并向集团党委提出强化党支部落实全面从严治党主体责任的建议。

【专项监督】　开展购销领域专项监督，共发现5个方面29项问题，督促问题整改，山钢股份4~9月份钢铁主业销售综合平均价格较专项监督前改善135元/吨，炼焦煤综合采购成本改善88元/吨，喷吹煤改善109元/吨。开展日照公司炼铁系统专项监督，警示震慑、保障执行作用凸显，保障了生铁产量企稳攀升。

【日常监督】　加强落实习近平总书记重要指示批示精神、党中央重大决策部署情况监督检查，共发现5个方面42个问题。开展基层调研28次，主动约谈52人，召开党风廉政专题会25次，参与民主或组织生活会31次，廉政意见回复260件、1668人。强化巡察成果运用，对被巡察单位巡察反馈问题整改工作情况进行监督指导。

【"四风"纠治】　驰而不息落实中央八项规定精神。制发《关于加强中秋、国庆期间作风纪律监督检查的通知》，开展明察暗访，扎紧节日期间党风廉政"篱笆"。开展党员干部酒驾醉驾及背后"四风"和腐败问题专项整治、"查促改"作风建设专项行动。护航优化营商环境，开展不担当不作为乱作为假作为问题专项整治，组织召开省派驻济南市"四进工作总队"护航优化营商环境调研座谈会，持续跟进落实。积极选派纪检监察干部参与省纪委监委组织的"四进"攻坚工作。

【自身建设】　印发《关于加强新时代纪检监察干部监督工作的意见》。建立网上在线测试平台，以考促学。开展"室主任上讲堂"，组织全员业务培训、"纪法理论与实践"专题培训。选派业务骨干参加省纪委监委审查调查、"室企地"联合办案。山钢集团纪委荣获国有企业纪检干部大比武团体总分第3名。纪检监察工作得到了省纪委监委领导的充分肯定，《中国纪检监察报》先后2次对山钢纪检监察工作情况作了报道。深入开展纪检监察干部队伍教育整顿。加强组织领导，聚焦目标任务，成立教育整顿领导小组及相应机构，列为"一把手"工程。把学习教育贯穿教育整顿始终，一严到底抓检视整治，复查党的十八大以来涉及集团纪检监察干部信访举报、问题线索，对已办结的问题线索卷宗进行逐一审阅，对开展教育整顿以来新受理的问题线索处置情况进行全过程监督。稳妥有序开展谈心谈话，"一对一"开展谈心谈话183人次，实现应谈尽谈、全面覆盖。

（撰稿：梁玉超　审稿：李荣臣）

巡察工作

【综述】　山钢集团公司党委巡察工作领导小组办公室（简称巡察办），是巡察工作领导小组的日常办事机构，负责巡察工作组织协调和日常事务管理，与集团公司审计部合署办公，主要职能为：负责提出巡察工作计划和建议；负责向巡察工作领导小组报告巡察工作情况，向巡察组传达巡察工作领导小组的决策和部署；负责巡察工作的组织、协调、服务和日常管理；负责承担与巡察工作相关的政策研究、制度建设等工作；负责组织对巡察工作人员的培训，配合做好巡察工作人员的考核、监督和管理；负责对各巡察组发现问题的移交和反馈问题整改落实情况的督办；负责巡察成果的转化；负责职责范围内的规章制度制定、执行考核监督工作。根据工作需要，设立若干巡察组，在巡察办统筹管理下承担巡察任务。巡察组实行组长负责制，副组长协助组长工作，由巡察工作领导小组根据巡察任务确定，一次一授权。截至2023年底，巡察办共有专职管理人员2人。其中，正高级专业技术职务1人，中级1人；研究生1人，大学本科1人。

【巡察组织】　以习近平新时代中国特色社会主义思想和党的二十大精神为指导，贯彻落实党中央、中共山东省委巡视工作方针和巡察工作要求，把做到"两个维护"作为根本政治任务，坚持"四个落实"，按照集团公司年度工作会议确定的任务目标开展工作，围绕中心、服务大局，扎实工作、开拓创新，紧盯影响企业改革发展、制约国有资本保值增值的关键环节开展监督。2023年，集团公司党委分2轮对山信软件党委、山钢财务党总支，山钢国贸党委、山钢资本党委开展巡察。每轮派出1个巡察组，对强化政治监督、聚焦重点领域关键环节、紧盯"关键少数"、加强巡察"回头看"4个重点方面开展监督检查。强化巡察组织保障，统筹推进巡察工作开展。加强组织领导，提高政治站位，从讲政治的高度把思想和行动统一到集团公司党委对巡察工作的要求上来，充分认识巡察工作的重要性，把巡察监督和集团公司

改革发展重点工作结合起来，做到巡察工作方向不偏、标准不降、力度不减；创新方式方法，强化巡察联动，采取上下联动的方式，统筹协调、一体推进集团公司党委巡察和二级单位内部巡察，做到贯通融合、目标一致；加强横向协同，强化与纪检机构协同合作，巡审结合，发挥职能部门的专业监督作用；精准发力，不断拓展发现问题的新思路、新办法，有针对性地开展"点穴式"巡察，找准发现问题的切入口和突破点。

【巡察整改】　在推动巡察整改上下功夫，抓实问题整改，做好"后半篇文章"。严格执行《关于加强巡察整改和成果运用的实施意见》，压实整改责任、抓实关键环节、强化监督督促、完善保障措施。压实被巡察单位党组织的巡察整改责任，强化被巡察单位党组织巡察整改主体责任，党委书记第一责任人责任，增强"整改不落实就是对党不忠诚"的意识，将巡察问题整改纳入党委书记、纪委书记的年度述职内容。规范巡察整改流程，被巡察党组织在收到反馈意见后，成立由党组织书记任组长的整改工作领导小组，对整改不到位的老问题以及指出的新问题，深入分析问题产生原因，对所有问题要列出追责问责分解表，明确责任单位、主要领导责任、重要领导责任、直接责任人责任，依规依纪严肃追责问责，对属于重要制度不执行、问题严重的坚决调离岗位。严格把控整改时限，自反馈之日起2周内报送整改方案和问题追责问责方案，3个月内报送整改情况报告和追责问责处理情况。压实成果运用责任，将巡察山信软件党委、山钢财务党总支、山钢国贸党委、山钢资本党委发现的78项问题分类移交给总部机关有关职能部门，并督促从体制机制层面查找问题产生的根源，找出专业管理存在的短板弱项，修订完善相关制度，进一步提升专

业管理水平。持续推进巡察发现问题存量压减攻坚，按照集团公司《打赢"六大存量攻坚战"行动指导意见》要求，加强巡察整改的日常调度和督导工作，强化巡察验证，全力推进巡察发现问题存量压减攻坚，督促各单位细化责任分解，强化责任落实，统筹推进问题整改。截至2023年底，纳入巡察存量问题压减的148项问题，已全部整改完成。

【建章立制】 强化制度建设，完善制度体系。强化顶层设计，从巡察机构、职责、任务、方式、程序及体制机制等方面作出明确安排；将巡察工作责任纳入党委主体责任清单，制定巡察工作领导小组、巡察办、被巡察单位责任清单，形成了党委统一领导、巡察办统筹协调、巡察组具体实施、被巡察单位整改落实的"四位一体"工作机制。不断健全制度体系，把制度建设作为巡察规范化建设的根本之策、长远之策，贯穿于巡察日常工作各方面，坚持整体推进与重点突破、实体性规范与保障性规范相结合，形成了涵盖巡察实施、巡察整改、队伍建设、信息报送四个重点层面的13项制度，基本形成了系统完备、科学规范、运行有效的制度体系，力求使巡察工作每一个岗位、每一道程序、每一个环节都有章可循、有规可依。完善运行机制，以制度形式明确了党委常委会定期研究巡察工作，党委书记专题会议、巡察工作领导小组会议听取巡察工作汇报的领导机制，及时研究解决巡察中发现的新情况、新问题，为巡察工作顺利推进提供了坚强的政治保证和组织保证。

【巡察成效】 紧盯职责落实，推动集团公司党委重要工作部署落实落地，进一步规范权力运行机制，压缩权力任性空间，堵塞管理漏洞。充分发挥"中枢""串联"作用，坚持集团公司党委决策部署到哪里，巡察就跟进到哪里，权力集中在哪里，巡察就聚焦到哪里。协同纪检、审计等主责监督力量，突出信息沟通机制，用好已有的监督成果。融合专业主管部门的业务监督力量，建立专业部门利用巡察监督平台进行意识形态、安全管理等方面专项检查的机制，借助专业部门熟悉本领域业务的优势，精准高效查出制约机制体制层面的深层次问题。2023年巡察发现山信软件党委、山钢财务党总支、山钢国贸党委、山钢资本党委4家单位党委领导作用发挥、重点工作落实、选人用人、内控管理、财务管理等21个方面78项新问题，验证上轮反馈的236项问题，其中，整改到位221项，未完全整改到位15项；通过上轮巡察问题整改，新建修订制度271项，废止制度49项，纪律处分1人次，组织处理58人次，避免和挽回的经济损失6910万元。

【队伍建设】 坚持把巡察作为锻炼培养干部的重要平台，全年先后抽调精干人员30余人参加巡察工作。加强巡察人才库建设，及时补充更新。巡察期间成立临时党支部，落实"第一议题"制度，开展政治理论、党规党纪和巡察业务学习。经过集中培训、巡察历练，巡察人员的政治素质、能力水平不断提升。加强对巡察人员的教育、管理和监督，巡察结束对抽调人员出具《鉴定意见》，从履职情况、纪律作风、团结同志等方面进行综合考核，考核情况书面反馈所属单位。巡察作为选拔、培养干部的重要平台，在巡察工作中贡献突出、表现出色的，多人被提拔、重用。

（撰稿：徐 毅 审稿：马 帅）

机关党群工作

【综述】 集团公司机关党委与党委组织部、

人力资源部合署办公，具体负责集团公司机关的党群工作。截至2023年底，机关党委下属15个党支部，党员153人。

【党建工作】　机关党委坚持把学习贯彻习近平新时代中国特色社会主义思想主题教育作为重大政治任务，一体推进理论学习、调查研究、推动发展、检视整改重点措施，举办4期专题读书班，有效落实"四张清单"，机关各级党组织形成调研报告18篇，解决问题36个，"学习强国"刊发机关党委开展主题教育的经验做法。举办学习贯彻党的二十大精神党员教育培训班。坚持深化党的创新理论武装，严格落实"第一议题"学习制度，中心组成员研讨交流、领题调研、专题党课成效明显。印发党员量化积分管理实施意见，丰富党员教育载体，提升教育质量，拓展党务研修培训实效，开展全员保密知识、安全生产等多项在线学习。深化"11344"机关党建工作体系，推进机关治理体系和治理能力现代化，班子成员带头领学促学，开展党委中心组集体学习和专题研讨14次。开展党建调研务虚研讨，召开机关党委会13次，专题研究机关党建和全面从严治党工作。机关党建工作思路清晰，深化过硬党支部建设和支部评星定级管理，实施"全面履职、全面规范、全面提升"措施，年度有要点、月度有计划，打造党务工作样板，指导党支部结对共建、对标提升，四星级及以上党支部达到100%。规范换届选举、严肃党内组织生活等过硬党支部建设经验被省属企业多家单位借鉴。以"强化党建引领、建设精英总部、助推公司治理体系和治理能力现代化"为突破项目，深入调研，并转化调研成果，实施顶层设计、政治功能、融入发展、组织功能、能力素质、全面服务、党建品牌7项提升。培育"四个一流"精英团队，推进精英总部建设。指导支部将部门职责融入支部建设理念，培育"红色赋能，聚力创效"机关党建品牌，入选荣获省属企业百佳品牌。形成机关"1+15"党建品牌矩阵，集团表彰党建品牌2项和创新案例2项。旗帜鲜明坚持党管宣传、党管意识形态，坚持开展"两优一先""第三届机关最美奋斗者"评选，拍摄百姓宣讲短视频，用好微信公众号等新媒体，及时推送机关党组织典型做法和优秀组织生活案例。加强形势任务教育，及时掌握职工思想动态，引导职工知形势、树信心、见行动，未出现重大舆情、不良反映。指导群团工作，打造机关特色文体活动品牌。牵头组织、联合驻总部7家党组织共同开展走访慰问、单身职工联谊等"双报到"活动4次，签订红色合伙人协议，帮助社区解难题、办实事。

【党风廉政建设】　认真落实党风廉政建设责任制，严格自律、以身作则，开展廉洁从业集体谈话。常年开展"知敬畏、存戒惧、守底线"系列廉洁警示教育活动，组织学习《纪律提醒》廉洁教育书籍，征集全体党员廉洁自律格言共享共勉，节假日下发"十严禁"纪律提醒，着力打造机关廉洁文化，不断涵养机关良好的政治生态。对机关部分党员干部工作作风突出问题，作为反面典型案例深入自查整改，大力纠治"四风"，弘扬"严真细实快"的工作作风。深入推进"靠企吃企"专项整治工作，一体推进不敢腐、不能腐、不想腐，班子成员无违纪违法问题及被问责情况。

【群团工作】　机关党委加强对群团工作的领导，定期听取机关群团工作汇报。机关工会带头学习贯彻中国工会十八大精神和山东省第十六次工代会精神；开展"中国梦·劳动美"主题教育活动，唱响"工人伟大、劳动光荣"时代主旋律；组织职工参加新媒体原创作品大赛、劳动我最美短视频大赛、民主管理短视频大赛、庆三八女职工短视频大赛，以及中国工会十八大精神网上答题、书香三八读书活动等；通过六条普惠保障线贴心服务职工、提升生活品质，为职工购买济南市互济保障，发放节日福利、援疆农副产品，安排职工疗休养，开办职工子女假期托管班，组织职工开展春秋游、惠购等活动，开展金秋助学及婚丧产病等慰问工作。积极开展青年先模人物评选，1人获山钢青年岗位能手标兵荣誉称号，2人获全国钢铁行业优秀共青团干部、"青安杯"竞赛先进个人荣誉称号。深化"希望小屋"关爱行动，组织机关青年代表赴对口援助对象所在地开展"情系乡村振兴，心系乡村教育"主题实践活动。组织开展无偿献血活动，共献血8400毫升。

（撰稿：崔中晔　审稿：于文波）

新闻传媒中心工作

【综述】　新闻传媒中心负责山钢集团新闻宣传和网络舆情监测工作，职能定位是：坚持党管宣传、舆论先行，围绕山钢集团改革发展大局，传播好声音，凝聚正能量。主要职能为：负责山钢集团内部新闻宣传，系统策划组织对外宣传；做好日常网络舆情信息收集整理，协助主责单位开展应对处置；汇总整理并实时发布时政、经济类新闻信息。新闻传媒中心设立综合管理部、全媒体记者部、编辑部、新媒体部、信息舆情部5个部室。截至2023年底，共有职工37人（在岗36人，内退1人），其中，本科及以上学历36人，具有中级及以上职称36人。

【新闻宣传】　坚持"阵地控制先人一步，舆论引导先声夺人"，突出做好学习贯彻党的二十大精神、学习贯彻习近平新时代中国特色社会主义思想主题教育等重大主题宣传。及时组织对山钢集团季度会、半年度会、年度会等会议精神的报道。锚定山钢集团"争上游，走在前"目标定位，结合企业应对极端严峻的经营形势，重点围绕对标提升、降本增效、绿色低碳、科技创新、典型选树等工作做好新闻宣传引导工作。开设"学习创新争先锋、建功献礼二十大""学思想　强党性　重实践　建新功"等专栏和"记者调查"栏目，适时适度精准发声，正确引导舆论，为企业发展营造良好氛围。2023年，共出版99期《山东钢铁报》，厚道山钢微信公众号编发稿件1020篇，阅读量超过211.7万次，用户总数6.35万人；App编发新闻稿件4548篇，阅读量35.3万次，注册用户6.38万人。厚道山钢微信公众号在"全国钢铁企业微信影响力周排名"中进入榜单前10名，在"中国企业500强新媒体月度指数榜"中进入前100名，稳居65名左右，在山东省属企业中居前2位。专题片创作共计19部。短视频在视频号、抖音号等平台编发推送540多条，抖音浏览量606.6多万人次，视频号浏览量396.6多万人次。其中，短视频《意想不到，中国第一颗原子弹"铀"竟是金岭铁矿提炼的！》在厚道山钢视频号单条最高浏览量突破70万人次。山钢集团官方微博自8月份上线至年底，发稿32篇，阅读总量超7万人次。在厚道山钢App"开眼界"栏目上传稿件近700篇，点击量8583次，评论量2189条，分享量3102次。在山东省新闻工作者协会、山东省新闻学会组织的山东新闻奖、山东新闻奖专项奖评选活动中，有5件作品获山东新闻奖、18件作品获山东新闻奖专项奖。外宣工作再上新台阶，在人民网、《中国冶金报》、大众日报App、大众网、海报新闻、《山东工人报》、《山东国资》等社会主流媒体刊发稿件850余篇次，在

"学习强国"刊发稿件69篇，多数稿件阅读量超过1万人次，其中《破解钢企"生态之困""治理之难"》被新华社记者作为内参上报山东省委省政府。

【信息舆情】 高度关注意识形态、职工心态、舆情动态，建立网上舆情工作提示单制度，全天候、全网络进行舆情监控，做到守土有责、守土负责、守土尽责。坚持"第一时间发现、第一时间报告、第一时间研判、第一时间处置"，最大限度降低舆情风险，为领导决策提供及时、准确、高质量的信息服务，网络舆情保持了总体稳定。编发上报《信息参考》50期，其中就"钢铁行业如何应对'寒冬'"和"国企改革深化提升行动"作了专题信息报送；编发上报《舆情信息》49期、《舆情专报》4期。加强调查研究，分别围绕山钢集团2023年度重点用户座谈会上用户对山钢产品和服务质量以及深化合作等方面的意见建议、山钢股份莱芜分公司构建"一人一表"定标倒逼业绩管理体系推进情况、山钢集团共享用工工作推进情况和山钢股份推进重大科技创新项目"揭榜挂帅"开展情况进行调研，形成调研报告，撰写上报《信息直报》4期。其中，《山钢股份莱芜分公司构建"一人一表"定标倒逼业绩管理体系推进情况》作为山钢集团党委的典型案例上报山东省委主题教育领导小组。密切关注和监测网络舆情，不断加强与监测合作平台的沟通交流，全年通过大数据手段+人工搜索方式监测涉及企业的舆情信息10万余条，其中负面/敏感信息近200条，及时对权属单位预警提示100余次。

【团队建设】 新闻传媒中心把团队建设视为发展之基、动力之源，着力打造"政治强、纪律严，观念新、素质高，风气正、形象好，有活力、有作为"的卓越团队。大力倡导"守正道、善创新、勇担当、争一流"的责任文化，营造"重学习、看才能；重实干、看绩效；重团结、看协作；重作风、看形象"的环境氛围。积极开展群团活动，组织工间操、健步走、国学研讨、迎新春联欢会等健康向上的集体活动，不断增强凝聚力、向心力。发挥工会支会、青工委作用，持续开展"我为中心献锦囊"活动，收到各类建议230余条，经过组织评选，对10名"锦囊高手"进行表彰奖励。积极组织参加上级开展的群众性活动，新闻传媒中心支会被机关工会评为"先进集体"、第五届"书香三八 魅力山钢"优秀组织奖，80多人次在工会组织的各类活动中获奖。

【党的建设】 新闻传媒中心党总支隶属山钢集团党委，下设2个党支部，截至2023年底，有党员37名。加强制度化规范化建设，严格执行"第一议题""三会一课"和主题党日等制度要求，积极推进党员量化积分和星级评定工作。按照山钢集团党委部署，完成党支部书记述职评议、民主生活会、组织生活会、民主评议党员、党建责任制检查等工作。按程序完成党支部换届工作。党总支认真落实山钢集团党委关于深入开展学习贯彻习近平新时代中国特色社会主义思想主题教育的工作部署，结合新闻传媒中心实际，制定主题教育工作方案，扎实推进主题教育工作，并按要求每周上报主题教育工作开展情况。两级党组织成员积极查找整改问题，整体推动两级党组织建设上台阶。两个党支部分别被山钢集团党委评为五星级党支部、四星级党支部，两个党支部的党建工作品牌均获得山钢集团党委表彰，2人分别被山钢集团党委评为优秀党务工作者、优秀共产党员。撰写的《打赢"生存保卫战"职工思想状况调研》获省国资委2022年度山东省属企业党建思想政治工作优秀研究成果一等奖。

（撰稿：刘志飞 审稿：张庆斌）

工会工作

【综述】 山东钢铁集团有限公司工会（以下简称山钢集团工会）主要职能为：负责职工思想政治引领、产业工人队伍建设改革、组织建设、民主管理、生产保护、权益保障、宣教文体、法律监督、职工教育、职工文化建设、女职工工作及慈善工作站等工作。截至2023年，共有职工5人。其中，教授级高级政工师1人，高级经济师1人，高级政工师2人，政工师1人；研究生5人。山钢集团工会下属基层工会11个，会员2.7万人。

【职工思想政治引领】 举办学习贯彻中国工会十八大精神暨群团干部培训班和山东省第十六次工代会精神暨职工代表培训班，开展学习中国工会十八大和省第十六次工代会精神、集团公司工作会议精神以及职工法律条规学习等答题活动，参与职工1.94万人次。向全集团各级劳模、工匠、标兵发出《紧起来动起来跑起来，在跨过"生存线"迈过"发展线"中勇当排头兵》的倡议书。参加山东省职工宣讲比赛斩获铜奖一枚，荣获优秀组织奖。举办山钢集团短视频互动活动，参加全省新媒体原创作品大赛，7件作品获奖，获奖数量和奖项为历史最好水平。开展企业困难形势下职工思想状况专题调研，着力解决职工急难愁盼问题，并形成调研成果，其中2篇获全省工会优秀调研成果三等奖。与安环部、纪委联合开展知识竞赛和主题征文活动。承办第六届全国冶金职工运动会（山钢站）职工拔河比赛，并创作舞蹈《拔河赋》；山钢拔河队参加第二十二届全国拔河锦标赛，荣获四金四银一铜；参加"力拔山河"中国拔河争霸赛，荣获一金一银。

【产业工人队伍建设改革】 产改工作保持全省领先、全国示范，两次作为全省唯一一家国企代表参加全总产改工作调研座谈会并作专题发言，在不同会议上作产改工作典型发言或经验交流。强化工匠学院建设，承办全国钢铁行业工匠人才创新交流活动、省冶金行业劳模工匠创新交流大会，组织一线高技能人才到潍柴控股集团、歌尔股份公司考察学习。山钢工匠学院成为中国劳动关系学院新时代产业工人教育研究中心调研基地，被中国机械冶金建材工会推荐为全国工匠学院示范点。强化工匠人才建设，组织到省鲁班职工创新创效服务中心调研，开展职工创新成果孵化转化工作交流，评选山钢劳模30个、工匠20个，刘文凭、杨雷荣获山东省劳模，李子高荣获齐鲁大工匠，李刚林、赵世龙荣获齐鲁工匠，山信软件荣获山东省全员创新型企业，获奖数量实现历史新高。齐鲁大工匠李仁壮受邀参加大国工匠创新交流大会，齐鲁工匠王万松先进工作法入选全国"优秀技术工人百工百法丛书"，在全国舞台展示了山钢工匠良好形象。全员创新持续发力，获第三届全省职工创新创效竞赛决赛一等奖2项、二等奖1项、三等奖4项，成果申报质量和获奖数量为历史之最；召开股份公司全员岗位创新表彰会暨全员创新周启动仪式，为在2022年全省职工创新创效竞赛决赛中特等奖获得者颁发奖励100万元，拨付150万元全员创新专项奖励，并到股份公司开展送奖活动。组织开展"夯实基础争上游，追求极致走在前"主题劳动竞赛取得实效；组织参加全国重点大型耗能钢铁生产设备节能降耗对标竞赛，山钢股份莱芜分公司炼钢厂1号120吨转炉、特钢事业部100吨电炉荣获全国冠军炉；首次参加第九届全国模拟炼钢—轧钢大赛，莱芜分公司、日照公司分获团体二等奖、三等奖，2名职工获得个人二等奖，8 名职工获得个人三等奖；大力开展"安康杯""查保促"等竞赛活动，验收安全标准化班组 850 个，组织职工查改隐患 96717 项，山钢集团荣获全国"安康杯"竞赛优胜单位。

【厂务公开民主管理工作】 组织召开集团公司职代会，征集职工代表提案并落实办理反馈工作，获全省职工代表提案一等奖、二等奖各 1 件，全省冶金行业二等奖、三等奖各 1 件。制定完善山钢集团民主管理相关制度 11 项，拍摄山钢集团民主管理工作专题片。圆满完成山东省总工会厂务公开民主管理检查，作为组长单位召开民主管理观摩互检研讨会，向省总报送自查报告、检查报告、对标学习方案、观摩互检方案等。山钢集团《构筑"四维一体"新模式，集聚改革发展新动能》民主管理典型材料在山东省厂务公开民主管理联席会办公室《厂务公开信息》刊发，在全省交流推广。山钢集团入选全国厂务公开民主管理示范单位（全省 5 家）。参加山东省总工会新时代企事业单位民主管理研究理论征文、民主管理微视频征集等活动。

【职工保障普惠】 积极打造幸福和谐新山钢创新版，有效运行职工六条普惠保障线，完善提升"齐鲁工惠·幸福山钢"品质生活版块。规范困难职工救助工作，争取国家财政帮扶资金 26.01 万元。扎实推进困难职工专项送温暖活动，集团及下属各级工会开展送温暖活动、救助困难职工 138.29 万元。申请济南市职工互助互济保障全年救助职工 183 名、147.11 万元，赔付率 93.62%。企业补充医疗保险全面落地，14 家独立法人单位参保，惠及职工 25544 人，赔付率 83.33%，单人最高赔付额 37.3 万元。提供重疾绿通便捷服务 6 次，处理绿通需求成功率 100%。各单位开展夏送清凉活动，配送金额 87.44 万元。为 121 名职工子女发放高考金秋助学金

28.13 万元。优化一线职工疗休养运行模式，集团工会全额出资开展示范化活动，增设查体项目，为职工提供更为全面的疗休养服务；增设湖南张家界疗休养院、山东三水源公司两家单位为山钢集团职工疗休养基地。一线职工求学圆梦行动为 4 名职工发放提升学历资金补助 4000 元。面向在档困难职工子女开展阳光就业工作，服务 1 名困难职工子女进入全国就业帮扶系统。推进职工幸福企业试点建设工作，山钢矿业成为全省提升职工生活品质试点单位。

【构建和谐劳动关系】 认真落实山东省总工会《关于深入推进集体协商工作意见》，签订山钢集团集体合同。落实 12351 工会热线职工诉求事项，认真做好工会信访接待，所有事项及时受理，按期办结。督导基层设立工会劳动法律监督组织，纳入年度考核；积极开展各类普法培训和宣传。坚决维护劳动领域政治安全，及时上报省总职工队伍稳定风险点，有力防范各类风险。

【自身建设】 认真落实"第一议题"制度，强化工会系统党员干部学习教育，坚持定期向党委汇报群团工作制度，将群团工作纳入党建整体格局，全面落实党委对群团工作部署要求。加强组织建设，3 人当选山东省第十六次工代会代表，1 人当中国工会十八大会代表，1 人当选山东省总工会第十六届委员会委员、1 人当选经审委委员。指导基层规范召开工代会，落实全总《关于充分发挥地方工会劳模和一线职工兼职副主席作用的意见》，齐鲁大工匠兼任基层工会副主席。强化职工之家建设，健全完善职工之家建设体系，指导基层深入开展建家活动，组织模范职工之家、职工小家评选表彰。出台《关于开展"争创职工信赖的职工之家 争做职工信赖的娘家人"活动的实施意见》，选树山钢集团职工信赖

的职工之家和娘家人，莱钢集团被评为全国模范职工之家，山钢财务公司被评为全国模范职工小家。财务管理不断规范，经审监督制约作用有效发挥。有效运行山钢集团群团工作网站和职工书屋。

【女职工工作】 开展"巾帼心向党，建功展芳华"庆三八系列活动，拍摄女职工工作专题片，组织女职工短视频大赛，举办巾帼事迹报告会。深化巾帼岗位建功，开展女职工劳动竞赛、巾帼岗位创新、巾帼金点子合理化建议等活动，评选巾帼标兵岗、巾帼标兵、魅力女工，1个班组获全国五一巾帼标兵岗、1人获全国五一巾帼标兵、1人获山东省劳模、1人获山东省巾帼建功标兵。深化女职工维权服务，修订女职工特殊权益保障专项合同，开展女职工"维权行动月"活动，为全体女职工购买团体特种疾病保险，152个用人单位开展女职工"两癌"筛查，持续开展"心灵护航"行动，深入做好女职工困难帮扶、妈妈小屋建设、职工子女暑假托管班、婚恋服务等工作。深化女职工读书活动品牌建设，组织开展山钢集团第六届书香三八活动，创建女工主任读书会，荣获全国优秀女职工阅读组织奖、全国书香三八活动特别组织奖、山东省女职工主题阅读活动特别组织奖，68件女职工作品在全国、全省获奖。

（撰稿：孙 霞 审稿：于文波）

共青团工作

【综述】 山钢集团团委与山钢集团工会合署办公，主要职责：做好共青团组织建设，抓好青年思想政治引领和形势任务教育工作，开展青春建功工作，做好青年成长成才、青年维权和服务青年各项工作。截至2023年底，山钢集团共有共青团员2097人，35岁以下青年7454人，山钢集团团委机关设专职团委书记1人。2023年，山钢集团共青团工作在全省共青团工作评价中获得"优秀"等次。

【思想政治引领】 围绕学习习近平新时代中国特色社会主义思想、党的二十大精神、习近平总书记五四回信精神，团的十九大精神，广泛开展学习活动，引领广大团员青年听党话、跟党走。依托129个青年理论学习小组扎实开展学习活动，形成了如"学思践悟分享会"等一系列效果较好的工作案例。开展跨行业跨单位联合学习，与省机关事务局、山东科创集团开展联学，拓宽学习领域，提升学习效果。注重青年元素融入，跳出"授课式"的传统单一模式，引入时代感十足的"红色剧本杀"等新颖载体，以沉浸式学习体验进一步推进青年思想引领工作，全年组织各类青年理论学习534场次，覆盖青年7954人次，制作各类网络思想引领素材96个。扎实开展团员和青年主题教育，坚持分类引导学、贴合实际学、聚焦重点学，分类、分层次推动工作落实，山钢集团各级团组织4个"智慧团建"专题学习完成率100%，组织生活会、民主评议率100%。组织团员和青年开展学习研讨178次，赴孟良崮战役纪念馆、沂蒙红嫂家乡等开展各类实践体验47次，参加团员和青年2652人次。

【青年岗位建功】 下发倡议书，动员广大团员青年投身企业降本增效、决战冲刺年度总目标。持续开展青年科技创新活动，全集团各级团组织立项青年科技创新项目397项，结题291项，创效13239万元；围绕急难险重任务开展青年突击队活动200余次，参与青年1800余人次。落实山东省国资委团委"团聚青春"工作要求，构建"生态链+"青年科技创新活动，与山东科创集团开展青年科技创新"手牵手"活动，组织开展青年创新"一线讲堂"、理论联学、团务联建等活动，探索推进青年创新工作，实现山钢集团青年科技创新项目的庞大数量优势与山东科创成果孵化优势、人才资源优势、政策研究优势的深度融合。

【服务青年成长】 连续11年开展五四先进评选表彰，2023年表彰10名"山钢青年岗位能手标兵"和10名"山钢青年岗位能手"，表彰各层级共青团先进集体和个人446个次，另有107个组织和个人获上级团组织表彰。落实青年人才培养工程，协助各级党委组织部门调整青年人才库，通过山钢股份莱芜分公司团委开展的"青年300人才"，山钢国贸青工委开展的"青年双十人才计划"和莱钢集团团委开展的"青苗计划"等载体，各基层单位确定青年人才培养对象641人。6月29日，山钢集团受邀向墨西哥友人介绍了青年人才培养工作。与省属大企业、属地企业联合组织开展各类青年联谊活动20余次，解决单身青年实际困难。

【文明实践】 全面落实山东省国资委团委"奋进新征程·号声更嘹亮"青年文明号创建提升活动，举办青年文明号现场推进会，全面推进青年文明号建设。开展3·5学雷锋志愿服务110场次，参与青年1472人次；组织"心系乡村振兴，情系乡村教育""春日学雷锋，情满幸福村"等活动，到周边贫困地区开展志愿服务困难学生系列活动；常态化开展青年绿色先锋行动；响应山东省国资委团委"益企勇担当，热血献爱心"号召，组织191名团员青年无偿献血66400毫升，充分展示了企业良好的社会形象。

【组织建设】 积极配合集团公司党委落实《关于进一步加强党建带团建工作的实施意见》各项要求，形成了"三帮带、二列席、一融合"的工作机制。全年提供团青工作政策支持49项，培养和使用团干部及青年人才519人次，各级党组织书记为青年上党课206次，党建带团建开展工作143项，协调并落实工作经费127.1万元。全年从团员中确定入党积极分子34名，确定发展对象7名，培养并使用团干部67名，开展团干部培训229人次，选派多名团干部参加中央团校、山东省国资委青马工程培训班学习，3名团干部受兄弟单位邀请输出团务培训。加强基层团组织建设，扎实开展"智慧团建"各项工作，指导一个二级团组织召开团员大会进行了规范换届。

（撰稿：崔中晔 审稿：张海鹰）

山钢年鉴 2024

山钢股份

山钢集团
SD STEEL

山钢文化

核心理念

山钢经营宗旨：
　　精品赢得市场，诚信创造未来

公司简况

山东钢铁股份有限公司是山钢集团实际控制并参与管理的上市公司。2009年，山钢集团拉开钢铁主业资产重组序幕，酝酿钢铁主业整体上市。至2011年12月30日，山钢集团对旗下两家钢铁上市公司的整合方案得到中国证券监督管理委员会批准，莱芜钢铁股份有限公司以换股方式并入济南钢铁股份有限公司；2012年2月27日，济南钢铁股份有限公司作为存续上市公司，更名为山东钢铁股份有限公司（以下简称"山钢股份"），同时设立济南、莱芜两个分公司，分别负责济南、莱芜区域生产经营。重组完成初期，为充分发挥原有集团管理的优势，减少重组对公司生产运营的影响，济南分公司和莱芜分公司分别由济钢集团有限公司和莱芜钢铁集团有限公司运营管理。2014年开始，山钢股份运营管理逐步强化，配套改革举措频繁出台。2014年7月，山钢股份加强对钢铁产业管控，济南分公司和莱芜分公司分别从济钢集团、莱钢集团分离，实现独立运营。2015年7月，山钢股份控股山钢集团日照有限公司。2016年8月，山钢股份全面启动总部机关"三定"及全员竞岗工作，总部机关与集团公司机关不再合署办公；同月，山东省政府正式批准《济钢产能调整和山钢转型发展工作总体方案》，济南分公司产线进入停产准备阶段。2017年5月，在济南分公司即将全面停产背景下，为进一步深化改革、实施扁平化管理，根据集团公司意见，山钢股份对总部各部室作出调整，并决定与莱芜分公司相应业务部室/直属机构复合设置，除董事会办公室/监事会办公室/证券部留在济南办公以外，其余部室办公地点均在钢城区；同年6月29日，济南分公司全线停产工作正式启动，到7月8日，各主体工序全部实现安全、环保停产；当年底，日照公司一期一步工程主体建设项目，以及动力能源、节能环保等公辅配套设施全面竣工并全线热试成功。2019年4月，日照公司一期工程实现全线贯通，累计完成工程量投资419.67亿元。2019年9月，山钢集团对山钢股份党委班子作出调整，随后，山钢股份组建了新的董事会和经理层，进一步理顺钢铁主业管理体制，完成日照公司、山钢研究院管理关系划转和注册地变更，翻开了山钢股份一体化运营的新篇章，山钢股份核心钢铁生产区集中到了济南钢城和日照岚山两地。2020年3月4日，山钢股份实施公司总部组织机构优化调整与人员配置，除公司办公室/党委办公室以外，总部各部门与山钢股份莱芜分公司不再合署办公。2023年12月底，山东省政府与中国宝武在济南市签署合作框架协议及相关投资协议，中国宝武战略投资山钢集团、宝钢股份参股日照公司。

截至2023年底，纳入山钢股份的主要管理单位有莱芜分公司（含银山型钢公司）、日照公司、营销总公司、山钢研究院、山东冶金机械厂等单位。山钢股份现有合规钢铁产能2140万吨（新旧动能转换置换完成后为2136万吨，不含购买闽源指标），其中莱芜基地1290万吨（新旧动能转换置换完成后为1286万吨）、日照基地850万吨。产品涵盖高端装备、海洋工程、轨道交通、白色家电、石化装备、工程机械六大系列，是全国乃至国际著名的宽厚板、板带、H型钢、优特钢和高端建筑用钢生产基地。拥有从焦化、原料、烧结、球团、炼铁、炼钢到轧钢完整的生产工艺系统，整体装备水平较高，特别是新建成的日照基地和莱芜基地新旧动能转换区域，整体工艺装备基本达到国内先进水平。在中国制造企业协会发布的2023年排行榜中，山钢股份列中国制造业综合实力200强第65位、中国装备制造业100强第42位，向着打造北方最具竞争力钢铁强企目标迈出了坚实步伐。

2023年，山钢股份在持续低迷的市场寒冬中勇毅前行，在日趋严峻的行业困境中砥砺奋进，全力应对新一轮市场下行周期，找路子、抓作风，强韧性、争上游，内抓极致运行，外拓购销差价，深化改革推动机制变革，在快速变化的市场中把系统优化、动态优化、持续优化贯穿始终，以扎实有效的内部工作切实把握以变应变的主动权，为实现保股份母公司、保上市公司分位值的目标作出了艰苦努力与创新探索。

（撰稿：杨 鑫
审稿：王春刚 张金良）

2023年工作综述

【经营指标】 全年生产铁1737.75万吨、钢1944.74万吨、材（含商品坯）1869.89万吨；实现营业收入845.87亿元，同比下降13.36%；利润总额-7.78亿元，同比下降317.06%。截至2023年底，资产总额848.10亿元。

【生产运行】 准确把握市场趋势与政策变化，及时调整应对策略，系统优化生产组织，统筹配置生产要素，生产经营在动态变化中保持极致运行状态。特别是控产政策实施后，莱芜基地限产控本、日照基地提产增效，钢产量实现精准控制。

【降本增效】 突出预算高标引领，狠抓九大结构优化，成本管控能力大幅提升。全年可比成本降低额37.31亿元、降低率5.47%，吨钢成本降低191.87元，其中莱芜基地、日照基地吨钢成本分别降低196.88元、185.47元，创出历史较高水平。尤其是莱芜基地在两端市场强势挤压、政策限产影响较大的不利形势下，报表利润同比减亏1.7亿元。

【对标提升】 坚持以吨钢利润分位值提升为核心，对标找差体系83项KPI指标中，全年累计57项取得进步、39项优于对标目标。融入中国宝武全工序对标提升劳动竞赛，近三分之一的工序竞赛指标进入宝武系前30%行列，莱芜基地3800立方米高炉高效经济运行能力、日照基地炼钢厂铁钢比等8个竞赛单元进入宝武系前列，工序竞争能力持续提升。着力强化两基地之间对标交流改善，实现年化效益约4亿元。

【产品经营】 坚持以用户需求为核心，实施"一协议、一清单、一中心"新型服务模式，战略重点用户销量较上年增长61.89%；重点产品销量较上年提升6.7%；终端直供比例环比提升3.7%。扎实开展极稳质量专项行动和金牌交付品牌行动，订单交付率稳定在80%以上。聚焦新工艺研究、新产品开发，进一步加大研发投入，"大型机械装备用高强度中厚板"荣获中国钢铁工业产品开发市场开拓奖，3项产品获评中国钢铁工业协会金杯优质产品，高端市场竞争力大幅提升。

【绿色智能】 持续巩固提升环境绩效，莱芜分公司顺利完成环保绩效创A目标，钢铁主业全域完成超低排放改造，实现环保绩效A级；日照公司成为山东省钢铁行业首家国家AAA级工业旅游景区，成功协办中国生态文明论坛济南年会；节能降耗水平大幅提升，吨钢综合能耗达到国内领先水平，莱芜基地1号120吨转炉等4座炉窑分别荣获全国"冠军炉""优胜炉"称号，日照基地2号5100立方米高炉、4号

210 吨转炉荣获"创先炉"称号。加快"数智山钢"建设，启动全流程数字化转型，聚力打造数智化建设新优势，"四个一律"指数较年初提升 21.73%。

【改革攻坚】 巩固提升营销体系改革成果，28 个 SBU 团队作用凸显，满足客户需求能力明显增强。加速推进采购体系改革，成立采购中心，实现采购本质化一体运行，保供和降本能力大幅提升；启动科技创新体系变革，协同宝武集聚研发优势资源，着力在突破重大科技专项、激发创新第一动力、打造科技创新高地等方面加速推进。"一人一表"落地见效、"赛马机制"刚性兑现，干部职工干事创业积极性充分迸发。政策机遇把握能力显著增强，先进制造业企业抵减增值税额 3.2 亿元，全年政策创效 12.5 亿元。与宝武协同全面加深，实现协同效益 4.6 亿元。

【风险防控】 坚持走出办公室抓安全，深化整治各类事故隐患，安全生产底盘更加稳固。完善风险管理体系，加强法治企业建设，重大风险有效管控；全年避免和挽回经济损失 9167 万元。规范开展上市公司治理，深化 ESG 治理实践，被评为 AAA 级 ESG 企业；注重投资者关系管理，管理运作更加规范，再获上交所信息披露 A 级评价。

【党的建设】 深入学习贯彻党的二十大精神，扎实开展主题教育，在以学铸魂、以学增智、以学正风、以学促干方面取得实效。"五心四化"等 3 个党建品牌获评省属企业优秀党建品牌，四星级及以上党支部比例达到 75.9%，继续走在集团公司前列。狠抓"靠企吃企"问题专项整治，强力推进购销领域和日照炼铁系统专项监督、以案促改重点事项，以及巡察审计反馈问题整改，深入开展全员监督堵漏挽损和专项监督创效行动，全年累计实现监督创效 6600 万元以上。坚定不移强"七力"破

"七风"，钢铁作风锤炼持续深化。全员岗位创新量质齐升，7 项成果荣获山东省职工创新创效竞赛成果奖；1 名职工获评齐鲁大工匠、2 名获评齐鲁工匠，创造了 3 名职工同时获奖的历史。"推青"计划深入实施，巾帼岗位建功行动、家庭助廉活动成效突出。幸福和谐企业建设纵深推进，补充医疗保险全面落地，职工获得感更加充实。信访稳定、武装保卫、统一战线、档案保密等工作在开拓进取中实现了新提升。

（撰稿：刘　敏
审稿：王春刚　张金良）

2023 年山钢股份公司大事记

1 月

1 日 莱芜分公司"做到极致，走向前列"工作会议以视频形式在办公楼召开。公司领导王向东、吕铭等出席会议。

5 日 中国农业银行莱芜分行党委书记、行长姚风东和中国民生银行济南分行党委委员、纪委书记、行长助理刘长江分别到访。山钢股份党委书记、董事长，莱芜分公司党委书记王向东在办公楼与客人座谈。

7 日 山东钢铁股份有限公司第一届职工代表大会第三次会议在办公楼召开。会议回顾总结 2022 年工作，分析面临的形势任务，明确 2023 年工作思路、目标、重点和措施。山钢股份领导王向东、吕铭等出席会议。

10 日 山东港口烟台港党委副书记、董事、总经理姜开一行到访。山钢股份党

委副书记、总经理，莱芜分公司党委副书记、总经理吕铭在办公楼与客人座谈。

13 日 济钢集团副总经理高翔一行到访。莱芜分公司副总经理于文波在办公楼与客人座谈。

● 山东省工信厅组织钢铁行业专家与济南市、钢城区有关部门到莱芜分公司进行产能置换和装备退出核查验收。莱芜分公司党委副书记、总经理吕铭，副总经理于文波陪同。

19 日 莱芜分公司第四届职工代表大会第二次会议在办公楼召开。会议回顾总结 2022 年工作，分析面临的形势任务，明确 2023 年工作思路、目标、重点和措施，莱芜分公司领导王向东、吕铭等出席会议。

20 日 济南市钢城区委副书记、区长程学锋一行到山钢研究院看望慰问科技工作者。山钢股份党委书记、董事长王向东在山钢研究院办公楼与程学锋一行座谈。

22 日 山钢股份、莱芜分公司领导王向东、吕铭、于文波、徐峰、齐登业、刘晓军、景凯到生产一线看望慰问春节期间坚守岗位的干部职工。

27 日 莱芜分公司棒材厂二轧车间经过十余天的设备技术升级改造，直径 22 毫米规格螺纹钢日产纪录达 4528 吨，刷新该车间自投产以来此规格日产最高水平。

28 日 中国邮政储蓄银行莱芜分行党委书记、行长孙浩一行到访。山钢股份党委副书记、总经理，莱芜分公司党委副书记、总经理吕铭在办公楼与客人座谈。

29 日 中国铁路济南局集团有限公司副总经理赵红森一行到访。山钢股份党委副书记、总经理，莱芜分公司党委副书记、总经理吕铭在办公楼与客人座谈。

● 山钢股份党委、莱芜分公司党委理论学习中心组举行集体学习。山钢股份、莱芜分公司领导王向东、吕铭等参加学习。

31 日 中共山东省委书记林武到山钢集团日照公司调研，山东省委常委、秘书长张海波，日照市委书记张惠参加调研。山钢集团党委书记、董事长侯军陪同调研。

● 莱芜分公司机关 2023 年政治工作会议在办公楼召开，莱芜分公司党委副书记、工会主席齐登业出席会议并对下一步工作提出要求。

本月 莱芜基地板带厂冷轧生产线生产 50-ST、HG500-JF 等品种钢 2150 余吨，成材率达 90.81%，创出历史最高水平。

● 莱芜分公司炼铁厂共生产生铁 903698.39 吨，其中 1 号 3800 立方米高炉生产生铁 296676.69 吨，打破月产、日产纪录，创出开炉以来最好成绩。

2 月

1 日 欧冶工业品股份有限公司董事长、总裁王静一行到访。山钢股份党委副书记、总经理，莱芜分公司党委副书记、总经理吕铭在办公楼与客人座谈。

2 日 中国工商银行莱芜分行党委书记、行长余程辉一行到访。山钢股份党委副书记、总经理，莱芜分公司党委副书记、总经理吕铭在办公楼与客人座谈。

3 日 中国铁路济南局烟台车务段运输副段长赵亮一行到访。莱芜分公司副总经理刘晓军在办公楼与客人座谈。

6 日 山钢股份 2023 年党风廉政建设暨警示教育（视频）会议在办公楼召开。山钢股份领导王向东、吕铭等出席会议。

7 日 省"四进"钢城支队到莱芜分公司调研。莱芜分公司副总经理于文波在办公楼与工作队座谈。

● 山钢集团职工信赖的职工之家、娘家人现场评审会议在办公楼召开。山钢集团工会副主席刘松林，山钢股份党委副书记、工会主席高凤娟，莱芜分公司党委副书记、工会主席齐登业出席。

9日 冶金工业经济发展研究中心党委书记、主任冯超一行到访。山钢股份党委书记、董事长，莱芜分公司党委书记王向东，山钢股份副总经理尉可超在办公楼与客人座谈。

• 日照公司党委召开阳光购销专项巡察工作动员会，针对阳光购销领域开展为期两个月的专项巡察工作。

10日 宝武资源有限公司党委书记、董事长施兵，党委常委、高级副总裁朱学滨一行到访。山钢集团党委委员、副总经理，山钢股份党委书记、董事长，莱芜分公司党委书记王向东，山钢集团总经理助理刘慈玲，山钢股份党委副书记、总经理，莱芜分公司党委副书记、总经理吕铭在办公楼与客人座谈。

• 莱芜分公司2023年纪检工作会议暨2022年度纪委书记述责述廉会议在办公楼召开。莱芜分公司党委委员、纪委书记徐峰出席会议并对下一步工作提出具体要求。

14日 日照市税务局党委委员、副局长王玮一行到日照公司走访看望第十四届全国人民代表大会代表胡淑娥。日照公司党委副书记、工会主席刘洪波陪同。

15日 日照公司召开大监督体系建设暨纪检工作推进会。公司党委书记、总经理张润生作了题为《做深做实大监督体系建设，一刻不停推进全面从严治党》的讲话并开展廉洁谈话。

16日 山东省工信厅领导组织钢铁行业专家与济南市、钢城区有关部门就钢铁行业发展情况到莱芜分公司调研。莱芜分公司副总经理于文波陪同。

17日 共青团山钢股份莱芜分公司三届二次全委（扩大）会议在办公楼召开。莱芜分公司党委副书记、工会主席齐登业出席会议并对下一步工作提出要求。

• 美的集团采购中心总经理周树青一行到访。山钢股份党委书记、董事长，莱芜分公司党委书记王向东在办公楼与客人座谈。

• 宝武水务科技有限公司总经理、党委副书记张青一行到访。公司领导王向东、吕铭在办公楼与客人座谈。

18日 2023年济南市新旧动能转换重点项目现场观摩活动走进山钢股份莱芜分公司。济南市委书记刘强，市委副书记、市长于海田，市人大常委会主任韩金峰，市政协主席雷杰，市委副书记杨峰一行到莱芜分公司考察项目进展情况。山钢集团党委书记、董事长侯军，山钢集团党委委员、副总经理，山钢股份党委书记、董事长，莱芜分公司党委书记王向东，山钢集团党委委员，山钢股份党委副书记、总经理，莱芜分公司党委副书记、总经理吕铭陪同。

• 山钢集团党委书记、董事长侯军一行到莱芜分公司调研。莱芜分公司领导王向东、吕铭在炼钢厂汇报工作。

21日 中钢国际、中钢设备副总经理云东一行到访。莱芜分公司副总经理于文波在办公楼与客人座谈。

• 山钢股份党委（扩大）会议暨2022年度党组织书记履行全面从严治党责任和抓基层党建工作述职评议会议在办公楼召开。山钢股份领导王向东、吕铭等出席会议。

22日 山钢集团党委副书记、总经理陶登奎到山钢股份莱芜分公司调研。山钢股份党委书记、董事长，莱芜分公司党委书记王向东，山钢股份党委副书记、总经理，莱芜分公司党委副书记、总经理吕铭陪同。

• 常州宝菱重工机械有限公司业务总监蔡泉一行到访。莱芜分公司副总经理程鼎在办公楼与客人座谈。

• 中粮包装投资有限公司供应链管理部总经理方东升一行到访。山钢股份副总经理周铭在办公楼与客人会谈。

● 日照公司党委召开（扩大）会议暨2022年度党组织书记履行全面从严治党责任和抓基层党建工作述职评议会。日照公司党委书记、总经理张润生主持会议。公司党委领导刘洪波、秦立彬、姚建平、张永青出席会议。

● 日照公司党委理论学习中心组举行集体学习。日照公司党委书记、总经理张润生主持学习并讲话。公司党政领导杨金光、刘洪波、蒋学健、秦立彬、刘宜伟、姚建平、张永青出席会议。

23日 山钢股份2022年度党员领导干部民主生活会在办公楼召开。山钢集团党委书记、董事长侯军带领督导组一行出席并指导。山钢股份领导王向东、吕铭等出席会议。

24日 山钢股份党委、莱芜分公司党委理论学习中心组集体学习在办公楼举行。山钢股份、莱芜分公司领导王向东、吕铭、高凤娟、赵智珠等参加学习并对学习内容进行了领学。

27日 山钢股份党委2023年巡察整改"回头看"和山钢股份重点关注事项专项巡察进驻前动员会在办公楼召开。山钢股份党委委员、纪委书记赵智珠出席。

● 莱芜分公司2022年度党员领导干部民主生活会在办公楼召开。莱芜分公司领导王向东、吕铭等出席会议。

28日 莱芜分公司党委月度工作例会在办公楼召开。莱芜分公司领导吕铭、齐登业、姜世远、景凯出席会议。

本月 山东省总工会印发《关于2022年度山东省职工创新创效竞赛省级决赛结果的通报》，山钢股份莱芜分公司特钢事业部申报的"超大断面圆坯'无辅助液芯连接'热换技术的研究与应用"获山东省职工创新创效竞赛特等奖，日照公司申报的"冷轧热镀锌产线绿色洁净化生产技术集成

与应用"与莱芜分公司炼钢厂申报的"带肋钢筋用钢低成本冶炼技术创新与实践"获三等奖。

● 莱芜分公司新旧动能转换项目特钢5万立方米转炉煤气柜正式投运。

● 莱芜分公司板带厂热处理车间2号抛丸机顺利验收交付使用。

● 莱芜分公司新旧动能转换配套型钢中型新建加热炉项目举行开工仪式，标志着型钢厂中型轧钢生产线配套加热炉项目建设正式开工。

● 莱芜分公司焦化厂回收车间开展产品质量提升竞赛活动。该厂在各区域设置"产品质量控制墙"，让各岗位、班次关键指标完成情况"上墙"，通过以赛促赛的方式不断提升产品质量。

● 莱芜分公司焦化厂开展"焦炉炉体治理春季战役"，组织职工加强焦炉保养维护，提升炉体结构强度和严密性，进一步降低吨焦煤气燃耗，提升焦炉生产效率。

● 莱芜分公司板带厂热轧运行车间组织青年职工成立"青年志愿服务流动岗"，积极开展"青春暖春"系列志愿服务。

● 山钢股份莱芜分公司制定下发《环境绩效创A行动方案》，决定通过推进公司完成全流程超低排放改造，实现2023年公司整体环境绩效全面创A。

● 山钢股份党委领导王向东、吕铭、高凤娟、赵智珠分别到各单位督导2022年度党员领导干部民主生活会并对会议召开情况作出点评。

3月

1日 山钢股份莱芜分公司工会一届二十二次全委（扩大）会议在办公楼召开。莱芜分公司党委副书记、工会主席齐登业出席会议。

● 济南市委组织部"行走一线、知事

识人"干部工作调研组到莱芜分公司智慧炼钢项目调研。莱芜分公司党委委员、党委组织部部长/人力资源部经理姜世远陪同。

2日 莱芜分公司庆"三八"表彰会暨第十届"书香三八"读书活动启动仪式在办公楼举行。莱芜分公司党委副书记、工会主席齐登业出席并为受表彰的先进集体和个人颁奖。

● 山钢矿业党委副书记、纪委书记、工会主席封常福一行到访。莱芜分公司党委副书记、工会主席齐登业在办公楼与客人座谈。

4日 莱芜分公司广大青年志愿者走进社区开展"学雷锋"社区集中便民志愿服务活动。莱芜分公司党委副书记、工会主席齐登业到各活动现场了解活动开展情况并看望慰问志愿者。

6日 山钢股份庆"三八"表彰大会在工人文化宫召开。山钢股份公司领导王向东、高凤娟等出席并为受表彰的先进集体和个人颁奖。

7日 山钢股份党委书记、董事长，莱芜分公司党委书记王向东，山钢股份党委副书记、工会主席高凤娟，莱芜分公司党委副书记、工会主席齐登业分别走访慰问省级工会"妈妈小屋"和困难女职工。

8日 山焦销售日照有限公司董事长段高峰一行到访。山钢股份董事会秘书金立山，营销总公司党委书记、总经理郭伟达在办公楼与客人座谈。

10日 山钢股份、莱芜分公司领导王向东、吕铭等到特钢事业部植树点参加植树节义务植树活动。

11日 莱芜分公司"青年三百人才"培训班开班暨"每月一堂成长课"启动仪式在莱钢党校/培训中心举行。

14日 山钢集团党委书记、董事长侯军，山钢集团安全总监王培文到山钢股份

莱芜分公司进行安全包保责任制检查。山钢股份党委书记、董事长，莱芜分公司党委书记王向东，山钢股份党委副书记、总经理，莱芜分公司党委副书记、总经理吕铭陪同。

● 山钢集团党委书记、董事长侯军带领督导检查组到山钢股份开展2022年度履行全面从严治党主体责任暨党建工作责任制检查。山钢股份领导王向东、吕铭、高凤娟、赵智珠在办公楼汇报工作。

● 山钢股份全员创新总结表彰暨创新周启动大会在莱芜分公司炼钢大学堂举行。山东省总工会党组成员、副主席唐艳霞，山东省冶金工会副主席肖敬慧，山钢集团党委书记、董事长侯军，山钢集团党委委员、副总经理，山钢股份党委书记、董事长王向东，山钢集团党委委员，山钢股份党委副书记、总经理吕铭出席会议并为受表彰的个人和集体代表颁奖。

16日 日照公司召开座谈会欢迎第十四届全国人大代表、公司专家胡淑娥履职归来。

22日 福建龙净脱硫脱硝工程有限公司总经理助理林澎山一行到访。莱芜分公司副总经理刘晓军在办公楼与客人座谈。

24日 山钢股份党委、莱芜分公司党委理论学习中心组集体学习在办公楼举行。山钢股份、莱芜分公司领导王向东、赵智珠等参加学习。全国人大代表、全国劳模、日照公司钢铁研究院专家胡淑娥传达了十四届全国人大一次会议精神。

28日 济南市副市长马保岭一行就工业经济运行和安全生产工作到莱芜分公司调研。钢城区委书记郅颂，山钢股份党委副书记、总经理，莱芜分公司党委副书记、总经理吕铭陪同调研。

29日 山钢股份第七届董事会第二十一次会议在办公楼召开。山钢股份党委书记、董事长王向东，独立董事徐金梧等出

席会议。山钢股份党委副书记、总经理吕铭，党委副书记、工会主席、监事会主席高凤娟等列席会议。

• 山钢集团举办"学习贯彻问责工作办法"专题培训班。山钢集团党委常委、纪委书记、监察专员赵文友作培训开班讲话。山钢股份、莱芜分公司领导王向东、高凤娟等分别在分会场同步收听收看视频会议。

• 山钢股份第七届监事会第十三次会议在办公楼召开。山钢股份党委副书记、工会主席、监事会主席高凤娟，监事罗文军、徐峰、李东祥、高淑军出席会议。

• 山钢股份第一期全员创新论坛在办公楼举行。山钢股份党委副书记、工会主席高凤娟，莱芜分公司党委副书记、工会主席齐登业出席。

30日 山东能源集团营销贸易有限公司党委委员、纪委书记孔庆川一行到访。山钢股份党委委员、纪委书记赵智珠，莱芜分公司党委委员、纪委书记徐峰在办公楼与客人座谈。

• 莱芜分公司党委月度工作例会在办公楼召开。莱芜分公司领导王向东、齐登业等出席会议。

本月 莱芜分公司棒材厂二轧产线直径16毫米规格螺纹钢日产达4321吨，刷新该车间自投产以来该规格日产最高水平。

• 莱芜分公司职工踊跃报名参加无偿献血活动，数日内，无偿献血人数已达300余人，献血10万多毫升。

• 莱芜分公司领导王向东、吕铭、于文波、徐峰、齐登业、刘晓军、程鼎、苗仲元、姜世远、景凯分别到各单位开展网格化包保责任体系安全履职检查。

• 莱芜分公司棒材厂开发的HRB600E高强钢筋试轧成功并进入批量生产阶段，力学性能和表观质量达到相关标准，标志着该厂已具备高强钢筋的全品种供货能力。

• 莱芜基地板带厂获2022年度山东省企业设备管理成熟度三星单位。

• 日照公司召开精益管理总结表彰暨深入推进实施动员大会，系统总结第一个精益管理三年纲要实施以来取得的成绩，表彰先进，分析问题，研判形势。

• 山钢股份党委副书记、总经理，日照公司董事长吕铭，参加联系点日照公司炼铁厂第一高炉作业区党支部组织生活会。

• 日照公司召开庆"三八"表彰会暨第五届"书香三八"读书成果展示会，共同庆祝国际妇女节，进一步汇聚"争上游、走在前"的巾帼力量。

• 莱芜分公司80毫米厚EH690Z35超高强海洋工程用钢板在中国船级社验船师见证下完成检验，性能全部合格，标志着该批订单生产任务顺利完成。

• 莱芜分公司获得进入中石油能源网的供应商入网资质，成为一级材料供应商，标志着双方即将开启更加全面的深化合作。

4月

7日 莱芜分公司保密档案工作专题会议在办公楼召开。莱芜分公司党委副书记、工会主席齐登业出席会议并对保密档案工作提出具体要求。

8日 山钢股份、莱芜分公司机关举办"争上游、走在前"环湖健步走活动。山钢股份、莱芜分公司领导吕铭、高凤娟出席。

11日 驻莱市级老领导到莱芜分公司参观智慧炼钢项目。莱芜分公司副总经理于文波陪同。

12日 山钢集团党委副书记、总经理陶登奎到山钢股份调研。山钢股份党委副书记、总经理，莱芜分公司党委副书记、总经理吕铭陪同调研。

本月 山东省纪委监委第十三审查调

查室副主任孙海清一行到山钢股份开展党性实践活动。山钢集团纪委副书记李荣臣，山钢股份党委委员、纪委书记赵智珠，莱芜分公司党委委员、纪委书记徐峰在办公楼与孙海清一行座谈。

● 中铁物资集团有限公司副总经理吴福存一行到访。山钢股份党委书记、董事长，莱芜分公司党委书记王向东，营销总公司党委书记、总经理郭伟达在办公楼与客人座谈。

● 首钢京唐公司党委副书记、总经理李明一行到访。山钢股份党委副书记、总经理，莱芜分公司党委副书记、总经理吕铭，山钢股份副总经理周铭，营销总公司党委书记、总经理郭伟达在办公楼与客人座谈。

● 山钢股份领导王向东、吕铭、高凤娟、赵智珠分别到日照公司、营销总公司、山钢研究院、莱芜分公司、冶金机械厂、机关党委开展2022年度党组织履行全面从严治党责任暨党建工作责任制集中检查。

● 莱芜分公司型钢厂低合金高强度结构用热轧 H 型钢、碳素结构钢热轧 H 型钢，型钢公司板带厂4300毫米厚板线生产的高强度结构用调质钢板被中国钢铁工业协会冠名为"金杯优质产品"

5月

3日 型钢公司板带厂厚板线轧制钢板6846吨，刷新该产线日产纪录。

5日 三一集团索特传动设备有限公司研究院副院长封小鹏一行到访。莱芜分公司副总经理程鼎在办公楼与客人座谈。

7日 山钢股份机关党委组织开展"传承红色基因，汲取奋进力量"革命传统教育暨主题党日活动。山钢股份领导王向东、高凤娟、尉可超参加活动。

8日 山东省政协主席葛慧君一行围

绕绿色低碳高质量发展工作到山钢股份莱芜分公司调研。山钢集团党委书记、董事长侯军，山钢集团党委委员、副总经理，山钢股份党委书记、董事长，莱芜分公司党委书记王向东，山钢集团党委委员，山钢股份党委副书记、总经理，莱芜分公司党委副书记、总经理吕铭陪同调研。

● 莱芜分公司召开会议传达贯彻山钢集团安全生产工作专题视频会议暨二季度安委会（扩大）会议精神。莱芜分公司领导王向东、吕铭等出席会议。

8日至9日 莱芜分公司学习贯彻习近平新时代中国特色社会主义思想主题教育读书班暨第一专题集中学习在办公楼举行。莱芜分公司党委副书记、工会主席齐登业，副总经理于文波、程鼎，安全总监苗仲元参加学习。

9日 山钢股份与山东鲁碧建材廉洁共建协议签字仪式在山东鲁碧建材有限公司举行。山钢股份党委副书记、纪委书记、工会主席高凤娟，山东鲁碧建材有限公司董事长梁尚杰出席仪式。

10日 山钢股份与宝武装备智能科技有限公司战略合作签约仪式在办公楼举行。山钢股份党委书记、董事长，莱芜分公司党委书记王向东，山钢股份党委副书记、总经理吕铭，宝武装备智能科技有限公司董事长、党委书记朱湘凯，总裁、党委副书记陶树贵出席签约仪式。

● 莱芜分公司庆"五四"表彰暨党建带团建工作推进会在办公楼召开。莱芜分公司领导王向东、吕铭、齐登业等出席。

12日 莱芜分公司党委组织开展"重温红色历史，汲取奋进力量"党性教育活动。莱芜分公司领导齐登业、徐峰等参加活动。

16日 中国品牌日（山东）活动嘉宾到日照公司现场观摩，先后参观了智能管控大厅、冷轧厂镀锌生产现场。

19日 青岛市人大常委会副主任、市总工会主席张建刚，青岛市总工会党组成员、经审委主任邹杰一行在日照市总工会党组书记、常务副主席王磊的陪同下到日照公司开展职工创新创效工作调研。山钢集团公司工会副主席刘松林，日照公司党委副书记、董事、工会主席刘洪波陪同调研。

22日 围绕"山钢集团抓实意识形态赋能重大改革落地和推进经营绩效改善情况调研"课题，山钢集团党委书记、董事长侯军到山钢股份开展主题教育专题调研。

23日 莱芜分公司第五届"十大工匠"暨先进"班、组、岗、法、星"命名表彰会在办公楼召开。莱芜分公司党委副书记、工会主席齐登业出席会议。

● 中核资源再生有限公司党支部书记、董事长于涛一行到访。莱芜分公司副总经理于文波在办公楼与客人座谈。

24日 山钢股份意识形态和宣传思想工作专题培训班在新兴大厦开班。山钢股份党委副书记、纪委书记、工会主席高凤娟出席开班仪式。

25日 中国一冶集团有限公司副总经理、总工程师田国清一行到访。莱芜分公司副总经理于文波在办公楼与客人座谈。

26日 山钢股份信访案例分析共享会在办公楼举行。山钢股份党委副书记、纪委书记、工会主席高凤娟出席。

28日 中国工程院院士、中南大学教授姜涛一行到访。莱芜分公司副总经理程鼎在办公楼与客人座谈。

30日 莱芜分公司党委月度工作例会在办公楼召开。莱芜分公司领导王向东、齐登业等出席会议。

本月 莱芜分公司职工拔河队代表山钢在第二十二届全国拔河锦标赛暨2024年世界室内拔河锦标赛选拔赛、"永联杯"全国拔河城市联赛总决赛上分别斩获4枚金牌、4枚银牌、1枚铜牌，职工拔河男女队成功拿到明年世界室内拔河锦标赛的入场券。

● 欧冶链金再生资源有限公司北方分公司总经理代松一行到访。山钢股份党委书记、董事长，莱芜分公司党委书记王向东，莱芜分公司副总经理刘晓军在办公室与客人座谈。

● 山钢股份学习贯彻习近平新时代中国特色社会主义思想主题教育读书班暨党委理论学习中心组学习（扩大）会在办公楼举行。山钢集团党委主题教育第一巡回指导组有关领导，山钢股份、莱芜分公司领导王向东、吕铭等参加学习。

● 钢城区委副书记、区长程学锋到特钢事业部调研重点项目建设情况。莱芜分公司副总经理于文波陪同调研。

● "山东省钢铁工业绿色发展技术路径研究"项目启动会及钢铁工业绿色发展院士讲座在日照公司召开。

● 日照公司举办学习型组织理论专题培训，特邀上海明德学习型组织研究所所长张声雄教授为大家授课，进一步深化学习型组织建设，强化学习型组织理论指导实践能力。

● 山钢股份保密办组织公司领导、关键岗位及保密业务人员赴省保密教育实训平台进行学习。

● 山钢股份劳动模范表彰暨"争上游、走在前"主题宣讲大会在莱芜分公司炼钢厂大学堂召开。山钢股份领导王向东、吕铭等出席会议并为受表彰的先进个人颁奖。

● 莱芜分公司型钢厂BB1坯型试轧H700X300型钢获成功。

● 上海交通大学自动化系教授、博导苏剑波一行到访。莱芜分公司党委委员、纪委书记徐峰在山钢研究院与客人座谈。

● 山东省政府研究室（省委第十巡回指导组）、济南市政府研究室（市委第九巡回指导组）联合钢城区政府研究室到莱芜分公司开展党性教育活动。莱芜分公司副总经理于文波陪同参观。

● 巨龙钢管有限公司总经理吴亚军一行到访。山钢股份党委书记、董事长，莱芜分公司党委书记王向东，山钢股份党委副书记、总经理，莱芜分公司党委副书记、总经理吕铭在办公楼与客人座谈。

6 月

1 日 贝斯山钢（山东）钢板有限公司股东交流会在办公楼举行。山钢股份党委书记、董事长，莱芜分公司党委书记王向东与比萨劳伊钢铁公司常务董事、首席执行官罗恩·梅尔罗斯一行座谈。

6 日至 7 日 山钢股份党委举行学习贯彻习近平新时代中国特色社会主义思想主题教育读书班第三专题集中学习，聚焦"深入学习贯彻习近平总书记关于调查研究、树立和践行正确政绩观的重要论述和对山东工作的重要指示要求，深入学习贯彻习近平总书记关于国有企业改革发展和党的建设的重要论述"主题开展学习交流。

13 日 欧冶链金再生资源有限公司高级副总裁陶炜一行到访。莱芜分公司副总经理于文波在办公楼与客人座谈。

14 日 山钢集团 2023 年度厚板重点用户专场座谈会在日照召开。山钢集团副总经理，山钢股份党委书记、董事长，莱芜分公司党委书记王向东与日照市委副书记王新生分别致辞。山钢股份党委副书记、总经理，莱芜分公司党委副书记、总经理吕铭主持会议。

● 莱芜分公司"守初心、知敬畏、勇担当"党风廉政教育培训班在莱钢党校/培训中心开班。莱芜分公司党委委员、纪委书记徐峰，党委委员、党委组织部部长/人力资源部经理姜世远出席开班仪式。

16 日 莱芜分公司"打盗挽损"保驾护航企业高质量发展现场会在保卫部召开。山钢集团副总经理，山钢股份党委书记、董事长，莱芜分公司党委书记王向东，银山公安局党委书记、局长张海龙出席会议。

19 日 山钢股份党委举办学习贯彻习近平新时代中国特色社会主义思想主题教育专题党课。山钢股份党委书记、董事长，主题教育领导小组组长王向东以《凝心铸魂悟思想 真抓实干建新功 以攻坚必胜信心决心争上游走在前》为主题作专题党课。

26 日 山钢集团 2023 年度冷热轧产品重点用户专场座谈会在日照召开。山钢集团党委书记、董事长侯军，日照市副市长吕祥永分别致辞，山钢集团副总经理，山钢股份党委书记、董事长王向东主持会议。山钢股份党委副书记、总经理吕铭参加会议。

27 日至 28 日 山钢股份学习贯彻习近平新时代中国特色社会主义思想主题教育第四专题读书班在办公楼举行，聚焦"正确理解和大力推进中国式现代化"主题，结合"提升政治能力、思维能力、实践能力"，开展学习交流。

28 日 山钢股份召开党委理论学习中心组集体学习（扩大）暨读书班交流会。山钢股份、莱芜分公司领导王向东、吕铭等参加学习。

29 日 莱芜分公司机关庆"七一"党内先进表彰大会在办公楼召开。莱芜分公司党委副书记、工会主席齐登业出席会议。

本月 莱芜分公司新旧动能转换项目新动区炼钢供水环线优化改造完成，为新动区炼钢实现充足、稳定供水提供了强有力支撑。

7 月

24 日 山钢股份党委理论学习中心组

举行集体学习。山钢股份、莱芜分公司领导王向东、吕铭等参加学习并对学习内容进行领学。

25日至28日 莱芜分公司领导王向东、吕铭、齐登业分别到各单位开展"酷暑送清凉　送奖到岗位"活动。

26日 莱芜分公司党委月度工作例会在办公楼召开。莱芜分公司党委领导王向东、齐登业、徐峰、姜世远、景凯出席会议。

29日 国家优质工程奖现场复查专家组组长李永康一行到莱芜分公司新旧动能转换项目陶家岭区转炉连铸工程开展国家优质工程奖复查工作。山钢股份党委书记、董事长，莱芜分公司党委书记王向东，中国一冶集团有限公司副总经理、总工程师田国清，莱芜分公司副总经理于文波在钢都大厦与李永康一行座谈。

本月 由山东金属学会联合有关省市学会/协会共同主办、山钢股份等单位协办的"2023冶金工业绿色低碳发展论坛暨钢铁、焦化行业低碳及'超低排'升级改造技术研讨会"在泰安举行。山钢股份莱芜分公司焦化厂应邀出席论坛，并作了典型经验交流发言，受到与会人员的高度评价。

8月

1日 中核再生资源有限公司总经理何向华一行到访。莱芜分公司副总经理于文波在办公楼与客人座谈。

●山钢股份党委召开学习贯彻习近平新时代中国特色社会主义思想主题教育调研成果交流会。会上，山钢股份党委书记、董事长王向东，党委副书记、总经理吕铭，党委副书记、纪委书记、工会主席高凤娟交流调研成果；课题组对三项正面典型案例、一项反面典型案例进行剖析。

2日 中共山东省委书记林武到山钢集团调研工业产业绿色转型升级发展情况。山东省委常委刘强、张海波，省直有关部门主要负责人参加调研。山钢集团党委书记、董事长侯军，山钢集团副总经理，山钢股份党委书记、董事长，莱芜分公司党委书记王向东，山钢股份党委副书记、总经理，莱芜分公司党委副书记、总经理吕铭陪同调研。

8日 山钢股份首席专家讲坛暨北方工业大学张立峰校长学术报告会在办公楼举行。本次讲座特邀北方工业大学校长张立峰作了题为《钢中硫化物生成机理和控制技术及钢液钙处理减量化研究》的学术报告。山钢股份党委书记、董事长，莱芜分公司党委书记王向东出席讲座。

9日 日立建机（中国）有限公司、山东钢铁股份有限公司、合肥三洋钢材有限公司战略合作协议签订仪式在钢都大厦举行。山钢股份党委书记、董事长，莱芜分公司党委书记王向东，山钢股份党委副书记、总经理，莱芜分公司党委副书记、总经理吕铭，日立建机（中国）有限公司总经理山野边聪，合肥三洋钢材有限公司董事长潘峰出席签约仪式。

●上海宝钢节能环保技术有限公司总经理孟玖华一行到访。山钢股份党委书记、董事长，莱芜分公司党委书记王向东，莱芜分公司副总经理刘晓军在办公楼与客人座谈。

●山钢集团财务公司党总支副书记、总经理高勇一行到访。山钢股份党委副书记、总经理，莱芜分公司党委副书记、总经理吕铭在办公楼与客人座谈。

10日 济南市城乡交通运输局与山钢股份战略合作签约活动在钢都大厦举行。济南市城乡交通运输局党组书记、局长曹殿军，钢城区委书记郯颂，钢城区委副书记、区长程学锋，山钢股份党委书记、董事长，莱芜分公司党委书记王向东出席签约仪式。

11日至12日 第六届全国冶金职工运动会"山钢站"暨山钢股份莱芜分公司"特钢杯"职工拔河比赛在莱钢文体活动中心举行。中国机械冶金建材工会二级巡视员刘向东，中国冶金体育协会秘书长姜荣，中国拔河协会会长何珍文，山东省总工会二级巡视员、省冶金工会主席刁维强，山钢股份党委书记、董事长，莱芜分公司党委书记王向东，山钢集团工会副主席刘松林，莱芜分公司党委副书记、工会主席、中国拔河协会副会长齐登业，中国拔河协会常务委员、山东省拔河协会理事长刘辉出席开幕式。

14日 莱芜分公司党委召开学习贯彻习近平新时代中国特色社会主义思想主题教育调研成果交流会。山钢股份党委书记、董事长，莱芜分公司党委书记王向东主持会议，莱芜分公司副总经理于文波、刘晓军、程鼎，安全总监苗仲元，各部门主要负责人参加会议，山钢股份党委主题教育第三巡回指导组高淑军、耿亮到会指导。

15日 莱芜分公司第四届职代会第三次代表团长联席会议在办公楼召开。莱芜分公司党委副书记、工会主席齐登业出席会议。

16日 山钢集团副总经理，山钢股份党委书记、董事长王向东一行到上汽集团安悦汽车物资有限公司走访，与上汽集团安悦汽车物资有限公司总经理柯文灿、党委书记王磊及相关人员进行座谈交流。

● 中钢洛耐科技股份有限公司副总经理，武汉耐材党委书记、执行董事、总裁左锐一行到访。莱芜分公司副总经理刘晓军在办公楼与客人座谈。

18日 山钢集团党委常委、董事、"靠企吃企"问题专项整治领导小组副组长陈向阳到山钢股份督导"靠企吃企"问题专项整治工作。山钢股份党委副书记、

总经理，莱芜分公司党委副书记、总经理吕铭陪同并对前期工作落实情况进行了系统汇报。陈向阳对下一步工作提出具体要求。

● 莱芜分公司党委月度工作例会在办公楼召开。莱芜分公司党委领导齐登业、徐峰、姜世远、景凯出席会议。

● 日照公司超低排放改造工作情况在日照市生态环境局官网公示，成为山东省第一家完成焦化超低排放改造并在生态环境部门公示的企业。

22日 北京科技大学教授刘青一行到访。山钢股份党委书记、董事长，莱芜分公司党委书记王向东在办公楼与客人座谈。

25日 山钢股份党委、莱芜分公司党委理论学习中心组集体学习在办公楼举行。山钢股份、莱芜分公司领导王向东、吕铭等参加学习。

30日 山钢股份学习贯彻习近平新时代中国特色社会主义思想主题教育专题民主生活会在办公楼召开。山钢集团党委书记、董事长、第一巡回指导组组长侯军一行到会指导。山钢股份领导王向东、吕铭等参加会议。

● 山钢股份统战成员"凝心铸魂强根基、团结奋进新征程"主题教育专题辅导在办公楼举行。山钢股份党委副书记、纪委书记、工会主席高凤娟出席会议。

31日 山钢股份学习贯彻山东省工会第十六次代表大会精神专题宣讲会在办公楼召开。省总工会十六大代表，山钢股份党委副书记、纪委书记、工会主席高凤娟，莱芜分公司党委副书记、工会主席齐登业出席会议。

本月 日照公司以1号高炉中修为中心的大面积系统检修圆满收官。

● 日照公司组织各单位主要负责人及部分安全管理人员取证/复审考试，对18名新入职大学生进行了公司级安全教育，

督促各单位逐级开展厂级、作业区级、班组级安全教育，确保培训时间不少于72学时。

● 日照公司组织开展焦化超低排放技术审查及现场评估会，邀请行业专家对改造现场和评估报告进行审查，专家对日照公司焦化超低排放给予较高评价，一致同意通过焦化超低排放评估。

9月

6日 中南钢铁股份有限公司副总裁戴文笠一行到访。山钢股份党委书记、董事长，莱芜分公司党委书记王向东，莱芜分公司副总经理程鼎在办公楼与客人座谈。

11日 山钢集团工程建设领域"靠企吃企"问题专项监督启动会在山钢股份办公楼召开。山钢集团党委常委、董事陈向阳，山钢集团副总经理，山钢股份党委书记、董事长，莱芜分公司党委书记王向东，山钢股份党委副书记、总经理，莱芜分公司党委副书记、总经理吕铭出席会议。

15日 山钢股份在日照公司召开焦化工序对标挖潜现场会。山钢股份党委书记、董事长王向东出席会议并讲话，山钢股份党委副书记、总经理吕铭主持会议，山钢股份副总经理尉可超、张润生出席会议。

21日 山东省工信厅党组书记、厅长张海波一行到山钢集团调研。山东省工信厅总工程师、二级巡视员孙京军，济南市工信局局长汲佩德等领导陪同调研。山钢集团党委书记、董事长侯军，钢城区委书记郅颂，莱芜分公司副总经理于文波陪同。

21日至22日 由中国钢铁工业协会主办，山钢股份、冶金科技发展中心承办的钢铁行业压缩空气系统高能效专题技术交流对接会在济南召开。中国钢铁工业协会副秘书长冯超，山钢集团副总经理，山钢股份党委书记、董事长，莱芜分公司党委书记王向东，中国钢铁工业协会专务理事兼科技环保部主任张永杰，冶金工业信息中心主任张建，莱芜分公司副总经理刘晓军，中国钢铁工业协会冶金科技发展中心主任姜尚清出席会议。

25日 山钢股份党委、莱芜分公司党委理论学习中心组集体学习在办公楼举行。山钢股份党委书记、董事长，莱芜分公司党委书记王向东，山钢股份党委副书记、总经理，莱芜分公司党委副书记、总经理吕铭等参加学习。

26日 全国总工会劳动和经济工作部产业工人队伍建设改革处处长、一级调研员李实，山东省总工会生产保护部部长丁博一行到山钢股份调研。山钢集团工会副主席刘松林，山钢股份党委副书记、纪委书记、工会主席高凤娟陪同。

● 莱芜分公司在炼铁厂举行"中国梦·强企梦·我的梦"职工主题宣讲活动。莱芜分公司党委书记王向东，党委副书记、工会主席齐登业出席活动并为优秀组织奖单位和获奖作品代表颁奖。

27日 莱芜分公司召开党委月度工作例会暨"靠企吃企"问题专项整治工作推进会。莱芜分公司党委领导王向东、齐登业、徐峰、姜世远、景凯出席会议。

本月 山钢股份党委领导王向东、吕铭、高凤娟分别到部分单位督导主题教育专题民主生活会。

● 山钢股份营销总公司华北销售公司与天津某钢管加工制造企业成功签订近5000吨高级别管线钢订单，该批订单交付加工后将用于位于西非中南部的贝宁共和国港口项目建设。

● 山钢股份营销总公司成功开发终端用户山东某农业综合开发公司，双方首次合作即签订近8000吨型钢产品框架协议订单，实现了鲁西区域终端用户开发新突破。

10 月

1 日　山钢股份公司领导王向东、吕铭到生产现场和工作一线，慰问节日坚守岗位的干部职工。

7 日　济南市副市长杨丽一行到莱芜分公司就废钢铁回收利用行业及重点企业相关情况进行调研。钢城区委书记郅颂，莱芜分公司党委副书记、总经理吕铭陪同。

8 日　山钢股份举行"钢铁行业数字化转型　走新型工业化道路"学术报告会。本次报告会邀请中国工程院院士，东北大学教授、博士生导师王国栋作学术报告。会前，山钢集团、山钢股份及莱芜分公司有关领导陈向阳、王向东、吕铭、程鼎与王国栋一行就钢铁全流程数字化转型科技合作进行了座谈。

11 日　山东省派驻济南市"四进"工作总队到莱芜分公司调研。莱芜分公司党委副书记、工会主席齐登业陪同到炼钢厂新动区参观。

13 日　中共山东省委第一巡回督导组到莱芜分公司调研。莱芜分公司党委委员、党委组织部部长/人力资源部经理姜世远陪同到炼钢厂新动区参观。

14 日　山钢集团副总经理，山钢股份党委书记、董事长王向东在上海参加全球低碳冶金创新联盟年度工作会议，并在会上作交流发言。

15 日　天津大学、南开大学、哈尔滨工程大学山东校友会到莱芜分公司考察交流。莱芜分公司党委委员、党委组织部部长/人力资源部经理姜世远陪同到炼钢厂新动区参观。

17 日　莱芜分公司召开会议传达贯彻山钢集团 2023 年三季度工作会议精神。莱芜分公司领导于文波、蒋学健、徐峰、齐登业、程鼎、苗仲元、姜世远出席会议。

● 在重阳节即将来临之际，莱芜分公司党委副书记、工会主席齐登业走访慰问部分离休干部。

● 日照公司党委召开三季度政治工作会议，公司党委书记、总经理张润生，党委副书记、董事、工会主席刘洪波，党委委员、纪委书记秦立彬，党委委员张永青出席会议。

18 日　山钢集团副总经理，山钢股份党委书记、董事长王向东应邀出席由欧冶云商股份有限公司在中国宝武钢铁会博中心（金色炉台）承办的 2023 新型低碳冶金现代产业链共链行动暨钢铁产业互联网大会。

25 日　莱芜分公司召开党委月度工作例会暨党建政研会第一期共享论坛。莱芜分公司党委领导王向东、齐登业、徐峰、姜世远、景凯出席会议。

● 日照公司举行党委理论学习中心组集体学习（扩大）会暨读书班交流会，围绕"把党的伟大自我革命进行到底"主题开展第二次集中学习和交流研讨。

27 日　山钢股份举办学习贯彻中国工会第十八次全国代表大会精神专题宣讲。山钢股份党委副书记、纪委书记、工会主席高凤娟，莱芜分公司党委副书记、工会主席齐登业出席。

30 日　山东省副省长，公安厅党委书记、厅长李伟到山钢股份莱芜分公司新旧动能转换厂区调研指导工作。省政府副秘书长王贞军等参加调研。山钢集团党委书记、董事长侯军，副总经理，山钢股份党委书记、董事长王向东陪同调研。

● 山钢集团党委书记、董事长侯军到山钢股份就全面从严治党、党风廉政建设和反腐败工作进行专题调研，并与山钢股份领导班子成员进行廉洁谈话。

31 日　山钢股份党委、莱芜分公司党委理论学习中心组集体学习在办公楼举行。

山钢股份、莱芜分公司领导王向东、吕铭等参加学习。

● 山钢股份举行"不忘初心、廉洁同行"家庭助廉表彰会暨家风家训优秀作品展演活动。山钢股份领导王向东、高凤娟出席活动。

本月 莱芜分公司举行第四届职工职业技能竞赛暨青工技术比武，莱芜分公司领导王向东、吕铭分别巡视考场。

● 山钢集团副总经理，山钢股份党委书记、董事长王向东应邀出席由中国船舶集团有限公司在福州主办的海洋装备产业链供应链生态大会——中国船舶集团供应商大会。

● 济南市工业和信息化局、济南市总工会公布2022年度工业强市建设争先创优系列劳动竞赛获奖名单，山钢股份莱芜分公司及其托管单位申报的《基于5G技术下的热轧智慧成品库区一体化研究与应用》《全自动检化验中心实验室》获"AI泉城"赋能大赛三等奖，《基于5G技术下的热轧智慧成品库区一体化研究与应用》同时获得"智慧泉城——通信基础设施建设大赛"三等奖。

● 日照公司荣获"全国冶金绿化先进单位"称号，党委书记、总经理张润生荣获"全国冶金绿化先进个人"称号。

11月

1日 山钢股份与瓦房店轴承集团有限责任公司举行战略合作框架协议签约仪式，双方签订了战略合作框架协议书、协同创新中心共建协议书。

● 山东产权交易集团党委书记、董事长张莉一行到访。山钢股份党委书记、董事长，莱芜分公司党委书记王向东在办公楼与客人座谈。

● 日照公司举行党委理论学习中心组集体学习（扩大）会议暨主题教育读书班交流会议，聚焦"正确理解和大力推进中国式现代化"主题开展第三次集中学习和交流研讨。公司党委书记、总经理张润生主持会议。

7日至8日 日照公司党委举行学习贯彻习近平新时代中国特色社会主义思想主题教育第四专题读书班。

8日 山钢股份党委副书记、总经理，莱芜分公司党委副书记、总经理吕铭，山钢股份采购中心筹备组组长刘晓军在办公楼与来访的晋能控股集团有限公司煤炭销售公司副总经理席建宇一行进行座谈。

9日 莱芜分公司举行"119"消防安全宣传月启动仪式。来自各单位的100余名职工在现场观看了消防安全和消防知识宣传视频、应急呼吸器穿戴演练、消防服穿戴演示以及消防器材装备和车辆展示。

10日 山东省国资委党委书记、主任满慎刚一行到日照公司调研。山钢集团党委书记、董事长侯军，日照公司党政领导张润生陪同。

● 山钢集团党委书记、董事长侯军参加联系点党支部日照公司冷轧厂酸轧作业区党支部的"攻坚决战四季度，坚决打赢翻身仗"主题党日，与大家一起过组织生活共同接受党内政治生活锻炼。

● 山钢股份党委副书记、总经理，莱芜分公司党委副书记、总经理吕铭一行到中国铁路物资股份有限公司走访，与中国铁路物资股份有限公司副总经理（主持经理层工作）孙珂就持续深化合作事宜进行深入交流。

14日 莱芜分公司职工李子高获"齐鲁大工匠"称号，李刚林获"齐鲁工匠"称号。

14日至15日 日照公司党委组织管理6级及以上干部、党群部门有关人员分两批到孟良崮战役纪念馆、沂蒙红嫂家乡接受红色教育。

15 日　莱芜分公司召开第四届职工职业技能竞赛暨青工技术比武总结表彰会。莱芜分公司党委副书记、工会主席齐登业，副总经理于文波出席会议并为受表彰的单位和个人颁奖。

● 日照公司召开统战工作会议，要求全面贯彻习近平总书记关于做好新时代党的统一战线工作的重要思想，坚持守正创新，凝聚思想共识，围绕中心大局，勇于担当作为，为开创公司高质量发展新局面贡献统战力量。

17 日　山钢股份管线用钢产品推介会在日照召开，来自全国近 40 家管线钢产品新老朋友齐聚一堂，共同应对行业挑战，共享发展机遇。山钢集团副总经理，山钢股份党委书记、董事长王向东以视频形式出席并致辞，山钢股份副总经理，日照公司党委书记、总经理张润生作总结发言。

24 日　山钢股份党委理论学习中心组举行集体学习。股份公司领导王向东、吕铭、高凤娟等参加学习。

● 莱芜分公司党委召开月度工作例会。莱芜分公司党委领导王向东、齐登业等出席会议。

● 日照公司召开"我为群众办实事"实践活动总结交流会，分享典型做法、总结良好经验，进一步推进"我为群众办实事"常态化长效化持续深化幸福和谐建设。

● 山钢集团公司工会主席、职工董事李长青一行到日照公司开展工会工作和职工收入问题调研。日照公司党委副书记、董事、工会主席刘洪波及各单位工会、作业区、党支部一线职工、青年、女工代表参加座谈会。

本月　山钢股份党委领导王向东、吕铭、高凤娟分别到日照公司、营销总公司、莱芜分公司开展全面从严治党、党风廉政建设和反腐败工作专题调研，并与各单位党委领导班子成员进行廉政谈话。

● 日照公司组织学习传达习近平总书记关于山西吕梁永聚煤业"11.16"火灾事故的重要批示精神，深刻吸取事故教训，组织各单位对浴室、食堂、办公楼、公寓等人员密集场所开展消防安全隐患排查治理，排查整改各类问题隐患 35 项。

12 月

1 日　山钢股份召开 2023 年齐鲁工匠暨职业技能竞赛表彰会。山东省总工会二级巡视员、省冶金工会主席刁维强，山钢股份党委书记、董事长王向东出席会议。

● 莱芜分公司党委书记王向东、副总经理蒋学健带队开展环境绩效"创 A"走线。

6 日　山钢股份举办中青年干部培训暨一级青年人才梯队人员专题研修班。山钢股份党委书记、董事长王向东出席开班仪式。

● 山钢股份举行博士后科研工作站博士后出站考核、开题报告会，山钢股份党委书记、董事长王向东出席会议。

7 日　山钢股份举行 2023 年度 ESG 报告编制启动暨 ESG 治理培训会。山钢股份党委书记、董事长王向东致辞，冶金工业经济发展研究中心党委书记、主任李拥军作钢铁行业形势分析报告，冶金工业经济发展研究中心产融研究处副处长李凌讲授 ESG 治理培训课程。

11 日　莱芜分公司领导吕铭、于文波与北京国金衡信认证有限公司总经理管炳春一行座谈。

● 中国重型机械研究院股份公司副总经理邱铭军一行到访。莱芜分公司副总经理于文波在办公楼与客人座谈。

12 日　西马克集团全球销售高级副总

裁大卫·杰弗里一行到访。山钢股份党委副书记、总经理，莱芜分公司党委副书记、总经理吕铭在办公楼与客人座谈。

13日 山钢股份与山东乾钢金属科技有限公司举行共建技术创新协同中心签约暨揭牌仪式。山钢集团副总经理，山钢股份党委书记、董事长，山钢研究院院长王向东，山东乾钢金属科技有限公司董事长马刚华以及有关部门负责人出席仪式。

● 马钢集团党委常委、副总经理陈国荣一行到山钢股份开展对标交流。山钢集团总经理助理刘慈玲，山钢股份党委副书记、总经理，莱芜分公司党委副书记、总经理吕铭，莱芜分公司副总经理程鼎在办公楼与客人座谈。

● 日照公司召开学习贯彻习近平新时代中国特色社会主义思想主题教育调研成果交流暨典型案例剖析会。

14日 国家铁路局设备监督管理司司长马良民一行到访。莱芜分公司领导吕铭、蒋学健在办公楼与客人座谈。

16日 中国钢铁工业协会组织召开科技成果评价会，对山东钢铁股份有限公司、北京科技大学、山西太钢不锈钢股份有限公司、广西北港新材料有限公司、北京科技大学设计研究院有限公司等单位完成的《多信息融合的高温连铸坯表面在线检测装备与质量优化关键技术》进行科技成果评价鉴定。评价委员会认为，该成果总体上达到国际先进水平，其中基于高温连铸坯多光谱动态成像的表面缺陷高精度检测技术达到国际领先水平。

20日 日照公司组织开展消防应急疏散演练活动，共设置了火灾初期扑救、应急避险疏散、被困人员搜救、消防队出枪灭火等四个科。

21日 日照公司举行钢廉文化园启用仪式暨"清风护航"廉洁主题教育活动。

22日 莱芜分公司召开工会第二次

代表大会。莱芜分公司党委书记王向东代表公司党委向大会的召开表示热烈的祝贺。

27日 山钢股份党委、莱芜分公司党委理论学习中心组举行集体学习。山钢股份党委书记、董事长，莱芜分公司党委书记王向东主持会议并领学了中央经济工作会议精神。山钢股份党委副书记、总经理，莱芜分公司党委副书记、总经理吕铭领学了习近平总书记在第十个国家宪法日之际作出的重要指示精神。

本月 中国钢铁工业协会公布2022年度"对标挖潜"10项主要产品制造成本、5项加工成本及吨钢材利润前三名企业，并在全行业进行了通报表扬。莱芜分公司炼钢厂两项指标上榜，型钢区转炉连铸非合金钢板坯、新动区转炉连铸非合金钢方坯分别居于单位制造成本先进企业第二名和第三名。

● 由山东省总工会、省工业和信息化厅联合举办的2023年山东省钢铁行业节能减排绿色发展对标竞赛评审结果出炉，莱芜分公司炼钢厂新动区2号转炉荣获转炉工序"120吨（含）—180吨"级别"齐鲁冠军炉"称号。

● 日照公司《定制化QCDVS方案在用户服务中的应用》获第二十一届（2023年）冶金企业管理现代化创新成果三等奖。

● 山东省品牌建设促进会发布表彰通报，日照公司获得2023年度优秀会员，日照公司职工潘振华获得优秀品牌工作者，日照公司《打造卓越品牌建设高质量发展先行示范区》获得品牌建设优秀案例称号。

（注：● 与上面日期相同）

（撰稿：宿 昊

审稿：王春刚 张金良）

机构与人事

中共山东钢铁股份有限公司委员会

委　员　王向东　吕　铭　高凤娟
　　　　赵智珠（3月31日止）
　　　　秦立彬（12月29日任）
书　记　王向东
副书记　吕　铭　高凤娟

山东钢铁股份有限公司董事会

董　事　王向东
　　　　徐金梧（7月13日止）
　　　　汪晋宽　王爱国
　　　　刘　冰（5月10日止）
　　　　马建春（7月13日止）
　　　　苗　刚　陈肖鸿　孙日东
　　　　徐　科（8月17日任）
董事长　王向东
董事会秘书　金立山（4月28日止）

山东钢铁股份有限公司监事会

监　事　高凤娟　罗文军　徐　峰
　　　　李东祥　高淑军
监事会主席　高凤娟

山东钢铁股份有限公司经理层

总 经 理　吕　铭
副总经理　尉可超（12月29日止）
　　　　　张润生
　　　　　周　铭（挂职，5月11日止）
财务负责人　尉可超
安全总监　于忠念（11月30日止）
总法律顾问　尉可超（9月21日任）

中共山东钢铁股份有限公司纪律检查委员会

委　员　姜广忠　高洪亮
　　　　卢建刚（8月3日止）
　　　　董思慧（4月5日止）
　　　　赵智珠（3月31日止）
　　　　高凤娟（3月31日任，12月29日止）
　　　　秦立彬（12月29日任）
书　记　赵智珠（3月31日止）
　　　　高凤娟（3月31日任，12月29日止）
　　　　秦立彬（12月29日任）
副书记　姜广忠

山钢股份总部各部门

董事会办公室/监事会办公室/证券部

董事会办公室/监事会办公室
主　任　郭允义（9月5日任）

副主任　郭允义（9月5日止）
　　　　王清刚（挂职，11月7日任）

证券部

经　理　郭允义（9月5日任）

副经理　郭允义（9月5日止）
　　　　王清刚（挂职，11月7日任）

党委办公室/办公室/保卫部

党委办公室/办公室

主　任　景　凯

副主任　郭晓鲲

保卫部

经　理　景　凯

副经理（兼）柴　磊

财务部/资金结算中心

财务部

经　理　董永峰

副经理　景　菊

资金结算中心

主　任　董永峰

副主任　景　菊

党委组织部/人力资源部/机关党委

党委组织部

部　长　徐西刚

副部长　耿　亮

人力资源部

经　理　徐西刚

副经理　耿　亮

机关党委

党委委员　徐西刚　王　毅　张成德
　　　　　卢建刚（8月3日止）
　　　　　景　菊

党委书记　徐西刚

纪委书记　卢建刚（8月3日止）

规划科技部

经　理　张　军

副经理　顾大庆

运营管控部/运营评价中心

运营管控部

经　理　孔凡强

副经理　李金怀

运营评价中心

主　任　孔凡强

副主任　李金怀

安全环保部

经　理　徐锡坤

副经理　朱圣华

风险合规部/风险管控中心

风险合规部

经　理　朱　慧（2月24日止）

副经理　刘武修

风险管控中心

主　任　朱　慧（2月24日止）

副主任　刘武修　薛存海　王宝明

宣传部/统战部/企业文化部

宣传部/统战部

部　长　刘玉良

副部长　张成德

企业文化部

经　理　刘玉良

副经理　张成德

纪委/巡察工作领导小组办公室

纪委
书　　　记　赵智珠（3月31日止）
　　　　　　高凤娟（3月31日任，12月
　　　　　　　　　29日止）
　　　　　　秦立彬（12月29日任）
副 书 记　姜广忠
综合室主任　卢建刚（8月3日止）
执纪监督室主任　董思慧（4月5日止）
巡察工作领导小组办公室
主　　任　高洪亮

工会/团委/武装部

工会
主　　　席　高凤娟
副 主 席　齐登业
　　　　　　孙永和（5月6日止）
　　　　　　高淑军　季立飞
　　　　　　刘洪波（5月6日任）
工作部长　王　毅
团委
书　　　记　季立飞
副书记（兼）李　锐
工作部长　王　毅
武装部
工作部长　王　毅

山钢股份管理单位

山东钢铁股份有限公司莱芜分公司

党 委 委 员　王向东　吕　铭
　　　　　　赵智珠（1月14日止）
　　　　　　齐登业
　　　　　　姜世远（11月21日止）

　　　　　　景　凯
　　　　　　徐　峰（1月14日任）
党 委 书 记　王向东
党委副书记　吕　铭　齐登业
纪委书记　赵智珠（1月14日止）
　　　　　　徐　峰（1月14日任）
工 会 主 席　齐登业
总 经 理　吕　铭
副 总 经 理　于文波
　　　　　　刘晓军（9月21日止）
　　　　　　程　鼎（挂职）
　　　　　　蒋学健（9月21日任）
安 全 总 监　苗仲元
总法律顾问　于文波（2月6日任）

山东钢铁集团日照有限公司

党 委 委 员　张润生　刘洪波
　　　　　　曹庆良（1月14日止）
　　　　　　秦立彬（1月14日任）
　　　　　　姚建平（9月21日止）
　　　　　　张永青
党 委 书 记　张润生
党委副书记　刘洪波
纪委书记　曹庆良（1月14日止）
　　　　　　秦立彬（1月14日任）
工 会 主 席　刘洪波
董　　　事　吕　铭（12月28日止）
　　　　　　罗文军（12月28日止）
　　　　　　金立山（12月28日止）
　　　　　　刘洪波（3月2日任）
　　　　　　张润生（12月28日任）
　　　　　　陈云鹏（12月28日任）
　　　　　　孙　震（12月28日任）
　　　　　　唐邦秀（12月28日任）
董 事 长　吕　铭（12月28日止）
　　　　　　张润生（12月28日任）
监　　　事　朱丽娟（12月28日止）
　　　　　　张宇东（12月28日任）

刘为民（12月28日任）
总 经 理　张润生（12月28日止）
　　　　　陈云鹏（12月28日任）
副总经理　孙卫华（12月28日止）
　　　　　杨金光（12月28日止）
　　　　　蒋学健（9月21日止）
　　　　　孙　震（12月28日任）
　　　　　马　红（12月28日任）
总经理助理　谢英秀（挂职）
　　　　　张永青（11月8日任）
　　　　　李永亮（11月8日任）
安全总监　刘宜伟
总法律顾问　张润生（12月30日止）

山东钢铁股份有限公司营销总公司

党委委员　郭伟达　王清刚　高传华
　　　　　吕富强（5月11日止）
　　　　　张宇东
　　　　　焦卫东（8月3日任）
党委书记　郭伟达
党委副书记　高传华　张宇东
纪委书记　吕富强（5月11日止）
　　　　　焦卫东（8月3日任）
工会主席　高传华（9月21日止）
　　　　　张宇东（9月21日任）
总 经 理　郭伟达
常务副总经理　高传华
副总经理　李士安（1月12日止）
　　　　　王振海（1月12日止）
　　　　　侯光合　郑国防
　　　　　曾凡钊（5月24日任）

山东钢铁集团有限公司研究院/山东钢铁股份有限公司技术中心

（12月14日，调整组织运行机制，山东钢铁集团有限公司研究院与山东钢铁股份有限公司技术中心复合设置）
院　　长　王向东
常务副院长　王中学
副 院 长　孙卫华
党总支书记　王中学
党总支副书记　徐继山

山东冶金机械厂有限公司

党委委员　杜富仁　宋　存　王旭东
　　　　　李建文
党委书记　杜富仁
党委副书记　王旭东　李建文
纪委书记　王旭东
工会主席　王旭东
执行董事　杜富仁
总 经 理　李建文（5月23日任）
副总经理　宋　存
　　　　　李建文（5月23日止）
财务总监　周传玲
安全总监　胡　昆
总工程师　胡　昆（8月17日止）

山东钢铁股份有限公司采购中心

（11月17日，设立山东钢铁股份有限公司采购中心；组建山东钢铁股份有限公司采购中心党委、纪委）
党委委员　刘晓军（11月21日任）
　　　　　蒋晓文（12月20日任）
党委书记　刘晓军（11月21日任）
党委副书记　蒋晓文（12月20日任）
纪委书记　蒋晓文（12月20日任）
总 经 理　刘晓军（11月21日任）
副总经理　潘　铣（11月21日任）
　　　　　侯光合（11月21日任）
　　　　　魏光兵（11月21日任）

（撰稿：于　涛　审稿：徐西刚）

专业管理

综合管理

【综述】 山东钢铁股份有限公司办公室/党委办公室与山东钢铁股份有限公司莱芜分公司办公室/党委办公室和莱芜钢铁集团银山型钢公司办公室/党委办公室合署办公，主要负责公司党委、经理层日常事务管理，综合事务管理、会务管理，文秘管理、信息调研，重要工作的督查督办，信访管理、企地协调管理，接待管理、外事管理，机要、保密、公文印信、档案史志管理，以及莱芜分公司和银山型钢公司综合管理相关工作。截至2023年底，在岗职工22人。其中，编制在山东钢铁股份有限公司2人，在莱芜分公司20人；具有高级专业技术职业资格14人，中级4人，初级3人。

【综合服务】 紧紧围绕中心，强化服务保障，充分发挥综合协调职能作用，依规高效、高质量完成公司各类会议活动的组织工作，先后组织了职代会、政治工作会、党委会、总经理办公会、月度运营绩效评价会等重要会议活动，全年累计组织各类会议活动120余次，协助各相关单位部门召开会议800次。持续改进"会风"，采取"去存量、减增量"的调度模式，减少、优化各类会议活动，积极促进公司治理效能提升。强化用车管理，严格落实公务用车招标准入，扎实推进三级审核制度，动态掌握车辆运营里程，堵塞用车过程中可能出现的漏洞，全年累计依规审批公务用车申请2500余项，合并公车使用事项200余次。

【文秘信息调研】 充分发挥以文辅政职能作用，认真研究和准确把握公司改革发展形势，准确领会领导意图、贴近领导思路，不断提高文稿写作水平，更好服务公司决策，推动各项工作开展。全年撰写、修改、整理领导讲话、致辞、汇报材料、署名文章、公文等各类文稿500余篇110余万字；做好会议记录纪要整理工作，为公司各项工作有序推进提供依据，全年累计整理会议记录167篇、纪要191篇；全年累计向中国钢铁工业协会、山钢等上级单位报送综合信息600余期，综合信息工作排名始终处于山钢前列，为展示企业形象、辅助科学决策、深化改革发展等营造良好环境。

【督查督办】 将习近平总书记重要讲话、重要指示批示精神和党中央、省委等上级重要决策部署、重大方针政策，以及集团公司、股份公司部署要求作为工作重点，强化责任落实，狠抓跟踪督办，为保持公司政令畅通、打通执行落实"最后一公里"提供了坚实支撑。全年累计印发督查督办通知33期、通报31期，督办党委月度例会、公司月度运营绩效分析评价会、周工作例会等重要会议部署事项331项，督办集团公司部署要求和领导安排事项28项。协调推进股份公司党委巡察"回头看"及重点关注事项、检化验、合同管理等专项巡察整改任务在莱芜基地的落实，细化制定相关工作方案，压实责任，明确节点，有力促进了莱芜基地巡察整改取得实质性成效。扎实推进莱芜基地国企改革领域"靠企吃企"问题专项整治工作，明确自查重点，开展督导检查，按时上报情况，较好完成了专项整治各项工作任务。

【公文印鉴管理】 印发《关于加强公文处理工作的通知》，进一步明确公文处理、公文审核把关、行文规则、公文处理效率、落实保密、改进文风、队伍建设等方面要求，提高公文处理工作的规范性和权威性，更好发挥公文"以文辅政"作用，满足极致效率和极严管理的要求；扎实开展岗位集中培训，主动开展"送培到一线"，通过多种形式的培训活动提高各单位、部室文员综合素质能力，提高公司公文处理整体水平；强化公文管理考核，定期梳理通报两级公司发文数量、收文驳回数量及公文处理情况，督促各单位、部门切实转变文风，从严管控发文数量，提高办文质量。全年累计高质量办理各类收文 3600 余件，发文 910 余件。坚持用印原则，强化印信把关责任，守牢规范用印关口，保证了用印规范安全，全年累计规范用印 38000 余份，刻制启用新印章 15 枚，移交旧印章 20 枚。

【接待与外事管理】 紧贴企业改革发展中心任务，先后完成了山东省委书记林武、省政协主席、党组书记葛慧君，宝武集团、宝钢股份侯安贵、邹继新、吴小弟等领导接待活动安排；围绕企业重点工作部署，先后协助组织召开了型钢、特钢、厚板、冷热轧产品重点用户座谈会等多个大型综合性会议。全年累计组织客户来访、现场参观、会议活动等各类接待 544 余次。深入贯彻因公出国从严管理的要求，持续加强外事工作政策、制度学习把握，不断提高外事工作效率、水平，全年累计完成贝斯山钢公司参加俄罗斯莫斯科国际建筑及工程机械展览会等 2 个团组 4 人次因公出国手续办理工作。

【企地关系协调】 坚持"融入区域、融入政府、融合发展"，强化信息互通机制，构建"高层战略协商、中层对口联系、基层全面融通"新格局，为企业高质量发展提供融洽的企地关系，打造良好的外部环境。全年组织企地双方高层召开项目建设协调会议 4 次，办理地方政府来函 12 件，现场落实 60 余次，妥善处理突发事项 13 件次。

【信访稳定】 紧紧围绕"信访渠道更加畅通、事项办理更加规范、矛盾化解更加有效、职工群众更加满意"目标，紧盯源头治理、积案化解等重点工作，狠抓责任落实，健全制度机制，细化工作举措，强化队伍建设，全力提升信访工作质效。全年公司共受理职工群众来信来访 49 件次，承办 12345 政务热线及劳动监察方面的信访事项 690 件，办结率达到 100%，未发生影响稳定的重大群体信访案件，信访形势持续平稳向好。突出抓好特殊敏感时期维稳安保工作，严格落实领导带班值班制度和公开接访责任，圆满完成全国两会、"一带一路"国际合作高峰论坛、全省两会、杭州亚运会、亚残运会、进京访百日攻坚行动等重大时间节点维稳安保任务，为企业更好应对行业下行周期、实现高质量发展营造了和谐稳定的发展环境。

【后勤物业】 紧紧围绕公司党政及办公室工作部署，坚持以职工为中心的原则，持续推进"我为群众办实事"实践活动，充分发挥管理、协调与服务职能。参与全国冶金绿化先进单位评选，提升厂区环境绿化品质。开展餐饮服务质量月活动，优化调整通勤班车服务，严格落实干部职工健康查体、退休职工独生子女奖励扶助金等福利待遇，为提升职工幸福感、获得感、满足感奠定了基础。制定下发《厂区职工餐厅运营管理办法》《关于开展公辅后勤相关方安全检查的通知》《关于下达〈厂区景观绿化建设标准〉的通知（试行）》《关于做好全面两孩政策调整前独生子女父母奖励扶助金发放工作的通知》《关于开展爱国卫生六大行动的通知》《关于进一步做好节约厂区生活用水工作的通知》，规范公辅后勤管理流程，强化监督服务效能，进一步夯实了公辅后勤制度体系基础建设，后勤物业管理水平持续提升。

【档案史志管理】 加强与莱钢档案馆共同协调，做好各类档案归档工作。深入开展档案工作检查，重点组织开展了"麻袋档案""抽屉档案""纸堆档案"问题排查，全面摸清基层档案管理情况，形成档案调研情况报告，推动管理漏洞问题的整改。营销总公司档案转移至莱钢档案馆，并对"纸堆档案"问题作了初步整改。推进合同档案归档规范管理，协调莱钢档案馆对莱芜分公司设备管理部等部门进行了专项指导。按要求完成《山钢年鉴》供稿审稿任务。

（撰稿：宿　昊
审稿：王春刚　张金良）

证券事务管理

【综述】　董事会办公室/监事会办公室/证券部是山钢股份证券事务主管部门。主要职责是：负责修订、完善公司章程，董事会、监事会工作制度、管理办法、议事规则，完善公司法人治理结构；负责处理股东大会、董事会、监事会、董事会各专门委员会的日常事务及相关业务培训；负责股东大会、董事会、监事会、董事会各专门委员会的会议组织、材料审核、记录、纪要，监督落实会议决议、决定；负责与董事、监事、高级管理人员的联系，并在其履职或检查时提供相关服务；负责组织编制公司定期报告、临时报告，以及董事会、监事会工作报告的起草；负责投资者关系管理和信息披露，与证券监管、交易、中介等机构的联系、沟通及相关事务处理；负责股权事务管理及公司股权激励的策划和实施；负责组织协调资本市场融资和企业兼并重组等工作；负责投融资计划、资本运营计划及项目方案的拟订或审核，牵头组织方案实施推进有关工作；负责董事会、监事会、证券事务的公文、档案和印信管理等。截至2023年底，董事会办公室/监事会办公室/证券部共有职工3人，其中，具有高级专业技术职务3人，研究生1人，大学本科2人。

【公司治理】　全年依照《公司章程》和董事会、监事会议事规则、股东大会议事规则等制度规范，依法依规落实董事会和股东大会职权，发挥监事会监督作用，聚焦公司定期报告审议、章程修订、独立董事调整、经理层契约化、对内投资等事项，共组织召开董事会、监事会、股东大会及各专门委员会会议28次，累计审议议案82项。公司荣获2023上市公司董事会优秀实践案例、2023年度上市公司董办最佳实践案例、2022年年报业绩说明会优秀实践、"国新杯"ESG金牛奖碳中和50强等。

【信息披露管理】　全年高质量完成了2022年度及2023年一季度、半年度、三季度定期报告，累计完成文字量约23万字。按照公司总经理办公会、党委会、董事会研究和审议清单，规范组织各期定期报告的研究和审议程序后，一次性通过上交所审核，并按要求进行了披露。披露发布董事会、监事会、股东大会决议以及业绩预告等各类公告信息83项，实现了及时、规范、高效、无差错。落实股东大会决议，6月14日完成了公司2022年度分红。本次利润分配以方案实施前的公司总股本10698849554股为基数，每股派发现金红利0.03元（含税），共计派发现金红利3.21亿元，占2022年度归母净利润的57.8%。经上海证券交易所综合考评，公司2022—2023年度信息披露工作评价结果为A。

【ESG管理】　制定印发《董事会战略规划与ESG委员会工作细则》，进一步健全管理机构，搭建了由董事会、董事会战略规划与ESG委员会、ESG推进工作组织机构三个层级构成的ESG治理架构；组织ESG治理培训，拟定ESG报告编制大纲，开展全系统诊断与材料收集，按期编制完成并披露公司《2022年社会责任暨ESG报告》，充分展示了公司在环境、社会、治理等方面的成就与亮点，以及履行社会责任所做的工作和未来的发展潜力。2023 年公司获评中国钢铁企业 ESG 评级 AAA 级（最高等级），获评 Wind ESG 评级 A 级，评分在钢铁行业中排名第三位。

【投资者关系管理】 通过上证 E 互动、电话咨询等渠道，对投资者重点关注的子分公司注销、采购策略、宝武重组、环境保护等相关事项进行了回复。通过上证 E 互动回复投资者提问 60 项，受理投资者来电 156 次。按上交所要求，组织召开 2022 年度、2023 半年度业绩说明会，对公司经营业绩和改革发展成效进行了充分解读。与稳泰基金、贝加尔、同花顺、青岛习远、他山咨询、北京商道纵横、赛扬天下、广发证券等 8 家咨询机构进行沟通交流，并组织部分机构参观生产现场。

【股权投资和资本运营】 制定印发公司《2023 年"两非"产业（业务）处置暨法人压减和参股企业退出工作计划》，截至 2023 年 12 月底，完成了莱钢上海经贸有限公司、山东钢铁集团聊城加工配送有限公司、上海济钢经贸有限公司、南京分公司、浙江山钢经贸有限公司、莱芜山钢利达物流有限公司等 6 家公司的注销；与此同时，菏泽聚隆公司股权转让已在山东产权交易中心挂牌，山东中岚铁路运营有限公司注销已通过山东高速集团董事会决策。强化子公司规范管理，组织对日照公司、山钢集团财务公司、山信软件、山焦销售日照有限公司、上海济钢经贸有限公司、山东钢铁集团聊城加工配送有限公司、莱芜钢铁冶金生态工程技术有限公司、菏泽聚隆能源有限公司、贝斯山钢（山东）钢板有限公司、山东莱钢铁源炉料公司等 21 家次股东会议案进行了审核，按照法定程序出具了股东会意见。完成山钢股份非货币性增资山信软件。根据集团公司要求做好资产评估报告的审核和备案，并指导山信软件 3 月 15 日召开了股东大会，各股东

方签署完成了非货币性增资协议。快速推进产权登记，先后完成了莱钢上海经贸有限公司注销、上海济钢经贸有限公司注销、浙江山钢经贸有限公司注销、聊城加工配送有限公司股东变更和注销等产权登记事项，并加强与集团公司相关部门协调，积极解决产权的登记历史遗留问题，完成了贝斯山钢（山东）钢板有限公司的产权登记。完成宝钢股份参股日照公司。按照预定时间节点周密筹备独立董事专门会议、董事会、股东大会，细致研究审核上会议案，特别是股东大会前通过现场走访、电话沟通等方式，先后与 30 多个重要股东、投资基金等机构进行沟通交流，推介公司投资价值，并获得支持，合计约占表决权的 5.7%。该事项于 2023 年 12 月 25 日通过股东大会审议，依法合规完成日照公司引进战投工作。

（撰稿：吴　昊　审稿：王清刚）

改革发展工作

【综述】 公司改革发展领导小组及其下设办公室具体负责公司的改革发展工作。改革发展领导小组主要职责是：深入贯彻落实党中央、国务院、山东省委省政府、省国资委以及山钢集团公司关于深化改革的各项决策部署；研究公司改革重大原则、总体方案、制度体系；研究协调解决公司在深化改革和加快发展过程中前瞻性的、重大的、较长期的、关键的、顶层设计的深层次问题；指导、推动、督促公司有关改革政策措施的组织落实。改革发展领导小组办公室主要职责是：组织贯彻落实改革发展领导小组的工作部署，梳理公司重大改革事项，组织拟定公司改革发展方案；组织设计"六个体系"（以党建引领为核

心的政治保障体系；以本质化运营水平提升为核心的"五位一体"协同体系；以塑造比较优势为核心的市场化绩效管理体系；以保障公司规范化、一体化运营为核心的制度体系；以先进钢铁、绿色智能制造为核心的转型升级体系；以聚合资源、构建钢铁产业生态圈为核心的融合发展体系）；落实"三个率先"（率先形成鲜明的改革导向，率先落实集团公司各项改革部署，率先在以改革促进发展上取得实效）的工作要求，分解细化责任，明确任务分工，确定时间表、线路图，快速推进公司改革发展方案落地；负责公司改革发展重要事项落实督办；向改革发展领导小组汇报改革推进情况。

【管理运行机制】 2023 年 1 月 30 日，公司印发《关于贯彻落实集团公司"争上游、走在前"部署要求 全面建立"四转四突八极"工作格局的意见》（山钢股份党字〔2023〕9 号），按照文件要求，积极推进实施《山钢股份 2023 年改革发展重点突破工作方案》。

【督导与考核】 坚持改革推进日常联络制度和推进绩效季度评价通报制度，每季度改革领导小组办公室就公司 2023 年改革发展重点突破工作任务进行调度督导，总结前期工作，就重点、难点改革事项进行协调，并形成季度推进情况通报。完善考核机制，在 2023 年度总部各部门年度目标责任制考核中赋予改革事项 10% 的权重，加强对深化改革工作的考核。

【改革任务及成效】 截至 2023 年 12 月底，《山钢股份 2023 年改革发展重点突破工作方案》确定的 9 项改革事项全部实现预期目标，2023 年度改革任务全面完成。一是实化产品经营。1~12 月完成重点产品接单比例 39.8%，超目标 4.8 个百分点；完成结构增效 47.5 元/吨，超奋斗目标 17.5 元/吨；实行 QCDVS 服务的 150 家用户实现销售总量 522.54 万吨。二是优化人力资源。截至 12 月末公司在岗员工整体优化率达到 13.40%，1~12 月份共计优化压减 2729 人。按年度钢产量 2150 万吨计算，人均钢产量提升 22.3%，达到 1243 吨/（人·年），其中莱芜分公司 1000 吨/（人·年）、日照公司 1996 吨/（人·年）。三是深化一体运营。在资材、备品备件采购一体化方面，公司印发了《关于印发采购体系变革实施方案的通知》和《关于设立采购中心的通知》，并组织实施变革方案。在科技创新一体化方面，公司已印发实施《山东钢铁股份有限公司科技创新体系深化变革实施方案》。在产品内销/出口管理一体化方面，已组建公司产品内销/出口一体化运行团队、建立沟通机制，统一内外销资源；1~12 月份出口产品效益高于内销产品 1.7 亿元。在资源调配一体化方面，已明确公司整体生产经营计划和两基地产量指导计划，并建立了生产调度机制；全年累计生产钢 1944.8 万吨，定标完成率 100%；铁 1737.8 万吨，定标完成率 100.85%；商品坯材 1869.9 万吨，定标完成率 102%。四是强化基础管理。建立信息化支撑体系，截至 12 月末，公司"四个一律"指数值 38.82，较 2023 年初值 31.89 提升 21.73%。建立制度执行评估机制，已组织各部门对现行制度进行梳理确认，达到 100%。深化大监督体系建设，"靠企吃企"、年度巡察计划、落实集团公司专项监督等重点事项有序推进，并完成年度目标。

【钢铁产业生态圈建设】 按照公司《安全高效钢铁产业生态圈建设框架体系》《安全高效钢铁产业生态圈建设领导机构和运行组织体系》，坚持季度督导通报，持续组织相关单位和部门抓好《山东钢铁股份有限公司安全高效钢铁产业生态圈工作方案》的落地实施。平台运行持续有效发挥。产销研一体化管控平台方面，组建 28 个 SBU

项目团队，独有领先产品占比提升 0.9 个百分点，重点产品比例提升 10.1 个百分点；全年累计通过 32 家二方认证，批量供应 6.25 万吨；全年 170 家战略重点用户实现销售量累计 531.40 万吨，同比增加 200.63 万吨，超计划目标 104.03 万吨；全年 QCDVS 用户量 522.54 万吨，同比增长 63.44%，完成目标进度 109.82%。全年累计新开发终端用户 286 家，实现销量 74.44 万吨。智慧商务平台方面，主动融入宝武采购体系，成功上线应用营销数据分析系统，开发利用 EDI 信息共享平台建立信息互联，实现订单、进度、出货指示信息的传递；欧冶平台累计销售钢材 37 万吨，均价 4158 元/吨，溢价 1896 万元，较 2022 年提升 27 元/吨。采购供应平台方面，整合莱芜、日照两基地业务流程和采购模式，对山钢阳光购销平台进行改造；整合两基地资源渠道，实现资源统一共享。智慧物流平台方面，全年欧冶平台竞价累计降费 1443.503 万元。全年无车承运平台累计完成产品运输 28.39 万吨，与欧冶招标价相比降费 103.629 万元，吨材运费降低 3.65 元。金融服务平台方面，累计使用欧冶通宝平台开立通宝结算 15.38 亿元，为开立通宝结算以来使用最高的年度，新增 15 家使用单位，新增单位共计支付欧冶通宝 1.5 亿元。信息技术平台方面，供产销平台开展调研和方案优化；营销领域销售数据分析系统已上线投运；采购领域统一招标平台完成主要功能的开发和测试，满足上线投运条件。绿色环保平台方面，以工艺节能、技术节能和管理节能为抓手，全面提高能源利用效率，主要经济技术指标显著提升，2023 年度吨钢综合能耗 505.48 千克标准煤，实现吨钢综合能耗大幅降低。莱芜基地创 A 工作超低排放改造已经完成公示，实现了创 A 目标；日照基地全年巩固环保绩效 A 级成果，同时完成 AAA 级

旅游景区创建，正式开放接团参观；莱芜分公司和日照公司全面导入"绿色化指数"体系，莱芜基地自评得分 77 分，日照基地自评得分 81 分；焦化厂完成超低排放改造，成为山东省第一家完成焦化超低排放改造并在生态环境部门公示的企业，完成 2023 年环保绩效 A 级复审。业务链管理持续拓展。大宗原燃料供应链方面，坚持长协战略采购策略，莱芜分公司长协占比约 48%、日照公司长协占比约 44%；积极推动山焦日照配煤基地合作，共采购煤炭 32 万吨。协助宝武资源累计销售 24.72 万吨矿石现货，向宝武原料 SOTC 投标中标供应 21.37 万吨铁矿石。产品销售服务链方面，2023 年终端直供比例完成 62.7%，较 2022 年提高 3.6 个百分点；钢材销售价格行业对标较 2022 年改善 70 元/吨；吨材结构增效 47.5 元/吨，累计增效 8.3 亿元；全年内销钢材（坯）1765 万吨，实现销售收入 788 亿元；两基地内销库存 3.26 万吨，创近年来最好水平。出口量及结算增效全面赶超计划，出口产品结构不断向高端高效转移，重点产品占比大幅提升。物流运输链方面，年度厂内铁路运输车辆共产生延占费 44.31 万元，同比去年减少 97.82 万元，降幅 68.82%。推进废钢及可利用材增值业务，全年累计接收各生产单位废钢 9288.27 吨，累计加工交运 3623.27 吨，库存结余 5665 吨。加快铁水罐循环速度，减少低温罐，年度铁水平均温度 1361℃，较上年提高 19℃。资源能源再生链方面，实施余热利用及节能改造项目 16 项，累计完成投资 8710 万元。金融服务链方面，加强与金融机构沟通新增供应链授信额度事宜，共计增加供应链授信额度 15.6 亿元，完成所有与欧冶通宝合作业务金融机构授信额度协议的应签尽签。科技创新与技术服务链方面，持续加大研发投入，全年完成研发投入 376588.04 万元，

目标完成率 110.81%，完成研发费用 298660.95 万元，目标完成率 106.52%；对标国内外先进钢企，制定并印发《科技创新体系深化变革实施方案》。人才保障供应链方面，推进人才体制机制改革，择优引进高校毕业生 54 名；引进中国海洋大学崔洪芝教授团队，创建济南市专家工作站。新增国务院政府津贴 1 人，泰山产业领军人才工程 2 人，新增济南市 A、B、C、D、E 类人才 33 人。综合服务保障能力持续跟进。政策研究方面，全年突出经济研究的针对性和时效性，聚焦钢铁生态圈建设加强课题立项和研究，《钢铁产业链主要影响因素分析及对效益影响的量化模型研究》等 21 项课题通过结题验收，其中 10 项课题绩效 A 等；完成《日照基地二期项目五个替代政策协调路径研究》等 14 篇研究专报；完成《基于双碳目标的山东省现代钢铁产业发展研究》等省市与公司立项经济课题的研究，研究成果得到了省市政府相关部门和公司领导的充分认可，撰写《〈钢铁行业稳增长工作方案〉的解读与应对策略》等 10 篇相关研究专报，有力支撑了钢铁生态圈建设。产业开发方面，结合项目选址、投资运营模式、资源要素制约条件等，持续跟踪研究莱芜分公司 50 万吨/年煤气制乙醇项目实施的可行性。企地联络方面，组织企地高层座谈会 6 次，针对阻碍影响公司生产建设发展的具体问题进行研究讨论，全年完成陶家岭干渣厂搬迁、尹延军土地证注销、特钢二期土地征地等难点问题，为公司新旧动能转换项目顺利建设提供良好外部环境保障。

（撰稿：吴　昊　审稿：王清刚）

财务管理

【综述】 财务部与资金结算中心合署办公。财务部主要职责：负责建立健全财务管理和会计核算体系，制定完善财务管理和会计核算制度；公司会计报表编制及经营绩效财务分析；公司年度全面预算方案编制及调整，各管理单位的年度预算方案备案；会计信息管理，资金管理，资产管理，税务管理，关联交易管理；财务报告管理与财务信息披露；年度利润分配方案的策划与实施；销售收款政策的制定和管理；公司总部、直属机构财务管理、会计核算和会计档案管理。资金结算中心主要职责：负责公司总部、营销总公司、采购中心、研究院工资发放和核算、经费管理；各工会组织会计核算；采购、销售结算管理，应收账款管理；资金预算，资金结算管理；筹、融资资金运作；公司及管理单位板材、型钢、特钢、钢带、建材等产品的销售结算业务；公司及各管理单位的国内大宗原燃料采购结算业务（与山钢国贸公司大宗原燃料采购结算对接）；区域销售公司财务管理，区域销售公司财务运行状况监管等。截至 2023 年底，山钢股份财务部/资金结算中心在册职工 50 人。其中，在岗 46 人，离岗休养 4 人。

【主要指标】 2023 年山钢股份公司实现营业收入 904.75 亿元，同比减少 118.14 亿元，降幅 11.55%；利润总额 -0.98 亿元，同比减少 16.04 亿元，降幅 106.52%；2023 年末资产总额 667.51 亿元，负债总额 361.30 亿元，所有者权益总额 306.21 亿元，资产负债率 54.13%。（以上数据为上市公司口径）

【预算管理】 强化预算引领，实施模型管控，提升公司经营绩效。充分发挥预算引领作用，坚持目标导向，按照"高标准、能应变、可落地"的预算管理思路，树立极致思维，系统谋划年度预算目标，根据市场变化，及时有效调整月度预算，确保预算指标落地实施。按照"定标倒逼、模型控制、细化纠偏、激长克短"工作方法，实施模型管控，抓牢关键环节，紧盯关键指标持续做好动态跟踪监控，强化预警，及时纠偏。以月度运营绩效评价会、周工作例会为平台，对各项指标进行多维度分析评价，及时揭示问题，提出改进措施及建议，助力公司经营绩效提升。

【会计信息】 强化会计基础管理，财务管控水平不断提升。认真学习并执行财政部和证监会发布的会计准则和财务信息披露规则，严格按照上市公司信息披露指引，规范编制季报、半年报、年报，真实准确披露相关信息。实施常态化会计信息质量检查，确保会计政策执行到位、会计核算及时规范。系统搭建分析模型，按月及时分析报表科目，对重点指标变化情况进行分析说明，持续提升会计信息质量。

【成本管理】 强化全面对标找差，深挖成本潜力，提升成本管控水平。以"超越自我、跑赢大盘、赶超标杆、追求卓越"为导向，强化对标管理，持续关注行业发展和竞争态势，积极构建与先进企业的对标交流平台，锻长补短，不断增强自身盈利能力及市场竞争力。坚持"一切成本皆可降、人人皆可降成本"的降本理念，眼睛向内，深挖内部潜力；紧盯重点，紧盯具体事项，持续优化"九大结构"，大力压降外委、物流等各项费用，开展招标、破独采购降本，成本持续降低。截至2023年末，可比成本同比降低5.47%，吨钢成本降低额达到191.87元。

【资金管理】 强化资金管控，优化融资结构，持续降低有息负债和财务费用。坚持以资金"安全、高效"为目标，按照"提效率、降规模、优结构、降费用"的工作思路，聚焦重点指标管控，强化资金管理，极致提高资金使用效率，不断降低有息负

债规模。积极拓展储备融资资源，强化与中长期战略金融机构合作，增加中长期、低成本及信用方式融资资源，优化债务结构。抢抓国家LPR融资利率不断下行的有利时机，通过下调到期融资利率、提前置换高利率融资、调整融资业务品种、加大低利率票据融资等各项有力举措，持续降低财务费用及融资费率。

【费用管理】 强化服务监督，严把结算关口，全面防范风险。严格按照制度规定，规范报销审批流程，强化费用管控，有效降低各项费用支出。针对销售、采购结算工作业务量大、风险较高等特点，严把结算审核关，为公司"当好家，理好财"，严防结算风险。强化区域公司会计信息质量检查，规范财务行为，确保区域销售公司依法合规、高效运营。

【财税政策应用】 强化财税政策研究利用，提升政策应用效益，有效改善公司经营绩效。密切跟踪国家出台的一系列稳增长、促发展的减税降费政策，持续用好用足国家及地方财税政策，确保"黄金政策"真正发挥"黄金作用"，提高政策应用的"真金白银"效益。截至2023年末，公司实现财税政策直接创效5.74亿元，其中先进制造业增值税加计抵减效益3.2亿元，有效改善了公司经营绩效。

【专项工作】 持续做好各项专项工作，努力完成控制目标。全面落实集团公司资产负债率管控、"两金"管控、"六大存量攻坚战"、"靠企吃企"、亏损企业治理等专项工作。坚持目标为导向，周密研究部署，精心制定方案，分解任务目标，压实主体责任；建立健全运行机制，强化过程督导，常态化细化纠偏。强化分析评价。按月对重点指标细化分析，聚焦痛点、难点制定改善措施，重点指标不断提升。

（撰稿：张　锋　审稿：董永峰）

人力资源管理

【人力资源优化】 聚焦推动实现"四个突破",以打造极高效率和极低成本为核心,以组织机构变革、极致优化定员、深化共享用工、智慧制造提升、规范协力业务管理等为重点,优化人力资源配置,拓展输出安置渠道,持续降低钢铁主业用工总量。截至2023年末,股份公司在岗职工17630人,累计优化净减少2729人,人员优化率达13.40%。强化系统谋划部署,制定股份公司《2023年人事效率提升实施意见》,将人事效率提升与管理体系变革、智慧制造提升同步策划实施,确定基础目标和奋斗目标,定标倒逼、突破自我、全力攻坚。各单位承接分解任务目标,聚焦劳动组织优化、岗位体系重塑和生产运营智能化,重点发力,本质化提升人事效率。极致优化岗位定员,借鉴先进企业岗位管理模式,按照专业化和规模适度的原则,聚焦"极致管理"要求,精简各级业务、管理机构及生产车间、班组设置,强化岗位动态管理,深入推进岗位整合,极致优化岗位定员。莱芜基地以咨询公司项目成果为依据,动态优化调整,强化岗位编制定员管控。以激发人力资源活力为核心,制定下发《管理技术人员配置至操作岗位的实施意见》,配置213名管理技术人员到操作岗位,优化岗位结构,增强一线操作能力水平,推进"操维一体"模式,提升复合型作业效率,积极打造操作人员能够对设备进行操作、检修、维护和调试一体化的生产作业新模式,为提高作业效率、极致优化岗位提供有力支撑。日照基地坚持"人员优化,定员先行",整合优化岗位35个,优化率为17.59%,优化管理技术序列定员83人,优化率为8.12%;优化操作岗位定员320人,优化率为8.16%;岗位及定员的持续压缩为在岗职工优化奠定了良好基础。深化共享用工模式。持续推进公司内部业务专业化、区域化整合,改进商业模式,选择优质共享用工合作单位,追求长期共赢合作,深化共享用工管理体制机制,充分利用共享单位社会化、专业化、低成本、管理灵活等优势,优化安置岗位职工。莱芜基地围绕非核心业务专业化管理、外部岗位拓展以及外委业务回收替代,公司层面统筹推进非核心业务专业化管理和外部岗位拓展为重点的共享用工,按期实施了保卫岗位、钢渣处理、火车余料清理、收集/发货等共享用工项目,与泰山钢铁、石横特钢、九羊钢铁等企业达成共享用工意向,获取了充足的岗位资源,为持续深化共享用工工作奠定了坚实的基础,对外输出工作取得实质性突破,全年实施共享用工人员1092人。日照基地新开展共享用工项目6项,增加优化职工安置岗位404个,为优化职工找到新岗位、新出路,为生产稳定顺行起到良好的支撑作用。

【培训管理】 聚焦培育一支有理想守信念、懂技术会创新、敢担当讲奉献的高素质职工队伍,以岗位素质能力提升为根本,整合内外部优质培训资源,分层分类科学确定培训内容和培训方式,强化培训效果检验,确保培训内容的实效性,着力打造高层次经营管理团队、高水平技术团队和高素质技能团队。开展股份大讲堂,定期邀请公司党政领导、集团部室负责人、外部专家学者等,围绕党的二十大精神贯彻落实、国有企业改革、现代企业管理等方面开展专题讲座。以增强财务人员业务能力为重点,开展财务人员业务能力提升培训,强化线下+线上结合,线下组织实施集中培训班,线上发挥股份学习平台作用,增强自主学习的灵活性。各管理单位围绕新技术、新工艺、新产品开发应用,整合内外部优质培训资源，加快培育重要领域、重点专业人才。积极融入中国宝武培训体系，统筹安排人员参加中国宝武一线职工全员轮训。试点开展"操检维调"一体化人才培养，深化"一专多能"人员培训，全年共计培训619人，389人取得了相应等级证书。

【人才队伍建设】 深入推进实施人才优先发展和人才强企战略，着力打造人才集聚高地。建立完善常态化青年人才选拔培养使用机制，实施"推青计划"，开展"青年三百人才"工程，以建立公司青年职工职业生涯规划为载体，以建立三级青年后备人才体系为牵动，统筹推进管理、专业技术、技能三支青年人才队伍建设，选拔99名青年人才纳入股份公司一级青年梯队进行培养。围绕人才链、产业链精准发力，积极为各类人才创新创造搭建人尽其才、才尽其用的发展平台，共有国家、省级科研创新平台20多个。截至2023年底，山钢股份共有市级及以上人才396人。其中，专业技术人才254人，操作技能人才142人，享受国务院政府特贴专家5人，新世纪百千万人才工程国家级人选1人，全国技术能手4人，全国钢铁行业技术能手21人，中国科协青年人才托举工程1人，泰山产业领军人才5人，山东省有突出贡献的中青年专家4人，山东省泰山学者1人，山东省首席技师（齐鲁首席技师）26人，山东省突出贡献技师7人，冶金行业首席技师40人，济南市ABCDE类人才247人。严格遵循山钢集团"学校靠前、专业靠前、成绩靠前"的基本原则，按照"质量为先、总量控制、标准统一、严谨细致"的要求，严控招聘专业、数量及学历层次，严格招聘标准，坚持优中选优，确保招聘质量。2023年择优引进高校毕业生46名。其中，博士研究生1人，硕士研究生27人，大学本科18人，研究生占比59.6%；双一流院校毕业生8人，占比17%。

（撰稿：尚敬强 段 伟
审稿：徐西刚）

规划投资及科技创新管理

【综述】 规划科技部是山钢股份规划、投资及科技创新的主管部门。主要职责是：负责宏观经济、有关政策、产业发展动态研究，企业核心竞争力等改革与发展重大课题研究；负责公司发展战略及规划的研究、拟订与管理，固定资产投资项目管理，对管理单位发展规划指导、管理及执行监督；负责承担公司战略规划委员会、科技创新委员会、专家委员会的日常工作事务；负责科技创新体系建设，科技创新规划、年度科技创新计划的组织制订与实施；负责重大科技专项项目管理，重大科技创新项目备案管理，专利、技术秘密等登记及转让管理，科技成果、科技奖励的组织评审；负责对外技术合作、科技创新管理工作；负责各管理单位的科技资源整合、协同创新管理；负责发展战略规划、科技规划职责范围内规章制度制定、落实情况的监督考核；负责与政府、行业及上级主管发展规划、科技创新、技术合作归口管理机构的工作协调、对接等。截至2023年底，规划科技部共有职工3人，其中，专业技术职务正高级工程师1人，高级工程师2人。

【规划管理】 落实《山东省先进钢铁制造产业基地发展规划（2018—2025年）》中期评估调研工作有关要求，在集团公司统一指导下，组织莱芜分公司、日照公司、营销总公司和山钢研究院编制完成中期评估调研材料；根据省国资委开展山东省省属国资国企"十四五"规划中期评估有关要求，配合集团公司完成相关评估材料的编制工作。

【固定资产投资管理】 有序推进莱芜分公司新旧动能转换项目建设，2×480平方米烧结机工程、1号3800立方米高炉工程、陶家岭区2×120吨转炉连铸工程已建成投产并达产达效；特钢区转炉系统于2023年1月19日投产，连铸系统于2023年8月31日完成热试；自开始建设以来累计完成形象进度投资852994万元。严控投资，强化年度计划的刚性约束。组织编制下发股份公司2023年度固定资产投资计划，计划总投资262560万元，全年累计完成投资191702万元，总体投资规模受控。规范立项，组织重大项目立项审查及变更。2023年先后组织完成莱芜分公司智慧设备管理信息系统项目、炼钢厂新动区1号连铸机改造项目、炼铁厂老区原料场环保封闭及智能化改造项目、莱芜分公司和银山型钢公司智慧管控中心（一期）建设项目、板带厂厚板线自控系统升级改造项目等重点项目的立项审查，并按管理流程下达项目立项实施计划或批复意见。组织完成莱芜分公司特钢事业部小棒生产线升级改造项目前期工作，履行新旧动能转换项目后续工程终止建设的前期决策程序，并上报集团公司。强化监督，开展工程建设领域"靠企吃企"专项整治工作。自4月份开始，每月按时组织各单位进行自查自纠并报送台账，并于8月10日、16日分别到莱芜分公司和日照公司进行了现场督导调研，重申和强调了"靠企吃企"问题专项整治工作的有关要求，督促各单位进一步将工作做实做细；9月份，配合集团公司督导组完成"驻点式"监督检查各项工作；全年排查廉洁风险点11项、制定整改措施11项，开展自查自纠13085人次。

【科技创新管理】 巩固提升研发投入和研发费用占比。公司持续加大研发投入，规范研发费用归集与核算，加快推动新工艺、新产品、智能制造与绿色低碳发展等方面科技创新项目的立项与实施。2023年1~12月份完成研发投入376588.04万元，占比4.43%；完成研发费用298660.95万元，占比3.52%。推动重大科技专项落地实施，完成"基于钢铝协同的非石灰拜耳法赤泥增值冶金技术及工程示范""抗疲劳高止裂非均质组织风电用钢研究"两项国家课题的配套立项工作。积极推动省重大科技专项申报工作，牵头申报成功2个省重大科技专项，参与申报成功1项省重大科技专项。实施"揭榜挂帅"，成功申报济南市"揭榜挂帅"项目2项；聚焦公司实际需求，对5个"揭榜挂帅"项目进行研讨、审查，下达实施2项公司"揭榜挂帅"项目。高效推进项目的立项与验收工作。2023年立项实施科技创新项目362个，验收项目244个；审查经济研究课题20个，立项实施19个，验收课题21个。协同策划科技奖申报工作，全年获中国钢铁工业协会冶金科学技术奖二等奖2项、三等奖2项。全年累计申请专利587件，其中发明专利452件，发明占比77%，在中国钢铁企业专利创新指数排名中列第7位，居专利创新较强企业榜第2位。工艺技术及新产品研发持续发力，420兆帕热轧H钢实现国内首发，C142电动搬运车用门架型钢实现国际首发，大规格280DXB-1A单齿履带钢成功应用于600马力（1马力=735.49875瓦）以上推土机，打破国外垄断，解决了国产高端装备制造的关键难题；特钢Q390NE、S420NL系列风电法兰用钢实现稳定供货，成功开发福特乘用车20MnCr5H、供三一索特20CrMnMoAH及供杭齿20CrMnTiH-HC大规格保探伤等齿轮钢；热轧产品完成吉帕级高强钢HXG2/HXG3、先进汽车结构钢QStE700TM、TMCP型高强钢Q690D、高强腐蚀钢

Q550NQR1 等新产品的研发工作；冷轧产品完成高强马氏体钢 CR950/1180MS、780 兆帕级双相钢、热成形钢 HBF1500GI、精密焊管钢 SRHG1 等新产品的开发工作；中厚板完成国内首条 18 米大长度大口径管线钢 X80M、4 次模焊要求容器钢 SA537CL1、4 毫米极薄规格窄公差邮轮钢、TMCP 型高强钢 Q690D/E 等新产品的开发工作，攻克 500 兆帕级风电钢板易焊接、高疲劳、高韧性关键技术，实现金风科技新疆达坂城、哈密大南湖项目示范订单。

【协调解决制约企业发展难题】 协同日照公司办理码头项目土地、海域使用权转移相关事宜。多次与国家及省市主管部门沟通对接，于 2023 年 6 月份获得日照公司码头项目土地海域使用权转让批复。密切跟踪粗钢产量指标政策走向，积极协调争取要素指标，针对莱芜分公司因环保扣减的 58.8 万吨粗钢产量指标，多次与国家部委及省主管部门沟通对接，于 10 月份底获得国家返还批复。

（撰稿：陈豪卫　审稿：张　军）

运营管理

【综述】 运营管控部与运营评价中心合署办公。运营管控部主要职责是：负责运营管理制度及管控体系的建设与完善；拟订公司年度经营目标，组织落实、监管、评价、反馈；公司年度生产经营计划的编制与管理；项目后评价；生产运营资源的协调管理，生产经营的综合统计、绩效分析、评价与考核；管理单位年度经营计划执行情况的监督与管控；营销工作的评价与考核；信息化体系建设及网络安全管理；运营改善、精益管理等。运营评价中心为公司直属机构，在运营管控部的管理和指导下开展工作，具体承接公司"五位一体"协同体系推进管理，开展营销、供应、招标采购、物流评价，投资项目后评价、公司发展质量评价，经营计划执行情况监督、管控等工作业务。截至 2023 年底，运营管控部/运营评价中心在岗职工 9 人，其中，管理 5 级、6 级各 1 人，管理 7 级、8 级 7 人。

【极致提产】 上半年按照公司确定的 2150 万吨年度钢产量计划组织生产，莱芜基地上半年生产钢 595 万吨，达到日历进度水平。在三季度钢产量平控政策出台后，公司研究制定生产优化调整一揽子预案，寻购产量指标，争取撤销环保考核，最大限度减少限产影响。莱芜基地聚焦限产控本，1880 立方米高炉、50 吨电炉安全退出生产，为降本稳生产创造条件；日照基地聚焦提产增效，极力克服高炉中修影响，四季度实现极致生产，10 月份钢平均日产达到 2.68 万吨，创出月产纪录。莱芜基地 3800 立方米、3200 立方米高炉和日照基地 2 号 5100 立方米高炉高效经济运行能力继续保持宝武系前 30% 行列。全年公司生产钢 1944.8 万吨、铁 1737.8 万吨、材 1869.9 万吨，在产量指标范围内实现极致生产。

【运营攻坚】 贯彻"定标倒逼，模板控制，细化纠偏，激长克短"工作方法，聚焦股份公司年度重点改革发展任务，构建"四转四突八极"工作格局。形成"极高效率、极低成本、极优产品、极稳运行、极效协同、极足动力、极严管理、极强保障"作战地图，细化落实为 8 个方面、26 项任务、55 项主要 KPI 指标或工作。全面实施"一人一表"绩效评价机制。评价考核动真碰硬，"一人一表"得分作为绩效收入的系数，同岗位收入出现明显差距，调动了工作积极性。

【采购体系改革】 在巩固营销体系改革成

果的基础上，深度研究采购体系改革，制定《山东钢铁股份有限公司采购体制变革实施方案》，提高供应链管理水平，激发改革新活力，提升竞争新优势。采购中心于11月18日挂牌运行，内部正在完善制度、规范流程，实现运行机制和运行模式变革。

【商业计划书】　以商业计划书为总抓手，锚定"争上游、走在前"，以"四化"为方向引领，以"四有"为经营纲领，以"八个极致"为着力点，持续强化算账经营、精益管理，确保运行稳定、财务稳健，坚持全面对标找差、极致降本增效、深化产品经营、狠抓效率提升、全力激长克短的工作导向，着力在"强韧性"上下功夫，努力提高企业核心竞争力和增强核心功能。

【对标提升】　以吨钢利润分位值提升为核心，着力补短板、练内功、促提升。制定《宝武系内部劳动竞赛对标提升方案》，提升宝武系内部"赛马"位次，与中国宝武管控的7家一级子公司比较，山钢股份"两金"周转天数保持前列，利润总额、吨钢利润均排名第三，完成吨钢利润进入宝武系前三名的目标；在宝武系六大竞赛项目中，山钢股份涉及的65项指标，有20项进入宝武系前30%行列，占比31%，工序竞争能力持续提升；强化基地间对标改善提升。按照"工序/专业同类、运行条件相近、口径统一、可学可比"的要求，厘清两基地间主要差距，聚焦关键事项，梳理确立46项具体对标内容，明确改进举措和改善目标，形成对标交流改善清单；策划开展焦化、炼铁、炼钢、厚板等工序对标挖潜交流会，建立健全以问题为导向的常态化对标交流机制，推进基地之间多方位、深层次对标学习，推动相互促进、协同创效、共同提升，实现年化效益3.5亿元。

【绩效考核】　定标倒逼，全面落实工资总额决定机制。落实硬指标、硬约束、硬激励要求，强化月度考核与公司绩效目标和部门主要指标深度联动，制定股份总部部门负责人"一人一表"考核方案。履行绩效考核监督责任，采取月度提醒、季度批复各管理单位工资总额，刚性兑现考核；模板控制以目标任务书为蓝本，各单位、部门负责人主动认领，制订目标控制模板，描绘作战地图，形成山钢股份重点工作配档表，实时监控各项指标完成情况；结合山钢股份定标要求和集团考核导向要求，动态纠偏调整考核，及时制定各项专项考核办法；激长克短方面充分发挥考核指挥棒作用，在山钢股份各单位经理层2023年契约化考核中突出跑赢大盘考核导向，充分激发各单位经营潜力。

【协同创效】　以协同项目带动，深化全方位协同，狠抓协同项目，全年实现协同效益4.4亿元。在协同项目、快赢项目取得显著成效的同时，促使山钢股份管理思想、方法快速转变、提升。持续对标中国宝武先进营销理念及做法，与宝钢股份交流市场研判、价格体系、用户服务；与马钢开展H型钢协同定价；充分利用与宝钢股份北方公司联合调研省内市场成果，实现深度合作。

【政策研究利用】　坚持目标导向、动态增补原则，切实提高政策创效"真金白银"效益，充分研究利用先进制造业企业抵减增值税、免交港口建设费、国家研发费用加计扣除所得税优惠、自然资源利用所得税等优惠政策，全年累计创效12.5亿元（含职工个人补贴类1100万元），超年度计划5.5亿元。

【信息化与智能制造】　锚定智慧制造提升目标，做好过程跟踪和措施落实。股份层面积极策划经营管理和决策分析信息平台建设。组织开展供产销一体化平台研究和方案编制，深度优化欧冶云商和欧贝平台业务，引入金陵钢宝电商平台开展厚板现货业务上线投放，开展"钢之家"市场预测模型方案研究，全面推进企业数智赋能。按照"云-边-端"智慧制造架构体系，山钢股份制定固定资产投资智慧制造类项目45项，"四个一律"指数年提升率不低于20%，产线机器人新增50台套以上。截至2023年底，山钢股份固定资产投资项目智慧制造类45项。其中，方案编制审查阶段3项，立项阶段6项，实施阶段16项，竣工阶段19项，暂缓实施1项；山钢股份"四个一律"指数38.82，较2023年初31.89提升率21.73%。产线机器人在线运行171台套，新增54台套，均超额完成年度目标任务。

【网络安全】 持续强化信息网络安全防控，应对网络安全威胁风险。按照山钢股份关于强化网络安全保护工作部署安排，结合山钢集团月度网络安全情况通报，统筹组织两基地网络安全主管部门，特别是两会和元旦、春节等敏感时间阶段，强化运维保障和应急处置能力，确保网络系统稳定运行。

【管理创新成果与统计】 组织各单位部门积极推进2022年度管理创新与进步项目和优秀创新案例的申报工作，并对2023年创新成果进行立项。2023年共推荐报送山钢集团管理创新成果40项、立项130项，获得一等奖5项、二等奖7项、三等奖17项。择优推荐中国钢铁工业协会成果荣获一等奖1项、三等奖4项。核对统计口径与数据信息，按要求完成中国钢铁工业协会、山东省钢铁行业协会、集团公司年报、月报、旬报等工作。

（撰稿：盛芹世 审稿：李家波）

安全环保管理

【综述】 安全环保部主要职责：负责公司安全生产和节能环保管理，健全完善安全生产、职业卫生、环境保护、节能减排等方面规章制度；负责安全生产、职业卫生、环境保护、节能减排工作的监督、检查和考核；负责风险分级管控与隐患排查治理体系建设和安全生产应急管理；组织开展安全技术、环境保护工作的教育培训；负责安全生产事故的调查处理。截至2023年底，共有职工3人，设置经理1人、副经理1人、业务主任1人。其中，研究生2人，大学学历1人；中共党员3人。

【指标完成情况】 2023年，安全环保工作持续保持向好态势，莱芜、日照两公司获得第四届全国钢铁行业绿色低碳发展大会"绿色发展标杆企业"荣誉称号。生态环境部评估中心2023年发布《2022钢铁行业绿色发展水平评估报告》完成超低排放的42家企业中，日照公司、莱芜分公司分别排名第7、12位，均评定先进水平，两公司绿色低碳发展绩效步入全国钢铁企业前列。

【安全环保责任】 始终把安全环保作为首要政治任务，坚持"党政同责、一岗双责""三管三必须"，锤炼各级主要负责人安全环保"第一责任人"的政治担当。以提升安全环保综合治理能力为总抓手，强化一体化安全环保管理，加大责任单位反思发言、约谈、考评力度，不断夯实责任基础、制度基础、工作基础。莱芜分公司强化"带班制、包片制、动态检查"管控，晨会通报1004人次，考核相关负责人和责任人25.36万元。日照公司常态化责任履职检查，追溯管理责任，联挂考核责任单位主要负责人和分管负责人11万元。

【隐患整治】 严格落实国家、省市政府及集团公司关于安全生产工作要求，坚定"走出办公室抓安全"工作思路，深入推进安全生产风险专项整治。聚焦"两会""两节一会"等关键时段，聚焦金属冶炼、危化品、煤气、环保设施、共享用工等重点领域，聚焦5100立方米高炉冷却壁系统漏损、莱芜基地老旧设施拆除等高风险作业进行跟踪督办。积极开展全员安全检查、内部专家互查、外部专家诊断，组织班组以上检查176530次，整改问题206416项。莱芜分公司投资292万元整治重大事故隐患32项。加大科技创新水平。莱芜分公司投资3000余万元，实施环友化工智慧安全一体化平台、高炉炉前巡检机器人、焦炉地下室巡检机器人、煤气柜在线监测预警系统升级改造等安全本质化项目22项。日照公司建立LNG区域人员自动定位系统，完善电子工作票，推进钉钉图片记录法、电焊机"加芯赋码"等安全确认措施。

【岗位标准作业】 针对机构调整、人员优化的实际情况，开展上岗转岗培训、危险源辨识、岗位规程、防护技能等培训教育，推动作业标准化质效提升。扎实开展安全型班组建设。莱芜分公司制定《安全生产基础建设基本标准》，车间、班组安全标准化建设达标率98.9%，较2022年大幅提升。日照公司强化"345"管理模式，以班组安全"晨会"为抓手，组织对233个班组安全标准化达标验收，达标率100%。扎实开展作业行为观察。应用视频监控、无人机抓拍等方式排查"三违"作业，并严肃考核。日照公司开展作业行为观察活动2319项次，整改问题2095项，修订完善制度规程160项；评选"安全型"员工，全员隐患排查奖励29369人次，84.90万元。

【安全培训】 强化法规贯彻落实，开展新版《工贸行业重大事故隐患判定标准》专题培训；参加集团公司单位主要负责人主体责任落实能力提升培训和车间主任安全管理素质提升培训；组织安全管理人员取证/复审培训、特种作业人员取证/复审考试。组织特色专题培训。莱芜分公司建立煤气安全实训基地；开发手机端培训程序，实现培训需求、计划生成、培训信息、成绩记录线上管理；开展多次主要负责人和安全管理人员培训班。日照公司组织"安全领导力与安全管理新思维"专题培训；开展班组长、安全管理人员、作业区主任安全素质提升专题培训及安全员技术比武竞赛。组织高危作业监护人员及检修安全旁站式监管专题培训。开展"开工第一课"，做好节日复工复产、"开工第一课"，强化企业主体责任和主要负责人"第一责任人"责任，消除"假期综合征"风险隐患。开展"安全生产月"活动，参加山东省第二届应急普法知识竞赛和"人人讲安全 个个会应急"知识竞赛，取得多项奖项。组织生产安全事故应急演练和技能比赛，全年共组织应急演练4277次，50400余人次参加。日照公司承办了日照市工贸行业生产安全事故应急预案演练。

【劳动防护】 做好职业健康管理，严格落实建设项目"三同时"管理要求，强化源头控制。做好职业病危害因素检测、健康监护查体及劳动保护等各项职业病防治工作，努力保障职工职业健康权益。围绕"改善工作环境和条件，保护劳动者身心健康"主题，开展《中华人民共和国职业病防治法》宣传周活动。及时组织转岗、离岗及新上岗健康查体796人次，完成11378名职工的职业健康监护查体和一般职业健康查体。

【区域协同管理】 按照"四个统一"要求，对维保、检修等相关方单位在管理上进一步延伸，措施上进一步同步，切实补齐管理短板。莱芜分公司持续开展"四个统一"专项检查，考核相关方125.97万元。日照公司组织相关方单位安全素质提升培训班；在固定相关方中实行属地班组、相近专业对标，提升。相关方148个班组同步创建安全标准化班组，达标率97.47%。

推进相关方安全绩效积分管理，考核相关方单位 31.8 万元。

【环保绩效】 按照"做到极致，走向前列"的总体要求，强化环保红线意识和底线思维，以最严格的环保法律法规为准则，全年未发生重大环境污染事故，环保行政处罚为零，获得山东省企业环境信用评价"双绿标"。持续加大环保治理投入，夯实环保基础管理，全力提升环保绩效，莱芜分公司、日照公司均通过焦化超低排放技术审查及现场评估会，并在市生态环境局官网公示，巩固了环保绩效 A 级成果和行业的环保优势。莱芜分公司达到全域环境绩效 A 级，日照公司继续保持环境绩效 A 级，实现 2023 年初确定的工作目标。日照公司顺利取得 3A 级工业旅游景区资质，成为山东省钢铁行业首家 3A 级工业旅游景区。日照公司、莱芜分公司焦化厂获全国冶金绿化先进单位。10 月 28 日至 29 日，中国生态文明论坛济南年会成功举办，山钢股份代表集团公司成功协办了本次会议。

【绿色钢厂评价】 制定下发《绿色城市钢厂评价指标体系推进方案》，对照中国宝武集团"绿色化指数"体系评价标准和考核要素，建立完善碳排放管理、碳资产管理体系，落实"提气、降碳、强生态，增水、固土、防风险"各项措施，巩固提升环保绩效，打造钢铁企业绿色发展新生态环境。莱芜分公司、日照公司绿色化指数自评得分达 77 分和 81 分。

【精益能源动力再生】 莱芜分公司吨钢综合能耗 507.2 千克/吨，节能增效 36.62 元/吨钢。协调电网公司月节电费约 1000 万元；避峰填谷月节电费 140 余万元。完成西线供暖扩容改造，保障了钢城区社会供暖面积 650 万平方米。日照公司吨钢综合能耗 499.3 千克/吨，达到历史最好水平；环境保护税返还 1209.49 万元；干熄焦发电增效 1700 万元。电费较 2022 年降低 8645 万元；备电厂减少费用支出 5611 万元；电力市场化交易降低电费 5025 万元。推进低品质热源外供涛雒片区采暖和渔民养殖，年外供热水热量近 200 万吉焦，节省标准煤 6.8 万吨，减排二氧化碳 17.7 万吨，减排污染物 550 余吨，节省海产养殖水资源 6000 余万吨，构建钢铁生态延伸产业链。日照公司荣获国家级水效领跑企业、双碳最佳实践能效标杆示范厂培育企业。两公司获得 2022 年度全国重点大型耗能钢铁生产设备节能降耗对标竞赛多项荣誉。

【双碳运行】 研究产品碳足迹低碳政策和标准，加快双碳运行体系建立步伐。日照公司完成连退、镀锌、酸洗三种冷轧产品 EPD 公示。莱芜分公司已完成 4 个产品碳足迹评估，推进 1 个产品 EPD 评价。

（撰稿：于利国　审稿：徐锡坤）

风险管理

【综述】 风险管理部于 2017 年 5 月成立，2020 年 3 月更名为风险合规部。2020 年 5 月设立风险管控中心，风险管控中心为公司直属机构，与风险合规部合署办公，在风险合规部的管理和指导下开展风险管理日常工作，负责做好股份公司总部、莱芜分公司、日照公司、营销总公司及其他托（代）管单位的全面风险管理、审计管理、法律事务管理等具体工作业务。风险合规部/风险管控中心主要职责为：负责全面风险管理、内部控制管理，对发展战略规划、对外投资、固定资产投资、融资、重大资产处置及债务重组、重大关联交易、生产经营计划、生产经营活动重大事项进行风险评估，出具风险评估报告，跟踪落实风险控制措施；负责审计管理，对公司发展规划、经济责任、财务收支、管理效能、对外投资、工程项目、内部控制、风险管理等业务进行审计，负责审计发现问题的督促整改落实；负责合同管理、债权清收管理、破产债权申报及债务清偿等法律事务管理，对公司投资、融资、担保、租赁、资产转让、招投标等重要经济活动提出法律意见，负责工商事务、知识产权、诉讼纠纷管理等业务衔接。截至 2023 年底，风险合规部/风险管控中心在岗职工 15 人。其中，高级会计师 2 人，高级工程师 2 人，高级经济师 3 人。

【全面风险管理】　组织开展 2023 年度风险评估，明确风险管控重点和责任。策划组织公司及各管理单位 2023 年度风险评估，确定重大风险，制定管理策略，完善风险解决方案，及时出具《风险评估报告》；加强过程监督评价，强化重大风险管控，充分发挥风险管理事前防范、事中监管、事后化解作用，加强重大风险全过程管理。持续完善风险管理监督评价机制，定期组织开展重大风险管控情况监督检查，督导各单位落实重大风险防控主体责任，加强重大风险动态评估，完善重大风险应急预案，增强风险预警应急处置能力，系统提升重大风险管控水平；加强重大事项专项风险评估，防范重大决策风险，积极适应公司战略规划和改革发展的要求，持续完善专项风险评估流程，组织开展公司及权属单位"三重一大"活动、高风险业务等重大事项专项风险评估，全面辨识各类存量或潜在风险，及时提出风险管控意见和建议，为公司科学决策提供支持；深化内部控制体系建设，夯实风险管理基础，持续优化内部控制体系，完善内部控制监督与制衡机制，建立健全岗位人员内控责任清单和履职行为负面清单；加强内部控制监督评价，强化内控缺陷整改，切实发挥内部控制对防范风险的重要基础作用，实现"强内控、防风险、促合规"的管控目标。

【审计管理】　紧紧围绕重点领域和关键环节，扎实开展审计工作，全年组织审计业务 17 项，重点揭示了各单位在生产运营管理方面存在的突出问题和重大风险，有针对性地提出审计整改意见和建议，在堵塞漏洞、防范风险、提升绩效等方面发挥了重要作用。组织开展任期经济责任审计，全面清查了被审计单位资产和财务状况，强化了权力运行的制约和监督，界定了接任者与离任者的经济责任；开展各管理单位经理层契约化完成情况及股份总部、莱芜分公司、日照公司中层管理人员目标责任制完成情况审计，客观评价了各项指标的实际完成情况，为干部任用、薪酬兑现提供了依据；按照上市公司监管和信息披露要求，积极开展内部控制审计评价工作，对关键内控流程进行了测试、梳理和完善，从制度设计和制度执行两个方面查找缺陷并组织整改，编制内部控制自评价报告，保证内部控制的有效性和规范化；高度重视审计发现问题整改工作，实行月度调度推进制度，组织各责任单位深入分析问题产生的原因，制定切实可行的整改措施，明确责任，确保问题整改到位。健全审计问题整改台账，实行"挂号整改、销号管理"制度，每月督导推进。

【法律事务管理】　深入推进合同精益化管理，持续对合同管理体系进行改进和优化，优化审核层级与程序，强化审核力度，提高合同审查的效率与准确性，确保合同的合法性、完整性和可行性；完善授权管理机制，加强常规合同授权管理，保证授权范围清晰、权限明确，及时更新和公示授权信息，确保授权管理的透明性和准确性，使授权与实际业务需求相匹配，避免出现超范围或无效授权的情况；加强对合同管理全过程的监督和管控，建立定期审核机制，对合同管理的完整性、合法性和实际履行等情况进行评估，发现并修正潜在的问题和风险；适时修订各类合同文本，适应新的业务需求和风险控制要求；严格合同审查、会签，出具合同审查意见书，实现合同风险源头把控；加强法律风险防控管理，防范和降低法律风险。加强工商事务管理，保障公司依法合规经营。健全纠纷处理管理体系，不断完善和优化纠纷管理制度，通过加强培训宣传、建立信息反馈机制、定期沟通评估、落实责任分配、建立协作机制以及接受外部监督等方面的措施，推动纠纷管理制度的全面贯彻落实，实现治理水平的提升和社会形象的改善。

（撰稿：周振峰　审稿：刘武修）

企业文化管理

【综述】　企业文化部是山钢股份公司主管企业文化建设的职能部门，与党委宣传部、统战部合署办公。主要职责是：加强山钢文化宣贯，深化文化融合，加强企业文化管理，组织企业文化教育培训，加强品牌形象宣传，提升企业品牌形象。

【企业文化】　加强企业文化管理，对全公司企业文化建设进行部署并抓好落实。深化山钢文化宣贯，深入学习宣传山钢文化体系，推动山钢文化落地。以山钢文化为统领，深化文化融合实践，持续培育具有股份特色和钢铁特质的现代企业文化。持续加强作风建设，深化钢铁作风锤炼，聚焦"十破十立"目标，在认识上深化，在措施上细化，在制度上固化，在管理上融化，在监督上强化，着力强"七力"、破"七风"，加快塑成"高"的意识和"严细实快"的钢铁作风。

（撰稿：王玉军　审稿：李　锐）

党群工作

概　　述

【基本情况】　截至2023年底，山钢股份党委下设5个二级单位党委，1个直属党总支，分别是山钢股份莱芜分公司党委、山钢集团日照公司党委、山钢股份营销总公司党委、山东冶金机械厂党委、公司机关党委、山钢集团研究院党总支。全公司共有28个基层党委，14个党总支，291个党支部，党员总数8252人。党群机构设党委办公室、组织部、宣传部、统战部、纪委、巡察工作领导小组办公室、工会、团委、武装部、机关党委10个部室，其中党委办公室和公司办公室，组织部、机关党委和人力资源部，宣传部、统战部和企业文化部，纪委和巡察工作领导小组办公室，工会、团委和武装部分别合署办公。另外，党委办公室与莱芜分公司/银山型钢公司党委办公室复合设置。

【主题教育】　坚持以习近平新时代中国特色社会主义思想为指导，以党的政治建设为统领，牢牢把握新时代党的建设总要求，深入学习贯彻党的二十大精神，高点站位深入推进学习贯彻习近平新时代中国特色社会主义思想主题教育，紧紧围绕"学思想、强党性、重实践、建新功"总要求，聚焦改革发展、生产经营中心任务，一体推进理论学习、调查研究、推动发展、检视整改，扎实有效落实"四张清单"，推动两批主题教育有序衔接、步步深入，形成了"以学习领题，以调研破题，以整改解题，以实干答题"的总体路径。各级党组织共举办专题读书班25次，开展党性教育211场，组织专题党课890场，调查研究 1209 人次，采纳意见建议 665 条，解决急难愁盼问题 910 个，达到了预期目标，取得显著成效，为公司深化改革发展、扭亏增盈提供坚强政治保证。

【党建工作】 持续深化党建品牌建设，全面推进党的领导与公司治理深度融合、党的建设与生产经营深度融合。2023 年，常态化开展"五心四化"党建品牌创建优秀案例征集，评选表彰公司第二批 30 篇优秀典型案例。举办"五心四化"党建品牌深化推进会，促进经验交流共享。参加山东省国资委、集团公司党建工作品牌评选，"五心四化""三航工程""红标尺"等 3 个党建品牌入选山东省省属企业 150 个优秀党建品牌建设成果，24 个党建品牌分别被评为集团公司"十佳"党建工作品牌、党建工作创新案例，进一步扩大了党建品牌影响力和辐射面，提高了示范带动力。

【干部队伍建设】 认真落实全面从严治党要求，严格遵循党管干部原则，不断加强干部队伍建设。全面推进干部一体化管理，在分析研判和动议、组织考察、任前公示等重点环节，认真履行"三个把关"程序，累计审核把关干部选拔任用事项 110 多人次。注重优秀年轻干部培养选拔，实行"推青计划"，全面落实年轻干部培养选拔十条措施，加快推进后备人员"三库合一"，组织实施优秀年轻干部挂职锻炼，打通"上中下"挂职通道，首批挂职锻炼 19 人；加强基层干部梯队建设，对管理 7 级、8 级干部提拔年龄进行硬约束，解决人员向上衔接问题；通过问卷调查、座谈交流等方式开展干部队伍年轻化调研，举办中青年干部培训班，培训优秀年轻干部 100 人；实施青年经营管理人员启航计划，首批入库 133 人。建立完善常态化轮岗交流机制，分类形成 5 张轮岗交流名单，加大跨单位交流、跨岗位交流力度，全年轮岗交流 242 人。严格落实干部考核评价机制，认真执行年度"一报告、两评议"制度，对 5 个管理单位，50 名干部进行了考核。全面落实领导人员能上能下常态机制，充分发挥考核的激励鞭策作用，根据年度考核结果，对排名末位 2% 的领导干部予以调整，对个别选人用人工作满意度较低的单位，督促进行限期整改。组织完成各层级后备人员推荐工作，择优推荐集团公司表现优秀人员 49 人。

【党风廉政建设】 深入开展"靠企吃企"问题专项整治，聚焦 10 个重点领域，累计排查问题 10 项、廉政风险点 40 个，对应制定问题整改措施 18 项、风险防控措施 43 项。强化"二十条"措施落实，开展全面从严治党、党风廉政建设专题调研，全方位压实对各级"一把手"和领导班子监督。紧扣权力运行关键环节，强化日常监督，围绕 5 个重点项目开展日常监督 500 余次，避免和挽回经济损失 620 万元；BOO 管理、相关方安全管理专项监督发现问题 267 项。对营销总公司重点环节开展监督检查，发现问题 106 项。深化"破独"行动，压减独家项目 180 项，年降本 4000 余万元。开展"1235"监督创效行动，围绕 5 类监督重点分解创效指标、细化监督任务、强化监督检查，全年实现监督创效 6605.4 万元。开展日照公司配煤结构优化专项监督，推动肥焦比降低 5 个百分点，监督创效 3853 万元；强化废钢质量监督稽查，促进吨钢铁耗降低，实现降本增效 4511.6 万元。开展全员监督堵漏挽损，15 项堵漏挽损项目累计避免和挽回损失 158.79 万元，兑现职工个人奖励 25.6 万元。强化执纪问责力度，全年共处置信访举报和问题线索 273 件，立案 47 件，批评教育帮助和处理 209 人，"四种形态"分别占比 65.1%、23%、7.2%、4.8%。运用"纪警企"等联合办案方式，配合对 21 人采取留置等措施，在煤焦采购、招标管理、消防施工、废钢验收等领域掀起反腐风暴，仅35天查清解晓明案全部问题事实并移送审查起诉，协助查办上海倍安消防案件成功驳回不法分子虚构工程量民事诉讼，避免直接经济损失1.1亿元。对莱芜分公司焦化厂、日照公司市场部多人违纪违法等问题问责61人次，40人次放下思想包袱主动交代问题。将廉洁条款嵌入公司经营类合同文本，建立10%、20%两档违约追偿标准，以合同方式约定双方廉洁诚信责任，对涉案供应商适用条款追缴款项3944.6万元。"两建议两提示一报告"工作机制持续深化，各级监督主体制发纪律检查建议16项、监督检查建议10项、廉洁风险提示12项、管理改进提示67项、廉情分析报告1项。扎实开展"守初心、知敬畏、勇担当"廉洁文化主题教育活动、警示教育月活动，教育引导党员干部敬畏之心常在、廉洁警钟长鸣。开展"查改促"作风建设专项行动，查办13起酒驾醉驾案件，督促查处日照公司科技质量中心8人违规收取炼钢厂51人微信红包窝案，全年共处理处分违反中央八项规定精神问题57人。

【思想政治工作】　认真落实党委中心组学习和"第一议题"学习制度，及时跟进学习习近平总书记重要讲话和重要指示批示精神；严格落实意识形态工作责任制，通过党委会、意识形态和宣传思想工作领导小组会议、舆情分析研判会议等形式研究部署工作，抓牢抓实抓细意识形态工作；加强舆情管控，实施舆情会商研判工作机制，面对企业重组、收入减少、共享用工、集资风险等可能产生舆情，组织各单位精准分析研判，做好舆情风险隐患排查，建立预防预控工作清单，落实舆情信息周汇报措施，全年编发《一周舆情信息》50期；抓好理论宣讲工作，深入开展"中国梦"百姓宣讲活动，6件作品获山钢宣讲比赛一等奖，3件作品获山东省省属企业宣讲比赛一等奖，1件作品获山东省宣讲比赛一等奖，1名职工被聘为山东省百姓宣讲员；紧紧围绕社会主义核心价值观，开展群众性文明建设活动，凝聚讲文明、讲道德的强大正能量；继续抓好全国文明单位、省级文明单位、省属企业文明单位的申报、复查工作，公司现有1家单位顺利通过全国文明单位复查、9家单位顺利通过省级文明单位复查，全国和全省文明单位数量位于山钢集团前列；及时做好集团公司、股份公司重要会议精神学习贯彻，快速跟进形势任务教育，加强党建思想政治工作研究，公司"五心四化"党建品牌案例获省属企业优秀党建品牌，《持续深化钢铁作风锤炼 赋能保障企业改革发展》获全国冶金思想政治工作优秀成果一等奖，15篇成果在山钢党建思想政治工作优秀成果评选中获奖。

【群团工作】　产业工人队伍建设改革工作持续深化，"十百千万"全员岗位创新活动深入推进，职工全年累计完成全员创新改善17.2万项，人均8.6项，其中7项成果荣获2023年全省职工创新创效竞赛省级决赛优秀成果，获奖数量再创新高。开展"做到极致、走向前列"主题劳动竞赛，每季度与宝武各产线开展全工序对标，表彰优秀竞赛工序（单元）64个次。组织参加全国重点大型耗能钢铁设备节能降耗对标竞赛，莱芜分公司炼钢厂1号120吨转炉、特钢事业部100吨电炉荣获全国冠军炉称号。首次参加第九届全国模拟炼钢—轧钢大赛，获团体二等奖，2名职工获得个人二等奖。深化精准帮扶普惠服务，共救助职工193人，发放救助金132.51万元。公司投入3000余万元，建立起企业补充医疗保险保障线，截至2023年12月底，仅半年时间就理赔724人，赔付金额936.5万元，单人最高赔付27.3万元。深入贯彻落实集团公司党委《关于进一步加强党建带团建工作的实施意见》，积极推动各项政策落地见效。成立山钢股份青年工作委员会，形成"共青团+青工委"的团青工作体系。加强团支部规范化建设，严格政治理论学习、组织生活、团员先进性评价、团员发展、对标定级、学社衔接等6方面规范举措，团组织规范化建设水平不断提升。举办青年"八个极致"创新大赛，按照"团支部海选-各单位优选-公司精选"的工作模式，发动青年围绕"极低成本""极高效率""极优产品"竞赛主题开展技术攻关、创新改善活动，充分激发青年创新积极性、主动性。落实青年安全生产技能提升行动要求，开展青年安全生产示范岗创建工作，莱芜分公司特钢事业部中棒车间轧钢生产班、炼铁厂烧结三车间主控室、日照公司能源动力厂动力作业区高炉煤气净化发电班获"全国青年安全生产示范岗"荣誉称号。

(撰稿：杨　鑫
审稿：王春刚　张金良)

党委办公室综合管理工作

【综述】　党委办公室是山东钢铁股份有限公司党委的综合办事部门，与公司办公室合署办公。承担信访民调、机要保密及党委日常事务服务协调工作，主要包括组织筹备党委综合性会议活动，起草党委文件和综合文字材料，审核把关党群各部门以党委名义起草的文件、文字材料和以党委主要负责人名义撰写的讲话、文章等，收发、承办中共中央、山东省委、济南市委、山钢集团党委及公司党委的各类文件，组织协调党委系统开展调查研究工作，搜集、整理党群系统信息。

【综合事务】　牵头组织公司年度表彰大会、党委会、庆"七一"表彰大会、公司领导走访慰问活动安排等重要会议活动，并按要求完成相关文稿起草、重要会议记录纪要等工作。围绕党建思想政治工作重点开展调查研究，为公司党委决策提供有效参考。专项督办公司党委重要会议决定事项，跟踪督办领导批办交办事项。

【信访工作】　突出重心下移、关口前移，畅通信访渠道，强化源头治理，着力事要解决，加大信访隐患和矛盾纠纷排查化解力度，加强初次信访事项受理办理工作，聚焦控增量、减存量、防变量，突出抓好"治理重复信访、化解信访积案"专项工作，特别是针对化解难度大的信访积案，严格落实"领导包案+工作专班"制度，按照"三到位"原则，重启调查、细致分析，对信访人合理诉求积极予以解决，不合理诉求耐心细致解释，超出公司受理权限范围的诉求提供建议，对生活确有困难的职工信访人，积极协调工会等部门予以救助帮扶，切实维护职工合法权益，为企业实现高质量发展营造了和谐稳定的发展环境。

【保密工作】　把保密学习纳入党委理论学习中心组学习内容，强化公司领导及"关键少数"的保密意识。4月24日，党委理论学习中心组集中观看了保密警示教育片，学习了新修订《中华人民共和国保守国家秘密法》。加强保密宣传教育与岗位培训，组织开展国家安全主题宣传周、保密宣传月活动，发动全员参与保密教育线上学习，992名干部职工取得保密教育培训证书；申请党组织经费统一购买发放《保密知识简明手册》《中华人民共和国保守国家秘密法》等书籍、挂图60余册，引导党员领导干部及涉密人员积极开展自学，全面提高保密意识与技能；组织关键岗位人员赴省保密实训基地参观学习。研究修订莱芜分公司《保密管理办法》，组织开展股份公司计算机终端涉密自查，完成涉密关键岗位1600台计算机安全检测，及时消除失泄密隐患。对照保密自查自评标准，规范建立秘密载体管理、涉密人员管理、教育培训管理和定密管理等14本管理台账，理顺日常工作，规范管理标准，夯实日常工作规范化基础。利用公司保密经费为7个单位、部门配备保密文件柜，促进涉密载体的安全管理。严格按照组织申报、保密委研究、定密责任人审批等一系列规范流程，5月底公布了莱芜分公司161项商业秘密、工作秘密，并对2017年第一次公布的商业秘密中的6项进行了解密。

（撰稿：宿　昊

审稿：王春刚　张全良）

纪检巡察工作

【综述】 中共山东钢铁股份有限公司纪律检查委员会在中共山东钢铁集团有限公司纪律检查委员会和中共山东钢铁股份有限公司委员会（以下简称公司党委）领导下开展工作，是党内监督专责机构，与中共山东钢铁股份有限公司委员会巡察工作领导小组办公室合署办公，内设综合室、执纪监督室。主要职责为：协助公司党委推进全面从严治党；监督检查党的路线方针政策和决策部署执行情况；一体推进"不敢腐、不能腐、不想腐"，按照干部管理权限受理党员干部的检举、控告，依规依纪开展执纪审查并追责问责；协助公司党委抓好作风建设；协助公司党委推进党风党纪学习教育和廉洁从业教育；指导、检查、督促管理单位纪委落实监督责任；加强对纪检干部的日常教育、管理和监督。巡察办主要职责：提出巡察工作计划和建议；

向巡察工作领导小组报告巡察工作情况；组织、协调、服务、管理巡察工作；推进巡察政策研究、制度建设；对巡察工作人员开展培训、考核、监督和管理；督办巡察反馈问题整改落实情况。截至2023年底，共有职工4人。其中，高级职称4人；研究生2人，大学本科2人。

【政治监督】 扎实开展主题教育和纪检干部队伍教育整顿，坚持理论联系实际，深学细悟习近平新时代中国特色社会主义思想，以理论武装到位保障政治监督到位。聚焦党中央关于加强国有企业党的建设、国有资产保值增值等决策部署，运用政治监督活页强化政治监督，确保政令畅通、令行禁止。深入开展"靠企吃企"问题专项整治，聚焦10个重点领域，累计排查问题10项、廉政风险点40个，对应制定问题整改措施18项、风险防控措施43项，实现反腐败、防风险、促发展的有机统一。强化"二十条"措施落实，开展全面从严治党、党风廉政建设专题调研，综合运用列席会议、调研督导、谈心谈话、述责述廉、政治生态分析研判等方式，全方位压实对各级"一把手"和领导班子监督。紧盯选人用人等关键环节跟进监督，对重点岗位竞争上岗实施全程监督，各级纪委回复党风廉政意见879人次，从严把好选人用人政治关、廉洁关。

【日常监督】 紧扣权力运行关键环节，督导各级纪委强化日常监督，聚焦问题、纠正偏差，抓早抓小、防微杜渐，围绕5个重点项目开展日常监督500余次，避免和挽回经济损失620万元；BOO管理、相关方安全管理专项监督发现问题267项。对营销总公司重点环节开展监督检查，发现问题106项。深化"破独"行动，压减独家项目180项，年降本4000余万元。开展"1235"监督创效行动，围绕5类监督重点分解创效指标、细化监督任务、强化监督检查，全年实现监督创效6605.4万元。开展日照公司配煤结构优化专项监督，推动肥焦比降低5个百分点，监督创效3853万元；强化废钢质量监督稽查，促进吨钢铁耗降低，实现降本增效4511.6万元。开展全员监督堵漏挽损，15项堵漏挽损项目累计避免和挽回损失158.79万元，兑现职工个人奖励25.6万元。

【执纪问责】　全年共处置信访举报和问题线索273件，立案47件，批评教育帮助和处理209人，"四种形态"分别占比65.1%、23%、7.2%、4.8%。运用"纪警企"等联合办案方式，配合对21人采取留置等措施，在煤焦采购、招标管理、消防施工、废钢验收等领域掀起反腐风暴，仅35天查清解晓明案全部问题事实并移送审查起诉，协助查办上海倍安消防案件成功驳回不法分子虚构工程量民事诉讼，避免直接经济损失1.1亿元。对莱芜分公司焦化厂、日照公司市场部多人违纪违法等问题问责61人次，40人次放下思想包袱主动交代问题。

【标本兼治】　落实集团公司纪委两个纪检监察建议，协助党委研究制定工作方案并督促整改落实，持续堵塞管理漏洞。将廉洁条款嵌入公司经营类合同文本，建立10%、20%两档违约追偿标准，以合同方式约定双方廉洁诚信责任，对涉案供应商适用条款追缴款项3944.6万元，从源头净化营商环境。"两建议两提示一报告"工作机制持续深化，各级监督主体制发纪律检查建议16项、监督检查建议10项、廉洁风险提示12项、管理改进提示67项、廉情分析报告1项。

【廉洁文化】　扎实开展"守初心、知敬畏、勇担当"廉洁文化主题教育活动，阵地建设、曲艺展演、家书征集、书画展览等各项活动有声有色，召开股份公司家庭助廉表彰会，展演优秀节目、发布典型案例、发放廉洁书签，以优良家风涵养"两个生态"；日照公司钢廉文化园被命名为山钢集团廉政教育基地。组织警示教育月活动，落实知识测试、观看警示教育片、传阅《忏悔录选编》等"规定动作"，强化警示教育大会、专题党课、知识竞赛、参观监狱等"自选动作"，纵深推进反面案例警示教育，深刻剖析案件问题根源，通报6起刑事处罚案件情况，教育引导党员干部敬畏之心常在、廉洁警钟长鸣。

【巡察工作】　研究制定股份公司《2023年巡察工作计划》，聚焦阳光购销、业务外委、物流运输、合同管理等重点领域，开展重点事项专项巡察、合同管理机动巡察和"清账式"巡察回头看，累计反馈问题89项，移交问题线索49件。建立巡察整改情况月调度机制，关注重点，常态督导，动态更新，销号闭环，实现创效1.03亿元。开展莱芜分公司阳光采购与进出厂物资管理、日照公司阳光购销和设备管理、营销总公司原燃料采购等专项巡察，分别反馈问题59项、26项、33项。选派9人参加集团公司党委专项巡察，抽调33人次参与股份公司专项巡察，推荐2人入选山东省国资委巡察工作人才库，持续锻造复合型巡察人才队伍。

【作风建设】　开展"查改促"作风建设专项行动，紧盯违法乱纪和不担当不作为乱作为假作为两类问题开展两个"暴风行动"，狠刹歪风邪气。查办13起酒驾醉驾案件，开展违规收受礼品礼金专项整治，督促查处日照公司科技质量中心8人违规收取炼钢厂51人微信红包窝案，全年共处理处分违反中央八项规定精神问题57人。聚焦"十破十立"，党员干部集中调整期间下发《严禁迎来送往工作提示》。坚持"三个区分开来"，落实尽职免责、失职追责、精准问责机制，为敢担当能干事的党员干部撑腰鼓劲。

【队伍建设】 严格按照学习计划认真做好理论学习，逐级开展教育整顿专题党课，全员参加集团公司纪检监察业务培训班；开展领导讲评、单位互评、内部自评"三维评价"，到邹城市廉政文化教育中心等开展现场教育，公司各级纪检干部通过知识测试以考促学、以廉心促廉行。召开教育整顿专题民主生活会，按照"六个是否"的政治标准严肃认真剖析、深刻检视整改。扎实推进违规办案等7个专项整治，成立工作组开展现场督导，点对点反馈问题、督促整改，确保取得实效。推进莱芜分公司、日照公司探索实施派驻监督体制改革，集聚监督资源，提升监督成效，日照公司派驻第一纪检组通过查办案件扣罚BOO相关方3782万元。《中国纪检监察报》2篇稿件宣传公司纪检工作，山钢内部媒体宣传9名纪检人员生动故事。

（撰稿：常　骁　伊　瑞
审稿：姜广忠）

组织管理工作

【综述】 党委组织部是公司党建工作的职能管理部门，与人力资源部、机关党委复合设置，主要负责领导班子建设与干部队伍建设、党的基层组织建设、党员队伍建设管理等工作。

【组织工作】 截至2023年底，山钢股份党委下设5个二级单位党委，1个直属党总支，分别是山钢股份莱芜分公司党委、山钢集团日照公司党委、山钢股份营销总公司党委、山东冶金机械厂党委、公司机关党委、山钢集团研究院党总支。全公司共有28个基层党委，14个党总支，291个党支部，党员总数8252人。公司各级党组织坚持以习近平新时代中国特色社会主义思想为指导，以党的政治建设为统领，牢牢把握新时代党的建设总要求，深入学习贯彻党的二十大精神，扎实开展主题教育，不断巩固"五心四化"党建品牌建设成果，全面推动党的领导与公司治理深度融合、党建工作与生产经营深度融合，着力在融入中心、做出特色、提升质效上狠下功夫，形成了以高质量党建引领高质量发展的良好格局，为企业保持平稳发展的良好态势提供了坚实政治保障。

【主题教育】 高点站位深入推进学习贯彻习近平新时代中国特色社会主义思想主题教育，紧紧围绕"学思想、强党性、重实践、建新功"总要求，聚焦改革发展、生产经营中心任务，一体推进理论学习、调查研究、推动发展、检视整改，扎实有效落实"四张清单"，推动两批主题教育有序衔接、步步深入，形成了"以学习领题，以调研破题，以整改解题，以实干答题"的总体路径。各级党组织共举办专题读书班25次，开展党性教育211场，组织专题党课890场，调查研究1209人次，采纳意见建议665条，解决急难愁盼问题910个，达到了预期目标、取得显著成效，为公司深化改革发展、扭亏增盈提供坚强政治保证。

【党建品牌建设】 坚持以"五心四化"党建品牌为依托，围绕中心，服务大局，全面推进党的领导与公司治理深度融合、党的建设与生产经营深度融合。2023年，常态化开展"五心四化"党建品牌创建优秀案例征集，评选表彰公司第二批30篇优秀典型案例。举办"五心四化"党建品牌深化推进会，促进经验交流共享。参加山东省国资委、集团公司党建工作品牌评选，"五心四化""三航工程""红标尺"等3个党建品牌入选山东省省属企业150个优秀党建品牌建设成果，24个党建品牌分别被评为集团公司"十佳"党建工作品牌、党建工作创新案例，进一步扩大了党建品牌影响力和辐射面。

【基层党组织建设】 聚焦增强基层党组织政治功能和组织功能，牢固树立大抓基层、大抓支部的鲜明导向，以推进党支部建设巩固提升工作为抓手，深化开展党支部评星定级管理，强化班子建设、规范工作运行、加强党员管理、严格组织生活、落实基础保障、促进作用发挥，扎扎实实推动党支部对标提升、晋位升级。公司90个党支部被评为五星级党支部、130个党支部被评为四星级党支部、51个党支部被评为三星级党支部，四星级及以上党支部比例稳步提升至75.6%，实现了党支部建设质量和成效双提升。强化党建日常管理工作，完成年度基层党建重点任务。严格落实党建工作责任制，公司年度综合考评得分位列全集团第一。层层开展党组织书记履行全面从严治党责任和抓基层党建述职评议考核，逐级签订党建工作责任书，各级党组织书记抓党建突破项目解决党建问题318项，管党治党责任进一步压实。开展"党的领导融入公司治理"专项整治，推动公司及9家权属单位完成"党建入章"修订和备案。开展省属企业教育阵地自查排查，公司推荐的7个省国资委过硬党支部示范点入选省属企业优秀党建教育阵地。组织开展"灯塔党建在线系统"信息补录和"灯塔2.0"系统升级工作，完成对97项模块信息补录校对，对300多个基层党组织管理员进行培训和授权，推动新系统的学习使用和维护。规范党组织按期换届选举，全年共新成立党组织25个、撤销党组织23个、按期换届党组织48个。

【党员队伍建设】 认真抓好党员教育培训，制定下发《2023年度党员教育培训计划》，分层分类抓好落实。各级党组织以"三会一课"、主题党日为主体，以"学创平台"、"学习强国"App、"灯塔大课堂"等网络载体为支撑，拓宽网课教学、集中培训、党性教育等多重培训方式，推动党员教育培训全覆盖。全年各级党组织共举办各类党员集中培训班95场，教育培训党员7400多人次。举办党支部书记培训班，实现290余名党支部书记集中轮训全覆盖。组织开展党员教育系列活动，各级党组织选树先进榜样492人次，拍摄"我和我的支部"微视频55部，我来讲党课699场，讲党课638人次，听党课17075人次。高标准开展"党建引领克时艰、担当奉献我先行"主题实践活动，共设立党员先锋岗和责任区1210个，成立党员突击队379支，党员践诺承诺5733项，解决技术难题5154项，党员先锋模范作用充分彰显，有力推动了党建和中心工作的有效联动、同向发力、相得益彰。开展规范党务工作清查整治问题自查自纠，对党组织设置、班子成员配备、非党员从事党务工作等进行梳理排查。全面组织开展党费、党组织工作经费自查自纠，逐条逐项对照标准完成自查整改。规范落实发展党员工作，年度发展党员89人。严格做好党员管理监督，处理处置违规违纪党员63人。

【领导班子和干部队伍建设】 认真落实全面从严治党要求，严格遵循党管干部原则，紧紧围绕公司生产经营建设和改革发展大局，不断加强干部队伍建设，为推动公司高质量发展提供坚强干部队伍保障。坚持注重实绩、崇尚实干、群众公认的选人用人导向，全面推进干部一体化管理，在分析研判和动议、组织考察、任前公示等重点环节，认真履行"三个把关"程序，累计审核把关干部选拔任用事项110多人次。注重优秀年轻干部培养选拔，实行"推青计划"，全面落实年轻干部培养选拔十条措施，加快推进后备人员"三库合一"，组织实施优秀年轻干部挂职锻炼，打通"上中下"挂职通道，首批挂职锻炼19人；加强基层干部梯队建设，对管理7级、8级干部提拔年龄进行硬约束，解决人员向上衔接问题；通过问卷调查、座谈交流等方式开展干部队伍年轻化调研，举办中青年干部培训班，培训优秀年轻干部100人；实施青年经营管理人员启航计划，首批入库133人。建立完善常态化轮岗交流机制，分类形成5张轮岗交流名单，加大跨单位交流、跨岗位交流力度，全年轮岗交流242人。严格落实干部考核评价机制，认真执行年度"一报告、两评议"制度，对5个管理单位，50名干部进行了考核。全面落实领导人员能上能下常态机制，充分发挥考核的激励鞭策作用，根据年度考核结果，对排名末位2%的领导干部予以调整，对个别选人用人工作满意度较低的单位，督促进行限期整改。组织完成各层级后备人员推荐工作，择优推荐集团公司表现优秀人员49人。

（撰稿：孔德明　于　涛
审稿：徐西刚）

宣传思想工作

【综述】 宣传部是山钢股份公司党委主管的意识形态领域的职能部门，与党委统战部、企业文化部合署办公。主要职责是：负责党的路线方针政策宣传教育、对内对外新闻宣传、党委中心组学习、政治理论教育、形势任务教育、思想政治工作、精神文明建设等工作。

【理论武装工作】 深入学习贯彻习近平文化思想，自觉将习近平文化思想贯彻落实到宣传思想文化工作各方面和全过程。深入学习贯彻党的二十大精神，推动党的二十大精神在公司落实落地。深入开展主题教育，以公司党委理论学习中心组（扩大）会等形式，组织4个专题主题教育读书班交流研讨。认真落实党委中心组学习和"第一议题"学习制度，及时跟进学习习近平总书记重要讲话和重要指示批示精神，全年开展"第一议题"学习30次，中心组集体学习14次。

【意识形态工作】 严格落实意识形态工作责任制，通过党委会、意识形态和宣传思想工作领导小组会议、舆情分析研判会议等形式研究部署工作，抓牢抓实抓细意识形态工作。加强舆情管控，实施舆情会商研判工作机制，面对企业重组、收入减少、共享用工、集资风险等可能产生舆情，组织各单位精准分析研判，做好舆情风险隐患排查，建立预防预控工作清单，落实舆情信息周汇报措施，全年编发《一周舆情信息》50期。

【教育宣讲工作】 抓好理论宣讲工作，深入开展"中国梦"百姓宣讲活动，6件作品获山钢宣讲比赛一等奖，3件作品获省属企业宣讲比赛一等奖，1件作品获山东省宣讲比赛一等奖，1名职工被聘为山东省百姓宣讲员。

【精神文明建设】 抓好精神文明建设，深入培育和践行社会主义核心价值观，开展各种形式的群众性文明建设活动，凝聚讲文明、讲道德的强大正能量。做好全国文明单位、省级文明单位、省属企业文明单位的申报、复查工作，公司现有1家单位顺利通过全国文明单位复查、9家单位顺利通过省级文明单位复查，全国和全省文明单位数量位于山钢集团前列。

【思想政治工作】 强化思想政治工作，密切关注职工思想动态，及时跟进做好解疑释惑。做好集团公司、股份公司重要会议精神学习贯彻，快速跟进形势任务教育。加强党建思想政治工作研究，公司"五心四化"党建品牌案例获省属企业优秀党建品牌，《持续深化钢铁作风锤炼　赋能保障企业改革发展》获全国冶金思想政治工作优秀成果一等奖，15 篇成果在山钢党建思想政治工作优秀成果评选中获奖。

【新闻宣传工作】 加强新闻宣传管理，严格遵守上市公司信息披露规定和集团公司新闻宣传工作要求，规范开展新闻宣传工作。公司生产经营、科技创新、绿色发展等亮点工作，被新华社客户端、山东电视台新闻联播及《大众日报》《中国冶金报》等媒体报道。2023 年，公司在山钢宣传工作排名中始终保持在第一位，被中国冶金报社评为"2023 年中国优秀钢铁企业品牌"。

（撰稿：王玉军　审稿：李　锐）

统一战线工作

【综述】 统战部是山钢股份公司党委主管统一战线的职能部门，与党委宣传部、企业文化部合署办公。其主要职责是：负责全公司统战、侨务、对台、民族、宗教等工作。贯彻执行党的统一战线政策，协调统一战线内部各方面的关系，发挥统一战线优势，调动一切积极因素，促进企业和谐发展。公司统一战线成员包括党外知识分子、民主党派成员、归侨侨眷和港澳台眷属、少数民族职工、信教群众，驻山钢股份公司的省、市、区政协委员和党外人士代表。

【统一战线工作】 按照集团公司党委关于支持各民主党派、无党派人士和党外知识分子开展"凝心铸魂强根基、团结奋进新征程"主题教育的部署要求，结合公司实际扎实开展各项工作，组织统战成员开展"凝心铸魂强根基、团结奋进新征程"主题教育专题辅导，邀请统战成员列席旁听公司党委中心组学习，为统战对象配发了

学习书籍。组织公司统战人员参加全省第五期中青年党外知识分子培训班、山钢集团各方面代表人员座谈会，同时做好无党派人士推荐、统战信息填报、典型案例征集、山钢党委常委与党外人士联系交友等工作。

（撰稿：王玉军　审稿：李　锐）

工会工作

【综述】 山钢股份工会共有下属二级单位工会 7 个，分别是莱芜分公司工会、日照公司工会、营销总公司工会、研究院工会、冶金机械厂工会、采购中心工会、山钢股份机关工会；共有三级工会 22 个。股份公司工会及各级工会组织深入学习贯彻党的二十大精神和习近平总书记关于工人阶级和工会工作的重要论述，贯彻落实中国工会十八大、山东省第十六次工代会精神，按照公司党委和集团工会各项工作部署和要求，聚焦工会主责主业，忠诚履职、砥砺奋斗，深入推进全员岗位创新、高技能人才队伍建设、"1+N"专题劳动竞赛、职工技能竞赛、幸福和谐建设等重点工作，着力推动工会工作"争上游、走在前"，工会组织服务大局贡献度和服务职工满意度不断提升，为公司在攻坚克难中保持平稳发展的良好态势凝聚了职工智慧、贡献了工会力量。

【职工思想引领】 全面学习贯彻习近平新时代中国特色社会主义思想，落实中国工会十八大、山东省第十六次工代会精神，引导广大干部职工坚定不移听党话、跟党走。开展"中国梦·劳动美——凝心铸魂跟党走　团结奋斗新征程"群众性主题宣传教育活动，共计 21 件宣讲作品在山东省、省属企业、山钢三级百姓宣讲比赛中

获奖，52 件作品在集团公司"争上游　走在前"新媒体原创作品大赛中获奖。

【高技能人才队伍建设】　莱芜分公司炼钢厂刘文凭和日照公司炼铁厂杨雷 2 人荣获山东省劳动模范称号，型钢公司板带厂李子高荣获"齐鲁大工匠"称号，日照公司热轧厂赵世龙、莱芜分公司特钢事业部李刚林荣获"齐鲁工匠"称号，实现了 3 名职工同时获奖的历史性突破。齐鲁大工匠李仁壮受邀参加大国工匠创新交流大会，齐鲁工匠王万松先进工作法入选全国"优秀技术工人百工百法丛书"。

【全员岗位创新】　"十百千万"全员岗位创新活动持续推进，职工全年累计完成全员创新改善 17.2 万项，人均 8.6 项。组织全员岗位创新总结表彰大会、专题讲座、巡回成果展、全员创新论坛等全员创新周系列活动。7 项成果荣获 2023 年全省职工创新创效竞赛省级决赛优秀成果，获奖数量再创新高，其中一等奖 2 项、二等奖 1 项、三等奖 4 项，获奖情况排全省第二，助力集团公司连续三年获得优秀组织奖，集团公司工会送奖 150 万元，并专门发来表扬信。

【劳动和技能竞赛】　开展"做到极致、走向前列"主题劳动竞赛，全年对各单位和部门记功表彰 15 个次，每季度与宝武各产线开展全工序对标，表彰优秀竞赛工序（单元）64 个次。组织参加全国重点大型耗能钢铁生产设备节能降耗对标竞赛，莱芜分公司炼钢厂 1 号 120 吨转炉、特钢事业部 100 吨电炉荣获全国冠军炉。举办炼铁、炼钢、轧钢、电气四大工种竞赛，借鉴行业竞赛经验，聘请首钢京唐、唐钢专家帮助出题担任裁判。莱芜分公司、日照公司共组织了 49 个工种的技能竞赛，覆盖一线岗位职工 7000 余人。首次参加第九届全国模拟炼钢—轧钢大赛，获团体二等奖，2 名职工获得个人二等奖。

【幸福和谐企业建设】　深化精准帮扶普惠服务，全年共救助职工 193 人，发放救助金 132.51 万元。公司投入 3000 余万元，建立起企业补充医疗保险保障线，截至 2023 年 12 月底，仅半年时间就理赔 724 人，赔付金额 936.5 万元，单人最高赔付 27.3 万元，为部分因病致困职工解决了根本难题。职工拔河队在全国、全省比赛中勇夺 6 金 6 银。制定下发《山钢股份"惠心·赋能"职工心理健康服务行动的实施意见》，构建职工心理健康服务工作格局。

【女职工工作】　创新开展家庭助廉主题系列活动，实施女职工提素建功行动，开展巾帼金点子合理化建议征集和女职工先进操作法评选活动，获得全国五一巾帼标兵岗 2 个，全国五一巾帼标兵 1 人，山东省劳动模范 1 人。持续打造"书香"品牌，荣获全国第十一届"书香三八"优秀组织奖，35 件作品受到表彰，1 人荣获优秀领读人。

（撰稿：栾长河　审稿：李　锐）

共青团工作

【综述】　2023 年，山钢股份团委以习近平新时代中国特色社会主义思想为指导，深入学习宣传贯彻党的二十大精神，认真贯彻落实中国共产主义青年团第十九次全国代表大会精神，以贯彻落实"四转四突八极"工作格局为主线，以"工作有载体、青年有活力"为导向，深化青年思想引领、青年岗位建功、青年成长发展、基层团建强基，共青团的引领力、组织力、服务力和大局贡献度持续提升。莱芜分公司团委荣获"全国五四红旗团委"称号。

【青年思想引领】　认真学习贯彻习近平新时代中国特色社会主义思想和党的二十大

精神，认真贯彻落实中国共产主义青年团第十九次全国代表大会精神，开展团员和青年主题教育，建立青年理论学习小组135个，完成"思想旗帜""坚强核心""强国复兴""挺膺担当"四个专题的学习，将思想教育与调研结合起来，及时掌握分析青年的思想动态。开展形势任务教育，各级团干部围绕公司改革举措和重要会议精神，深入一线开展集中宣讲230余场次，汇聚青春共识，凝聚青春力量。深入实施"青年大学习"行动，莱芜分公司团委开展"青年大学习"网上主题团课先进集体和个人评选活动，表彰优秀组织单位4个，学习之星211人，在2023年19期主题团课中青年参与率均位列第一；日照公司团委编发《青年大学习》学习指导计划10期，推动基层团组织和广大团员青年学习教育制度化规范化长效化。

【青年建功活动】 坚持融入中心、主动作为，针对企业深化改革、转型升级、保生存谋发展的艰巨任务，组织青年突击队、青年志愿服务队积极参与急难险重任务，为企业打赢生存保卫战献计出力。举办青年"八个极致"创新大赛，按照"团支部海选-各单位优选-公司精选"的工作模式，发动青年围绕"极低成本""极高效率""极优产品"竞赛主题开展技术攻关、创新改善活动，充分激发青年创新积极性、主动性。落实青年安全生产技能提升行动要求，开展青年安全生产示范岗创建工作，莱芜分公司特钢事业部中棒车间轧钢生产班、炼铁厂烧结三车间主控室、日照公司能源动力厂动力作业区高炉煤气净化发电班获"全国青年安全生产示范岗"荣誉称号。

【青年成长发展】 实施"推青计划"，选拔第二批49名一级青年人才梯队人员，与组织部联合举办2期专题研修班。开展第二届公司杰出青年评选活动，评出杰出青年标兵5名，杰出青年15名。组织开展青工技术比武，莱芜分公司表彰青年技能标兵22人；日照公司表彰10名青工技术状元、65名青工技术能手。精准服务青年诉求，莱芜分公司团委开展留企青年迎新春活动，为留在企业过年的30名外地单身青年职工发放春节慰问品；日照公司团委开展"会聚良缘　爱在山钢""黄海高中教职工秋季趣味运动会"青年联谊活动，有效解决单身青年婚恋难问题，举办"爱在山钢　缘定日照"集体婚礼。莱芜分公司团委举办7期"青春活力杯"系列活动，参与青年500余人次，有效纾解了青年的工作压力。

【团的基础建设】 深入贯彻落实集团公司党委《关于进一步加强党建带团建工作的实施意见》，积极推动各项政策落地见效。成立山钢股份青年工作委员会，形成"共青团+青工委"的团青工作体系。加强团支部规范化建设，严格政治理论学习、组织生活、团员先进性评价、团员发展、对标定级、学社衔接等6方面规范举措，团组织规范化建设水平不断提升。严抓团干部队伍管理，深化钢铁作风锤炼，开展团建工作调研、观摩交流活动，组织基层团委书记述职评议，参加山钢集团群团干部培训班，团干部履职尽责的能力和水平得到有效提升。

（撰稿：栾长河　审稿：李　锐）

股东大会、董事会、监事会会议内容简介

【2022年年度股东大会】 4月20日，山钢

股份 2022 年度股东大会在济南市高新区舜华路 2000 号舜泰广场山钢办公楼 401 会议室召开。出席本次会议的股东及股东代理人共 21 人，代表股份 6030520627 股，占公司总股本的 56.3660%。出席会议的董事有王向东、徐金梧、汪晋宽、王爱国、马建春、刘冰、陈肖鸿、苗刚。会议由公司董事会召集，董事长王向东主持，审议通过了《2022 年度董事会工作报告》《2022 年度监事会工作报告》《2022 年度独立董事述职报告》《关于公司 2022 年年度报告及摘要的议案》《关于公司 2022 年度固定资产投资完成情况及 2023 年度固定资产投资计划的议案》《关于公司 2022 年度财务决算及 2023 年度财务预算的议案》《关于公司 2022 年度利润分配的议案》《关于公司 2022 年度日常关联交易协议执行情况及 2023 年度日常关联交易计划的议案》《关于聘任会计师事务所的议案》《关于 2023 年度公司董事、监事年度薪酬的议案》等 10 项议案。

【2023 年第一次临时股东大会】 8 月 17 日，山钢股份 2023 年第一次临时股东大会在济南市钢城区府前大街 99 号公司办公楼 704 会议室召开。出席本次会议的股东及股东代理人共 18 人，代表股份 5906809682 股，占公司总股本的 55.2097%。出席会议的董事有王向东、徐金梧、汪晋宽、王爱国、马建春。会议由公司董事会召集，董事长王向东主持会议，审议通过了《关于修订〈公司章程〉的议案》《关于增补公司独立董事的议案》等 2 项议案。

【2023 年第二次临时股东大会】 12 月 25 日，山钢股份 2023 年第二次临时股东大会在济南市高新区舜华路 2000 号舜泰广场山钢办公楼 403 会议室召开。出席本次会议的股东及股东代理人共 39 人，代表股份 405132662 股，占公司总股本的 3.7867%。

出席会议的董事有王向东、汪晋宽、王爱国、徐科、苗刚、孙日东。会议由公司董事会召集，董事长王向东主持会议，审议通过了《关于山东钢铁集团有限公司转让山东钢铁集团日照有限公司股权暨山东钢铁股份有限公司放弃优先购买权的议案》。

【第七届董事会第二十次会议】 1 月 11 日，山钢股份第七届董事会第二十次会议以通信方式召开。出席会议的董事有王向东、徐金梧、汪晋宽、王爱国、刘冰、马建春、苗刚、孙日东、陈肖鸿。会议由公司董事长王向东主持，审议通过了《关于与经理层签订〈2023 年度契约化聘用协议〉和〈2023 年度经营业绩目标责任书〉的议案》《关于公司经理层人员市场化选聘办法的议案》等 2 项议案。

【第七届董事会第二十一次会议】 3 月 29 日，山钢股份第七届董事会第二十一次会议在济南市钢城区府前大街 99 号公司办公楼 302 会议室召开。本次董事会出席会议的董事有王向东、徐金梧、汪晋宽、王爱国、马建春、孙日东、陈肖鸿，独立董事刘冰因公务未能出席现场会议，书面委托独立董事马建春代为行使表决权；董事苗刚因公务未能出席现场会议，书面委托独立董事王爱国代为行使表决权。会议由公司董事长王向东主持，审议通过了《2022 年度董事会工作报告》《2022 年度总经理工作报告》《2022 年度独立董事述职报告》《关于公司 2022 年年度报告及摘要的议案》《关于公司 2023 年度生产经营计划的议案》《关于公司 2022 年度固定资产投资完成情况及 2023 年度固定资产投资计划的议案》《关于公司 2022 年度财务决算及 2023 年度财务预算的议案》《关于公司 2022 年度利润分配的议案》《关于公司 2022 年度日常关联交易协议执行情况及 2023 年度日常关联交易计划的议案》《山东钢铁股份有限公司关于山东钢铁集团财务有限公司 2022 年度风险评估报告的议案》《关于公司 2022 年度内部控制评价报告与内部审计报告的议案》《关于会计师事务所从事 2022 年度公司审计工作的总结报告的议案》《关于聘任会计师事务所的议案》《关于公司 2022 年度社会责任暨 ESG 报告的议案》;《关于 2023 年度公司董事、监事及高级管理人员年度薪酬的议案》《关于制定〈山东钢铁股份有限公司独立董事工作制度〉的议案》《关于召开 2022 年度股东大会的议案》《关于 2022 年董事会经费使用情况及 2023 年度董事会经费预算计划的报告》《关于控股子公司山东钢铁集团日照有限公司转让码头项目土地、海域使用权的议案》等 19 项议案。

【第七届董事会第二十二次会议】 4 月 26 日，山钢股份第七届董事会第二十二次会议以通信方式召开。出席会议的董事有王向东、徐金梧、汪晋宽、王爱国、马建春、苗刚、孙日东、陈肖鸿。会议由公司董事长王向东主持，会议听取了总经理 2023 年第一季度工作汇报，审议通过了《关于公司 2023 年第一季度报告的议案》。

【第七届董事会第二十三次会议】 5 月 31 日，山钢股份第七届董事会第二十三次会议以通信方式召开。出席会议的董事有王向东、徐金梧、汪晋宽、王爱国、马建春、苗刚、孙日东、陈肖鸿。会议由公司董事长王向东主持，审议通过了《关于注销山东钢铁股份有限公司南京销售分公司的议案》《关于山东钢铁股份有限公司莱芜分公司资产减值准备财务核销的议案》《关于山东钢铁股份有限公司莱芜分公司炼钢厂新动区 1 号连铸机改造项目的议案》《关于山东钢铁股份有限公司莱芜分公司炼铁厂老区原料场环保封闭及智能化改造项目的议案》等 4 项议案。

【第七届董事会第二十四次会议】 8 月 1 日，山钢股份第七届董事会第二十四次会议以通信方式召开。出席会议的董事有王向东、徐金梧、汪晋宽、王爱国、马建春、苗刚、孙日东、陈肖鸿。会议由公司董事长王向东主持，审议通过了《关于修订〈公司章程〉的议案》《关于增补公司独立董事的议案》《山东钢铁股份有限公司关于公开挂牌转让持有的参股公司菏泽聚隆能源有限公司股权的议案》《关于召开 2023 年第一次临时股东大会的议案》等 4 项议案。

【第七届董事会第二十五次会议】 8 月 17 日，山钢股份第七届董事会第二十五次会议在济南市钢城区府前大街 99 号公司办公楼 704 会议室召开。出席会议的董事有王向东、汪晋宽、王爱国、苗刚、孙日东、陈肖鸿、徐科。会议由公司董事长王向东主持，审议通过了《关于调整公司第七届董事会专门委员会委员的议案》。

【第七届董事会第二十六次会议】 8 月 30 日，山钢股份第七届董事会第二十六次会议以通信方式召开。出席会议的董事有王向东、汪晋宽、王爱国、苗刚、孙日东、陈肖鸿、徐科。会议由公司董事长王向东主持，审议通过了《关于公司 2023 年半年度报告及摘要的议案》《山东钢铁股份有限公司关于山东钢铁集团财务有限公司 2023 年半年度风险持续评估报告的议案》等 2 项议案。

【第七届董事会第二十七次会议】 9 月 25 日，山钢股份第七届董事会第二十七次会议以通信方式召开。出席会议的董事有王向东、汪晋宽、王爱国、苗刚、孙日东、陈肖鸿、徐科。会议由公司董事长王向东主持，审议通过了《关于放弃山东莱钢铁源炉料有限公司股权优先购买权的议案》《关于注销山东钢铁集团日照有限公司参股公司山东中岚铁路运营有限公司的议案》等2项议案。

【第七届董事会第二十八次会议】 10月27日，山钢股份第七届董事会第二十八次会议以通信方式召开。出席会议的董事有王向东、汪晋宽、王爱国、苗刚、孙日东、陈肖鸿、徐科。会议由公司董事长王向东主持，会议听取2023年三季度总经理工作报告，审议通过了《关于公司2023年第三季度报告的议案》《关于资产减值准备财务核销的议案》《关于修订〈山东钢铁股份有限公司董事会授权事项清单〉的议案》等3项议案。

【第七届董事会第二十九次会议】 11月16日，山钢股份第七届董事会第二十九次会议以通信方式召开。出席会议的董事有王向东、汪晋宽、王爱国、苗刚、孙日东、陈肖鸿、徐科。会议由公司董事长王向东主持，审议通过了《关于组建采购中心的议案》。

【第七届董事会第三十次会议】 12月8日，山钢股份第七届董事会第三十次会议以通信方式召开。出席会议的董事有王向东、汪晋宽、王爱国、苗刚、孙日东、陈肖鸿、徐科。会议由公司董事长王向东主持，审议通过了《关于山东钢铁集团有限公司转让山东钢铁集团日照有限公司股权暨山东钢铁股份有限公司放弃优先购买权的议案》《关于召开2023年第二次临时股东大会的议案》等2项议案。

【第七届监事会第十三次会议】 3月29日，山钢股份第七届监事会第十三次会议济南市钢城区府前大街99号公司办公楼303会议室以现场方式召开。出席会议的监事有高凤娟、罗文军、徐峰、李东祥、高淑军。会议由公司监事会主席高凤娟主持，审议通过了《2022年度监事会工作报告》《关于公司2022年年度报告及摘要的议案》《关于公司2022年度财务决算及2023年度财务预算的议案》《关于公司2022年度利润分配的议案》《关于2023年度公司董事、监事及高管人员年度报酬的议案》《关于公司2022年度日常关联交易协议执行情况及2023年度日常关联交易计划的议案》《关于公司2022年度社会责任暨ESG报告的议案》等7项议案。

【第七届监事会第十四次会议】 4月26日，山钢股份第七届监事会第十四次会议以通信方式召开。出席会议的监事有高凤娟、罗文军、徐峰、李东祥、高淑军。公司监事会主席高凤娟主持会议，审议通过了《关于公司2023年第一季度报告的议案》。

【第七届监事会第十五次会议】 5月31日，山钢股份第七届监事会第十五次会议以通信方式召开。出席会议的监事有高凤娟、罗文军、徐峰、李东祥、高淑军。会议由监事会主席高凤娟主持，审议通过了《关于山东钢铁股份有限公司莱芜分公司资产减值准备财务核销的议案》。

【第七届监事会第十六次会议】 8月30日，山钢股份第七届监事会第十六次会议以通信方式召开。出席会议的监事有高凤娟、罗文军、徐峰、李东祥、高淑军。会议由监事会主席高凤娟主持，审议通过了《关于公司2023年半年度报告及摘要的议案》。

【第七届监事会第十七次会议】 10月30日，山钢股份第七届监事会第十七次会议以通信方式召开。出席会议的监事有高凤娟、罗文军、徐峰、李东祥、高淑军。会议由监事会主席高凤娟主持，审议通过了《关于公司2023年三季度报告的议案》《关于资产减值准备财务核销的议案》等2项议案。

（撰稿：吴　昊　审稿：王清刚）

山钢股份 2023 年度合并利润表

编制单位：山东钢铁股份有限公司 （单位：人民币元）

项 目	2023 年度	2022 年度
一、营业总收入	90475061843.70	102289420015.55
其中：营业收入	90475061843.70	102289420015.55
利息收入	0.00	0.00
保险服务收入	0.00	
已赚保费	0.00	0.00
手续费及佣金收入	0.00	0.00
二、营业总成本	91096102287.28	101129296460.82
其中：营业成本	86851738539.54	96603706129.24
利息支出	0.00	0.00
手续费及佣金支出	0.00	0.00
保险服务费用	0.00	
分出保费的分摊	0.00	
减：摊回保险服务费用	0.00	
承保财务损失	0.00	
减：分出再保险财务收益	0.00	
退保金	0.00	0.00
赔付支出净额	0.00	0.00
提取保险责任准备金净额	0.00	0.00
保单红利支出	0.00	0.00
分保费用	0.00	0.00
税金及附加	271826235.17	364159976.07
销售费用	290738736.90	267148239.83
管理费用	1201008673.52	1380359318.75
研发费用	2086123842.70	2097033170.07
财务费用	394666259.45	416889626.86
其中：利息费用	481654839.38	536322774.85
利息收入	112691896.30	120019904.23
汇兑净损失（净收益以"－"号填列）	2479276.20	−19065397.71
其他	0.00	0.00

项　目	2023 年度	2022 年度
加：其他收益	245293250.00	214678188.18
投资收益（损失以"-"号填列）	30706605.57	108333249.96
其中：对联营企业和合营企业的投资收益	33086865.57	111833270.14
以摊余成本计量的金融资产终止确认收益	-2819878.80	-5238167.43
汇兑收益（损失以"-"号填列）	0.00	0.00
净敞口套期收益（损失以"-"号填列）	0.00	0.00
公允价值变动收益（损失以"-"号填列）	0.00	0.00
信用减值损失（损失以"-"号填列）	-4755108.26	4926001.85
资产减值损失（损失以"-"号填列）	-87625547.80	-126249213.24
资产处置收益（损失以"-"号填列）	173666516.70	899115.29
三、营业利润（亏损以"-"号填列）	-263754727.37	1362710896.77
加：营业外收入	193141676.17	164502042.67
其中：政府补助	0.00	0.00
减：营业外支出	27602997.10	20980887.22
四、利润总额（亏损总额以"-"号填列）	-98216048.30	1506232052.22
减：所得税费用	-27604071.94	88767257.13
五、净利润（净亏损以"-"号填列）	-70611976.36	1417464795.09
（一）按所有权归属分类		
归属于母公司所有者的净利润	-399599789.71	555153248.20
少数股东损益	328987813.35	862311546.89
（二）按经营持续性分类		
持续经营净利润	-70611976.36	1417464795.09
终止经营净利润	0.00	0.00
六、其他综合收益的税后净额	-4252635.62	-2175776.94
归属于母公司所有者的其他综合收益的税后净额	-4252635.62	-2175776.94
（一）不能重分类进损益的其他综合收益	-4252635.62	-2175776.94
1. 重新计量设定受益计划变动额	0.00	0.00
2. 权益法下不能转损益的其他综合收益	0.00	0.00
3. 其他权益工具投资公允价值变动	-4252635.62	-2175776.94
4. 企业自身信用风险公允价值变动	0.00	0.00
5. 不能转损益的保险合同金融变动	0.00	0.00
6. 其他	0.00	0.00
（二）将重分类进损益的其他综合收益	0.00	0.00
1. 权益法下可转损益的其他综合收益	0.00	0.00

项　目	2023 年度	2022 年度
2. 其他债权投资公允价值变动	0.00	0.00
3. 可供出售金融资产公允价值变动损益	0.00	0.00
4. 金融资产重分类计入其他综合收益的金额	0.00	0.00
5. 持有至到期投资重分类为可供出售金融资产损益	0.00	0.00
6. 其他债权投资信用减值准备	0.00	0.00
7. 现金流量套期储备（现金流量套期损益的有效部分）	0.00	0.00
8. 外币财务报表折算差额	0.00	0.00
9. 可转损益的保险合同金融变动	0.00	0.00
10. 可转损益的分出再保险合同金融变动	0.00	0.00
11. 其他	0.00	0.00
归属于少数股东的其他综合收益的税后净额	0.00	0.00
七、综合收益总额	−74864611.98	1415289018.15
归属于母公司所有者的综合收益总额	−403852425.33	552977471.26
归属于少数股东的综合收益总额	328987813.35	862311546.89
八、每股收益		
基本每股收益	−0.037	0.052
稀释每股收益	−0.037	0.052

注：山钢股份上市公司口径。

（撰稿：张　锋　审稿：董永峰）

山钢股份 2023 年度部分制度文件目录

文件编号	标　题
山钢股份党字〔2023〕6 号	中共山东钢铁股份有限公司委员会关于印发《公司相关管理单位经理层人员市场化选聘办法》的通知
山钢股份党字〔2023〕21 号	中共山东钢铁股份有限公司委员会关于印发《中共山东钢铁股份有限公司委员会前置研究讨论事项清单》的通知
山钢股份运营字〔2023〕1 号	山东钢铁股份有限公司关于印发工资总额管理与考核办法的通知
山钢股份运营字〔2023〕2 号	山东钢铁股份有限公司关于印发山钢研究院负责人 2023 年目标责任制的通知
山钢股份运营字〔2023〕3 号	山东钢铁股份有限公司关于印发莱芜钢铁冶金生态工程技术有限公司经理 2023 年目标责任制的通知

续表

文件编号	标　题
山钢股份运营字〔2023〕6 号	山东钢铁股份有限公司关于印发《阳光采购管理办法》的通知
山钢股份运营字〔2023〕7 号	山东钢铁股份有限公司关于印发职能管理考核办法的通知
山钢股份运营字〔2023〕8 号	山东钢铁股份有限公司关于印发绩效考核体系优化调整方案的通知
山钢股份人字〔2023〕1 号	山东钢铁股份有限公司关于印发《公司经理层人员市场化选聘办法》的通知
山钢股份营销字〔2023〕8 号	山东钢铁股份有限公司关于印发《客户信息管理办法》的通知
山钢股份营销字〔2023〕9 号	山东钢铁股份有限公司关于印发《客户分类及维护策略管理办法》的通知
山钢股份营销字〔2023〕17 号	山东钢铁股份有限公司关于印发《钢铁产品质（计）量异议管理办法》的通知
山钢股份证字〔2023〕2 号	山东钢铁股份有限公司关于印发《独立董事工作制度》的通知
山钢股份证字〔2023〕5 号	山东钢铁股份有限公司关于印发《公司章程》的通知
山钢股份营销字〔2023〕21 号	山东钢铁股份有限公司关于印发《钢铁产品免费试用管理办法》的通知

（撰稿：侯丽娜　审稿：王春刚　张金良）

山东钢铁股份有限公司莱芜分公司

【概况】　山东钢铁股份有限公司莱芜分公司（简称莱芜分公司）位于山东省济南市钢城区，是山钢在济南钢城区域的钢铁制造基地，运营管理山钢股份莱芜分公司资产、托管莱芜钢铁集团银山型钢公司资产。莱芜分公司前身为莱芜钢铁集团有限公司下属莱芜钢铁股份有限公司。截至2023年底，莱芜分公司（含托管单位）总资产429亿元，国家核定粗钢产能1290万吨，拥有3800立方米高炉、3200立方米高炉、100吨电炉、120吨转炉及大型H型钢、4300毫米宽厚板轧线等国际先进、国内一流的工艺装备和14条专业化轧材生产线。主要产品有型钢、优特钢、棒材、板带四大类，涵盖高端装备、海洋工程、轨道交通、白色家电、石化装备、工程机械六大系列，是全国乃至国际著名的宽厚板、板带、H型钢、优特钢和高端建筑用钢生产基地。

【生产经营】　2023年累计生产生铁1018万吨、粗钢1092万吨、材（含商品坯）1066万吨，圆满完成国家产量调控政策限定目标，钢和材同比分别减少39万吨、36万吨。在产量大幅减少叠加两头市场减利20

亿元的艰难形势下，全年可比成本降低21.5亿元（吨钢降本197元）；在全行业利润大幅下滑，行业吨材利润由2022年的10.59元降至-9.21元的情况下，保持稳健运营良好态势。

【运行管理】 准确把握市场和政策变化，适时优化生产组织模型，极致提升系统效率效益。上半年钢产量连续三个月保持在100万吨以上，完成极致提产增效任务；下半年适时转为限产控本，在稳定运行基础上实现钢产量精准控制。界面效率明显提升，铁水入炉温度提高23℃，热送热装率提升至74.4%。设备运行动态管控能力持续加强，系统稳定性进一步提升；全员安全生产责任制有效落实，安全生产形势总体平稳。采购供应、物流运输保障有力，动力能源调配平衡有序，为生产稳定顺行提供了坚实支撑。

【对标提升】 坚持高目标引领，聚焦成本、利润、效率等核心指标，全面深化对标找差。内部监测指标进步率75%，刷新（破纪录）率35%，12类指标进入宝武系前30%行列；吨钢利润较马钢差距改善185元，吨铁完全成本居全行业第9名；型钢、特钢、宽带、棒材等品种内销价格对标标杆企业均实现较大幅度进步。

【动能转换】 全面加快重点项目建设，产线布局进一步优化，装备水平及绿色智能化发展水平持续提升。银前5号转炉、特钢50吨电炉、棒材小轧等产线安全有序退出，特钢100吨转炉连铸、型钢中型加热炉等重点项目顺利建成投产，新动区转炉连铸工程荣获国家优质工程奖；在建智慧设备管理信息系统7个功能模块上线运行，焦化控制室移位改造、特钢冶炼区集控中心等8个集控项目建成运行，炼钢1号精炼炉、特钢大棒线取样机器人等9个无人化、少人化项目顺利实施，现场操作室和人工作业岗位持续优化，"四个一律"指数较上年提升27.8%，现场自动化水平大幅提升。

【节能环保】 加快建成料场封闭等24个环保提升项目，环保绩效创A任务按期完成，全域实现环保绩效A级；完善排污许可管理，实施精准环保管控，主要大气污染物排放量保持行业先进水平，吨钢环保运行成本降低3.1元。积极创建"双碳最佳实践能效标杆示范厂"，吨钢综合能耗511千克标准煤，同比降低20千克标准煤；自发电量33.35亿千瓦·时，同比提高15%，再创新纪录，累计吨钢能源增效36.63元。各类废水实现源头削减、过程控制、末端治理，固废资源综合利用率100%，返生产利用率20%以上，绿色化指标达77分，同比提高4分。公司获评"国家绿色发展标杆企业""钢铁极致能效工程""双碳最佳实践能效标杆示范厂培育突出进步企业"等荣誉称号。

【提质增效】 坚持以用户为中心，深化"五位一体"协同和QCDVS用户定制服务，产品经营意识不断增强，产品档次和创效能力进一步提升。重点产品销售量331万吨，占比32.1%，较上年提升7.8%；战略重点用户销售量260万吨，较上年增加104万吨；二方终端用户销量353万吨，较上年增加67.5万吨；终端直供比例53.7%，较上年提升3.1%。扎实推进新产品开发，500兆帕级风电钢板、420兆帕级海工H型钢、420系列风电法兰用钢、280单齿履带钢等一批特色优势产品打入国内高端市场。金牌交付品牌行动扎实推进，产品交付能力不断增强，客户满意度显著提升；启动极稳质量行动，实施"一户一品一表"，解决了一批典型质量问题；加快推进产品认证创奖，完成22项产品认证、18家二方审核，高强度结构用调质钢板等7个产品获评"金杯优质产品""山东优质品牌产品"。

【精益挖潜】 全年实施精益项目50项，KPI进步率87.9%，实现落袋效益21.5亿元；组织开展内部倒运、外委业务、合同能源、自产废钢及可利用材专题诊断，实现落袋效益4046万元。费用压减力度持续加大，累计降低外委费用4.45亿元，降低物流费1.46亿元、合同费1.17亿元；设备需求计划审批金额大幅控减30%，吨钢综合维修费降低44元；政策应用成效突出，全年实现政策创效6亿元。

【改革创新】 按照山钢集团和山钢股份部署要求，全力完成改革攻坚各项任务。聚焦劳产率提升，强化定员管控，优化岗位结构，推动管理技术人员向操作岗位转移，人力资源配置效率不断提升，共享用工项目深入实施，人事效率持续提升，年人均产钢量较上年提高14.3%。定标倒逼业绩管理体系快速形成，"一人一表"刚性兑现，业绩"赛马"月度评比，全员创效热情高涨；采购业务有序划转，一体化协同更加紧密；备品备件、外购废钢、可利用材、产成品等采购销售业务与宝武平台快速对接融合，协同创效能力持续增强。

【和谐企业建设】 扎实开展主题教育，在以学铸魂、以学增智、以学正风、以学促干方面取得实效，推动解决了一批发展所需、改革所急、基层所盼、民心所向的问题。深化过硬党支部建设，扎实推进星级党支部争创，136个党支部被评为四星级及以上党支部，基层党组织建设继续走在山钢前列。持续加强意识形态阵地建设，积极策划"争上游、走在前"主题宣传实践活动，广泛开展形势任务教育和"中国梦·强企梦·我的梦"职工主题宣讲，凝聚起攻坚克难强大合力。深入推进大监督体系建设和"靠企吃企"问题专项整治，全年监督创效3375万元。扎实开展作风建设提升年行动，"高"的意识和"严细实快"钢铁作风成为极致挖潜、攻坚克难的

重要保障。产业工人队伍建设改革纵深推进，"青年三百人才工程"和全员创新改善深入实施，公司团委荣获"全国五四红旗团委"称号。女工、武装、信访、保密等工作扎实推进，治安保卫、平安建设成效突出，代、托管业务有序开展，企地融合发展开创新局面，为企业生产经营提供了有力支撑。

（注：数据含代管银山型钢公司等单位）

（撰稿：刘　敏

审稿：王春刚　张金良）

山东钢铁集团日照有限公司

【概况】 截至2023年底，山东钢铁集团日照有限公司（以下简称公司）在册职工5651人（含退养127人）。其中，管理、技术人员1145人，具有正高级专业技术职务19人、副高级专业技术职务525人、中级及以下专业技术职务631人，本科及以上学历1636人，高级技师291人、技师511人、高级工1110人，中共党员1641人，共青团员963人，女职工478人。公司下设党委办公室/董事会办公室/办公室/武装保卫部、党委组织部/人力资源部/机关党委、党委宣传部/企业文化部/工会/团委、纪委/巡察办、运营管理部、财务部、安全管理部、公益事业部、投资预算部、工程管理部、环境保护部等11个职能部室，生产部/生产准备办公室、设备管理部、科技质量中心/钢铁研究院、人力储备开发中心等4个执行部门，能源动力厂、焦化厂、炼铁厂、炼钢厂、热轧厂、冷轧厂、中厚板厂等7个生产单元。

【生产经营】 紧盯系统安全、资源平衡和高效运行，动态调整生产策略，贯彻实施

"挺住一季度，走出地平线""六月大决战、冲刺上半年""决战四季度，打赢翻身仗"等一系列决策部署，分阶段策划实施"稳定高效低成本""检修生产双安全高效""极致提产降本增效"生产组织模式，全年生产铁 719.78 万吨、钢 853 万吨、商品坯材 803.8 万吨。围绕资源平衡和系统高效运行，全面抓好生产系统管控，持续提升铁水罐周转率、铁水装准率、热装率、订单交付率等 KPI 指标。坚持高位推进、科学部署、整合资源，相继顺利组织完成两座高炉中修，实现"确保安全、保证质量、工期可控"目标。制定《2 号高炉中修期间公司生产组织方案》《1 号高炉中修期间公司生产组织方案》，两座高炉中修期间系统平衡稳定，实现停炉、开炉任务目标。

【关键指标】 坚持落实"定标倒逼、模型控制、细化纠偏、激长克短"工作方法，以商业计划书管理为总抓手，实施算账经营，深化全流程全要素成本管控，深入推进"九大结构"优化，持续优化产品品种结构，经营管理运行整体保持了稳步提升良好态势。全年实现销售收入 368.15 亿元，利润总额 6.31 亿元，净资产收益率 3.28%；吨钢利润 74.01 元，生铁成本 2829.47 元/吨，吨钢利润在 92 家钢协对标单位中的分位值为 61.5。年末资产总额 383.11 亿元，资产负债率 50.16%。公司荣获日照市"经济发展突出贡献企业"称号。

【安全管理】 坚决贯彻习近平总书记关于安全生产重要指示批示精神，强化"一切为安全让路，一失全无、一票否决"的意识，深入开展重大事故隐患专项排查整治 2023 行动，排查整改重大事故隐患 19 项。深刻吸取内外部事故教训，扎实组织事故"回头看"，保持安全生产警钟长鸣。加强高炉冷却壁特护、高炉中修及同步检修等特殊时段的安全管控，开展作业行为观察活动 2319 项，发现整改问题 2311 项，有效防范化解各类安全风险。强化相关方统一协调管理，137 个相关方班组与公司同步创建安全标准化班组。扎实开展消防安全隐患集中整改歼灭战。组织各类应急演练 2273 次，应急保障能力持续提升。公司获评"日照市安全生产管理示范企业"。

【环境保护】 深入推进"三治四化"，制定实施《绿色城市钢厂评价指标体系推进方案》。全年吨钢综合能耗 497.3 千克/吨，达到历史最好水平。公司成为山东省第一家完成新标准下焦化超低排放改造并在生态环境部门公示的企业。成功创建 AAA 级工业旅游景区并揭牌运营。加强环保知识培训和宣贯，开展环保专业知识培训，全面提升环保工作管理水平和业务能力。全年未发生环境污染事件，大气污染物排放达标率 100%，环保三同时执行率 100%，环保设施同步运行率 100%。吨钢主要大气污染物排放量持续保持行业先进水平，废水持续实现零外排，固废全部循环利用或委托利用。公司获"全国冶金绿化先进单位""山东省资源综合利用先进单位""国家级水效领跑企业""双碳最佳实践能效标杆示范厂培育企业"等荣誉称号。

【质量管理】 深化全流程一贯质量管理，推进质量管理从"满足标准要求"到"满足用户使用要求"转变、从"合同评审"到"质量先期策划"转变，主要产品质量总体保持稳定。制定《产品一贯质量设计推进管理办法》，开展一贯质量管理、IATF16949 培训、APQP 分阶段审核及验收，推进一贯设计落实落地。编写《薄板产品常见缺陷分级图谱》，收录常见缺陷 90 例，建立缺陷样板库收集样板 200 块以上，形成新版《冷轧镀锌产品表面质量判级通用技术规范》；编写《薄板产品/过程病例手册》，收录过程病例 38 例。完善质量信息化建设，推进用途码和重点钢种自动封闭功能开发，满足客户特殊需求。开展山东制造·齐鲁精品、山东省标准创新型企业、全国质量标杆等创奖工作，公司桥梁用结构钢、高强度汽车大梁钢被评为"山东制造·齐鲁精品"。

【设备管理】 按照"事先预算、过程控制、严格考核、奖惩兑现"原则，做好维修费用管控。全年设备管控费用累计96.8元/吨钢，较计划指标110.48元/吨钢降低13.68元/吨钢，降幅12.38%。全年维修费用控制采取协议降费方式，降低维保费用4169.52万元。开展A类设备管控体系建设工作。全年月平均设备故障影响生产时间2331分/月，较指标4605分/月降低2274分/月，降幅49.38%。以"零故障、零事故"为目标，抓实设备预防性维护管理工作。推进设备管理信息系统建设，设备管理标准化、信息化水平持续提升。

【智能制造】 有序推进智能制造项目建设，"四个一律"指数提升至39.65。全年智能制造续建项目共14项，完成竣工项目13项。竣工项目包括高炉自动换钎、自动加泡泥，冷轧处理线新增自动取样机器人、酸洗机组自动化升级改造、焦化硫黄间自动包装码垛系统、LF/RH测温取样机器人、连铸机生产线自动加渣系统、冷轧产线包装机组自动化升级改造、智慧水务中心、炼铁厂翻车机车皮高压水机器手清扫装置、热轧成品库无人行车、炼铁智能机器人、炼钢2号3号4号KR智能扒渣系统。智能制造项目助力人事效率提升和相关方优化，各项目累计优化人员176人，其中职工39人、协力人员137人，降低人工成本约1200万元/年。

【精益管理】 围绕"深度挖潜、延伸覆盖、标准提升、能力转化"精益管理年度主题，每月召开精益管理项目推进会，分三次调整优化精益项目和加严KPI指标，同时将精益管理延伸覆盖到外协单位。坚持日沟通、周推进、月汇报、年表彰工作推进机制，专项攻关解决瓶颈问题，基础水平和管理效率持续提高。抓好精益项目管控，优化确立公司级精益管理项目16项、KPI 34个，厂部级项目43项、KPI 64个。开展全流程自主诊断，全年实现挖潜增效10.85亿元。吨钢可比成本累计降低185.47元，全年总降本额15.82亿元。组织公司外委业务费用专项诊断，从维修、BOO、生产协力、通勤、物业、绿化、耐材、内部倒运、出厂物流等外委业务寻求挖掘潜力点和改善的机会，为外委业务优化、极致降本增效、生产经营目标完成提供了强有力支撑。有序推进管理创新，管理创新课题立项实施64项。

【对标提升】 全面对标标杆湛江，建立畅通对标渠道，制定《"全面对标找差、提升比较优势"行动方案》，构建六大类别、30项74个KPI指标对标找差体系，开展多频次对标学习，运营管理质量持续提升。全力推进集团公司"全面对标、系统提升"行动总体监控10项指标，实现进步率、达标率100%，得分100分。组织参加宝武集团"三降本两增效"炼钢领域"高效低成本"专题技术交流会，取得良好效果。积极融入中国宝武贯穿全流程的工序对标体系，设置高炉炼铁、炼钢工序、热轧线、厚板线、冷轧工序等5个赛道，12项指标进入宝武系前30%。2号5100立方米高炉、4号210吨转炉在全国节能降耗对标竞赛中获得"创先炉"荣誉称号。

【改革攻坚】 宝钢股份战略投资山钢日照公司，实现优质钢铁基地强强联合，日照公司改革发展掀开新的一页。全面构建"四转四突八极"工作格局，聚焦产品经营、人力资源优化、一体化运营、基础管理等重要领域和关键环节攻关突破，以机制改革激发内部活力和创造力。研究学习鄂钢"一人一表""赛马机制"，建立覆盖公司的"一人一表"绩效管理体系，建立完善全体职工赛马考评机制，激励职工从"要我干"向"我要干"转变。深化"三项制度"改革，推进组织机构变革，规范共享用工管理。全年优化在岗职工444人，优化率8.53%。组织重点岗位轮岗交流，推动轮岗交流成为培养干部能力、优化资源配置的有效途径。聚焦"引育留重用管"全链条发力，人才队伍建设取得新成效。开展经营风险专项排查，分级防控、动态监控，风险防控能力大幅增强。

【产业协同】 坚持钢铁主业一体化规范化运营，深入推进"五位一体"协同运行、QCDVS用户定制服务体系建设，协同红利加速释放。BS协同支撑项目圆满完成，7大类协同项目全部达到预期目标，21项KPI指标进步率100%，累计实现创效4962.41万元。聚焦工程机械、石油化工、汽车家电等八大领域，大力推进高层营销，全力开拓市场空间。扎实开展金牌交付行动，构建订单高效交付体系，全年订单交付率96.8%、整单交付率88.54%。成功供货雄商高铁项目、杭州亚运会等多个"国字号"工程，X70及以下管线钢产品成功入围国家管网。

【科技创新】 坚持创新驱动，在研技术创新项目169项，累计研发投入12.54亿元，研发投入占比3.41%。成功轧制极限薄宽规格豪华邮轮用钢，打破了长期以来国外技术壁垒。780 MPa级双相高强钢等多个产品填补省内行业空白。积极承接山东省重大科技专项，清洁能源用钢、海洋装备用钢等核心技术研发取得突破。全年开发新产品319个，新产品推广93.6万吨，占比11.6%；重点产品推广量370.9万吨，重点产品比例达到50.6%；品种结构优化增效完成56.8元/吨，实现增效4.28亿元。组织完成技术创新项目结题验收共计130项。全年专利局受理发明专利188件，

授权发明专利73件。推进开展19项技术合作，完成"降低FeO含量及提高烧结矿质量研究技术"等4项技术合同验收。与哈尔滨工业大学（威海）共建新能源汽车用钢山东省工程研究中心，与东北大学签订"日照市清洁能源装备用钢重点实验室联合共建协议"。

【党的建设】 高标准高质量开展学习贯彻习近平新时代中国特色社会主义思想主题教育，理论学习、调查研究、检视整改、推动发展等工作取得阶段性成果，形成了"全覆盖学习、全过程统筹、全链条落实、全方位践行"的局面。深入实施"党建领航"工程，党支部四星级以上比例达到79.45%。开展"争上游、走在前，解难题、建新功"党性实践活动，设立党员先锋岗129个，组建党员突击队95支，党员认领指标项目261项、解决生产技术难题448个。扎实推进基层党建品牌建设，15个党建工作品牌和创新案例在山东省国资委获奖，"三航工程"获省属企业优秀党建品牌。压实意识形态工作责任，有效防范化解意识形态领域风险。

【党风廉政建设】 深化"清风护航"工程，扎实开展党风廉政建设和反腐倡廉工作。保持对腐败问题的"零容忍"，持续强化"不敢腐"的震慑，深入推进"靠企吃企"问题专项整治，7人因严重违纪违法被地方监委留置或公安机关采取强制措施；消防喷涂合同诈骗案件取得重大实质性进展，挽回直接经济损失近亿元。一体推进实施焦肥比及废钢质量专项监督、廉洁诚信协议，实现监督效益2.85亿元。深化大监督体系建设，开展监督检查6152次，落实整改问题6164项，修订完善制度400项。开展阳光购销和设备管理领域专项巡察，把问题整改、巡察成果更好地转化为公司治理效能。加强廉洁文化建设，建成启用钢廉文化园，举办"清风护航"廉洁主题文艺汇演等活

动，营造形成崇廉尚廉践廉的浓厚氛围。

【幸福和谐企业建设】 深化"和谐助航"工程建设。持续推进民主管理，提升职工代表履职能力，保障职工合法权益。深化"四学四做"学习型组织创建，为高质量发展提供内生动力。全年岗位创新自主改善项目73893项，人均13.34项，超额完成"保8争10"任务目标。举办职工职业技能竞赛暨青工导师带徒技术比武，营造"学业务、练技能、提素质"的浓厚氛围。投资近千万元建设职工文体活动中心及室外运动设施、心灵港湾体验中心、职工书屋、心理咨询室、职工之家，满足了职工日益增长的精神文化生活需求。常态化长效化推进"我为群众办实事"活动，职工关切的39件实事全部落实完成。精准帮扶走访职工822人次，发放慰问金67.7万元。为职工购买社会补充医疗保险，扩大医保报销范围，提高报销比例。狠抓信访源头治理，畅通职工信访渠道，受理登记信访事项90项，按时化解率100%。女工、统战、共青团、档案机要、武装保卫、企地协调、后勤保障等工作取得新成绩。

【重点任务】 加快推进二期一步项目建设，研究优化形成4套组合方案、共8个建设方案，优选形成4个建议方案。编写完成4个版本的可研报告。专用铁路线正式运营，实现铁路运输煤炭进厂目标。工程造价费用核减985万元。完成66个固定资产投资项目立项，立项额度3.6亿元，年度投资规模受控。

（撰稿：李　林　审稿：陈云鹏）

山东钢铁股份有限公司营销总公司

【概况】 山东钢铁股份有限公司营销总公司（以下简称营销总公司）主要负责山钢整体营销战略制定与实施，总体策划和实施营销协同和管理，山钢股份公司国内钢铁产成品销售业务，整合区域营销资源和开展贸易经营，以及推进钢材加工配送业务等。2023年11月17日，根据山东钢铁股份有限公司董事会决议和《股份公司采购体系变革实施方案》，设立股份公司采购中心，将营销总公司采购相应职能及在岗人员划归采购中心，营销总公司撤销采购管理部、煤焦采购部、炉料采购部。截至2023年底，职工总数472人，内设机构19个。

【营销管理】 成立专业市场分析团队，建立市场分析模型，整合信息超前预判，踏准接单节拍，月度复盘分析，及时查找问题不足，综合销售价格全面跑赢大盘，全年行业价格对标较2022年进步70元/吨。梳理营销流程，建立"6+19"销售业务制度体系，坚持订单驱动，制定"一流程四标准"，细化合同执行流程，逐步形成以销定产的生产组织模式，合同整单完成率由50%左右跃升至73.1%。深化"底薪+提成"考核机制，开展岗位价值评估，建立高效精准的指标监控体系，持续优化完善业绩分析模型，推行"一人一表"，落实"赛马"机制，对连续排名末位的领导班子和人员谈话提醒、调整岗位直至降级使用，31人纳入人力资源储备中心动态管理。全年销售钢材（坯）1765万吨，产销率100%，实现销售收入788亿元。

【市场开发】 围绕优化产品结构和渠道布局两大重点，积极布局产业新赛道，发挥山钢地域优势，构建起省内市场深耕全覆盖、省外区域重点求突破的市场格局，全年累计新开发终端用户286家，实现增量47万吨，终端直供比例完成39.6%，较2022年提升15.1%。组建28个SBU团队，围绕独有、领先和重点产品销量提升开展协同攻关，成功突破用户开发、产品认证等方面存在的瓶颈制约，全年重点产品比例 39.8%，同比提升 6.7 个百分点，SBU团队完成高端高效产品销量 280 万吨，年环比增量 114 万吨。突出"塔尖"产品市场开发，加快产品提档升级，高强风电钢等产品成功填补行业空白，9Ni 钢、高端齿轮钢、模具钢等高效品种实现快速增量，独有领先产品销售量 114 万吨，比 2022 年提升 11 万吨，增幅 10.5%。

【用户服务】 创新构建"三个一"新型服务模式，全方位融入用户产业链架构。精细构建用户价值评价体系，强化"四优一策"服务保障，扎实推进"金牌交付"行动，战略用户整单交付率超过 90%。召开四大品种重点用户座谈会，邀请国内 270 余家钢铁下游行业重点用户，与 10 余家战略用户签订了战略合作协议，并与 30 余家用户开展高层会谈，全面促进了山钢与各战略合作伙伴互信共赢关系的深化与提升。纵深推进 QCDVS 定制化服务，探索推动客户经理跟踪服务机制，积极开展三级走访互动，精准绘制"用户画像"，制定落实定制化服务清单，利益共享的服务创效新模式初步形成，成功恢复四川宏华、青州建富等多家用户供货，合力叉车合作份额提升至 80%以上。全面分析战略重点用户产品升级需求，采用"技术+营销"模式切入用户链条，与 13 家用户签订《共建技术研发协同创新中心意向书》，与 7 家用户共同组建联合实验室。

【党群工作】 扎实开展主题教育，组织 4 期读书班、实地研学 1 次，2500 人次参加竞赛测试。大兴调查研究之风，确立 9 项调研课题，深入一线查摆解决影响营销发展的难点问题 30 余项。深化"五心五型"党建品牌创建，积极探索党建共建新模式，全年累计开展共建活动 31 次。持续深化"1+4×2"培训体系，联合宝武开展脱产培训，累计组织各类专业培训、讲座 29 场，实现年度参训人员全覆盖。深入践行"我为群众办实事"，关注驻外人员的急难盼愁，驻外津贴得到落实，驻外人员获得感、归属感显著增强。倾力打造"营销一家亲"关心关爱品牌，建成首个省外"职工之家"。唱响"四季如歌"文体活动品牌，用活动促进交流、凝聚人心。狠抓钢铁作风锤炼，组织开展《营销工作负面清单》对照反思，"快速行动、一次做好"的执行文化融入基因。深化监督体制机制改革，创建"1+N"巡察工作体系，严明商务交往纪律，与用户开展廉洁共建，创建"廉年有余"文化品牌，常态化开展"五个一"廉洁从业教育，建立"逢会必考"工作机制，廉洁教育进一步融入日常、严在经常。

【区域销售公司概况】 深化区域主销工作，区域销售公司整合注销工作持续推进，2023 年累计完成山东钢铁股份有限公司南京销售分公司、浙江山钢经贸有限公司、上海济钢经贸有限公司、山东钢铁集团聊城加工配送有限公司、莱芜山钢利达物流有限公司、莱钢上海经贸有限公司等 6 家公司注销程序。全年累计销售钢材 412 万吨，实现利润总额 3005.55 万元（以上数据均不含贝斯山钢（山东）钢板有限公司）。

【山东钢铁股份有限公司济南销售分公司】 紧盯区域龙头企业、重点工程和优势行业聚集地，广泛开展高层走访，与山推、中国重汽等建立稳固合作关系；大力开拓工程项目直供，成功打入京岚、京台高速桥梁、"引汉济渭"南水北调、辽中风场能源项目、摩洛哥化工基地等国内外重点工程项目；成功举办梁山地区产品推介会，700ZL 大梁钢成功挺进梁山市场，终端渠道开发初见成效。全年销售钢材 57.03 万吨，营业收入 23.96 亿元，实现净利润

780.51万元。

【山钢青岛经贸有限公司】 致力于两端一重用户开发，全年新开发青岛海信、海西重机等终端用户27家；深化QCDVS定制化服务，提升青岛北海造船、东方铁塔等战略、重点用户的合作水平，用户满意度明显改善；积极推进商业模式创新，联合青岛宝井、阳森供应链等为青岛海信终端用户开展加工配送服务。全年销售钢材87.75万吨，营业收入36.87亿元，实现利润总额519.75万元，净利润309.27万元，所有者权益1650.62万元。

【淄博山钢经贸有限公司】 深入落实营销公司终端化、近地化营销策略，凭借优质的产品和优良的服务，2023年新开发终端用户12家，CR1500HW产品成功打入锣响汽车，高等级容器钢板供入胜利油田，在区域市场建立起良好的形象。全年销售钢材63.74万吨，较上年同比降低5.46%，高效产品20.08万吨。营业收入24.94亿元，实现净利润29.16万元。

【山东钢铁股份有限公司上海销售分公司】 大力开发江浙沪为主的华东区域造船、工程机械、汽车用钢、高端容器钢、齿轮钢市场，先后与江苏新时代造船、外高桥造船、南高齿、中国龙工、三一重工、江苏大明等用户建立稳定的业务关系，深耕华东区域市场，业务领域和用户层次不断提升。全年销售钢材94.61万吨，营业收入40.73亿元，利润总额422.77万元。

【山东钢铁股份有限公司北京销售分公司】 充分发挥大型央企集中的地域优势，着力开拓高端、终端重点工程项目市场，2023年首次与国家管网集团签订年度线路钢管用钢板框架协议，取得了国家重大油气管道项目建设的"门票"；与中石化国际事业有限公司签订X70管线钢供货协议，H型钢和螺纹钢进入中石油采购短名单。先后中标中海油珠海LNG国际最大容积液化天然气储罐（27万立方米）9Ni钢、中石化广西LNG二期项目9Ni钢订单；型钢产品中标坦桑中央线标轨铁路第五标段项目、迪拜哈布图尔公寓项目；热轧产品打入世界级跨海大桥工程–宁波舟山港六横公路大桥建设项目。全年销售钢材57.71万吨，较上年同比降低6.27%，营业收入26.9亿元，实现净利润788.22万元。

【安徽山钢商贸有限公司】 结合山钢市场定位，以船板、桥梁、汽车、家电和工程项目为主攻方向，全力开拓区域终端市场。与合力集团、美的集团、奇瑞汽车、鸿路钢构等龙头企业全面深化战略合作，组织召开襄阳汽车钢推介会，全面深耕区域市场，嵌入供应链，在区域供应链中形成影响力。全年销售34.02万吨，营业收入14.75亿元，实现利润总额498.15万元，净利润371.88万元。

【贝斯山钢（山东）钢板有限公司】 贯彻落实山钢QCDVS营销战略，在产品质量、综合成本、生产交付、新品研发、服务方案五个方面与国内外竞争对手全面对标。严把产品质量关，大力推进品牌建设，深入挖潜老客户，大力开发新客户，抓住机遇调结构，推动耐磨钢品种的不断丰富和发展。全年开发新客户、唤醒老客户33家，超额完成董事会确定的年度冲刺目标。全年销售钢板4.59万吨，营业收入3.18亿元，实现利润总额3016.03万元，净利润2255.44万元。

（撰稿：商启亮 赵建忠
审稿：郭伟达）

山东钢铁集团有限公司研究院

【综述】 山东钢铁集团有限公司研究院

（以下简称山钢研究院）是山钢集团和山钢股份战略经济研究和战略技术研发机构，是"一院多中心"研发体系的核心和枢纽。主要职能是：负责战略研究、经济研究、产业研究、商业模式研究、信息政策研究；前沿战略技术、关键共性技术研究；产业界面技术、产业绿色智能制造工艺技术研究；战略性产品研发；新材料新技术研发；客户应用技术开发等。对各产业公司研发机构实行业务指导，组织研发业务协同。截至2023年底，全院在岗职工66人。其中，男职工57人，女职工9人；中共党员54人，民主党派1人，无党派人士1人；拥有博士学位12人、硕士学位33人；正高级专业技术职务19人，副高级专业技术职务39人。2023年，山钢研究院1人被评为山东省优秀科技工作者、1人被评为济南市青年创新先锋。

【科研管理】　牵头组织赴马钢、中南钢铁等宝武系钢铁企业及南钢等行业先进企业对标考察，借鉴先进企业在研发机构设置、体制机制优化、科研管理创新等方面的经验，在充分调研、多次研讨的基础上编制了《山钢股份公司科技创新体系深化变革实施方案》。2023年，下发立项实施计划29项，验收12项。7项技术成果鉴定为国际先进水平。获得中国冶金科学技术奖二等奖1项、三等奖2项，获得山东冶金科技进步奖一等奖4项、二等奖1项。累计申请专利80件，其中发明专利76件；授权专利21件，其中发明专利17件。完成软件著作权登记16项。

【对外合作】　按照"优势互补、平台支撑、项目载体"的思路，加强与知名高校、科研院所的合作。利用济南市双创大赛和"揭榜挂帅"科技计划，与北京科技大学、中南大学等合作策划实施科研项目2项；对接东北大学王国栋院士团队，全面开展钢铁全流程数字化转型技术合作；与齐鲁工业大学、山东省科学院共同策划申报山东省数智钢铁重点实验室；积极协同地方政府推进济南钢铁产业智能制造和战略新材料研究院建设；推动山钢股份入驻"国家新材料测试评价平台—济南区域中心"；积极申报建设山东省海工装备先进材料技术创新中心；加快构建与战略用户"三个一"新型研发合作模式，首个"三个一"协同研发中心—山钢股份与乾钢科技共建的高品质光伏支架用钢铁材料技术创新协同中心完成签约和挂牌。

【技术研发】　突出研发价值创造，围绕公司打赢生存保卫战决策部署，深化服务现场和市场，围绕工艺优化降本、产品升级增效开展立项研究，支撑企业降本增效，《数据驱动的LF精炼关键控制模型开发与集成应用》项目降低综合成本3元/吨钢，年创效800万元以上；《高性能耐磨钢铁材料关键技术研发及产业化》项目市场推广三大系列耐磨钢2万余吨，累计创效950万元；国家循环经济重点专项《赤泥铁精粉烧结生产配用研究》年降本增效800万元以上；依托《Q355B型钢极低铌微合金化关键技术研究与应用》项目实现BB1、BB2坯型14个规格的低铌微合金化，吨钢成本降低19元，年降本120万元；《烧结环冷机冷却过程仿真模拟研究》《高炉炼铁过程数字化仿真系统的开发与应用》等项目有效提升了烧结、高炉操作水平和生产效率。积极组织申报重大专项，组织提报2024年山东省重点研发计划（重大科技创新工程）项目指南建议4项，组织申报《长寿命高可靠性轴承钢关键技术研发与产业化》等2项泰山领军人才计划配套项目、《高端轴承钢碳化物控制技术研发与应用》等2项海右人才计划配套项目；《选铁赤泥钢铁冶金增值利用工艺装备技术及应用示范》成功申报济南市科技计划"揭榜挂帅"项目，获政府资助100万元；《风电装备主轴承用钢》等 2 个项目成功申报济南市龙头企业关键环节技术。优化重大专项推进机制，国家循环经济重点专项《铝土矿拜耳法溶出赤泥源头减量技术及大规模示范》烧结配加赤泥工业化试验取得成功，实现了赤泥在烧结中正常化配用；《异形连铸坯质量在线检测与预报系统开发应用》项目实现了国内首台套系统上线，多项检测精度指标处于国际领先水平，填补了行业空白；《基于无人行车的 5G 技术研究与应用示范》项目打造了 5G 技术在钢铁行业的典型应用示范；《齿轮钢热处理变形控制技术的研究与应用》项目开拓了乘用车齿轮钢市场，年销量 6 万吨以上；《基于数据技术和仿真模拟的高炉炉料熔滴性能评价系统开发与应用》项目成功开发了预报模型，实现预报误差精度小于 5%，达到国内先进水平。积极申报创新成果，《大规格合金钢连铸圆坯关键技术研究及产业化》等 7 项成果经鉴定评价达到国际先进水平；《基于工业互联网的钢铁流程协同制造系统关键技术研发与应用》等 2 项成果获中国钢铁工业协会冶金科技奖三等奖，《高端制造装备用高品质稀土特殊钢关键技术研究及产业化》等 4 项成果获山东省冶金科技进步奖一等奖；《基于轧制过程仿真的轧机控制研究》获山东省设备管理创新成果一等奖；完成《金属材料：高应变速率高温压缩试验方法》国标制定并发布；《基于机器视觉的热态钢板轮廓在线检测系统》入选《钢铁工业智能制造优秀案例集》；在站博士后项目进入中国博士后创新创业大赛总决赛。

【经济研究】 围绕管理、运营、市场等难点和堵点，开展经济课题立项和研究，30 项课题下达立项计划，21 项课题通过结题验收，其中 10 项课题绩效 A 等。突出经济研究的时效性，围绕政策热点、管理难点、运营重点，撰写《日照基地二期项目五个替代政策协调路径研究》等 10 篇研究专报，其中 4 篇受到公司领导特别表扬。聚焦公司重大改革建设，开展了《日照基地二期项目开工建设手续政策背景及实施路径研究》等课题研究，为公司重大决策提供有力支撑。突出模型控制研究，完成《"双限"条件下的最佳生产组织模型分析研究》等 2 项模型控制研究，新立项《煤炭市场价格预测模型研究》等 3 项模型控制研究课题，为提升科学管理水平提供有效参考。完成了《中钢协 2023 两会提案》等 5 项公司交办的专题研究任务，配合山东省委办公厅、财经办分别完成推进山东省钢铁行业绿色低碳、高质量发展支持政策建议材料。经济研究成果应用取得标志性进展，荣获 2022 年集团公司经济成果贡献一等奖的《山钢股份废钢资源控制与管理》提出的"废钢加工基地"方案被莱芜分公司采纳实施，年创效 2000 万元以上。编辑发布《董事长简报》《钢企信息动态》等信息刊物，持续优化信息资源集中采购与共享利用，为生产运营和管理决策提供了高效信息支撑。

【党群工作】 组织召开调研成果分享会、专题民主生活会、专题组织生活会，将主题教育成果转化为推动科研工作的强大动力。以五星级党支部创建为引领，全面开展过硬党支部建设，党支部战斗堡垒作用明显增强。深入开展"靠企吃企"专项整治活动，创新实施"一人一表"赛马机制，干事创业的氛围更加浓厚。抓好人才队伍建设，高标准做好高层次人才引进，全职引进博士 1 人、硕士 3 人。突出做好科技创新典型、"七一"党内先模等集中宣传工作，内强氛围外树形象。以"幸福和谐企业"建设为主线深入推进工会工作，职工的获得感幸福感显著增强。精心策划开展党员集中教育暨党性实践活动、金秋助学主题党日、共读一本书《铸魂》、迎新趣味篮球比赛等丰富多彩的活动，拍摄的短视频《引领 2023》荣获山钢集团"巾帼心向党，建功展芳华"庆"三八"女职工短视频大赛巾帼先模秀一等奖，发挥了良好的教育引导、提高凝聚力、战斗力的作用。

（撰稿：李　赛
审稿：王中学　徐继山）

全资和控股子公司

莱芜钢铁冶金生态工程技术有限公司

【概况】　莱芜钢铁冶金生态工程技术有限公司成立于 2008 年 10 月，注册资本 1000 万元，山东钢铁股份有限公司持股比例 51%，山东省冶金设计院股份有限公司持股比例 39%，山钢资本控股（深圳）有限公司持股比例 10%。公司主营转底炉直接还原工程及冶金新技术工程的研究、设计、设备供应、施工及总承包，技术咨询、服务，铁合金、煤炭、炉料的批发零售等，同时经营脱硅剂、新型复合脱氧剂、煅煤增碳剂，提供轧机精度检测服务。截至 2023 年底，公司职工总数 6 人，其中，硕士 3 人，大学本科学历 3 人。

【生产经营】　莱芜钢铁冶金生态工程技术有限公司于 2023 年 4 月 14 日召开董事会，确定公司终止经营。

（撰稿：刘运丽　审稿：张思勋）

山东莱钢环友化工能源有限公司

【概况】　山东莱钢环友化工能源有限公司

于 2006 年 7 月成立，注册资本 3 亿元，为山东钢铁股份有限公司的全资子公司，由山东钢铁股份有限公司莱芜分公司代管。公司机关科室与山东钢铁股份有限公司莱芜分公司焦化厂机关科室复合设置，下设化产精制车间等 1 个生产单位。截至 2023 年底，公司共有职工 92 人。其中，管理人员 16 人，技术人员 19 人，生产操作人员 57 人；硕士研究生 2 人，大学本科学历 58 人，大学专科学历 32 人；高级工程师 20 人，高级政工师 5 人，工程师 6 人，助理工程师 1 人，助理政工师 1 人；高级技师 1 人，技师 2 人，助理技师 33 人，50 人具有中高级以上技能等级。

【生产经营】　以"极致思维"抓牢降本增效"主阵地"。自主开展原料预处理能力提升、焦炉煤气结萘期间稳产保供、催化剂自主更换、放散气负压收集等项目，为挖潜增效奠定坚实基础。以"质量门"工作为契机，持续推进岗位操作标准化，纠正操作陋习，稳定产品质量。开展质量提升专题劳动竞赛，不断完善取样、化验制度流程，严格依规判定原料质量，督导落实日常检化验标准化，样品复检合格率 100%。以化产品利润最大化为目标，化产品 100% 网上公开竞价"阳光销售"，增强销售溢价效果，主要化产品价格已成为全省化产品价格的"风向标"。运用"低存高出"的"波段营销"模式实现营销创效 421 万元。全年加工轻粗苯 8.09 万吨，生产纯苯 5.98 万吨、甲苯 1.19 万吨、二甲苯 0.41 万吨、非芳烃 0.21 万吨；实现销售收入 5.04 亿元，同比增长 -9.06%；利润总额 -5374.64 万元（资产减值 5713.51 万元）。

【专业管理】　依托安全标准化建设，强化"双基"管理，车间、班组安全管理水平持续提升。聚焦"一防三提升"，开展重大隐患清零、危化品整治提升专项行动，消除重大隐患1项，一般隐患370余项。全年开展各类应急演练44次，并配合济南市钢城区完成2023年危险化学品苯泄漏事故应急演练任务，全员应急处置能力有效提升。为破解烟气指标达标排放困局及放散气处置难题，相继实施喷淋塔洗涤、尾气回负压、泄漏气回风机、密封面防渗密封等改造项目，确保全年环保指标达标排放。以环保现场治理为主线，治理跑冒滴漏42项、处理VOCs问题26项。以预防检修、动态修正为主，强化设备能力保障，先后完成压缩机定修、导热油炉阀组泄漏治理、制氢程控阀泄漏更换、换热器清洗等检修项目，为生产稳定提供了基础保障。

（撰稿：马学照　邹怡明
审稿：刘建迅）

莱芜天元气体有限公司

【概况】　莱芜天元气体有限公司（以下简称天元公司）于2002年10月29日注册，11月8日挂牌成立。主营工业用氧气、氮气、氩气、液氧、液氮、液氩、粗氪氙、粗氖氦及瓶装气体和医用液氧、气氧等产品。主要为山钢股份莱芜分公司的冶炼生产提供产品服务，同时面向社会经营销售气体产品。现有7套制氧机组，1套氧氮液化装置；1套BOO杭氧设备；4套22000米³/时制氧机组；1套60000米³/时制氧机组。2021年12月天元公司进行机构调整，下设综合管理室、生产技术室、机动环保室、安全生产室等4个职能部门，分别与莱芜分公司能源动力厂相应职能部门复合设置；设制氧车间（原天元运行车间、天元检修车间、天元充装车间合并）。截至2023年底，共有职工132人。其中，有高级专业技术职称的11人，中级职称2人；

工人高级技师4人，技师21人，助理技师19人（含一专多能人员）；大学本科以上学历55人，大学专科学历44人，中专及高中学历的31人；退养70人。

【主要经济技术指标】　以生产计划为指导，以稳定制氧机运行、提升保供绩效为中心，科学平衡产供矛盾，扎实推进稳产保供工作。全年累计生产氧气7.92亿立方米、外供氧气7.73亿立方米、氮气6.09亿立方米、氩气118.67万立方米。以"全面对标找差"为主线，深挖内部潜力，单位成本达到0.3491元/米³，比计划低0.0069元/米³；全年氧气放散率、制氧综合电耗、制氧综合水耗、供氧压力、氧气纯度等指标，均保持历史较好水平，为全年任务目标的顺利完成奠定了良好的基础。

【安全环保】　强化安全专项培训，全员深入学习贯彻安全生产八抓20项系列创新举措，逐级分解责任，措施落实落地。扎实开展"开工第一课"，建立"针对式"事故案例教育模式，开展事故案例教育11期，共查处安全隐患724项，并全部整改落实到位。积极推进安全基础达标验收，8个班组达到验收标准，其中六万制氧通过公司验收。严格落实相关方安全管理四个统一要求，组织安全培训、技术交底及风险告知共计78人次，严把检维修作业过程安全管控。严格落实相关方管理考核办法，共计考核相关方21次，考核金额17000元。强化应急管理，提高职工应急处置能力，制定2023年度应急演练计划，全年共组织了27次事故现场处置应急演练，统筹协调积极配合政府、公司等各级部门检查133次，隐患整改279余项，已按照要求按期完成了整改复命。

【设备管理】　结合点检标准，实施设备的预防性维修，全年共完成日常检修408项。高效开展设备定修工作，先后完成7号制氧机、10号制氧机、六万制氧机等5次设备定修工作，共计消除设备缺陷 145 项。安全高效完成电气清扫检修工作，制定电气清扫检修计划方案，先后完成六万制氧高压配电室及 7 号、8 号制氧一级配电室等清扫工作，并对综保装置进行保护性校验、避雷器耐压试验等，确保了电气装置保护的可靠性。推进设备技术更新改造，提高性能水平，完成了 7 号、8 号、9 号、10 号氧压机电机运行反馈信号回路改造、六氧低配室移位改造、六万高配室保护定值等项目，提升了设备性能，保障了设备安全。

【市场销售及综合管理】 紧紧抓住外部市场瞬息万变和生产形势快节奏，克服限产、设备检修、运行方式频繁调整等一系列不利因素，在保证生产供应的基础上，系统优化，抓住关键，超额完成了年度销售任务目标。2023 年销售液氧 2.04 万吨、液氮 1.38 万吨、液氩 1.65 万吨、氪氙混合液 1390 吨、氖氦混合气 3.46 万立方米、外销瓶气 36082 瓶，全年外销利润 3347 万元。

（撰稿：侯文娟　审稿：柏进财）

受托管理单位

莱芜钢铁集团银山型钢有限公司

【概况】 莱芜钢铁集团银山型钢有限公司（以下简称型钢公司）成立于 2003 年 12 月 26 日，为莱芜钢铁集团有限公司的全资子公司。2011 年 4 月，莱芜钢铁集团有限公司与济南钢铁股份有限公司签署《莱芜钢铁集团银山型钢有限公司股权托管协议》，型钢公司交由济南钢铁股份有限公司托管。2012 年 2 月 27 日，济南钢铁股份有限公司更名为山东钢铁股份有限公司，托管协议由山东钢铁股份有限公司继续履行。2012 年 6 月，型钢公司以股权信托方式向山东省国际信托有限公司融资 30 亿元，莱芜钢铁集团有限公司和山东省国际信托有限公司分别占实收资本的 70% 和 30%。融资完成后，型钢公司由独资公司变更为有限责任公司。2014 年 7 月，山钢集团实施钢铁业务整合，型钢公司由山东钢铁股份有限公司莱芜分公司代管。2017 年 8 月，山钢股份公司党委研究决定，组建型钢公司党委、纪委，型钢公司党建工作得到强化，治理结构更趋合理，运营管理更加规范。截至 2023 年底，型钢公司资产总额 193.0 亿元。

【机构设置】 型钢公司下设炼铁厂、炼钢厂、板带厂、物流运输部、能源动力厂，分别与莱芜分公司相应生产单位复合设置。职能部门、直属机构分别设党委办公室/办公室、组织部/人力资源部/机关党委、运营管理部/招标中心、财务部、生产管理部、安全生产部、环保能源部、设备管理部/计控计量部、技术中心、品质保证部、采购部、宣传部/企业文化部/工会/团委、纪委、保卫部，分别与莱芜分公司相应机构复合设置。

【主要装备】 型钢公司拥有 2 座 265 平方米烧结机、1 座 400 平方米烧结机、1 座 120 万吨回转窑氧化球团、2 座 1880 立方米高炉、1 座 3200 立方米高炉、4 座 120 吨顶底复吹转炉、4 座 LF 精炼炉、2 座 RH 精炼炉、3 台板坯连铸机、1 条 620 毫米窄带生产线（已停产）、1 条 1500 毫米中宽带生产线、1 条 4300 毫米宽厚板生产线、1 条 1500 毫米冷带生产线等，具备年产 1010 万吨烧结矿、120 万吨氧化球团、640 万吨铁、560 万吨钢、100 万吨窄带（已停产）、200 万吨中宽带、180 万吨宽厚板、

40万吨冷轧薄板生产能力。

【主要指标】 全年生产烧结矿819.1万吨，比上年增加128万吨，同比增长18.5%；球团矿107.9万吨，同比增加14.1万吨，同比增长15%；生铁675.4万吨，比上年增加114.4万吨，同比增长20.4%；钢459.6万吨，比上年减少8.3万吨，同比下降1.8%；商品坯材329万吨，比上年增加5.2万吨，同比增长1.6%。实现营业收入262.80亿元，同比减少74.16亿元；实现利润总额-11.09亿元，同比下降15.08亿元。

（撰稿：杨　鑫
审稿：王春刚　张金良）

山东冶金机械厂有限公司

【概况】 山东冶金机械厂有限公司始建于1953年，厂址位于淄博市张店区南定镇新村路1号。厂区占地面积37万平方米，固定资产2亿元，拥有各种生产设备600余台套，其中大型设备150多台，主要从事冶金设备的加工制作及安装工作。机械产品总生产能力8400吨/年，配套铆焊件与压力容器件4200吨/年、热处理件500吨/年。2020年4月由山东钢铁股份有限公司进行托管。

【主要产品】 200~480平方米烧结机设备、240~580平方米环冷机设备；80~180吨转炉设备；80~150吨电弧炉、精炼炉；80~210吨铁水罐、钢水包、各种规格的冶金车辆、渣盘、渣罐等炼钢连铸辅助设备；四辊破碎机、圆筒混合机、单辊破碎机等烧结辅助设备；各种规格型号的回转窑、烘干机设备；冷床、运输辊道等轧钢辅助设备；粒化器、脱水器等高炉熔渣处理设备；各种大中型机械加工件，一、二类压力容器设备。

【生产经营】 按照山钢股份党委提出的"保稳定，求生存，谋转型"工作总要求，增强"高"的意识，锤炼"严细实快"的钢铁作风，全体干部职工团结协作，极致挖潜，强管理补短板，克服各种困难，减亏扭亏各项工作坚定推进。2023年受钢铁行业形势下滑影响，各项指标均较上年有所下降。全年实现营业收入3.74亿元，产量5874吨，产值7219万元，利润-3382万元。

【阳光购销及供应商管理】 学习借鉴先进企业做法，制定《阳光购销管理规定》，组织采购人员学习《中华人民共和国招标投标法》等法律法规，结合各采购人员专业能力，合理分配采购业务类型。标准件、消耗件及锻件等采购签订年标，减少重复招标手续。修订《阳光购销招标管理制度》，建立供应商评价机制，规范采购流程，提高采购效率。

【安全环保】 认真落实山东省委、省政府提出的安全生产"八抓20项"创新举措，聚焦教育培训、制度完善、苗头隐患排查等安全生产重点工作，不断加强源头治理、系统治理、综合治理，全力确保生产经营安全文明生产。全年共开展各类综合、专项检查44次，查处各类隐患236项，整改率100%。安全生产诊断定级为"Ⅱ类A级"。加强环保设施运行维护管理及环境监测工作，健全环保设施操作维护制度，环保设施同步有效运行率100%，污染物100%达标排放，实现安全环保"七个零"目标。

【党的建设】 以深入学习贯彻习近平新时代中国特色社会主义思想为首要政治任务，把深入学习贯彻习近平新时代中国特色社会主义思想主题教育作为全年加强党建工作的主线；充分发挥党委"把方向、管大局、保落实"作用，重大事项依规党委会前置研究，科学民主决策，降低决策风险。

把推行党支部评星定级管理作为夯实党建基层基础、提升基层党组织组织力的重要抓手，作为一项打基础、利长远的重要工作，与"五心四化"党建工作品牌建设相结合，一体推进落实。增强党支部的凝聚力、向心力和战斗力，切实将党支部的组织优势转化为企业的发展优势。技术质量党支部通过山钢集团五星级党支部审核评定，压力容器事业部党支部等3个党支部通过山钢股份四星级党支部审核评定。积极组织开展评选"四优党员""四德模范""岗位之星"等系列活动，发挥先进人物的示范引领作用，激发广大职工争先创优的内在动力。

【作风建设】 深入贯彻落实习近平总书记关于加强纪检监察干部队伍建设的重要讲话和重要指示批示精神，扎实组织开展纪检监察干部队伍教育整顿，切实抓好刀刃向内的自我革命，大力营造风清气正政治生态，推动政治监督具体化精准化常态化，一体推进"三不腐"。结合"靠企吃企"问题专项整治工作和巡察"回头看"反馈问题整改堵塞管理漏洞3项。全年累计清欠1455万元，处置积压物资合计盘活资金131.4万元，闲置资产租赁创效36万元。

【人才队伍建设】 制定《人事效率提升方案（2023—2025）》，加强组织保障。针对机械厂现状进行分析，明确规划目标和主要措施。全年聘任技师57名，日常管理中压实各单位技师管理责任，严格落实聘任期间技师的待遇及考核；推行"一专多能""导师带徒"，结对师徒总计达49对，合计完成86名职工兼岗取证。

【工会建设】 公司工会开展"两节"送温暖活动，救助困难职工9人，发放救助金3.04万元；开展"夏送清凉"活动，为职工送关怀；为职工办理互助互济保障项目续保工作，共整理上报互助互济材料8份，发放救助金2.34万元。深入开展"全员岗位创新""全员整治跑冒滴漏""巾帼金点子"专项活动，2023年度完成全员岗位创新改善项目案例1444项，人均完成5.38项，创效237.61万元。工会女职委组织开展了"分享会、共读会"、健步走、"擦亮我们的设备"、"不忘初心 廉洁同行"家庭助廉等活动。

（撰稿：董 晓 审稿：杜富仁）

山钢年鉴 *2024*

山钢集团
SD STEEL

权属单位

山钢集团
SD STEEL

山钢文化

核心理念

山钢精神：信恒如山，创新超越

莱芜钢铁集团有限公司

【概况】 截至 2023 年底，莱芜钢铁集团有限公司（以下简称莱钢集团）注册资本 51.33 亿元，在职职工 469 人，内退职工 217 人，合并资产总额 388.92 亿元，负债总额 285.22 亿元。有出资企业 26 家。其中，全资子公司 3 家，控股及改制公司 13 家，参股公司 10 家。产业涉及钢铁生产、物流运输、智能制造、节能环保、水泥微粉、钢材深加工、文化培训等众多业务。

【生产经营】 面对纷繁复杂的严峻挑战、艰巨繁重的发展任务，全面贯彻落实山钢集团的各项决策部署，按照莱钢"13648"总体思路，知难而进、迎难而上，强化定标倒逼，深化算账经营。2023 年，营业收入 181.33 亿元，利润 -6.81 亿元，资产负债率 73.34%。莱钢集团及 9 家改制公司合计营业收入 267 亿元。

【产业发展】 各产业板块强化内部管理，大力拓展市场，保持了稳健发展的态势。锚链公司推行全员营销、"互联网"营销，持续对标超标，深挖内部潜力，人均劳动生产率行业领先，经营绩效创混改以来最好水平。培训中心积极开发培训课题，打造"五大平台"，依托山钢工匠学院、宝武人才开发院努力提升培训质量和规模，累计举办各类培训 367 期、22000 余人次。鲁冶公司持续转变经营管理理念，积极开展招标代理、造价咨询等业务，推动了链式集聚发展。智慧供应链公司围绕建设全产业链，先后通过欧冶云商、厦门建发等 9 家企业的外库认证，引进山东钢普、上海冠鼎等央企国企、大型贸易商 30 多家客户入驻，热轧钢卷深加工稳健起步，初步形成了仓储、配送、深加工产业链，钢材累计吞吐量首次超过 50 万吨。

【存量处置】 坚持总结经验、责有所归，上下一心唤醒"沉睡"资产，不断提升存量资产价值。经过三年的不懈努力，加强与各方面的沟通联系和密切协作，强化法律手段应用，建设公司累计回收资金 18.32 亿元，完成计划的 116%，比三年计划减少亏损 20 多亿元。处置股权 13.02 亿元，处置固定资产及存货 4.9 亿元，压减内部应收款 5.84 亿元，完成总分包结算 6176 项。土地房产经营刷新纪录，坚持向资产经营盘活、评估增值、政府收储要效益，对 124 宗投资性房地产土地公允价值进行评估；对 38 宗土地使用权以作价出资方式进行配置；推动原抗震办公楼、通勤班车资产挂牌转让，石家庄勒泰等项目部分房产过户确权。莱钢母公司实现土地收入 1.23 亿元、房产收入 4514 万元。六大攻坚任务全部完成，克服存量形成时间长、涉及部门多、压减难度大等实际困难，强化部门协调、系统联动、多措并举，累计压减应收款 1.41 亿元、资产减值核销 16.32 亿元、非正常债权 7.95 亿元、担保存量 242.99 亿元，整改审计问题 48 项，按照要求完成巡察问题整改。

【改革创新】 巩固国企改革三年行动成果，以改革破难题、激活力、提效率。对党校/培训中心、新闻中心、文化服务中心、档案馆进行复合设置，对建设公司内设机构进行调整，进一步精简机构、整合资源。综合利用市场贷款利率，实现财务费用增效 3.28 亿元；密切监控、及时核查费用异常变动，各项经费比预算降低 26.9%。全面对标找差，拓展阳光购销，科技研发投入稳步增长。树牢"减亏也是效益"的理念，狠抓日常经营和治理攻坚，绿建国际、烟台三站科技公司扭亏为盈，铁源炉料公司顺利出表，4 户亏损企业累计减亏 5.71 亿元。全面完成法人层级压减任务；推动信莱粉末破产，雪银供水、常熟大柱等股权处置转让。推动锚链业务重组，开展尽职调查，选择优质战投，优化合作方案，与合作方达成了一致意见。推动鲁冶公司混改，遵循基本规律，达成合作共识，形成了初步方案。

【股权管理】 做好积极股东，坚持"有所为、有所不为"，对改制公司主要领导任免和薪酬进行管理，实施战略管控，充分发挥改制单位经营自主权，不干预其经营决策、日常运作，形成了"股权结构合理、监督管理到位、股东作用凸显、风险有效受控、资产保值增值、整体绩效突出"的特色股权管理模式。派驻董事、监事、财务监督人员，开展专业培训100人次，提升了履职保障、协调服务能力，在资金协调、产业发展、市场拓展等方面，帮助改制公司解决问题20余项，获得分红效益2.32亿元。

【改制公司】 11家改制公司自立自强自发展，截至2023年末，改制公司资产总额188.79亿元、净资产总额65.29亿元，分别比改制时增长至5.76倍和6.49倍。永锋公司抢抓机遇、统筹兼顾，保持了工程建设、生产经营的稳定顺行。鲁碧建材公司、金鼎实业公司服务主业、拓展业务，迈出了转型发展新步伐。泰东公司、鲁欣冶金公司积极应对市场压力，努力提升核心竞争力，保持了生产经营稳定。冶金设计院、昆仑科技、鲁中物流努力走创新之路，实现了核心技术的新突破。蓝天商旅公司、烟台钢管公司积极优化资源、延长产业链条，努力拓展新的产业发展空间。山东高速莱钢绿建、建筑安装公司充分发挥合作和体制机制优势，发展活力持续增强。

【风险防控】 严格落实"四个必须""两个绝不允许"，深化"一单一表"，实施分级管控，整治事故隐患550余项。积极筹措资金，对10号制链机、老旧房屋，以及部分吊装设施和消防设施进行改造，进一步提升了安全本质化水平。加强与内外部金融机构沟通，克服各种困难，多措并举筹集资金298.45亿元，为集团公司提供融资支持85.68亿元，新增外部银行授信4.5亿元，化解了资金链安全风险。注销建设公司13个银行账户，盘活涉诉资金1000余万元；按照山东省国资委要求，规范企业名称字号。严格经营决策程序，重大经营事项、重大经济合同审核率100%。贯彻落实信访工作条例，深化领导干部"大接访"活动，积极化解积案矛盾，抓住地方政府成立历史遗留办的时机，圆满解决了金鼎、健康园等小区近20年居民无法办理房产证的难题，化解了区域社会不稳定的风险。坚持盯住网、管好人，严格落实保密要求，未发生失泄密事件。舆情管控、网络安全保持稳定。

【党建工作】 严格党委会前置研究"三个清单"和"三重一大"事项决策程序，全年召开党委会41次，把关定向重大事项120多项，审核董事会议案39件。安排交流干部3人，推荐3名优秀年轻干部分别到山钢总部及权属二级公司挂职，2名优秀干部参加省"四进"工作队、驻村担任第一书记。秉持"重点工作项目化、项目工作品牌化、品牌工作示范化"，坚持一切工作到支部的鲜明导向，把资源、服务、管理下沉基层，做实基层，获得省国资委优秀党建品牌案例和山钢"十佳"党建工作品牌4个、省属企业过硬党支部示范点2个、山钢五星级党支部9个，过硬党支部比例达到73%。党员量化积分管理全面实施。完成党的十八大以来发展党员质量重检工作，共排查新发展党员51名，确定党员发展对象2名。

【理论武装】 扎实开展学习贯彻习近平新时代中国特色社会主义思想主题教育，坚持中心组学习和"第一议题"制度，打造"理论、红色、移动"三大课堂，举办专题辅导读书班6次，撰写心得体会36篇，实现6级以上干部主题教育集中学习研讨交流全覆盖，用党的创新理论提高认识、统一思想、凝聚合力。创新"集体学习+专题讲座+专题研讨+调查研究+指导应用"的"学习+"党委理论学习中心组学习新模式，组织集体学习12次，开展党的二十大精神专题讲座3次，举办读书班专题学习4期，开展专题研讨45人次，形成调研报告36篇，制定改进提升措施320余条。组织党外知识分子参加所在单位中心组学习、"三会一课"，用党的创新理论滋养初心、引领使命、彰显担当，激发和坚定了党内外"凝心铸魂、团结奋进"的信心和决心。

【廉政建设】 认真学习习近平总书记关于全面从严治党重要讲话和指示批示精神，深入贯彻山钢纪委一届八次全会要求，邀请省委党校老师讲授《完善党的自我革命制度规范体系》，举办廉政专题党课35次，营造了"全面从严，永不止步"的浓厚氛围。率先在山钢集团内部建立完善政治监督活页，坚持"一案四查"，全年受理信访举报5件次，"第一种形态"教育帮助处理党员干部12人次。深化"1+9+N"大监督体系，强化廉洁文化建设，积极开展正面引导和反面警示教育。认真开展纪检干部教育整顿"不担当不作为"专项整治。开展亏损企业治理、"靠企吃企"等重点工作监督检查8次，督导问题整改4次，动态更新廉政风险点23项、整改措施24项。开展巡察问题整改专业评估13次，建立"一题一案"档案67套，两级党委巡察反馈的67项问题已全部整改关闭。

【思想工作】 开展"莱钢转型发展，我能做什么？"大讨论活动，编发《永葆一往无前的奋斗姿态——"怎么看怎么办"形势任务面对面》，宣传推广经验做法16期，充分发挥典型引领作用，激发干部职工攻坚克难的坚定信心和必胜决心。强化意识形态引导，发挥党校主阵地作用，举办党的二十大精神专题培训8期、1000余人次参加，学思想、强党性、重实践、建新功的总要求落到了实处。深化主题系列活动，切入生产经营实际发挥作用、凝聚合力，表彰优胜单位50个，为全面完成任务目标发挥了引领作用。全方位、多角度策划新闻报道，在山钢全媒体发表稿件417篇，在行业级、省级、国家级媒体刊登稿件21篇。围绕32个重点课题深入开展思想政治工作研究，5篇思想政治工作研究成果在山钢获奖。密切关注企业改革、历史遗留问题化解等重点事项，形成《职工思想动态与舆情信息动态分析报告》3期，及时分析研判处置，稳定了职工队伍。

【和谐共建】 秉承共创共进共赢核心价值观，进一步深化企地合作，以更加开阔的眼界、更加开放的胸襟、更加开拓的姿态，加强与地方政府、金融单位、科研院所和各类优势企业的战略合作，携手共进，融合发展，在园区业发展、土地处置盘活、联合办学以及社会治理等方面，企地同频共振，协作更加紧密，承接的泉城书房、钢城区图书馆等业务在济南市同类型场馆运营绩效中名列前茅。成功举办全国、全省钢铁行业劳模工匠人才创新交流活动，拓宽了培训渠道，提升了职工技能。牢固树立"创造价值才能分享价值"的理念，做实"六条保障普惠线"，组织职工疗养，职工餐补、补充医疗保险、普惠服务等福利政策落地实施，职工人均享有福利1500元以上，为职工购买人均1377元的企业补充医疗险，出资3.9万元参加济南市职工互助互济保障，年赔付率达280%。扎实开展"春牵红线、夏送清凉、金秋助学、冬送温暖"活动，累计救助职工157

人、帮扶金额 31.7 万元，两级工会送清凉送健康物资 8.1 万元。档案收集整理归档 1.3 万多卷，提供利用服务 2000 多人次。民兵训练、应急备勤等受到上级好评，成功入围北部战区军民融合装备式成果展，打开了军企合作的通道。统一战线、团员青年、女职工、离退休服务等工作扎实推进，持续加强。

（撰稿：赵呈德　审稿：李洪建）

山东工业职业学院

【概况】　2023 年 2 月 7 日，中共山东省委机构编制委员会以鲁编〔2023〕1 号文下发《关于调整山东工业职业学院隶属关系的批复》。山东工业职业学院主管部门由山钢集团（省冶金工业总公司）调整为省国资委，实行省教育厅与省国资委双重领导、以省国资委为主的管理体制。学院其他机构编制事项不变。

（撰稿：毛瑞萍　审稿：李志波）

山东钢铁集团矿业有限公司

【概况】　截至 2023 年底，山东钢铁集团矿业有限公司（以下简称山钢矿业）在册职工 2362 人，年末资产总额 26.38 亿元，负债总额 0.04 亿元，所有者权益 26.34 亿元。主要经营范围包括：选矿；矿物洗选加工；金属矿石销售；以自有资金从事投资活动；工程管理服务；生产线管理服务；对外承包工程；工程和技术研究和实验发展；技术服务、技术开发、技术咨询、技术交流、技术转让、技术推广；金属材料销售；非金属矿及制品销售；矿山机械制造；矿山机械销售；机械零件、零部件加工；机械零件、零部件销售；新型建筑材料制造（不含危化品）；建筑材料销售；矿产资源（非煤矿山）开采；建设工程设计；道路货物运输（不含危险货物）；货物进出口。

【生产经营】　山钢矿业按照山钢集团总要求，认真落实商业计划，压实责任，深挖内部潜力，细化措施，将经营目标细化分解至每个月。通过极致优化生产组织，奋力提升自产矿量；强化沟通、协调，努力获取更多权益矿量；加强货源找寻，力争增加外购矿量；加强全面预算管理，提升财务数据分析对生产经营过程的指导实效。全年累计生产原矿 138 万吨，铁精粉 100 万吨，铜金属 658 吨，球团矿 53 万吨，分别完成年度计划的 104%、100%、116%、102%。实现营业收入 134754 万元，实现利润总额 65436 万元，实现净利润 61307 万元，实现归母净利润 51621 万元，分别完成年度预算目标的 102%、104%、100%、101%。

【深化改革】　按照山东省国资委和山钢集团要求，积极推进改革，配合制定层级压减方案、制定推进计划表，按照推进计划开展相关工作。8 月末，金岭铁矿将持有金岭矿业全部股份委托山钢集团管理，完成非煤矿山管理层级压减目标。年底前，完成山钢矿业总部职工安置工作和法人层级压减目标。继续实施权属单位董事长责任制、工资总额决定机制、经理层契约化管理。学习"鄂钢经验"，试点建立"一人一表"机制，绩效管理的导向和激励作用发挥更加到位。扎实推进人事效率提升，在岗职工优化 232 人。制定工作方案，成立组织机构，明确时间节点，扎实推进"两非"产业处置。积极推进"六大存量攻坚战",加大非正常债权压减和审计存量攻坚力度,非正常债权压减完成5项,收回395万元。15项审计存量问题全面完成整改,完成三年压减任务。

【彭集项目】 政府审批手续稳步推进,2月13日,获得山东省自然资源厅批复的用地预审与选址意见书;7月31日,省发改委印发《山东省发展和改革委员会关于山东彭集矿业有限公司彭集铁矿采选工程项目核准的批复》(鲁发改项审〔2023〕276号),同意彭集铁矿项目立项核准。800万吨/年采选工程初步设计编制完成。2月25日,《彭集铁矿800万吨/年采选工程初步设计》评审会在济南召开,通过了以中国工程院院士王运敏为组长、国内知名专家组成的评审专家组的审查。4月份,根据评审会专家意见修改完成初步设计。项目立项决策取得初步进展。根据专家评审后的初步设计,8月份开始发起彭集铁矿项目立项决策流程。8月15日,金岭矿业召开总经理办公会研究同意《彭集铁矿一期800万吨/年采选工程项目立项的请示》;8月16日,山钢矿业召开总经理办公会研究同意;8月30日,山钢矿业党委会研究同意;12月8日,山钢矿业董事会审议同意;12月12日,上报山钢集团。

【对标找差】 以精细化管理为总抓手,以降本增效为切入点,强化成本精细管控,以成本管控打造极致效率,树立"增产就是增效、增产就是降本"理念,持续推进对标工作。优化运营指标体系,创新对标管理体系。根据对标管理要求,围绕财务管理、人事效率、技术经济、运营成本、能源消耗等业务目标,构建数据治理体系,形成5大类108项生产运营指标管控体系。按照集团公司对标工作要求,创新对标管理体系,形成以吨精矿利润为中心的5大类32项监控指标,不断拓展与宝武资源系先进企业的对标广度和深度。建立常态化对标机制,在集团公司帮助下,与宝武系同类型的武钢资源及其所属大冶铁矿建立对标机制,围绕极致成本和极致效率,开展全方位、深层次对标找差,横向比优、纵向比进,建立各层面"超、跑、追"机制,推动形成对标找差持续改进的良性循环。强化极致思维,实施精细对标。秉持"一切成本皆可降"的理念,以全员、全面、全过程降成本为措施,协同出战、共同破题,充分挖掘潜力。坚持"极致思维",以生产组织"零停滞"努力提高产品产量,力争运营成本降低;坚持"有解思维",以现场操作"零故障"不断优化工艺流程,努力实现材料和备件消耗降低;坚持"责任思维",以环节衔接"零浪费"严格控制费用支出,实现管理费用降低。

【科技创新】 围绕公司商业计划书,确定2023年公司研发费用及研发投入目标。公司研发费用支出2150.3万元,占营业收入1.6%;实现研发投入3227.33万元,占营业收入2.39%。申报30件国家专利,其中发明专利6件,已获得23项授权。积极探索产品附加值提升路径,围绕铁精矿脱硫与铜钴硫分离技术,与中钢马矿院、矿冶科技集团、中南大学、长沙矿院等研究机构对接交流,赴莱芜矿业、安徽马钢罗河矿业、安徽省庐江龙桥矿业学习借鉴铁精矿脱硫、铜硫分离的成功经验,结合选矿厂实际完成《铁矿石伴生有价元素(铜钴硫)产品方案优化提升的研究》项目建议书,招标确定合作单位。截至12月底,已完成试验工作。

【安全环保】 强化安全环保责任落实,聚焦现场隐患排查和专项治理,不断夯实安全环保基层基础工作,实现全年安全环保"七为零"目标。金召矿业落实责任、完善资料、强化现场管理,顺利通过山东省专家组验收,成为山东省新标准颁布以来首家通过二级标准化评审的非煤地下矿山企业。顺利完成淄博铁鹰球团超低排放改造项目施工。

【干部人才】 周密实施 2022 年度领导班子和领导人员考核，并按照有关规定严格考核结果运用。进一步激发各管理层级活力，创新开展总部工作人员年度考核工作，将考核结果作为创先评优重要依据。依据年度考核量化评价结果，做好公司党委管理的干部、机关人员末位调整工作，及时将年度末位人员研究认定情况报集团公司党委组织部。强化职工培训，先后组织 12 期共计 80 名专业技术人员和一线骨干职工参加中国宝武全员轮训，职工素质稳步提升。

【风险防控】 董事会规范运行，召开会议 8 次，审议议案 8 个。对 2022 年度集团公司董事会授权、决策事项以及山钢矿业董事会机构、制度、董事会决议执行等情况进行核查评价。全面排查风险隐患，进一步辨识评估，确定重大风险，制定相应风险控制措施，积极推进落实。组织公司总部人员及权属单位，持续加强制度学习，规范制度执行，提升风险内控防范意识。针对经营风险及 2022 年度绩效审计发现问题，明确责任单位、部门和责任人，加大审计整改力度，堵塞了管理漏洞，提升了经营绩效。发挥积极股东作用，督促参股公司规范公司名称字号使用及管理。

【党群工作】 落实"第一议题"学习制度，增强党委理论学习中心组学习实效。坚持把习近平新时代中国特色社会主义思想和党的二十大精神作为各级党组织政治理论学习的重点内容。抓实党员领导干部和党员学习，开展党委理论学习中心组（扩大）集体学习 12 次。按照公司党委《关于征集调研课题的通知》要求，深入开展调查研究，完成调研报告 9 个。组织开展《习近平总书记关于国企改革发展和党的建设重要论述》专题培训。成立主题教育领导小组和办公室，制定工作方案，明确具体措施，举办读书班。严格落实意识形态工作责任制，做好舆情监测。

【纪律检查】 深入推进全面从严治党、党风廉政建设和反腐败工作。高质量推进公司内部专项巡察和集团党委巡察反馈问题整改，开展集团公司党委巡察反馈等问题整改落实情况监督检查暨阳光购销专项巡察。持续强化监督，进一步提升党员干部、关键岗位人员纪律意识和规矩意识。深入开展廉洁警示教育，以案为鉴、以案促防，构筑廉洁防线。组织公司 7 级及以上党员干部和部分关键重点岗位人员，在济南区域、淄博区域同步开展党风廉政警示教育暨应知应会知识测试。制定"靠企吃企"问题专项整治工作方案，成立领导小组，全面严肃认真开展"靠企吃企"问题专项整治工作。

（撰稿：王　哲　审稿：封常福）

山东耐火材料集团有限公司

【概况】 山东耐火材料集团有限公司（以下简称山东耐材）是山东钢铁集团的控股子公司，是通过资产重组成立的跨地区大型骨干耐材生产企业。下设鲁耐窑业公司、王铝分公司、王耐分公司、国际贸易公司 4 个子分公司及 7 个职能管理部室，公司总部位于淄博市周村区王村镇。截至 2023 年底，共有职工 1564 人，其中专业技术人员 311 人。山东耐材占地 113.85 万平方米，总资产 200036.56 万元。主要产品有耐火原料、钢铁及非钢建设用耐材、钢铁生产消耗用耐材和非钢用耐材四大类，包括优质焦宝石、莫来石料，铝硅系耐火制品、含碳制品、不定型材料、特耐制品等，产品种类齐全，除用于钢铁企业炼铁、炼钢工程建设及生产消耗外，还广泛应用于焦化、水泥、有色金属冶炼、碳素、石灰、铸造、危废化工等高温行业。年耐火原材料产能 40 万吨，其中耐火制品 30 万吨，耐火原料 10 万吨。

【生产经营】 面对产品价格持续下行、原燃料价格保持高位、需求复苏不及预期等诸多困难和挑战，山东耐材坚持以习近平新时代中国特色社会主义思想为指导，认真贯彻落实上级各项决策部署，以精益管理精益运营为总抓手，深入推进商业计划书实施，对内聚力攻坚、极致降本，对外调整结构、抢抓市场，实现公司平稳健康发展。2023 年实现利润总额 4158 万元，同比增加 5.19%，完成年度目标的 105.35%；实现营业收入 104680 万元，同比增加 4.38%，完成年度目标的 94.13%；资产负债率 90.15%，同比降低 0.31 个百分点，完成年度目标的 98.79%；经营性现金流 8679 万元，同比增加 118.39%，完成年度目标的 118.24%；在岗职工收入保持持续增长。

【安全环保】 坚决落实山东省委省政府安全生产工作要求和山钢集团年度安全环保工作会议精神，实现了安全生产"六为零"，完成了七个 100%，窑炉烟气达标排放，环境污染事件为零，企业环境信用被评价为绿牌。扎实开展隐患排查治理，持续完善"三违"清单和分级考核标准，实现了检查、反馈、整改、验收闭环管理。王铝分公司顺利完成全省非煤矿山现场观摩承办、井下挡水闸墙加固和矿山安全生产许可证延期换证工作，省级绿色矿山顺利获批。鲁耐窑业公司以提升风险分级管控和隐患排查治理能力为抓手，扎实开展安全问题整改、应急专项演练和安全教育培训活动，积极推行氢氧化钙脱硫降硫研究应用工作，顺利通过"国家级绿色工厂"复核验收。

【深化改革】 依据《公司法》《山东省省属企业公司章程范本》，重新制定了山东耐材《公司章程》，明晰产权关系，明确界定股东、董事会、监事会与管理层的权责边界，进一步明确了股东的权利和义务，明确议事规则，确保各方权利得到有效行使与制衡。实现了"党建入章"，形成了"四会一层"的公司治理结构，有效发挥公司章程在公司治理中的基础性作用，解决了历史遗留问题，切实提升公司治理水平。抓好"三项制度"改革，统筹开展深化全员绩效考核、轮岗交流、健全完善发展通道等工作，推动实现管理人员能上能下、收入能增能减、员工能进能出。构建结构科学，横向互通的管理、技术发展通道，更好地推动公司干部人才队伍建设。持续加大年轻干部培养使用力度，推动中青年骨干更好地发挥作用。加强干部队伍考核体系建设。实行关键重点岗位人员的常态化轮岗工作，按规定要求，制定工作方案，对 8 名关键岗位的业务人员进行调整交流。继续抓好人事效率提升工作，加强人力资源日常监督管理工作，建立分层分级的人力资源队伍分析机制，依法依规妥善处理长期不在岗人员，全年在岗职工优化 129 人，完成年度目标的 102.38%。持续完善制品板块一体化运营体系，在安全环保、技术质量、招投标、生产组织、支部建设等方面全方位融合现有管理体系，各项生产经营业务实现了有效对接、统一管理。将硅砖分厂由原先的 17 个班组优化整合为 9 个班组，实现了王耐粘土线、硅砖线一体化管理，有效提高了管理效能，王耐分公司生产经营步入良性发展轨道。

【管理提升】 聚焦发挥极致产量极致效率，加强生产计划调度安排，全面推进内部生产协同。以"争上游、走在前、冲刺上半年"和"夯实基础争上游，追求极致走在前"主题劳动竞赛为抓手，加大对品种一次生产合格率、指令性品种计划完成率等关键指标的考核力度,顺利完成了浦项石灰窑、北京中日联、济钢国际等重大合同的生产交货任务。全年完成原料和制品总产量29.97万吨,同比提高4.17%。鲁耐窑业公司积极适应"品种多、数量少、难度大、交货急、标准严、价格低"的生产新常态,采取"日督导、周调度、月统筹"的管理模式,完成产量13.49万吨,同比提高5.47%,完成年度目标的103.77%。王铝分公司克服井下采矿人员不足,环保轮停限产等不利因素,科学组织生产,深挖窑炉产能,完成产量16.48万吨,同比增加3.13%,完成年度目标的103.84%。建立科学合理的绩效考核体系,将员工薪酬与业绩挂钩,激发工作积极性。以利润总额、营业收入、产量等关键绩效指标为核心,牢牢把握"聚焦绩效、责任到位、刚性执行、挂钩考核"工作主线,根据山钢下达的滚动经营指标,动态调整年度经营目标,并层层分解、层层落实,形成了从经营管理层到目标执行层到岗位落地层的"一人一表"考核评价体系,实现了指标到人、责任到人、执行到人。持续深化精益管理增效,立足解决生产、经营、管理中的实际问题,以提产提效、质量提升、产品优化、成本削减等为重点,立项实施了41项精益改善项目。大力推行适合生产分厂特点的精益管理模式,通过深入开展单合同目标成本管理、"我来当标杆"、降低吨砖过程费用、消除"七大浪费"等专项行动,全面提升了精益管理水平。加强项目管理,铁沟项目现场通铁量实现新突破,日照5100立方米高炉铁沟平均通铁量稳定在22万吨以上,最高达到23.54万吨,创造了高炉开炉以来的新高。

【市场营销】 深化"高层营销"战略,积极与科尔科克、山冶院、PW、宁德时代等新老客户开展商务技术交流,并达成一系列合作意向,成功签订了科尔科克、JFE、印度AMNS等订单,在市场需求下滑的形势下实现了订货饱满,确保了生产满负荷运行。推动百年耐材由"产品出海"向"品牌出海"蝶变,先后出访日本、德国等国家,参加杜塞尔多夫国际冶金技术展览会,向欧洲用户推广公司氢基竖炉、直接还原炼铁、化工危废等绿色低碳、节能环保新产品,与日本新日铁、意大利达涅利、德国保尔沃特等国际客户进行商务技术交流,顺利拓展欧洲零膨胀硅砖、印度AMNS等新市场,先后签订了英国PTUK、朝鲜耐火、不二矿材等出口订单,其中出口中东氢基竖炉订单的签订是公司实现"产品+技术+服务"转型的重要标志。全年累计出口订货值31394万元,同比增长73.92%,国际市场订货实现逆势增长和大幅提升,为公司经营现金流稳定作出了积极贡献。持续深耕传统市场。签订了潞宝重钢干熄焦、日钢高炉热风炉、宝钢1号热风炉等重大合同,被北京中日联授予优秀供应商荣誉称号。稳步拓展非钢市场,与国内知名的锂电池材料头部企业萨克米、苏州汇科等建立起长期稳定的合作关系,新开辟苏州荣旺等高端客户,全年特耐制品订货值7800万元,同比增长33.26%,为公司实现转型升级奠定了坚实基础。

【创新创效】 推进产品创新,在持续推进干熄焦、焦炉、热风炉等传统制品升级换代的同时,积极开展氢基竖炉、零膨胀硅砖、特种浇钢砖、复合莫来石碳化硅制品等相关新产品研发,进一步拓宽产品结构,提高市场竞争力。组织完成了7项新产品技术评价,其中3项产品达到国际先进水平,4项产品达到国内领先水平。"鲁耐窑业牌高炉用复合莫来石砖和超致密粘土砖"等4项产品被授予2023年山东省知名品牌称号。全年研发投入5082.25万元,占营业收入的4.86%。推进技术创新,在持续开展主流产品工艺技术优化的同时，大力推进实施符合性原料替代、高价格原料减量研究、全系列产品的低成本原料和新型结合剂应用等工艺技术措施，满足了客户质量要求，实现了生产成本再降低，累计实现技术增效 1389 万元，完成年度计划的 151.47%。扎实推进品牌创建工作，全年共取得 10 项专利授权，其中发明专利 2 项，实用新型专利授权 8 项，获得山东省冶金科技进步奖一等奖 1 项、二等奖 1 项、三等奖 5 项，1 个课题入选中国企业联合会、中国企业家协会"2022 企业绿色低碳发展优秀实践案例"，3 项新产品研发项目列入 2023 年山东省工信厅第一批企业技术创新项目计划。依托鲁耐窑业公司创建的"淄博市低碳冶金用耐火材料重点实验室"被列入 2022 年度淄博市重点实验室筹建计划。推进管理创新，积极培育创建国家级单项冠军企业、山东省材料行业领军企业，聚力打造百年耐材品牌新形象。持续完善"全面对标、系统提升"指标体系，精益思维导图、岗位矩阵管理以及点状式、线条化、结构性成本管控模式等基层管理创新项目在实践中不断丰富完善，3 项管理创新成果获得山钢集团 2021 年度管理创新三等奖，先后获山东省耐火材料行业领先企业、2023 年淄博企业百强、淄博制造业企业百强等荣誉称号。推进全员创新，组织开展 2022 年度职工双创成果发布暨现场观摩座谈会，现场观摩优秀创新成果 7 个，发布创新成果 6 项；21 项创新工作室立项创新课题得到有效实施；1 名职工获评"淄博金牌工匠"，2 名职工获评"山钢工匠"，2 项成果分别获评淄博市职工创新创效竞赛市级决赛二等奖和优秀奖。

【党群工作】 扎实开展学习贯彻习近平新时代中国特色社会主义思想主题教育，在推动企业不断做强做优做大上用力，着力提升国有企业核心竞争力。严格落实党组织生活各项制度，深入推进党建与生产经营融合发展，不断巩固和深化基层支部建设。落实"一岗双责"责任，建立责任分工清单，持续推动管党治党责任落实落细。大力发现培养和选拔优秀青年干部，山东耐材各子分公司领导班子中均配备有至少 1 名 40 岁以下成员，45 岁左右成员占比均超过 30%，更多优秀年轻干部走到"台前"。全面压实管党治党政治责任，组织开展巡察"回头看"和"举一反三"，55 项整改问题已全面整改完成。持续深化"靠企吃企"问题专项整治，扎实做好自查自纠和廉洁风险排查，紧盯问题整改和决策落实，确保全部销号完成。落实"为民情怀、职工福祉"的理念，自 2023 年 11 月份，将住房公积金缴存比例由 8% 提高到 12%，职工冬季取暖补助由 1700 元提高到 2100 元，切实保障了职工的根本利益。开展新春送福、夏送清凉、金秋助学、冬送温暖等活动，筹措困难救助金 21.39 万元，帮扶困难职工 48 人次；走访慰问职工 70 人次，发放慰问金 24220 元；组织 38 名一线职工参加疗休养活动，职工的获得感、幸福感、安全感得到进一步增强。

（撰稿：李乃亮　王敬兰　审稿：王佑宝）

山东钢铁集团淄博张钢有限公司

【概况】 截至 2023 年底，山东钢铁集团淄博张钢有限公司（以下简称淄博张钢）下设办公室/党委办公室、组织人事部、纪委/巡察办、群工部、财务部、运营管理部/安全环保部、风险管控部 7 个职能部室，下属淄博泰成冶金建设有限公司、淄博张钢物业管理有限公司、湖田石矿3个单位。资产总额9.42亿元，在册职工19人。

【公司运营】 围绕集团公司下达的目标任务，积极推进土地及资产处置、债权清理、增收节支、服务离退休职工等工作落实，攻坚克难，担当作为，各项工作均取得明显进展。2023年实现营业收入1180.91万元，累计利润总额−6805.57万元、净利润−6805.54万元；安全环保实现"七为零"目标。

【实物资产处置】 按照《淄博张钢后续处置工作方案》及《后续工作网络计划》，扎实推进公司后续处置各项工作。制定实施了《实物资产现场交割管理办法》，建立资产交割全过程的管控体系，进一步修订完善《招投标管理制度》。强化合规管理，按照集团公司和淄博张钢内控制度要求，统筹各方面资源，压实责任，合力攻坚，压茬推进资产处置，确保实现资产收益最大化。在山东省产权交易中心公开挂牌，2023年度拍卖资产成交10宗，形成实际现金收入1236万元，淄博张钢、泰成冶金资产拍卖综合溢价率在40%以上，实现了资产收益最大化。

【土地处置】 按照集团公司部署，专班推进湖田石矿土地处置工作。坚持目标导向和问题导向，倒排工期抓好落实，经过与淄博市张店区政府反复磋商，就土地处置方式、地块解封、翰墨园用地、原子弟学校及总部办公楼周边地块等一体推进，签订书面备忘录。完成宗地地质调查、土地勘测定界、土壤污染状况调查及土地和附着物评估报告等基础事项准备工作。针对张店区政府资金筹措关键问题，创新商业模式，协商构建融资渠道，确定承接债权方式进行转让。全方位梳理难点、堵点、疑点，形成工作事项清单，系统研判债权范围、抵押权属、财务影响、风险控制等关键环节。按照稳慎原则，土地处置在集团公司的指导下正有条不紊地推进落实。

【债权清理】 持续推进"六大存量攻坚战"，坚持多措并举，分类清理历史形成各类债权。在全面梳理应收账款的基础上，组织专门力量，采用上门催收、发律师函、诉讼等措施，综合运用转账、抵账、查封资产等措施加大外部清欠力度，有力有效维护了国有资产安全，共清回欠款1935万元，非正常债权压减1225.54万元。

【风险防控】 坚持底线思维，全力化解重大历史风险。在集团公司法务部门的大力支持下，充分搜集整理关键证据，经过多次开庭，有效避免了几起案件可能造成的重大损失，维护了公司合法权益。淄博钢城建材诉淄博张钢土地合作协议纠纷，山东省高院二审驳回了原告的上诉；信达资产诉钢铁产能案件和众善投资土地合作协议纠纷，法院均按照撤诉处理；济南泰成五金购销合同纠纷，通过法庭调解，对方撤诉。

【党建工作】 截至2023年底，公司党委下属2个基层党组织（机关党支部和离休党支部），党员19人。坚决扛牢全面从严治党主体责任。公司党委充分发挥全面领导作用，坚持"三重一大"事项集体研究，认真落实党委会议事规则和"三个清单"要求，先后召开7次党委会，研究资产处置、风险防控、审计整改、追责问责等重要事项。落实全面从严治党"四责协同"机制，拧紧责任链条，确保落实到位。加强对"一把手"和领导班子的监督，督促领导干部认真落实全面从严治党主体责任、规范权力运行、严格党内政治生活。夯实党建工作基层基础。积极发挥党支部战斗堡垒作用，不断增强党支部政治功能和组织功能。严格落实"三会一课"、主题党日、双重组织生活、民主评议、党费收缴等党内组织制度。抓好党员日常教育管理，制定党员积分量化管理办法，开展党支部结对共建，推动党建交流互鉴。建设"灯塔书屋"，订购专业管理书籍 50 余册，全面提升党员综合素质。开展形式多样的党性锤炼，组织庆"七一"系列活动，全体党员接受红色现场教育和廉洁警示教育。开展党支部评星定级工作，机关党支部被评为四星级党支部。围绕公司改革工作重点启动支部"攻坚创效"品牌建设工作，开展争当"攻坚榜样""创效先锋"活动，激发广大党员争先创优、干事创业的热情。

【思想工作】 深入开展学习贯彻习近平新时代中国特色社会主义思想主题教育，牢牢把握"学思想、强党性、重实践、建新功"的总要求，坚持同第一批主题教育衔接联动，制定落实工作配档表、"四张清单"和专项整治方案。强化理论学习，认真研读规定书目，组织党委理论学习中心组学习 12 次。举办主题教育读书班，结合工作实际，就 4 个专题集中学习研讨。各级党组织认真落实"第一议题"制度，及时跟进学习，共计 31 次。组织党员领导干部到爱国主义教育、红色教育基地等开展党性教育 2 次。领导带头讲党课 8 人次。深入调查研究，围绕重点工作取得 3 项调研成果，提出 18 项建议和措施，解剖正反面典型案例各 1 项，提出 6 项对策。全面检视整改，大力发扬刀刃向内的自我革命精神，把问题整改贯穿主题教育始终，"问题清单"逐项销号。

【廉政建设】 聚焦改革强化政治监督，紧盯"三重一大"集体决策、资产处置、安保维稳等阶段性重要工作及时跟进开展监督。全面推进政治监督具体化精准化常态化。推动落实全面从严治党责任，规范权力运行。持续完善政治监督活页，落实集团纪委纪检监察干部队伍教育整顿、"不担当不作为乱作为假作为"问题专项整治、"靠企吃企"问题专项整治，坚定不移推进党风廉政建设和反腐败工作。坚持不懈

一体推进"三不腐"。持续推进大监督体系建设，深化排查督察，切实防范化解潜在风险。严格落实中央八项规定精神，持之以恒纠治"四风"。组织全体党员干部进行廉政现场教育、党风廉政应知应会测试，紧盯重要节点深抓廉洁纪律教育，全方位强化党员干部纪法意识和廉洁自律意识，切实保持正风肃纪高压态势。

【和谐企业】 公司党委结合实际，把解决职工群众的急难愁盼时刻放在心上。加强舆情管控。加强与政府部门沟通对接，压实舆情监测主体责任，靠前监督，确保舆情及时发现、及时处置，办结 1 起劳动纠纷案、2 起信访案。超前谋划，配合做好解合人员退休手续，积极协调人社部门办理退休 17 人、批复特殊工种退休 21 人。落实职工补充医疗保险报销以及离休人员、遗属、精简下放人员补助。协调政府召开专题会推进翰墨园建设。关心关爱职工，走访慰问职工 7 人次，发放慰问金 6500 元。参加职工补充医疗保险，组织职工疗休养活动，发放春节、中秋节福利物资和生日福利，增强了职工的幸福感获得感。

（撰稿：耿佃标　审稿：王兴强）

山东钢铁集团永锋淄博有限公司

【概况】 山东钢铁集团永锋淄博有限公司（以下简称永锋淄博公司）位于淄博市桓台县经济开发区石化路 9 号，占地 1860 余亩，主要设备为 1350 立方米高炉 1 座，100 吨转炉 2 座，100 万吨高强度棒材生产线 1 条，60 万吨高速线材生产线 2 条及相应脱硫、发电等配套设施。主要产品以建材（棒材、钢筋、线材）为主，同时具备

焊线钢、钢绞线用钢、冷镦钢等品种钢生产能力。2021年4月底，为响应国家和山东省政府新旧动能转换政策，永锋淄博公司进行了产能转移停产，妥善分流安置职工2058人，顺利开展了无效资产的处置工作。

【资产处置】 2023年，按照集团公司年度工作会议和一届五次职代会会议精神，结合永锋淄博公司实际情况，按照效益最大化原则有序推进资产处置工作，合理整合内外部资源持续提升组织效能，充分研判法律法规政策清除土地历史遗留问题，有效整合资源降低外委费用，积极维护企地关系，配合当地政府开展贸易、统计调度工作，积极研究政策法规实现政策创效。优化调整炼钢、高炉资产包处置范围及挂牌处置流程，确保资产处置效益最大化。持续开展资产处置工作流程回溯、案例复盘，顺利推进炼钢、高炉资产包处置工作，及时对前期资产处置流程进行回溯和案例复盘，从提高资产评估本案进度、通过调整入场保证金额和竞拍加价幅度增加竞拍意向、加快资产交易款回收进度等方面寻找改善点，优化后续炼钢、高炉资产包资产处置流程，提高处置效率。对处置资产打包区域现场存有的呆滞物料进行了摸排，及时联系集团招标采购部门在资产处置前进行处理，避免这部分不在处置资产范围内物资，遗留在资产包区域内，在资产交割时被买家连同设备一起无偿清理掉。共外卖处理呆滞料11553.77吨，收回资金128.25万元。按照管理人员要发挥好身先士卒、率先垂范、团结带领作用的要求，公司建立了资产处置项目管理制度，完善了管理组织架构、细化了职责职能分工，加强了现场管理工作力量，聚焦安全、价值最大化，在做好环保、应急方案备案工作的基础上，对施工方安全教育、拆除资质、方案及现场管控办法的规范性进行严格把关，专业部门间加强联动，每周开展联合检查，组织施工单位进行隐患排查，为资产处置项目安全拆除和效能最大化做好保障。2023年9月轧钢、烧结资产包顺利拆除完毕，环保、安全零事故、零投诉。

【经济精益运维】 本着勤俭节约、精打细算、过好紧日子的原则，借用集团管运体系协同协作优势，充分整合内外部资源，抽调专业人员对公司供电系统进行诊断、测算，以经济运行为原则，停用110千伏变电站，留用35千伏变电站，协调施工方力量，协同抽调的电气专业人员对公司供电系统8000多米电缆进行迁移和线路改造，节省改造人工费用约10万元，改造完毕后可保留两台变压器、停用两台变压器，每年可节约用电运行费用31万元，同时减少了劳务外包支出；结合施工现场需求，与施工方签订行车使用租赁协议，收取行车使用费用约10万元；与烧结资产包拆除单位山东一滕建设合作，换取废钢870多吨销售收回资金310万元。

【破解历史遗留问题】 永锋淄博公司有6宗861.66亩地在拿地时享受政府优惠政策，前期在办理土地过户（从淄博张钢名下过户至永锋淄博公司名下）手续时，地方不动产部门要求补缴7200多万元的土地出让金差价后予以办理过户手续，永锋淄博公司一直在协调政府部门无偿办理过户手续未得到答复的情况下，利用外部资源，通过法律途径由法院强制执行要求桓台县不动产中心协助永锋淄博公司办理过户手续，同时协调税务人员，采用线上与线下相结合的处理方案，成功办理了淄博张钢土地证过户免税证明6个，节约了印花税、契税1399.37万元的同时，解决了混改时历史遗留的土地产权瑕疵问题。

【人力资源】 将厂区系统维护工作拆分成厂区电路清扫、网络机房监控维护、消防器材管理、厂区办公区域基础设施维护、汽车衡计量器具运维等 5 个部分，把拆分出的零星工程按照岗位、专业技能分配给劳务外包人员，把本该外委处理的工作转化成交办任务，安排给现有的劳务外包队伍无偿处理，减少了外委工程量，降低了外委用工费用

【企地协调】 通过研究、用足、用活政策，落实减免和税收返还政策。积极与税务局、财政局各业务部门座谈沟通，打通了各业务部门的衔接不畅环节，向督促业务部门审核材料，协调桓台县财政局预算部门受理了《关于返还已缴纳房产税和城镇土地使用税返还县级留成部分的申请》。协调淄博市工信局向山东省工信厅上报了产能转移奖补资金申请，按照公告产能和停产年度奖补比例测算，可获得奖补资金 8432 万元，淄博市财政局向县财政局拨付了奖补资金总额的 70%。

【后续发展规划】 以盘活厂区内铁路线为契机，通过连接汇丰石化铁路专线，打通"汇丰石化专线+淄博厂区内中汇铁路+中汇物流厂区内铁路"，待资产处置工作完成后，利用厂区北部炼铁原料场区域土地和厂房，与中汇物流合作发展物流产业，引进 LNG 液化天然气集装罐和化工用动力煤储运项目；利用厂区南部保留的厂房等设施引进钢结构深加工项目，盘活盘优现有资产，助力园区新的规划和发展。

（撰稿：孟祥龙　审稿：孟祥龙）

山东钢铁集团财务有限公司

【概况】 截至 2023 年底，山东钢铁集团财务有限公司（以下简称公司）董事会下设风险、资产负债、审计、薪酬与考核委员会，公司管理层下设信贷审查、投资审查、信息科技委员会。公司设立 10 个职能部门。从业人员 52 人，内退 2 人。其中，高级管理人员 4 人，部门经理 6 人，副经理 9 人，高级主管 9 人，业务主管 24 人；研究生 24 人，大学本科 30 人；高级职称 21 人，中级职称 24 人，初级职称 4 人；注册会计师 3 人，注册税务师 1 人，资产评估师 1 人，律师执业、职业资格 2 人；中共党员 43 人。

【经营情况】 全年实现账面营业收入 4.12 亿元、利润总额 2.51 亿元、净利润 1.96 亿元，分别完成预算的 117.26%、114.16%、113.47%。考虑让利后，全年实际营业收入 4.21 亿元，利润总额 2.69 亿元，净利润 2.10 亿元。截至 12 月末，公司资产总额 141.93 亿元，负债总额 102.99 亿元，所有者权益 38.94 亿元，资产负债率 72.56%。日均吸收存款 100.70 亿元、信贷资产 95.66 亿元、债券投资余额 13.40 亿元，全口径资金归集度为 55.40%，完成任务目标的 100.87%。不良资产率和不良贷款率均为零，各项指标符合上级监管要求，实现"三无两安全"目标。

【服务实体】 秉持"依托山钢，服务企业"的宗旨，实行"走出去"战略，为成员单位提供"上门"服务，先后到日照、莱芜、淄博、临港等片区 10 多家成员单位，面对面听取客户融资需求，提供融资方案，为成员单位排忧解难，提供更多全方位、定制化的金融服务产品，助推集团公司实现高质量发展。

【集团效益最大化】 通过免手续费、降低贷款利率、提高存款利率、降低保证金比例等措施，最大限度为成员单位降低财务费用，努力实现集团效益最大化。2023 年末至合同到期日可减少贷款企业融资成本 6624.75 万元，在集团层面可减少税费支出 1971.18 万元。承担集团融资中收费及

捐赠支出分别为 380 万元、10 万元，可减少集团层面税收支出 100 万元。

【信贷业务】 充分发挥财务公司金融服务平台作用，全力满足成员单位融资需求，助力成员单位资金链安全。全年为集团和成员单位提供贷款、贴现、保函、承兑等信贷支持 197.41 亿元；新增鲁耐窑业等 9 家客户，新增授信 24.51 亿元，年末授信总额达到 324.01 亿元，为新增客户办理股权质押贷款、票据承兑、银票贴现等 1.15 亿元，服务领域和服务范围进一步延伸，金融服务能力持续提升。

【跨境业务】 办理跨境双向人民币资金池业务 102.72 亿元，突破百亿，达到历史水平新高。跨境双向人民币资金池打通了境内外资金双向流通渠道，便于池内企业境内外资金调剂，提升资金管理效率，降低融资成本，维护资金链安全，同时为集团公司强化内部管理、提升资金管理水平和管控力度、优化境内外成员单位资金风险防控创造了条件。

【投资业务】 根据集团公司需求，发挥公司功能定位，有效利用自有资金，协助集团一级市场发债融资。通过多元化金融模式，全年累计购买集团公司债券 24.26 亿元，降低债券发行成本，维护集团公司资本市场形象。

【国际业务】 积极推进结售汇业务资格申办，建立外汇交易室，完成规章制度、可行性调研申请报告等工作，完成全流程测试，做好现场验收准备工作。

【资金管理】 加强集团资金统筹运作，强化资金预算管理，拓宽外部融资渠道，保障集团资金链安全与经营稳定。提升议价能力，充分利用票据市场有利窗口期，积极与主承销商沟通，多措并举，持续降低融资成本。年末平均融资成本 3.70%，较年初降低 63 个 BP，减少财务支出 5 亿元。压缩债券、非标融资占比，置换到期高成本债务，持续优化存量债务结构。年末，商业计划书口径银行融资占比 54.18%，较年初提高 6 个百分点；中长期融资占比 44.48%，较年初提高 10.84 个百分点；4% 以下融资占比 72.75%，较年初提高 16.47 个百分点。引入权益性融资，降低集团资产负债率。发行永续中票 100 亿元，并表信托业务 35 亿元，权益性融资余额 166.90 亿元，降低集团资产负债率 9 个百分点。

【结算管理】 持续深化 7×24 小时全天候结算服务。全年累计完成结算金额 9952.60 亿元，较上年增长 2.21%。根据集团偿还到期债务和生产经营需要，加强资金头寸管理，合理调整付款节奏，通盘考虑融资资源，保障了资金链安全和生产经营稳定。

【风险管理和内部控制】 严格落实"风险防控一流""商业计划书"总要求，全面推进制度体系建设，夯实运营管理基础，风险防控能力持续加强。本着"精简、高效、实用"的原则，对 214 项经营类制度进行了梳理修订，最终确定经营类制度 138 项，着力构建"制度合规、流程规范、体系完备、执行有力"的制度体系，为全面提升公司运营管理工作水平夯实了基础。不断强化风险管理，扎实开展洗钱和恐怖融资风险自评估工作，持续推进公司合规文化建设。按照年度审计计划，对营业部等部门 2022 年度的业务办理、人员管理、岗位设置、内控管理及银行业市场乱象整治等方面开展了客观独立的稽核审计，并形成了审计报告，发现审计问题 18 项，提出内控合规和风险防范相关审计建议 29 项。进一步扩展审计增值功能和审计服务职能，发挥风险防范和内控合规的第三道防线作用。

【三项制度改革】 落实集团决策部署，深化三项制度改革，畅通人才发展渠道，职工动力活力显著提升。赴宝武财务公司对标学习，借鉴鄂钢做法，结合公司实际，建立"一人一表"考核评价机制，全员赛马，制定10张"一部门一表"部门考核表和48张职工"一人一表"评价表，并纳入绩效考核，真正做到"岗位靠竞争，收入靠贡献"，进一步激发职工动力活力。开展岗位梳理和业务流程整理工作，进一步明晰部门分工、优化岗位职责，提升工作质效，为推进全员竞岗夯实基础。积极探索建立"管理、技术"双序列，畅通人才发展渠道。搭建职工成长平台，开展青年职工"雏鹰计划"，为公司培优储能。

【对标提升】 2023年集团公司下达"全面对标、系统提升"行动总体监控指标共20项，公司专属指标两项，分别为月均贷款比例、月均全口径资金归集度，均超额完成任务目标，纵向指标进步率100%，横向指标达标率100%。对标宝武财务公司，公司利润总额、结算量、开票量、绿色信贷均低于宝武财务公司，贷款比例、关税保函发生额、全口径资金归集度高于宝武财务公司。

【信息化建设】 全面推进云桌面、RPA机器人、态势感知系统、驾驶舱等项目，通过全业务上云、全过程管数、全场景赋智、数据驱动运营，大幅提升工作效率，实现从经营资金向经营资源转型，打造智慧金融运营平台，提升数智化水平，为企业发展提供有力支撑。

【党群工作】 充分发挥"把方向、管大局、保落实"作用，将党建融入公司治理，坚持重大问题前置研究。守牢政治方向，认真开展学习贯彻习近平新时代中国特色社会主义思想主题教育，有效落实将理论学习、调查研究、推动发展、检视整改贯通起来的要求。抓牢抓实党建工作，严格落实第一议题、理论学习中心组学习、"三会一课"、民主生活会、组织生活会、民主评议党员等制度规定，深入推进品牌创建、评星定级、支部对标提升、党员登高等。夯实巡察问题整改成果运用，推进各项工作改进提升。积极配合集团党委巡察，扎实做好"后半篇文章"，不断强化廉洁教育，持续深化"三个四"大监督体系，高质量编制公司政治监督活页账，扎实开展"靠企吃企"专项整治和纪检干部教育整顿，公司无违规违纪问题发生。全力推进"幸福和谐新山钢"升级版建设，公司党总支提出"满心满意创和谐"工作目标，恪守为民情怀，千方百计为职工办实事、做好事、解难事。2023年，安排职工参加疗休养，节假日发放职工福利，完善女职工活动室及"妈妈小屋"设施建设，开展普法知识讲座，开展单身职工婚恋联谊活动，开展劳动竞赛，通过一系列活动，温暖建"家"，凝聚力量，增进职工群众的获得感和满足感，共筑幸福和谐"大家庭"。公司荣获山东省财政厅地方金融企业绩效评价AAA级、济南市金融统计先进集体三等奖，被推荐为省总工会"职工模范小家"，保持省属企业文明单位称号；公司党总支荣获省属企业先进基层党组织，"五心"品牌获集团公司十佳品牌，1个支部获评集团公司五星级支部，多人次获集团及以上荣誉。

（撰稿：赵党党　审稿：王　勇）

山东钢铁集团国际贸易有限公司

【概况】 截至2023年底，山东钢铁集团国际贸易有限公司（以下简称山钢国贸）资产总额56.19亿元，净资产17.10亿元。共有在册职工171人。其中，在岗职工151人，内退职工20人；大学本科及以上学历145人（其中研究生31人）；中级及以上职称110人（其中高级职称34人）。设置综合部、党群部、纪委、财务部、管理部、风险控制部等 6 个管理部门，营销中心 1 个业务部门，下辖山东莱钢国际贸易有限公司、山东钢铁集团日照国际贸易有限公司、济钢集团国际贸易有限责任公司、山钢国贸（青岛）物流有限公司、埃尔顿发展有限公司、齐鲁钢铁有限公司等 6 家全资子公司，是省属企业文明单位和集团公司首批"幸福和谐"企业。

【经营业绩】 全年实现营业收入 440 亿元，利润总额 2.73 亿元，净利润 2.29 亿元；净资产收益率 14.47%，同比提高 2.48 个百分点。截至年末，资产负债率 69.66%，与基础目标 77.68% 相比，降低 8.02 个百分点。全年经营铁矿石 4773 万吨，其中主业采购 2214 万吨，社会贸易 2559 万吨；经营煤炭 79 万吨、钢材 7.9 万吨。完成了商业计划书经营指标、战略任务、ROE 改善项目等目标任务。

【服务主业】 进口矿采购成本累计跑赢普指 6.1 美元/干吨，完成计划目标，同比优化了 1.07 美元/干吨，助力主业降本增效。全年钢材出口结算 91 万吨，完成年度出口计划的 133%；出口增效 1.7 亿元。深度融入主业股份公司一体化运营，抓住保供降本、出口增效两条主线，与莱芜、日照基地联合成立进口矿保供降本 SBU 团队，建立进口矿成本"3212"全要素分析管控模型，干一算二看三，细化纠偏采购预案，灵活调整期现比例，持续优化经济料使用，2023 年莱芜基地采购使用经济料折扣料占比 54%；日照基地折扣品种替代持续取得突破，逐步使用 FMG 混合粉、PMI 澳粉、卡拉拉精粉等降本资源。适时研判，较好踏准现货采购节奏，年度现货采购跑赢普指 0.99 美元/干吨。配合处理生产富余长协资源，山钢股份全口径进口矿库存周期由年初的 22.1 天缩减至 20.56 天，减少资金占用 8909 万元，满足主业库存需求。产品出口取得新突破，莱芜基地型钢及特钢出口欧洲占比提升至 5%，型钢首次出口北美市场；日照基地首次签约出口印度 MAN X70 管线钢 2.4 万吨，开发韩国板坯终端客户 2 家，首次出口重点板坯产品。参加沙特 NEOM 项目北京宣介会，2.2 万吨高级别容器钢板在沙特 NEOM 项目中的应用，成为中国板材最大供应商，提高了山钢产品品牌形象。推动与终端用户互访，巴西、马来西亚、日本、中东、加拿大等国家和地区客户来访；组织专业团队出访沙特、阿曼、阿联酋等中东国家，与 24 家用户进行了深入交流，形成 8 万吨出口订单，为中东管线钢市场开发创造了条件。

【贸易经营】 依托主业，聚合资源，构建钢铁产业生态圈，推进商业模式创新，不断巩固扩大与鲁南矿业、山东华信等客户的代理进口业务，全年代理销售铁矿石 2502 万吨；代理煤炭进口 21 万吨，拓展了业务范围；与通钢合作创新开展 2.7 万吨钢材联销业务，实现了品牌的强强联合。融入宝武市场，扩展合作范围，与宝武资源铁矿石团队联袂开发库利粉块北方市场，销售 24.72 万吨港口现货；通过现货贸易中的双向授信，采购宝武资源超特粉等 52 万吨，为后续协同打下良好基础。对接欧冶云商和欧冶链金，实现热卷现货在欧冶电商平台线上销售；启动宝武 SOTC 平台招标，对接欧冶金服电子平台，完成多次国际信用证和电子单证区块链业务。强化市场研判，增强创效能力。成立铁矿石、汇（利）率、钢材出口、煤焦等多个市场研判团队，开展"他山之石·洞见未来"系列论坛，邀请中信期货、永安资本等专家团队来访交流，组织研写周铁矿石市场分析报告、全产业链市场分析报告。境内外协同建立金融汇率研究团队和报表口径汇率管控模型，加强对金融衍生品工具的研究，持续增强把握市场机遇能力。

【管理改革】　持续加大管理创新力度，年初确定26项管理创新课题，与公司经营业务深度融合。完善公司制度体系，结合集团及公司两级巡察反馈意见及整改要求，优化流程，全面梳理现有制度115项，修订39项。持续强化专业化管理，推进财务、风控业务统一管控，发挥原料进口中心、产品出口中心作用。实施重点工作项目化、项目管理清单化、清单管控网格化、推进落实机制化、团队运行专业化的"五化"管理建设，进一步提高综合管理效率。优化薪酬分配机制，完善2023年度绩效考核办法，制定《专业考核实施细则》，推进"一人一表"绩效考核体系建设。推进市场化选人用人改革，试点岗位管理，打破层级限制，选拔2名年轻优秀干部充实到经营关键岗位。持续深化年轻人才培养，扎实推进"青年人才双十计划"，选拔入库22人，优先安排参加宝武培训19人。

【党建群团工作】　加强政治建设，发挥党建引领作用。扎实开展主题教育，认真学习领会习近平新时代中国特色社会主义思想，统筹谋划，广泛动员部署，一体推进理论学习、调查研究、推动发展、检视整改等任务，完善创新举措清单，推进调研成果的转化，在理论学习与解决实际问题、促进经营发展的结合上狠下功夫，凝聚起改革发展的强大力量。抓实基层党组织建设，聚焦经营发展，推动党建工作与经营深度融合，将公司改革发展难点工作和生产经营中心工作，列为党委工作重点，定期督导推进，党建工作渗透到生产经营管理的各环节。强化支部政治功能，开展支部结对共建活动，探索"双向促进、共同提高"基层党建新路子，提升了党建工作水平。以党支部评星定级为抓手，提升基层党建质量，四星级及以上支部评定比例达70%。关心职工冷暖，定期走访慰问职工，坚持困难职工帮扶，争取上级工会困难帮扶基金9000元；购买企业补充医疗保险，全年理赔23人次65.75万元；加入济南市总工会互助保障项目，为公司全体会员缴纳互助保障费4380元；关注职工身心健康，聘请专家为女职工进行心理疏导，组织职工疗休养13人次。丰富职工生活，组织了主题劳动竞赛、普法答题，庆"七一""三八"等系列活动，申报建设职工书屋工程，收到300余本读物，开展"活力国贸健步走""银企携手羽你同行"羽毛球比赛等活动。公司被集团公司工会命名为"职工信赖的职工之家"。

【党风廉政建设】　加强政治监督，政治生态更加清明。深化党委巡察工作，对铁矿石现货业务等关键领域、重点环节进行专项巡察，强化巡察整改落实，做实巡察"后半篇文章"，促进管理提升。加强党风廉政建设和反腐败工作。组织年度履行全面从严治党主体责任和抓基层党建工作述职评议，统筹把握意识形态、职工心态、舆情动态；认真开展"靠企吃企"专项问题整治行动，自查自纠问题隐患；推动《问责工作办法（试行）》的宣传贯彻和落实，组织年度党风廉政建设工作会议，强化重点时期、重大节日明察暗访，持续纠正"四风"，净化政治生态。

（撰稿：张本磊　杨玉晶

审稿：刘洪波）

山东钢铁集团房地产
有限公司

【概况】　截至2023年底，山东钢铁集团房地产有限公司（以下简称山钢地产）设机关职能部门12个，分公司4个；出资公司32个，其中全资、控股公司28个；参股公司 4 个；另有托管公司 1 个。正式职工 634 人。其中，公司领导班子 8 人，机关管理人员 107 人，房地产分、子公司管理人员 309 人，物业/商管公司 210 人。山钢地产具有房地产开发国家一级资质，经营范围包括房地产开发、物业管理及相关业务咨询服务、建筑材料、建筑构配件销售。

【生产经营】 2023 年，山钢地产房屋销售面积 24.63 万平方米，销售回收资金 30.66 亿元，物业管理、商业运营租赁等资金收入 2.72 亿元，大额应收款项回收 7.49 亿元，退税等其他收入 0.73 亿元，经营性资金收入合计 41.60 亿元；筹资性资金收入 34.62 亿元，投资性资金收入 2.82 亿元，资金收入共计 79.04 亿元。全年实现营业收入 33.88 亿元，考核口径利润总额 -1.72 亿元。资产总额 164.7 亿元（含东方星城 23.08 亿元），负债总额 139.34 亿元（含东方星城 23.07 亿元），净资产 25.36 亿元，资产负债率 84.6%。全年共销售房屋 3531 套，其中主房产 2169 套，储藏室、车位等附属房产 1362 套（个），销售面积 24.63 万平方米，销售合同额 29.07 亿元。

【规划发展】 完成《山钢地产"十四五"规划中期评估自评报告》《山钢物业发展规划纲要》，加快推进转型发展。积极拓展产业园区业务，利用青岛东部新天地项目部分存量物业与产业运营方合作建设青岛海洋人才创新产业园开园。推进山钢集团内部物业协同，中标山东钢铁集团日照有限公司物业服务项目。

【深化改革】 落实国企改革三年行动计划，完善党委会、董事会、监事会、经理层组成的"三会一层"治理模式和母子公司管控体系。规范股东会、董事会管理，规范股东行权和董事履职和决策流程。修订完善《董事会授权事项清单》《董事会授权管理办法》《董事会专项委员会工作规则》等相关制度。全年共召开 8 次董事会，每季度向集团公司上报董事会运行情况以及董事会决议的执行情况，董事会会议管理更加规范。

【产权管理】 规范资产及产权管理工作，组织完成固定资产、投资性房产定期盘点。推进"两非产业"处置和法人压减，完成济南中锦置业有限公司股权转让、上海荣胜置业有限公司清算注销。建立合作项目工作调度机制，协调解决合作项目的困难和问题，对重点事项进行督导，组织召开合作项目股东会、董事会，提高对合作项目公司过程管控。加强参股公司委派公职人员的管理，加强对产权代表、外派高管人员履职管理。

【财务管理】 以年度商业计划书和全面预算为统领，统筹做好资源动态平衡工作，兼顾管控指标，超额完成集团下达年度预算指标，确保开发经营稳定顺行；多渠道多方式探索融资路径，制定债权融资计划续约方案，并完成续约 22.04 亿元，全年实现融资收入 34.62 亿元；制定应收款项压减工作管理制度，全力推进济南中锦股权转让推进，实现应收款项压减 7.49 亿元。结合亏损企业治理的新要求，制定亏损企业治理方案并稳步推进。

【设计管理】 立足转型新发展阶段，设计全过程开展成本前策和设计方案优选，实现各项目建造成本减少约 1517.4 万元，完成年度目标的 151.74%。以贯彻落实"适用、经济、绿色、美观"建筑方针为主线，推动重点项目的设计工作提质提效，完成山钢铭著项目南区建筑设计方案调整工作，建筑设计面积 31.01 万平方米。

【计划运营管理】 深入贯彻"大运营"理念，以重大事项及项目运营管理专项考核为抓手，专业管控与驻场帮扶并行，纵向抓落实、横向促联动，实现 A 类关键节点达成率 100%，全年交付 9 个项目（含合作项目），共计 62.38 万平方米，交付数量创公司历史纪录；2023 年计划入市的青岛青峰小院、济南明德府及锦程园项目，均实现按期入市销售。

【招标采购管理】　强化供应商资源管理和采购业务管理工作，充分发挥阳光采购平台信息监管作用，完成物业管理信息化平台建设，物业招采成本业务全面上线。提高专业管理质量，实现年度采购成本控制目标，全年节约采购成本 1484.19 万元，与控制价相比降低 3.87%。

【成本管理】　进一步树立"一切费用皆可降"意识，继续深化房地产存量项目、物业管理、商业管理的大成本、全成本管理，全年招标采购控制价审减率 5.29%，项目结算审减率 6.42%，项目成本降低率 2.25%。

【销售管理】　在房地产市场持续下行等不利因素影响下，销售实现多点突破。太原山钢铭著重新起势，累计销售住宅 530 套，销售额 7.63 亿元，业绩连续多月区域竞品排名第一；济南明德府 3 月份开盘，首开去化 80%，开盘 5 个月即实现清盘，累计销售 2.82 亿元，实现溢价 2651 万元，年度销售任务完成率超 108%，提前超额完成年度销售任务目标。青岛青峰小院 3 月份开盘，首开去化 62%，年度累计销售 3.9 亿元，整体去化 81%，较好完成年内去化任务目标；济南锦程园项目 8 月份开盘，开盘销售 131 套，销售金额 1.55 亿元，王舍人板块业绩排名第一，济南市区业绩排名前三，开盘后销售业绩持续处于区域前列。滨州熙悦府、淄博东方星城塾香园项目业绩领先竞品，保持区域排名靠前。

【招商管理】　克服消费疲软，商业环境低迷影响，抓实重点项目管控，全年实现租金收入 0.65 亿元。黄岛悦和花街项目累计招商签约商户 81 家，签约率 99%，并于 9 月 28 日如期开业，开业率超 90%，圆满完成年内招商签约和开业各项任务目标；山钢东部新天地项目理顺销售和招商运营逻辑，同时引入商业人才，完善人员架构，并完成地下商业主力店签约，为项目后期良好运营奠定了基础。山钢和润旭辉里年内引入并签约 30 家商户，整体招商率由年初 78% 提升至 92%，运营情况持续向好。

【安全质量管理】　全年修订完善《工程质量管理办法》等管理制度 5 部，完善安全环保管理制度 6 项；深入推进"两学两看"，系统提升专业能力；完善工程巡查管控评价体系，强化项目管理策划和重大事项的管控力度，规范各项管理动作落地，保障工程质量。深入落实安全环保主体责任，编制安全周历 49 期，全年整治各类隐患 1376 项，开展各类安全教育培训 39 场，各类应急演练 41 场，参培、参训人员共计 3400 余人次。

【物业管理及商业运营】　持续加强物业基础管理，抓好服务品质提升，通过"管理+服务+经营"的一体运作模式，逐步打响山钢地产物业品牌。全年资金收入 20709.62 万元，利润突破 838.14 万元，客户满意率达到 89.8%，物业在管面积达 784.93 万平方米。酒店、超市等自持商业运营实现新突破，酒店全年营业额 1148 万元，同比提升 14.34%，人均创小额、出租率、平均房价等指标均创开业以来新高。超市平稳运营，完成销售额 658 万元。

【干部人才管理】　持续推进契约化管理常态化，全年完成 3 个二级单位经理层人员契约化聘任工作，与 10 个单位签订 2023 年度经营业绩目标责任书。坚持干部队伍年轻化导向，严格履行选人用人程序，全年共提拔任用管理人员 7 人，末位调整领导人员 3 人，调整管理人员 65 人次，调整专业技术人才 54 人次，管理人员能上能下得到有效落实，激发了干部队伍活力。坚持以培养专业化综合型人才队伍为目标，有针对性的开展各类培训工作，2023 年度共组织开展《物业行业发展趋势及物业核心管理能力提升培训》《生命周期下的街区商业操盘策略培训》等内部专项培训6次，外部培训学习25次，累计培训1500人次。积极组织动员职工加入内部培训讲师队伍，新聘任内部培训讲师4人，开发内部培训课程6门，进一步挖掘了公司内部知识资源。规范做好职工关系管理工作，持续推进人事效率提升，全年在岗职工优化101人，在岗职工优化率为15.14%，完成全年目标的100.9%。

【综合管理】 持续加强网络、机房及信息系统运维保障，定期开展网络安全检查和漏洞扫描，及时发现并处理潜在的安全隐患，完善信息系统数据的备份、应急演练及数据恢复工作，抓好全国两会、成都大运会和杭州亚运会期间网络安全保卫工作，以实际行动践行重大活动期间网络安全保障工作，确保网络、系统平稳运行；高度重视合规性信息化建设工作，编制《山钢地产合规性信息化建设及IPv6部署方案》，对影响网络安全的短板及存在隐患设备进行升级，满足了国家对信息安全合规性的要求，并按要求完成本单位互联网网站系统的IPv6改造工作。

【绩效考核】 坚持落实由"关键绩效指标+考察类指标+一票否决项"构成的绩效指标体系，围绕年度开发经营核心任务及转型发展需要，优化组织绩效考核，全面传递经营目标；实施重点激励专项考核，全力聚焦经营重难点；试点物业商业一体化运营考核，全程助力转型发展。坚持刚性执行、月度分析、应用提升，多元化激励机制进一步健全、见效，全体职工干实事、攻难事的积极性显著提升，经营稳定顺行，多项久拖不决的重大事项得以解决或取得重大突破。

【审计管理】 以风险管理为导向，全年完成各项审计18项，准确鉴定各项绩效指标，突出实物资产管理、采购、成本、销售等重点环节开展内部控制检查；持续开展子分公司主要负责人任期经济责任审计，离任审计率保持100%；深化合作项目专项审计，重点关注合作项目公司治理、合作协议执行、成本费用、关联交易等方面；重视审计成果运用，全年共下达审计整改事项125项，整改完成93项，未完成32项，整改完成率达74%，加强未完成整改项目督导，确保整改到位，助力管理提升。

【风险防控】 做实做细全面风险管理工作，对外投资、合作、担保、融资等重大经营决策事项法律审核率达到100%，出具法律意见书及书面意见16份，审核、颁发授权委托书30份。

【纪检工作】 充分发挥"监督保障执行，促进完善发展"作用，围绕大监督体系建设、"靠企吃企"等工作，加强对权力运行的监督制约，助力公司转型发展。深入开展"三督三查"10余次，对招标采购、成本核算、工程管理、招商运营、销售回款等核心领域和关键环节，通过实地调研、工作约谈、检查督导等方式，找准履职尽责切入点和着力点，助推诸城山钢·舜德府项目顺利复工，黄岛悦和花街实现"满铺"开街。注重发挥审计监督、运营监督等协同监督作用，精准运用"四种形态"，紧盯案件背后的深层次问题和潜在风险隐患做好纪律检查建议，以全周期管理方式，把查办案件、警示教育与堵塞漏洞相结合、强化监督监管有机结合，组织开展"立廉于心 化洁于行"党风廉政警示教育系列活动，通过开展廉政测试、警示教育、廉政座谈会等多种形式，环环相扣推动"清廉地产"建设落地见效。

【党建工作】 严格落实全面从严治党主体责任，以国有企业党的建设工作会议精神贯彻落实情况"回头看"为契机，结合年度履行全面从严治党责任暨党建工作责任制检查，对标检视、查缺补漏、改进提升；顺利完成山钢地产党委换届选举工作，制定印发《2023 年度落实全面从严治党主体责任和抓基层党建工作重点任务安排》，明确年度党建重点任务，层层压实责任。持续巩固过硬党支部建设成效，通过支部自评、党委审核、集团复核，4 个党支部被评为五星级党支部、8 个党支部被评为四星级党支部。持续强化党员队伍建设，根据"控制总量、优化结构、提高质量、发挥作用"的总要求，有计划地做好发展党员工作，全年接收新党员 3 人，预备党员转正 5 人，完成 31 名党员组织关系转接；组织开展党支部书记、党务工作人员培训班，进一步提高党务工作者业务能力素质。扎实开展主题教育工作，深化理论学习，夯实思想根基，完成主题教育专题读书班 4 期、专题辅导 3 次。加强文明单位创建工作，山钢地产保持省属企业文明单位荣誉称号，信莱物业华阳慧谷项目管理处获省级文明社区荣誉称号。

【群团工作】 强化工会工作服务功能，民主管理日趋完善，职工权益保障和维权服务不断强化，落实补充医疗保险保障体系。深入推进劳动竞赛、"平凡创新"工程、合理化建议、技术革新等工作，产业工人队伍改革逐步落地。女职工工作深入扎实，获得集团公司女职工工作优秀单位称号；平凡创新成果获得集团多项表彰，两家单位获得山钢集团命名表彰"职工信赖的职工小家"。共青团组织充分发挥党的助手和后备军的作用，团结带领全体团员青年围绕中心任务建功立业，获山钢集团五四红旗团委荣誉称号，两个团支部获山钢集团先进团支部荣誉称号，3 名青年职工获山钢集团 2023 年度优秀青年工作者等荣誉，1 名青工获全国钢铁行业优秀共青团干部荣誉称号。

（撰稿：张　强　赵增翼

审稿：王文学）

山钢资本控股（深圳）有限公司

【概况】 2023 年 1 月，山钢金融控股（深圳）有限公司更名为山钢资本控股（深圳）有限公司。截至 2023 年底，山钢资本控股（深圳）有限公司（以下简称山钢资本）下辖山钢国际融资租赁（山东）有限公司（以下简称山钢租赁）、山钢金控资产管理（深圳）公司（以下简称金控资管）、山东融鑫投资股份有限公司（以下简称山东融鑫）、舜泰商业保理（上海）有限公司（以下简称舜泰保理）、山钢供应链管理（深圳）有限公司（以下简称供应链公司）、山钢（亚洲）控股有限公司（以下简称山钢亚洲）、山钢信恒国际有限公司、烟台钢铁企业集团有限公司，共计 8 户全资公司；有山钢金控融资租赁（深圳）有限公司（以下简称金控租赁）、济南市钢城小额贷款股份有限公司（以下简称钢城小贷）、山钢金控（青岛）国际贸易有限公司（以下简称金控国贸）、山钢瀚信基金（深圳）有限公司（以下简称瀚信基金）4 户控股公司；有泰山财险、山东海洋、济南机场、欧冶金诚、山信软件、齐商银行等 20 户参股公司。在册职工 189 人。其中，研究生及以上学历 83 人，占比 43.92%；大学本科学历 106 人，占比 56.08%；高级职称 34 人，占比 17.99%，其中正高级职称 2 人；注册会计师 7 人、国际注册会计师 2 人、执业律师及法律从业资格 13 人、CFA 三级 1 人、注册资产评估师 1 人、人力资源管理师 1 人、基金从业资格 62 人、证券从业资格 70 人、期货/保险/小贷/银行/保理等从业资格共计 18 人。

【战略规划】 坚持投融联动平台、产融协同平台、资产管理平台、资本运营平台、国际发展平台、价值创新平台六个企业定位，坚定实业金融、普惠金融、绿色金融、科技金融、法治金融、创新金融六大金融愿景，坚守依托产业金融建大平台、精心服务山钢做大资管、放眼金融市场获全牌照、发展金融产业有全功能四大企业使命，创新推进供应链金融服务、融资租赁、资产管理、股权投资、国际投资五大商业模式，坚决落实竞争市场化、运营专业化、管控规范化、思维开放化、系统生态化、治理法治化、服务数智化、资产证券化、发展国际化、品牌高端化十化资本战略，向着中国钢铁行业产业金融引领者目标继续奋进。

【改革创新】 继续坚持市场化改革方向，全领域深化市场化改革，推进全员创新。市场化选聘新一届职业经理人上岗履职；四家权属子公司职业经理人试点成功落地；两级公司层面推行"市场化选聘、契约化管理、差异化薪酬、职业化退出"成为常态。改革创新人才培养，突出"一专多能、一人多岗、一岗多人"方向，坚持培养市场化、专业化、复合型人才原则，对重点或关键岗位人员进行跨部门、跨板块轮岗交流。充分借助社会优质资源推进系统创新，先后与山财大金融学院、北京科技大学经管学院强化战略合作，联合开展课题研究、共同进行人才培养、双向交流互鉴。创新绩效考评机制，突出"全要素、全方位、全流程、全视角"方向，坚持"价值优先、机会公平、信用刚兑、结果自负"原则，推动管理效率、人事效率、经营效率有效提升。全年4项管理创新成果荣获中国钢铁工业协会年度二、三等奖，1项荣获集团公司管理创新成果一等奖。全面执行"首席合规官+总法律顾问"制度，持续加固风控堤坝，系统落实"OTN"全面风险管控体系和三级风控制度；全年风险损失继续保持"零"的良好业绩。

【经营业绩】 全年实现营业收入290.86亿元，实现考核利润总额6.95亿元，考核净利润5.12亿元，考核归母净利润4.75亿元，预算完成率分别为98.66%、153.99%、151.33%、154.45%，考核净资产收益率15.13%。截至2023年底，资产总额170.45亿元，负债总额114.43亿元，所有者权益56.02亿元。

【普惠金融】 供应链及科技金融事业部由舜泰保理、供应链公司、科技金融部组建而成，是山钢资本第一届"最强改革创新团队"。舜泰保理立足服务主业，合作产业链优质客户，开展产业保理、场景保理、联合保理、线上保理，盈利能力持续攀升。连续4年获得上海市地方金融监督管理局A类评级，获得上海市浦东新区"十四五"期间促进金融业发展财政扶持资金312.9万元。供应链公司不断探索创新服务模式，打造"数资云仓"数字化智慧产业园综合服务平台，借助提供全流程综合服务的"山钢E采""山钢仓E融"等平台，背靠钢铁产业，依托山钢资本全牌照金融工具，为山钢数资云仓园区入驻企业及各方用户提供钢材精深加工全流程金融服务；获得深圳市税务局白名单企业认证，享受减免10%的企业所得税税收优惠政策。科技金融部开发软件系统获得多项软件著作权。钢城小贷全年发放贷款48.64亿元，实现营业收入9596万元、利润总额7500万元；取得行业分类评级Ⅰ级；获得山东省地方金融企业绩效评价"优秀（AAA）"等级证书；"科技金融+汽车消费场景"贷款项目入选数字金融典型案例；资助2名贫困大学生，以实际行动彰显国企责任担当，助力地方经济发展。

【融资租赁】 金控租赁持续扎根钢铁产业链，服务山钢产业生态圈，全年实现营业收入 2.1 亿元、考核净利润 7776 万元、净资产收益率 11.43%。克服业务瓶颈，加快转型发展，开拓产业链直租业务，累计投放 1.92 亿元，业务投向绿色环保、智能智造等领域，首次尝试新型环保材料领域直租业务，标的资产快速周转，投融结合效益显现；项目聚合钢铁产业链场景模式，产业协同效果明显；支持莱芜区实施"工业强区"发展战略，底层资产用于泰钢精品钢绿色转型项目。山钢租赁依托产业优势，深耕驻地市场，开拓钢铁生态、制造业、教育、医疗等多个业务领域，凭借良好社会形象、优质的资产质量实力领跑山东市场；获山东省融资租赁协会优秀案例奖；全年实现营业收入 1.68 亿元，考核净利润 7109.68 万元，净资产收益率 10.43%；坚决业务转型，实现从"老三化"到"新三化"的转变，加大力度服务钢铁产业，回归本源；新增银行授信 2 亿元以上，融资成本不断压降，融资结构大幅优化。

【资产管理】 金控资管在舜易拍平台建设运营、标准化债券投资、挂牌资产管理、逾期风险化解、外部银行融资等方面取得突破性进展与成效。舜易拍平台自上线以来充分发挥团队资产管理专业优势，合理利用资产方上下游资源，累计成交额超 10 亿元；标准化债券投资作为新的增效、创收增长点，通过高流转的业务模式加快资金循环，总投放额 5.96 亿元，收取超额收益 6004 万元；挂牌资产业务累计落地 59 期，产生净利润 3941.01 万元；外部融资统筹对接，探索可行的融资方案，迈出融资征程重要一步。山东融鑫聚焦股权投资，突出牌照功能，全年实现考核净利润 5378.66 万元；综合利用投资银行和私募股权基金牌照等工具，投资优质高端装备制造企业、环保科技创新企业、数字智能创造企业及数资云仓等优秀园区企业，成

功投放包钢节能环保项目，助力主业延链、强链、固链、补链，择机开展固定收益及超额分成结合的"固收+"类业务，首笔业务成功落地，年化收益达 20%；发挥投资管理专业职能，聚合上市资源，构建多种投资工具组合，摸索建立交易制度，管理存量股票并放大资产价值，齐鲁银行市值管理成效显著；着力精准服务对象，提升专业水准，严把风险管控，全力打造集团公司股权投资、私募基金管理、产业资本运作、存量市值管理、资本市场创效的专业管理平台。瀚信基金明确经营目标、重点任务，加强存续基金管理，有效化解存量风险，努力维护股东和投资者权益。烟台分公司以落实"四稳、四保、四增、四减"为重点方向，稳承继、保资产、增收入、减风险，稳妥做好各项工作。

【海外平台】 山钢亚洲发挥贸易优势，调结构、提效益，全年累计完成营业收入 240.79 亿元；把握市场机遇开展离岸投资业务，实现收益 439 万元，投资收益率达年化 10%；在服务集团公司境外债还款以及自身融资运营方面，通过主动汇率管理，有效避免约 9000 万元人民币汇兑损失，为集团公司国际业务拓展、外汇风险管控提供有效支撑。金控国贸坚持执行服务钢铁主业战略规划，做深做精钢铁产业链细分市场业务；夯实优化提升"实体+贸易"业务模式，稳固日照、莱芜、邹平产业链深加工业务基地，成功实现"采购+虚拟工厂+销售"的创新业务新模式；提升钢铁主业深度和广度，丰富钢铁主业直采直供业务品种和规模，持续扩大综合平台资源协同优势，助力公司发展提质增效。全年实现营业收入 18.32 亿元，利润总额 1248.58 万元，考核净利润 986.25 万元，净资产收益率 14.57%；信用融资取得突破性进展，开启银行纯信用融资里程碑。

【制度体系】 公司治理方面进一步明确党组织职责权限、机构设置、运行机制、基础保障等重要事项；明确党委研究讨论是董事会决策重大经营管理事项前置程序；落实党组织在公司治理结构中法定地位；修订完善《董事会决策事项清单》《董事会议案管理办法》《董事会授权管理办法》，明确董事会议事范围、议案质量要求，根据内外部环境变化适时调整董事会授权范围。新建、修订风险管理制度12项，通过制度规范和流程嵌入"管业务必须管风险"；印发《法律从业人员管理办法》，加强法律从业人员的培养锻炼、监督管理；将风险变化率纳入风险控制责任考核范畴，助力风险及早化解；制度体系深度融入业务嵌入流程，覆盖风险全生命周期，实现管理闭环。

【风控体系】 优化风险运行机制，审慎开展项目审查，常态化组织存量业务检查，整改进展专人跟进，检查结果刚性兑现，考核指挥棒作用凸显；风险监测日常预警，以红橙黄对应高中低三档对舆情分级、分类管理、及时预警，助力风险早发现、早介入、早处置；开创风险季度例会机制，搭建风控条线沟通桥梁，研判存量业务开展情况，部署风险管理重点工作。法务合规工作有序开展，增设首席合规官，领导合规管理工作；启动格式合同版本修订及优化工作，合同审查率100%，有效防范合同风险；开展法务、合规培训，举办金融大讲堂，强化风险合规意识。

【纪检监察】 全面从严治党走深走实，开展经常性廉洁提醒，抓好集团公司党委巡察反馈问题整改。做细做实政治监督，建立并完善《政治监督活页》，按照纪检工作"二十四"字方针自主办结第一例党内违纪案件。完善大监督体系协同推进"靠企吃企"问题专项整治工作。签订《廉洁展业承诺书》书，激活监督末梢神经；制作廉洁防控风险卡，抓好源头防治；在公司三层办公楼区域建立廉洁文化展板长廊，培育崇廉尚洁良好风尚，"一书一卡一板"提升监督实效。打造忠诚纪检队伍，推动教育整顿走深走实。

【审计工作】 坚持围绕中心、服务大局，以高质量审计监督保障公司高质量发展。以制度建设、业务管理及执行情况为抓手，以绩效指标完成情况、会计核算合规性、业务风险防控等为重点，不断提升公司治理效能，提高风险防范水平。完善审计制度体系建设，修订制度两项；提升内部审计质效，审计涉及资产总额超250亿元，提出意见及管理建议30余项；强化审计整改，督促落实以前年度审计发现但未完成整改问题，以整改促行动、促规范、促发展。

【董事会工作】 董事会共有成员5人，其中，外部董事3人，职工董事1人。董事会下设战略发展委员会、风控合规委员会、审计委员会、薪酬委员会、提名委员会。全面贯彻落实集团公司战略要求，坚持治理法治化，以公司章程为行为准则，严格规范党组织、股东、董事会、经理层、监事等治理主体的权责行为和行权方式，强化权利责任对等，确保职责明确、运行规范、机制完善。

【党群工作】 高标准高质量开展学习贯彻习近平新时代中国特色社会主义思想主题教育，典型经验3次登上集团公司交流简报；举办4期专题读书班；邀请中共山东省委党校教授开展专题培训；组织13次党委理论学习中心组集体学习；全年召开36次党委会，研究党建议题64项，结题率100%。在第一书记帮扶村建设党建文化广场，派驻的第一书记被菏泽市委市政府授予"个人三等功"、派驻的四进工作队成员荣获"集体三等功"。建立年度评"牛"、季度评先、"七一"评优的评先创优体系，全年表彰先进榜样 46 人次。全年微信订阅号推送 137 期 246 篇，向厚道山钢及对外媒体发表合计 65 篇，企业影响力明显提升。成功召开一届一次职代会，民主管理形式得到健全规范；组织专题劳动竞赛、合理化建议征集活动；全方位关心关爱职工，组织幸福和谐系列活动，丰富职工业余文化生活。公司团委坚持做党联系青年最为牢固的桥梁纽带，全年组织主题团日活动 29 次，团课 5 次。高质量党建促进业务提质增效突破项目获集团政研论文一等奖，在省属企业深圳党建协作区座谈会作典型发言。山钢资本党委被同时授予省属企业和集团先进基层党组织，"十个引领"党建品牌荣获集团十佳党建品牌。

（撰稿：李　宁　李晓丹
审稿：黄振辉）

山信软件股份有限公司

【概况】　山信软件股份有限公司（以下简称公司）注册资本 18861.14 万元人民币，经营范围包括：信息系统集成；物联网技术服务；自动化系统、信息化系统、工业电视监控系统的设计、集成、安装、调试；运行维护服务；软件开发与销售；互联网信息服务；互联网数据服务；计算机硬件及外围设备销售及租赁；信息处理和存储支持服务；信息技术咨询服务；仪器仪表、工业机器人制造与销售。山信软件设党委办公室/综合管理部/党群部、财务部、党委组织部/人力资源部、运营管理部/发展规划部、纪委、安全环保部 6 个职能管理部门，营销本部、信息化事业部、网络事业部、商务中心 4 个事业部（中心），济南自动化分公司、莱芜自动化分公司、日照自动化分公司、大数据分公司 4 个分公司，莱芜钢铁集团电子有限公司 1 个权属法人公司，其中莱芜自动化分公司与莱芜钢铁集团电子有限公司复合设置。截至 2023 年底，共有职工 1158 人。其中，高级及以上职称 492 人，中级职称 114 人，初级职称 132 人；硕士研究生及以上学历 155 人，大学本科 697 人。山信软件党委设有 3 个二级党委、2 个党总支、1 个直属党支部，共有党员 475 人。

【生产经营】　2023 年，公司累计实现销售收入 7.4 亿元，同比增长 3.01%；实现利润总额 6100 万元，同比增长 19.88%；实现经营性净现金流 1800 万元，预算完成率 111.52%；年末资产负债率 44.23%，较 2022 年降低 22.07%；职工整体收入稳步增长。

【运维保障】　立足服务集团，讲大局、重担当、提质效，全年故障时间同比降低 30%以上，故障率低于 0.15‰，连续三年实现"双降低"，客户满意度达到 96.6%，有力保障了钢铁主业稳定顺行。持续开展可靠性提升工程。聚焦设备安全性、可靠性提升，深入推进隐患排查，累计整改隐患 2000 余项，提炼项目 40 余个，合同额 4000 余万元，达到了故障消除、安全强化、收入增加的目的。进一步打造智能自动化远程运维平台。莱芜自动化分公司完善故障预警功能，实现检修地图和报警视频联动，并自主开发了新型工业时序数据库系统。日照自动化分公司加快平台开发，点检管理、隐患管理等模块陆续上线，预警管理、可视化等功能得到推广应用。扎实推进经验交流。组织开展典型故障共享 15 次，编制近两年故障案例汇编，推动各运维单位从正反两方面汲取经验教训、提升能力。高质量开展运维降本。多举措做好修旧利废、备件协同、联合运维、外委费用压降等工作，全年减少运维成本约309万元，取得明显成效。突出抓好网络安全。常规性开展网络安全监测，消除高危告警862次、中危告警387次。加大全国两会"大运会"等时段特护力度，全面保障系统、数据安全，顺利完成"国企网安"防守任务。

【智慧山钢建设】 严把项目质量，全方位做好"数智山钢"建设，助力集团公司智慧制造指数提升21.54%，达到38.76%。在"云"上，先后在"两基地"推进实施了设备管理系统、清洁运输平台、销售数据分析系统、无组织平台二期数采等重点项目，提升了钢铁主业"云"上智慧。在"边"侧，陆续打造莱芜分公司特钢集控中心、焦化厂集控中心，日照公司炼钢厂精炼岗位集管项目、中厚板厂岗位集中管控项目等，提升了"边"侧效率。在"端"部，系统推进莱芜片区老区原料场智能化改造项目、炼钢厂新动区1号连铸机改造项目、日照片区喷号机项目、可燃有毒气体智能检测项目、金召铁矿调度室改造项目等建设；加快部署工业机器人，莱芜分公司特钢事业部100吨电炉测温取样机器人、棒材红检取样机器人等20余台套智能装备机器人产品投入市场，提升了"端"部水平。

【科技创新】 深入落实"12345"科技研发方略，抓牢关键环节，全力增强差异化发展优势。2023年，研发费用占比达到7.57%，为研发能力突破提供了坚实保障。竞争实力进一步增强。公司被命名为省软件工程技术中心，上榜省软件和信息技术服务业综合竞争力百强企业，列第17位（同比上升8位）；参与评价的15项科技成果中，7项达到国际先进，8项达到国内领先，取得历年最好成绩。发展方向更加聚焦。结合新一代信息技术发展，完成12项新经济增长极项目策划，发力方向更加明

确；立项实施科研项目36项、重点研发任务3项，各单位发展更加聚焦。创新成果不断涌现。"产销信息系统软件"被工信部评为工业软件优秀产品，"基于'质量门'的钢铁企业全流程质量管控平台"等2个项目入选中国钢铁工业协会智能制造解决方案，"基于5G技术的数字化料场"入选山东省工信厅5G试点示范项目，"炼钢厂倒罐间数字化智能化折铁系统"等4个项目入选山东省国资委数字化转型典型应用场景，"炼铁集控中心的研究与应用"等4项成果获得山东省冶金科技进步奖一等奖，"面向智能制造的M2ES系统的研制和应用"获得山钢科学技术一等奖。知识产权有效保护。申报知识产权84件，受理专利51件，授权专利17件（其中发明专利5件）、软件著作权23项，认证软件产品2项。

【市场营销】 加大外部市场开拓力度，全年新签合同累计5.58亿元，较上年同比增加5.4%，大额订单同比增加31%，外部市场占比35%。全面强化营销力度。扎实开展"五种营销能力"建设，综合提升营销人员实战能力，在激烈的市场竞争中相继中标了临港三电项目、鞍钢折铁机器人项目、荣钢智慧中心建设项目等，其中临港三电项目成为年度第一单。高质量编写《钢铁行业智能制造顶层设计范本》，逐步向主动营销转变，引领客户需求。扎实开展高层营销。召开客户大会，做好荣程钢铁、金鼎六安、翅冀钢铁、华友钴业等近二十家重点客户交流拜访，深挖客户需求。利用近十次省级及以上领导调研、行业协会等平台宣传和推广新业务新产品。发挥专班作用。积极推进资源协同，跨专业、跨单位联合作战新模式有效落地，资源优势、攻坚合力不断扩大，市场开拓能力持续提升。积极开展生态交流协作。秉承互惠互利、共创共赢的理念，采用借船出海、

生态协作等方式，与生态伙伴开展广泛合作，积极拓展市场新渠道。

【人才培养】　加强人才培养，用好"第一资源"，推动人才层出不穷，公司获得集团公司人才工作第三名的优异成绩。扎实做好"人才高地"建设，积极参加校园招聘、平台招聘等，按照好中选优、优中选强原则，招录 8 名优秀毕业生；加大青年人才培育，选拔 43 名"青年之星"，壮大后备力量。加强"双创"团队建设，评选表彰 10 个优秀"双创"团队、10 名优秀项目（产品）经理。积极开展创新沙龙、宝武轮训、PMP 培训等分层分类培训，累计超 6000 人次，全面提升职工水平。积极安置军转人员，切实履行社会责任。持续加强干部队伍建设，落实《关于大力发现培养选拔优秀年轻干部及干部交流挂职的指导意见》，开展公开竞岗，搭建发展平台，完成 5 名中层及 14 名 8 级人员选拔任用，年轻干部占 70%；调整 12 名人员岗位或职责，安排 1 人挂职，实现了跨单位、跨专业交流锻炼。

【管理提升】　深入推行"精益管理"，固化经验做法，提升管理效能。商业计划书有效落实，3 项战略性任务、3 项 ROE 改善项目基本完成，6 项重点管控指标全面实现，5 项对标指标完成 3 项、进步 4 项，商业计划书管理模式在精准落地中推动管理提质增效。项目管理水平持续提升。建立"一项目一表"评价机制，从"四个"维度加强管理，关闭偏差项目 25 个，收回逾期款 2280 万元，订单关闭率达到 95%，"两金"规模较年初降幅达 18.21%。扎实推进成本优化、规模化采购等工作，可控成本同比降低 13.7%，较好地完成了压降目标；加强政策研读，全年政策创效 619 万元，助力经营指标完成。加大管理创新力度，《大力推进智能制造助推山钢数字化

转型》获得集团管理创新一等奖；强化督察督办，狠抓工作落实，全年下达督办事项 134 项，办结 121 项，办结率 90.3%；开展案例研训 5 次、QES 审核整改问题 36 项，发挥云桌面、企业微信等信息技术作用，提升管理水平和工作效率。风险防控扎实有效。针对 7 大类，24 个风险点，明确责任主体，落实负面清单和管控措施，确保风险受控；修订管理制度 22 项，优化业务流程 30 余项，织密了风险防线。

【安全生产】　强化红线意识，筑牢安全生产防线，确保公司稳健发展。修订完善《安全生产责任制》，健全安全责任制度体系，逐级签订安全生产目标责任书 172 份，明晰环保重点工作 24 项，开展专项督导检查 11 次，拧紧责任链条。持续巩固作业标准，在作业标准落实年、提升年的基础上，深入开展作业标准巩固年活动，持续优化作业标准，规范作业行为，全年修订作业标准 2108 项，新增 63 项，合并 627 项，职工普遍遵守"一个底线、两个标准"。发挥公司技术优势，助推 152 项安全本质化提升项目有效落地；自主研发的安全管理信息系统上线试运行，助力安全本质化工作提质量、上水平。加强"双基"建设，19 个车间、33 个班组通过验收，达标率 100%；搭建交流共享平台，所有班组登台亮相，交流共享经验，促进共同提升；坚持安全生产量化考核，用好公司安全生产"百万大奖"，激励全体职工养成安全生产好习惯。

【党群工作】　牢记党的宗旨，践行初心使命，不断推动党的建设取得新的成效。全面加强党的领导，高起点谋划主题教育，组织开展读书班 4 次、大调研活动 32 次，发现问题 64 项，解决 56 项。严格落实意识形态工作责任制，营造和谐稳定发展环境。积极推进"靠企吃企"问题专项整治

等系列工作，全员签订承诺书，整改购销领域问题16项。切实抓好巡察、审计反馈问题整改。开展保密宣传月活动，增强保密意识和能力。持续深化基层党建，完成公司党委及所属15个基层党组织换届，8个党支部被集团命名为五星级，14个党支部被公司命名为四星级。组织开展"追求极致走在前"等活动，创建党员责任区69个、党员示范岗29个、党员突击队20个。公司党建品牌获评集团"十佳"。切实发挥工会作用。深入开展全员创新企业活动，积极打造知识型、技能型、创新型职工队伍，成功获评山东省全员创新企业，获得奖励30万元。高质量开展第二届职工技术比武、健步走等活动，规范女工查体，桥梁纽带作用得到充分发挥。

（撰稿：赵成文　审稿：范　鹍）

山东金岭矿业股份有限公司

【概况】　为贯彻落实省国资委要求，进一步压缩法人层级，更好地理顺产权关系，提高管理效率，山东钢铁集团矿业有限公司与山东钢铁集团有限公司于2023年12月15日签订了《山东钢铁集团矿业有限公司与山东钢铁集团有限公司之山东金岭铁矿有限公司股权转让协议》，山钢矿业将其持有的金岭铁矿100%股权协议转让给山钢集团。本次股权转让后，金岭铁矿控股股东由山钢矿业变更为山钢集团，上市公司金岭矿业产权层级由四级提升至三级。

（撰稿：于丽媛　审稿：封常福）

山钢年鉴 2024

统计资料

山钢集团
SD STEEL

山钢文化

核心理念

山钢使命:
为建设钢铁生态圈贡献新动能
为制造业高质量发展提供强支撑

集团公司 2023 年主要生产经营指标完成情况表

指标名称	单位	2023 年	2022 年	同比增减/%
一、主要财务指标				
营业收入	亿元	1408.20	1826.68	-22.91
利税	亿元	14.66	60.73	-75.86
其中：利润	亿元	-20.77	4.63	
净利润	亿元	-24.06	-2.47	
资产总额	亿元	1781.69	1820.85	-2.15
其中：流动资产	亿元	556.63	728.29	-23.57
非流动资产	亿元	1225.07	1092.55	12.13
负债	亿元	1488.16	1540.48	-3.40
其中：流动负债	亿元	1055.50	1171.64	-9.91
非流动负债	亿元	432.66	368.84	17.30
所有者权益	亿元	293.53	280.37	4.69
其中：归属母公司权益	亿元	58.04	109.12	-46.81
二、主要生产指标				
工业总产值	亿元	844.53	968.47	-12.80
其中：新产品产值	亿元	346.56	407.85	-15.03
工业销售产值	亿元	847.72	962.36	-11.91
三、主要产品产量				
粗钢	吨	19447491	20233495	-3.88
生铁	吨	17377634	18077394	-3.87
钢材	吨	18442245	18949694	-2.68
焦炭	吨	6091558	6169162	-1.26
铁矿石成品矿	吨	1050745	1051512	-0.07
耐材制品	吨	144479	142029	1.72
四、出口指标				
出口创汇	万美元	59681	54061	10.40
出口钢材	吨	919556	630244	45.90
其中：棒材	吨	8155	14250	-42.77
钢筋	吨			
型材	吨	341745	245030	39.47
中厚板	吨	175947	174402	0.89
中厚宽钢带、热轧薄宽钢带	吨	178353	105848	68.50
冷轧薄宽钢带	吨	154888	64241	141.10
涂镀板（带）	吨	60469	23190	160.75
五、固定资产投资指标				
投资完成额	万元	204980	302120	-32.15
其中：建筑工程	万元	43067	50800	-15.22
安装工程	万元	23333	46626	-49.96
设备购置	万元	131934	202252	-34.77
其他费用	万元	6646	2442	172.15

（撰稿：郑　丽　周林琳　审稿：王　磊　王　勇）

集团公司 2023 年钢材品种结构构成表

（单位：万吨）

钢材品种	集团合计					山钢股份（莱分+银山+日照）			莱钢集团（烟管）		
	2023年		2022年		同比增减/%	2023年	2022年	同比增减/%	2023年	2022年	同比增减/%
	产量	品种占比/%	产量	品种占比/%							
大型型钢	145.28	7.88	154.70	8.16	-6.09	145.28	154.70	-6.09			
中小型型钢	51.83	2.81	44.79	2.36	15.72	51.83	44.79	15.72			
棒材	122.28	6.63	133.77	7.06	-8.59	122.28	133.77	-8.59			
钢筋	372.65	20.21	378.31	19.96	-1.50	372.65	378.31	-1.50			
特厚板	49.62	2.69	50.12	2.64	-0.99	49.62	50.12	-0.99			
厚钢板	239.49	12.99	256.27	13.52	-6.55	239.49	256.27	-6.55			
中板	234.79	12.73	216.91	11.45	8.24	234.79	216.91	8.24			
中厚宽钢带	323.24	17.53	359.19	18.95	-10.01	323.24	359.19	-10.01			
热轧薄宽钢带	17.59	0.95	15.01	0.79	17.18	17.59	15.01	17.18			
冷轧薄宽钢带	218.76	11.86	222.04	11.72	-1.48	218.76	222.04	-1.48			
热轧窄钢带											
镀层板	48.46	2.63	45.90	2.42	5.56	48.46	45.90	5.56			
无缝钢管	20.24	1.10	17.96	0.95	12.71				20.24	17.96	12.71
成品钢材合计	1844.22		1894.97		-2.68	1823.99	1877.01	-2.83	20.24	17.96	12.71
商品坯	45.89		66.95		-31.46	45.89	66.95	-31.46			
商品还材总计	1890.11		1961.92		-3.66	1869.87	1943.96	-3.81	20.24	17.96	12.71

（撰稿：郑 丽 胡 玉 审稿：王 磊）

集团公司 2023 年主要技术经济指标完成情况表

主要质量指标			主要消耗指标			主要效能指标		
指标名称	单位	指标值	指标名称	单位	指标值	指标名称	单位	指标值
一、转炉铸坯合格率	%	99.96	一、转炉钢铁料消耗	kg/t	1060.52	一、转炉日历利用系数	t/(t·d)	29.73
其中：山钢股份	%	99.96	其中：山钢股份	kg/t	1060.52	其中：山钢股份	t/(t·d)	29.73
电炉铸坯合格率	%	99.56	转炉炼钢工序能耗	kgce/t	-22.61	转炉炉衬寿命	炉	11678.27
其中：山钢股份	%	99.56	其中：山钢股份	kgce/t	-22.61	其中：山钢股份	炉	11678.27
二、生铁合格率	%	100	二、高炉综合焦比	kg/t	481.38	转炉氧枪寿命	炉	191.12
其中：山钢股份	%	100	其中：山钢股份	kg/t	481.38	其中：山钢股份	炉	191.12
生铁一级品率	%	79.50	入炉焦比	kg/t	330.61	二、高炉有效容积利用系数	t/(m³·d)	2.41
其中：山钢股份	%	79.50	其中：山钢股份	kg/t	330.61	其中：山钢股份	t/(m³·d)	2.41
三、钢材合格率	%	99.13	炼铁工序能耗	kgce/t	370.14	人造块矿'使用率	%	83.30

续表

主要质量指标			主要消耗指标			主要效能指标		
指标名称	单位	指标值	指标名称	单位	指标值	指标名称	单位	指标值
其中：山钢股份	%	99.12	其中：山钢股份	kgce/t	370.14	其中：山钢股份	%	83.30
四、烧结矿合格率	%	100	三、钢材综合成材率	%	96.09	入炉矿品位	%	56.79
其中：山钢股份	%	100	其中：山钢股份	%	96.12	其中：山钢股份	%	56.79
五、球团矿合格率	%	100	热轧综合成材率	%	97.46	喷煤比	kg/t	152.46
其中：山钢股份	%	100	其中：山钢股份	%	96.56	其中：山钢股份	kg/t	152.46
六、冶金焦合格率	%	100	轧钢工序能耗	kgce/t	58.41	三、轧机日历作业率	%	63.85
其中：山钢股份	%	100	其中：山钢股份	kgce/t	58.34	其中：山钢股份	%	63.30
七、耐材制品合格率	%	93.73						
其中：山东耐材	%	93.73						

（撰稿：郑 丽 胡 玉 审稿：孙日东）

山钢集团 SD STEEL

2023 年全国钢铁企业主要产品产量排名表（前 11 名）

（单位：万吨）

位次	钢			铁			材		
	企业	2023 年	2022 年	企业	2023 年	2022 年	企业	2023 年	2022 年
1	宝武	13076.95	12566.36	宝武	11670.8	11149.7	宝武	12982.64	12072.74
2	鞍钢	5588.94	5564.90	鞍钢	5272.09	5357.24	鞍钢	5237.56	5228.47
3	沙钢	4053.71	4145.39	河钢	3464.53	3181.91	河钢	3878.1	3487.78
4	河钢	3999.22	3638.01	建龙	3418.1	3416.29	沙钢	3708.35	3890.54
5	建龙	3588.17	3579.42	沙钢	3237.5	3286.87	首钢	3361.79	3270.10
6	首钢	3358.17	3342.96	首钢	3194.14	3160.52	建龙	3236.04	3212.60
7	湖钢	2479.82	2642.50	湖钢	2188.51	2170.94	湖钢	2594.13	2656.69
8	德龙	2096.04	2023.77	日照	1915.78	1537.00	德龙	2518.96	2265.13
9	方大	1955.73	1970.41	德龙	1889.64	1672.96	方大	2103.83	2012.67
10	**山钢**	**1944.75**	**2023.35**	柳钢	1836.80	1642.09	柳钢	1962.26	1777.92
11	日照	1865.87	1563.08	**山钢**	**1737.76**	**1807.74**	**山钢**	**1844.22**	**1894.97**

注：数据来源于中国钢铁工业协会。

2023 年世界钢铁企业粗钢产量排名表（前 20 名）

（单位：百万吨）

钢铁公司	总部所在地	粗钢产量		产量排名	
		2023 年	2022 年	2023 年	2022 年
中国宝武钢铁集团[①]	中国	130.77	131.84	1	1
安赛乐米塔尔[②]	卢森堡	68.52	68.89	2	2
鞍钢集团[③]	中国	55.89	55.65	3	3
日本制铁株式会社[④]	日本	43.66	44.37	4	4
河钢集团	中国	41.34	41	5	6
沙钢集团	中国	40.54	41.45	6	5
浦项控股	韩国	38.44	38.64	7	7
建龙集团[⑤]	中国	36.99	36.56	8	8
首钢集团	中国	33.58	33.82	9	9
塔塔钢铁	印度	29.5	30.18	10	10
德龙集团[⑥]	中国	28.26	27.9	11	12
京德勒西南钢铁公司	印度	26.15	23.38	12	15

钢铁公司	总部所在地	粗钢产量		产量排名	
		2023 年	2022 年	2023 年	2022 年
JFE 钢铁株式会社	日本	25.09	26.2	13	14
湖南钢铁集团⑦	中国	24.8	26.43	14	13
纽柯钢铁公司	美国	21.2	20.6	15	16
方大集团	中国	19.56	19.7	16	17
山钢集团	**中国**	**19.45**	**29.42**	**17**	**11**
现代制铁	韩国	19.24	18.77	18	18
印度钢铁管理局有限公司	印度	19.18	17.93	19	20
日照钢铁	中国	18.66	15.63	20	22

注：数据来源于国际钢铁协会。

①2022 年起包括新余钢铁的产量，2023 年不包括昆钢产量。

②包括安赛乐米塔尔–日本制铁印度合资公司 60% 的产量（前身是艾萨钢铁公司）。

③2021 年起包括本钢集团产量。

④包括日本制铁不锈钢、三洋特钢、奥沃克集团的产量，以及安赛乐米塔尔–日本制铁印度合资公司 40% 的产量和米纳斯吉拉斯钢铁公司 31.4% 的产量。

⑤2020 年起包括马来西亚东钢集团产量。

⑥2020 年起包括德信集团产量。

⑦前身是华菱集团。

2001～2023 年全国铁、钢、材历年产量表

（单位：万吨）

年份	2001	2002	2003	2004	2005	2006	2007	2008
生铁	15554	17085	21367	26831	34375	41245	47652	47824
粗钢	15163	18237	22234	28291	35324	41915	48929	50306
钢材	16068	19252	24108	31976	37771	46893	56561	60460
年份	2009	2010	2011	2012	2013	2014	2015	2016
生铁	55283	59733	64051	66354	71150	71375	69141	70227
粗钢	57218	63723	68528	72388	81314	82231	80383	80761
钢材	69405	80277	88620	95578	108201	112513	103468	104813
年份	2017	2018	2019	2020	2021	2022	2023	
生铁	71362	77988	80849	88898	86857	86383	87101	
粗钢	87074	92904	99542	106477	103524	101796	101908	
钢材	104642	113287	120457	132489	133667	134033	136268	

注：数据来源于国家统计局。

集团公司 2023 年职工队伍基本情况统计表

单位名称	年末职工人数	管理和专业技术人员情况					生产服务岗位人员情况						离岗人员数量	离退休人员情况		
		总数	其中：技术职称情况				总数	其中：技能等级情况						总数	其中	
			高级职称	中级职称	初级职称			高级技师	技师	高级工	中级工				离休人员	退休人员
合计	30755	6661	3129	2005	906	17454	808	4437	6163	3727		6640	26441	104	26337
1. 集团总部	252	225	153	56	13	3						24	55		55
2. 山东钢铁股份有限公司	23488	3801	2248	1013	412	13829	773	4240	5155	3305		5858	13758	72	13686
3. 莱芜钢铁集团有限公司	686	365	45	125	48	104	6	8	32	46		217	4393	8	4385
4. 山东钢铁集团矿业有限公司	2541	335	143	118	52	1945	4	75	474	239		261	3630	11	3619
5. 山信软件股份有限公司	1160	793	345	70	258	307	16	59	149	71		60	77		77
6. 山东钢铁耐火材料有限公司	1564	282	33	151	96	1161	9	55	353	66		121	4423	13	4410
7. 山东钢铁集团房地产有限公司	634	461	54	304	3	105						68	87		87
8. 山钢集团国际贸易有限公司	168	148	50	81	14							20	13		13
9. 山钢资本控股（深圳）有限公司	189	185	35	65	6							4	5		5
10. 山东钢铁集团财务有限公司	54	52	19	20	4							2			
11. 山东钢铁集团淄博张博钢有限公司	19	14	4	2								5			

注：1. 不含参股、改制、合并报表单位人数；
2. 离岗人员含内退人员、共享用工、待岗人员。

（撰稿：魏　鹏　审稿：李　林）

集团公司2023年专业技术人才基本情况统计表

项目	合计	女	少数民族	中共党员	博士	硕士	研究生	大学本科	大学专科	中专	高中及以下	35岁及以下	36~40岁	41~45岁	46~50岁	51~54岁	55岁及以上	高级	正高级	中级	初级
总计	6589	1484	90	4289	32	829	839	5023	573	125	29	1267	1423	1486	1085	993	335	3129	112	2005	906
其中：1. 在管理岗位工作的	2303	420	32	1830	15	335	383	1633	212	62	13	269	489	540	407	403	195	1076	59	484	212
2. 具有职业资格的	3660	731	56	2670	28	372	481	2995	169	14	1	664	828	852	675	558	83	2023	76	1145	477
专业技术职称 高级职称	3129	651	39	2517	29	482	462	2617	43	3	4	32	612	978	660	638	209				
其中：正高级职称	112	12		101	20	38	46	65	1			1	4	13	28	37	29				
中级职称	2005	482	35	1190	3	244	274	1428	272	29	2	524	534	347	288	234	78				
初级职称	906	241	10	352		32	31	712	116	43	4	479	170	98	67	59	33				
未聘任专业技术职称	549	110	6	230		71	72	266	142	50	19	232	107	63	70	62	15				
专业类别 工程技术人员	4806	798	69	3147	30	598	571	3776	345	93	21	949	1086	1132	762	665	212	2551	101	1276	628
哲学社会科学研究人员	27	5	1	27		6	8	15	3		1	1	5	8	3	9	1	13	1	6	8
卫生技术人员	64	44		17		5		31	25	8		2	4	11	23	16	8	27	1	25	11
技工院校教师	2			2			2								1	1				2	
经济专业人员	1083	318	13	720	2	139	171	740	149	16	7	152	215	228	192	215	81	337	3	460	121
会计人员	415	230	6	208		52	50	316	44	5		129	72	72	69	48	25	113	5	164	110
统计专业人员	19	12		15				15	3	1		1	2	4	6	3	3	3		13	3
审计专业人员	22	17		19		5	5	17				5	1	7	4	4	1	14	1	7	1
翻译专业人员	2	1		1		2	2					1	1							2	
图书资料专业人员	3	3		1				1	1	1		1			1	1				2	1
档案专业人员	7	6		7				7					1	1	3	1	1	3		2	1
文物博物专业人员	5	2		5			1	4						2	2		1	2		3	
新闻专业人员	113	39		103		21	22	90	1			24	34	19	14	20	2	52		37	21

表头分组：学历（博士、硕士、研究生、大学本科、大学专科、中专、高中及以下）；年龄（35岁及以下、36~40岁、41~45岁、46~50岁、51~54岁、55岁及以上）；专业技术职称（高级、其中正高级、中级、初级）。

（撰稿：魏 鹏 审稿：李 林）

集团公司 2023 年获国家专利情况统计表

序号	专利类型	专利名称	发 明 人	申请日	授权公告日	专利号	专利权人
1	发明	一种利用烧结处理焦化废水的装置及方法	梁 栋 周小辉 曾 晖 陈艳辉 张凡敏	2016-10-10	2023-05-12	201610885167．X	山东钢铁股份有限公司
2	发明	一种测量焦炭高温冶金性能的装置和方法	陈艳辉 李 琳 潘 林 丁鑫志 赵红雨 张红启 张 明 姬光刚 徐春玲 刘 苗 李培言 李菱剑 王 辉	2016-11-09	2023-08-08	201610986175．3	山东钢铁股份有限公司
3	发明	一种断路器分闸电气回路的故障查找方法及装置	李传东 李传红 朱 根 巩 鹏 代永恒 李 倩 付兆升	2016-12-05	2023-06-30	201611102145．8	山东钢铁股份有限公司
4	发明	皮带运输机的纠偏装置及皮带运输机	谢登高 刘丰生 谢 鹏 陈 鑫	2016-12-08	2023-06-13	201611120199．7	山东钢铁股份有限公司
5	发明	压轮装置及烧结设备	刘元意 刘丰生 王立宝	2016-12-14	2023-06-13	201611150750．2	山东钢铁股份有限公司
6	发明	一种防止鼓风机轴端密封泄漏煤气的装置	张利杰 李 彬 李树华 王密军 侯金明 李 刚	2017-01-03	2023-02-28	201710002304．5	山东钢铁股份有限公司
7	发明	双母线供电的PT二次电压切换电路及其保护回路	李传东 李传红 尹 庆 代永恒 朱 根 李 倩 孙维龙 杨爱华 王 敏 付炳哲 何敬国 付兆升	2017-01-04	2023-07-07	201710003531．X	山东钢铁股份有限公司
8	发明	一种优力巴流量计	孙式伟 吕振富 李振强 李 丽 王炜煜 王 进	2017-01-24	2023-10-10	201710059882．2	山东钢铁股份有限公司
9	发明	手动撞锤装置	李雪涛 张 戈 何爱国 李山峰	2017-02-28	2023-08-04	201710114002．7	莱芜钢铁集团有限公司

续表

序号	专利类型	专利名称	发明人	申请日	授权公告日	专利号	专利权人
10	发明	一种连铸机大包称重传感器的故障检测方法和系统	郭秀辉 蔡森 杜芳 孔令坤 李超	2017-03-13	2023-03-21	201710147107.2	山东钢铁股份有限公司
11	发明	一种三路电源供电装置	杨娟 毕卫宁 孙燕婀	2017-03-23	2023-07-25	201710180427.8	山东钢铁股份有限公司
12	发明	双母线二次电压切换电路及其自保持电路	裴建富 李传东 赵兴永 李传红 尹庆 付兆升 何敬国 李传瞳 李霞	2017-03-30	2023-06-30	201710202304.X	山东钢铁股份有限公司
13	发明	一种主变中性点接地刀闸遥控电路	李传东 代永桓 王敏 李传红 赵兴永 尹庆 何敬国 付兆升 张化宾	2017-03-31	2023-06-20	201710206285.8	山东钢铁股份有限公司
14	发明	电缆绕线器	陈峰 王峰	2017-04-21	2023-01-03	201710265277.0	莱芜钢铁集团有限公司
15	发明	一种新型烧结杯实验装置	周小辉 任军 魏开庆 庞师艳 张庆 林	2017-05-08	2023-09-01	201710318003.3	山东钢铁股份有限公司
16	发明	台车链板垂直度检测工装及台车链板的加工工艺	孟繁亮 倪士军 陈健 张庆魁 王文勇 赵居新 吴云云 李干	2017-05-08	2023-10-10	201710317738.4	莱芜钢铁集团有限公司
17	发明	一种电子皮带秤的校核装置和校核方法	孙建设 侯纪宝 徐春玲 毕欣成 付宏伟 吕立泉	2017-06-16	2023-08-08	201710456380.3	山东钢铁股份有限公司
18	发明	圆度测量装置和圆度测量方法	蒋超友 尹峰 柏进财 魏颖颖 巩鹏 张燕 张剑	2017-06-09	2023-09-15	201710432478.5	山东钢铁股份有限公司
19	发明	输液器及其莫非氏滴管	陈传盛 张琪 王琳 曹妮娜 高敏	2017-06-15	2023-04-18	201710451901.6	莱芜钢铁集团有限公司

续表

序号	专利类型	专利名称	发明人	申请日	授权公告日	专利号	专利权人
20	发明	一种变倾角电子皮带秤及其称量方法	贾友剑 徐春玲 王尚东 侯纪宝	2017-05-27	2023-07-14	201710390671.7	山东钢铁股份有限公司
21	发明	一种连铸中间包条形气幕挡墙及其安装方法	武光君	2017-07-14	2023-08-01	201710575285.5	山东钢铁股份有限公司
22	发明	双母线隔离开关后台显示位置不对应故障查找方法	李传东 李传红 何敬国 朱根 付兆升 赵兴永 代永恒 李军	2017-07-24	2023-08-08	201710605133.5	山东钢铁股份有限公司
23	发明	一种有真空层的钢包	刘洪银 袁鹏举 郝帅 孙建卫 亓伟伟 王孝科 王奉县 路峰	2017-07-03	2023-03-14	201710532192.4	山东钢铁股份有限公司
24	发明	一种螺柱安装装置及安装方法	杨兆银 孟令达 杨振国 王军新 王元春	2017-07-04	2023-02-14	201710535677.9	山东钢铁股份有限公司
25	发明	一种棒材倒棱机拨盘与螺旋辊同步装置	杨振国 郭磊 杨瑞哲 马启青 尹崇丽 孙荣安 马龙	2017-07-13	2023-05-26	201710569220.X	山东钢铁股份有限公司
26	发明	一种可调倒棱拨钢装置	杨振国 郭磊 杨瑞哲 许 尹崇丽 孙荣安 锌 马启青 马龙	2017-07-13	2023-05-02	201710569218.2	山东钢铁股份有限公司
27	发明	一种倒棱机螺旋进钢装置	孙荣安 郭磊 杨振国 尹崇丽 杨瑞哲 马启青 马龙	2017-07-13	2023-12-01	201710569340.X	山东钢铁股份有限公司
28	发明	支撑装置及操作站支撑系统	李开伦 李晓宾 王书涛 梁栋 胡广庆 齐文韬 冯经虞	2017-07-17	2023-09-29	201710580428.1	莱芜钢铁集团有限公司
29	发明	支撑装置及操作站支撑系统	李开伦 袁广华 李晓宾 王书涛 梁栋 胡广庆 齐文韬 冯经虞	2017-07-17	2023-07-25	201710580065.1	莱芜钢铁集团有限公司

续表

序号	专利类型	专利名称	发明人	申请日	授权公告日	专利号	专利权人
30	发明	上卷式玻璃幕窗体密封装置	张戈 梁凯丽 李雪涛	2017-08-14	2023-05-16	201710692960.2	山东钢铁股份有限公司
31	发明	智能自动卷曲玻璃幕窗体密封装置	张戈 梁凯丽 李雪涛	2017-08-14	2023-05-16	20171069357 7.9	山东钢铁股份有限公司
32	发明	组合圆柱体透明充气窗框装置	张戈 梁凯丽 李雪涛	2017-08-14	2023-04-14	20171069298 7.1	山东钢铁股份有限公司
33	发明	内层推拉式抽真空窗体保温装置	张戈 梁凯丽 李雪涛	2017-08-21	2023-06-27	20171071720 7.4	山东钢铁股份有限公司
34	发明	蒸汽伴热装置	穆建国 左庆爱 李平均 孙建胜 刘坤 王站 尹茂建 王馨薇 王营营 尹鲁阳	2017-09-13	2023-08-22	20171082190 5.9	山东钢铁股份有限公司
35	发明	一种扁管柱-H型钢梁连接节点	张海宾 李洪建	2017-09-15	2023-05-09	20171083347 9.0	莱芜钢铁集团有限公司
36	发明	一种连铸中间包吹氩冶金装置及氩气控制方法	武光君	2017-12-25	2023-07-14	20171141870 1.7	山东钢铁股份有限公司
37	发明	一种烧结烟气伞状旋转除颗粒物装置	李强 田梦媛 吕桑 侯纪宝	2017-12-11	2023-11-17	20171130625 1.2	山东钢铁股份有限公司
38	发明	一种平烧式烧结机翻料处的漏料回收装置	李雪涛 张戈	2017-12-27	2023-08-25	20171144394 2.7	莱芜钢铁集团有限公司

续表

序号	专利类型	专利名称	发明人	申请日	授权公告日	专利号	专利权人
39	发明	一种连铸过程中减少钢水铸余量的方法及装置	刘洪银 孙建卫 路峰 王孝科 郝帅 王利 袁鹏举 亓伟伟 王奉县	2018-01-13	2023-06-30	201810038562.3	山东钢铁股份有限公司
40	发明	一种在转炉出钢口中喷碳粉的预脱氧方法及装置	刘洪银 孙建卫 路峰 王孝科 郝帅 王利 袁鹏举 亓伟伟 王奉县	2018-01-13	2023-02-28	201810038548.3	山东钢铁股份有限公司
41	发明	更换炉底耐用工装及其使用方法	梁栋	2018-01-12	2023-06-20	201810029154.1	莱芜钢铁集团有限公司
42	发明	料车轨道矫正装置及方法	朱小波 李念龙 吴玉军 刘孝义 吴钦国 李金堂	2018-01-22	2023-09-22	201810056957.6	莱芜钢铁集团有限公司
43	发明	一种以外轮廓为基准的划线装置及划线方法	张富	2018-02-02	2023-08-01	201810107569.6	山东钢铁股份有限公司
44	发明	一种安全更换高炉炉顶十字测温枪的专用装置及更换方法	牛燕光 刘磊 陆会鑫 孙卫 张庆惠 蒲昕 程昊	2018-03-21	2023-10-13	201810233115.3	莱芜钢铁集团有限公司
45	发明	能够自导向的接头装置	孔峰 邹清武 蒋海涛 王建军 张燕 李发宏	2018-01-26	2023-07-11	201810079500.7	莱芜钢铁集团有限公司
46	发明	测速电机接手	石琳芳 刘晓兵	2018-03-16	2023-06-16	201810219955.4	山东钢铁股份有限公司
47	发明	大圆坯连铸用引锭装置及使用方法	赵冠夫 贺云鸿 杨密平 李玉华 狄云峰 马传庆 部明海 范夕荣 刘金玲	2018-03-16	2023-09-29	201810220298.5	山东钢铁股份有限公司

续表

序号	专利类型	专利名称	发明人	申请日	授权公告日	专利号	专利权人
48	发明	烧结机小矿槽料仓	郑波	2018-04-23	2023-10-03	201810367137.9	莱芜钢铁集团有限公司
49	发明	边部遮挡整制单元钢轮传动装置	毕永谦 左先仁 丁海 张梅 丁娟 赵蕾	2018-05-18	2023-06-16	201810477079.5	山东钢铁股份有限公司
50	发明	一种无背钢导轨结构	石荣翔	2018-05-08	2023-05-26	201810431320.0	莱芜钢铁集团有限公司
51	发明	一种高线自动打包机放线系统	卢正臻 孟令达 刘彬 滕新哲 王波 杨佃平 陈斌	2018-05-04	2023-12-19	201810419250.7	山东钢铁股份有限公司
52	发明	一种线坠导向装置、线坠及高线打包机	刘彬 卢正臻 孟令达 王波 滕新哲 杨佃平	2018-05-04	2023-10-24	201810420203.4	山东钢铁股份有限公司
53	发明	一种能适应中间包钢水过热度的水口	刘洪银 路峰 孙建卫 王孝科 袁鹏举 王利 卞伟伟 王奉县	2018-05-17	2023-09-19	201810476294.3	山东钢铁股份有限公司
54	发明	一种轧钢加热炉燃耗分析方法及系统	刘春燕 周亮文 杨州 孙丽云 许亮 林七女 孟维芬	2018-05-24	2023-02-14	201810506671.3	山东钢铁股份有限公司
55	发明	运输带钢用步进梁的稳定装置	孙宁涛 王斌 张继进 陈传盛 孟凡禄	2018-05-09	2023-08-08	201810439482.9	山东钢铁股份有限公司
56	发明	带钢步进梁的定位装置	王斌 王伟 苏万成 孙宁涛 高伟 李之庆 滕新哲 陈传盛	2018-05-09	2023-09-05	201810439480.X	山东钢铁股份有限公司
57	发明	一种异形坯连铸中间包内衬及其制备方法	武光君 名鹤飞	2018-05-22	2023-05-26	201810493825.X	山东钢铁股份有限公司

续表

序号	专利类型	专利名称	发明人	申请日	授权公告日	专利号	专利权人
58	发明	连铸机用直角倒角两用引锭头	肖 强 郭伟达 王中学 王 键 宁 伟 马 宵 于铭杰 咸光勇 乔新峰	2018-06-20	2023-11-10	201810635825.9	山东钢铁股份有限公司
59	发明	剪切机用钢板对中装置	李林林 元晓涛 田遵超 曹少华 荣程文 吴 琼	2018-06-21	2023-07-11	201810646285.4	山东钢铁股份有限公司
60	发明	料车过卷的保护装置	陈 峰 肖艳华	2018-06-21	2023-09-05	201810644261.5	莱芜钢铁集团有限公司
61	发明	一种平板式渐动负压吸盘装置	马光亭 徐振勇 张 戈 李雪涛	2018-06-29	2023-11-14	201810698982.4	山东钢铁股份有限公司
62	发明	一种随动式薄膜在线铺设切割装置	马光亭 张 戈 李雪涛	2018-07-05	2023-10-31	201810730404.4	山东钢铁股份有限公司
63	发明	一种干熄焦循环系统及充氮置换工艺	刘元杰 刘 晨 耿艳丽 钱 乾 江 荐	2018-07-03	2023-12-22	201810715465.3	山东钢铁股份有限公司
64	发明	柔性材料生产线用手动铺料装置与柔性材料生产线	张 戈 李雪涛	2018-07-09	2023-06-16	201810749190.5	山东钢铁股份有限公司
65	发明	皮带防高温喷淋系统及方法	贾友剑 李 阳 李秀海 李 琳 徐春玲 王学龙	2018-07-10	2023-06-13	201810749392.X	山东钢铁股份有限公司
66	发明	管线导向装置	李雪涛 张 戈 李山峰	2018-08-23	2023-05-26	201810965459.3	莱芜钢铁集团有限公司
67	发明	一种烧结环冷机台车防跑偏装置及装配方法	张书宁 李雪涛 张 戈 李绪东	2018-08-23	2023-06-30	201810963537.6	莱芜钢铁集团有限公司

续表

序号	专利类型	专利名称	发明人	申请日	授权公告日	专利号	专利权人
68	发明	复合式薄膜铺设装置及方法	张书宁 李雪涛 张戈 李山峰	2018-08-28	2023-05-26	201810987142.X	莱芜钢铁集团有限公司
69	发明	气体提取式薄膜铺设装置及方法	张书宁 李雪涛 张戈 李山峰	2018-08-28	2023-06-30	201810986315.6	莱芜钢铁集团有限公司
70	发明	干熄焦罐车罐体的封盖装置	李雪涛 梁凯丽 张戈 曾国锋	2018-08-23	2023-07-11	201810967573.X	莱芜钢铁集团有限公司
71	发明	卷帘式焦炉出料杆侧炉门防尘密闭装置	李雪涛 梁凯丽 张戈	2018-08-29	2023-05-26	201810997256.2	莱芜钢铁集团有限公司
72	发明	一种异型钢低温矫正装置及其使用方法	潘子越 彭永香 李雪涛 顾晓庆 李发宏 张戈 孙波 林雅琴 李山峰	2018-09-26	2023-11-10	201811125521.4	山东钢铁股份有限公司
73	发明	一种输送设备用皮带的表面切割分层装置	吴钦国 李雪涛 顾晓庆 孙波 林雅琴 李发宏 李山峰 李绪东	2018-10-24	2023-10-03	201811245737.4	山东钢铁股份有限公司
74	发明	混合机减震装置	李京业 王立宝 徐洪源 袁广财 周忠源	2018-10-19	2023-08-25	201811220714.8	山东钢铁股份有限公司
75	发明	滚动式托梁钢低温矫正装置	王川 宋红燕 李雪涛 顾晓庆 孙波 李山峰 张戈 李发宏	2018-12-12	2023-09-05	201811519477.5	山东钢铁股份有限公司
76	发明	异型钢低温矫正装置	马淑歆 李雪涛 宋健 吴海亮 顾晓庆 张辉 李山峰 张戈 李发宏	2018-12-24	2023-09-05	201811582135.8	山东钢铁股份有限公司

续表

序号	专利类型	专利名称	发明人	申请日	授权公告日	专利号	专利权人
77	发明	补偿式接轴长度稳定装置	宋红燕 王川 李雪涛 范新庆 顾晓庆 李发宏 林雅琴 孙波 李山峰 张戈 李绪东	2018-12-27	2023-10-03	201811610188.6	山东钢铁股份有限公司
78	发明	一种F型钢滚动式低温矫正装置	马淑散 李雪涛 宋健 顾晓庆 李山峰 孙波 张辉 李发宏 李绪东 林雅琴 张戈	2019-01-03	2023-09-05	201910005328.5	山东钢铁股份有限公司
79	发明	一种B型门架钢下压侧调整式低温矫正装置	马淑散 李雪涛 张戈 李发宏 顾晓庆 林雅琴 孙波 徐锋 张军 梁 李山峰 李绪东 张辉	2019-01-03	2023-09-05	201910005724.8	山东钢铁股份有限公司
80	发明	一种B型门架槽钢滚动式低温矫正装置	李雪涛 张辉 张戈 梁 孙波 林雅琴 李发宏 李绪东 李山峰	2019-01-03	2023-09-05	201910005726.7	山东钢铁股份有限公司
81	发明	托梁钢模具式低温矫正装置	宋红燕 王川 李雪涛 顾晓庆 林雅琴 孙波 张戈 李发宏 李山峰	2019-01-07	2023-09-05	201910012249.7	山东钢铁股份有限公司
82	发明	一种联轴器	王宇 王光成 李玉功 高峰 魏洪涛 张继进 朱琳 陈延霞 孙刚	2019-01-31	2023-09-05	201910098643.7	山东钢铁股份有限公司
83	发明	履带钢滚动式低温矫正装置	宋红燕 王川 李雪涛 丁梦怡 顾晓庆 李发宏 林雅琴 孙波 李山峰 张戈	2019-01-31	2023-09-05	201910099444.8	山东钢铁股份有限公司
84	发明	一种钢包环缝式透气上水口座砖及其吹氩冶金方法	武光君	2019-02-20	2023-09-12	201910126742.1	山东钢铁股份有限公司
85	发明	一种钢包弥散式透气上水口座砖及其吹氩冶金方法	武光君	2019-02-20	2023-08-25	201910126691.2	山东钢铁股份有限公司
86	发明	一种用于钢包的环形气幕挡墙及其吹氩冶金方法	武光君	2019-02-20	2023-08-25	201910126674.9	山东钢铁股份有限公司

续表

序号	专利类型	专利名称	发明人	申请日	授权公告日	专利号	专利权人
87	发明	一种适用于异形坯连铸机全保护浇铸的结晶器	赵燕	2019-02-27	2023-10-03	201910144142.8	山东钢铁股份有限公司
88	发明	一种新型断面异型钢及其生产方法	孔令坤 杨涛 雷刚 蒲红兵 任丽萍	2019-02-15	2023-09-15	201910117496.3	山东钢铁股份有限公司
89	发明	用于高炉布料溜槽的角度测量装置及角度测量方法	宫文奎	2019-03-05	2023-09-05	201910164269.6	山东钢铁股份有限公司
90	发明	一种连铸中间包及其中间包座砖	郭达	2019-03-06	2023-10-31	201910168051.8	山东钢铁股份有限公司
91	发明	一种厚板连铸机定尺切割装置及提高定尺精度的方法	刘洪银 陈永生 郭伟达 姜晓艳 赵立峰 陈显著 高岩	2019-03-12	2023-06-23	201910182523.5	山东钢铁股份有限公司
92	发明	组合式型钢三辊轧机及其轧辊与轧辊设计方法	孔令坤 杨涛 纪进立 韩玉庆 陈辉 任丽萍 蒲红兵 崔振	2019-04-15	2023-08-08	201910300642.6	山东钢铁股份有限公司
93	发明	一种配料计划制定方法	唐凌剑 张雨凡 张明 姜兴军 徐春玲 王志刚 李强 李连海 李琳 陈艳辉	2019-05-17	2023-08-08	201910414746.X	山东钢铁股份有限公司
94	发明	一种刚性板坯连铸坯引锭杆及制造方法	李建武 张宝亮 郭峰 朱小波 魏开银	2019-05-28	2023-12-26	201910451677.X	莱芜钢铁集团有限公司
95	发明	一种炼铁高炉冷却壁异形钢管对装工装及其对装方法	李千 吴玉军	2019-05-27	2023-10-27	201910443954.2	莱芜钢铁集团有限公司
96	发明	起重机钢丝绳更换方法	陈延霞	2019-08-30	2023-09-29	201910814143.9	山东钢铁股份有限公司
97	发明	一种能适应热轧宽钢带板短轧后冷却线的冷却方法及设备	刘洪银 孙雪娇 李朝阳 刘莱萌 刘旭东 杜彧 亓伟 魏泽华	2019-09-03	2023-12-22	201910828967.1	山东钢铁股份有限公司

续表

序号	专利类型	专利名称	发明人	申请日	授权公告日	专利号	专利权人
98	发明	一种焦炉加煤口整体座砖用浇注料及其制备和使用方法	刘智伟 徐晖 王长宝 马圣菊 王宏伟 高希迎	2019-10-17	2023-05-09	20191098861.8	山东钢铁股份有限公司
99	发明	一种高炉炉顶布料溜槽的更换装置	沙垒楠	2019-10-09	2023-12-12	20191095 2653.2	莱芜钢铁集团有限公司
100	发明	一种大方孔盖安装辅助装置	张庆慧 程昊 牛燕光 杨玲	2019-11-08	2023-12-19	20191108 5796.4	莱芜钢铁集团有限公司
101	发明	一种高炉炼铁成分预控方法	王志刚 孙连生 刘建华 徐春玲 周西涛 初云祥 吕镇涛 陈艳辉 廖寻志 张均宾 徐爱波	2020-04-16	2023-06-27	20201030 1281.X	山东钢铁股份有限公司
102	发明	一种转炉炉口清渣导向装置及其导向方法	胡滨 郝树虹 王鹏 陈超 杜金科 胡连军	2020-06-22	2023-11-28	20201057 3628.6	山东钢铁股份有限公司
103	发明	一种小规格轴承轴钢的控冷方法	袁本明 石军强 尹崇丽 许良 秋云锋 陈锌	2020-11-23	2023-03-14	20201132 2213.8	山东钢铁股份有限公司
104	发明	卷取机及其侧导板动态控制开度方法	张洋 孙正旭 王伟 苏万成 张丽	2021-01-29	2023-01-31	20211012 9638.5	莱芜钢铁集团银山型钢有限公司
105	发明	RH炉浸渍管吹气孔防堵塞装置及去除吹气孔钢渣的方法	邹蕾蕾 韩蕾蕾 李四军 李萍 湖滨 杜金科 石红燕 付常伟	2021-03-01	2023-10-13	20211028 1417.X	山东钢铁股份有限公司
106	发明	一种RH炉顶枪密封气囊保护装置及方法	邹蕾蕾 韩蕾蕾 李四军 李萍 湖滨 杜金科 石红燕 付常伟	2021-03-16	2023-12-12	20211028 2562.X	山东钢铁股份有限公司
107	发明	卷取机、侧导板控制方法、动态控制夹持时机的方法	张洋	2021-03-08	2023-01-17	20211025 0139.1	莱芜钢铁集团银山型钢有限公司
108	发明	卷取机助卷辊卷取控制方法、装置和电子设备	张洋	2021-06-07	2023-05-02	20211063 0685.8	莱芜钢铁集团银山型钢有限公司

续表

序号	专利类型	专利名称	发明人	申请日	授权公告日	专利号	专利权人
109	发明	一种降低微合金化异形坯横裂纹发生率的方法	赵培林 韩文习	2021-08-27	2023-05-26	202110993926.5	山东钢铁股份有限公司
110	发明	一种轧钢方法及装置	李金浩 王崇斌 李成浩 王允	2021-08-26	2023-08-22	202110987945.7	山东钢铁股份有限公司
111	发明	一种齿轮钢超大断面圆坯内部凝固组织的控制方法	赵冠夫 刘兵 梁娜 关强 范文斌 李玉华 况兴宇	2021-09-18	2023-05-19	202110988903.4	山东钢铁股份有限公司
112	发明	一种用于干法除尘蒸发冷却器的防结垢涂料	种振宇 曹玉峰 李志峰 杨洪超 杨光义 王长宝 崔金强	2021-09-24	2023-02-10	202111124015.5	山东钢铁股份有限公司
113	发明	一种降低钢材中TiN夹杂危害性的方法	刘洪银 亓伟伟 刘艳林 刘旭东 何明生 孙建卫 李春传 郝帅 王孝科 刘莱萌 王利	2021-09-30	2023-05-16	202111160537.0	山东钢铁股份有限公司
114	发明	一种变压器真空排气注油的方法	李传东 赵兴永 李承晨 赵伟帆 李传红	2021-10-28	2023-10-13	202111262014.7	山东钢铁股份有限公司
115	发明	一种应用于高速高负荷轴的35CrMnSiA圆钢的生产方法	石军强 陈良 李浩秋 王允 王崇斌 尹崇丽	2021-11-26	2023-10-03	202111423385.9	山东钢铁股份有限公司
116	发明	一种复合铸坯的连续生产系统及连续生产方法	张炯 刘洪银 苏晓明 肖强 亓福川 倪凯 王磊 杨普庆 雷洲 孙庆亮 刘成宝	2022-02-17	2023-10-24	202210147405.2	山东钢铁股份有限公司
117	发明	一种多规格叉车横梁的粗轧型系统及轧制方法	孙晓庆 霍富伟 张园华 尚国明 宋玉卿 雷刚 刘昀嘉 纪进立 孙鹏鹏	2022-02-22	2023-12-08	202210162015.2	山东钢铁股份有限公司
118	发明	一种添加铁矿石的冶炼方法	邹春锋 韩蕾蕾 李四军 李萍	2022-03-21	2023-09-15	202210276186.8	山东钢铁股份有限公司

续表

序号	专利类型	专利名称	发明人	申请日	授权公告日	专利号	专利权人
119	实用新型	一种适用于热轧棒材线中间辊道可调式控温保温罩	王宗斌 王子帆 高健 林敏 韩改 李毅 陈树振 郭磊	2023-02-27	2023-08-18	20232031649 6.8	山东钢铁股份有限公司
120	实用新型	一种热轧棒材线独立可调式运输辊道	王宗斌 王子帆 高健 韩改 林敏 李浩秋 王允 陈树振	2023-02-27	2023-09-19	20232031649 3.4	山东钢铁股份有限公司
121	发明	一种转炉炉底吹氩控制方法	尚游 宁伟 刘俊宝 李少帅 刘文凭 李洋洋 高志滨 王强 刘忠建 胡滨	2022-05-26	2023-06-09	20221058849 6.3	莱芜钢铁集团银山型钢有限公司
122	发明	一种超薄含铝异型坯横向裂纹的控制方法	李萍 周昊 李四军 付常伟 刘俊宝 刘智广 耿斐 石红燕 杜金科	2022-05-18	2023-11-14	20221053966 5.4	莱芜钢铁集团银山型钢有限公司
123	发明	一种转炉滑动出钢口及全程出钢挡渣方法	吕铭 武光君 王中学 张佩 王金洪 赵燕 韩蕾蕾	2022-06-16	2023-10-24	20221068693 9.2	山东钢铁股份有限公司
124	发明	具有吹氩功能的转炉滑动出钢口及全程出钢挡渣方法	武文健 杜鹏 王金洪 赵燕 武玉利	2022-06-16	2023-06-20	20221068904 9.7	莱芜钢铁集团银山型钢有限公司
125	发明	一种具有吹氩功能的转炉出钢口及全程挡渣方法	武光君 杜瑛 王金洪 武文健	2022-06-16	2023-06-09	20221068693 2.0	莱芜钢铁集团银山型钢有限公司
126	发明	具有钢水净化功能的连铸中间包端流控制器及吹氩方法	吕铭 武光君 王中学 张佩 王金洪 赵燕 韩蕾蕾	2022-06-16	2023-10-13	20221068693 4.X	山东钢铁股份有限公司,莱芜钢铁集团银山型钢有限公司
127	发明	一种具有吹氩功能的连铸中间包端流控制器及其制备方法	武光君 张佩 武文健 杜鹏	2022-06-16	2023-06-09	20221068693 3.5	莱芜钢铁集团银山型钢有限公司
128	发明	一种钢包包吹氩水口座砖及其吹氩冶金方法	武光君 张佩 王金洪 武玉利 赵燕	2022-06-16	2023-10-13	20221068904 1.0	莱芜钢铁集团银山型钢有限公司

续表

序号	专利类型	专利名称	发明人	申请日	授权公告日	专利号	专利权人
129	发明	中间包湍流控制器、安装方法及用于管线用钢的吹氩方法	吕铭 武光君 王中学 张佩 武文健 王金洪 韩蕾蕾 刘忠建	2022-06-16	2023-12-19	202210686926.5	山东钢铁股份有限公司，莱芜钢铁集团银山型钢有限公司
130	发明	一种EH36以下海洋平台用钢的钢水精炼方法	吕铭 武光君 王中学 张佩 武文健 王金洪 赵燕	2022-06-16	2023-11-21	202210689042.5	山东钢铁股份有限公司，莱芜钢铁集团银山型钢有限公司
131	发明	一种基于KR搅拌桨寿命期内动态参数调整的脱硫方法	吕铭 邹春锋 李四军 王中学 张佩 付常伟 李萍 王金洪	2022-06-20	2023-07-04	202210699267.9	山东钢铁股份有限公司，莱芜钢铁集团银山型钢有限公司
132	发明	一种高碳铬轴承钢及其制备方法	吕铭 李月 王中学 张佩 王金洪	2022-06-20	2023-09-05	202210700318.5	山东钢铁股份有限公司
133	实用新型	一种宽厚板轧机机架辊更换装置	温亮威 宣虎威 颜磊 吕英峰 田遵建 毕永谦	2022-06-28	2023-02-14	202221651590.0	莱芜钢铁集团银山型钢有限公司
134	发明	一种提高覆带钢钢水洁净度的生产方法	吕铭 王刚 赵培林 王中学 张佩 纪进立 霍鲁伟 宋玉卿	2022-06-28	2023-04-28	202210751591.0	山东钢铁股份有限公司
135	发明	一种低屈强比铁路货车用耐候钢带及其制备方法	孙乾 亓伟伟 孙健卫 刘洪银 王中学 王利 张佩 麻衡 张庆普 吴群	2022-06-29	2023-10-31	202210748006.1	莱芜钢铁集团银山型钢有限公司
136	发明	一种转炉出钢过程降低注入钢包内炉渣量的系统及方法	张昭平 于亮涛 李士靖 王玉春 雷洲 李明军	2022-06-29	2023-06-23	202210748014.6	莱芜钢铁集团银山型钢有限公司
137	发明	一种高强韧建筑用热轧H型钢及其制备方法	赵培林 王建军 马佐仓 孔令坤 张佩 李超 武文健 路峰 刘洪银	2022-07-20	2023-11-07	202210851313.2	山东钢铁股份有限公司
138	发明	一种单齿覆带钢板开坯孔型及热轧方法	霍鲁伟 孙晓庆 雷刚 纪进立 尚国明 李承	2022-07-26	2023-04-28	202210887603.2	山东钢铁股份有限公司

续表

序号	专利类型	专利名称	发明人	申请日	授权公告日	专利号	专利权人
139	发明	一种预测捣固焦炭捣固程度的方法	李建云 邹冲 梁栋 尚硕华 折媛 刘智伟 董晓春 耿斐	2022-07-27	2023-10-13	202210890265.8	莱芜钢铁集团银山型钢有限公司
140	发明	一种预测捣固焦炭配煤结构的方法	李建云 邹冲 梁栋 尚硕华 折媛 刘智伟 耿斐 董晓春	2022-07-27	2023-10-13	202210890277.0	莱芜钢铁集团银山型钢有限公司
141	实用新型	电气设备维修用支撑架	于敏	2022-08-01	2023-01-03	202222003710.2	山东钢铁股份有限公司
142	发明	一种复合钒氮合金、制作工艺及其使用方法	刘洪银 雷洲 姜丽 时英杰 张炯 徐尚富 李洋洋 苏焕俊 吕霞 李雪峰 梁辉 孙建卫 孙庆亮 吴秀军 赵培林 解莹崎	2022-08-03	2023-12-22	202210927536.2	山东钢铁股份有限公司
143	发明	一种RH炉真空槽冶金装置及方法	邹春锋 韩磊磊 付常伟 倪培亮 胡增跃	2022-08-16	2023-11-24	202210979243.9	山东钢铁股份有限公司
144	实用新型	一种电火花数控线切割机床板坯上切圆柱夹具	魏灿珉 方金林 娄永涛	2022-08-18	2023-05-16	202222180496.8	山东钢铁股份有限公司
145	实用新型	一种电火花数控线切割机床矩形坯切断夹具	魏灿珉 赵英杰 吴秀军	2022-08-18	2023-05-30	202222175627.3	山东钢铁股份有限公司
146	实用新型	一种电火花数控线切割机床圆坯上切圆柱夹具	魏灿珉 董丙成	2022-08-18	2023-11-14	202222177726.5	山东钢铁股份有限公司
147	实用新型	一种电火花数控线切割机床圆柱坯切断切块夹具	魏灿珉 王建景	2022-08-18	2023-02-21	202222177733.5	山东钢铁股份有限公司
148	实用新型	用于水处理机械设备的检修支架	纪田宇 秦军强 黄伟 李波	2022-08-19	2023-01-13	202222188306.7	莱芜天元气体有限公司

续表

序号	专利类型	专利名称	发明人	申请日	授权公告日	专利号	专利权人
149	实用新型	火力发电设备维修用自动检测平台	黄伟 李波 秦军强 纪田宇	2022-08-25	2023-01-13	202222243651.6	山东钢铁股份有限公司
150	实用新型	汽轮发电机设备维修用检修平台	李波 黄伟 纪田宇 秦军强	2022-08-25	2023-03-24	202222243699.7	山东钢铁股份有限公司
151	发明	一种非平衡浇铸用中间包装置及使用方法	付常伟 李四军 王中学 李萍 张雷 邹春峰 杜金科 郝帅 胡滨 石红燕	2022-08-19	2023-12-19	202210998994.5	山东钢铁股份有限公司，莱芜钢铁集团银山型钢有限公司
152	实用新型	一种铁水脱渣取样系统	周昊 李萍 杜金科 刘恩伟 杜鹏 高志滨 胡滨 郝树虹 石红燕	2022-08-29	2023-02-17	202222267992.7	山东钢铁股份有限公司
153	实用新型	一种KR脱硫上料仓疏通装置	高志滨 侯凤岭 杜鹏 陈长青	2022-09-01	2023-01-03	202222232987.5	山东钢铁股份有限公司
154	实用新型	一种转炉皮带上料除尘装置	高志滨 侯凤岭 高山 吴子明 陈长青 李茏 杜鹏 王忠刚	2022-09-01	2023-01-03	202222239965.8	山东钢铁股份有限公司
155	实用新型	一种高温高压阀门及管道的法兰连接处的带压堵漏装置	戴孝佩 孙振华 杨强 栗豹 吕文静 耿艳丽 狄明三 孙健 程振江 王强	2022-09-14	2023-03-21	202222423506.6	山东钢铁股份有限公司
156	实用新型	一种新型复合金属补偿器式煤气连接管	戴孝佩 韩永吉 杨强 张洪涛 鞠玲 王新贵 刘海波 孙健 李忠 单小威 李京顺	2022-09-15	2023-01-03	202222440453.9	山东钢铁股份有限公司
157	实用新型	一种高压电气设备防静电装置	王超	2022-09-15	2023-02-03	202222458743.6	山东钢铁股份有限公司
158	发明	一种高炉风口小套拆卸工具的使用方法	王骏驰 宫文垒 邹磊明 孙瑞端	2022-09-19	2023-10-20	202211135360.3	山东钢铁股份有限公司

续表

序号	专利类型	专利名称	发明人	申请日	授权公告日	专利号	专利权人
159	实用新型	一种钢铁厂炼铁用防误操作电气控制装置	王超	2022-09-22	2023-01-03	202222512415.X	山东钢铁股份有限公司
160	实用新型	一种中间包偏心梁体式吊具	田波	2022-09-16	2023-01-03	202222467001.X	山东钢铁股份有限公司
161	实用新型	一种在线清理钢包积渣装置	王强	2022-09-21	2023-03-14	202222510423.0	山东钢铁股份有限公司
162	实用新型	一种铁水测温取样机器人	高志滨 高山 王忠刚 王波波 杜鹏 李宪 赵东齐 田鸿潭	2022-09-23	2023-03-17	202222535473.4	山东钢铁股份有限公司
163	实用新型	一种钢丝绳楔形接头快速安装专用工具	唐丽国 赵景泉 田波 李强	2022-09-28	2023-01-03	202222579886.2	山东钢铁股份有限公司
164	实用新型	一种加料汇总绝尘装置	胡滨 高山 张伟 李萍 周昊 郝帅 段朋朋 段朋朋 石红燕 邹春锋 杜金科 付常伟	2022-09-30	2023-02-21	202222610387.5	山东钢铁股份有限公司
165	实用新型	一种中间包浇注孔防氧化装置	胡滨 郝树虹 李萍 周昊 段朋朋 赵璐 杜金科 郝帅 邹春锋 石红燕	2022-09-30	2023-05-09	202222612403.4	山东钢铁股份有限公司
166	实用新型	一种便于管型材除锈的工具	戴孝佩 孙健 杨强 鞠玲 孙振华 韩永吉 张洪涛 王强 于光振 类维华 周俊宝 莫端磊	2022-10-12	2023-03-21	202222689642.X	山东钢铁股份有限公司
167	实用新型	一种大型器械所用销轴的拆装工具	田波 丁洪周	2022-10-14	2023-04-25	202222716273.9	山东钢铁股份有限公司
168	实用新型	一种棒材轧机机辊用定心装置	孙荣安 王立君 王允 王宗斌 陈树振 尹崇丽	2022-10-17	2023-01-17	202222761643.0	山东钢铁股份有限公司

续表

序号	专利类型	专利名称	发明人	申请日	授权公告日	专利号	专利权人
169	实用新型	一种适用于混合机加水的防堵塞污水喷头	刘丰生 吕海滨 于 强 徐洪源 袁广财	2022-10-21	2023-01-03	202222274429.9	山东钢铁股份有限公司
170	实用新型	一种完全开口度的吊钩防脱装置	扈 伟 陈延霞	2022-10-31	2023-01-24	202222880776.X	莱芜钢铁集团银山型钢有限公司
171	实用新型	一种摆臂式挡块与接近开关的安装结构	鲁统令 张 帅 高文晖 张晓东 任卫刚 马 静	2022-10-31	2023-01-17	202222881155.3	莱芜钢铁集团银山型钢有限公司
172	实用新型	一种新型钢包用透气砖砖芯	于 辉	2022-10-24	2023-03-24	202222805991.3	山东钢铁股份有限公司
173	实用新型	一种带有防堵料装置的皮带机	张维杰 韩永吉 鹿 锋 张兴佐 张希隆 狄明三 乔希彬 陈夫义	2022-10-25	2023-01-06	202222820896.0	山东钢铁股份有限公司
174	实用新型	一种煤气爆发试验装置	李金山 齐登业 李传璠 魏述林 尹鲁阳 陈淑杰 徐 克 朱 波	2022-10-26	2023-02-21	202222835503.3	山东钢铁股份有限公司
175	实用新型	一种棒材测径装置和测径仪	孙来安	2022-10-18	2023-01-31	202222744883.X	山东钢铁股份有限公司
176	实用新型	一种热轧花纹H型钢及其专用轧辊	杨 栋 宋酉俊 石 山 张园华 宁占龙 刘昀嘉 王 勇	2022-10-31	2023-01-31	202222892628.X	山东钢铁股份有限公司
177	实用新型	一种电气控制装置	杨增晖	2022-10-31	2023-02-28	202222893243.5	山东钢铁股份有限公司
178	实用新型	一种低温制氧防泄漏装置	胥 波	2022-11-01	2023-01-10	202222898150.1	莱芜天元气体有限公司

续表

序号	专利类型	专利名称	发明人	申请日	授权公告日	专利号	专利权人
179	实用新型	一种新型水浴除尘防堵过滤器	刘丰生 于强 吕海滨 徐洪源	2022-11-01	2023-01-17	202222894911.6	山东钢铁股份有限公司
180	实用新型	一种电厂发电机转子支撑装置	段伦刚 柏进财 刘爱霞 裴建凯 黄伟 王继磊	2022-11-03	2023-01-17	202222921687.5	山东钢铁股份有限公司
181	实用新型	一种叉车更换高炉送风上下节的工装	程昊 牛燕光 纪志宏 徐春玲 宫文垒	2022-11-07	2023-01-17	202222949000.9	山东钢铁股份有限公司
182	实用新型	一种安全清理皮带机尾滚筒包胶镶嵌料的装置	李娜 牛燕光 徐春玲 宫文垒	2022-11-08	2023-01-24	202222960590.5	山东钢铁股份有限公司
183	实用新型	一种底板可拆卸水冷式跑钢槽	赵明 黄文初 于小波 赵丰乐 张平 赵飞	2022-11-10	2023-02-03	202222986921.2	山东钢铁股份有限公司
184	实用新型	一种棒材圆盘砂轮锯对开锁紧装置	孙荣安 陈树振 王允 尹崇丽 王立君 王宗斌	2022-11-10	2023-02-24	202222986929.9	山东钢铁股份有限公司
185	实用新型	一种三爪卡盘用轧辊加固装置	韩迎雪 陈茂生 周书岩 黄冶东 亓爱涛 于云霞 王金秀	2022-11-10	2023-03-28	202222995345.8	莱芜钢铁集团银山型钢有限公司
186	实用新型	一种自动调整高度的轴承座炉区辊道装置	王斌 苏万成 黄冶东 滕新哲 王庆端 陈文涛 魏洪涛	2022-11-10	2023-02-03	202222986918.0	莱芜钢铁集团银山型钢有限公司
187	实用新型	一种加热炉炉门锚固砖吊挂装置	曹玉坤 黄冶东 亓爱涛 杜宇航 张亮亮 王金秀 于云霞 王万松 韩迎雪	2022-11-10	2023-02-24	202222986920.8	莱芜钢铁集团银山型钢有限公司
188	实用新型	一种电信号控制的多功能水采控制阀	毕永谦 王鹏 李树祥 任崇嵩 庄舒涵 毕泽坤 王新华	2022-11-11	2023-03-24	202222999289.5	莱芜钢铁集团银山型钢有限公司

续表

序号	专利类型	专利名称	发明人	申请日	授权公告日	专利号	专利权人
189	实用新型	一种摆剪剪刃座水平推拉连接装置	刘凯 安佰花 刘振杰 宁勇 刘英刚	2022-11-23	2023-03-03	202223116724.1	山东钢铁股份有限公司
190	实用新型	一种吊钩钩用新型脱防脱装置	陈延霞 陈怀刚	2022-11-25	2023-03-28	202223134983.7	莱芜钢铁集团银山型钢有限公司
191	实用新型	一种JSCT钢轨剂型钢体滑触线的温度补偿装置	张强 刘敏 吕如水 韩磊 吕英峰 宋凯	2022-11-22	2023-03-03	202223113751.3	莱芜钢铁集团银山型钢有限公司
192	实用新型	一种钢丝绳防盗装置	韦瑞务 田遵建 田遵超 魏光展 吕小波 李杨 宋程文	2022-11-23	2023-02-28	202223116706.3	莱芜钢铁集团银山型钢有限公司
193	实用新型	一种步进式加热炉提升轮支撑式更换装置	王川	2022-11-02	2023-02-14	202222915733.0	山东钢铁股份有限公司
194	实用新型	一种步进式加热炉提升轮提升式更换装置	宋红燕	2022-11-02	2023-01-13	202222915731.1	山东钢铁股份有限公司
195	实用新型	一种偏心电弧炉二次燃烧枪的布置结构	于辉 李新来 姚晓锋 王耀炎 高健 吴会翔	2022-11-03	2023-01-17	202222947849.2	山东钢铁股份有限公司
196	实用新型	一种皮带跑防偏装置	高志滨 侯凤岭 杜鹏 李宪 关义利	2022-11-04	2023-02-17	202222951491.0	山东钢铁股份有限公司
197	实用新型	一种平煤杆快速拉出装置	栗豹 吕文静 马春雷 周俊宝 戴孝佩 韩永吉 罗玉辉 刘海波 赵学刚	2022-11-04	2023-01-10	202222940384.8	山东钢铁股份有限公司
198	实用新型	一种变压器跌落式熔断器断相指示装置	李传东 宋西民 徐延岭 徐亮 徐昭 关义利	2022-11-07	2023-03-14	202222962119.X	山东钢铁股份有限公司

续表

序号	专利类型	专利名称	发明人	申请日	授权公告日	专利号	专利权人
199	实用新型	一种铁水罐沿积渣清理锚钩	高志滨 侯凤岭 杜鹏 李宪	2022-11-09	2023-03-03	202222985267.3	山东钢铁股份有限公司
200	实用新型	龙门钩装置和铸造起重机	李强笃 赵志东 王伟 李涛 孟光振 孙会朝 张振夫 葛本伍	2022-11-07	2023-05-16	202222959680.2	山东钢铁股份有限公司
201	实用新型	一种加热炉散气用消音装置	宋玉卿 王元春 霍富伟 纪进立 李承 印 孙晓坤 刘岁利 孔令坤	2022-11-14	2023-08-08	202230019825.7	山东钢铁股份有限公司
202	发明	一种抗500~550℃回火软化钢板及其生产方法	王腾飞 麻佩 张衡 何艳 康 武文健 王月香	2022-11-29	2023-11-28	202211510890.1	莱芜钢铁集团银山型钢有限公司
203	发明	一种抗550~600℃回火软化钢板及其生产方法	王腾飞 张 麻佩 衡 武文健 孙乾 涛	2022-11-29	2023-11-24	202211510889.9	莱芜钢铁集团银山型钢有限公司
204	实用新型	一种焦炉蓄顶吸力自动测量装置及焦炉设备	郭涛 宋宪锋 池涛 张涛 戴孝佩 孙钦贵 王卫东	2022-11-18	2023-03-10	202223074255.1	山东钢铁股份有限公司
205	实用新型	一种电源备自投控制电路	李传东 李永晨 尹克进 庞怀江 李传红	2022-12-15	2023-05-09	202223367730.4	山东钢铁股份有限公司
206	实用新型	一种双电源备自投闭锁控制电路	李传东 李纲 赵兴永 朱根 李传红	2022-12-15	2023-05-30	202223384473.5	山东钢铁股份有限公司
207	实用新型	一种扭转卫用偏心弹簧板	李健 张猛 安连中 张荣博 杨磊 杨勇	2022-12-13	2023-03-28	202223344570.1	山东钢铁股份有限公司
208	实用新型	一种储水罐液位报警及补水的自动控制机构	张宏志 杨平 王元春 赵登军 刘兆洁 张晓红 尤建富 白水 颜华 杨超	2022-12-13	2023-03-17	202223345276.2	山东钢铁股份有限公司
209	实用新型	一种缓冲挡板快速更换装置	刘振杰 安佰花 王立伟 宁凯 刘勇 王乃新	2022-12-15	2023-05-16	202223384468.4	山东钢铁股份有限公司

续表

序号	专利类型	专利名称	发明人	申请日	授权公告日	专利号	专利权人
210	实用新型	一种用于转炉的双层单活动式溜槽积渣清理机构	李宏辉 于亮涛 程刚 段鹏鹏 李士靖 刘智君	2022-12-01	2023-03-17	202223238160.9	山东钢铁股份有限公司
211	实用新型	一种直管漏点密封卡具	戴孝佩 程绍良 孙健 鞠玲 孙振华 单小威 马琳 代孝岳 杨强 王强	2022-12-08	2023-04-07	202223318625.1	山东钢铁股份有限公司
212	实用新型	一种新型化工塔检修抽拉梯	张大威 刘晨 蒋淑艳 钱乾 刘春光	2022-12-09	2023-05-05	202223326145.X	山东钢铁股份有限公司
213	实用新型	一种一体式带有倾翻吊钩的起重机吊钩组	扈丽囡 赵景泉 都连峰	2022-12-12	2023-03-21	202223338814.5	山东钢铁股份有限公司
214	实用新型	一种蒸氨塔排污系统	薛汝忠 周加银 李剑 张振乾 王伟 陈娜娜 李星 李永华 曹锡全 高伟 吴涛	2022-12-16	2023-05-12	202223525932.7	山东钢铁股份有限公司
215	实用新型	一种轻量化干熄炉炉盖	亓国峰 耿艳丽 穆允生 吴昊 刘元杰 罗玉辉 王峰	2022-12-20	2023-06-02	202223566428.1	山东钢铁股份有限公司
216	实用新型	一种深筒式防戴干熄焦罐盖	亓国峰 吴昊 穆允生 刘元杰 罗玉辉 耿艳丽	2022-12-20	2023-03-28	202223524147.X	山东钢铁股份有限公司
217	实用新型	一种膜片式联轴器三表找正工装	邓群 李峰 张振乾 唐守跃 高立军	2022-12-13	2023-04-07	202223465280.2	山东钢铁股份有限公司
218	实用新型	一种电火花数控线切割机床坯板上切圆柱专用夹具	魏灿灵 董丙成 赵英杰	2022-12-26	2023-06-06	202223569509.7	山东钢铁股份有限公司
219	实用新型	一种电火花数控线切割机床圆柱坯齐头专用夹具	魏灿灵 董丙成 娄永涛	2022-12-26	2023-05-26	202223569507.8	山东钢铁股份有限公司
220	实用新型	一种电火花数控线切割机床哑铃形圆柱上切块专用夹具	魏灿灵 方金林 吴秀军	2022-12-26	2023-05-26	202223569508.2	山东钢铁股份有限公司

续表

序号	专利类型	专利名称	发明人	申请日	授权公告日	专利号	专利权人
221	实用新型	一种干熄焦除尘管道自动排生装置	亓国峰 穆允生 王锋 罗玉辉 耿艳丽 吴昊	2022-12-28	2023-06-23	202223596916.7	山东钢铁股份有限公司
222	实用新型	一种轧机用四点接触轴承润滑结构	孙吉才 姜雷 孙永波 荣亦忠	2022-11-29	2023-05-09	202223168175.2	莱芜钢铁冶金生态工程技术有限公司
223	实用新型	一种新型短应力线轧机压下装置的连接结构	孙永波 孙吉才	2022-12-28	2023-05-26	202223508465.7	莱芜钢铁冶金生态工程技术有限公司
224	实用新型	一种转底炉隔墙	孙永波 孙吉才	2022-12-28	2023-05-26	202223508319.4	莱芜钢铁冶金生态工程技术有限公司
225	实用新型	一种轧辊孔型定位装置及在线轧制系统	王宗斌 李浩秋 赵立胜 范佳文 吴会翔 马振东	2023-01-04	2023-06-02	20232002528l.0	山东钢铁股份有限公司
226	实用新型	一种棒材分钢装置	孙荣安 陈树振 尹崇丽 许锌 王威 张军	2023-01-04	2023-07-28	20232000968l.2	山东钢铁股份有限公司
227	实用新型	一种用于非平衡中间包的稳流器	王强 郭达 于亮涛 雷州 谭学祥	2023-01-04	2023-04-18	20232004958l.7	山东钢铁股份有限公司
228	实用新型	一种连铸钢包引流砂外排装置	赵冠夫 戈文英 刘兵 高健 马传庆 梁娜 穆长征 刘永昌 李玉华	2023-01-04	2023-05-05	20232004840O.4	山东钢铁股份有限公司
229	实用新型	一种自卸料斗	张印 孙圣刚 江冰 李健 安百光	2023-01-04	2023-04-28	20232004958l.2	山东钢铁股份有限公司
230	实用新型	一种富集回收锌灰的烧结机系统	周小辉 周梓涵 杨天琪 杨天琳 张振夫 张毅 梁栋 关义利 赵莹 英 杨琼 张炯	2023-01-04	2023-04-07	20232004923l.6	山东钢铁股份有限公司

续表

序号	专利类型	专利名称	发明人	申请日	授权公告日	专利号	专利权人
231	实用新型	一种自冷式热风循环烧结机	周小辉 杨 琼 张 毅 周梓涵 杨天琪 张珊珊 梁 栋 杨天琳 张振夫 张 英 周 林 赵 莹 高 振 张 炯	2023-01-04	2023-05-26	202320048424.X	山东钢铁股份有限公司
232	实用新型	一种热轧双齿履带钢矫直辊组件及矫直机	孙晓庆 刘珊珊 纪进立 尚国明 霍营伟 刘昀嘉 张园华 雷 刚 赵 璐 王德彪	2023-01-05	2023-04-07	202320058808.X	山东钢铁股份有限公司
233	实用新型	一种合金烘烤装置及合金烘烤加料系统	袁本明 贺继成 徐 勇 陶务纯 张莉莉 王 勇 王 宝 吕欣乐 李新林 程家东 蒋子煜 毛成杰	2023-01-05	2023-04-25	202320058867.7	山东钢铁股份有限公司
234	实用新型	一种用于轧钢机械维修用油污清理装置	李鹏鹏	2023-01-09	2023-05-02	202320077239.3	山东钢铁股份有限公司
235	实用新型	一种用于轧钢机械维修的快速夹持装置	李鹏鹏	2023-01-10	2023-04-07	202320079805.4	山东钢铁股份有限公司
236	实用新型	一种轧钢机械零件检修用固定装置	李鹏鹏	2023-01-16	2023-06-23	202320137158.8	山东钢铁股份有限公司
237	实用新型	一种卷筒扩径板	张保林 高 峰 熊双双 栾贻忠 韩 东	2023-01-10	2023-04-14	202320079847.8	莱芜钢铁集团银山型钢有限公司
238	实用新型	一种抗冲击侵蚀的钢包	任科社 薛 志 王尖锐 于亮涛 李明军 郭 达 郑永军	2023-01-10	2023-04-28	202320079804.X	山东钢铁股份有限公司
239	实用新型	一种轴承加热装置	王 川	2023-01-16	2023-06-06	202320135264.2	山东钢铁股份有限公司
240	实用新型	一种高空大尺寸销轴安装装置	王 川	2023-01-16	2023-06-16	202320135261.9	山东钢铁股份有限公司

续表

序号	专利类型	专利名称	发明人	申请日	授权公告日	专利号	专利权人
241	实用新型	一种穿水器托轮装置	李健 杨 张猛 张健勇 张荣博 刘彬 苏新淼	2023-01-28	2023-06-30	202320138470.9	山东钢铁股份有限公司
242	实用新型	一种在线监测小方坯脱方的装置	张昭平 刘智君 雷洲 王玉春 李明军	2023-01-10	2023-04-11	202320069407.4	山东钢铁股份有限公司
243	实用新型	一种烧结结火效果在线监控装置	徐春玲 宫文磊 赵长安 李秀海 孙连生 初云祥	2023-02-07	2023-12-19	202320176061.8	山东钢铁股份有限公司
244	实用新型	一种行车车轮组辅助更换装置	赵景泉 张行 曹玉峰 朱小波 赵凯 王远飞 王圣章 陈长青 陈传盛	2023-02-14	2023-06-02	202320228093.8	山东钢铁股份有限公司
245	实用新型	一种变频辊道安装专用工装	薛静 李霞 孙燕 李庆杰 梁福江	2023-02-02	2023-06-06	202320101659.0	山东钢铁股份有限公司
246	实用新型	一种便捷拆装轧辊的轧辊传动端工装	左连广 杨华 郑玉良 王元春 刘兆洁 尤建富 杨平 张晓红 孙茉子	2023-02-06	2023-06-30	202320121902.5	山东钢铁股份有限公司
247	实用新型	一种机架轴承内压盖胃架密封圈快速安装装置	陈会芬 胡学军 张凯 王绍荣 李宏琳 邢亮	2023-02-08	2023-05-30	202320180522.9	山东钢铁股份有限公司
248	实用新型	一种桥式起重机声光报警装置	杨平 杨华 白永华 刘兆洁 王元春 尤建富 杨佃平 孙茉子	2023-02-09	2023-06-16	202320165842.7	山东钢铁股份有限公司
249	实用新型	一种具有冷却功能的电缆穿线管	耿莹莹 陈斌 曹峰 时亭岭 王晓芳 赵海洋 朱永新 蒲昕 郭承勇 张丽华 孙庆高	2023-02-09	2023-06-09	202320165236.5	山东钢铁股份有限公司
250	实用新型	一种具有快速拆装功能的减速机视窗	梁福江 薛静 于小波 李文 孙燕 李庆杰	2023-02-10	2023-04-11	202320177271.9	山东钢铁股份有限公司

续表

序号	专利类型	专利名称	发明人	申请日	授权公告日	专利号	专利权人
251	实用新型	一种出口导管	孙义龙	2023-02-14	2023-04-18	202320205702.8	山东钢铁股份有限公司
252	实用新型	一种冷剪剪刃与横移油缸的快速连接装置	李庆杰 于小波 薛静 梁福江 赵丰乐 姜训波 孙燕 李文	2023-02-15	2023-05-30	202320217636.6	山东钢铁股份有限公司
253	实用新型	一种可微调定尺剪切长度的固定挡板	张印江 刘照阳 姜训波 杨绚 贾绚 张传斌 董旭	2023-02-16	2023-06-06	202320225178.0	山东钢铁股份有限公司
254	实用新型	一种多功能小车式无线移动加油机	江冰 贾绚 娄森 刘照 张印 孟庆江 李磊 吴琦 李杰	2023-02-16	2023-06-06	202320225663.8	山东钢铁股份有限公司
255	实用新型	一种便携式通用类电焊焊线安全快速连接装置	赵海洋 朱永新 李磊 孙庆高 陈斌 郭承勇 张国全 马元修 蒲昕 于游 张丽民 张丽华 韩建平	2023-02-16	2023-05-17	202320265443.8	山东钢铁股份有限公司
256	实用新型	一种棒材冷床安全带悬挂安全桩	郝呈文 张丽华 孙庆高 王晓芳 耿莹莹 陈斌 赵海洋 蒲昕 朱永新 郭承勇	2023-02-17	2023-06-06	202320244074.4	山东钢铁股份有限公司
257	实用新型	一种加强型缓冲减震钢轨护垫板	卜德勋 朱聪 赵士链 孙强 李振江 李念会 杨刚 石磊	2023-02-10	2023-06-06	202320176800.3	山东钢铁股份有限公司
258	实用新型	一种铁路起重机中心回转二级密封装置	梅富卿 姜立松 郭宣召 刘强	2023-02-15	2023-07-04	202320218805.8	山东钢铁股份有限公司
259	实用新型	一种铁路整体道口钢轨维修提升装置	朱聪 赵士链 石磊 刘治法 刘敏 卜德勋 李念会	2023-02-15	2023-04-25	202320217232.7	山东钢铁股份有限公司
260	实用新型	一种万向轴固定支撑工具	唐述俊 姜立松 周超 张务民 朱平	2023-02-17	2023-06-06	202320243108.8	山东钢铁股份有限公司

续表

序号	专利类型	专利名称	发明人	申请日	授权公告日	专利号	专利权人
261	实用新型	一种柴油机翻转架新型夹具	周贺 刘强 衣冰宇	2023-02-17	2023-07-25	202320238689.6	山东钢铁股份有限公司
262	实用新型	一种直流电动机励磁绕组整体拆装工具	杨超 贾瑞林 蒋世勇	2023-02-15	2023-07-14	202320218154.2	山东钢铁股份有限公司
263	实用新型	一种多规格绕组制模具	杨超	2023-02-16	2023-07-14	202320225420.4	山东钢铁股份有限公司
264	实用新型	一种柱销联轴器柱销拆卸装置	王馨薇 王端东 李钢 吴修利 李传暄 赵炎	2023-02-17	2023-04-25	202320238315.4	山东钢铁股份有限公司
265	实用新型	一种实现氢空气流均衡分布的装置	韩明杰 高洪军 罗帆 刘滨滨 李旻 袁雯 张雷 孙伟林	2023-02-17	2023-05-30	202320243471.X	山东钢铁股份有限公司
266	实用新型	一种快切阀用快速泄压油箱	纪田宇 高磊 方涛 桑克波 吕德玉 赵玉国	2023-02-17	2023-06-06	202320238544.6	山东钢铁股份有限公司
257	实用新型	一种轧钢生产线高压水除鳞喷嘴的拆卸装置	任海涛 王书雷 唐新光 周东 刘国梁 王奇	2023-02-10	2023-05-30	202320172566.7	莱芜钢铁集团银山型钢有限公司
268	实用新型	一种防止高速过滤器滤板变形漏滤料的装置	任凤萍 唐新光 王奇 周东 王晓运	2023-02-15	2023-09-05	202320213907.0	莱芜钢铁集团银山型钢有限公司
269	实用新型	一种加热炉炉门用水管	户传雷 张磊 郭静 张端杰	2023-02-09	2023-06-20	202320205199.6	莱芜钢铁集团银山型钢有限公司
270	实用新型	一种冶理漏斗内支撑梁积料的振动箱体	罗川 徐春玲 王海禹 吕宏伟 郑贤才 刘旸强 于明明	2023-02-13	2023-06-20	202320225613.X	山东钢铁股份有限公司

续表

序号	专利类型	专利名称	发明人	申请日	授权公告日	专利号	专利权人
271	实用新型	一种中间包高温燃气排出装置	付常伟 杜金科 李四军 邹春锋 石红燕 李 萍 胡 滨	2023-02-20	2023-07-07	202320279291.7	山东钢铁股份有限公司
272	实用新型	一种可快速拆装轧机导板的锁紧装置	王宗斌 亓 远 范佳文 陈树振	2023-02-21	2023-06-02	202320284260.0	山东钢铁股份有限公司
273	实用新型	一种高炉尾气的环保除尘装置	姬生玉	2023-02-27	2023-07-25	202320386485.7	山东钢铁股份有限公司
274	实用新型	一种用于轧钢机机架间的连接补偿装置	王宗斌 亓 远 范佳文 陈树振	2023-02-27	2023-07-21	202320387680.1	山东钢铁股份有限公司
275	实用新型	一种钻孔夹具	李从丛 魏加琪 董丙成 王志远	2023-03-09	2023-08-01	202320479998.2	山东钢铁股份有限公司
276	实用新型	一种RH炉水冷直管的防堵塞排水装置	邹春锋 韩蕾蕾 李四军 郝 帅 李 萍 石红燕 付常伟	2023-03-14	2023-07-21	202320475014.3	山东钢铁股份有限公司
277	实用新型	一种润滑油集中供给装置	龚凤君 胥 波 李传建 魏传波	2023-03-17	2023-08-22	202320524516.0	莱芜天元气体有限公司
278	实用新型	一种冶金企业铁道车辆防护式钩舌销	程明永 武文健 李春伟 马刚跃 刘会雁 韩 锐 姜殿秋 衣泳宇	2023-03-15	2023-08-22	202320496677.3	山东钢铁股份有限公司
279	实用新型	一种反渗透膜拆卸工具	安增零 莫海军 尹继会 王春芹 王 强 关义利	2023-03-15	2023-08-15	202320495926.7	山东钢铁股份有限公司
280	实用新型	一种安全警示绳便捷收纳装置	朱 根 冯希好 和法亮 王 鑫 付炳哲 王 敏 马明明	2023-03-22	2023-09-12	202320611860.3	山东钢铁股份有限公司

续表

序号	专利类型	专利名称	发明人	申请日	授权公告日	专利号	专利权人
281	发明	一种装配式建筑结构用热轧H型钢及其制备方法	赵培林 刘洪银 李超 张佩 路峰 武文健 王建军 吴会亮 方金林 李栋	2023-05-17	2023-11-17	20231055052.4	山东钢铁股份有限公司
282	实用新型	一种氧化钼压球用搅拌机加料防尘装置	杜金科 付春 程龙 庄辉 高 李萍 胡滨	2023-05-11	2023-11-10	202321120376.7	山东钢铁股份有限公司
283	实用新型	一种简易快速吊装支架	陈勇 任莹 户传雷 张磊 陈虎	2023-05-11	2023-10-31	202321123524.0	莱芜钢铁集团银山型钢有限公司
284	实用新型	一种除尘焦粉压粒加工装置	李士靖 刘铭 刘奕 宁伟 刘俊宝 张昭平 杨普庆 李明军 雷洲 谭学祥 苗永康	2023-05-22	2023-10-31	202321236840.9	山东钢铁股份有限公司
285	实用新型	一种转炉散装料仓针阀调整装置	雷洲 陈显著 王庆臣 何进 刘奕 李士靖 刘铭 王建峰 郭庆军 杨普庆 谭学祥 苗永康	2023-05-26	2023-12-08	202321321311.9	山东钢铁股份有限公司
286	实用新型	一种向高炉出铁沟内快速添加含铁料的装置	种振宇 刘艳林 杨州 高虎 耿斐 李志峰 李建云 王长宝	2023-05-30	2023-10-31	202321338131.1	山东钢铁股份有限公司
287	实用新型	一种含硫废水的油水分离装置	李星 孙钦贵 杨忠华 孙振华 蒋淑艳 徐光庆 徐强 李文 郭东岳 薛汝忠 冯汉臣	2023-05-05	2023-10-24	202321092140.7	山东莱钢环友化工能源有限公司
288	实用新型	一种可摆动夹具	魏灿珉 董丙成 王志远	2023-05-25	2023-10-20	202321320908.1	山东钢铁股份有限公司
289	实用新型	一种轧辊维修用轴承拆设备	李鹏鹏	2023-05-25	2023-12-19	202321313088.3	山东钢铁股份有限公司
290	实用新型	一种轴承端面找正装置	王光瑞 吕石君 邹元甲 田磊	2023-05-31	2023-09-22	202321385223.5	山东钢铁股份有限公司

续表

序号	专利类型	专利名称	发明人	申请日	授权公告日	专利号	专利权人
291	实用新型	一种下水口静音引风装置	付常伟 公斌 李四军 高虎 李萍 侯光达 邹春锋 杜金科 胡滨 石红燕	2023-05-31	2023-10-24	202321388433.X	山东钢铁股份有限公司
292	发明	一种上钢温度的确定方法及装置	韩蕾蕾 李萍 付常伟 邹春锋 杜金科 胡滨 石红燕	2023-06-07	2023-08-08	202310064468.X	山东钢铁股份有限公司
293	实用新型	一种可调节式编码器固定装置	周翔 王富 李克新 任永亮 张鹏 徐涛 周鑫德 刘传帅	2023-06-09	2023-10-31	202321479544.1	莱芜钢铁集团银山型钢有限公司
294	实用新型	一种热轧钢材的降温装置	韩鑫德 鞠祺 李新东 吕游 仵金伟 吴群 王杰	2023-06-09	2023-11-14	202321479530.X	莱芜钢铁集团银山型钢有限公司
295	实用新型	一种消除燃烧冒烟的火炬系统	冯文臣 王成 李星 杨忠华 郝德冰 贠凯 李文 郭东岳 邹怡明 徐强	2023-06-15	2023-11-21	202321533937.6	山东莱钢环友化工能源有限公司
296	实用新型	一种远距离联轴器找正用连接装置	蒋宝冠 杨 崔新军	2023-06-21	2023-11-21	202321602207.7	莱芜钢铁集团银山型钢有限公司
297	实用新型	一种疏冲刷中间包稳流器	胡滨 郝树虹 庄辉 郭达 于亮涛 薛志 郝帅 李萍 杜金科 付常伟 邹春锋 石红燕	2023-06-21	2023-11-21	202321604154.2	山东钢铁股份有限公司
298	实用新型	一种管道在线清垢、防结垢装置	周小辉 周样涵 杨琼英 王洪峰 高虎 梁栋 张英 周林 张毅 张炯	2023-06-07	2023-11-21	202321434865.X	山东钢铁股份有限公司
299	实用新型	一种π型挡土墙用型钢	杨志杰 付常伟 李超 吴会亮 韩文习 刘超 赵培林	2023-06-14	2023-11-21	202321510643.1	山东钢铁股份有限公司
300	实用新型	一种角钢用组合式结晶器	杨志杰 付常伟 韩文习 李栋 郑力	2023-06-19	2023-11-03	202321557455.4	山东钢铁股份有限公司

序号	专利类型	专利名称	发明人	申请日	授权公告日	专利号	专利权人
301	实用新型	一种带网格气道的连铸中间包用氩封长水口	杨志杰 付常伟 郑 力 李 栋 刘 超	2023-06-26	2023-11-14	202321628843.7	山东钢铁股份有限公司
302	实用新型	一种定尺机	李永峰 王立伟 朱玉强	2023-07-05	2023-12-22	202321739587.9	山东钢铁股份有限公司
303	实用新型	一种定尺机、连杆组件和摆杆	李永峰 王立伟	2023-07-05	2023-12-29	202321739576.0	山东钢铁股份有限公司
304	实用新型	一种定尺机和溜槽	李永峰 王立伟 朱玉强	2023-07-05	2023-12-29	202321739620.8	山东钢铁股份有限公司
305	实用新型	一种精炼工序钢水取样器	付常伟 李 萍 胡 滨 郝 帅 邹春锋 石红燕 杜金科	2023-08-09	2023-12-22	202322129751.0	山东钢铁股份有限公司
306	实用新型	一种节约钢丝绳的新结构卷筒	扈 伟 陈延霞 陈怀刚 朱磊磊	2023-08-11	2023-12-26	202322158074.5	山东钢铁股份有限公司
307	发明	一种复合强化防护用特种钢及其制造方法	郝燕森 孙卫华 王 兴 高龙永 车金锋 王振华	2022-02-25	2023-02-28	202210181738.7	山东钢铁集团日照有限公司
308	发明	一种超低屈强比钢及其制备方法	李灿明 丛 林 张 康 金 璐 胡淑娥 毕永杰 刘 林 秦 晨 侯东华 张 康 胡晓英	2022-03-24	2023-02-28	202210294631.3	山东钢铁集团日照有限公司
309	发明	一种高硬度耐腐蚀钢板及其生产方法	周兰聚 胡淑娥 孙磊磊 栾彩霞 刘 坤 李灿明 侯东华 胡晓英	2022-03-25	2023-02-28	202210300503.5	山东钢铁集团日照有限公司
310	发明	一种提高钢包自开率的方法	刘建伟 王学新 郑九刚 苗振鲁 刘同堂 王建波 李国柱 孙金明 薛 燕	2021-12-01	2023-01-24	202111453094.4	山东钢铁集团日照有限公司
311	发明	一种板坯连铸扇形段内弧框架零位标定方法及其装置	施汉生 吴孔明 陈 民 王 珩 孙维龙 贾世忠 习玉兰 王 伟 谷 华 王东升	2021-11-09	2023-02-28	202111316977.0	山东钢铁集团日照有限公司

续表

序号	专利类型	专利名称	发明人	申请日	授权公告日	专利号	专利权人
312	发明	一种高表面清洁性冷轧IF钢的生产方法	王乐 宇凡 朱信成 高兴昌 刘琳 段磊 陈晓潇 康华伟 王京先 孙冰 张冲冲 王永新	2021-07-23	2023-02-03	202110836152.5	山东钢铁集团日照有限公司
313	发明	一种采用多阶段冷却工艺生产X80M管线钢的冷却方法	朱土鹏 孔雅 蔡茗宇 李复磊 房振业 李东岳 汪鹏飞 韩力强 杨欣兴 徐庆磊 车金锋 陈耀 韩启彬 张同 李伟烨	2022-03-16	2023-03-16	202210259140.5	山东钢铁集团日照有限公司
314	发明	一种冷轧重卷卷盲区质量自动检自控制方法	孙道清 颜海涛 陈庆军 刘义学 何立军 马昊 赵玉军	2021-08-23	2023-02-28	202110967063.4	山东钢铁集团日照有限公司
315	发明	一种屈服强度450MPa级耐腐蚀结构钢板及其生产方法	金璐 刘熙章 张康 胡淑娥 孙毓磊 徐国军 李灿明 胡晓英 刘坤 周兰蓉 牛宏波 丛林 李东岳	2021-10-20	2023-03-17	202111221699.0	山东钢铁集团日照有限公司
316	发明	一种低成本电工用冷轧钢带及其制造方法	孙冰 陈晓潇 张磊 尹翠兰 康华伟 梁亚 丁明凯 张冲冲 何召东	2022-04-12	2023-02-28	202210379316.0	山东钢铁集团日照有限公司
317	发明	一种薄规格冷轧HSLA连退带钢的板形控制方法	康华伟 尹翠兰 孙卫胜 毕永杰 汤化胜 张磊 侯晓英 王鹏 许铬	2021-08-02	2023-05-02	202110880102.7	山东钢铁集团日照有限公司
318	发明	一种深冲钢板隐形橘皮纹缺陷的控制方法	王乐 郭峰 尹翠兰 高兴昌 许铭 亢业峰 陈晓潇 张一鸣 徐军 闫超 刘琳 王京先 孙明双	2021-08-11	2023-03-14	202110918827.0	山东钢铁集团日照有限公司
319	发明	一种轧机上阶梯垫位置标定装置及方法	王化胜 李仲伟 凤成龙 张吉庆 张维国 曹国栋 欧安阳 胡小江	2021-11-30	2023-05-09	202111441779.7	山东钢铁集团日照有限公司
320	发明	一种厚规格冷轧HSLA钢带表面斜纹的控制方法	康华伟 侯晓英 何召东 孙卫胜 张磊 冯帆 汤化胜 王鹏 李洪翠 尹翠兰 孙冰 丁明凯	2021-08-02	2023-03-31	202110880753.6	山东钢铁集团日照有限公司

续表

序号	专利类型	专利名称	发明人	申请日	授权公告日	专利号	专利权人
321	发明	一种提高宽厚板用连铸坯低质量的方法	胡晓英 王南辉 贾崇雪 侯东华 胡淑娥 李灿明 金璐 丛坤 孙京波 郝燕森 成小龙	2021-11-24	2023-05-12	202111408990.9	山东钢铁集团日照有限公司
322	发明	一种355~500 MPa级耐候性结构钢及生产工艺	刘熙章 周兰聚 成小龙 郝燕森 史成斌 张英杰 孙京波 徐国军 张 胡淑娥 王国强	2022-02-25	2023-05-12	202210182080.1	山东钢铁集团日照有限公司
323	发明	一种超低压缩比厚规格 DH36 钢板及其生产方法	李国宝 孙卫华 周兰聚 王润港 郑 王淑华 李东岳 杨建勋 赵攀峰 飞 张亚彬	2022-04-01	2023-05-12	202210339209.5	山东钢铁集团日照有限公司
324	发明	一种一钢多级高韧性管线钢热轧卷板的生产方法	汤化胜 夏继年 杨贵玲 郭朝海 杨西亚 刘光军 黄诚 贾崇雪 王南辉 于爽 文雄 田祥省	2022-03-01	2023-05-12	202210198491.X	山东钢铁集团日照有限公司
325	发明	一种热成形高强钢车轮的生产方法及其冷却装置	陈钢 刘培星 郝亮 金光宁 殷继丽 任东 曹光明 展英姿 汤化胜	2022-04-12	2023-04-18	202210382422.4	山东钢铁集团日照有限公司
326	发明	一种防止箅条脱落的支架装置及其制作方法	王兴璞 魏开庆 廉波 牛福成 马振军 逯红 王晨 高志强 齐林 张德干 郑志强	2021-08-04	2023-03-28	202110890408.0	山东钢铁集团日照有限公司
327	发明	一种综合性能优异的高Ti含量厚钢板及其制备方法	胡淑娥 杨增荣 赵世龙 夏忠 胡晓英 宋振华 高龙水 秦晨 于彦飞	2022-08-24	2023-04-25	202210162212.X	山东钢铁集团日照有限公司
328	发明	一种一钢多用的800MPa级复相钢及其工艺调控方法	侯晓英 王军 孙丽荣 丁明凯 展英姿 初林 康华伟 王鹏 亮 郝	2022-05-30	2023-05-02	202210598779.6	山东钢铁集团日照有限公司
329	发明	一种复合板真空电子束组坯封焊的方法	郝燕森 成小龙 周兰聚 刘熙章 孙京波 史成斌 朱子杨 王绍禄 刘万春 胡淑娥 刘世财	2021-11-17	2023-05-12	202111365270.9	山东钢铁集团日照有限公司

续表

序号	专利类型	专利名称	发明人	申请日	授权公告日	专利号	专利权人
330	发明	一种薄宽规格超高强钢板的热矫直工艺	刘坤 侯东华 丛林 栾彩霞 汤化胜 董苗翠 王振华 李灿明 陈海龙 胡华东 蔡连东 张广川 柳彩枫	2021-11-02	2023-05-12	202111289178.9	山东钢铁集团日照有限公司
331	发明	一种消除供冷轧料宽厚规格热轧局部高点的生产方法	田祥省 胡华东 徐国军 雷凯 潘振华 高兴昌	2021-08-11	2023-06-06	202110918804.X	山东钢铁集团日照有限公司
332	发明	一种一钢多用的800 MPa级双相钢及其调控方法	侯晓英 王军 孙丽荣 王业勤 初林 刘万春 丁明凯 康华伟 郝亮 王鹏	2022-05-31	2023-05-30	202210611216.6	山东钢铁集团日照有限公司
333	发明	一种弯曲轴线管件充压镦形专用模具	陈钢 刘培星 初冠南 金光宇 殷继丽 郝亮 任东 曹光明 展英姿 李平 汤化胜	2021-01-14	2023-06-16	202110047668.1	山东钢铁集团日照有限公司
334	发明	一种钢卷套筒抓取及缓放机构	郭小春 徐卫国 何立军 纪召红 张继显 林建民 刘希国	2021-08-23	2023-06-16	202110968025.0	山东钢铁集团日照有限公司
335	发明	一种板坯连铸机扇形段辊缝的控制方法及其装置	施汉生 陈民 王珩 谷华 吴孔明 李长利 王松 耿加深 王佳 戚洪轩	2021-11-09	2023-07-04	202111316973.2	山东钢铁集团日照有限公司
336	发明	一种高效冷矫直薄规格瓢曲钢板的方法	李晓东 史良 李天恒 董俏勇 陆缘 王盛 李复磊 郭燕鲁 王圣坤 周顺璞 曹连霞	2021-11-18	2023-07-04	202111372604.5	山东钢铁集团日照有限公司
337	发明	一种低成本冶炼极低硫钢的转炉加料方法	贾崇雪 李海峰 陈辉 孙争取 胡华东 杨贵玲 单修迎 刘琳 许维康 赵统国 胡连均 赵珉	2022-03-17	2023-07-04	202210264164.X	山东钢铁集团日照有限公司
338	发明	一种减小高钛合金钢中氮化钛夹杂尺寸的方法	胡晓英 王南辉 杜善军 李灿明 侯东华 刑熙章 金璐 丛坤 林 史成斌 刘成减	2021-11-24	2023-07-04	202111409012.6	山东钢铁集团日照有限公司

续表

序号	专利类型	专利名称	发明人	申请日	授权公告日	专利号	专利权人
339	发明	一种低温服役环境高止裂韧性船舶及海洋工程用结构钢及其生产方法	杨建勋 周兰聚 汤化胜 李国宝 王杰 焦广亮 郑飞 王淑华 刘超 公丕海	2022-09-05	2023-07-04	202221078494.6	山东钢铁集团日照有限公司
340	发明	一种基于钢温的特钢加热炉混装加热方法	孙卫华 焦吉成 崔健 孙凤院 汤化胜 曹金生 孙成龙 李牟民 王猛 张维国	2021-12-06	2023-07-04	202111482637.5	山东钢铁集团日照有限公司
341	发明	一种二次矫直提升X70M管线钢板平直度的方法	孔雅 李复磊 朱士鹏 汪鹏飞 韩启彪 房振业 蔡连东	2021-11-16	2023-07-04	202111369625.1	山东钢铁集团日照有限公司
342	发明	一种高炉炉顶上密封阀传动机构的整体更换方法	马朝刚 张凯 蒋紫琅 于亚生 牛燕光 徐峰 刘磊 孙丰利 廉波 刘国栋 张顺喜 王超 李涛 刘仁国	2022-08-31	2023-07-04	202211064728.1	山东钢铁集团日照有限公司
343	发明	一种固定式锌锅停机防止带钢熔断的方法	查凯 马波 程威 张卫卫 孟繁栋 王伟 韩冬 张庆东 王宽	2021-08-23	2023-07-14	202110967079.5	山东钢铁集团日照有限公司
344	发明	一种解决板坯定宽机区域卡阻的控制方法	孙丽荣 万佳峰 张万龙 石润涛 张吉庆 张明金	2022-04-06	2023-08-18	202210357563.0	山东钢铁集团日照有限公司
345	发明	一种热轧卷取机活门控制方法	郜来朋 李贺 隋东冶 迟嘉庆 孙丽荣 王峰 王克柱 张明金 左建强 张万龙 王峰 张文虎 何志强 徐广 朱恒斌 党修林 蔺一帆 张建浩 陈博文	2022-04-06	2023-08-22	202210355141.X	山东钢铁集团日照有限公司
346	发明	一种基于EGD方式的数据取方法	王宁国 焦吉成 曹金生 李牟民 崔健 王猛 魏宏雪	2020-09-15	2023-09-05	202010965198.2	山东钢铁集团日照有限公司
347	发明	一种热轧带钢划伤缺陷的快速诊断与控制的操作方法	孙丽荣 王峰 万佳峰 石润涛 左建强 张吉庆 张万龙 赵世龙	2022-04-06	2023-09-19	202210355130.1	山东钢铁集团日照有限公司

续表

序号	专利类型	专利名称	发明人	申请日	授权公告日	专利号	专利权人
348	发明	一种单机架轧机炉卷轧机多功能轧制法	乔松 蔡茗宇 刘明 王杰 杨勇	2022-01-25	2023-09-22	202210087120.4	山东钢铁集团日照有限公司
349	发明	一种改善同辊径板坯连铸机包晶钢液面波动的方法	陈耀 王学新 佟圣刚 胡勤东 王玉民 胡德军 高龙水 刘建伟 张兆柱 张波 刘拓 张立标 李伟烨 刘光光 刘斌 徐道玮 杨得福 李庆明 孙存光	2022-03-28	2023-10-17	202210313849.9	山东钢铁集团日照有限公司
350	发明	一种分切用飞剪的头板剪切方法	刘觅宏 李永亮 吴晓光 齐天圣 杨勇 刘德红 郭瞽旸 王显 李刚	2022-01-26	2023-10-26	202210091357.X	山东钢铁集团日照有限公司
351	发明	一种结构用低碳钢热轧商品卷横折纹控制方法	单修迎 汤化胜 贾崇雪 李相前 李国宝 郭超海 王京先 杨贵玲 胡华东 雷凯 王南辉 于爽 夏继年 张志男 黄诚 董苗翠	2021-11-15	2023-09-15	202111347094.6	山东钢铁集团日照有限公司
352	发明	一种热轧钢卷库的风机自主运行散热系统	张勇 殷世宏 刘杰 屈建 徐守新 吴敏 白旭聪 连桂珍 苏广诶 韩冰	2021-08-10	2023-10-31	202110927500.X	山东钢铁集团日照有限公司
353	发明	一种提高热轧耐磨钢BH550MC薄规格生产稳定性的制造方法	孙丽荣 张维国 文雄 王克柱 李贺 万佳峰 班晓阳 刘杨 董强 王峰 王南辉	2021-11-26	2023-11-10	202111419594.6	山东钢铁集团日照有限公司
354	发明	一种管件辊挤成形方法	陈钢 刘培丽 殷继丽 郝亮 初冠南 金光宇 任东 曹光明 展英姿	2022-04-12	2023-11-21	202210382421.X	山东钢铁集团日照有限公司
355	发明	一种锁紧簧缸的安装及在线检测预防性维修方法	栾兆华 孙丽荣 张吉庆 刘明 刘海川 朱恒斌 王 万佳峰 杨珍珍 赵世龙 隋东冶	2022-06-09	2023-11-21	202210649085.0	山东钢铁集团日照有限公司

续表

序号	专利类型	专利名称	发明人	申请日	授权公告日	专利号	专利权人
356	发明	一种连铸机中间包高效吹氩保护装置及方法	季伟烨 王学新 佟圣刚 高龙永 刘建伟 赵登报 陈常义 马强 倪新伟 张建鹏 赵统国 苏堂堂	2021-12-13	2023-11-21	202111522253.1	山东钢铁集团日照有限公司
357	发明	一种抑制板坯薄带钢精轧时精轧机振动的方法	孙丽荣 万佳峰 张维国 张万龙 张吉庆 王峰 部常丽 仲建华 徐广 赵万旭	2022-03-16	2023-10-31	202210260383.0	山东钢铁集团日照有限公司
358	发明	一种挽数冷轧带钢屈服强度低于要求的重卷拉矫方法	任东 陈黄 王乐 侯晓英 胡华东 曹光明 金光宇 殷继丽	2022-03-11	2023-10-31	202210242832.9	山东钢铁集团日照有限公司
359	发明	一种可提高卷形质量的热轧卷取机侧导板控制方法	都来明 李贺 隋东冶 左建强 张万金 何志强 张万龙 迟嘉庆	2022-03-10	2023-10-31	202210238494.1	山东钢铁集团日照有限公司
360	发明	一种提供高温凝结水的除氧装置	赵吉柄 李峰 林佑祥 罗野 金立坤 崔社明 郑元甲 王庆静	2021-11-15	2023-10-31	202111349014.0	山东钢铁集团日照有限公司
361	发明	一种基于单机架炉卷轧机生产线钢的板形控制工艺	汪鹏飞 孔雅 朱士鹏 徐庆磊 房振业 李复磊 李东岳 韩启强 杨欣兴 蔡连东 车金锋 陈耀 季伟烨	2022-03-10	2023-10-31	202210238490.3	山东钢铁集团日照有限公司
362	发明	一种轻量化设计高强度高韧性07MnNMoVR钢板及其制备方法	韩力强 车金锋 韩启彪 李复磊 房振业 朱士鹏 张康 张辉 孔雅 汪鹏飞 车东东 张亚彬	2022-10-18	2023-10-31	202211273959.3	山东钢铁集团日照有限公司
363	发明	一种高合金厚板坯真空扩散复合焊接生产工艺	刘熙章 汤化胜 周兰蒦 成小龙 孙京波 郝燕森 史成斌 胡淑娥 侯东华 胡晓英 毕永杰 李灿明 杨建勤 郑飞	2022-02-09	2023-10-31	202210133157.6	山东钢铁集团日照有限公司
364	发明	一种提高真空叠轧生产高强度特厚钢板复合合格率的方法	侯东华 成小龙 刘坤 孙凤晓 栾彩霞 刘熙章 李复磊 丁中 柳彩枫 谢京全 丛林	2021-11-16	2023-10-31	202111355816.2	山东钢铁集团日照有限公司

续表

序号	专利类型	专利名称	发明人	申请日	授权公告日	专利号	专利权人
365	发明	一种对高炉料批位置跟踪计算方法系统及计算终端	王雪明 赵善阳 孔卓 魏丰雷 张作程 苟毅 穆固天 王在丰 何剑飞 范旭 付廷强 殷忠力 吴东升	2022-08-29	2023-10-31	202211041881.2	山东钢铁集团日照有限公司
366	发明	一种防止带钢热轧甩尾轧破的控制方法	孙丽荣 万佳峰 王峰 张万龙 张吉庆 张明金	2022-03-16	2023-11-24	202210277210.X	山东钢铁集团日照有限公司
367	发明	焊缝检测系统参数阈值设定方法装置设备存储介质	王明 郎达慧 张维国 毕永杰 袁婷婷 亢业峰 王鹏 康华伟	2021-11-23	2023-11-24	202111396785.5	山东钢铁集团日照有限公司
368	发明	一种曲柄飞剪轴瓦更换工装线及轴瓦更换方法	刘明 张维国 凤成龙 张吉庆 罗佳 董震 尚绪杰 郭楠 董跃春	2022-04-01	2023-11-24	202210339200.4	山东钢铁集团日照有限公司
369	发明	一种液压缸耳环用锁紧装置及其使用方法	张驾增 吴孔明 贾世忠 李剑省 王佳 孙维龙 栾兆华 武强	2021-10-21	2023-11-24	202111226957.4	山东钢铁集团日照有限公司
370	发明	一种钢包包口积渣清理装置及清理方法	张兆柱 王学新 苗振鲁 陈国华 陈利 李国柱 刘玉喜 郭增义 张永利 严汝金 李平 高超 张洋 胡彦平 高鹏 张传涛 王军	2022-09-02	2023-11-24	202211072908.4	山东钢铁集团日照有限公司
371	发明	一种处理高炉料面偏行的方法	卢保军 吴东升 张辉 王智超 王玉莲 杨雷 珥希雨 田富官	2022-10-11	2023-11-24	202211242985.X	山东钢铁集团日照有限公司
372	发明	一种使蒸汽发电机与事故凝汽器同步运行的方法及系统	徐令喜 金立坤 林佑祥 张德田 罗野 郑元甲 李峰 崔杜明 王吉虎 刘通 赵吉柄 马刚勇 任建勇 胡超磊 李涛 张传清 吴传亮 郑焕虎 张毅	2021-11-29	2023-11-24	202111439104.9	山东钢铁集团日照有限公司
373	发明	确保卷轧顺利咬入的复合板组坯的制备方法及卷轧方法	刘照章 周兰聚 成小龙 孙京波 郝燕森 史成斌 于爽 张英杰	2022-03-16	2023-11-24	202210260403.4	山东钢铁集团日照有限公司

续表

序号	专利类型	专利名称	发明人	申请日	授权公告日	专利号	专利权人
374	发明	一种 DP980 冷硬钢带的制备方法及其应用	田祥省 胡华东 徐国军 刘培星 侯晓英 任 东 雷 凯 宇 凡	2021-10-21	2023-11-24	202111228643.8	山东钢铁集团日照有限公司
375	实用新型	一种 GIS 设备刀闸位置检测装置	石 东 贾 斌 房林海 黄 利 刘金岭 杜娟华 林乐明 关 民 韩克石 虞桂滨 张 淋 徐 杨 吴彦泽	2023-03-14	2023-08-01	202320473900.2	山东钢铁集团日照有限公司
376	实用新型	一种三电平中压变频器直流母线预充电回路	邓冬梅 孙维龙	2023-03-17	2023-08-04	202320526718.9	山东钢铁集团日照有限公司
377	实用新型	一种变频器功率单元短路监测回路	孙维龙	2023-04-12	2023-10-17	202320802149.6	山东钢铁集团日照有限公司
378	实用新型	一种用于高压变电站检修的多功能电气试验夹柑（授权）	赵志坤 薛志勇 亓 磊 陈 宏 郝延雯 陈亚民 罗 野 赵吉炳	2023-06-27	2023-11-21	202321638913.7	山东钢铁集团日照有限公司
379	发明	一种精炼炉脱硫终点预报方法和系统	张乐辰 李朝阳 董 强 何 毅 周 平 李长新	2021-03-15	2023-07-25	202110274838.X	山东钢铁股份有限公司
380	发明	一种基于计算机仿真的高炉数字化系统实现方法	李朝阳 王成镇 栾吉益 曾 晖 周 平 何 毅 刘成宝 许荣昌	2020-05-12	2023-05-09	202010398538.8	山东钢铁股份有限公司
381	发明	一种除尘器用 U 形布袋加工装置	张 戈 谈贵峰 张 明 姬广刚 邢士建 勇 孙 煜 张 昊	2022-06-24	2023-12-19	202210722820.6	山东钢铁股份有限公司
382	发明	一种从铁水预处理脱硫渣中分离原生大鳞片石墨的装置及方法	王念欣 曾 晖 许维康 张 戈 栾吉益 孙争取 董 慧 陈万福 董洪壮 袁宇皓 李长新	2022-06-23	2023-12-05	202210719245.4	山东钢铁股份有限公司

续表

序号	专利类型	专利名称	发明人	申请日	授权公告日	专利号	专利权人
383	发明	一种车载旋转式钢包盖装置及使用方法	张戈 李雪涛	2019-04-24	2023-12-05	201910334169.3	山东钢铁集团有限公司
384	发明	旋转式雾化喷枪及其使用方法	曾晖 张戈 李雪涛 董洪壮 陈万福	2019-07-11	2023-11-17	201910622634.3	山东钢铁集团有限公司
385	发明	一种飞铲式钢环切割端面残渣清除装置	曾晖 陈万福 袁宇皓 李雪涛 董洪壮 王念欣 栾吉益	2020-05-07	2023-10-03	202010377899.4	山东钢铁股份有限公司
386	发明	锥形引流槽式雾化喷枪及其使用方法	张戈 曾晖 李雪涛 栾吉益 袁宇皓	2019-07-11	2023-08-18	201910622637.7	山东钢铁集团有限公司
387	发明	一种膛线加速式雾化枪及操作方法	张戈 曾晖 李雪涛 董洪壮 陈万福 王念欣 栾吉益 袁宇皓	2019-07-24	2023-07-28	201910672075.7	山东钢铁集团有限公司
388	发明	一种高炉出铁口除烟装置及使用方法	张戈 李雪涛	2019-04-24	2023-06-06	201910334204.1	山东钢铁集团有限公司
389	发明	一种三级蓄能缓冲辅助提升装置	张戈 曾晖 李雪涛 董洪壮 王念欣 栾吉益 袁宇皓	2021-02-24	2023-05-09	202110206473.7	山东钢铁股份有限公司
390	发明	一种顶底复吹转炉的底吹瞬时流量动态整制方法	王念欣 曾晖 苗振鲁 李海峰 张戈 栾吉益 陈万福 董洪壮 李长新 孙宗辉 袁宇皓	2021-09-08	2023-05-09	202111050206.1	山东钢铁股份有限公司
391	发明	一种转炉氧枪喷吹枪位动态整制方法	王念欣 董德明 李海峰 张戈 许维康 袁宇皓 李长新 栾吉益 陈万福 董洪壮 董慧	2021-11-30	2023-05-09	202111450389.6	山东钢铁股份有限公司

续表

序号	专利类型	专利名称	发明人	申请日	授权公告日	专利号	专利权人
392	实用新型	一种转炉氧枪孔密封装置	王念欣 佟圣刚 曾晖 苗振鲁 贾崇雪 孙争取 李海峰 董慧	2023-01-31	2023-07-28	202320148159.2	山东钢铁股份有限公司
393	实用新型	一种烧结矿筛分用可调式导流装置	陈万福 曾晖 王念欣 张戈 栾吉益 徐洪源 董洪壮 杨光义 吴建华 袁宇皓	2023-02-14	2023-07-28	202320231266.1	山东钢铁股份有限公司
394	实用新型	一种转炉氧枪用刮渣装置	王念欣 曾晖 贾崇雪 许维康 周明 李海峰 张亮 徐金宝	2023-01-30	2023-07-28	202320149118.5	山东钢铁股份有限公司
395	实用新型	一种转炉氧枪孔密封装置	王念欣 曾晖 曹先锋 周明 张亮 张戈 许维康 董洪壮 袁宇皓 栾吉益 陈万福	2023-01-29	2023-07-28	202320146601.8	山东钢铁股份有限公司
396	发明	一种真空脱气稀土钢的生产方法及所用用装置	刘成宝 陈良 杨密平 王毅 韩杰 许荣昌 刘茂文 田超	2019-10-22	2023-12-05	201911005183.5	山东钢铁集团有限公司
397	发明	一种基于按需脱硫的 KR 智能控制方法	李长新 周平 张学民 高山 杨佰 黄少文 霍宪刚 王金龙 王成龙 穆海雁	2022-02-21	2023-02-03	202210155967.1	山东钢铁股份有限公司
398	发明	一种厚规格热态钢板在线识别方法及识别系统	周平 黄少文 张学民 刘超 李新旭 曹剑钊 李新东 尹训强	2022-09-20	2023-02-03	202211140528.X	山东钢铁股份有限公司
399	发明	一种大型轧机三维可视化实现方法及系统	周平 李涛 于全成 李新东 黄少文 王成镇 陈睿 宋程文 胡猛 金玮 袁小康	2021-11-19	2023-02-03	202111398432.9	山东钢铁股份有限公司
400	发明	锚链肯特加工方法	王学赛 张振考 朱甫雨 贾中晔 刘洪涛	2020-12-08	2023-05-12	202011420260.6	莱芜钢铁集团淄博锚链有限公司

续表

序号	专利类型	专 利 名 称	发 明 人	申请日	授权公告日	专利号	专利权人
401	实用新型	铁矿山井下采矿安全防护装置	陈 亮	2023-02-13	2023-05-16	202320220019.1	山东金岭矿业股份有限公司
402	实用新型	矿井岔道闭锁远程防撞报警装置	马金宝 康怀峥 杜锁乾 许 涛 邢春雷	2023-01-18	2023-05-16	202320137267.X	山东金岭矿业股份有限公司
403	实用新型	矿井通风巷道易开防撞夹电动门装置	马金宝 陈 进 王坤利 杜锁乾 张子敏 于启鹏	2023-01-05	2023-07-25	202320059144.9	山东金岭矿业股份有限公司
404	实用新型	矿井矿仓防人坠落防尘装置	马金宝 陈 进 杜锁乾 许 涛 于启鹏	2023-01-05	2023-07-25	202320058545.2	山东金岭矿业股份有限公司
405	实用新型	矿井二层提升罐笼平台自动移动装置	马金宝 陈 进 王坤利 杜锁乾 于启鹏 邢春雷 康怀峥	2023-01-18	2023-07-25	202320137240.0	山东金岭矿业股份有限公司
406	实用新型	铁精粉转运料棚	牛海成	2023-04-13	2023-07-25	202320872407.8	山东金岭矿业股份有限公司
407	实用新型	双循环双控制加热电淋浴器装置	马金宝 陈 进 杜锁乾 张子敏 于启鹏 康怀峥	2023-01-18	2023-07-25	202320137232.6	山东金岭矿业股份有限公司
408	实用新型	非煤矿山现场小型设备充电保护装置	陈 亮	2023-02-08	2023-07-25	202320180529.0	山东金岭矿业股份有限公司
409	实用新型	地质勘探螺旋钻机岩土清理结构	李 宁	2023-02-24	2023-07-25	202320308904.5	山东金岭矿业股份有限公司
410	实用新型	湿式磁选机的下料结构	吴 鹏	2023-02-20	2023-09-12	202320275899.2	山东金岭矿业股份有限公司
411	实用新型	一种矿用送风风机的安装结构	郭 亮	2023-02-20	2023-09-26	202320277060.2	山东金岭矿业股份有限公司
412	实用新型	矿山地质勘探取样器	李 宁	2023-04-12	2023-09-26	202320857618.4	山东金岭矿业股份有限公司

续表

序号	专利类型	专利名称	发明人	申请日	授权公告日	专利号	专利权人
413	实用新型	矿车轮的密封结构	暴 强	2023-04-21	2023-09-26	202320955964.6	山东金岭矿业股份有限公司
414	实用新型	地下铲运机加固型转向油缸支座	张子敏	2023-04-23	2023-09-26	202320987574.7	山东金岭矿业股份有限公司
415	实用新型	矿山厂房防护活动挡板	牛海成	2023-03-15	2023-09-26	202320496515.X	山东金岭矿业股份有限公司
416	实用新型	超前支护设备	王业楠	2023-03-21	2023-09-26	202320589272.4	山东金岭矿业股份有限公司
417	实用新型	采矿用破碎机	王业楠	2023-03-22	2023-09-26	202320613264.9	山东金岭矿业股份有限公司
418	发明专利	一种傍山型尾矿库回采方法	韩西鹏 李金梁 王涛 陈永伟 刘智华 向晨光 薛 明	2021-12-06	2023-11-17	202111479004.9	山东金岭矿业股份有限公司
419	实用新型	铁精粉烘干料仓	牛海成 向晨光	2023-04-07	2023-12-12	202320807504.9	山东金岭矿业股份有限公司
420	实用新型	铁矿山地质采样器	李 宁	2023-03-07	2023-12-12	202320453755.1	山东金岭矿业股份有限公司
421	实用新型	铲运机用销轴的润滑结构	张子敏 暴 强	2023-04-26	2023-12-12	202321033336.9	山东金岭矿业股份有限公司
422	实用新型	小型矿洞铲运机铲斗	暴 强 张子敏	2023-04-26	2023-12-12	202321022315.7	山东金岭矿业股份有限公司
423	实用新型	分体式齿轮罩	孙文帅 李金梁 王兵 王乃强 王涛 张晓煜	2023-06-20	2023-12-12	202321584467.6	山东金岭矿业股份有限公司
424	发明	一种颗粒料筛分装置及筛分方法	汪继炉 刘玉明 于蓓蓓 李宗宝 董宜波 靖相佳 周士光 任建秀 王林峰 宋昫浩 邱 飞 夏春玲	2023-10-27	2023-12-22	202311406439.X	山东耐火材料集团有限公司

续表

序号	专利类型	专利名称	发明人	申请日	授权公告日	专利号	专利权人
425	实用新型	一种节能窑炉	刘玉明 于蓓蓓 周士光 于志浩 张蓉蓉 夏春玲	2023-11-23	2023-12-22	202323169089.8	山东耐火材料集团有限公司
426	实用新型	一种浇注料生产搅拌装置	杨宇富 张永欣 靖相佳 李宗宝 王林峰 于蓓蓓	2023-11-28	2023-12-22	202323210117.6	山东耐火材料集团有限公司
427	实用新型	装备车移动式检测门	宋超 刘建凯 王者来 刘爱平 郝钦超 顾连峰 高家敏 陈晓 庞旭 邢熠泽 张启轩 阎冬	2022-09-30	2023-01-17	2022262247.6	山东耐火材料集团有限公司
428	实用新型	一种硅砖砖坯成型装置	王者来 陈晓 吴吉玉 刘爱平 宋超 张平 宗雷	2023-12-12	2023-12-19	202323379633.1	山东耐火材料集团有限公司
429	实用新型	用于耐火材料生产的水洗式除尘装置	刘建凯 宗雷 宋超 庞旭 陶斌 顾连峰 袁宏伟	2023-12-12	2023-12-20	202323380560.8	山东耐火材料集团有限公司
430	实用新型	一种回转窑窑头护铁用耐火砖结构	宗雷 司超伟 阎涛 张志豪 韩文佳 南建林 高蕊 姜鸿峰 李明凯	2022-12-21	2023-06-13	202223430720.0	山东耐材集团鲁丽窑业有限公司
431	实用新型	一种耐火材料用轮碾机转盘轴承	刘建凯 许冰 夏鑫 马林林 孙自川 杜娟 孟治强	2022-12-26	2023-07-07	202223472822.9	山东耐材集团鲁丽窑业有限公司
432	实用新型	一种耐火材料模型压装机	刘建凯 许冰 马林林 杜娟 孙自川 孟治强	2022-12-30	2023-09-12	202223552500.5	山东耐材集团鲁丽窑业有限公司
433	实用新型	一种格子砖二次脱模的模具结构	杜娟 孙自川 许冰 丁春燕 孙宁波 高雷 王天胜 刘建凯	2023-01-06	2023-06-13	202320033012.9	山东耐材集团鲁丽窑业有限公司
434	实用新型	一种耐火材料防漏折料仓	刘建凯 夏鑫 王明刚 许冰 马林林 孙自川 杜娟 孟治强	2023-01-11	2023-07-07	202320081399.5	山东耐材集团鲁丽窑业有限公司

续表

序号	专利类型	专利名称	发明人	申请日	授权公告日	专利号	专利权人
435	实用新型	一种泥料泥球破碎装置	刘建凯 孙自川 孟治强 杜娟 许冰 宗雷 马林林	2023-02-16	2023-07-07	202320234409.4	山东耐材集团鲁耐窑业有限公司
436	发明	一种液压缸位置的冗余检测控制系统及方法	刘圳 徐发奇 姜斌 王勇 李冠昊 尚传磊 姜魏 费林雁 朱士春 焦志敏 杨仁鹏	2021-03-18	2023-04-07	202110304973.4	山信软件股份有限公司
437	发明	一种自动控制辊道停止的装置及方法	刘青凤 刘旭 张继磊 石海军 钱延杰	2021-03-18	2023-04-07	202110289261.X	山信软件股份有限公司
438	实用新型	热处理炉辊道表面自动清理系统	钱延杰 李侠 王林意	2022-09-16	2023-02-21	202222459653.9	山信软件股份有限公司
439	实用新型	一种多水泵联锁控制系统	李建平 王飞 靖长续	2022-09-23	2023-03-07	202222529793.9	山信软件股份有限公司
440	实用新型	一种用于编码器的转动连接装置	马平 沈天同 李宁 王斌 那健 王杰 段元云 李鑫	2022-09-23	2023-02-28	202222527710.2	山信软件股份有限公司
441	实用新型	一种新型防潮电力设备箱	江振 和昕 王文龙 杨华 赵春佳	2022-09-16	2023-05-12	202222459198.2	山信软件股份有限公司
442	实用新型	一种防水防潮自动散热的室外监控用机柜	张佳林 刘术涛	2022-09-23	2023-09-22	202222529776.5	山信软件股份有限公司
443	实用新型	一种线性硅磁尺的防护装置	张建坤 李兴旺 彭崇伟 莫瑞强 王成和 李达 杨阳 谢冬 王泽鑫 苏伟 苏本义 李恩伟	2023-04-28	2023-09-29	202321016835.7	山信软件股份有限公司

续表

序号	专利类型	专 利 名 称	发 明 人	申请日	授权公告日	专利号	专利权人
444	实用新型	一种角度编码器固定装置	李 宁 贾相明 沈天同 马 平 李 婷 李 斌 张鹏达 侯新宇	2023-04-28	2023-12-08	202321016783.3	山信软件股份有限公司
445	实用新型	一种加料装置	时 晗 邓君堂 王 杰 常瑞坤	2023-05-30	2023-12-08	202321336557.3	山信软件股份有限公司
446	实用新型	轧机编码器延长连接装置	李 宁 段元云 李 婷 尚喆文 张鹏达 胡蒙蒙 张仲义	2023-04-28	2023-12-08	202321016828.7	山信软件股份有限公司
447	实用新型	一种测温元件	王成和 张建坤 王 萌 陈 路 李 达 王 瑶 卞 丽 刁振昕	2023-04-28	2023-12-15	202321016815.X	山信软件股份有限公司
448	实用新型	自动化运维设备收纳装置	李晓彤 孙鑫凯 展雪洁 张 凯 张钰琪 张纪林 张佳林 吕晓茜	2023-06-29	2023-12-29	202321677776.8	山信软件股份有限公司
449	发明	一种可轻式循环通断程序的算法	郄锡才 杨 军 张剑锋 陈 明 李海青 魏兴刚 王卫芳	2019-05-28	2023-02-28	201910452066.7	莱芜钢铁集团电子有限公司
450	实用新型	一种标牌机器人推牌装置	董京帅 徐加鑫 王卫芳 耿 浩 刘豪文 葛兴娜 杜 伟 李振刚 李 明 颜海朋 李海朋 马永波 展 杰	2022-12-29	2023-10-03	202223540953.6	莱芜钢铁集团电子有限公司
451	发明	一种智能吹氩系统及其控制方法	颜 伟 李振刚 方光深 李 明 展 杰 曹永芹 刘爱强 李洪哲 李 克 张佳华 潘 恒 董京帅	2019-07-18	2023-10-27	201910651614.9	莱芜钢铁集团电子有限公司
452	发明	一种铸坯端面字符识别方法及装置	王图图 许文菊 曹永芹 方光深 展 杰 李振刚 马 琴 汪春鹏 李 青 刘爱强	2018-10-22	2023-12-22	201811228527.4	莱芜钢铁集团电子有限公司

（撰稿：谢 晖 审稿：李丰功）

山钢年鉴 2024

山钢集团
SD STEEL

荣 誉

山钢集团
SD STEEL

山钢文化

核心理念

山钢愿景：
　　成为钢铁业绿色智能高端高效发展新标杆

集团公司 2023 年获全国荣誉的先进单位（以获奖时间排序）

获得荣誉单位	荣誉称号	授予单位	授予时间
山东钢铁集团日照公司	国家级水效领跑企业	中国钢铁工业协会	2023-01
山东钢铁股份有限公司	中国钢铁工业产品开发市场开拓奖（大型机械装备用高强度中厚板）	中国钢铁工业协会、中国金属学会	2023-03
莱钢集团淄博锚链公司附件班	班组安全建设优秀成果特等奖	全国钢铁企业工会劳动保护工作联合会	2023-03
莱钢集团淄博锚链公司生产制造部下料运输班	班组安全建设优秀成果	全国钢铁企业工会劳动保护工作联合会	2023-03
莱钢集团淄博锚链有限公司质量技术部	2022 年度全国青年安全生产示范岗	共青团中央办公厅、应急管理部办公厅	2023-03
莱钢集团银山型钢有限公司板带厂轧钢车间液压运行班	2022 年度全国青年安全生产示范岗	共青团中央办公厅、应急管理部办公厅	2023-03
山钢股份莱芜分公司炼铁厂烧结三车间主控室	2022 年度全国青年安全生产示范岗	共青团中央办公厅、应急管理部办公厅	2023-03
山东钢铁股份有限公司	"河钢杯"第十届全国钢铁行业职业技能竞赛团体优胜奖（第八名）	中国钢铁工业协会	2023-04
山钢股份莱芜分公司团委	全国五四红旗团委	共青团中央	2023-04
莱钢集团淄博锚链有限公司附件班	全国工人先锋号	中华全国总工会	2023-04
山钢股份莱芜分公司特钢事业部转炉车间	全国工人先锋号	中华全国总工会	2023-04
山东钢铁集团日照公司炼铁厂团委	2021—2022 年全国钢铁行业五四红旗团委（标兵）	全国钢铁行业共青团工作指导和推进委员会	2023-05
山钢股份莱芜分公司棒材厂团委	2021—2022 年度全国钢铁行业五四红旗团委	全国钢铁行业共青团工作指导和推进委员会	2023-05
山钢股份莱芜分公司能源动力厂团委	2021—2022 年度全国钢铁行业五四红旗团委	全国钢铁行业共青团工作指导和推进委员会	2023-05

获得荣誉单位	荣誉称号	授予单位	授予时间
莱钢集团淄博锚链有限公司团委	2021—2022 年度全国钢铁行业五四红旗团委	全国钢铁行业共青团工作指导和推进委员会	2023-05
莱钢集团淄博锚链有限公司机关团支部	2021—2022 年度全国钢铁行业五四红旗团支部	全国钢铁行业共青团工作指导和推进委员会	2023-05
山钢集团财务公司团总支	2021—2022 年度全国钢铁行业五四红旗团支部	全国钢铁行业共青团工作指导和推进委员会	2023-05
山东钢铁集团日照公司酸轧作业区团支部	2021—2022 年度全国钢铁行业五四红旗团支部	全国钢铁行业共青团工作指导和推进委员会	2023-05
莱钢集团银山型钢有限公司炼铁厂维修一车间团支部	2021—2022 年度全国钢铁行业五四红旗团支部	全国钢铁行业共青团工作指导和推进委员会	2023-05
山钢股份莱芜分公司焦化厂回收车间团支部	2021—2022 年度全国钢铁行业五四红旗团支部	全国钢铁行业共青团工作指导和推进委员会	2023-05
山东钢铁集团日照公司能源动力厂供电作业区团支部	2021—2022 年度全国钢铁行业五四红旗团支部	全国钢铁行业共青团工作指导和推进委员会	2023-05
莱钢集团银山型钢有限公司板带厂王万松创新工作室	全国机械冶金建材行业示范性创新工作室	中国机械冶金建材职工技术协会	2023-05
山钢股份莱芜分公司炼钢厂刘文凭劳模创新工作室	全国机械冶金建材行业示范性创新工作室	中国机械冶金建材职工技术协会	2023-05
山钢股份莱芜分公司能源动力厂赵国锋劳模和工匠人才创新工作室	全国机械冶金建材行业示范性创新工作室	中国机械冶金建材职工技术协会	2023-05
山钢股份莱芜分公司	钢铁绿色发展标杆企业	中国冶金报	2023-06
山东钢铁集团日照公司	钢铁绿色发展标杆企业	中国冶金报	2023-06
山钢股份莱芜分公司 3800 m^3 高炉	全国重点大型耗能钢铁生产设备节能降耗对标竞赛 3000～4000 m^3 高炉优胜炉	中国钢铁工业协会、中国机械冶金建材工会委员会	2023-08
山东钢铁集团日照公司炼钢厂 4 号 210 t 转炉	全国重点大型耗能钢铁生产设备节能降耗对标赛创先炉	中国钢铁工业协会、中国机械冶金建材工会委员会	2023-08

获得荣誉单位	荣誉称号	授予单位	授予时间
山东耐火材料集团有限公司运营管理部	2022—2023 年度中国钢铁工业环保统计工作先进集体	中国钢铁工业协会	2023-08
莱钢集团	冶金安全电子公文传输系统管理工作先进单位	中国钢铁工业协会	2023-10
莱钢集团公司团委	全国钢铁行业"青安杯"竞赛优秀组织单位	全国钢铁行业共青团工作指导和推进委员会	2023-10
山钢股份莱芜分公司团委	全国钢铁行业"青安杯"竞赛优秀组织单位	全国钢铁行业共青团工作指导和推进委员会	2023-10
山东钢铁集团日照公司焦化厂团委	全国钢铁行业"青安杯"竞赛先进集体	全国钢铁行业共青团工作指导和推进委员会	2023-10
山钢股份莱芜分公司特钢事业部连铸一车间拉钢丁班	全国钢铁行业"青安杯"竞赛最佳青年安全监督岗	全国钢铁行业共青团工作指导和推进委员会	2023-10
山钢股份莱芜分公司焦化厂运焦车间银前供料班	全国钢铁行业"青安杯"竞赛最佳青年安全监督岗	全国钢铁行业共青团工作指导和推进委员会	2023-10
山钢股份莱芜分公司炼钢厂连铸一车间 2 号机丙班（海鸥团队）	全国钢铁行业"青安杯"竞赛最佳青年安全监督岗	全国钢铁行业共青团工作指导和推进委员会	2023-10
山钢股份莱芜分公司能源动力厂煤气应急救援中心应急救援分队	全国钢铁行业"青安杯"竞赛最佳青年安全监督岗	全国钢铁行业共青团工作指导和推进委员会	2023-10
山钢股份莱芜分公司物流运输部机务段 15 机组	全国钢铁行业"青安杯"竞赛最佳青年安全监督岗	全国钢铁行业共青团工作指导和推进委员会	2023-10
山钢股份莱芜分公司型钢厂大型轧钢车间轧钢大班	全国钢铁行业"青安杯"竞赛最佳青年安全监督岗	全国钢铁行业共青团工作指导和推进委员会	2023-10
山东钢铁集团日照公司炼铁厂球团作业区主控岗	全国钢铁行业"青安杯"竞赛最佳青年安全监督岗	全国钢铁行业共青团工作指导和推进委员会	2023-10
山东钢铁集团日照公司能源动力厂供电作业区钢轧运维班青安岗	全国钢铁行业"青安杯"竞赛最佳青年安全监督岗	全国钢铁行业共青团工作指导和推进委员会	2023-10
山东钢铁集团日照公司人力储备开发中心第二团支部冷轧包装作业区青安岗	全国钢铁行业"青安杯"竞赛最佳青年安全监督岗	全国钢铁行业共青团工作指导和推进委员会	2023-10

获得荣誉单位	荣誉称号	授予单位	授予时间
山东钢铁集团日照公司炼钢厂精炼作业区甲班	全国钢铁行业青年安全生产示范岗	全国钢铁行业共青团工作指导和推进委员会	2023-10
山东莱钢智慧供应链有限公司	全国钢铁行业青年安全生产示范岗	全国钢铁行业共青团工作指导和推进委员会	2023-10
莱钢集团银山型钢有限公司板带厂运行车间动力运行班	全国钢铁行业青年安全生产示范岗	全国钢铁行业共青团工作指导和推进委员会	2023-10
山东钢铁集团日照公司	全国冶金绿化先进单位	中国钢铁工业协会绿化委员会	2023-10
山钢股份莱芜分公司焦化厂	全国冶金绿化先进单位	中国钢铁工业协会绿化委员会	2023-10
山钢集团	2020—2022年度全国内部审计先进集体	中国内部审计协会	2023-12
山钢股份莱芜分公司工会	全国第十一届"书香三八"读书活动优秀组织奖	"书香三八"读书活动组委会	2023-12

集团公司2023年获省级荣誉的先进单位（以获奖时间排序）

获得荣誉单位	荣誉称号	授予单位	授予时间
山东钢铁集团有限公司办公室	2022年度省属国资国企系统信息工作表现突出集体	中共山东省国资委委员会办公室	2023-03
山钢股份莱芜分公司特钢事业部	省总工会妈妈小屋	山东省总工会	2023-03
山钢股份莱芜分公司物流运输部	2022年度省级文明单位	山东省精神文明建设委员会	2023-03
山钢股份莱芜分公司能源动力厂煤气应急救援中心应急救援分队	山东省青年安全生产示范岗	共青团山东省委	2023-04
莱钢集团	山东省劳动关系和谐企业	山东省人社厅、山东省总工会、山东省企业联合会、山东省企业家协会、山东省工商业联合会	2023-06

获得荣誉单位	荣誉称号	授予单位	授予时间
山钢集团财务公司党总支	省属企业先进基层党组织	山东省国资委	2023-06
中共山钢股份莱芜分公司炼钢厂委员会	省属企业先进基层党组织	山东省国资委	2023-06
山东耐火材料集团有限公司	山东省耐火材料行业领先企业	山东省耐火材料行业协会	2023-08
莱钢泉城书屋	全民阅读示范基地	中共山东省委宣传部	2023-10
山信软件股份有限公司	第四届山东省全员创新企业	山东省总工会	2023-11
山钢集团	内部审计工作规范化建设示范单位	山东省审计厅	2023-11
山钢集团财务公司计划财务部	山东省地方金融企业绩效评价优秀（AAA）级单位	山东省财政厅	2023-12
山钢集团财务公司计划财务部	人民银行2023年度金融统计先进单位三等奖	中国人民银行山东省分行营业管理部	2023-12
山东耐火材料集团有限公司	山东省节水型企业	山东省住建厅、山东省发改委、山东省工信厅、山东省水利厅	2023-12
山钢股份莱芜分公司	山东省设协系统企业设备管理优秀单位	山东省设备管理协会	2023-12
山钢股份莱芜分公司	山东省设协系统企业设备管理四星单位	山东省设备管理协会	2023-12
山钢股份莱芜分公司2号1880 m^{3}高炉	山东省钢铁行业节能减排绿色发展对标竞赛高炉（1500～3000 m^3）"齐鲁冠军炉"	山东省总工会、山东省工业和信息化厅	2023-12
山钢股份莱芜分公司3800 m^{3}高炉	山东省钢铁行业节能减排绿色发展对标竞赛高炉（3000～4000 m^3）"齐鲁冠军炉"	山东省总工会、山东省工业和信息化厅	2023-12
山东钢铁集团日照公司1号210吨转炉	山东省钢铁行业节能减排绿色发展对标竞赛转炉（180 t以上）"齐鲁冠军炉"	山东省总工会、山东省工业和信息化厅	2023-12
山钢股份司莱芜分公司保卫部	2023年度全省反邪教协会系统先进集体	山东省反邪教协会	2023-12

获得荣誉单位	荣誉称号	授予单位	授予时间
莱钢集团银山型钢有限公司板带厂	2023年度全省反邪教协会系统先进集体	山东省反邪教协会	2023-12
山东钢铁集团日照公司酸轧作业区酸轧丙班	山东省优秀质量管理班组	山东省质量管理协会	2023-12
山钢股份莱芜分公司能源动力厂化水车间型钢除盐水区域	2023年度企业精益管理成熟度四星级现场	山东省设备管理协会	2023-12
山钢股份莱芜分公司能源动力厂化水车间型钢除盐水班	2023年度企业精益管理成熟度三星级班组	山东省设备管理协会	2023-12
山钢股份莱芜分公司能源动力厂化水车间型钢1号循环水站1号循环泵	2023年度企业精益管理成熟度三星级设备	山东省设备管理协会	2023-12

集团公司2023年获全国荣誉的先进个人（以获奖时间排序）

姓名	所在单位	荣誉称号	授予单位	授予时间
李少帅	山钢股份莱芜分公司炼钢厂	第九届全国模拟炼钢—轧钢大赛企业组三等奖	中国金属学会	2023-01
张昭平	山钢股份莱芜分公司炼钢厂	第九届全国模拟炼钢—轧钢大赛企业组三等奖	中国金属学会	2023-01
徐春玲	山钢股份莱芜分公司炼铁厂	全国五一巾帼标兵	中华全国总工会	2023-02
张永刚	山东钢铁集团日照公司冷轧厂	全国钢铁行业技术能手	全国钢铁行业职业技能竞赛组织委员会	2023-04
田强	山钢股份莱芜分公司物流运输部	全国钢铁行业技术能手	全国钢铁行业职业技能竞赛组织委员会	2023-04
李鹏鹏	莱钢集团银山型钢有限公司板带厂	全国钢铁行业技术能手	全国钢铁行业职业技能竞赛组织委员会	2023-04
李少帅	山钢股份莱芜分公司炼钢厂	全国钢铁行业技术能手	全国钢铁行业职业技能竞赛组织委员会	2023-04
田云飞	山钢股份莱芜分公司型钢厂	全国钢铁行业优秀共青团员（标兵）	全国钢铁行业共青团工作指导和推进委员会	2023-05

姓　名	所在单位	荣誉称号	授予单位	授予时间
孔德明	山钢股份莱芜分公司组织部	全国钢铁行业优秀共青团干部	全国钢铁行业共青团工作指导和推进委员会	2023-05
王　晔	山钢股份莱芜分公司炼钢厂	全国钢铁行业优秀共青团干部	全国钢铁行业共青团工作指导和推进委员会	2023-05
翟世广	莱钢集团银山型钢有限公司板带厂	全国钢铁行业优秀共青团干部	全国钢铁行业共青团工作指导和推进委员会	2023-05
王港归	山钢股份莱芜分公司设备管理部	全国钢铁行业优秀共青团干部	全国钢铁行业共青团工作指导和推进委员会	2023-05
张　宁	山东钢铁集团日照公司焦化厂	全国钢铁行业优秀共青团干部	全国钢铁行业共青团工作指导和推进委员会	2023-05
刘卓智	山东钢铁集团日照公司炼钢厂	全国钢铁行业优秀共青团干部	全国钢铁行业共青团工作指导和推进委员会	2023-05
王　晨	山东钢铁集团日照公司炼铁厂	钢铁行业第三届"最闪耀的星"	全国钢铁行业共青团工作指导和推进委员会、中国冶金报社	2023-05
杨　雷	山东钢铁集团日照公司炼铁厂	全国机械冶金建材行业工匠	中国机械冶金建材职工技术协会	2023-05
张金波	山钢股份莱芜分公司炼铁厂	全国机械冶金建材行业工匠	中国机械冶金建材职工技术协会	2023-05
刘金财	山钢股份莱芜分公司型钢厂	全国机械冶金建材行业工匠	中国机械冶金建材职工技术协会	2023-05
刘　谦	山钢股份莱芜分公司特钢事业部转炉车间	全国机械冶金建材行业工匠	中国机械冶金建材职工技术协会	2023-05
王　键	山钢股份制造管理部	2023年度高等学校科学研究优秀成果奖科学技术进步二等奖	中华人民共和国教育部	2023-06
高　磊	山钢股份莱芜分公司能源动力厂燃气车间	钢铁赛道复赛优胜选手	中国机械冶金建材工会、中国钢铁工业协会	2023-06
赵　斌	山东耐火材料集团有限公司	2022—2023年度中国钢铁工业环保统计工作先进个人	中国钢铁工业协会信息统计部	2023-08

姓 名	所在单位	荣誉称号	授予单位	授予时间
王中学	山钢研究院	中国冶金科学技术奖二等奖	中国钢铁工业协会、中国金属学会	2023-09
栾雪娜	山东钢铁集团日照公司运营管理部	钢铁行业统计工作先进工作者	中国钢铁工业协会	2023-09
冯 丽	山钢股份运营管控部	钢铁行业统计工作先进工作者	中国钢铁工业协会	2023-09
张润生	山东钢铁集团日照公司	全国冶金绿化先进个人	中国钢铁工业协会绿化委员会	2023-10
赵 斌	山东耐火材料集团有限公司	中国耐火材料行业统计工作先进工作者	中国耐火材料行业协会	2023-10
李 锐	山钢股份莱芜分公司团委	全国钢铁行业"青安杯"竞赛最佳组织者	全国钢铁行业共青团工作指导和推进委员会	2023-10
孔鹏祥	莱钢集团	全国钢铁行业"青安杯"竞赛最佳组织者	全国钢铁行业共青团工作指导和推进委员会	2023-10
刘卓智	山东钢铁集团日照公司炼钢厂	全国钢铁行业"青安杯"竞赛最佳组织者	全国钢铁行业共青团工作指导和推进委员会	2023-10
徐强强	山钢股份莱芜分公司团委	全国钢铁行业"青安杯"竞赛先进个人	全国钢铁行业共青团工作指导和推进委员会	2023-10
王 川	山钢股份莱芜分公司型钢厂	全国钢铁行业"青安杯"竞赛先进个人	全国钢铁行业共青团工作指导和推进委员会	2023-10
刘旭隆	山钢股份莱芜分公司组织部	全国钢铁行业"青安杯"竞赛先进个人	全国钢铁行业共青团工作指导和推进委员会	2023-10
王 晨	山东钢铁集团日照公司炼铁厂	全国钢铁行业"青安杯"竞赛先进个人	全国钢铁行业共青团工作指导和推进委员会	2023-10
郝延雯	山东钢铁集团日照公司能源动力厂	全国钢铁行业"青安杯"竞赛先进个人	全国钢铁行业共青团工作指导和推进委员会	2023-10
李树萍	山钢股份莱芜分公司板带厂	全国钢铁行业"青安杯"竞赛最佳青年安全监督岗岗长（员）	全国钢铁行业共青团工作指导和推进委员会	2023-10
田振玉	山钢股份莱芜分公司焦化厂	全国钢铁行业"青安杯"竞赛最佳青年安全监督岗岗长（员）	全国钢铁行业共青团工作指导和推进委员会	2023-10

姓名	所在单位	荣誉称号	授予单位	授予时间
王 建	山钢股份莱芜分公司炼钢厂	全国钢铁行业"青安杯"竞赛最佳青年安全监督岗岗长（员）	全国钢铁行业共青团工作指导和推进委员会	2023-10
徐 克	山钢股份莱芜分公司能源动力厂	全国钢铁行业"青安杯"竞赛最佳青年安全监督岗岗长（员）	全国钢铁行业共青团工作指导和推进委员会	2023-10
吕新刚	山钢股份莱芜分公司物流运输部	全国钢铁行业"青安杯"竞赛最佳青年安全监督岗岗长（员）	全国钢铁行业共青团工作指导和推进委员会	2023-10
贺 磊	山钢股份莱芜分公司型钢厂	全国钢铁行业"青安杯"竞赛最佳青年安全监督岗岗长（员）	全国钢铁行业共青团工作指导和推进委员会	2023-10
梁 勇	山东钢铁集团日照公司炼铁厂	全国钢铁行业"青安杯"竞赛最佳青年安全监督岗岗长（员）	全国钢铁行业共青团工作指导和推进委员会	2023-10
张 淋	山东钢铁集团日照公司能源动力厂	全国钢铁行业"青安杯"竞赛最佳青年安全监督岗岗长（员）	全国钢铁行业共青团工作指导和推进委员会	2023-10
赵国锋	山钢股份莱芜分公司能源动力厂	工匠精神践行者	中国设备管理协会	2023-11

集团公司 2023 年获省级荣誉的先进个人（以获奖时间排序）

姓名	所在单位	荣誉称号	授予单位	授予时间
冉宏国	莱钢集团	山东省新时代岗位建功劳动竞赛标兵	山东省总工会	2023-01
王 兵	莱钢集团	山东省新时代岗位建功劳动竞赛标兵	山东省总工会	2023-01
任庆粉	莱钢集团	山东省新时代岗位建功劳动竞赛标兵	山东省总工会	2023-01
孙亚宁	山东钢铁集团有限公司办公室	2022 年度省属国资国企系统信息工作表现突出个人	中共山东省国资委委员会办公室	2023-03
李 辉	山钢集团审计中心	山东省首届内部审计职业技能竞赛三等奖	山东省内部审计师协会	2023-03

姓 名	所在单位	荣誉称号	授予单位	授予时间
裴水秀	山钢集团财务公司	山东省首届内部审计职业技能竞赛三等奖	山东省内部审计师协会	2023-03
董绪林	山钢集团审计部	山东省首届内部审计职业技能竞赛一等奖、山东省内部审计技术标兵	山东省内部审计师协会	2023-03
杨 雷	山东钢铁集团日照公司炼铁厂	山东省劳动模范	中共山东省委、山东省人民政府	2023-04
刘文凭	山钢股份莱芜分公司炼钢厂	山东省劳动模范	中共山东省委、山东省人民政府	2023-04
王中学	山钢研究院	山东省优秀科技工作者	山东省人力资源和社会保障厅、山东省科学技术协会	2023-05
宓小婷	山钢集团财务公司	2022年度优秀信息联络员	山东省支付清算协会	2023-06
杨 雷	山东钢铁集团日照公司炼铁厂	山东省属企业优秀共产党员	中共山东省国资委委员会	2023-06
李仁壮	山钢股份莱芜分公司	山东省泰山产业领军人才技能领军人才	中共山东省委人才工作领导小组	2023-06
王 键	山钢股份制造管理部	山东省冶金科技进步奖一等奖	山东省钢铁行业协会	2023-07
杨 雷	山东钢铁集团日照公司炼铁厂	山东省冶金科技进步奖	山东省钢铁行业协会	2023-07
张进坤	山东钢铁集团日照公司炼铁厂	山东省冶金科技进步奖	山东省钢铁行业协会	2023-07
石 莹	山东钢铁集团日照公司炼铁厂	山东省"四进"工作队期末综合考核优秀个人	山东省"四进"工作办公室	2023-08
查 凯	山东钢铁集团日照公司冷轧厂	山东省企业"创新达人"	山东省科学技术协会、山东省工商业联合会、山东省科学技术厅、山东省人民政府国有资产监督管理委员会	2023-09
苟 毅	山东钢铁集团日照公司炼铁厂	齐鲁首席技师	中共山东省委组织部、人力资源和社会保障厅、财政厅	2023-09

姓　名	所在单位	荣誉称号	授予单位	授予时间
杨增荣	山东钢铁集团日照公司冷轧厂	齐鲁首席技师	中共山东省委组织部、人力资源和社会保障厅、财政厅	2023-09
杨增荣	山东钢铁集团日照公司冷轧厂	山东省冶金工匠	山东省冶金工会委员会	2023-09
宫学锋	山钢股份莱芜分公司高炉三车间	山东冶金最美职工	山东省冶金工会委员会	2023-10
杨增荣	山东钢铁集团日照公司冷轧厂	山东冶金最美职工	山东省冶金工会委员会	2023-10
沈立军	山钢集团审计部	山东省内部审计人才库专家人才	山东省审计厅	2023-11
董绪林	山钢集团审计部	山东省内部审计人才库骨干人才	山东省审计厅	2023-11
李刚林	山钢股份莱芜分公司特钢事业部转炉车间	齐鲁工匠	山东省总工会	2023-11
李子高	莱钢集团银山型钢有限公司板带厂	齐鲁大工匠	山东省总工会	2023-11
李　娜	山钢股份运营改善部	山东省新时代岗位建功劳动竞赛标兵个人	山东省总工会	2023-12
张　振	山钢股份运营改善部	山东省新时代岗位建功劳动竞赛标兵个人	山东省总工会	2023-12
秦　港	山钢股份莱芜分公司板带厂	山东省新时代岗位建功劳动竞赛标兵个人	山东省总工会	2023-12
张忠任	山钢股份莱芜分公司棒材厂	山东省新时代岗位建功劳动竞赛标兵个人	山东省总工会	2023-12
周　明	山东钢铁集团日照公司炼钢厂	山东省新时代岗位建功劳动竞赛标兵个人	山东省总工会	2023-12
苟　毅	山东钢铁集团日照公司炼铁厂	山东省新时代岗位建功劳动竞赛标兵个人	山东省总工会	2023-12
陈洪川	山东钢铁集团日照公司中厚板厂	山东省新时代岗位建功劳动竞赛标兵个人	山东省总工会	2023-12

姓　名	所在单位	荣誉称号	授予单位	授予时间
王耀炎	山钢股份莱芜分公司特钢事业部电炉车间	山东省职工创新创效一等奖	山东省总工会	2023-12
徐　克	山钢股份莱芜分公司能源动力厂煤气应急救援中心	山东青年志愿者优秀个人	山东省青年志愿者协会	2023-12
裴水秀	山钢集团财务公司	人民银行2023年度金融统计先进个人	中国人民银行山东省分行营业管理部	2023-12
亓新刚	山钢股份莱芜分公司保卫部	2023年度全省反邪教协会系统先进个人	山东省反邪教协会	2023-12
王　坤	山钢股份莱芜分公司保卫部	2023年度全省反邪教协会系统先进个人	山东省反邪教协会	2023-12
吕献昌	山钢股份莱芜分公司保卫部	2023年度全省反邪教协会系统先进个人	山东省反邪教协会	2023-12

集团公司 2023 年表彰的各类先进集体

2022 年度安全生产工作先进单位

（山钢安字〔2023〕1 号　2023 年 1 月 5 日）

一、公司级

莱芜钢铁集团有限公司
山东钢铁集团矿业有限公司
山东耐火材料集团有限公司
山东钢铁集团房地产有限公司
山信软件股份有限公司

二、厂级

山东钢铁股份有限公司莱芜分公司新旧动
　能转换项目工程指挥部
山东钢铁股份有限公司莱芜分公司棒材厂
山东钢铁股份有限公司莱芜分公司型钢厂
莱芜钢铁集团银山型钢有限公司板带厂
山东钢铁集团日照有限公司焦化厂
山东钢铁集团日照有限公司炼钢厂
莱芜钢铁集团有限公司培训中心
淄博铁鹰球团制造有限公司
山东耐火材料集团有限公司王铝分公司
山信软件股份有限公司莱芜自动化分公司

三、车间级

山东钢铁股份有限公司莱芜分公司焦化厂
　动力车间
山东钢铁股份有限公司莱芜分公司炼铁厂
　维修一车间
山东钢铁股份有限公司莱芜分公司炼铁厂
　高炉四车间
山东钢铁股份有限公司莱芜分公司能源动
　力厂型钢热电车间

山东钢铁股份有限公司莱芜分公司特钢事
　业部银前转炉车间
山东钢铁股份有限公司莱芜分公司特钢事
　业部中棒车间
山东钢铁股份有限公司莱芜分公司炼钢厂
　连铸二车间
山东钢铁股份有限公司莱芜分公司炼钢厂
　行车一车间
山东钢铁股份有限公司莱芜分公司棒材厂
　中小型车间
山东钢铁股份有限公司莱芜分公司型钢厂
　小型轧钢车间
莱芜钢铁集团银山型钢有限公司板带厂热
　处理车间
山东钢铁股份有限公司莱芜分公司物流运
　输部车务一段
山东钢铁集团日照有限公司焦化厂 LNG 作
　业区
山东钢铁集团日照有限公司炼铁厂第二高
　炉作业区
山东钢铁集团日照有限公司炼钢厂行车作
　业区
山东钢铁集团日照有限公司冷轧厂连退作
　业区
山东钢铁集团日照有限公司中厚板厂炉卷
　热轧作业区
山东钢铁集团日照有限公司能源动力厂供
　电作业区
山东钢铁集团日照有限公司科技质量中心
　板材检验作业区

山东冶金机械厂有限公司工程事业部
莱钢集团淄博锚链有限公司生产制造部
山东金鼎矿业有限责任公司生产三工段机措车间
淄博铁鹰球团制造有限公司检修车间
山东金岭矿业侯庄矿直属工段
山东金召矿业有限公司采矿车间
山东金岭矿业股份有限公司选矿厂碎矿工段
山东耐材集团鲁耐窑业有限公司机械动力分厂
山东耐材集团鲁耐窑业有限公司莫来石分厂
山东耐材集团鲁耐窑业有限公司安全环保处
山东耐火材料集团有限公司王铝分公司采矿分矿
山东耐火材料集团有限公司王铝分公司原料分厂

山信软件股份有限公司济南自动化分公司传动控制事业部
山信软件股份有限公司莱芜自动化分公司铁区运维事业部
山信软件股份有限公司日照自动化分公司铁前运维事业部
山信软件股份有限公司日照自动化分公司冷轧智能运维中心
山东钢铁集团房地产有限公司黄岛分公司悦和山海项目部
山东钢铁集团房地产有限公司济南分公司南北康项目部
山东钢铁集团房地产有限公司滨州康宏房地产公司熙悦府项目部
山钢地产鲍德房地产开发有限公司明德府项目部

2022年度节能环保工作先进单位

（山钢安字〔2023〕1号　2023年1月5日）

一、公司级

莱芜钢铁集团有限公司
山东钢铁集团矿业有限公司
山东耐火材料集团有限公司

二、厂级

山东钢铁股份有限公司安全环保部
山东钢铁股份有限公司莱芜分公司焦化厂
山东钢铁股份有限公司莱芜分公司能源动力厂
山东钢铁集团日照有限公司焦化厂
山东钢铁集团日照有限公司冷轧厂
山东钢铁集团日照有限公司环境保护部
莱钢集团淄博锚链有限公司
山东金岭矿业股份有限公司后勤保障部
山东金岭矿业股份有限公司选矿厂
山东耐材集团鲁耐窑业有限公司
山东耐火材料集团有限公司运营管理部
山信软件股份有限公司日照自动化分公司

2022年度新增山钢集团文明单位

（山钢文明委〔2023〕1号　2023年1月6日）

山东耐火材料集团有限公司
山东钢铁集团日照有限公司科技质量中心
山钢金控融资租赁（深圳）有限公司
济南市钢城小额贷款股份有限公司
山东钢铁集团日照有限公司冷轧厂
山信软件股份有限公司日照自动化分公司
山东融鑫投资股份有限公司

2022 年度复查合格山钢集团文明单位

（山钢文明委〔2023〕1 号　2023 年 1 月 6 日）

山东钢铁股份有限公司莱芜分公司保卫部

山东钢铁股份有限公司莱芜分公司特钢事
　业部

山东钢铁股份有限公司莱芜分公司型钢厂

山东钢铁集团日照有限公司

山东钢铁集团日照有限公司焦化厂

山东钢铁集团日照有限公司热轧厂

山东钢铁集团有限公司研究院

莱芜钢铁集团有限公司

莱芜钢铁集团淄博锚链有限公司

山东钢铁集团矿业有限公司

山东金岭铁矿有限公司

山东金召矿业有限公司

山东金岭矿业股份有限公司侯庄矿

山东金岭矿业股份有限公司选矿厂

淄博铁鹰球团制造有限公司

山东金岭矿业股份有限公司机械动力部

山东金岭矿业股份有限公司营销部

山东工业职业学院

山东钢铁集团房地产有限公司

济南鲍德房地产开发有限公司

滨州市莱钢建设置业有限公司

青岛山钢和润商业管理有限公司

山东钢铁集团房地产有限公司黄岛分公司

山东钢铁集团房地产有限公司济南分公司

山西莱钢绿建置业有限公司

山东钢铁集团房地产有限公司上海分公司

温州莱建置业管理有限公司

山东信莱物业管理有限公司

淄博东方星城置业有限公司

山东钢铁集团国际贸易有限公司

山钢金融控股（深圳）有限公司

山钢金控资产管理（深圳）有限公司

舜泰商业保理（上海）有限公司

山钢（亚洲）控股有限公司

山钢国际融资租赁（山东）有限公司

山钢供应链管理（深圳）有限公司

山钢金控（青岛）国际贸易有限公司

山东钢铁集团财务有限公司

山信软件股份有限公司

山信软件股份有限公司济南自动化分公司

山信软件股份有限公司莱芜自动化分公司/
　莱钢电子公司

山信软件股份有限公司信息化事业部

山东耐火材料集团有限公司鲁耐窑业有限
　公司

山东耐火材料集团有限公司王铝分公司

山东省银山公安局

2022 年度信息工作先进单位

（山钢办字〔2023〕10 号　2023 年 5 月 6 日）

山东钢铁股份有限公司

山钢资本控股（深圳）有限公司

莱芜钢铁集团有限公司

山东钢铁集团矿业有限公司

山东耐火材料集团有限公司

山东钢铁集团国际贸易有限公司

山东钢铁集团财务有限公司

集团公司运营管理部/信息化管理办公室

集团公司党委宣传部/企业文化部

集团公司党委组织部/人力资源部

集团公司党委办公室/公司办公室

先进基层党组织

（山钢党字〔2023〕64号　2023年6月29日）

中共山钢资本控股（深圳）有限公司委员会

中共山东耐材集团有限公司委员会

中共山东钢铁集团矿业有限公司委员会

中共山东钢铁集团有限公司机关委员会

中共山东钢铁股份有限公司莱芜分公司炼钢厂委员会

中共莱芜钢铁集团银山型钢有限公司板带厂委员会

中共山东钢铁股份有限公司莱芜分公司棒材厂委员会

中共山东钢铁股份有限公司莱芜分公司能源动力厂委员会

中共山东钢铁股份有限公司莱芜分公司品质保证部总支部委员会

中共山东钢铁股份有限公司莱芜分公司炼铁厂烧结三车间总支部委员会

中共山东钢铁集团日照有限公司机关委员会

中共山东钢铁集团日照有限公司人力储备开发中心委员会

中共山东钢铁集团日照有限公司能源动力厂委员会

中共山东钢铁股份有限公司机关委员会

中共莱钢集团有限公司培训中心委员会

中共山东金岭矿业股份有限公司选矿厂总支部委员会

中共山钢国贸日照国际贸易有限公司总支部委员会

中共山东耐材集团鲁耐窑业有限公司莫来石分厂支部委员会

中共山信软件股份有限公司莱芜自动化分公司/莱芜钢铁集团电子有限公司委员会

五星级党支部

（山钢党字〔2023〕64号　2023年6月29日）

中共山东钢铁股份有限公司莱芜分公司能源动力厂供电车间支部委员会

中共山东钢铁股份有限公司莱芜分公司纪委支部委员会

中共山东钢铁股份有限公司莱芜分公司物流运输部机务段第二支部委员会

中共山东钢铁股份有限公司莱芜分公司炼铁厂烧结三车间第二支部委员会

中共山东钢铁股份有限公司莱芜分公司炼铁厂烧结三车间第一支部委员会

中共山东钢铁股份有限公司莱芜分公司能源动力厂型钢热电车间支部

中共山东钢铁股份有限公司莱芜分公司炼钢厂行车一车间支部委员会

中共山东钢铁股份有限公司莱芜分公司炼钢厂生产技术室支部委员会

中共莱芜钢铁集团银山型钢有限公司板带厂热轧车间支部委员会

中共山东钢铁股份有限公司莱芜分公司特钢事业部100吨运行车间支部委员会

中共莱芜钢铁集团银山型钢有限公司板带厂冷轧运行车间支部委员会

中共山东钢铁股份有限公司莱芜分公司焦化厂动力车间支部委员会

中共山东钢铁股份有限公司莱芜分公司棒材厂生产运行车间支部委员会

中共莱芜钢铁集团银山型钢有限公司板带厂热处理车间支部委员会

中共山东钢铁股份有限公司莱芜分公司物流运输部维修段支部委员会

中共山东钢铁股份有限公司营销总公司贝斯山钢（山东）钢板有限公司支部委员会

中共山东钢铁股份有限公司莱芜分公司特钢事业部100吨电炉车间支部委员会

中共山东钢铁股份有限公司莱芜分公司炼钢厂炼钢二车间支部委员会

中共莱芜钢铁集团银山型钢有限公司板带厂轧钢车间支部委员会

中共莱芜钢铁集团银山型钢有限公司板带厂运行车间支部委员会

中共山东钢铁股份有限公司莱芜分公司物流运输部储运配送中心第一支部委员会

中共莱芜钢铁集团银山型钢有限公司炼铁厂维修一车间第一支部委员会

中共山东钢铁股份有限公司莱芜分公司棒材厂第二轧钢车间支部委员会

中共山东钢铁股份有限公司莱芜分公司品质保证部原料检查站支部委员会

中共山东钢铁股份有限公司莱芜分公司棒材厂中小型车间支部委员会

中共山东钢铁集团日照有限公司党委组织部/人力资源部支部委员会

中共山东钢铁股份有限公司莱芜分公司焦化厂回收车间第二支部委员会

中共山东钢铁股份有限公司莱芜分公司炼铁厂原料二车间第一支部委员会

中共山东钢铁集团日照有限公司能源动力厂供电作业区支部委员会

中共山东钢铁股份有限公司莱芜分公司能源动力厂电气车间支部委员会

中共山东钢铁股份有限公司莱芜分公司能源动力厂燃气车间支部委员会

中共山东钢铁股份有限公司莱芜分公司财务部第三支部委员会

中共山东钢铁集团日照有限公司焦化厂LNG作业区支部委员会

中共山东钢铁股份有限公司莱芜分公司物流运输部车务二段第一支部委员会

中共山东钢铁股份有限公司莱芜分公司组织部支部委员会

中共山东钢铁股份有限公司莱芜分公司物流运输部车辆段第一支部委员会

中共山东钢铁股份有限公司莱芜分公司型钢厂机关第二支部委员会

中共莱芜钢铁集团银山型钢有限公司板带厂精整车间支部委员会

中共山东钢铁股份有限公司山东莱钢环友化工能源有限公司化产精制车间支部委员会

中共山东钢铁股份有限公司莱芜分公司焦化厂炼焦三车间支部委员会

中共山东钢铁集团日照有限公司炼钢厂行车作业区支部委员会

中共山东钢铁股份有限公司莱芜分公司炼铁厂喷煤二车间支部委员会

中共山东钢铁集团日照有限公司冷轧厂酸轧支部委员会

中共山东钢铁集团日照有限公司炼钢厂连铸作业区支部委员会

中共莱芜钢铁集团银山型钢有限公司炼铁厂运行一车间支部委员会

中共山东钢铁集团有限公司研究院科技管理支部委员会

中共山东冶金机械厂有限公司技术质量支部委员会

中共山东钢铁集团日照有限公司热轧厂热轧精整作业区支部委员会

中共山东钢铁集团日照有限公司科技质量中心板材检测支部委员会

中共山东钢铁股份有限公司莱芜分公司保卫部消防大队支部委员会

中共山东钢铁集团日照有限公司办公室/武装部支部委员会

中共山东钢铁集团日照有限公司冷轧厂机关支部委员会

中共山东钢铁股份有限公司莱芜分公司品质保证部机关支部委员会

中共山东钢铁集团日照有限公司能源动力厂动力作业区支部委员会

中共山东钢铁股份有限公司莱芜分公司型钢厂生产保障车间支部委员会

中共山东钢铁股份有限公司莱芜分公司品质保证部化学实验室支部委员会

中共山东钢铁集团日照有限公司炼钢厂维检作业区支部委员会

中共莱芜钢铁集团银山型钢有限公司炼铁厂高炉二车间支部委员会

中共山东钢铁股份有限公司莱芜分公司炼钢厂精炼车间支部委员会

中共山东钢铁集团日照有限公司冷轧厂镀锌支部委员会

中共山东钢铁集团日照有限公司科技质量中心研发支部委员会

中共山东钢铁股份有限公司莱芜分公司能源动力厂电修车间支部委员会

中共山东钢铁股份有限公司莱芜分公司型钢厂检修车间支部委员会

中共莱芜钢铁集团银山型钢有限公司炼铁厂高炉三车间支部委员会

中共山东钢铁集团日照有限公司党委宣传部/企业文化部支部委员会

中共山东钢铁股份有限公司莱芜分公司炼钢厂运转二车间支部委员会

中共山东钢铁集团日照有限公司炼铁厂机关支部委员会

中共山东钢铁集团日照有限公司中厚板厂厚板精整作业区支部委员会

中共山东钢铁集团日照有限公司炼铁厂第二高炉作业区支部委员会

中共山东钢铁集团日照有限公司中厚板厂保障作业区支部委员会

中共山东钢铁集团日照有限公司中厚板厂设备管理室支部委员会

中共山东钢铁集团日照有限公司炼铁厂维检作业区支部委员会

中共山东钢铁股份有限公司营销总公司鲁东销售公司支部委员会

中共山东钢铁集团日照有限公司人力储备开发中心保卫第一支部委员会

中共山东钢铁股份有限公司莱芜分公司棒材厂机关第一支部委员会

中共山东钢铁股份有限公司莱芜分公司型钢厂机修车间支部委员会

中共山东钢铁股份有限公司莱芜分公司特钢事业部中棒车间支部委员会

中共山东钢铁集团有限公司研究院技术研发支部委员会

中共山东钢铁股份有限公司莱芜分公司能源动力厂热能车间支部委员会

中共山东钢铁股份有限公司莱芜分公司财务部第二支部委员会

中共莱芜钢铁集团银山型钢有限公司板带厂热轧运行车间支部委员会

中共山东钢铁股份有限公司营销总公司炉料采购部支部委员会

中共山东钢铁股份有限公司莱芜分公司安全生产部支部委员会

中共山东钢铁股份有限公司莱芜分公司新旧动能转换项目工程指挥部第二支部委员会

中共山东钢铁股份有限公司财务部/资金结算中心支部委员会

中共山东钢铁股份有限公司莱芜分公司棒材厂第一轧钢车间支部委员会

中共山东钢铁股份有限公司营销总公司特钢销售部支部委员会

中共山东钢铁股份有限公司营销总公司型钢销售部支部委员会

中共山东钢铁股份有限公司营销总公司厚板销售部支部委员会

中共山东钢铁股份有限公司营销总公司鲁中销售公司支部委员会

中共莱芜钢铁集团有限公司培训中心党建

技术支部委员会

中共莱芜钢铁集团有限公司公益事业部支部委员会

中共莱芜钢铁集团有限公司组织部支部委员会

中共莱芜钢铁集团有限公司办公室支部委员会

中共莱芜钢铁集团淄博锚链有限公司生产制造部支部委员会

中共莱芜钢铁集团有限公司培训中心技能继续支部委员会

中共莱芜钢铁集团淄博锚链有限公司市场营销部支部委员会

中共青岛信莱伟业经贸有限公司支部委员会

中共莱芜钢铁集团有限公司财务部支部委员会

中共山东金召矿业有限公司检修支部委员会

中共山东金召矿业股份有限公司采掘支部委员会

中共山东金岭矿业股份有限公司第二支部委员会

中共山东金岭矿业股份有限公司营销部支部委员会

中共山东金岭矿业股份有限公司运输部支部委员会

中共山东金岭矿业股份有限公司机械动力部支部委员会

中共山东金岭矿业股份有限公司选矿厂选矿支部委员会

中共淄博铁鹰球团制造有限公司支部委员会

中共山东钢铁集团国际贸易有限公司党群纪检支部委员会

中共山东钢铁集团国际贸易有限公司贸易部支部委员会

中共山钢国贸日照国际贸易有限公司第二支部委员会

中共山东钢铁集团国际贸易有限公司综合

财务支部委员会

中共山东钢铁集团房地产有限公司黄岛分公司支部委员会

中共济南鲍德房地产开发有限公司支部委员会

中共山东钢铁集团房地产有限公司上海分公司支部委员会

中共山东钢铁集团房地产有限公司济南分公司支部委员会

中共山钢资本控股（深圳）有限公司驻外金融服务支部委员会

中共山信软件股份有限公司济南自动化分公司信息支部委员会

中共山信软件股份有限公司莱芜自动化分公司银轧运维事业部支部委员会

中共山信软件股份有限公司莱芜自动化分公司特钢运维事业部支部委员会

中共山信软件股份有限公司莱芜自动化分公司铁区运维事业部支部委员会

中共山信软件股份有限公司莱芜自动化分公司钢区运维事业部支部委员会

中共山信软件股份有限公司日照自动化分公司轧线运维事业部支部委员会

中共山信软件股份有限公司日照自动化分公司炼钢运维事业部支部委员会

中共山信软件股份有限公司信息化事业部第一支部委员会

中共山东耐材集团有限公司王铝分公司采矿分厂支部委员会

中共山东耐材集团有限公司王铝分公司原料分厂支部委员会

中共山东耐材集团鲁耐窑业有限公司粘土高铝分厂支部委员会

中共山东耐材集团鲁耐窑业有限公司莫来石分厂支部委员会

中共山东省银山公安局第五支部委员会

中共山东省银山公安局第六支部委员会

中共山东钢铁集团有限公司纪委支部委员会

中共山东钢铁集团有限公司宣传部支部委
员会

中共山东钢铁集团有限公司办公室支部委
员会

中共山东钢铁集团有限公司组织部人力资
源部支部委员会

中共山东钢铁集团有限公司运营管理部支
部委员会

中共山东钢铁集团有限公司财务部支部委

员会

中共山东钢铁集团财务有限公司第一支部
委员会

中共山东钢铁集团有限公司法律顾问中心
济南支部委员会

中共山东钢铁集团有限公司审计中心第三
支部委员会

中共山东钢铁集团有限公司新闻传媒中心
第二支部委员会

集团公司 2023 年表彰的各类先进个人

2022 年度安全生产工作先进个人

（山钢安字〔2023〕1 号　2023 年 1 月 5 日）

于利国	景　凯	陈　啸	李长喜	高慎珂	李强笃	邢士建	乔汉东	曲　超
马　敏	单兆光	邢志刚	吕同举	陈大文	袁本明	葛本伍	吴　兵	张雪松
张喜庆	刘　坤	刘俊明	于全成	孙宁涛	张　富	刘庆祯	李亚林	孙圣刚
王明伟	李元秀	孙　鹏	孙会朝	张相福	王介浩	张　满	田远锋	沈荣乐
王者堂	左连东	马　昊	苗　岳	刘　盼	刘洋洋	石　东	薛志勇	马　亮
邓　强	崔明忠	高　松	夏　忠	徐泽勇	朱亚洲	刘　军	刘洪涛	鉴继祥
席　超	程　斌	靖绪同	张兆林	蒋　强	王　涛	孙松山	耿福臣	张　伟
张海旺	王美忠	荣敦文	窦廷安	边洪波	温志毅	齐恩明	赵　飞	孙运甯
邵家义	张　平	高配亮	许　冰	宋　超	韩祥习	南建林	刘　岩	郑春晓
尚晓燕	齐　军	张训锋	徐　宁	宣宗延	李永新	唐志超	李　响	翟绪武
张常胜	王志江	史　越	高　颖	宋振海	张述洪	乔卫国	张　军	宋希光
张　杰	刁君成	颜炳正	郭玉山	董京磊	党　勇	李景春	赵党党	李玉红
姜　忠	张春宝	刘　芳	王利峰	高彤彤	田德科	马　骏	苗雯雯	宋玉前
崔中晔	袁乃收	韩怀平	李　霞					

2022 年度节能环保工作先进个人

（山钢安字〔2023〕1 号　2023 年 1 月 5 日）

朱圣华	陈豪卫	马佐仓	董洪壮	赵　军	樊　松	邢　雪	郭　涛	李振彬
赵明浩	安增琴	柏进财	张国义	董士名	倪　凯	朱继民	杨　娟	谈群峰
安百光	单传东	殷　磊	张仅川	王　雷	张　凯	苏润宁	范新庆	赵玉红
周　昊	刘智广	刘家彬	高世龙	李国亮	苏军伟	王　珂	梅庆峰	张吉刚
王光福	常庆明	张欢民	孙钦华	崔怀银	林卫全	李　峰	袁　林	齐天圣
汤晓辉	曲延平	吴孔明	姚学磊	郝　磊	张振考	傅胜利	王　蕾	徐坤明
陈永伟	孙志强	赵　峰	董增伦	董延江	高　伟	郝宁波	邢　勇	付孝林
朱总儒	李本东	师黄伟	解革章	项树梁	张显伟	刘建凯	刘运广	苏敬奇
王　伟	宋　辉	张研忠	王　哲	聂　磊	崔建刚	郑小猛	李照峰	姜　川
赵　涛	王雷	赵　振	王　军	韩　雪	尚宝晶	王　喆	李　宁	刘登第
谢　晖	王　田	徐　晨	董绪林	任晓华	奚道鑫	崔　爽	刘艳洁	孙　霞
赵玉潮								

巡察工作先进个人

（山钢党字〔2023〕16号　2023年2月1日）

董思慧	刘武修	秦立彬	李　梁	张　蕾	王　勇	常　骁	叶　华	崔宗讲
伊　瑞	刘旭隆	李希海	刘祥波	张智超	陈　啸	宿群祥	亓　峥	刘　聪
刘亚平	王　哲	朱孝杰	张建明	石东华	王京伟	谷桂芹	刘成伟	赵增益
辛本全	王婷婷	齐　军	付师星	牛　斌	付延花	周俊华	牛璐璐	李　斌
张新福	魏水才	张　明	张怀鹏	马家泰	徐　华	徐　毅	王立波	陈思慕嵘

山东钢铁集团有限公司劳动模范

（山钢党字〔2023〕53号　2023年4月28日）

马进运	王　锋	刘　谦	刘文凭	刘建军	刘俊明	孙　霞	孙士平	孙争取
孙运甫	李　强	李子高	李永强	李金传	杨　恒	吴　浩	宋　彦	张　波
张弘弢	张庆锋	张志豪	张忠任	张振考	陈海岗	房　超	赵伟田	查　凯
徐祥熙	高　超	寇传乾						

山东钢铁集团有限公司工匠

山钢党字〔2023〕54号　2023年4月28日

王　峰	王如思	尹鲁阳	艾兴君	刘志翔	苟　毅	苏敬奇	李金举	李金梁
李鹏鹏	张永杰	张守强	张希健	陈洪川	武立兵	孟宪春	赵　建	赵吉炳
胡亚涛	曹英伟							

2022年度信息工作先进个人

（山钢办字〔2023〕10号　2023年5月6日）

刘　敏	桑庆东	赵晨光	郑　毅	李　林	商启亮	李希海	李玉红	李　珂
赵呈德	柴新硕	王　哲	李　涛	孙启德	李乃亮	邹丽霞	孙　晶	厉彦政
赵成文	孙亚宁	罗　剑	任晓华	张传友	徐　晨	崔中晔	王　刚	鉴　康
奚道鑫	韩怀平	谢　晖	李　琦	宋雷明	于　奇	张文坛	祝　叶	党　浅

优秀共产党员

（山钢党字〔2023〕64号　2023年6月29日）

孙振华	李一川	周俊宝	邢士建	刘卫国	吴启瑞	张均宾	陈　鑫	唐纪学
王国庆	苗宝华	耿海峰	张　伟	任科社	高志滨	殷志辉	王立君	修　冬
许　锌	高　健	任　琪	尚国明	吕石君	徐永波	王　鹏	王沂超	张　彬

赵海洋	吴　琦	柏进财	秦军强	王　敏	宋承洪	赵士链	尚和丽	吕新刚
张克柱	王　敬	张　鑫	孔德明	伊　瑞	赵晨光	麻　衡	秦洪提	孙正旭
李强笃	李　锐	胡江山	赵友虎	张　华	刘　闯	王　永	张　磊	林卫全
张　明	秦　虹	李　林	毕衍涛	陈　良	李　倩	刘成宝	徐泽勇	孔凡强
刘　扬	毕　军	李宏琳	孙明刚	胥　哲	刘开行	孙静平	王少军	张洪光
王小卫	刘荣霞	耿宏烨	王　峰	耿　丽	孙良男	季惠惠	刘小敏	潘小丽
肖存忠	吴凤乔	南建林	杨　龙	刘志勇	邢建厂	周文胜	包敦武	王跃军
王永刚	马兴建	蒋晓文	孙亚宁	李　琦	姜洪波	李　志	李建辉	

优秀党务工作者

（山钢党字〔2023〕64号　2023年6月29日）

黄振辉	车连房	杜文华	李勇实	苏加庆	单传东	李　涛	李传瑾	丁玉献
于俊勇	桂　斌	杨　文	王俊生	姜兴辰	林保国	柴　磊	田敬刚	张荣海
薛　梅	李　欣	徐继山	王旭东	徐西刚	卢建刚	鉴继祥	段丽莉	王兆生
郭　辉	张本磊	曹明春	袁　航	李　毅	沈桂权	马晋宇	高配亮	耿佃标
司　鹏	陈秀超	巩茂娟	郭万迎	李荣臣	张兰润	李学玉	沈立军	张怀鹏
傅晓锐	韩典平	董　鹏						

集团公司2023年获省级以上管理创新成果

成果类型	成果名称	完成人	获奖等级	授予部门	授予时间	获奖单位
山东省企业管理现代化创新成果	精益管控在提高煤气利用效率上的应用	张润生、田敬刚、朱琳、曹西忠、曹立、郑培迎、吴尚坤	三等奖	山东省企业管理现代化创新成果评审委员会	2023-11-03	山东钢铁集团日照有限公司
山东省企业管理现代化创新成果	基于保理行业的数智化全流程风控体系建设与实践	侯世杰、王京伟、尚京、张剑、赵文娟、李新宇、牛冠亚	三等奖	山东省企业管理现代化创新成果评审委员会	2023-11-03	山钢资本控股（深圳）有限公司
山东省企业管理现代化创新成果	以ABC＋IoT（人工智能、区块链、云计算＋物联网技术）为基础的仓储监管体系建设	黄振辉、侯世杰、苏晓明、朱立波、刘梦琪、王烁、李晓宁	三等奖	山东省企业管理现代化创新成果评审委员会	2023-11-03	山钢资本控股（深圳）有限公司
山东省企业管理现代化创新成果	数智化供应链管理及服务体系的建设与实践	黄振辉、侯世杰、苏晓明、朱立波、张剑、刘士豪、王烁	三等奖	山东省企业管理现代化创新成果评审委员会	2023-11-03	山钢资本控股（深圳）有限公司
冶金企业管理现代化创新成果	以标准化"点、线、面"系统推进提升产线KPI指标	孙正旭、于全成、尚超、张洋、解莹琦、刘青、王猛、李超、马静、郭静	一等奖	中国钢铁工业协会	2023-11-28	山东钢铁股份有限公司
冶金企业管理现代化创新成果	以A建设公司不良资产处置为契机探索困境资产管理业务创新	黄振辉、乔立海、吴浩、郑斌、薛允峥、杜传令、巩正印、李征、史哲文、刘娟	二等奖	中国钢铁工业协会	2023-11-28	山钢金控资产管理（深圳）有限公司

续表

成果类型	成果名称	完成人	获奖等级	授予部门	授予时间	获奖单位
冶金企业管理现代化创新成果	打造钢铁产业链构建钢铁产业生态圈的探索与实践	陈向阳、邱现金、王刚、纪召红、王传斌、谢晖、孙亚宁、郑丽、王春鹏、赵玉潮	二等奖	中国钢铁工业协会	2023-11-28	山东钢铁集团有限公司
冶金企业管理现代化创新成果	大型国有钢铁企业人事效率持续提升体系构建与实践	李林、阎文龙、张传友、李璞、魏鹏、赵秋良、朱天奇、刘旸	二等奖	中国钢铁工业协会	2023-11-28	山东钢铁集团有限公司
冶金企业管理现代化创新成果	创建绿色发展新标杆的《绿色城市钢厂评价指标体系》导入与实施	赵玉潮、王志强、聂延忠、李普庆、杨富廷、朱圣华、郑小猛、杨州、杜宪伟、王传斌	二等奖	中国钢铁工业协会	2023-11-28	山东钢铁集团有限公司
冶金企业管理现代化创新成果	"五位一体"高效运营模式试点标杆单位的创建与实施	袁本明、吴明洋、孙永喜、曲锡辉、郝广鹏	三等奖	中国钢铁工业协会	2023-11-28	山东钢铁股份有限公司
冶金企业管理现代化创新成果	基于创建高新技术企业的科技创新管理模式探索与实践	张润生、孙卫华、毕衍涛、郎达慧、毕永杰	三等奖	中国钢铁工业协会	2023-11-28	山东钢铁集团日照有限公司
冶金企业管理现代化创新成果	定制化QCDVS（质量、成本、在合同交付准确性和及时性、研发及改善、服务）方案在用户服务中的应用	孙卫华、谢英秀、李洪翠、高传华、胡华东	三等奖	中国钢铁工业协会	2023-11-28	山东钢铁集团日照有限公司
冶金企业管理现代化创新成果	基于两化一拓提升钢铁企业人事效率的探索与实践	张润生、姚建平、林保国、李璞、李恒阳	三等奖	中国钢铁工业协会	2023-11-28	山东钢铁集团日照有限公司

成果类型	成果名称	完成人	获奖等级	授予部门	授予时间	获奖单位
冶金企业管理现代化创新成果	利用态势分析法（SWOT）开发高端高效海外项目订单的研究与实践	李强笃、甲呈哲、叶才勇、耿宏烨、佟春阳	三等奖	中国钢铁工业协会	2023-11-28	山东钢铁集团国际贸易有限公司
冶金企业管理现代化创新成果	供应链管理及服务数智化转型的探索与实践	黄振辉、侯世杰、苏晓明、朱立波、张剑	三等奖	中国钢铁工业协会	2023-11-28	山钢资本控股（深圳）有限公司
冶金企业管理现代化创新成果	以 ABC + IoT（人工智能、区块链、云计算＋物联网技术）为基础的仓储监管体系建设	黄振辉、侯世杰、苏晓明、朱立波、刘梦琪	三等奖	中国钢铁工业协会	2023-11-28	山钢资本控股（深圳）有限公司

（撰稿：牛玉波　审稿：李丰功）

集团公司 2023 年获省级以上科技创新成果

成果类型	成果名称	完成人	获奖等级	授予部门	授予时间	获奖单位
冶金科学技术奖	超高料层均质低碳烧结关键技术及应用	李光辉、姜涛、饶明军、鲁健、阳习端、陈培敦、毛爱香、赵玉潮、张元波、熊林、郭亮、向家发、彭志伟、罗骏、刘会波	一等奖	中国钢铁工业协会、中国金属学会	2023-09-15	中南大学、宝山钢铁股份有限公司、湖南华菱涟源钢铁有限公司、山东钢铁集团有限公司、山东泰山钢铁集团有限公司、广东中南钢铁股份有限公司
冶金科学技术奖	超大宽厚比薄规格中厚钢板高效炉卷产线关键工艺装备技术研发及应用	孙卫华、王丙兴、王道远、李永亮、王斌、焦吉成、刘朋、乔松、张田、安丰辉	二等奖	中国钢铁工业协会、中国金属学会	2023-09-15	山东钢铁集团日照有限公司、东北大学、安徽工业大学、沈阳建筑大学、九江学院
冶金科学技术奖	基于超薄近终形异型坯的高强韧海工 H 型钢关键工艺技术研发与应用	王中学、赵培林、李四军、李超、赵宪明、张佩、付常伟、杨栋、韩文习、王建军	二等奖	中国钢铁工业协会、中国金属学会	2023-09-15	山东钢铁股份有限公司、东北大学、莱芜钢铁集团银山型钢有限公司、沈阳建筑大学
冶金科学技术奖	高品质钢连铸水口抗结瘤电磁调控关键技术开发与应用	张新房、刘成宝、谌智勇、唐生斌、周梦程	三等奖	中国钢铁工业协会、中国金属学会	2023-09-15	北京科技大学、山东钢铁股份有限公司、内蒙古包钢钢联股份有限公司、攀钢集团西昌钢钒有限公司
冶金科学技术奖	基于工业互联网的钢铁流程协同制造系统关键技术研发与应用	王向东、丁敬国、周平、杨金光、杨恒	三等奖	中国钢铁工业协会、中国金属学会	2023-09-15	山东钢铁股份有限公司、东北大学、山东钢铁集团日照有限公司

（撰稿：谢　晖　审稿：李丰功）

集团公司2023年获省级以上党建思想政治工作成果

一、2023年全国冶金行业党建思想政治工作研究优秀论文

一等奖

《持续深化钢铁作风锤炼　赋能保障企业改革发展》　作者：山东钢铁股份有限公司（课题主持人：王向东、高凤娟　执笔人：刘玉良、张成德、王玉军）

二等奖

1.《构建意识形态"333"工作格局　防范化解深化改革过程中意识形态风险的实践与探索》　作者：莱芜钢铁集团有限公司张胜

2.《构建国有企业稳定高效的舆情应对机制　有效防范化解意识形态风险》　作者：山东钢铁集团有限公司崔爽、房超

3.《布局"十坚持十确保"　为全面深化改革提供强大精神力量》　作者：山东钢铁集团日照有限公司刘洪波、时旭、杨位钦

4.《"打赢生存保卫战"职工思想状况专题调研报告》　作者：山东钢铁集团有限公司徐大天、崔爽、崔中晔

三等奖

1.《关于推进企业全员创新改善赋能高质量发展的研究与实践》　作者：山东钢铁股份有限公司莱芜分公司王向东、齐登业、李锐、李晨

2.《打造"五心"阵地　点燃进军深蓝思想政治助推引擎》　作者：山东钢铁股份有限公司营销总公司（课题主持人：郭伟达　执笔人：商启亮、朱宏政）

3.《打造"领先·赋能"党建品牌　赋能企业高质量发展的实践探索》　作者：莱芜钢铁集团有限公司王友军、于鹏、段丽莉

4.《百年企业廉洁文化品牌创建的实践与思考》　作者：山钢集团山东耐材鲁耐窑业有限公司王如、王海强

二、2022年度山东省属企业党建思想政治工作优秀研究成果

一等奖

《打赢"生存保卫战"职工思想状况调研报告》　作者：山东钢铁集团有限公司

集团公司 2023 年表彰的各类优秀成果

2022 年集团公司经济研究成果奖获奖名单

（山钢战略字〔2023〕1 号　2023 年 1 月 11 日）

序号	成果名称	课题负责人	课题组成员	奖项
1	山钢集团钢铁制造业中长期目标市场研究	袁鹏举	王传斌、徐丽丽、刘平、马学刚、王瓘民、李建磊、王刚、史强、李希海	特殊贡献奖一等奖
2	"双控"模式下的能源管控模型研究	徐丽丽	袁鹏举、王瓘民、范新庆、刘喆、栾吉益、马学刚、李建磊、史强、李希海	特殊贡献奖三等奖
3	宝武山钢钢铁制造业中长期战略规划基础性研究	张红燕	王传斌、高元军、刘平、唐学生、王刚、李超、李梅广、董慧、刘强、王全才	贡献奖一等奖
4	基于客户价值创造的"五位一体"商业模式创新体系优化研究	王瓘民	袁鹏举、徐丽丽、李金传、高健、李建磊、马学刚、史强	贡献奖一等奖
5	山钢股份废钢资源的控制与管理研究	李梅广	高元军、董慧、王成镇、黄宪华、孙维阳、王世勇、刘强、王刚、李超、张红燕、王全才	贡献奖一等奖
6	以 5G 为代表的全流程嵌入技术体系研究	杨恒	周平、王成镇、张学民、黄少文、李长新、张国华、霍宪刚、董慧	贡献奖二等奖
7	夯实钢铁产业生态圈建圈基础的研究	滕国兴	郭允义、张广军、张跻国、吴德发、吴昊、王洪瑞、马丛丛、管山吉、刘欣	贡献奖二等奖
8	技术成熟度评价机制研究及在山钢集团应用建议	董慧	张红燕、高元军、宋国栋、谢晖、李梅广、刘强、李超、王全才	贡献奖二等奖

2022 年度山钢集团科学技术奖获奖项目和个人

（山钢战略字〔2023〕2 号　2023 年 4 月 18 日）

科技进步突出贡献奖

序号	人选姓名	工作单位	职务	备注
1	侯晓英	山东钢铁集团日照有限公司	冷轧产品研究所所长、冷轧高强汽车用钢产品研发专家	

科技进步奖

序号	项目名称	完成单位	主要完成人	等级	备注
1	极限薄规格钢板生产关键技术开发及产业化推广应用	山东钢铁集团日照有限公司	乔松、周兰聚、赵显鹏、李国宝、胡淑娥、王振华、李灿明、王杰、侯东华、刘德红、孔雅、蔡铭宇、车金锋、韩启彪、胡晓英、王润港、杨建勋、史成斌、王淑华、刘坤	特等奖	
2	高端品种钢质量控制关键技术的研究与应用	山东钢铁集团日照有限公司	张润生、王学新、高龙永、佟圣刚、胡勤东、赵登报、王玉民、刘建伟、许维康、陈常义、温福新、赵珉、王兴、温维新、牛宏波	一等奖	
3	海洋工程用耐低温大规格H型钢关键制备技术研究及产品开发	山东钢铁股份有限公司莱芜分公司	王中学、赵培林、李超、张佩、杨栋、王建军、韩文习、马强、郭秀辉、方金林、尚国明、吴会亮、刘超、郑力	一等奖	
4	精品钢洁净化冶炼工艺关键技术开发与应用	山东钢铁股份有限公司莱芜分公司	吕铭、王中学、张佩、武光君、高山、戈文英、王金洪、刘兵、刘洪银、于辉、刘春伟、高立福	一等奖	
5	基于HPF法焦炉煤气脱硫节能环保及资源化利用技术研究与应用	山东钢铁股份有限公司莱芜分公司、山东钢铁集团有限公司研究院	刘建迅、葛东、栾兆爱、曾晖、张利杰、刘元杰、董洪壮、薛鹏、张振乾、王紫琪、栾吉益、杜阳、李金平、秦增友、吴建华	一等奖	
6	面向智能制造的M^2ES系统的研制和应用	山信软件股份有限公司、山东钢铁集团日照有限公司	张元福、胡明龙、陈秀超、寇传乾、赵文林、于海忠、唐国红、谷芳春、闫宗明、车玉平、牛春波、徐守新、崔春燕、石岩、赵博	一等奖	
7	冷轧酸轧轧制控制技术研究与应用	山东钢铁集团日照有限公司	何立军、马昊、段磊、刘精华、公茂海、陈建民、刘义学、王硕、王鹏飞、王业勤、高兴昌、胡华东、潘振华、张一鸣、刘正	一等奖	
8	高端制造装备用高品质稀土特殊钢关键技术研究及产业化	山东钢铁集团有限公司研究院、山东钢铁股份有限公司莱芜分公司	王向东、许荣昌、袁本明、李丰功、刘成宝、陈良、刘茂文、韩杰、孙宗辉、王毅、邵正伟、林敏、叶飞来、李浩秋、刘春伟	一等奖	
9	基于数智化赋能的金融业务综合管控平台	山钢资本控股(深圳)有限公司	黄振辉、乔立海、王磊、侯世杰、苏晓明、王烁、崔科、李晓宁、苗进立、刘士豪、姚元、赵梦成	二等奖	
10	热风炉陶瓷燃烧器用莫来石堇青石复合砖的研制与应用	山东耐材集团鲁耐窑业有限公司	王佑宝、高配亮、史成龙、刘静、常雅楠、魏磊、秦建涛、王文学、宋婷婷、翟红军、庞启玉、李慧雯	二等奖	
11	汽车核心零部件用高品质渗碳齿轮钢系列化关键技术研究与应用	山东钢铁股份有限公司莱芜分公司	袁本明、陈良、周艳丽、时振明、李飞、范斌、李庆军、赵立胜、王允、梁建国、马丙涛、郭波	二等奖	

序号	项目名称	完成单位	主要完成人	等级	备注
12	全连轧棒材典型品种组织精准控制系列关键技术研究与应用	山东钢铁股份有限公司莱芜分公司	孙永喜、李浩秋、陶务纯、吴明洋、张庆、范佳文、丁宏宇、于腾腾、王允、尹崇丽、时振明、谢兴军	二等奖	
13	大型高炉精准开炉快速达产达效新技术研究与应用	山东钢铁股份有限公司莱芜分公司	刘汉海、孙连生、武玉、姬光刚、王志刚、潘林、张均宾、徐春玲、初云祥、陈建巧、张振、吴新闯	二等奖	
14	高等级船舶用耐低温钢 TMCP 技术的研究与产业化应用	山东钢铁集团日照有限公司	李国宝、杨建勋、李复磊、郑飞、胡淑娥、王润港、公丕海、王淑华、胡根荣	二等奖	
15	超高强韧汽车用钢的关键制造技术及产业化应用	山东钢铁集团日照有限公司	孙卫华、侯晓英、李洪翠、张磊、刘培星、金光宇、郭朝海、胡华东、刘万春、丁明凯、任东、尹翠兰	二等奖	
16	基于工业大数据的全流程质量管控技术开发与实践	山东钢铁集团日照有限公司	孙卫华、焦吉成、孙风晓、崔健、汤化胜、曹金生、李率民、王猛、徐守新、王宁国、江楠、魏宏雪	二等奖	
17	提高炉卷轧机成材率控制技术研究与应用	山东钢铁集团日照有限公司	刘朋、乔松、吴晓光、王杰、刘德红、蔡茗宇、苏伟、王永、刘宽宏、张子义、杨勇、何敬秋	二等奖	
18	基于数字孪生的转炉智慧化冶炼技术开发及应用	山东钢铁集团有限公司研究院、莱芜钢铁集团银山型钢有限公司	张学民、周平、王键、李长新、王成镇、王汝波、王忠刚、高志滨、黄少文、杨恒、赵立峰、霍宪刚	二等奖	
19	利用矽卡岩型铁矿床接触带成矿机理开展综合找矿技术研究	山东金召矿业有限公司	姚栋、杨林章、张兴旺、郝宁波、徐祥熙、程斌、王玉波、武斌、王业楠、何月刚、王栋	二等奖	
20	高炉陶瓷杯用抗渗透低铝莫来石砖的研制及应用	山东耐材集团鲁耐窑业有限公司	蔡国庆、高蕊、车连房、王明刚、张志豪、韩文佳、宗雷、李青、吴凤乔、张成库	三等奖	
21	基于全工序流程精益成本的接单决策支持系统的研究与应用	山信软件股份有限公司、山东钢铁股份有限公司营销总公司、山东钢铁集团日照有限公司	张元福、高传华、谷芳春、陈辉、崔春燕、寇传乾、徐守新、陈秀超、唐国红、赵文林	三等奖	
22	基于机器人及视觉技术的精炼全流程控制的研究与应用	莱芜钢铁集团电子有限公司	王少福、蔡森、邢敏、王成龙、刘宇、刘干、张家业、颜伟、倪志国、侯兴蓉	三等奖	

序号	项目名称	完成单位	主要完成人	等级	备注
23	炼钢全流程吹氩冶金关键技术开发与集成创新	莱芜钢铁集团银山型钢有限公司	武光君、石磊、王金洪、宁伟、郭峰、武玉利、许从文、刘忠建、陈永生、韩蕾蕾	三等奖	
24	新一代高韧性桥梁钢板研发与产业化应用	莱芜钢铁集团银山型钢有限公司	麻衡、陈爱娇、王腾飞、张庆普、霍孝新、李俊、于全成、张长宏、何康、尹训强	三等奖	
25	基于 Nb 微合金化的中厚板减量化关键技术研发与应用	莱芜钢铁集团银山型钢有限公司	王月香、麻衡、王腾飞、单传东、李新东、何康、陈爱娇、张庆普、李艳、霍孝新	三等奖	
26	超宽板坯连铸机高效生产工艺集成创新研究	山东钢铁集团日照有限公司	张润生、王学新、赵登报、辛乐众、胡勤东、杜金玉、曹先锋、王玉民、张波、高龙永	三等奖	
27	基于超快冷技术的短流程工艺创新研究与应用	山东钢铁集团日照有限公司	李永亮、李复磊、杜海涛、王振华、侯东华、李福平、李玉峰、成小龙、孙成龙、闫顺璞	三等奖	
28	基于集中化、无人化、远程化钢铁智能制造的研究与应用	山东钢铁集团日照有限公司	杨金光、陈民、王珩、杨士岭、李开勇、王太兴、屈建、吴泰学、李克、白旭聪	三等奖	
29	极限薄宽幅高端汽车家电用钢关键制造技术研究与应用	山东钢铁集团日照有限公司	徐卫国、陈庆军、查凯、徐后帅、刘义学、孙帅、吕明鹏、高凯、王锦波、刘成群	三等奖	
30	炼钢系统降本关键技术集成创新与应用	山东钢铁集团日照有限公司	佟圣刚、温福新、曹先锋、胡明龙、刘建伟、孙争取、代平、孙金明、许维康、王兴	三等奖	
31	基于多尺度仿真模拟的高炉高效调控技术开发与应用	山东钢铁集团有限公司研究院、山东钢铁集团日照有限公司	蒋学健、李朝阳、李强、王云术、杨雷、张乐辰、张德千、马振军、张作程、梁栋	三等奖	
32	基于工业互联网的智慧钢厂架构研究与应用	山东钢铁集团有限公司研究院、山东钢铁集团日照有限公司	周平、杨金光、王成镇、杨恒、牛春波、毕衍涛、张学民、李长新、何立军、张胤	三等奖	
33	汽车家电用高端深冲钢面板高精度板形控制关键技术及应用	山东钢铁集团有限公司研究院、山东钢铁集团日照有限公司	孙丽荣、董强、李朝阳、文雄、万佳峰、王乐、高广洲、李贺、张乐辰	三等奖	

序号	项目名称	完成单位	主要完成人	等级	备注
34	低成本高质量充填技术研究	山东金召矿业有限公司	程斌、徐祥熙、向永、张文正、武斌、许涛、王业楠、郭维星、刘声雷、张兴旺	三等奖	

专利奖

序号	专利名称	专利号	专利权人	发明人	等级	备注
1	一种形状不规则钢板的在线定尺智能分段剪切系统，方法及剪切设备	ZL201910654930.1	山东钢铁股份有限公司	周平、张殿华、李庆华、李旭、亓晓涛、曹剑钊、黄少文、杨恒、王成镇、李涛	一等奖	
2	一种降低 RH 单联工艺低碳铝镇静钢 Al_2O_3 夹杂的方法	ZL202011469813.7	山东钢铁集团日照有限公司	贾崇雪、胡华东、张英杰、陈辉、梁亚、杨贵玲、单修迎、王南辉、夏继年、李相前、郭朝海、于爽、柳彩枫、李海峰	一等奖	
3	一种高强韧且心部冶金质量良好的微合金化中厚板及其制备方法	ZL202110197286.7	莱芜钢铁集团银山型钢有限公司、东北大学	麻衡、杜林秀、高秀华、吴红艳、王中学、陈爱娇、宁伟	二等奖	
4	一种用于生产 SPHC 钢种的转炉工序控制方法	ZL201910774522.X	山东钢铁集团有限公司	王念欣、曾晖、苗振鲁、贾崇雪、刘效森、孙宗辉、栾吉益、张戈、陈万福、董洪壮、袁宇皓、李长新、董慧	二等奖	
5	一种自动分段卸张在线检查带钢板形的方法	ZL201911375175.X	山东钢铁集团日照有限公司	徐卫国、查凯、文雪虎、姚长新、马波、董立华、孟奇、吕明鹏、耿明、沈兆灿	二等奖	
6	一种连铸中间包再生料工作衬及其制备方法	ZL201510992438.7	山东钢铁股份有限公司	武光君	三等奖	
7	碱性条件下铁精粉脱硫的组合药剂及采用其对磁黄铁矿脱硫的方法	ZL202011579211.7	山东金岭矿业股份有限公司	韩西鹏、陈永伟、李金梁、张伟、邢汉明、王涛、王乃强、刘呈增、王超	三等奖	
8	一种高铁水比例电炉冶炼中高合金低磷钢方法	ZL201610930984.2	山东钢铁股份有限公司	刘兵、戈文英、李金浩、袁淑君、吕安明、谷岩	三等奖	

序号	专利名称	专利号	专利权人	发明人	等级	备注
9	一种高铁水比条件下电炉冶炼低钛钢的方法	ZL202011054675.6	山东钢铁股份有限公司	孙宗辉、许荣昌、刘茂文、陈良、田超、韩杰、刘成宝、王毅、邵正伟	三等奖	
10	一种零延伸率拉矫改善镀锌板C翘板形的控制方法	ZL202011289956.X	山东钢铁集团日照有限公司	马昊、查凯、吕明鹏、王伟、宗鹏霄、张延涛、胡华东、马波、李代鹏	三等奖	

党委（总支）层面"十佳"党建工作品牌

（山钢党字〔2023〕65 号　2023 年 6 月 29 日）

山东钢铁股份有限公司党委《五心四化》

山东钢铁集团日照有限公司党委《三航工程》

山东金岭矿业股份有限公司党委《党建引"岭"五彩矿山》

山钢资本控股（深圳）有限公司党委《十个引领》

山东钢铁集团有限公司机关党委《红色赋能　聚力创效》

山信软件股份有限公司党委《聚力融合　e路先锋》

莱芜钢铁集团有限公司党委《领先·赋能》

山东钢铁股份有限公司莱芜分公司党委《"六+"矩阵》

莱芜钢铁集团有限公司培训中心党委《融·党建》

山东钢铁集团财务有限公司党总支《"五心"党建》

党委（总支）层面党建工作创新案例

（山钢党字〔2023〕65 号　2023 年 6 月 29 日）

山东钢铁股份有限公司莱芜分公司炼钢厂党委《五心聚力》

山东钢铁股份有限公司莱芜分公司能源动力厂党委《"五色"合力》

山东钢铁股份有限公司莱芜分公司型钢厂党委《六大型钢》

莱芜钢铁集团银山型钢有限公司板带厂党委《星耀板带》

山东钢铁股份有限公司莱芜分公司棒材厂党委《美丽棒材》

山东耐材集团鲁耐窑业有限公司党委《六型六感》

山东钢铁集团日照有限公司科技质量中心党委《科技先锋》

山东钢铁集团日照国际贸易有限公司党总支《融动赋能　活力国贸》

山东钢铁集团有限公司审计中心党总支《审帮促　争先锋》

山东钢铁集团房地产有限公司党委《地产先锋》

党支部层面"十佳"党建工作品牌

（山钢党字〔2023〕65 号　2023 年 6 月 29 日）

山东钢铁股份有限公司莱芜分公司炼钢厂炼钢二车间党支部《红标尺+》

山东钢铁集团日照有限公司炼钢厂连铸作业区党支部《名匠》

山东钢铁集团有限公司新闻传媒中心第二党支部《金手指》

山钢资本控股（深圳）有限公司融资租赁党支部《六融》

山东钢铁股份有限公司莱芜分公司焦化厂动力车间党支部《可视党建　动力标兵》

山东钢铁集团日照有限公司公益事业部党支部《五心益家》

山东钢铁股份有限公司营销总公司贝斯山钢（山东）钢板公司党支部《一张钢板　一份承诺》

山东钢铁集团有限公司宣传部党支部《红·领·带》

山东信莱物业管理有限公司党支部《"彤心"友邻　红色物业》

青岛信莱伟业经贸有限公司党支部《信莱值得信赖》

党支部层面党建工作创新案例

（山钢党字〔2023〕65 号　2023 年 6 月 29 日）

山东金岭矿业股份有限公司选矿厂碎矿党支部《党建引领　选矿先锋》

山钢资本控股（深圳）有限公司机关党支部《引领+服务》

山东钢铁集团有限公司新闻传媒中心第一党支部《铁肩·妙手》

济南鲍德房地产开发有限公司党支部《五心鲍德》

山东钢铁集团日照有限公司能源动力厂动力作业区党支部《平安动力》

山钢资本控股（深圳）有限公司普惠金融党支部《星耀三江》

山东钢铁集团财务有限公司第二党支部《"三牛"党建》

山东钢铁集团有限公司组织部/人力资源部党支部《模范部门+温馨家园》

山东钢铁集团有限公司风险合规部党支部《一领五化　价值创造》

山东钢铁股份有限公司莱芜分公司能源动力厂供电车间党支部《塔尖》

山钢资本控股（深圳）有限公司驻外金融服务党支部《三上》

莱芜钢铁集团银山型钢有限公司板带厂热轧车间党支部《精益+》

山东钢铁集团财务有限公司第三党支部《"双航"党建》

山东钢铁集团国际贸易有限公司党群纪检党支部《服务先锋　赋能发展》

莱芜钢铁集团银山型钢有限公司板带厂热处理车间党支部《淬正回》

山东钢铁股份有限公司财务部/资金结算中心党支部《价值创造　精财无限》

山东耐材集团鲁耐窑业有限公司粘土高铝分厂党支部《一诺双动促三合》

山东钢铁股份有限公司莱芜分公司棒材厂第一轧钢车间党支部《三融三提》

山信软件股份有限公司莱芜自动化分公司银轧运维事业部党支部《五包五带》

山东钢铁集团有限公司法律顾问中心济南党支部《红色法盾》

山东钢铁股份有限公司莱芜分公司炼钢厂行车一车间党支部《智慧天鹰　空脉先锋》

山东钢铁股份有限公司莱芜分公司棒材厂生产运行车间党支部《三带一包》

山东莱钢建设有限公司山西分公司党支部《晋我所能　存量先锋》

山信软件股份有限公司济南自动化分公司信息党支部《互联网+党员先锋队》

山东钢铁股份有限公司莱芜分公司特钢事业部100吨运行车间党支部《精彩运行》

山东钢铁集团日照有限公司炼铁厂机关党支部《头雁团队》

山东金召矿业有限公司运输党支部《运输高铁》

山东钢铁集团有限公司审计中心第三支部《监管先锋》

山东钢铁集团财务有限公司第四党支部《启明星》

山东省银山公安局第四党支部《最美逆行铸忠诚》

"中国梦·新时代·新使命"暨"争上游、走在前，奋进新征程"百姓宣讲比赛获奖作品

（山钢党办字〔2023〕9号　2023年9月20日）

一、宣讲故事类作品

一等奖

钢铁"追光者"	山钢股份	石　妍
抢占世界钢铁"技"高点	山钢股份	公　斌
庆幸那年没有错过你	山钢股份	栗　豹
派出所的故事	银山公安局	侯志国
说说我眼里的山钢人	莱钢集团	孙心缘

二等奖

只要奋斗，每一天都如朝阳	山钢股份	李　征
钢铁志　山钢心　创新筑就卓越路	山钢股份	王怡宁
让党的二十大精神"飞入寻常百姓家"	莱钢集团	侯瑞豪
要做法治孺子牛甘洒汗水写春秋	山钢资本	周含质
国企物业·红色烙印	山钢地产	张浩煜
窑火纯青砖自成	山东耐材	杜　玮
勇立潮头敢当先钢铁精神铸梦成	山信软件	张　睿
砥砺网维青年奏响青春之歌	山信软件	刘星雨

三等奖

以奋斗之姿拥抱星辰大海	山钢资本	孙宏润
在"争上游、走在前"中展现青春风采为建设"四力"新山信贡献力量	山信软件	刘晓润
风好正是扬帆时　策马扬鞭再奋蹄	山信软件	段元云
中流击水三千里，扬帆破浪正当时	山信软件	王泽鑫

"三个牌匾"是俺家的"金字招牌"　　　　　　　　　　山钢矿业　王媛媛

二、宣讲视频类作品

一等奖

黄河重大国家战略中的"钢铁力量"　　　　　山钢股份　韩圣鹏　王晓文
奋斗的青春最美丽　　　　　　　　　　　　　机关党委　李　霞
你好，物业人！　　　　　　　　　　　　　　山钢地产　于蕊蕊
跃动的红领带　　　　　　　　　　　　　　　机关党委　任晓华
团圆　　　　　　　　　　　　　　　　　　　山钢地产　韦统涛

二等奖

师者匠心　平而不凡　　　　　　　　　　　　莱钢集团　陈　刚
做到极致　走向前列　　　　　　　　　　　　山钢股份　郑铠金
刻度　　　　　　　　　　　　　　　　　　　山钢股份　肖子翰
青春逐梦　正当"琪"时　　　　　　　山钢股份　张　波　李　岩
践行初心使命　赓续精神血脉　　　　　莱钢集团　董　浩　姜　楠

三等奖

激昂青春志　不负青春名　　　　　　　　　　山钢国贸　刘　磊
三人行·人人行·一路前行　　　　　　　　　山钢国贸　张　强
澎湃吧，青年！　　　　　　　　　　　　　　山钢资本　周含质

三、宣讲理论类作品

一等奖

追逐时代梦想奉献青年力量　　　　　　　　　山信软件　訾敬鑫
争上游、走在前，以金融专业化能力助力集团高质量发展　山钢财务　张天媛
以中国式现代化全面推进中华民族伟大复兴　　莱钢集团　孙昕玥

二等奖

引劳模创新精神　启美好山信征程　　　　　　山信软件　李建普
乘二十大春风　扬帆起航　　　　　　　　　　山钢股份　谭明林

三等奖

落实新发展理念增强发展创新力　　山东耐材　刘爱平　张媛媛　陈　晓
使命在肩　极致向前　　　　　　　　　　　　山钢股份　陈立朋
守正创新　勇毅前行　　　　　　　　　　　　山钢资本　彭晗玥

四、宣讲曲艺类作品

一等奖

爱在山钢　　　　　　　　　　　山钢股份　孟祥瑞　王　缤　张谢予
赤子归心　　　　　　　　　　　　　　　山钢股份　韩传峰　栾庆海

二等奖

巾帼"成长"记　　　　　　　　山钢股份　王　缤　谭爱华　东　青

走在卓越路上	山信软件 侯兴蓉 刘耀辉 徐加鑫 张 淼
最美的歌献给你	莱钢集团 张志辉

三等奖

万疆	山钢股份 张玲玉 李 玥
党的二十大精神快板书	山钢股份 吕杰等
咱们工人有力量	山东耐材 张 雪

山钢年鉴 2024

山钢集团
SD STEEL

附 录

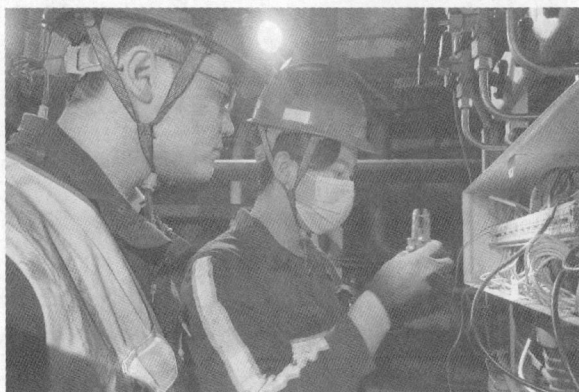

山钢集团
SD STEEL

山钢文化

核心理念

山钢核心价值观：共创、共进、共赢

上级文件选录

山东省非煤矿山安全风险监测预警综合管理系统运行管理办法（试行）

（鲁应急字〔2023〕40号　2023年4月24日）

第一章　总　则

第一条　为规范山东省非煤矿山安全风险监测预警综合管理系统（以下简称：预警管理系统）运行管理，科学高效防范化解非煤矿山安全风险，根据国家和省有关法律、法规、规章及政策标准的相关规定，制定本办法。

第二条　本省行政区域非煤矿山企业和应急管理部门及其内设执法机构对预警管理系统运行管理适用本办法。

负有非煤矿山监管职责的部门共享有关数据信息，按照《山东省数字政府建设实施方案》的有关规定实施。

第三条　根据非煤矿山相关法律、法规、规章、标准等的规定，预警管理系统运用大数据、云计算、物联网等信息化技术，将政企双方安全管理等数据进行采集、传输、监测、分析和利用的人机应用系统，是推进非煤矿山企业和应急管理部门及其执法机构转变管理方式，提高管理效能、降低管理成本，精准管控风险的重要辅助手段；是建立健全"线上智能巡检+线下精准核查"管理机制，实现风险早发现、早预警、早处置和监管可视化、无感化的重要技术支撑。

第四条　预警管理系统运行管理坚持"属地管理、分级负责"和"谁使用谁管理"相结合的原则，逐级层层落实，强化日常监督和考核，保障预警管理系统发挥作用。

第五条　非煤矿山企业从业人员应熟练使用预警管理系统，保障到岗即上线（系统移动端App）履行岗位职责或规范作业。应急管理部门负责非煤矿山安全监管和执法的人员，要充分利用预警管理系统（移动端App）落实"线上智能巡检+线下精准核查"管理机制，持续提高监管执法效能。

第六条　任何人不得利用预警管理系统从事传播虚假信息、泄露商业秘密或侵害他人隐私等活动；不得关闭、破坏监控、报警等设备设施；不得篡改、隐瞒、销毁相关数据、信息。

第二章　职责分工

第七条　省应急厅负责预警管理系统的优化升级和技术支持，负责监管和执法人员的应用培训，制定全省考核标准，监督指导全省非煤矿山和应急管理部门的运行管理，及时处置推送到省级的预警报警信息，负责数据互通共享等。

第八条　设区市和县（市、区）应急局负责本部门监管和执法人员的预警管理系统应用和运行管理。严格审核企业数据质量，监督指导辖区企业全员应用预警管理系统并考核；及时处置预警报警信息，依法查处违法违规行为及其责任人，跟踪问题整改；负责监管执法数据上传、信息发布，提出意见建议等。

第九条 非煤矿山企业是预警管理系统运行管理的主体。主要负责人是第一责任人，应保障运行管理资金投入（经费按照有关规定从安全生产费用中列支），配齐符合要求的移动终端，保障全员应用；应统筹建立管理机构，制定运行管理、网络安全、信息安全、监督考核等制度，明确责任部门及人员；运行管理情况统筹纳入本企业绩效考核与薪酬挂钩。

领导班子成员和安全总监，是预警管理系统运行管理的分管责任人。负责监督指导分管部门（科室）、车间（区队）、班组做好系统数据采集、审核、更新和应用培训，及时处置预警报警信息、跟踪闭环管理。安全总监协助主要负责人落实考核制度，监督协调各部门主要负责人落实运行管理责任，严格审核数据质量，加强全员全过程安全风险管控监督；及时处置预警报警信息、跟踪闭环管理，确保高效稳定运行。

部门（科室）、车间（区队）、班组的主要负责人，是预警管理系统运行管理的直接责任人。应认真落实系统数据采集、审核、更新和应用培训等责任，及时处置预警报警信息。

第十条 非煤矿山企业上级单位（公司）应将预警管理系统运行管理情况，纳入对下属矿山主要负责人绩效考核的内容并与薪酬挂钩；安全总监每季度对下属矿山至少组织1次监督检查，检查结果与绩效考核挂钩。

第十一条 非煤矿山企业和应急管理部门应分别明确1名具备计算机技术、熟悉本企业（单位）情况且正式在编（册）的人员兼任系统管理员。主要职责：

（一）负责创建本企业（单位）的用户账号，视人员变化情况及时冻结、删除或增加；按照实际分工配置用户权限，加强用户登录密码安全管理；维护管理员账号，严禁泄露信息。

（二）负责本企业（单位）人员PC端和移动端下载、安装，开展PC端和移动端的操作培训，指导其规范应用。

（三）负责协调解决本企业（单位）人员在数据采集、传输等过程中遇到的问题，排除故障等。难以解决的，要及时联系和配合省厅技术人员解决问题。

（四）负责预警管理系统硬件设备、设施和网络及运行环境的维护和管理，定期排查风险、识别隐患或漏洞，及时处置。

（五）负责数据变更审查、实施和验收。

（六）每月月底向主要负责人报告预警管理系统使用和管理情况，提出合理化意见建议。

第三章 数据管理

第十二条 预警管理系统数据包括静态基础数据、动态感知数据、视频数据、预警报警数据等，非煤矿山企业和应急管理部门应当严格落实数据安全保护责任，对数据的完整性、准确性、实效性全面负责。

第十三条 非煤矿山企业在数据采集、加工、存储、传输、更新等过程中，应按照本办法第九条的规定，逐级审核数据质量，避免预警管理系统出现误报警。

（一）基础数据采集。企业应当按照基础数据采集指南规定的采集内容和格式，分工做好资料收集、整理和确认等工作，严格按照采集步骤，如实、完整、准确、规范地采集上传预警管理系统相应模块，不得遗漏、造假。

（二）感知数据和视频数据接入。企

业应当按照感知数据和视频数据联网指南规定的接入范围和协议格式，逐点位配置关联相关信息、逐一接入物联网主机。监测点位预警阈值和预警报警级别，应当按照现行国家、省有关标准和设计文件的规定设置。同一区域、类型的点位数据应全量联网，严禁遗漏。

（三）数据更新。企业应当按照现行国家、省有关法律、法规、标准、设计文件规定和生产现状，定期更新基础数据。重大隐患调查、安全大检查、应急管理等信息应及时维护更新。全员风险管控数据信息实时更新。定期巡检监测、监控设备，保障感知数据、视频数据稳定、在线。

（四）数据变更。企业人员增加、减少或调整职务、岗位的，监测监控设备增加、减少、更换、升级改造的，部署 AI 视频的调度室、值班室等重点区域、场所的人员数量、班制等发生变化的，均应填报《数据变更审批表》，经主要负责人审批签字并加盖公章后实施。系统管理员应分别在审批完成和实施后的 2 日内，通过系统逐级报应急管理部门。

第十四条 应急管理部门应按照各自职责严格审核企业数据质量。系统管理员负责及时维护更新通讯录中监管执法人员等基础数据。监管和执法人员负责及时维护"通知通报、监管检查、执法检查、重大隐患调查"等数据并审批专家临时账号。

第四章　预警报警处置

第十五条 预警管理系统通过 App 端、手机短信、电话语音等方式智能分级推送预警报警信息。非煤矿山企业和应急管理部门应按照高效闭环的原则，分级处置预警和报警信息。

第十六条 预警信息处置。非煤矿山企业的安全管理人员，应每天通过 App 或者 PC 端查看本企业预警内容，督促直接

责任人定期或及时处理，防止风险升级扩大。直接与生产相关的监测、监控点位出现预警，直接责任人应迅速查明原因，采取针对性措施消除各方面的风险隐患；不能快速查明原因并消除的，安全总监应及时组织生产、机电、地质等部门技术人员联合排查治理，直至彻底消除。

第十七条 报警信息处置。非煤矿山企业主要负责人和安全总监，应根据报警类别、严重程度等，立即组织生产、机电、地质等部门人员排查并彻底治理。直接与生产相关的监测、监控点位等出现报警或者井下人员报警，对报警区域和受影响区域应采取停止作业活动或者立即将人员撤至安全区域等措施，隐患未消除，不得继续生产，严防事故发生。

应急管理部门处置：一级报警，市县级应急局应迅速组织力量开展现场核查或调查，省应急厅派员督导；二级报警，设区市应急局应迅速组织力量开展现场核查或调查，县级应急局全力配合；三级报警，县级应急局应迅速组织力量开展现场核查或调查。凡事实清楚确凿的违法违规行为，应依法处罚责任单位及责任人。报警升级，相应的应急管理部门应立即处置。

第五章　监督管理与考核

第十八条 非煤矿山企业主要负责人应结合月、季、年度绩效考核和安全生产例会，综合分析当前各类数据结果和全员运行管理情况，系统分析风险变化趋势和问题原因，制定针对性措施、责任落实到人，持续规范管理行为、提高管理效能，有效防范事故。

第十九条 市县级应急管理部门应根据预警管理系统反馈的区域安全风险等级（由高到低分为红色、橙色、黄色和蓝色四级）或者企业安全风险等级（由低到高分为 A、B、C、D 四级），科学调配监管执

法力量，实行动态差异化现场监管执法。

（一）长期处于 A 级（低风险）的企业，自主管理为主，原则每年检查或抽查不少于 1 次。

（二）长期处于 B 级（一般风险）的企业，常态化监管，原则每半年检查或抽查不少于 1 次。

（三）长期处于 C 级（较大风险）的企业，重点监管，原则每季度至少检查或抽查 1 次。

（四）长期处于 D 级（重大风险）的企业，重点关注、严管严查，原则每 2 个月至少检查或抽查 1 次。

（五）企业安全风险等级上升的，自上升之日起应按照上述原则调整检查或抽查的频次。安全风险等级下降的，自下降之日起连续保持 6 个月以上的，按照下降后等级所对应的检查或抽查频次执行。凡被举报且查实的，1 个月内连降两个等级的，国家部委或者省委省政府督查检查的，均不受检查或抽查频次限制。

第二十条　应急管理部门以及专家或者第三方技术服务机构检查或抽查企业时，应使用预警管理系统实施检查，确有疑问或者必须查阅纸质档案等材料的，受检企业应予以配合。

第二十一条　存在下列情形之一的，由应急管理部门依法依规给予行政处罚并追究有关单位及责任人责任。涉及其他部门职责的，应当及时移交有关部门依法处理。

（一）未按照规定处置预警、报警信息，造成严重后果的；

（二）关闭、破坏直接关系生产安全的监控、报警、网闸等设施，或者篡改、隐瞒、销毁其相关数据、信息的；

（三）直接关系生产安全相关的监测、监控等持续报警，整改不及时、不彻底，仍组织从业人员冒险作业的；

（四）设置的监测阈值和预、报警级别不符合国家标准、设计的规定或者造假的；

（五）擅自改建预警管理系统、变更数据信息或者委托他人登录的；

（六）故意泄露账号信息、商业信息、个人信息或者擅自下载图纸等数据信息的；

（七）违反其他法律、法规、规章规定的。

第二十二条　建立"系统智能月考核+市级季度考核"机制，考核结果向县级以上党委、政府通报。运行管理差的，对矿长或者上级单位主要负责人实施约谈。

第六章　系统安全与维护

第二十三条　预警管理系统实行省级部署、省市县企业"四级"一体应用，采用"专网+专线"组成数据传输链路，任何企业、部门及个人不得擅自改建或者破坏。

非煤矿山企业应将预警管理系统安全保密责任纳入全员安全责任制内容。应急管理部门应与系统管理员和使用人员签订安全保密协议。严禁委托他人登录系统，篡改数据，擅自下载图纸（片）、视频等数据信息。

第二十四条　预警管理系统的软件（含移动端 App）由省应急厅负责维护、优化和迭代升级、扩容。非煤矿山企业和市县应急管理部门在日常使用中遇到的重大问题，应书面提交省厅。

企业或应急管理部门确有升级、新增软件功能，共享数据资源等需求的，应书面提出申请报省应急厅审核，严格按照审核意见实施。

第二十五条　预警管理系统的网闸、物联网数据采集设备、视频智能人员行为分析设备等，属省应急厅固定资产，由企业明确专人负责建档、点检、操作和维护，任何人不得随意断开连接或者故意损毁。

设备故障或报废，应书面报省应急厅。

第二十六条　非煤矿山企业应加强自行部署的监测传感器、视频摄像头、内部网络、机房等设备设施的日常运维，确保持续稳定运行。

第二十七条　技术支撑单位应认真履行维保、质保等责任和义务，定期开展巡检并及时解决用户反馈的问题。

第七章　附　则

第二十八条　本办法由山东省应急管理厅负责解释。

第二十九条　本办法自发布之日起施行，有效期 2 年。

山东省生产经营单位安全总监制度实施办法（试行）

（鲁政办字〔2023〕116 号　2023 年 8 月 22 日）

第一条　为落实生产经营单位安全生产主体责任，完善安全生产管理体系，全面提升安全生产管理能力和水平，促进经济社会持续健康发展，根据《中华人民共和国安全生产法》《山东省安全生产条例》《山东省生产经营单位安全生产主体责任规定》等法律法规规章的规定，结合本省实际，制定本办法。

第二条　在本省行政区域内的生产经营单位落实安全总监制度以及相关监督管理工作，适用本办法。法律法规规章另有规定的，从其规定。

第三条　生产经营单位的主要负责人是本单位安全生产工作的第一责任人，全面负责安全生产工作；安全总监协助本单位主要负责人履行安全生产管理职责，专项分管本单位安全生产管理工作；其他负责人负责职责范围内的安全生产工作。

第四条　矿山、金属冶炼、交通运输、建筑施工、粉尘涉爆、涉氨制冷单位，危险物品的生产、经营、储存、装卸单位，使用危险物品从事生产并且使用量达到规定数量的单位，以及企业和从业人员达到一定规模和数量（含下属子公司、分公司从业人员）的其他生产经营单位，依法应当设置安全总监。鼓励支持其他有条件的生产经营单位，结合生产经营规模、安全风险等因素推行安全总监制度。

第五条　设置安全总监的生产经营单位应当依法设立安全生产管理机构，配齐配强安全生产管理人员，在安全总监的领导下负责本单位的安全生产管理工作。

第六条　安全总监应当具备下列基本条件：

（一）热爱安全生产工作，坚持原则，品德端正，身体健康，工作勤恳，具有强烈的安全意识和工作责任心；

（二）掌握安全生产法律法规规章和标准规范，熟悉本行业领域的安全管理制度、工艺流程、操作规程等；

（三）熟悉安全管理体系，掌握本单位的安全风险和重大危险源；

（四）具有较强的组织协调能力，能够积极主动和有效解决各类安全生产问题；

（五）熟悉本单位生产安全事故应急预案和演练，能够及时应对处置生产安全事故；

（六）取得工程师及以上职称或注册安全工程师资格，且在本行业领域内从事安全管理工作满 3 年；

（七）相关行业领域对安全总监的其他要求。

第七条　安全总监应当依法经负有安全生产监督管理职责的部门对其安全生产知识和管理能力的考核。

依照法律法规规章委托实施考核的，由受委托部门或单位根据委托协议对安全总监实施考核。

第八条　国有和国有控股企业安全总监实行委派制，安全总监应当接受企业和负有安全生产监督管理职责部门的双重领导。

国有和国有控股企业集团公司的安全总监，由负有安全生产监督管理职责的部门会同有关部门提出委派人选，经考核合格，按照干部管理权限办理任职手续。

国有和国有控股企业子公司的安全总监由集团公司负责委派，负有安全生产监督管理职责的部门可根据企业实际和工作需要推荐人选。

第九条　非国有和国有控股企业安全总监由企业提出人选，征得负有安全生产监督管理职责的部门同意后，经考核合格，由企业办理任职手续。

第十条　生产经营单位已经设置安全总监的，应当按照本办法要求履行相关手续，对符合本办法规定条件的可继续任职，对不符合本办法规定条件的应当按规定程序作出调整。

第十一条　生产经营单位安全总监的任免，应当书面报告负有安全生产监督管理职责的部门和应急管理部门。

第十二条　安全总监应当依法履行下列安全生产管理职责，并对职责或授权范围内的事项承担相应责任。

（一）协助主要负责人综合协调管理本单位安全生产工作，依法建立健全本单位全员安全生产责任制和安全生产规章制度；

（二）协助主要负责人定期向从业人员通报安全生产工作情况，监督落实本单位年度安全生产工作计划及重点工作；

（三）协助主要负责人组织开展安全生产宣传教育培训工作；

（四）协助主要负责人建立健全本单位安全生产责任制奖惩考核机制，考核与监督本单位各部门、各岗位履行安全生产责任制情况，行使考核奖惩权力；

（五）组织本单位安全生产管理机构和安全生产管理人员开展安全生产工作，监督指导本单位生产安全事故应急预案演练与修订工作；

（六）对是否符合安全生产相关法律规定和本单位安全生产管理制度的生产经营决策提出意见建议；

（七）有权阻止和纠正本单位违反安全生产管理制度和安全操作规程的决定和行为，并及时向生产经营单位主要负责人和负有安全生产监督管理职责的部门报告；

（八）发现直接危及从业人员人身安全的紧急情况时，有权作出停止作业或者在采取可能的应急措施后撤离作业场所的决定；

（九）对从业人员违反安全生产管理制度和安全操作规程的行为，经批评教育拒不整改的，提出处理意见并监督落实；

（十）提名分支机构和工程项目派驻专职安全生产管理人员；

（十一）对本单位人员职务晋升、表彰奖励候选人履行安全生产职责情况提出意见建议；

（十二）其他应当依法履行的职责。

第十三条　安全总监应当按照规定向所在地负有安全生产监督管理职责的部门报告安全生产工作情况。安全生产工作报告分为年度报告、专项报告和重大事项报告。

第十四条　年度报告应当于次年1月20日前报送。

年度报告应当包括法律法规规章以及安全生产重大决策部署贯彻落实情况、安全生产管理机构及管理人员设置和配备情况、安全生产制度规范和标准执行情况、生产经营单位安全生产培训教育情况、安全生产风险防控和隐患排查治理情况、重大危险源辨识登记情况、生产安全事故应急预案制定和演练等情况。

第十五条 专项报告应当按照县级以上人民政府及其有关部门组织开展的督察、执法检查和专项整治等活动要求进行报告。

第十六条 生产经营单位存在下列重大事项之一的,应当及时作出报告:

(一) 存在重大生产安全事故隐患或者存在发生生产安全事故现实危险的;

(二) 受到安全生产行政处罚的;

(三) 发生生产安全涉险事故和伤亡事故的;

(四) 进行重大安全生产技术改造的;

(五) 主要负责人强令职工冒险作业的;

(六) 其他应当报告的重大事项。

重大事项报告以口头、电话等方式先行报告基本信息,并以书面形式补报。

第十七条 有下列情形之一的,应当免去安全总监职务:

(一) 对重大生产安全事故隐患督促整治不力,导致发生生产安全伤亡事故的;

(二) 对执法检查责令整改而未督促整改,造成严重后果的;

(三) 有关部门在执法检查中对其安全生产知识和管理能力进行抽查考核不合格,经限期整改考核仍不合格的;

(四) 因安全生产工作落实不到位,被负有安全生产监督管理职责的部门建议免除安全总监职务的;

(五) 应当免职的其他情形。

有前款第一项、第二项情形的,依法追究责任。

第十八条 生产经营单位安全总监的待遇应当高于本单位同级同职其他岗位管理人员的待遇,并享受安全生产管理岗位风险津贴。

第十九条 安全总监督促安全生产主体责任落实、及时消除重大生产安全事故隐患、有效避免生产安全事故发生等安全生产管理工作成绩突出的,依照有关规定给予奖励。

第二十条 县级以上人民政府负有安全生产监督管理职责的部门对生产经营单位安全总监的监督管理应当坚持属地监管与分级监管相结合、以属地监管为主的原则,并按照《山东省安全生产行政责任制规定》相关规定执行。

国家对有关行业、领域安全生产监管和安全总监管理另有规定的,适用其规定。

第二十一条 县级以上人民政府负有安全生产监督管理职责的部门应当定期对安全总监开展形势政策教育和业务知识培训。

第二十二条 县级以上人民政府有关部门应当按照"放管服"改革要求,为安全总监安全生产知识和管理能力考核、任免告知等提供便利条件。

第二十三条 生产经营单位依法应当设置安全总监而未设置的,以及安全总监未履行安全生产管理职责的,依照有关规定进行处理。

第二十四条 本办法自 2023 年 10 月 1 日起施行,有效期至 2025 年 9 月 30 日。

山东省省直单位档案移交进馆办法

(鲁档馆发 〔2023〕 8 号 2023 年 4 月 4 日)

第一章 总 则

第一条 按照国家有关规定定期向档案馆移交档案是机关、团体、企事业单位和其他组织的法定职责。为规范省直单位档案移交进馆工作,确保各门类档案实行集中统一管理，应归尽归，应收尽收。根据《中华人民共和国档案法》《中华人民共和国档案法实施办法》《各级各类档案馆收集档案范围的规定》《机关档案管理规定》《电子档案移交与接收办法》等规定，制定本办法。

第二条 本办法适用于山东省省直部门（单位）及其下属单位、临时机构（以下简称移交单位）向省档案馆移交档案。

第三条 本办法所称档案包含传统载体档案和电子档案。

第二章 档案移交要求

第四条 各移交单位应当按照本机关（单位）档案分类方案、文件材料归档范围和档案保管期限规定，将在职能活动中形成的各门类、各载体档案收集齐全，整理规范、编目准确，确保纳入归档范围的文件材料能够全面、系统反映机关主要职能活动和基本历史面貌，并按规定时限向省档案馆移交。

第五条 各单位移交的档案门类包括：

（一）文书、科技（科研、基建、设备）、会计档案；

（二）履行行业特有职责形成的专业档案；

（三）照片、录音、录像等音像档案；

（四）业务数据、公务电子邮件、网页信息、社交媒体档案；

（五）印章、题词、奖牌、奖章、证书、公务礼品等实物档案；

（六）其他档案。

第六条 各单位应当按照《重大活动和突发事件档案管理办法》《关于加强重特大事件档案工作的通知》要求，加强对重大活动和突发事件档案工作组织领导，建立健全工作制度。重大活动和突发事件的办理或应对部门，或者专门设立的临时机构负责相应档案的收集、整理和保管，并按规定向档案馆移交。

第七条 移交单位一般自档案形成之日起满 20 年移交省档案馆。电子档案一般自形成之日起 5 年内移交，对于有特殊要求的电子档案，可以适当延长移交时间。

第八条 档案移交的基本要求：

（一）收集齐全完整，分类科学。移交单位应保持档案全宗的完整性，各门类各载体的档案应作为一个整体，不得割裂分散。档案门类要划分合理，分类方法协调统一，保持相对稳定。

（二）整理规范有序，著录清晰。移交单位应严格按照国家有关标准规范进行整理，文件排列有序、档号编制规范、著录完整清晰。

1. 文书档案整理应符合《文书档案案卷格式》（GB/T9705—2008）、《归档文件整理规则》（DA/T22—2015）、《文书档案目录数据采集规范》（DB37/T536—2019）、《纸质归档文件装订规范》（DA/T69—2018）要求。

2. 科技档案整理应符合《科学技术档案案卷构成的一般要求》（GB/T11822—2008）、《建设项目档案管理规范》（DA/T28—2018）要求。

3. 会计档案整理应符合《会计档案案卷格式》（DA/T 39—2008）《会计档案管理办法》要求。

4. 专业档案整理应符合相关专业档案管理规范要求，专业门类参照《国家基本专业档案目录》划分，也可根据各单位专业档案特定内容和形成规律予以划分。

5. 音像档案整理应符合《照片档案管理规范》（GB/T 11821—2002）、《数码照片归档与管理规范》（DA/T50—2014）、《录音录像档案管理规范》（DA/T78—2019）要求。

6. 各种印章、题词、奖牌、奖章、证书、公务礼品等实物档案，应分类按件整理编目。

7. 电子文件的整理和移交应符合《电子文件归档与电子档案管理规范》（GB/T18894—2016）、《党政机关电子公文归档规范》（GB/T 39362—2020）、《政务服务事项电子文件归档规范》（DA/T 85—2019）、《电子档案移交接收操作规程》（DA/T93—2022）、《电子会计档案管理规范》（DA/T 94—2022）等要求。采用单套制管理的电子文件应符合《电子档案单套管理一般要求》（DA/T92—2022）。

8. 磁性载体档案整理应符合《磁性载体档案管理与保护规范》（DA/T 15—1995）和省档案馆有关要求。

（三）检索工具完备。移交单位应编制和配备检索工具，方便档案查找利用，提高档案馆（室）信息化水平。主要包括：

1. 全宗介绍。移交单位应依据《全宗卷规范》（DA/T 12—2012）和《全宗指南编制规范》（DA/T 14—2012）编写全宗介绍。

2. 纸质目录。移交单位应编制按"卷"整理档案的案卷目录、全引目录和按"件"整理档案的归档文件目录。

3. 机读目录。移交单位应参照《文书档案目录数据采集规范》（DB 37/536—2019）编制移交档案的案卷级、文件级机读目录。

档案著录信息应完整、准确，离线移交时采用 DBF 格式。

第九条　移交进馆的传统载体档案，移交单位应按国家和省相关标准规范在进馆前进行数字化处理，数字化成果随档案原件一并移交。

（一）纸质档案数字化应符合《纸质档案数字化规范》（DA/T 31—2017）要求，其数字图像为双层 PDF 或 OFD 格式，建议扫描分辨率不小于 300dpi。

（二）录音录像档案数字化应符合《录音录像档案数字化规范》（DA/T 62—2017）要求，录音档案数字化形成的音频文件宜为 WAV 或 MP3 格式，录像档案数字化形成的音视频文件为宜 MPG、AVI 或 MP4 格式，推荐采用 MPG 格式。

（三）照片档案数字图像应包括 JPG、TIFF 或 RAW 格式，推荐采用 JPG 格式。

（四）实物档案数字化应符合《实物档案数字化规范》（DA/T 89—2022）要求。

（五）上述数字图像和音视频文件应以档号为基础命名，并保持唯一性。

第十条　移交单位在向档案馆移交电子档案之前，应当对电子档案数据的真实性、完整性、可用性和安全性进行检验，合格后方可移交。

第十一条　移交单位向省档案馆移交档案时，应按照相关规定做好涉密档案的秘密变更和解密清理工作，提出划控与开放意见。同时，对《中华人民共和国政府信息公开条例》颁布实施后形成的所有进馆档案进行信息公开标示著录。

第三章　档案移交进馆流程

第十二条　各移交单位根据本办法第七条规定的档案进馆期限，及时与省档案馆沟通对接，做好档案进馆整理等相关准备工作。档案不具备安全保管条件的单位，可与省档案馆协商提前移交。

第十三条　进馆档案整理工作结束后，向省档案馆提交档案整理数字化成果。省档案馆对档案整理质量及涉密档案解密审核和档案开放审核等情况进行检查验收，待检查合格后通知移交单位打印纸质目录及相关报表材料（登录山东档案信息网—档案业务—接收征集工作专栏下载），确定档案实体进馆时间。

第十四条　档案实体进馆清点核对无

误后，省档案馆与移交单位双方签订《档案交接文据》，完成档案进馆工作。

第四章　附　则

第十五条　属于省档案馆档案接收范围但未列入省直单位档案移交进馆一览表（见附件）的其他省管企业和事业单位，由省档案馆按照国家规定，与相关单位协商确定其归属、流向和进馆时间。

第十六条　本办法由山东省档案馆负责解释。

第十七条　本办法自印发之日起执行。

关于加强新时代全省高技能人才队伍建设的实施意见

（鲁政办字〔2023〕146号　2023年9月23日）

为贯彻落实《关于加强新时代高技能人才队伍建设的意见》，现就加强新时代全省高技能人才队伍建设制定以下实施意见。

一、总体要求

1. 以习近平新时代中国特色社会主义思想为指导，深入贯彻落实党的二十大精神，紧紧围绕"走在前、开新局"战略指引和实践要求，坚持党管人才，构建党委领导、政府主导、政策支持、企业主体、社会参与的高技能人才工作体系，全面建设"技能山东"，构筑技能人才培育聚集的"新高地"。到"十四五"末，全省技能人才占就业人员比例超过30%，高技能人才占技能人才比例超过35%；到2030年，全省新增高技能人才100万人；到2035年，全省新增高技能人才200万人以上。

二、加大高技能人才培养力度

2. 实施"技能兴鲁"百万工匠培育行动。深化实施职业技能提升行动，逐步扩大高级工以上政府补贴性技能人才培训规模。突出产业链、新兴产业需求，动态调整政府补贴性职业技能培训目录。推广求学圆梦行动，促进技能人才知识更新。充分发挥政府、企业、职业院校（含技工院校，下同）和社会力量综合优势，到2030年培育百万名以上"技能兴鲁"新工匠。（省人力资源社会保障厅牵头，省财政厅、省教育厅、省总工会分工负责）

3. 培育塑造高技能领军人才。发挥领军人才传承、创新作用，到2025年，建设20个左右国家级技能大师工作室。到2030年，建设200个齐鲁技能大师特色工作站、400个省级劳模和工匠人才创新工作室。注重后备力量长期培养，对优秀青年技能人才给予动态关注和支持，形成梯次培养机制。到2030年，培养万名高技能领军人才。（省人力资源社会保障厅牵头，省财政厅、省总工会分工负责）

4. 实施制造业技能根基工程。制定制造业政府补贴性职业技能培训目录，加大制造业高新技术、数字技能和急需紧缺职业工种政府补贴培训支持力度。遴选建设一批国家级技能根基工程培训基地，重点开展制造业高技能人才培训。（省人力资源社会保障厅、省工业和信息化厅分工负责）

5. 探索省域现代职业教育体系新模式。推进国家"双高计划"高职建设工程，重点建设20所高水平高职院校。实施固本强基工程，加快建设100所左右高水平中职学校。大力发展技工教育，实施技工教育优质校建设工程，建设国家级和省级优质校、优质专业（群）。推广企业全面参与的集团化办学模式。允许职业院校开展有偿性社会培训、技术服务或创办企业。切实保障职业院校学生在升学、就业、职业发展等方面与同层次普通学校学生享有平等机会。（省教育厅、省人力资源社会保障厅分工负责）

6. 发挥企业培养主体作用。优化"金蓝领"项目，全面推进中国特色学徒制，到 2025 年，全省培养 10 万名以上企业新型学徒职工和现代学徒。加强产学研合作，按照复合型技术技能人才标准，培育一批卓越工程师。探索校企双制、校中厂、厂中校等培养方式。鼓励各类组织依法参与举办职业教育培训机构。对纳入产教融合型企业建设培育范围的试点企业兴办职业教育的投资，可依据有关规定按投资额的30%的比例，抵免该企业当年应缴教育费附加和地方教育附加。遴选 10 家左右"产业链"链主企业，根据全链发展需求，牵头面向链上企业开展"产业链"综合培训项目试点。鼓励各类头部企业建立跨企业培训中心、实训基地，培养行业领域高技能人才。（省人力资源社会保障厅牵头，省教育厅、省发展改革委、省工业和信息化厅、省国资委、省税务局、省财政厅分工负责）

三、完善技能人才评价体系

7. 健全技能人才评价制度。实施"八级工"职业技能等级（岗位）序列制度。加大专项职业能力考核项目开发力度，满足新业态新技术、区域特色产业和技艺传承评价需求。探索建立境外技能人员职业资格认可清单制度。加快形成纵向衔接、横向可通、覆盖全面的技能人才评价制度体系。（省人力资源社会保障厅负责）

8. 畅通职业发展通道。建立破格评价机制，支持企业结合职业标准和岗位要求，根据水平、业绩对职工直接认定相应职业

技能等级。优化专业技术人员和技能人才贯通评价通道，鼓励高技能人才参加相应专业技术职称评审、专业技术人员参加技能评价。（省人力资源社会保障厅牵头，省工业和信息化厅、省国资委分工负责）

9. 健全技能评价服务体系。实施技能岗位"人人持证"工程。到 2025 年，在以技能人员为主体的规模以上企业和用人单位中，全面推行职业技能等级认定。拓展社会培训评价组织职业技能等级认定覆盖面，探索推进专项职业能力考核社会化改革，为劳动者提供多层次、高质量技能评价服务。（省人力资源社会保障厅牵头，省工业和信息化厅、省国资委等有关部门分工负责）

10. 发挥技能竞赛引领作用。完善以世界技能大赛为引领，全国职业技能大赛为龙头，"技能兴鲁"职业技能竞赛为骨干，各市和行业竞赛为主体，企业和院校职业技能比赛为基础的竞赛体系。定期举办山东省职业技能大赛、职业院校技能大赛，组织开展引领性劳动和技能竞赛。（省人力资源社会保障厅牵头，省总工会、省教育厅、省国资委分工负责）

四、完善技能导向使用制度

11. 健全高技能人才使用机制。引导企业建立科学岗位管理体系，鼓励高技能人才参与重大生产决策、重大革新攻关项目，组建"技师十工程师"团队。支持高技能人才兼任职业院校实习实训指导教师。倡导"产业链"内企业建立高技能人才共享交流机制，鼓励高技能人才通过兼职、服务、技术攻关、项目合作等柔性流动方式充分发挥作用。分级分层梳理高技能人才信息，建设高技能领军人才信息库，纳入全省高层次人才库管理，面向行业共性工艺革新等问题建立领题攻关机制。（省人力资源社会保障厅牵头，省工业和信息化

厅、省教育厅、省国资委分工负责）

12. 完善技能要素参与分配制度。落实《技能人才薪酬分配指引》，引导企业建立健全基于岗位价值、能力素质和业绩贡献的技能人才薪酬分配制度。分职业、分技能等级发布技能岗位工资价位信息，指导企业合理评价技能要素贡献。研究完善鼓励企业为高技能人才建立企业年金的机制。用人单位要比照相应层级专业技术人员建立同等待遇机制。国有及国有控股企业高技能人才人均工资增幅应不低于本单位管理人员人均工资增幅。（省人力资源社会保障厅、省国资委分工负责）

13. 发挥高技能领军人才引领示范作用。以泰山产业技能领军人才为引领，加大齐鲁首席技师选拔力度，遴选"山东省技术技能大师"，深化"齐鲁工匠"建设工程，培育"鲁班首席工匠""齐鲁大工匠""齐鲁工匠"。制定企业特级技师、首席技师岗位评聘的指导意见，"十四五"期间，开展特级技师、首席技师评聘的企业 200 家左右，评聘 1000 人左右。（省人力资源社会保障厅、省总工会分工负责）

五、健全表彰激励制度

14. 加大表彰奖励力度。对照国家表彰奖励体系，完善我省高技能人才表彰奖励激励制度。将高技能人才纳入省政府特殊津贴享受人员申报范围。积极推荐高技能人才参评劳动模范和先进工作者、科学技术奖等相关表彰评选，省级及以下表彰可适当向高技能人才倾斜。对符合条件的高技能人才按规定授予省五一劳动奖章等称号。（省委组织部、省科技厅、省人力资源和社会保障厅、省总工会分工负责）

15. 完善服务保障机制。支持各地将高技能人才纳入城市直接落户范围，高技能人才的配偶、子女按有关规定享受公共就业、教育、住房等保障服务。建立高技能人才休假疗养制度，分级开展休假疗养、研修交流和节日慰问活动。（省委组织部、省人力资源社会保障厅、省总工会分工负责）

16. 加强政治引领和政治吸纳。落实党委（党组）联系服务高技能人才工作要求。重视从技能人才中培养选拔党政干部。注重依法依章推荐高技能人才为各级人大代表候选人、政协委员候选人、群团组织代表大会代表或委员候选人。提高高技能人才在职工代表大会中的比例。加大优秀高技能人才在群团组织挂职或兼职力度。（省委组织部、省人力资源社会保障厅、省总工会分工负责）

六、保障措施

17. 各地要将高技能人才工作纳入本地区经济社会发展、人才队伍建设总体部署，全面贯彻落实《关于加强新时代高技能人才队伍建设的意见》。要在本级党委的统一领导下，建立组织部门指导、人力资源社会保障部门统筹协调、有关部门分工负责、行业企业和社会各方广泛参与的高技能人才工作机制。

18. 各地要加大资金统筹和支持力度，对高技能人才队伍建设给予保障。企业要足额提取使用职工教育经费，60% 以上用于一线职工教育培训。落实企业职工教育经费税前扣除政策，探索 建立省级统一的企业职工教育经费使用管理制度。

19. 各行业主管部门和行业组织要做好本行业高技能人才供需预测和培养规划。各地要加强高技能人才短期需求和中长期规划研究，统筹谋划、积极作为，确保如期实现技能人才队伍结构占比目标，有力支撑经济社会高质量发展。

山东省国资委关于进一步加强省属企业违规经营投资责任追究工作的通知

（鲁国资监督〔2023〕1 号　2023 年 5 月 26 日）

各省属企业：

为全面贯彻党的二十大精神，进一步抓好《山东省省属企业违规经营投资责任追究实施办法（试行)》（鲁国资监督字〔2019〕10 号）等系列制度文件的贯彻落实，持续推动省属企业违规经营投资责任追究（以下简称责任追究）工作走深走实，充分发挥责任追究"治已病，防未病"的效能作用，促进和保障企业高质量发展，根据国务院国资委有关工作要求，结合工作实际，现就进一步加强省属企业责任追究工作有关事项通知如下。

一、提高政治站位，进一步深化对责任追究工作重要性的认识

党中央国务院和省委省政府高度重视强化国有企业违规经营投资责任追究和防止国有资产流失工作，把建立责任追究制度作为完善国有资产监管、落实国有资产保值增值责任、防止国有资产流失的重要制度安排。在中央和省国企改革系列政策文件和国企改革三年行动中，都对建立完善国有企业责任追究制度体系和工作机制提出了明确要求。

2019 年以来，省国资委认真落实上级部署要求，不断健全完善省属企业责任追究制度体系和工作机制，责任追究工作有序平稳起步，为促进企业依法合规经营和高质量发展提供了有力保障。但从目前情况看，仍然存在制度执行不到位，工作"上热下冷"、企业间工作开展不平衡，部分企业"零报告、零查处、零追责""不

愿追责、不敢追责、不会追责"，以及监督协同贯通不够、追责成果运用不足、监督追责权威性不强等问题，影响了责任追究效能发挥，需要着力加以解决。

企业是维护国有资产安全、防止国有资产流失的责任主体。各企业要切实提高政治站位，深刻认识开展责任追究是贯彻落实习近平总书记关于加强国有资产监管一系列重要指示的必然要求，是加强国有资产监管、防止国有资产流失的重要制度安排，也是推动企业合规经营、防范化解重大风险、实现高质量发展的重要抓手。要进一步统一思想，提高认识，认真落实国家和省有关部署要求，坚持问题导向，持续推动责任追究工作深入开展，做到制度机制更全、监督追责更准、协同贯通更顺、监督效能更高，充分发挥以追责促发展的正向作用，切实维护国有资产安全、有效化解重大风险，为实现高质量发展，加快建设世界一流企业提供坚强保障。

二、突出重点关键，进一步抓实抓好责任追究工作各项任务

（一）聚焦重点关键，严肃查处重大违规问题线索。各企业要把严肃查处重大违规问题线索作为做好责任追究工作的重中之重，聚焦重点领域、关键环节、重大风险，抓紧抓实违规问题线索查处工作，依法依规追责问责，坚决防止因追责不力形成"破窗效应"。

1. 聚焦关键领域和重大问题。企业要紧盯投资担保、资金管理、高风险业务、

混合所有制改革等违规问题易发高发领域，聚焦重大诉讼、重大损失及损失风险、大额减值或重大亏损，主动发现并严肃查处重大违规问题线索，坚持发现一起，查处一起，充分发挥责任追究的震慑遏制作用，切实筑牢维护国有资产安全防线。

2. 用好用活各类监督成果。企业要高度重视巡视巡察、专项审计以及"靠企吃企"、亏损企业治理、财务决算审计等专项监督成果运用，在收到巡视巡察、审计及专项检查整改通知或审计报告后，要及时梳理问题线索并纳入问题线索管理台账，按规定进行分类处置，做到应核查尽核查、应追责尽追责、应整改尽整改，确保将监督成果落到实处。

3. 严格追究违规责任人员。企业要依据相关制度规定和核查结果，依法依规定性定损定责，严肃追究相关人员责任。认真做好责任追究处理决定的执行，确保监督追责惩戒、警示和教育作用的发挥。要加强与纪检监察机构的衔接，对责任追究中发现的涉嫌利益输送等违纪违法线索及时移送纪检监察机构；对已被纪检监察机构给予党纪政务处分但未追究违规经营投资责任的，应依据纪检监察机构认定的事实、性质和情节，按规定追究有关人员的违规经营投资责任。落实好重大决策终身责任追究制度，确保对调离、离职、退休的责任人员追究到位、落到实处。

（二）强化整改提升，充分发挥防范化解风险作用。各企业要把查办违规问题、完善内控制度、规范管理提升贯通起来，更好发挥责任追究促整改、促提升的正向作用，从制度机制上提升防范化解重大风险能力。

1. 加大问题整改力度。企业要严格落实问题线索销号管理，完善监管闭环机制，确保"事事有着落、件件有回应"。把整改到位作为违规问题办结销号的重要条件，

努力实现以追责促追损、以整改促发展。对未完成整改的，要持续跟踪督促，确保整改到位。

2. 注重完善长效机制。企业对存在的突出违规问题，要倒查制度健全性和执行有效性，深入挖掘问题背后的制度缺失和管理漏洞，形成管理提升建议书，针对性提出强化管理和制度建设的意见建议，持续健全以追责促发展的长效机制。将责任追究内容嵌入企业内部管理制度，从源头上防控违规问题，促进防范化解重大风险。

3. 强化案例警示效果。企业要加大责任追究案例通报力度，将提升企业管理和决策水平作为案例警示的重要发力点。采取会议集中通报、个别座谈交流、印送报告摘编等方式，及时向董事会及经理层成员等知会通报典型案例，从源头上推动合规决策、科学决策。企业应当从年度直接核查的违规问题线索中选择30%以上作为典型案例，于次年随年度定期报告一并报送省国资委。

（三）加强督促指导，不断推动责任追究工作落实落细。各企业要切实负起责任，通过督办、提级查办等方式，加大对权属企业的督促指导力度，不断推动责任追究工作落实落细，坚决防止工作虚化和空转。

1. 加强督办或提级查办。企业要重点关注有问题反映，但"零报告、零查处、零追责"的权属企业，对其重大违规问题进行督办或提级查办，并严肃追究漏报、瞒报和隐匿不查的责任。省国资委也视情采取督办或提级查办方式，倒逼企业落实责任追究主体责任。对上级关注、相关监管部门发现并通过省国资委移交的问题线索，进行全过程督办。对上级关注、相关监管部门发现或企业多次出现同类违规问题，以及企业久查不追的违规问题，必要时提级查办。

2. 严格落实报告制度。企业要坚决落实责任追究报告主体责任，强化主动发现、报告、处置和防范投资经营风险的意识。按照《关于建立省属企业违规经营投资责任追究报告制度的通知》（鲁国资办〔2021〕4号）要求，及时向省国资委报告相关情况并填报监督追责信息系统。省国资委根据报告及时掌握企业责任追究问题线索受理、初核、处置、核查、整改等动态进展，针对性加以督促指导。

3. 加大督促指导力度。企业要切实加强对权属企业的督促指导，层层传导压力，压紧压实责任，防止制度"空转"。对违规"零报告、零查处、零追责"的权属企业，要倒查工作机制设计和落实执行，针对性加以解决。对新投资设立或并购的企业，特别是混改企业，要同步明确责任追究职责主体，建立完善制度机制，确保全面覆盖。

（四）夯实组织基础，不断完善追责支撑保障体系。各企业要进一步加强责任追究组织体系建设，明确细化职责任务，推动各治理主体一体落实监督追责职责，形成工作合力，为责任追究工作深入开展提供有效支撑。

1. 健全完善组织体系。企业责任追究工作委员会或领导小组等类似领导协调机构，要在党委统一领导下，推动各治理主体一体落实监督追责职责。企业董事会及相关专门委员会要研究部署和指导推动责任追究重点工作；经理层要依法行使经营管理权并配合支持责任追究工作；新设专门部门或明确审计部门承担责任追究具体工作；细化党组织、法务、人力资源、财务等部门在责任追究工作中的职责，充分发挥其职能作用。

2. 配齐配强工作力量。企业要切实采取有力措施，配备与改革发展现状、企业规模体量、所处行业特点、集团管控需要、问题发生频次等相适应的责任追究工作力量，落实编制、配强人员、保障经费，为责任追究工作提供有效支撑。要健全完善企业内部能够统一调配的专兼职责任追究工作人才库，补充财务、投资、金融、内控、法务专业人员入库并参与违规问题核查。加强责任追究工作人员的教育培训和实践锻炼，为其参加相关内外部培训创造条件，不断提高监督追责能力水平。

3. 加强工作协同联动。企业要注重加强责任追究与纪检监察、业务、组织、财务、法务等职能部门的信息共享、线索移送、问题整改和成果共用，形成协同贯通的责任追究工作机制，防止问题"空转"和屡查屡犯，提升联防联治效果。加强上下联动，督促权属企业履行好报告问题线索、执行处理决定、落实整改要求等工作职责，保障责任追究工作全方位、无死角。

三、加强组织保障，确保各项工作要求落到实处

（一）加强组织实施。各企业要高度重视责任追究工作，根据本通知要求，梳理查摆短板弱项，研究提出可操作、可检验、可衡量的落实举措。企业党委要履行主体责任，抓好统筹协调和督促落实，做到目标任务具体、责任主体明确、实施路径清晰，确保将各项工作任务落实到位，取得质效。

（二）加强督促指导。各企业要将本通知各项任务要求的落实情况作为年度责任追究工作定期报告的重要内容，于次年1月31日前报送省国资委。省国资委将采取抽查评估方式对企业工作情况开展督促指导，重点关注"零报告、零查处、零追责"企业，以及已查处问题线索的办理质量，进一步提高责任追究工作整体水平。评估发现企业对巡视巡察、审计检查等发现的违规经营投资问题，存在放任不管或追责不到位情形的，按规定追究企业负责人及有关人员的责任。

（三）加强沟通交流。省国资委将通过培训会议、座谈交流、专题调研等方式，深化政策解读、增进学习借鉴、解决突出问题。各企业要注重总结提炼责任追究工作的经验做法，及时将工作成效和创新成果报送省国资委，遇到的问题及工作意见建议请沟通反映。

山东省国资委关于进一步加强省属企业合规管理工作的指导意见

（鲁国资法规〔2023〕1号　2023年7月7日）

各省属企业：

为贯彻落实《中央企业合规管理办法》，进一步加强省属企业合规管理工作，健全合规管理制度，优化合规管理运行机制，完善合规管理体系，结合《省属企业合规管理指引》有关要求，提出如下意见。

一、健全合规管理制度体系

（一）制定合规管理基本制度。认真落实合规管理各项要求，加快制定全员普遍遵守的合规行为规范，明确总体目标、机构职责、运行机制、考核评价、监督问责等内容，并根据法律法规、监管政策等变化情况进行动态修改完善。

（二）完善专项合规管理制度。根据所处行业特点，结合生产经营实际，梳理分析具体业务和风险较高领域的合规风险，聚焦反垄断、反商业贿赂、生态环保、安全生产、劳动用工、税务管理、数据保护等重点领域，制定合规管理具体制度或专项指南。

（三）健全境外合规制度。尊重当地商业规则、民族文化和社会习俗，明确境外投资经营行为的红线、底线，及时将境外规则转化为内部合规制度。深入研究对外贸易、境外投资、对外承包工程、境外日常经营中的合规管理要求，及时完善制度体系，堵塞管理漏洞。将境外廉洁防控和腐败治理等监管要求融入企业合规管理制度，强化境外企业监管。

二、完善合规管理运行机制

（一）开展合规风险识别预警。坚持关口前移、预防为先，完善合规风险评估识别预警机制。定期排查合规风险，建立重点领域合规风险库或清单并动态更新，提出针对性防范措施。对典型性、普遍性和可能产生较为严重后果的风险及时预警。

（二）推进重大决策合规性审查。将合规性审查作为重大决策必经前置程序嵌入经营管理流程，进一步突出审查刚性约束，确保"应审必审"。构建合规审核组织架构和管理体系，明确审查标准、流程和重点内容，确保规章制度、经济合同、重大决策等审核要求层层落实到位，严防合规风险。

（三）有效应对各类合规风险。企业发生合规风险事件，相关业务及职能部门应当制定应对方案，及时采取措施，并按规定向合规管理部门报告。发生重大合规风险事件，企业应及时向省国资委和有关部门报告。企业合规管理部门每年汇总分析企业年度合规风险处置情况，纳入年度法治工作报告，及时报省国资委。

（四）加强合规管理统筹协调。健全合规管理委员会工作机制，定期召开专题会议，研究重点难点问题，统筹推进企业合规管理工作。积极探索法治框架下法律、合规、内控、风险管理协同运作有效路径，完善工作机制，加强统筹协调，推进"四位一体"协同运作，减少交叉重复，有效提升管理效能。

（五）强化合规监督问责。设立违规行为举报平台，就举报问题进行调查和处理，对举报属实的举报人可以给予适当奖励。完善违规行为追责问责机制，明确责任范围，细化问责标准，严肃追究违规人员责任。建立违规问题整改机制，健全规章制度、优化业务流程，堵塞管理漏洞。建立权属企业经营管理和员工履职违规行为记录制度，将违规行为性质、发生次数、危害程度作为考核评价、职级评定等工作的重要依据。

（六）组织合规管理体系评价。定期对合规管理有效性进行评价，对重点业务合规管理情况开展专项评价，必要时可委托会计师事务所、律师事务所等外部专业机构进行审查评价。强化评价结果运用，针对评价发现的问题，及时改进合规管理工作。

三、压紧压实合规管理责任

（一）压实业务职能部门主体责任。按照"管业务必须管合规要求"，财务、投资、产权、安全生产、国际化经营、质量环保、人力资源等业务及职能部门承担合规管理主体责任，主动开展日常合规管控；编制部门重点岗位合规职责清单，将合规要求落实到岗、明确到人；定期开展合规风险排查，完善业务制度和管理流程，配合合规管理部门开展合规风险监测和评估，守好"第一道防线"。

（二）落实合规管理部门统筹协调责任。合规管理部门发挥组织推动和统筹协调作用，向业务及职能部门提供合规支持，指导业务及职能部门和权属企业建立健全合规管理体系；对规章制度、经济合同、重大决策等经营管理行为开展合规审查，组织开展合规评估与考核，筑牢"第二道防线"。

（三）强化纪检监察、审计等部门监督责任。纪检监察、审计等部门加强对合规管理制度体系执行情况的监督检查，把合规管理情况纳入巡视巡察内容，对发现的问题督促有关部门或权属企业立行立改，对失职渎职造成损失的，依纪依法开展追责问责，发挥"第三道防线"震慑作用。

四、夯实合规管理组织基础

（一）建立首席合规官制度。省属企业设立企业首席合规官，由总法律顾问兼任，不新增领导岗位和职数，对企业主要负责人负责，领导合规管理部门组织开展相关工作，指导权属企业加强合规管理。重大决策事项合规审查意见应当由首席合规官签字。

（二）加强合规管理部门建设。省属企业及重要子企业应当明确承担合规管理工作的部门，可以与法务机构合署办公；充实合规管理工作力量，配备与经营规模、业务范围、风险水平相适应的工作队伍。

（三）建立合规管理员制度。在业务及职能部门设立合规管理员，由业务骨干担任，接受合规管理部门的业务指导和培训，负责对所在部门或领域经营管理行为的合规审查，推进合规管理与业务工作深度融合。

五、强化合规管理工作保障

（一）加强组织领导。各企业要从全面学习贯彻习近平法治思想、推进法治国企建设的高度，充分认识加强合规管理的重要意义，推动合规管理各项要求在企业落实落地，2023年12月底前基本搭建起较为完备的合规管理体系并逐步向权属企业延伸，切实发挥合规管理对企业改革发展的支撑保障作用。

（二）用好信息化手段。结合企业信息化系统建设，将合规要求嵌入业务流程和重点环节，贯穿决策、执行、监督全过程，强化合规过程管控。通过信息化、大数据等手段，加强对重要领域、关键节点的动态监测，实现合规风险即时预警、快速处置。

（三）打造合规文化。将合规管理纳入党委中心组法治专题学习，推动企业领导人员强化合规意识，带头依法依规开展经营管理活动。建立常态化合规培训机制，制定年度培训计划，通过发布合规手册、业务专题学习、普法宣传教育等，提升全员合规意识，营造合规文化氛围。

内部文件选录

山东钢铁集团有限公司权属二级公司人事效率提升与工资总额联动考核暂行办法

（山钢人字〔2023〕3 号　2023 年 4 月 12 日）

按照 2023 年 1 月 28 日集团公司临时党委常委会要求，为建立以人事效率为导向的工资总额决定机制，持续推进人事效率提升，推动集团公司实现高质量发展，制定本办法。

一、考核思路

坚持"效率提升不能增加人工总成本"的工作原则，以追求极致人事效率目标为引领，以鼓励权属公司主动设定高水平人事效率提升目标、超前完成季度节点目标、超额完成年度提升目标为导向，建立人事效率提升与工资总额联动考核，引导各权属公司深入推进对标提升活动，进一步推进员工精简优化，全面提升集团公司人事效率。

二、考核方式

以各权属公司商业计划书确定的人事效率年度提升目标为考核指标，与在岗员工工资总额基数的 8% 实行联挂，按照"季度结算、年度统算"办法进行考核。

（一）季度考核办法

每季度考核工资基数为在岗员工年度工资总额基数的 2%，根据每季度人事效率完成情况进行考核。

1. 前三个季度人事效率完成情况分别按年度设定目标的 25%、35%（累计60%）、30%（累计90%）进行考核。

2. 季度考核工资总额＝季度考核工资基数×季度目标完成率×截至本季度累积目标完成率；

季度目标完成率＝本季度实际完成情况/本季度目标；

截至本季度累积目标完成率＝截至本季度实际完成情况/截至本季度的累积目标。

（二）年度考核办法

根据年度人事效率提升任务实际完成情况，统算年度考核工资总额。其中，季度暂未返还部分，年末根据年度目标设定和实际完成情况确定返还比例予以返还，具体如下：

1. 符合下列情形的，季度未返还部分按 80% 比例返还：

（1）年度人员优化目标高于 10% 的单位，最终完成年度目标的。（适用单位：山钢地产、莱钢集团）

（2）年度人员优化目标低于 10% 的单位，年度实际人员优化率超过 10% 的。（适用单位：山钢股份、山钢矿业、山东耐材）

（3）以人均创造价值提升为考核指标的单位，年度人事效率实际提升率超出设定目标 30% 的。（适用单位：山信软件、山钢资本、山钢财务、山钢国贸）

2. 符合下列情形的，季度未返还部分按 50% 比例返还：

（1）年度人员优化目标大于 8% 且低于 10% 的单位，最终完成年度目标，但没超过 10% 的。（适用单位：山钢股份）

（2）以人均创造价值提升为考核指标的单位，年度人事效率提升完成率超出设定目标 20%，但没超过 30% 的。（适用单位：山信软件、山钢资本、山钢财务、山钢国贸）

三、其他要求

（一）每季度和全年实际所得联动考核工资总额不多于考核基数。

（二）本办法自下文之日起执行，由集团公司人力资源部、运营管理部负责解释。

山东钢铁集团有限公司合规管理办法

（山钢合规字〔2023〕2 号　2023 年 4 月 13 日）

第一章　总　则

第一条　为深入推进法治山钢建设，进一步加强合规管理，有效防控合规风险，保障企业高质量发展，根据《中华人民共和国公司法》《中华人民共和国企业国有资产法》等有关法律法规，参照《中央企业合规管理办法》，结合本公司实际情况，制定本办法。

第二条　本办法适用于集团公司及权属二级公司（统称山钢集团）。

第三条　本办法所称合规，是指山钢集团经营管理行为和员工履职行为符合国家法律法规、监管规定、行业准则和国际条约、规则，以及公司章程、相关规章制度等要求。

本办法所称合规风险，是指山钢集团及其员工在经营管理过程中因违规行为引发法律责任、造成经济或者声誉损失以及其他负面影响的可能性。

本办法所称合规管理，是指山钢集团以有效防控合规风险为目的，以提升依法合规经营管理水平为导向，以企业经营管理行为和员工履职行为为对象，开展的包括建立合规制度、完善运行机制、培育合规文化、强化监督问责等有组织、有计划的管理活动。

第四条　合规管理工作应当遵循以下原则：

（一）坚持党的领导。充分发挥党组织领导作用，全面落实法治山钢建设工作部署，把党的领导贯穿合规管理全过程。

（二）坚持全面覆盖。将合规要求嵌入经营管理各领域各环节，贯穿决策、执行、监督全过程，落实到各部门、各单位和全体员工，实现多方联动、上下贯通。

（三）坚持权责清晰。按照"管业务必须管合规"要求，明确具体业务职能管理部门以及具有管理职能的直属机构（以下简称业务管理部门）、合规管理部门和监督部门职责，严格落实员工合规责任，对违规行为严肃问责。

（四）坚持务实高效。建立健全符合企业实际的合规管理体系，突出对重点领域、关键环节和重要人员的管理，充分利用大数据等信息化手段，切实提高管理效能。

（五）坚持穿透管控。对重大合规风险实施穿透式管理，进行集中督导、动态监控、有效评价，重大合规风险及时上报，严控新生重大合规风险。

第二章　合规管理组织体系

第五条　党组织发挥把方向、管大局、保落实的领导作用，推动合规要求得到严格遵循和落实，不断提升依法合规经营管理水平。

严格遵守党内法规制度，党建工作机构在党组织领导下，按照有关规定履行相应职责，推动相关党内法规制度有效贯彻落实。

第六条　董事会发挥定战略、作决策、防风险作用，主要履行以下职责：

（一）审议批准合规管理基本制度、体系建设方案等。

（二）研究决定合规管理重大事项。

（三）推动完善合规管理体系并对其有效性进行评价。

（四）决定合规管理部门设置及职责。

第七条　经理层发挥谋经营、抓落实、强管理作用，主要履行以下职责：

（一）拟订合规管理体系建设方案，经董事会批准后组织实施。

（二）拟订合规管理基本制度，批准年度计划等，组织制定合规管理具体制度。

（三）组织应对重大合规风险事件。

（四）指导监督各部门和所属单位合规管理工作。

第八条　主要负责人作为推进合规管理第一责任人，应切实履行依法合规经营管理重要组织者、推动者和实践者的职责，积极推动合规管理各项工作。

第九条　集团公司设立合规管理委员会，统筹协调合规管理工作，研究解决重点难点问题。合规管理委员会主任由主要负责人担任。

第十条　集团公司设立首席合规官，由总法律顾问兼任，负责合规管理委员会日常工作，领导合规管理部门组织开展相关工作，组织、落实和推进合规管理工作，参与重大决策并提出合规意见，指导所属单位加强合规管理。

权属二级公司具备条件的，可以依据本办法设立首席合规官。

第十一条　合规管理部门牵头负责合规管理工作，主要履行以下职责：

（一）组织起草合规管理基本制度、年度计划等。

（二）负责规章制度、经济合同、重大决策合规审查。

（三）组织开展合规风险识别、预警和应对处置，根据董事会授权开展合规管理体系有效性评价。

（四）受理职责范围内的违规举报，提出分类处置意见，组织或者参与对违规行为的调查。

（五）组织或者协助业务管理部门开展合规培训，受理合规咨询，推进合规管理信息化建设。

第十二条　业务管理部门是本领域合规管理责任主体，负责本业务领域的合规管理工作，主要履行以下职责：

（一）建立健全本业务领域的合规管理具体制度和流程，开展合规风险识别评估，编制风险清单和应对预案，并对执行情况进行检查。

（二）定期梳理重点岗位合规风险，将合规要求纳入岗位职责。

（三）负责本部门经营管理专业领域合规事项，出具业务合规意见。

（四）及时报告合规风险，组织或者配合开展合规风险事件应对处置。

（五）组织或者配合开展违规问题调查和整改。

第十三条　权属二级公司是本公司合规管理责任主体，根据本办法的规定，组织开展合规管理工作，制定合规管理实施细则及专项合规管理制度，建立完善并有效运行合规管理体系，全面防控合规管理风险。

第三章 合规管理制度体系

第十四条 建立以公司章程为统领，合规管理基本制度为主导，合规管理具体制度和其他实施类制度为支撑的合规管理制度体系。

第十五条 本办法是合规管理基本制度，明确合规管理的总体目标、机构职责、运行机制、考核评价、监督问责等内容，是制定合规管理具体制度的基本依据。

第十六条 合规管理具体制度是指各业务领域落实合规管理基本制度的实施类规定，主要包括战略规划、财务管理、人力资源、资本运营、投资管理、购销管理、安全环保、知识产权等业务领域的具体制度和反垄断、反商业贿赂、数据合规、出口管制等专项合规制度，以及党群工作具体合规制度。

第十七条 各境外机构应明确合规管理的分管负责人，严格遵守所在国家或地区的合规管理义务，组织落实境外合规风险的识别、评估、预警、报告等合规管理要求，及时建立健全境外业务合规管理制度，有效防范境外合规风险。

第四章 合规管理运行体系

第十八条 加强合规风险的识别评估。业务管理部门围绕本业务领域，准确识别合规风险，编制并及时更新合规风险清单，逐步建立合规风险数据库，对合规风险发生的可能性、影响程度、潜在后果等进行分析评估。

第十九条 加强合规风险的预警。业务管理部门围绕本业务领域，根据合规风险评估情况，对风险产生原因、影响程度等进行分析，对典型性、普遍性或可能产生严重后果的风险及时预警，提前制定风险应急预案。

第二十条 实施合规风险提示制度。对权属单位在经营管理活动中出现的苗头性、倾向性或存在较大合规风险隐患的事项予以风险提示，被提示单位应及时有效落实整改。

第二十一条 建立合规审查机制。业务管理部门、合规管理部门依据职责建立完善合规审查的重点、标准及流程，合规审查的主要内容是合规义务的遵守和履行情况。

第二十二条 合规义务是指适用于山钢集团的合规规范，包括合规要求和合规承诺。

（一）合规要求是指来自山钢集团外部的合规规范，主要包括：党规党纪等规范性文件；法律法规规章等规范性文件；监管规定、指南；法院判决、裁定、仲裁裁决；行政许可、行政处罚、行政裁决；适用的国际规则、条约；境外企业、机构所在国家或地区的法律、监管规定；商业惯例等。

（二）合规承诺是指来自山钢集团自主设定的合规规范，主要包括：合同、协议、对外承诺产生的义务；企业章程、管理制度，决策机构形成的有效决议等。

第二十三条 强化关键环节的合规审查。将合规审查作为必经程序嵌入规章制度制定、经济合同审查及重大决策等重要经营管理流程。

（一）规章制度的合规审查。在提报决策前，规章制度起草部门对规章制度出具业务合规意见，对跨部门、跨专业的规章制度，应征求相关部门的意见，并报合规管理部门进行审查。

（二）经济合同的合规审查。合同提报部门提出明确的业务合规意见，履行合同审批流程。

（三）重大决策的合规审查。提报决策前，提报部门对重大决策事项进行合规风险的识别、评估，出具合规性意见，合规管理部门进行合规审查，报首席合规官（未设首席合规官的由合规工作分管负责人）审核。

第二十四条　建立合规风险报告制度。本业务领域发生合规风险时，业务管理部门应及时采取应对措施，并将风险及应对情况向本公司合规管理部门报告。

第二十五条　强化对重大合规风险事件的应对。因违规行为引发的重大法律纠纷案件、重大行政处罚、刑事案件，或者被国际组织制裁等重大合规风险事件，造成或者可能造成企业重大资产损失或者严重不良影响的，由本公司首席合规官（未设首席合规官的由合规工作分管负责人）牵头，合规管理部门统筹协调，相关业务管理部门协同配合，及时采取措施妥善应对。

权属二级公司严格落实风险管控主体责任，对本公司及权属单位发生的重大合规风险事件，及时向集团公司报告，同时报集团公司首席合规官。

第二十六条　加强合规管理的评估整改。业务管理部门、合规管理部门依据职责开展合规管理有效性评价，落实本公司并督促权属单位对违规问题进行整改，通过健全规章制度、优化业务流程等措施，堵塞管理漏洞，持续提升合规管理水平。

第五章　合规管理保障体系

第二十七条　健全合规管理员体系。合规管理部门应设置合规管理岗位，配齐合规管理人员，负责合规管理专项工作。业务管理部门应配置与业务范围、风险水平相适应的合规人员，负责组织本部门合规风险的识别、评估及应对等工作，对本业务领域的经营管理行为进行合规审查。

第二十八条　设立违规举报平台。合规管理部门通过电话、邮箱、现场接待等方式受理实名违规举报。举报事项涉及相关专业的，由相应的业务管理部门调查核实，向举报人进行回复，并向合规管理部门备案。对造成资产损失或者严重不良后果的，移交责任追究部门；对涉嫌违纪违法的，按照规定移交纪检监察等相关部门或者机构。

对举报人的身份和举报事项严格保密，对举报属实的实名举报人给予适当奖励。任何单位和个人不得以任何形式对举报人进行打击报复。

第二十九条　合规管理部门结合实际，积极探索构建法治框架下合规管理与法务管理、内部控制、风险管理等协同运作机制，加强统筹协调，避免交叉重复，提高管理效能。

第三十条　建立常态化合规培训机制，合规培训纳入年度培训计划，将合规管理作为管理岗位人员、重要操作岗位人员及新入职人员的培训必修内容。

第三十一条　合规宣传教育纳入普法宣传五年规划，强化全员守法诚信、合规经营意识，积极引导全体员工自觉践行合规管理各项要求。

第三十二条　建立完善合规管理信息化系统，实现合规风险的在线监控、即时预警、快速处置、信息共享。同时，结合实际将合规制度、典型案例、合规培训、违规行为记录等纳入信息系统。

第三十三条　强化合规管理考核。合规管理工作开展情况作为重要考核内容，将合规义务遵守情况、合规审查执行情况、合规风险评估防控情况、合规创造价值情况等合规管理关键指标，纳入考核评价体系。

第三十四条　纪检监察机构和巡察、审计、监督问责等部门依据有关规定，在职权范围内对合规要求落实情况进行监督，对违规行为进行调查，进行责任追究。

第三十五条　对在履职过程中因故意

或重大过失应当发现而未发现违规问题，或者发现违规问题存在失职渎职行为，给企业造成损失或者不良影响的单位和人员，根据相关规定进行责任追究。

第六章　附　则

第三十六条　本办法所称主要负责人，是指党组织书记、董事长（执行董事）及总经理。

第三十七条　本办法由集团公司风险合规部负责解释。

第三十八条　本办法自印发之日起施行。《山东钢铁集团有限公司合规管理指引》（山钢合规字〔2020〕5号）同时废止。

山东钢铁集团有限公司员工公开招聘管理办法（试行）

（山钢人字〔2023〕4号　2023年5月17日）

第一章　总　则

第一条　为规范山东钢铁集团有限公司（以下简称"集团公司"）员工招聘管理，确保招聘工作的公开、公平、公正，根据有关法律法规和政策规定，结合实际，制定本办法。

第二条　本办法适用于集团公司总部（含直属机构）及实质性管理的各权属公司（以下简称"各单位"）。

第三条　除国家和省政策性安置、涉密岗位等人员外，各单位为填充一般管理、技术、操作岗位空缺所招聘的员工，全面实施公开招聘。公开招聘分为内部招聘和外部招聘。

（一）内部招聘是指各单位在集团公司范围内面向在岗员工组织的招聘。

（二）外部招聘包括校园招聘和社会招聘两类。校园招聘是指直接从国内外高校招聘各类各层次应届毕业生。社会招聘是指面向社会招聘具有一定工作经验的专业人员。

第四条　公开招聘坚持德才兼备、以德为先，体现公开、平等、竞争、择优，做到信息公开、过程公开、结果公开。

第五条　各类应聘人员须符合国家劳动用工政策规定，诚实守信、吃苦耐劳，身心健康，无不良、违法违纪记录，认同公司文化和价值观，并符合公司需要。社会招聘人员以"在本专业领域有丰富工作经验、有助于公司核心竞争力形成和提高的专业人才"为主。

第六条　公开招聘工作一般按照下列程序进行：

（一）明确招聘计划，制定工作方案；

（二）发布招聘信息公告，接受人员报名；

（三）收集筛选简历，开展资格审查；

（四）组织测评、考察、体检，确定录用意向；

（五）公示、录用；

（六）实行试用期管理。

第二章　编制招聘计划和招聘方案

第七条　各单位依据人力资源规划，结合本单位实际需求及业务增量情况，按照精干高效、人岗相适、岗事相宜原则，于每年8月拟定下年度招聘需求计划，报集团公司人力资源部门。

人力资源部门按照集团公司年度发展规划，汇总、平衡各单位需求计划，在充分挖掘内部资源的基础上，制订集团公司年度招聘计划，报领导审批后，批复各单位组织实施。因特殊原因需调整招聘计划的，各单位应及时报集团公司审定。

第八条　各单位开展公开招聘工作，应当在集团公司批准的计划内，制定招聘工作方案。公开招聘工作由各单位自行组织，也可委托有资质的社会中介机构组织实施。委托社会中介机构组织实施的，须履行招聘单位内部审批程序并签订委托协议。

第九条　公开招聘工作方案主要包括以下内容：

（一）招聘的岗位、条件、数量及招聘范围等；

（二）招聘方式、工作组织、时间安排；

（三）招聘测评形式、成绩计算方式；

（四）拟录用人员确定原则；

（五）招聘工作纪律及咨询、监督电话；

（六）其他需要说明的事项。

第三章　发布招聘公告

第十条　招聘公告应当内容准确、规范，招聘资格条件设置应当科学合理，与工作岗位相匹配，不得设置违反国家规定的有关歧视性条款和限制性条件，不得设置与岗位要求无关的条件。招聘公告发布后，在规定的报名时间内，凡符合条件的人员均可报名应聘。

第十一条　招聘公告的主要内容包括：

（一）企业情况简介；

（二）招聘岗位及描述、应聘资格条件要求、招聘数量等；

（三）报名方法、测评方式、时间安排等；

（四）拟聘人员公示渠道、咨询、监督方式，以及其他应当说明的事项。

第十二条　招聘公告发布时间一般不少于5个工作日，招聘高层次、高技能以及紧缺专业人才的公告可根据情况延长。内部招聘公告要通过集团公司内部网络公开发布；外部招聘公告应通过省国资委网站、集团公司网站/公众号、省属企业公开招聘集中发布平台等渠道发布，根据需要也可在各单位网站/公众号，以及招聘会、人才市场、网络、猎头公司等渠道发布。招聘公告一经发布，应当严格执行，确需更改的，须按照管理权限经审批后，在同一范围内重新发布。

第四章　资格审查

第十三条　公开招聘报名及资格审查工作由招聘单位或委托有资质的社会中介机构具体负责实施，招聘单位对资格审查结果负责。

第十四条　招聘单位人力资源部门会同招聘需求部门联合进行资格审查，其中人力资源部门对应聘者的基本任职条件进行筛选，招聘需求部门对其专业能力、工作经验等进行把关。

第十五条　资格审查应当严格按照招聘公告中确定的资格条件进行，资格审查贯穿招聘工作的全过程，一经发现应聘者不符合应聘条件的，立即取消应聘资格。因犯罪受过刑事处罚的人员，被开除中国共产党党籍的人员，被开除公职的人员，被依法列为失信联合惩戒对象的人员，因个人原因造成国有资产重大经济损失或恶劣影响的人员，一般不得作为资格审查通过人选。

对于社会招聘的应聘者，还应确认其是否承担任何相关竞业限制义务，如有承担相关的竞业限制义务，一般不作后续安排；已经办理入职手续的，应解除劳动关系或要求应聘者尽快解除相关竞业协议，在相关竞业协议解除前，劳动合同暂停履行。

第五章 开展测评

第十六条 招聘测评应当兼顾公平与效率，根据不同的岗位要求，采用不同的测评方法。对于社会招聘人员，原则上要安排至少一轮笔试和面试。

第十七条 笔试一般包括心理健康、职业倾向、专业素质等方面内容，具体由人力资源部门在征求需求部门意见的基础上综合确定。笔试要设置合格分数线，通过笔试的人员可安排面试。

第十八条 各单位要建立面试专家库，进行动态管理。入库专家包括：相关领域工作5年及以上的技术专家、管理人员以及各单位人力资源系统人员。

第十九条 面试一般由各单位从专家库挑选招聘专家、组建招聘小组进行，一般不少于5人。面试考官应当具有良好的政治素质和相应的专业工作经验，熟悉公开招聘规定和相关专业知识，公道正派、严守纪律、恪守规范。专业技术岗位面试，现从事专业技术的考官，一般不低于50%。

面试包括综合面试和专业面试，综合面试主要用于考察应聘者的价值观、基本素质、对公司企业文化的认同等；专业面试用于考察应聘者是否符合专业、岗位需要。

综合面试和专业面试可根据实际情况分开或一并进行。根据岗位特点和专业要求，采用结构化面试、专业测试、情景模拟、答辩及实际操作等方式进行，具体方式由招聘单位确定。

第二十条 笔试、面试信息须提前告知应聘人员，主要包括时间、地点、考试纪律、须携带的证件、资料及其他应知信息。

第二十一条 根据工作需要和岗位特点，招聘单位可对考试方式和考试环节等内容进行灵活掌握，但须在招聘方案中予以明确。

第六章 公示和录用

第二十二条 根据笔试成绩、面试成绩以及考察、背景调查、体检等情况择优确定拟录用人员。

拟录用社会人员要落实背景调查程序，调查内容一般包括：招聘人员的基本信息、证书材料的真实有效性、有无犯罪记录，是否存在劳动关系争议，离职原因，家庭背景，原工作单位收入、岗位及工作内容等，必要时可调查应聘人员社保缴纳记录。

外部招聘人员及有必要的内部招聘人员应到指定地点参加入职体检，体检合格方可正式录用。

第二十三条 对按规定需要公示的拟录用人员，要进行不少于5个工作日的公示。对不适宜公示人员的信息，可由招聘单位在一定范围内进行公开。

第二十四条 应届毕业生公示信息包括拟录用单位及拟聘人员姓名、性别、毕业院校、专业、学历等；内部招聘和社会招聘公示信息包括拟聘人员姓名、性别、拟聘岗位等。

第二十五条 公示无异议的，按规定办理录用手续。

第二十六条 外部招聘人员报到时，校园招聘人员应取得学历、学位证书等报到材料；社会招聘人员应取得上家单位出具的离职证明等材料。

第七章 试用期管理

第二十七条 招聘单位依法与聘用人员签订劳动合同或聘用协议，按规定办理相关手续，落实好聘用人员的相关待遇。

第二十八条 招聘单位要对首次聘用人员实行试用期管理制度，首次签订劳动合同期限一般为3年，其中前6个月为试用期。用人单位要建立试用期考核机制，加强对首次聘用人员试用期考核，试用期考核不合格人员应当解除劳动合同。

第八章　管理与监督

第二十九条　公开招聘工作应按照"先内后外"原则，优先录用符合岗位要求的集团公司内人员。通过内部招聘仍不能满足需求的，经集团公司批准，方可组织外部招聘。

第三十条　招聘工作应严格按招聘计划要求开展，不得在未经集团公司审批情况下超计划招聘；不得招聘不符合招聘要求的人员。

第三十一条　严格落实保密制度，招聘工作组成员及相关人员不得向无关人员透露招聘相关情况。

第三十二条　严格执行招聘回避制度，与应聘者有夫妻关系、直系血亲关系、三代以内旁系血亲或近姻亲关系的单位负责人、负责招聘工作人员不得参与该批次的招聘工作；应聘者与应聘单位负责人有上述亲属关系的，不得应聘该单位的人事、财务、监督检查等岗位，以及有直接上下级领导关系的岗位；具体负责招聘工作的人员，涉及与应聘者有上述亲属关系或存在其他可能影响招聘公正情形的，也应当回避。

第三十三条　各单位要高度重视员工招聘工作，切实履行主体责任，根据生产经营管理需要和单位人才队伍建设实际，采取有效措施，强化员工公开招聘管理，优化人力资源队伍结构。

第三十四条　各单位要严格按照国家、省相关政策规定和各项公开招聘工作纪律进行，禁止以各种形式规避制度规定擅自招聘人员，严禁违规干涉公开招聘资格条件设置、招聘程序确定、考试命题和评分等行为。负责招聘工作人员，要严格遵守组织人事工作纪律，严格执行回避制度和保密制度，保障应聘人员的合法权益，促进平等就业。

第三十五条　集团公司对各单位公开招聘工作进行监督检查，受理有关工作的举报、申诉，制止、纠正违反本办法的行为，并对有关责任人提出处理意见或者处理建议。对违反招聘纪律，招聘过程弄虚作假、营私舞弊的各级责任人员进行责任追究，涉及违纪违法的，移交纪检监察机关依纪依法处理。

第九章　附　　则

第三十六条　招聘过程中发生的各项费用，根据招聘单位相关财务制度列支。

第三十七条　本办法由集团公司人力资源部负责解释，自印发之日起实施，此前与本办法规定不一致的，按本办法执行。本办法未涉及的事项，按照国家及集团公司有关规定执行。

第三十八条　各单位可根据本办法的原则和精神，制定或修订本单位公开招聘管理办法。

山东钢铁集团有限公司事故隐患内部举报奖励实施办法

（山钢安字〔2023〕26 号　2023 年 9 月 7 日）

第一章　总　　则

第一条　为深入推进事故隐患排查整治，充分调动职工参与事故隐患排查的主动性、积极性，对事故隐患做到早发现、早处置、早消除，从源头上防范和杜绝事故发生，鼓励举报事故隐患，助力集团公司安全生产治理模式向事前预防转型。依据《关于推行企业事故隐患内部举报奖励制度的通知》（鲁安办发〔2023〕11号）文件要求，制定本制度。

第二条　本制度适用于集团公司及权属单位。

第三条　举报奖励遵循"合法举报、分级负责、谁受理谁奖励"的原则。

第二章　内部举报机制和方式

第四条　集团公司安全环保部为集团公司事故隐患举报受理部门，各权属单位安全生产管理部门为本单位事故隐患举报受理部门。事故隐患举报受理部门应公示其安全生产管理人员名单。

第五条　集团公司安全环保部举报受理电话：0531-67606393。通信地址：济南市高新区舜华路2000号舜泰广场4号楼；邮编：250101；电子邮箱：ahbadmin@shansteelgroup.com。

第六条　各权属单位应根据本单位实际灵活采用电话、微信、邮箱、App、书信、来访、公告牌等多种举报受理方式，并在本单位重要、明显区域场所公布。

第七条　任何单位和个人（以下统称举报人）有权向本单位安全生产管理部门或集团公司安全环保部举报事故隐患。

第三章　内部举报奖励流程

第八条　事故隐患举报分为实名举报和匿名举报。鼓励举报人表明自己身份，并提供真实姓名和有效通信方式，以备回复意见；对不愿公开自己姓名、单位和地址的举报人，尊重其意愿。

第九条　按照"合法举报、分级负责、谁受理谁奖励"的原则，举报人应先向本单位事故隐患举报受理部门举报，本单位事故隐患举报受理部门3日内未予明确回

复受理意见，或受理后未依法依规整改的，可再向上一级事故隐患举报受理部门举报。举报人可以通过来电、来访、信函、微信、App、电子邮件等方式进行举报。

第十条　举报人应当提供被举报对象的基本情况，包括单位名称、所在区域、事故隐患的现状及已经或者可能产生的危害。

第十一条　受理部门应对举报事故隐患分类登记、建档管理。

第十二条　受理部门应于举报事项核查处理结束后15个工作日内，对举报事实、奖励条件和奖励金额予以认定，提出奖励意见。

第十三条　集团公司事故隐患举报奖励流程：

（一）集团公司安全环保部接到事故隐患举报相关信息后，详细填写《山东钢铁集团有限公司举报事故隐患登记表》（附件1），报部门负责人审批，根据线索进行核实取证。

（二）汇总整理相关线索及证据材料，进行调查处理办结工作。

（三）填写《山东钢铁集团有限公司事故隐患举报奖励审批表》（附件2），确定奖励对象和金额，附办结后的相关材料，上报至山钢集团安全总监审批。

（四）经集团公司总经理批准，由隐患受理部门负责通知财务部办理奖金发放等工作。

（五）举报人因其他原因不能直接领取的，可以委托他人代领，提供举报人身份证明和委托人身份证明复印件，由财务部按程序发放奖金。

第四章　事故隐患及举报奖励标准

第十四条　一般事故隐患和重大事故隐患的判定标准，按照国家、省和集团公司有关规定执行。

第十五条　对职工在岗位职责内发现事故隐患向本单位报告经查实后，应给予奖励；对职工在岗位职责范围外发现事故隐患向本单位举报经查实后，应提高奖励标准。

第十六条　举报人举报的事故隐患（包括已发现但未按有关规定采取措施整改的），经核查属实，给予举报人奖励；具有安全生产管理、监督职责的人员或其授意他人对管理区域内的举报，经核实后不在奖励之列。

第十七条　举报奖励标准：

（一）举报属于岗位职责内的一般事故隐患，给予举报人 500 元（含税）的奖励；岗位职责外的一般事故隐患，给予举报人 1000 元（含税）的奖励；

（二）举报属于岗位职责内的重大事故隐患，给予举报人 2000 元（含税）的奖励；岗位职责外的重大事故隐患，给予举报人 5000 元（含税）的奖励；

（三）因举报的事故隐患直接避免了伤亡事故发生或重大财产损失的，给予举报人 5000～10000 元（含税）的奖励。

第五章　管理要求

第十八条　对举报的事故隐患的整改应按照隐患整改的相关制度执行，各级事故隐患受理部门应根据事故隐患分类通报责任单位。

第十九条　集团公司及各权属单位应设立事故隐患内部举报奖励资金，用于保障内部举报事故隐患的奖励支出，纳入本单位安全生产资金保障范畴。对符合安全生产费用提取和使用范围的，按《企业安全生产费用提取和使用管理办法》（财资〔2022〕136 号）的规定，在成本中据实列支。

第二十条　集团公司及各权属单位应建立事故隐患内部举报奖励运行台账，如实记录员工内部举报事故隐患的时间、具体部位或场所、具体情形和排查、整改及举报奖励情况。

第二十一条　集团公司及各权属单位应对事故隐患内部奖励落实情况进行公示，每季度在本单位门户网站、办公场所公示栏、电子显示屏等醒目位置公布事故隐患内部举报奖励情况（不得公开举报人信息），同时对通过内部举报直接避免了伤亡事故发生或重大财产损失的从业人员予以公示表扬。

第二十二条　集团公司及各权属单位应将事故隐患内部举报奖励制度纳入全员安全生产教育培训，保证各岗位人员熟悉内部举报奖励制度。

第二十三条　集团公司及各权属单位应将事故隐患内部奖励工作纳入全员安全生产责任制，明确各岗位的责任人员、责任范围和考核标准等内容，并加强落实情况的监督考核。

第二十四条　多人多次举报同一事项的，由最先受理举报的受理部门给予最先举报人奖励；多人联名举报同一事项的，由实名举报的第一署名人或者第一署名人书面委托的其他署名人领取奖励金。

第二十五条　举报人接到领奖通知后，应当在 10 日内向受理部门提供有效银行账号及有效证件；无法通知举报人的，受理举报部门可以在一定范围内进行公告。逾期未领取奖金者，视为放弃领奖权利；能够说明理由的，可以适当延长领取时间。

第二十六条　奖励经费的管理使用接受审计部门的监督检查。

第六章　附　　则

第二十七条　本办法由集团公司安全环保部/应急管理部负责解释。

第二十八条　各权属单位依据本办法制定本单位的《事故隐患内部举报奖励实

施办法》。

第二十九条 本办法自发布之日起施行。

附件：1. 山东钢铁集团有限公司举报

事故隐患登记表（略）

2. 山东钢铁集团有限公司事故隐患举报奖励审批表（略）

山东钢铁集团有限公司数据安全管理办法（试行）

（山钢信字〔2023〕2号 2023年12月5日）

第一章 总 则

第一条 为规范山东钢铁集团有限公司（以下简称集团公司）数据处理活动，保障数据安全，促进数据开发利用，保护集团公司及职工合法权益，维护集团公司安全和发展利益，依据《中华人民共和国网络安全法》《中华人民共和国数据安全法》《山东钢铁集团有限公司信息化管理办法》等国家有关法律法规及集团公司有关规定，制定本办法。

第二条 名词解释

（一）数据：是指任何以电子或者其他方式对信息的记录。

（二）数据处理：包括数据的收集、存储、使用、加工、传输、提供、公开、交易、销毁等。

（三）数据处理者：进行数据处理的责任主体。

（四）数据安全：是指通过采取必要措施，确保数据处于有效保护和合法利用的状态，以及具备保障持续安全状态的能力。

（五）核心数据：省部级及以上数据安全管理部门定义为最高级别的数据。

（六）重要数据：省部级及以上数据安全管理部门定义为次高级别的数据。

第三条 本办法适用于集团公司及权属公司的数据安全管理工作。

第二章 管理原则

第四条 数据安全管理应遵循以下原则：

（一）依法合规。须遵守国家法律法规和行业标准、规范，以及集团公司信息化管理规定。

（二）分权制衡。对所有权限应进行适当的划分，使每个责任主体只能拥有其中的一部分权限，使他们之间相互制约、相互监督。敏感操作，多人完成。

（三）安全隔离。将数据的主体与客体分离，按照一定的安全策略，在可控和安全的前提下实施主体对客体的访问。授权不操作，操作不授权。

（四）敏感数据不可见。在业务合作、系统建设和运维等涉及第三方数据处理环节，应确保敏感数据均不以明文方式提供及显示；确因技术措施不能满足要求而采取其他防护措施的，需签订数据安全保护协议，保障公司及相关方权益。

（五）数据对外须脱敏。除明确禁止对外共享的保密信息外，去除个人隐私的数据可对外开放；对于脱敏后无法关联推算匹配的模糊化数据可对外开放。

（六）数据服务最小化。不同安全级别的数据必须限定不同的共享范围，数据访问者为满足业务需要，仅被授予其访问数据的适当权限。在向第三方或内部单位共享数据时，应仅提供业务开展明确需要的数据属性和标签，减少其他无关数据、属性、标签的共享开放，降低多余数据外泄风险。

（七）数据分类分级。根据数据级别不同，开展差异化安全管控，实现分类分级管理。

第三章　职责分工

第五条　大数据与智慧化委员会（数智委）

集团公司数据安全治理领导机构为集团公司大数据与智慧化委员会（简称数智委）。主要职责包括：落实上级有关数据安全工作决策部署，领导并组织研究、协调、推进集团公司数据安全重大事项。

第六条　总经理

（一）审批集团公司数据安全管理制度、标准规范等；

（二）部署、推进山钢集团数据安全重大项目，推进、协调山钢集团较大数据安全资源整合与开发利用等重要事项；

（三）审批或授权信息化分管领导审批山钢集团对外数据处理行为。

第七条　信息化管理办公室

集团公司信息化管理办公室是集团公司数据安全管理的主管部门（以下简称主管部门），具体承担集团公司数据安全日常管理职责，负责集团公司数据安全的综合管理。主要职责有：

（一）起草集团公司数据安全管理制度；

（二）监督检查集团公司数据安全管理制度落实情况；

（三）组织制定集团公司数据分类分级数据识别认定、数据分级防护等标准规范，组织制定数据分类分级具体目录并实施动态管理；

（四）对山钢集团对外数据处理行为提出初步意见；

（五）组织开展集团公司数据安全审计、检查和考评；

（六）落实集团公司及上级主管部门数据安全有关工作要求。

第八条　总部各部门、直属机构

集团公司总部各部门、直属机构是本部门主责的数据资产安全管理的主责部门（以下简称主责部门）。主要职责有：

（一）配合主管部门制订数据安全控制策略和开展数据安全审计工作；

（二）负责本部门主责数据资产的安全管理；

（三）落实本部门主责数据资产的分类分级识别认定、数据分级防护、数据分类分级具体目录并实施动态管理；

（四）负责本部门主责数据资产安全的业务应急预案的制订和落实；

（五）对本部门主责的数据资产处理行为提出审批意见；负责发起向本部门以外提供需审批数据处理行为的申请；

（六）落实集团公司部署的其他数据安全相关工作。

第九条　权属二级公司

权属二级公司是集团公司部署在本单位数据资产安全管理的主责单位（以下简称主责单位）。主要职责有：

（一）贯彻数据安全法律法规和集团公司规章制度，建立健全本单位数据安全管理体系。

（二）承接集团公司在本单位部署数据资产的安全管理任务，负责本单位数据资产的安全管理。

（三）组织本单位开展数据资产的分类分级识别认定、防护；审定数据分类分级具体目录并实施动态管理；本单位数据分类分级目录新建、更新时，应于15个工作日内向集团公司信息化主管部门备案。

（四）审批本单位内部数据处理行为；

负责发起向本单位以外提供需审批数据处理行为的申请。

（五）组织开展本单位数据安全审计、检查和考评。

（六）制订本单位自建系统的数据安全应急预案，并定期开展应急演练。

（七）落实集团公司部署的其他数据安全相关工作。

第十条 信息化服务单位

山信软件股份有限公司是集团公司数据安全管理的技术服务、支撑单位。主要任务包括：

（一）承担集团公司数据安全监测、风险预警和应急处置工作。

（二）配合主管部门制定集团公司数据分类分级、数据识别认定、数据分级防护等标准规范、制定数据分类分级具体目录，落实数据分类分级动态管理。

（三）配合主管部门开展集团公司数据安全检查、审计、测评等专项工作。

（四）承担运维范围内数据安全系统应急预案的制订和落实。

（五）落实集团公司部署的其他数据安全相关工作。

第四章 数据分类分级

第十一条【数据分类】 根据集团公司行业要求、特点、业务需求、数据来源和用途等因素，山钢集团数据分类类别包括但不限于研发数据域（研发设计数据、开发测试数据等）、生产数据域（控制信息、工况状态、工艺参数、系统日志等）、运维数据域（物流数据、产品售后服务数据等）、管理数据域（系统设备资产信息、客户与产品信息、产品供应链数据、业务统计数据等）、外部数据域（与其他主体共享的数据等）。

第十二条【数据分级】 根据不同类别数据遭篡改、破坏、泄露或非法利用后，

可能对生产、经济效益等带来的潜在影响，将数据分为一至五级五个级别，五级为最高级。同时符合不同数据级别判定条件的数据，按较高数据级别判定管理。

（一）潜在影响符合下列条件之一的数据定义为五级数据：

1. 符合省部级及以上管理部门定义为重要数据、核心数据（最高级及次高级数据）的数据；

2. 只限于山钢集团及权属公司高层管理人员、少数关键人员可以访问的数据；

3. 数据完整性受损造成公司业务持续或形象声誉受影响非常严重的数据、易引发特别重大生产安全事故或突发环境事件，或造成直接经济损失特别巨大的数据。

（二）潜在影响符合下列条件之一的数据为四级数据：

1. 符合省部级及以上管理部门定义为一般数据（低于次高级的数据）的数据；

2. 只限于本单位中层及以上管理人员、部门/单位少数关键人员可以访问的数据；

3. 数据完整性受损造成公司的业务持续或形象声誉受影响较严重的数据、易引发较大或重大生产安全事故或突发环境事件，给企业造成较大负面影响，或直接经济损失较大的数据；可导致大量供应商、客户资源被非法获取或大量个人信息泄露。

（三）潜在影响符合下列条件之一的数据为三级数据：

1. 只限于本单位某个部门或职能人员可以访问的数据；

2. 数据完整性受损造成本单位的业务持续或形象声誉受影响较一般的数据。

（四）潜在影响符合下列条件之一的数据为二级数据：

1. 对本单位内部所有员工是公开的数据；

2. 数据完整性受损造成本单位的业务

持续或形象声誉受影响轻微的数据。

（五）潜在影响符合下列条件之一的数据为一级数据：

1. 本单位对外公开的数据；

2. 数据完整性受损造成本单位的业务持续或形象声誉受影响可以忽略的数据。

第十三条 各单位承担数据管理的主体责任，要建立健全相关管理制度，实施数据分类分级管理并开展年度复查，并在本单位系统、业务等发生重大变更时应及时更新分类分级结果。各权属二级公司结合实际明确数据管理机构和工作人员。

第十四条 企业针对重要数据、核心数据采取的防护措施，应能抵御来自国家级敌对组织的大规模恶意攻击；各单位针对三级及以上级别数据采取的防护措施，应能抵御大规模、较强恶意攻击；针对一、二级数据采取的防护措施，应能抵御一般恶意攻击。

第十五条 三级及以上数据原则上不共享，确需共享的应严格控制知悉范围。并经本单位主管领导审批，报集团公司主管部门备案。按有关规定向上级行政部门、行业主管部门等提报的数据，不再向集团公司主管部门备案。

第十六条 数据遭篡改、破坏、泄露或非法利用时，应根据事先制定的应急预案立即进行应急处置。涉及三级及以上数据时，须将事件及时上报集团公司信息化主管部门，并于应急工作结束后 15 日内补充上报事件处置情况。

第十七条【数据目录备案】 各单位应当将本单位四、五级数据目录向集团公司信息化主管部门备案。备案内容包括但不限于数据类别、级别、规模、处理目的和方式、使用范围、责任主体、对外共享、跨境传输、安全保护措施等基本情况，不包括数据内容本身。

第十八条【数据安全评估】 各单位三级及以上数据应当自行或委托第三方评估机构，每年至少开展一次安全评估，及时整改风险问题。

第五章 数据全生命周期安全管理

第十九条【主体责任】 各单位应当对数据处理活动负安全主体责任，对各类数据实行分级防护，不同级别数据同时被处理且难以分别采取保护措施的，应当按照其中级别最高的要求实施保护，确保数据持续处于有效保护和合法利用的状态。

（一）贯彻执行集团公司数据安全管理制度，针对不同级别数据，严格落实数据收集、存储、使用、加工、传输、提供、公开、销毁等环节的具体分级防护要求和操作规程；

（二）根据需要指定/配备数据安全管理人员，统筹负责数据处理活动的安全监督管理，协助各单位主管部门开展工作；

（三）合理确定数据处理活动的操作权限，严格实施人员权限管理；

（四）根据应对数据安全事件的需要，制定应急预案，并定期进行演练；

（五）定期对从业人员开展数据安全教育和培训；

（六）法律、行政法规等规定的其他措施。

三级及以上的数据处理者，还应当：

（一）建立覆盖本单位相关部门的数据安全工作体系，明确数据安全负责人和管理机构，建立常态化沟通与协作机制。本单位法定代表人或者主要负责人是数据安全第一责任人，领导团队中分管数据安全的成员是直接责任人。

（二）明确数据处理关键岗位和岗位职责，并要求关键岗位人员签署数据安全责任书。

（三）建立内部登记、审批机制，对三级及以上数据的处理活动进行严格管理并留存记录。

第二十条【数据收集】 各单位收集数据应当遵循合法、正当的原则，不得窃取或者以其他非法方式收集数据。

数据收集过程中，应当根据数据安全级别采取相应的安全措施，加强各级数据收集人员、设备的管理，并对收集时间、类型、数量、频度、流向等进行记录。

通过间接途径获取各级数据的，数据处理者应当与数据提供方通过签署相关协议、承诺书等方式，明确双方法律责任。

第二十一条【数据存储】 各单位应当依据法律规定或者与用户约定的方式和期限存储数据。存储四级及以上数据的，应当采用校验技术、密码技术等措施进行安全存储，不得直接提供存储系统的公共信息网络访问，并实施数据容灾备份和存储介质安全管理，定期开展数据恢复测试。存储重要数据、核心数据的，还应当实施异地容灾备份。

第二十二条【数据使用加工】 各单位应积极利用数据进行自动化、智能化决策分析，使用、加工三级及以上数据的，还应当加强访问控制。

第二十三条【数据传输】 各单位应当根据传输的数据类型、级别和应用场景，制定安全策略并采取保护措施。传输重要数据和核心数据的，应当采取校验技术、密码技术、安全传输通道或者安全传输协议等措施。

第二十四条【数据提供】 各单位提供数据，应当明确提供的范围、类别、条件、程序等，并与数据获取方签订数据安全协议。提供重要数据和核心数据的，应当对数据获取方数据安全保护能力进行评估或核实，采取必要的安全保护措施。

第二十五条【数据公开】 各单位应当在数据公开前分析研判可能对公共利益、国家安全产生的影响，存在重大影响的原则上不得公开。

第二十六条【数据销毁】 各单位应当在数据销毁前，明确销毁对象、规则、流程和技术等要求，对销毁活动进行记录和留存。

销毁重要数据和核心数据的，应当及时向信息化主管部门更新备案，不得以任何理由、任何方式对销毁数据进行恢复。

第二十七条【数据出境】 各单位在中华人民共和国境内收集和产生的重要数据和核心数据，法律、行政法规有境内存储要求的，应当在境内存储，确需向境外提供的，应当依法依规进行数据出境安全评估。

第二十八条【数据转移】 各单位因兼并、重组、破产等原因需要转移数据的，应当明确数据转移方案，并通过电话、短信、邮件、公告等方式通知受影响用户。涉及重要数据和核心数据的，应当及时向信息化主管部门更新备案。

第二十九条【委托处理】 各单位委托他人开展数据处理活动的，应当通过签订合同协议等方式，明确委托方与被委托方的数据安全责任和义务。委托处理重要数据和核心数据的，应当对被委托方的数据安全保护能力、资质进行评估或核实。

除法律、行政法规等另有规定外，未经委托方同意，被委托方不得将数据提供给第三方。

第三十条【核心数据跨主体处理】 跨主体提供、转移、委托处理重要数据、核心数据的，应当评估安全风险，采取必要的安全保护措施，并经由信息化主管部门，按照有关规定进行审查。

第三十一条【日志留存】 各单位应当在数据全生命周期处理过程中，记录数据处理、权限管理、人员操作等日志。日志留存时间不少于6个月。

第六章 数据安全监测预警与应急管理

第三十二条【监测预警机制】 各单位应当开展数据安全风险监测，及时排查安全隐患，采取必要的措施防范数据安全风险。

第三十三条【信息上报】 各单位应当及时将可能造成较大及以上安全事件的风险向信息化主管部门报告。

第三十四条【应急处置】 各单位在数据安全事件发生后，应当按照应急预案，及时开展应急处置，涉及重要数据和核心数据的安全事件，应当第一时间向信息化主管部门报告。事件处置完成后应当在规定期限内形成总结报告，每年向信息化主管部门报告数据安全事件处置情况。

各单位对可能损害用户合法权益的数据安全事件，应当及时告知用户，并提供减轻危害措施。

第七章 考核与责任追究

第三十五条 数据安全管理纳入集团公司对各单位、各直属机构和总部各部门的考核。主要包括：

（一）不符合数据安全管理规定，导致发生数据安全事件，对集团公司或职工造成风险、损失者。

（二）其他未按管理要求进行数据安全管理者。对本单位数据安全管理不善，不能认定责任人的，由本单位分管领导或主要负责人承担管理责任。发生数据安全风险、事件，未按管理要求及时整改、处置或配合整改、处置不积极的，加重考核和问责。

第三十六条 任何单位或个人因违反本办法规定，给企业造成经济损失或不良社会影响的，按集团公司有关规定予以处理。

情节严重且涉嫌触犯刑事等法律法规的，移交有关部门依法追究法律责任。

第三十七条 权属二级公司负责对本单位下属部门及权属公司的考核与责任追究。

第八章 附 则

第三十八条 数据处理活动涉及秘密等专项数据处理的，适用集团公司秘密等专项管理办法的规定。开展涉及个人信息的数据处理活动，应当遵守有关法律、行政法规的规定。

第三十九条 本办法自发布之日起试行。

第四十条 本办法由集团公司信息化管理办公室负责解释。

山东钢铁集团有限公司安全生产费用提取和使用管理规定

（山钢安字〔2023〕31号 2023年12月12日）

第一章 总 则

第一条 为了建立集团公司安全生产投入长效机制，加强安全生产费用管理，保障安全生产资金投入，实现安全生产，确保职工的生命安全和健康，依据《中华人民共和国安全生产法》等有关法律法规和《企业安全生产费用提取和使用管理办法》（财资〔2022〕136号），制定本规定。

第二条 本规定适用于集团公司及各子公司安全生产费用的提取和使用管理。

第三条　本规定所称安全生产费用（以下简称安全费用）是指生产经营单位按照规定标准提取，在成本中列支，专门用于完善和改进安全生产条件的资金。安全生产费用优先用于安全生产措施的实施和为满足达到安全生产条件而进行的整改。

第四条　安全生产费用管理遵循以下原则：

（一）筹措有章。统筹发展和安全，依法落实安全生产投入主体责任，足额提取。

（二）支出有据。根据生产经营实际需要，据实开支符合规定的安全生产费用。

（三）管理有序。各单位专项核算和归集安全生产费用，真实反映安全生产条件改善投入，不得挤占、挪用。

（四）监督有效。建立健全企业安全生产费用提取和使用的内外部监督机制，按规定开展信息披露和社会责任报告。

第二章　管理职责

第五条　安全管理部门职责

（一）负责制（修）订本管理规定，跟踪本规定的执行情况。

（二）负责界定安全费用提取和使用的项目类别范围，负责按半年度统计各单位安全费用提取与使用情况。

（三）负责安全费用提取和使用过程的监督、指导、协调。

（四）负责编制年度安全费用提取计划，调整、确定各单位安全费用使用计划。

第六条　财务部门职责

（一）负责根据本规定进行安全生产费用提取和使用的财务核算，并制订相应的安全生产费用会计核算管理制度。

（二）负责将年度安全费用纳入年度财务预算管理，并负责汇总、统计安全费用使用执行情况。

（三）负责将财政项目或上级财政部门拨付的安全费用使用情况按照管理权限报财政部门备案。

第七条　各职能部门职责

（一）负责归口管理的专业安全费用提取和使用的管理。

（二）负责编制安全费用使用计划，按季度跟踪、统计各专业安全费用提取和使用的执行情况，并反馈安全管理部。

第八条　各子公司职责

（一）负责纳入各单位生产成本的安全费用提取和使用的管理和核算。

（二）负责编制安全费用使用计划，按季度跟踪、统计本单位安全生产费用提取和使用的执行情况，并反馈安全管理部门。

第三章　安全生产费用的提取和使用

第九条　冶金生产单位以上年度实际营业收入为计提依据，采取超额累退方式按照以下标准平均逐月提取：

（一）上一年度营业收入不超过1000万元的，按照3%提取；

（二）上一年度营业收入超过1000万元至1亿元的部分，按照1.5%提取；

（三）上一年度营业收入超过1亿元至10亿元的部分，按照0.5%提取；

（四）上一年度营业收入超过10亿元至50亿元的部分，按照0.2%提取；

（五）上一年度营业收入超过50亿元至100亿元的部分，按照0.1%提取；

（六）上一年度营业收入超过100亿元的部分，按照0.05%提取。

第十条　冶金生产单位安全生产费用应当用于以下支出：

（一）完善、改造和维护安全防护设备设施支出（不含"三同时"要求初期投入的安全设施），包括车间、站、库房等作业场所的监控、监测、防高温、防火、防爆、防坠落、防尘、防毒、防雷、防窒息、防触电、防噪声与振动、防辐射和隔离操作等设施设备支出；

（二）配备、维护、保养应急救援器材、设备支出和应急救援队伍建设、应急预案制修订与应急演练支出；

（三）开展重大危险源检测、评估、监控支出，安全风险分级管控和事故隐患排查整改支出，安全生产信息化、智能化建设、运维和网络安全支出；

（四）安全生产检查、评估评价（不含新建、改建、扩建项目安全评价）和咨询及标准化建设支出；

（五）安全生产宣传、教育、培训和从业人员发现并报告事故隐患的奖励支出；

（六）配备和更新现场作业人员安全防护用品支出；

（七）安全生产适用的新技术、新标准、新工艺、新装备的推广应用支出；

（八）安全设施及特种设备检测检验、检定校准支出；

（九）安全生产责任保险支出；

（十）与安全生产直接相关的其他支出。

第十一条　非煤矿山开采企业依据当月开采的原矿产量（指不含金属、非金属矿山尾矿库和废石场中用于综合利用的尾砂和低品位矿石），于月末提取企业安全生产费用。提取标准如下：

（一）金属矿山，其中露天矿山每吨5元，地下矿山每吨15元；

（二）非金属矿山，其中露天矿山每吨3元，地下矿山每吨8元；

（三）尾矿库运行按当月入库尾矿量计提企业安全生产费用，其中三等及三等以上尾矿库每吨4元，四等及五等尾矿库每吨5元；

（四）尾矿库回采按当月回采尾矿量计提企业安全生产费用，其中三等及三等以上尾矿库每吨1元，四等及五等尾矿库

每吨1.5元。

第十二条　非煤矿山开采企业安全生产费用应当用于以下支出：

（一）完善、改造和维护安全防护设施设备（不含"三同时"要求初期投入的安全设施）和重大事故隐患治理支出，包括矿山综合防尘、防灭火、防治水、危险气体监测、通风系统、支护及防治边帮滑坡、防冒顶片帮设备、机电设备、供配电系统、运输（提升）系统和尾矿库等完善、改造和维护支出以及实施地压监测监控、露天矿边坡治理等支出；

（二）完善非煤矿山监测监控、人员位置监测、紧急避险、压风自救、供水施救和通信联络等安全避险设施设备支出，完善尾矿库全过程在线监测监控系统支出，应急救援技术装备、设施配置及维护保养支出，事故逃生和紧急避难设施设备的配置和应急救援队伍建设、应急预案制修订与应急演练支出；

（三）开展重大危险源检测、评估、监控支出，安全风险分级管控和事故隐患排查整改支出，机械化、智能化建设，安全生产信息化建设、运维和网络安全支出；

（四）安全生产检查、评估评价（不含新建、改建、扩建项目安全评价）、咨询、标准化建设支出；

（五）配备和更新现场作业人员安全防护用品支出；

（六）安全生产宣传、教育、培训和从业人员发现并报告事故隐患的奖励支出；

（七）安全生产适用的新技术、新标准、新工艺、智能化、机器人等新装备的推广应用支出；

（八）安全设施及特种设备检测检验、检定校准支出；

（九）尾矿库闭库、销库费用支出；

（十）地质勘探单位野外应急食品、应急器械、应急药品支出；

（十一）安全生产责任保险支出；

（十二）与安全生产直接相关的其他支出。

第十三条 建设工程施工单位以建筑安装工程造价为依据，于月末按工程进度计算提取企业安全生产费用。提取标准如下：

（一）矿山工程3.5%；

（二）铁路工程、房屋建筑工程、城市轨道交通工程3%；

（三）水利水电工程、电力工程2.5%；

（四）冶炼工程、机电安装工程、化工石油工程、通信工程2%；

（五）市政公用工程、港口与航道工程、公路工程1.5%。

建设工程施工企业编制投标报价应当包含并单列企业安全生产费用，竞标时不得删减。国家对基本建设投资概算另有规定的，从其规定。

建设单位应当在合同中单独约定并于工程开工日一个月内向承包单位支付至少50%企业安全生产费用。

总包单位应当在合同中单独约定并于分包工程开工日一个月内将至少50%企业安全生产费用直接支付分包单位并监督使用，分包单位不再重复提取。

工程竣工决算后结余的企业安全生产费用，应当退回建设单位。

第十四条 建设工程施工单位安全生产费用应当用于以下支出：

（一）完善、改造和维护安全防护设施设备支出（不含"三同时"要求初期投入的安全设施），包括施工现场临时用电系统、洞口或临边防护、高处作业或交叉作业防护、临时安全防护、支护及防治边坡滑坡、工程有害气体监测和通风、保障安全的机械设备、防火、防爆、防触电、防尘、防毒、防雷、防台风、防地质灾害等设施设备支出；

（二）应急救援技术装备、设施配置及维护保养支出，事故逃生和紧急避难设施设备的配置和应急救援队伍建设、应急预案制修订与应急演练支出；

（三）开展施工现场重大危险源检测、评估、监控支出，安全风险分级管控和事故隐患排查整改支出，工程项目安全生产信息化建设、运维和网络安全支出；

（四）安全生产检查、评估评价（不含新建、改建、扩建项目安全评价）、咨询和标准化建设支出；

（五）配备和更新现场作业人员安全防护用品支出；

（六）安全生产宣传、教育、培训和从业人员发现并报告事故隐患的奖励支出；

（七）安全生产适用的新技术、新标准、新工艺、新装备的推广应用支出；

（八）安全设施及特种设备检测检验、检定校准支出；

（九）安全生产责任保险支出；

（十）与安全生产直接相关的其他支出。

第十五条 危险品生产与储存单位以上一年度营业收入为依据，采取超额累退方式确定本年度应计提金额，并逐月平均提取。具体如下：

（一）上一年度营业收入不超过1000万元的，按照4.5%提取；

（二）上一年度营业收入超过1000万元至1亿元的部分，按照2.25%提取；

（三）上一年度营业收入超过1亿元至10亿元的部分，按照0.55%提取；

（四）上一年度营业收入超过10亿元的部分，按照0.2%提取。

第十六条 危险品生产与储存单位安全生产费用应当用于以下支出：

（一）完善、改造和维护安全防护设施设备支出（不含"三同时"要求初期投入的安全设施），包括车间、库房、罐区等作业场所的监控、监测、通风、防晒、调温、防火、灭火、防爆、泄压、防毒、消毒、中和、防潮、防雷、防静电、防腐、防渗漏、防护围堤和隔离操作等设施设备支出；

（二）配备、维护、保养应急救援器材、设备支出和应急救援队伍建设、应急预案制修订与应急演练支出；

（三）开展重大危险源检测、评估、监控支出，安全风险分级管控和事故隐患排查整改支出，安全生产风险监测预警系统等安全生产信息系统建设、运维和网络安全支出；

（四）安全生产检查、评估评价（不含新建、改建、扩建项目安全评价）、咨询和标准化建设支出；

（五）配备和更新现场作业人员安全防护用品支出；

（六）安全生产宣传、教育、培训和从业人员发现并报告事故隐患的奖励支出；

（七）安全生产适用的新技术、新标准、新工艺、新装备的推广应用支出；

（八）安全设施及特种设备检测检验、检定校准支出；

（九）安全生产责任保险支出；

（十）与安全生产直接相关的其他支出。

第十七条　其他生产经营单位安全生产费用的提取和使用执行《企业安全生产费用提取和使用管理办法》（财资〔2022〕136号）规定；《企业安全生产费用提取和使用管理办法》（财资〔2022〕136号）没有规定提取和使用标准的，参照政府部门的相关规定执行。

第十八条　各单位在上述标准的基础上，根据安全生产实际需要，可适当提高安全费用提取标准。

第十九条　以上一年度营业收入为依据提取安全生产费用的单位，新建和投产不足一年的，当年安全生产费用据实列支，年末以当年营业收入为依据，按照规定标准计算提取安全生产费用。

第二十条　各单位职工薪酬、福利不得从企业安全生产费用中支出。从业人员发现报告事故隐患的奖励支出从本单位安全生产费用中列支。

第四章　年度预算计划编制

第二十一条　各单位根据集团公司全面预算编制安排开展安全费用年度预算计划编制工作。

第二十二条　安全管理部门负责审核各单位安全费用的提取和使用预算，经审核的安全费用预算由财务部纳入公司年度全面预算管理。

第五章　会计核算与监督管理

第二十三条　各单位按照规定提取的安全生产费用，应通过"4301专项储备"科目核算，同时当计入相关产品的成本或当期损益。安全生产费用支出应当取得发票、收据、转账凭证等真实凭证。

各单位安全生产费用年度结余资金结转下年度使用。安全生产费用出现赤字（即当年计提的安全生产费用加上年初结余小于年度实际支出）的，应当于年末补提企业安全生产费用。

第二十四条　当年实际使用的安全生产费用不足年度应计提金额60%的，除按规定进行信息披露外，还应当于下一年度4月底前，按照属地监管权限向县级以上人民政府负有安全生产监督管理职责的部门提交经本单位董事会、股东会等机构审议的书面说明。

第二十五条　在本规定的适用范围内，各单位应当将安全费用优先用于满足安全生产监督管理部门、行业主管部门对企业安全生产提出的整改措施或者达到安全生产条件所需的支出。集团公司下达的重大事故隐患整改费用及安全投入10万元以上的整改项目，及时报安全管理部备案。

第二十六条　各单位使用提取的安全生产费，应按使用用途在"专项储备"科目中分明细核算，属于费用性支出的，直接冲减专项储备；各单位使用提取的安全生产费形成固定资产的，应当通过"在建工程"科目归集所发生的支出，待安全项目完工达到预定可使用状态时确认为固定资产；同时，按照形成固定资产的成本冲减专项储备，并确认相同金额的累计折旧。该固定资产在以后期间不再计提折旧。

第二十七条　"专项储备"科目期末余额在资产负债表所有者权益项下"专项储备"项目单独反映。

第二十八条　安全费用按照"单位提取、确保需要、集团监管、规范使用"的原则进行管理。各单位应当建立健全内部安全费用管理制度，明确安全费用提取和使用的程序、职责及权限，按规定提取和使用安全费用。

第二十九条　集团总部对全资及控股子公司提取的安全生产费用按照一定比例集中管理，统筹使用。子公司转出资金作为本单位安全生产费用支出处理，集团总部收到资金作为专项储备管理，不计入集团总部收入。

第三十条　集团总部统筹的安全生产费应当用于集团总部的应急救援队伍建设、应急预案制修订与应急演练，安全生产检查、咨询和标准化建设，安全生产宣传、教育、培训，安全生产适用的新技术、新标准、新工艺、新装备的推广应用等安全生产直接相关支出。

第三十一条　各单位应当加强安全费用管理，编制年度安全费用提取和使用计划，纳入单位财务预算。

第三十二条　各单位提取的安全生产费用属于单位自提自用资金，除集团总部按规定统筹使用外，任何单位和个人不得采取收取、代管等形式对其进行集中管理和使用。法律、行政法规另有规定的，从其规定。

第三十三条　各单位应自觉接受各级财政部门、安全生产监督管理部门、有关行业主管部门及集团公司财务、安全管理部门依法对安全费用提取、使用和管理进行的监督检查和依法进行的处理、处罚。

第六章　附　则

第三十四条　安全生产费用的会计处理，应当符合国家统一的会计制度的规定。

第三十五条　各单位依据法律法规和本规定的要求，制定本单位的安全生产费用提取和使用管理办法。

第三十六条　本规定自公布之日起施行。《山东钢铁集团有限公司安全生产费用提取和使用管理规定》（山钢安字〔2017〕7号）同时废止。

第三十七条　本规定由安全环保部/应急管理部、财务部负责解释。

山东钢铁集团有限公司生产安全事故应急预案管理办法

（山钢安字〔2023〕31号　2023年12月12日）

第一章　总　则

第一条　为加强和规范山东钢铁集团有限公司（以下简称集团公司）生产安全事故应急预案管理工作，切实提高应急处置能力，根据《中华人民共和国突发事件应对法》《中华人民共和国安全生产法》《生产安全事故应急条例》《山东省生产安全事故应急办法》《山东省生产安全事故应急预案管理办法》等有关法律、法规和规章，制定本办法。

第二条　集团公司及权属单位各级子公司生产安全事故应急预案（以下简称应急预案）编制、评审、公布、备案、培训、演练、评估、修订、实施及监督管理工作，适用本办法。

第三条　应急预案的管理遵循"属地为主、分级负责、分类指导、综合协调、动态管理、服务救援"的原则。

第四条　集团公司应急预案体系由综合应急预案、专项应急预案、现场处置方案构成。各权属单位应根据有关法律、法规、规章和相关标准，结合本单位组织管理体系、生产规模和可能发生的生产安全事故特点，编制相应的应急预案，确立并形成本单位"横向到边、纵向到底、上下对应、内外衔接"的应急预案体系，并体现自救互救和先期处置等特点。各权属单位的应急预案要与集团公司和政府的相关预案保持衔接。

第五条　风险种类多、可能发生多种类型事故的单位，应当组织编制综合应急预案。综合应急预案应当规定应急组织机构及其职责、应急预案体系、事故风险描述、预警及信息报告、应急响应、保障措施、应急预案管理等内容。

对于某一种或者不同类型的事件风险，应当编制相应的专项应急预案，或将专项应急预案并入综合应急预案。专项应急预案应当规定应急指挥机构与职责、处置程序和措施等内容。

对于危险性较大的场所、装置或者设施，应当编制现场处置方案。现场处置方案应当规定应急工作职责、应急处置措施和注意事项等内容。风险单一、危险性小

的单位，可以只编制现场处置方案。

各单位在编制应急预案的基础上，应针对工作场所、岗位的特点，编制简明、实用、有效的应急处置卡。应急处置卡应当规定重点岗位、人员的应急处置程序和措施，以及相关联络人员和联系方式，便于相关人员携带或查阅。

第二章　应急预案编制

第六条　应急预案的编制应当遵循以人为本、依法依规、符合实际、注重实效的原则。以应急处置为核心，明确应急职责、规范应急程序、细化保障措施。应符合以下基本要求：

（一）有关法律、法规、规章和标准的规定；

（二）结合本单位的安全生产实际情况和危险性分析情况；

（三）应急组织和人员的职责分工明确，并有具体的落实措施；

（四）有明确、具体的应急程序和处置措施，并与其应急能力相适应；

（五）有明确的应急保障措施，满足本单位的应急工作需要；

（六）应急预案基本要素齐全、完整，应急预案附件提供的信息准确，与其他应急预案内容可相互衔接；

（七）根据实际需要，征求相关应急救援队伍、公民、法人或者其他组织的意见。

第七条　各单位主要负责人负责组织编制和实施本单位的应急预案，并对应急预案的真实性和实用性负责。其他负责人和相关人员应当按照职责分工落实本单位应急预案规定的职责。

第八条　编制应急预案应当成立编制工作小组，由本单位主要负责人任组长，吸收与应急预案有关的职能部门和单位的人员，以及有现场处置经验的人员参加。

可邀请专业机构或专家咨询指导，但不得委托其他单位或个人编制应急预案。

第九条 编制应急预案前，应当进行生产安全事故分析和应急资源调查，并形成生产安全事故分析评价报告和应急资源调查报告。

第十条 应急预案编制应当依据《生产经营单位生产安全事故应急预案编制导则》（GB/T 29639—2020）要求进行。编制的各类应急预案之间应当相互衔接，并与当地人民政府及其部门、应急救援队伍和涉及的其他单位的应急预案相衔接，且包含向上级应急管理机构报告的内容、应急组织机构和人员的联系方式、应急物资储备清单等附件信息，附件信息发生变化时，应及时更新，确保准确有效。

第三章 应急预案评审论证

第十一条 各单位应对应急预案进行评审或者论证，评审或论证应注重基本要素的完整性、组织体系的合理性、应急处置程序和措施的针对性、应急保障措施的可行性、应急预案的衔接性等内容。组织开展应急预案的评审或者论证，应结合风险分析、应急资源情况等，认真核实预案与现场实际是否相符。应急预案评审工作组讨论并提出会议评审意见。

第十二条 矿山、金属冶炼和易燃易爆物品、危险化学品，以及中型规模（含）以上（企业分类和规模划分执行《国民经济行业分类》（GB/T 4754—2017）和国家统计局《统计上大中小微企业划分办法（2017）》，下同）的单位，要依据国家有关应急的方针、政策、法律、法规、规章、标准和有关文件对编制的应急预案组织评审，并形成书面评审纪要。

上述规定以外的其他单位可以根据自身需要，对本单位编制的应急预案进行论证。

第十三条 参加应急预案评审的人员，应当包括有关安全生产及应急管理方面的专家，且应熟悉所评审单位行业特点。参加评审的专家人数不少于 3 人，并对评审结论负责。

书面评审纪要应包括评审时间、地点、参会单位和人员；应急预案编制说明；评审专家书面评审意见（签名）及评审结论、评审专家相关资料等，并应附评审现场照片。评审人员有以下情形，可能影响评审公正的，应当回避：

（一）与所评审应急预案的生产经营单位有利害关系的；

（二）参与编制所评审应急预案的或与所评审应急预案的编制人员同属一个工作单位的；

（三）有可能影响评审公正的其他情形的。

第十四条 应急预案的论证，由本单位相关负责人、安全管理人员、专业技术人员和员工等参加，必要时可聘请安全生产和应急管理方面的专家参与，形成论证结论，并对论证结果负责。论证意见应包括对应急预案的合理性、针对性及可操作性的论证结论（签名）、论证人员相关资料，并应附论证现场照片。

第十五条 应急预案经评审或者论证后，由编制工作小组根据评审（论证）意见修改（修订），由本单位主要负责人签署后实施，向本单位从业人员公布，并及时发放到本单位有关部门、岗位和相关应急救援队伍。事故风险可能影响周边其他单位、人员的，应当将有关事故风险的性质、影响范围和应急防范措施告知周边的其他单位和人员。高危和人员密集单位的应急预案，应当依法向社会公布。

第十六条 属高危或人员密集场所单位的，应当在应急预案公布之日起 20 个工作日内，按照分级属地原则，向有关应急管理部门备案。集团总部应急预案应当报省人民政府有关部门备案，并抄送省应急管理部门；集团公司所属二级单位的应急预案应当报所在地设区的市人民政府有关部门备案，并抄送同级应急管理部门；集团公司所属三级及以下单位的，其应急预案应当报县级人民政府或有关部门备案，并抄送同级应急管理部门。

第十七条　应急预案备案，应当提交下列材料：

（一）应急预案备案申报表；

（二）应急预案评审意见书面纪要（论证）材料；

（三）应急预案文本或电子文档；

（四）风险评估结果和应急资源调查结果。

第四章　应急预案的培训、演练与评估

第十八条　应急培训是安全教育培训的重要组成部分，各单位应当将本单位的生产安全事故应急预案、应急知识、自救互救和避险逃生技能纳入年度安全生产教育培训计划并组织实施。应急培训的时间、地点、内容、师资、参加人员和考核结果等情况，应当如实记入本单位的安全生产教育和培训档案。

第十九条　各单位应当制定本单位的应急预案演练计划，并对演练实施情况留档。高危和人员密集单位应当每半年至少组织1次综合或者专项应急预案演练，每2年对所有专项应急预案至少组织1次演练，每半年对所有现场处置方案至少组织1次演练；其他单位应当每年至少组织1次综合或者专项应急预案演练，每3年对所有专项应急预案至少组织1次演练，每半年至少组织1次现场处置方案演练，每年对所有现场处置方案至少组织1次演练。

应急预案演练对周围人民群众正常生产和生活可能造成影响的，要提前进行公示告知。应急预案演练结束后，应当参照《生产安全事故应急演练评估规范》（AQ/T 9009—2015），对应急预案演练效果进行评估，撰写应急预案演练评估报告，分析存在的问题，并对应急预案提出修订意见。

第二十条　要建立应急预案定期评估制度，对预案内容的针对性和实用性进行分析，并对应急预案是否需要修订作出结论。集团公司、高危和人员密集单位的应急预案应当每2年至少评估1次，其他单位应当每3年至少评估1次。

应急预案评估可以邀请相关专业机构或者有关专家、有实际应急救援工作经验的人员参加，必要时可以委托安全生产技术服务机构实施。

第二十一条　有下列情形之一的，应急预案应当及时修订并归档：

（一）依据的法律、法规、规章、标准及上位预案中的有关规定发生重大变化的；

（二）应急指挥机构及其职责发生调整的；

（三）安全生产面临的风险发生重大变化的；

（四）重要应急资源发生重大变化的；

（五）在应急演练和事故应急救援中发现需要修订预案的重大问题的；

（六）应当修订的其他情况。

应急预案修订涉及组织指挥体系与职责、应急处置程序、主要处置措施、应急响应分级等内容变更的，修订工作应当参照应急预案编制程序进行，并按照有关应急预案报备程序重新备案。

第二十二条　各单位应当按照应急预案的规定，落实应急救援队伍、应急物资及装备，建立应急物资、装备配备及其使用档案，并对应急物资、装备进行定期检测和维护，使其处于适用状态。

发生事故时，应当第一时间启动应急

响应，组织有关力量进行救援，并按照事故报告相关规定执行。生产安全事故应急处置和应急救援结束后，事故发生单位应当对应急预案实施情况进行总结评估。

第二十三条 各专业应急救护队伍（救护大队、消防大队等）要加强自身培训，做好岗位练兵，努力提高应对各种突发事件的能力，做到召之即来，来之能战，战则能胜。各权属单位应加强专业应急救援队伍与非专业应急救援队伍的合作，联合培训、联合演练，提高合成应急、协同应急的能力。

第二十四条 各单位应经常性地利用报纸、电视、网站等各种新闻媒介开展生产安全事故预防与应急、自救与互救知识的公益宣传，教育广大职工正确判断不同事故的初期征兆，掌握应急措施，熟悉不同区域发生不同灾变的避灾方法。

第五章 监督管理

第二十五条 集团公司应急管理办公室每年负责组织相关部门对各权属单位的应急预案管理工作进行监督检查，督促各单位落实应急预案管理有关规定。违反本办法，不履行管理职责的，将责令其改正或予以通报批评。

第二十六条 集团公司对认真贯彻执行本办法和应对生产安全事故作出突出贡献的基层单位和个人进行表彰奖励。

第六章 附 则

第二十七条 本办法由安全环保部/应急管理部负责解释。

第二十八条 本办法自印发之日起施行。

媒体看山钢

莱钢集团打造独具特色股权管理新模式

近年来，山钢集团旗下莱钢集团秉持"把方向、管大局、控大事、不跑偏"的原则，对改制公司实施全过程监督管控，打造形成"股权结构合理，活力释放；监督管理到位，风险可控；积极股东作为，作用彰显；资产保值增值，绩效突出"的独具特色的管控模式，确保国有资产保值增值。

股权结构合理，活力释放

改制公司的股权由莱钢集团、管理层和职工各持三分之一组成，通过合理分配股权结构，实现责权利对等，切实将企业的经营发展与职工的切身利益绑定，充分调动管理层积极性、全员主动性和创造性，激活了企业的内生动力，助推改制公司高质量发展。莱钢集团支持改制公司自主经营，各改制公司采取多元持股、风险抵押、履约保证、承包经营、契约化管理等多种经营方式灵活并存，让体制机制活力充分释放。

监督管理到位，风险可控

莱钢集团重点对重大事项进行管控，通过推行特定事项国有股东拥有一票否决权、重大事项股东会决议三分之二以上表决权通过、对改制公司委派财务总监并实行财务总监与经理联签制度等一系列卓有成效的管控措施，确保风险可控、监督管理到位。同时，对改制公司的重大股权投资计划、股权转让、资本增减、利润分配等事项进行审议，规范资本运作、规避风险；强化审计监督，对改制公司进行年度绩效审计，对改制公司的主要负责人进行任期经济责任审计；全面推行外派董事、监事、财务总监、财务监督员驻企制，促进改制公司决策更加科学规范，督促董事、监事、高管人员履职尽责。

积极股东作为，作用彰显

莱钢集团积极发挥品牌效应，让改制公司利用莱钢品牌进行产业发展和市场拓展。持续加强协同联动，强化内外协调，积极协调山钢集团将改制公司纳入山钢集团产业协同"白名单"，积极协调政府在产业转型升级、土地资源利用、财税优惠政策等方面为改制公司提供更多支持。积极引导改制公司围绕钢铁产业链不断延链、补链、强链，不断加强上市资源培育储备、提升资产证券化水平，助推改制公司创新发展。

资产保值增值，绩效突出

改制成功后，莱钢集团改制企业构建形成资源性、生产性服务、钢材加工、循环经济等四大业务板块。截至 2022 年末，改制公司资产总额是改制时的 5.96 倍、净资产是改制时的 6.56 倍，莱钢集团获得分红是出资成本的 7.55 倍。在此期间，莱钢集团积累了丰富的改制管理经验、锻炼了管理队伍，打造形成独具莱钢特色的改制企业管控新模式，实现了国有资产的保值增值。

（原载于 2023 年 8 月 2 日新华网，作者：宫　宇　张　胜）

山钢集团党委把主题教育成果转化为
推动高质量发展实效

"以开展学习贯彻习近平新时代中国特色社会主义思想主题教育为契机，发扬斗争精神，增强斗争本领，锻造敢于斗争、敢于胜利的政治品格，知难而进、勇毅前行，全力推动企业'争上游、走在前'，谱写建设世界一流企业新篇章。"近日，山钢集团党委书记、董事长侯军接受采访时表示。

主题教育开展以来，山钢集团坚持学思用贯通、知信行统一，强化问题导向、实践导向、需求导向，始终把"学"的出发点和落脚点放在"用"上，坚持两手抓、两促进，教育引导广大党员干部坚持以学促干，以强化理论学习指导发展实践，以深化调查研究推动解决发展难题，把开展主题教育激发的热情干劲转化为奋力推进深化改革、动能转换、任务目标落实落细的生动实践。

提高干事创业的真本领

山钢集团持续深化理论学习，通过党委理论学习中心组、"第一议题"、"三会一课"等制度，坚持用党的创新理论武装头脑、指导实践、推动工作，以改革创新精神加强和完善自我，不断提高干事创业的能力和勇于担当的本领。

从中国式现代化大背景下审视山钢集团"十四五"战略规划，到坚持高质量发展是山钢集团未来的唯一发展路径，再到坚定"积极融入先进钢铁产业生态圈"的战略方向，山钢集团战略发展部党支部把开展主题教育和岗位履职需求紧密结合，推动党员干部工作能力提升。

山钢股份营销总公司坚持守正和创新相统一，以学促干，积极强化高层营销、主动营销，在火力全开抢订单、拓市场中，提升党员干部市场意识、订单意识、应急反应能力和攻坚克难能力，实现了自我成长和企业发展的双向奔赴。

提振解决问题的精气神

主题教育开展以来，山钢集团党委常委会坚持边学习、边对照、边检视、边整改，取得了阶段性成果。

从提升国企腐败治理效能到发挥审计监督作用，再到经营绩效稳步改善等，山钢集团党委常委紧密结合集团党委中心任务和分管领域工作，坚持目标导向，深入开展调查研究，发现解决问题，推进重点工作，切实将调研成果转化为山钢高质量发展的成效。

侯军通过"四不两直"、座谈交流等方式，先后到山钢股份莱芜分公司炼钢厂、炼铁厂等生产现场，从"形势怎么看、问题根在哪、职工想什么、我们怎么干"四个方面，与20多个权属单位、生产厂和车间班组的干部职工代表面对面交流，调研企业发展面临的现实难题、思想问题和职工所思所盼，集思广益、汇聚众智，推进山钢集团重大改革落地和经营绩效改善。

针对调研发现的问题和职工所思所想所盼，结合企业重大改革和发展规划，山钢集团突出抓实抓好以极致思维促生产经营绩效提升、推进重大改革落地和产业协同发展、全心全意为职工办实事解难题、营造风清气正干事创业氛围、激发企业发展活力等五个方面的工作，为坚定必胜信心、团结一致向前走、凝心聚力谋发展起到方向引领和鼓舞士气的作用。

一时间，山钢集团掀起了调查研究的热潮，一些长期困扰企业发展的关键问题得到解决，一批事关企业改革发展的"一揽子"事项开始破题，提振了党员干部直面挑战、解决问题、推动发展的精气神。

从5月下旬开始，山钢股份莱芜分公司以精益管理为主题，以"学习型组织+十大精益理念"为引领，以外部对标找差距、内部观察诊断找问题，以精益项目和专业模块为抓手，以能力提升作保障，以全员改善激活力，推动"标准化+"到岗到人到作业，形成持续发现、分析、解决问题的改善机制和持久动力，做到"八个极致"，在对标提升、现场诊断、精益管理、操作标准化、全员改善等方面取得多项突破。

山钢集团党委组织部/人力资源部党支部确定"问题导向+一线调研+成果交流+专题党课+转化运用"的调查研究"五步工作法"，进行问题梳理、难题排查、掌握实情、把脉问诊，问计于职工、问计于实践，推动从严管党治党、干部管理监督、人事效率提升、人才培养引进等各项工作取得实实在在的成效。

山钢资本党委在学习调研中破解难题、推动工作，截至7月底，共调研10次，形成举措办法15项、调研成果2项。针对租赁业务转型存在的3项问题，制定实施对策5项，推动租赁业务转型迈出实质性步伐。梳理出3项加快金融转型的突出问题，提出3项解决对策，大大降低了融资成本，预计全年可节约财务费用110万元。

汇聚驰而不息抓落实的合力

一分部署，九分落实。7月31日，在山钢集团学习贯彻习近平新时代中国特色社会主义思想主题教育调研成果交流会上，侯军要求："扎实做好'后半篇文章'，围绕半年工作会议确定的各项任务目标，紧起来、动起来、跑起来，持续推进工作落实，使调研成果转化的过程成为推动高质量发展的过程，全力以赴奋战下半年，坚决完成全年任务目标。"

在山钢财务公司党总支书记、董事长王勇看来，确保全集团资金链安全稳定就是最大的目标，也是抓落实的关键。今年上半年，山钢财务公司主动为实体经济"输血""造血"，累计办理银行融资126.48亿元，发行债券85亿元，降低成员单位利息支出2467.14万元；集团财务成本同比减少5.13亿元，环比减少3.23亿元；实现营业收入2.25亿元，利润总额1.40亿元，超额完成集团下达的任务指标，为山钢加快建设世界一流企业贡献了力量。

铁、钢、材分别超进度目标9305吨、1829吨、4281吨，圆满完成了"决战二季度、冲刺双过半"目标任务；吨钢利润较2022年进步356.5元、较2021年进步483元……这是山钢股份莱芜分公司上半年交出的答卷。

完成隐患整改1018项、系统优化4445项、攻关改造283项，成功签单鞍钢自动折铁机器人项目、荣程钢铁智慧中心提升改造项目等重点工程，"一人一表"绩效管理实现新突破……这是今年以来山信软件取得的新成效。"我们坚持以思想的力量激扬奋进的力量，深刻认识开展主题教育的重大意义，持续推动主题教育走深走实。"山信软件党委书记、董事长张元福表示，在这一过程中，党员干部的思想越来越统一、干事创业的本领越来越强、改进工作的效果越来越好。

截至7月底，山钢地产公司在资金回

收、成本挖潜、市场拓展、转型创效等方面取得了显著成效，以实打实的业绩为山钢集团"争上游、走在前"贡献力量。

山钢国贸公司提前1个月完成山钢集团下达的上半年奋斗目标，钢材出口5个月完成全年目标。

抓改革、提绩效、谋创新、护安全、促发展，山钢集团广大党员干部看到机遇积极主动去抢、遇到难题想方设法去解、想到新路无私无畏去闯，以钉钉子精神抓落实，一锤接着一锤敲、锲而不舍、久久为功，将集团党政各项举措部署落到实处，朝着全年奋斗目标奋勇向前。

（原载于2023年8月28日"学习强国"，作者：赵　腾）

让智慧之泉持续喷涌

——山钢股份推进全员创新工作两年纪实

"'新时代产业工人可以像科学家一样工作'，宝钢股份技能大师王军的主旨发言令人振奋，有了公司提供的这片全员创新沃土，我们普通工人也可以发明创造、奉献价值，成就精彩人生。"前不久，山钢股份举办全员创新论坛，再次掀起全员创新增效新高潮。山钢股份莱芜分公司炼钢厂转炉点检员卢化国有幸与来自内蒙古科技大学、宝钢股份等单位的教授专家、创新人才同台交流，受益匪浅。

营造全员创新氛围、创造全员创新环境、搭建全员创新平台、厚植全员创新沃土……两年多来，山钢股份先行先试开展全员创新工作，持之以恒激发全员创新意识，持续完善全员创新常态化长效化工作机制，力度之大、措施之实、成效之显前所未有。

从点燃到绽放，从开花到结果，从1.0到2.0版本……全员全域创新的生动局面在山钢股份全面形成，智慧之泉持续喷涌，企业发展和职工成长实现"双向奔赴"。

从点燃到绽放：2年与36万项

"起初大家都认为创新是少数技术骨干的事，有想法也往往不敢提、不会创。自从公司开展'全员岗位创新'活动之后，大家逐步认识到把设备改好是创新、让零件少花钱也是创新。"获得山东省职工创新创效竞赛特等奖100万元奖励的项目负责人、山钢股份莱芜分公司特钢事业部100吨连铸车间拉钢工石荣民深有感触地说。

我有"创新力"吗？怎样才算是"创新"？我的"创新点"在哪儿？两年前，全员创新工作刚刚推行时，有类似想法的职工比比皆是。"点燃职工创新热情的关键是解决认识问题，撬动职工观念转变、凝聚思想共识是推动全员创新的首要任务。"山钢股份工会副主席高淑军介绍。开展全员创新，山钢股份有得天独厚的条件。1999年以来，随着学习型组织的创建，职工逐渐树立了追求卓越、超越自我的进取精神。2013年，如火如荼的网上练兵活动又掀起了全员"大练兵、大比武、大闯关、大提高"热潮，丰富了职工的理论知识储备。

全员岗位创新，是把职工的理论素养转化为岗位行动和价值创造的重要突破口，也是企业高质量发展的持久动力。学习京唐钢铁、对标永锋钢铁，在深入的探索实践和对标学习中，山钢股份坚定不移地走上了全员创新这条与企业战略目标高度契合之路。

在充分汲取先进经验的基础上，一系列围绕全员创新的方案措施相继实施。

点燃职工心中的创新"火花"，营造鼓励创新的氛围不可或缺。山钢股份提出"改善即是创新、人人皆可创新"理念，引导职工立足岗位找问题、想问题、解难题，对小建议、小改进及时奖励，对大项目、大革新给予协同支持，千方百计鼓励职工大胆攻关、勇敢创新。在管理创新运行机制上，成立活动推进小组，建立"党委领导、行政主抓、部门协同、全员参与"的工作机制，以完善的创新链条激活全员创新活力。

同时，全面启动"十百千万"全员岗位创新工程，常态化开展"十百千万"创新评比活动，每年评选表彰十余项最佳岗位创新项目、百余项全员创新改善成果、千余项优秀金点子，实现万名职工齐创新的生动局面，为想创新的人架梯，为能创新的人搭台。

"过去我们把创新当口号，现在创新已经成为了我们的工作习惯。"卢化国表示。两年多来，为确保转炉设备稳定顺行，卢化国不仅自己创新，而且带领大家成立问题攻关小组，通过全员创新平台累计创造了5项先进操作法，完成了670个设备改善项目，其中4项获国家实用新型专利。

人人想创新、敢创新、能创新、会创新……层层推进行之有效的措施，极大地激发了全员智慧，促进了岗位创新项目的迅猛增长。截至目前，职工完成创新改善36万项。

从开花到结果：36项与2.49亿元

一线职工研发的创新成果再多，如果不能实现转化应用，也只能躺在统计表上，不能给企业带来实际效益。为此，山钢股份积极推动全员创新从"量变"向"量变

与质变并举"转变，让更多"创新花"结出"效益果"。

据统计，两年来，山钢股份共评选各类优秀岗位创新项目成果655项。其中，21个创新项目年创效益超1000万元，仅评选的36项优秀岗位创新项目就形成专利31项，累计直接创效2.49亿元。

创新之花结出累累硕果，离不开系统而完善的奖励激励机制。

突出目标导向、结果导向，实施高额奖励、精准激励。山钢股份设立专项奖励基金，用于全员岗位创新奖励。两年各级累计发放奖励2000余万元。

实施全员改善送奖到岗位，对全员改善优秀提案和改善标兵进行大张旗鼓地表彰奖励，让一线职工感受到创新的荣耀和实惠。"当从省冶金工会主席手中接过奖杯和5000元奖金时，感觉特别激动，就像做梦一样……"作为山钢股份首场"全员改善送奖到岗位"活动的第一位领奖人，山钢股份莱芜分公司炼钢厂职工李洋洋如是描述两年前的喜悦心情。

此外，坚持激励与考核并重，严格落实对有关部门及各单位负责人的考核激励政策，对工作推进有力、成效显著的先进单位真奖真推广，对工作推进不力、成效不明显的单位真罚真督促，树立起担当作为、真抓实干的鲜明导向。

在全员创新工程的推动下，一大批创新改善成果在一线喷薄而出，一大批职工在创新中实现成长蜕变。

"去年，在以全员整治'跑冒滴漏'为主题的专项创新改善活动中，4.7万项创新成果为公司极致降本增效提供了强力支持。"高淑军介绍。

"全员创新不仅让我们收获了物质、精神'双丰收'，还为企业创造了价值。"山钢日照公司炼铁厂职工苟毅说。近两年，他参与的技术创新项目《特大型高炉开炉

技术的研究与应用》被评为山钢集团科技进步一等奖，个人获得了山钢集团平凡创新卓越职工、山钢股份劳动模范等称号。

据统计，两年来，山钢股份共评选表彰创客先锋、改善名人等创新典型199人。其中，石荣民、杨增荣等一大批敢突破、能创新、会改善的创新型职工，从默默无闻的一线职工成长为家喻户晓的"创新明星"。

从1.0到2.0：平稳起步与常抓不懈

探索实践无止境，创新步伐不停歇。

"如果说过去两年是以打基础、建机制、激活力、练队伍为主要内容的全员岗位创新1.0版本，那么接下来重点要打造的就是以全面质效升级为主要内容的全员岗位创新2.0版本。"山钢股份党委副书记、纪委书记、工会主席高凤娟介绍。

在全面总结成绩的基础上，按照"立足岗位、深入现场、面向市场、创造价值、持续发力、培养人才"的方向，山钢股份正着力推动全员岗位创新向体系化运作、品牌化发展、生态化运行升级。

自今年开始，山钢股份将每年3月中旬这一周定为"全员创新周"，旨在通过开展创新讲座、创新论坛、学习交流、成果巡展等一系列创新活动，进一步凝聚创新共识，厚植创新文化，激发创新动力。

"创新改善工作需要不断拓宽视野、学习提升，创新周丰富多彩的活动为我们学习标杆、超越标杆、成为标杆，提供了一个互学、互鉴、互促、互进的良好平台。"在第一期全员创新论坛上，山钢股份莱芜分公司板带厂热处理工邢长怀在分享个人改善心得的同时，对创新改善也有了新感悟。

此外，山钢股份在政策制定、载体设计、梯队建设、评比激励等方面，积极推动全员创新工作向更深层次延伸、更高层次迈进。

聚焦平台升级，提升全员创新支撑力。以打造更加开放协同的创新工作室联盟为载体，面向现场，面向市场，解决各类生产技术难题，强化技术交流、技术服务、技术营销，持续优化创新生态。以重大项目为导向、以解决问题为目标，搭建"揭榜攻关"平台，广发"英雄帖"，通过"赛马"机制和市场化运作方式，激发广大职工的创新创效活力。

聚焦机制升级，提升全员创新保障力。目前，山钢股份正积极研究将创新和岗位绑定，将岗位创新与价值创造绑定，探索建立与职工成长发展相适应的创新积分评价体系，将每一名职工的岗位创新改善转化为创新积分，作为职工职业通道建设、职业等级认定、绩效评价、薪酬设计的重要评价标准，从根源上唤醒职工创新意识。

创新活力充分奔涌、创造潜力竞相迸发，全员创新工作的"新版图"为山钢股份高质量发展带来勃勃生机。

"在山钢集团建设世界一流企业的宏伟征程上，我们将锚定'争上游、走在前'目标定位，持续深化全员岗位创新，久久为功、积厚成势、打造品牌，依靠创新走向未来。"山钢股份党委书记、董事长王向东表示。

（原载于2023年10月11日"学习强国"山东学习平台，作者：刘芳 王玉军 黄训建）

山钢：产业"减碳"发展"增绿"

"实地参观让我们颠覆了对钢厂的印象，山钢集团日照钢铁精品基地不是想象中的满面尘灰烟火色，而是满园俊秀翠柳青，空气清新、水质干净、厂区漂亮，绿化景观像公园一样！"5月5日，日照一中300名师生走进日照基地研学参观，感叹其"炉火红星一键控，皎然清浅白沙滩"的夏日图景。

2022年以来，山钢集团全面开展"绿色制造、制造绿色、绿色产业"行动，以极致能效和超低排放走在全国钢铁行业前列，绿色低碳转型提速加力，在黑与绿的渐变中，实现发展颜值与价值的统一。

聚焦关键，优化科技创新体系

在赶超绿色发展标杆企业、转型高科技企业道路上，山钢"从模仿到创新"的转型过程中遭遇了"追赶的瓶颈"，许多关键核心技术亟待突破。顶破"天花板"，山钢着力建立绿色低碳技术创新体系，在突破前瞻性低碳工艺技术，加强能源技术和先进制造技术的深度融合上发劲发力，数智钢铁建设全面提速，"四个一律"指数达31.89，2022年全年提升12.01%。新型绿色高效大容积焦炉装备技术、V-N微合金高强韧中厚板绿色制造技术等新的研发成果，达到世界领先水平，提升了中国钢铁工业的竞争力。

在山钢集团官微"厚道山钢"的平台上，有网友称："2022年，我们实现了高端制造装备用高品质稀土特殊钢关键技术研究及产业化，高强度高韧性工程机械用钢、高端极地低温钢等品种钢的研发突破，这些山钢制造是我们的骄傲。"

补齐短板，储备减碳绿色工艺

2022年，山钢累计投入7.2亿元，建成投运绿色低碳节能环保项目81个，全面打赢蓝天、碧水、净土保卫战，持续提升环保绩效。传统重工业向绿色低碳转型发展，需要有前瞻的决策和规划。山钢集团坚持节约优先，追求全流程的极致效率，加快先进适用性技术研究和应用，焦化脱硫源头治理、产线低碳节能改造，一体两翼，同步推进节能降耗和绿色低碳，实施高风温富氧大喷煤等30余项国际领先的节能工艺，截至目前，钢铁板块日照基地全面达到环保绩效A级标准，大气污染达标率、环保"三同时"执行率、环保设施同步运行率实现三个100%。莱芜基地吨钢能耗降低15%，日照基地碳排放强度保持1.8吨以下的行业先进水平，还被评为省级水效标杆企业。

精品制造，建设绿色产业链

绿色发展方式，贯穿产品生产全过程。山钢围绕"高强度、高耐蚀、高能效"，做好生态设计，推进钢铁产品的精品化、功能化和迭代升级，促进绿色产业链建设，研发易焊接耐磨蚀钢板实现460~1300兆帕全系列高强钢制造，推动工程机械用钢绿色低碳制造技术的发展。成功开发690兆帕级焊接免预热耐腐蚀、1100兆帕级超高屈服强度钢板，实现高级别调质产品重大技术突破。

实现钢铁企业绿色转型发展，不仅只靠点上发力，更是一个系统工程。山钢系统研究提升节能降碳水平，深入推进节能降碳增效，组织开展全流程节能降碳分析，制定实施年度节能降碳方案，莱芜基地2022全年实施节能改善项目74项，累计增效8619万元，日照基地实施节能项目19项，节能增效7800万元；积极推进绿色产品认证，取得管线钢绿色产品认证，启动日照公司冷轧镀锌板等三种产品碳足迹LCA核算工作；能效水平持续提升，吨钢综合能耗完成549.38千克标准煤，同比降低9.95%，吨钢新水消耗2.41立方米，同比降低5.5%，自发电量42亿千瓦·时，同比增加13.7%，干熄焦发电、煤气发电汽耗创历史最好水平，吨钢碳排放强度同比降低1%。

沿河发展，共建绿色生态圈

山钢集团主动融入黄河国家战略，开展绿色采购、绿色物流、绿色生产，促进生产方式和生活方式的变革，持续向社会提供绿色低碳能源、产品和服务。在山东省环境绩效A级中，山钢是唯一长流程钢企和唯一焦化企业，所有权属公司环境信用评价全部绿牌。实施《绿色城市钢厂评价指标体系》，过去一年，日照基地、莱芜基地评价得分分别提升4分、7分。

与传统"高耗能、高排放、高污染"的工业企业不同，行走在开足马力生产的生产现场，只看到巍峨耸立的高炉、层峦交错的能源管道带来的"工业气息"，却闻不见生产带来的"污染味道"。山钢推动创建工业旅游景区，日照基地建成沙滩公园，基本达到AAA级景区标准，海风吹拂下碧波荡漾，若不是隐约传来的轧机轰鸣声，这里的环境看起来更像是大型工业风格的主题公园。

莱芜基地提升厂区环境，推进工业旅游区建设。山钢矿业、山东耐材积极拓展渣石、尾矿资源化利用途径，开展可山绿化和生态修复，建设绿色矿山。探索环保设施经济高效运行最佳参数，污染物排放量进一步降低，吨钢二氧化硫、颗粒物、氮氧化物排放间比降低25%、19%、24%。工业发展与环境保护在山钢并行不悖，传统硬核工业企业拥抱绿色转型，绽放新的发展生机。

（原载于2023年6月7日人民网，

作者：党　浅　孙亚宁）

突破！山钢成功试轧400 MPa级耐低温冲击抗震钢筋

近日，400 MPa级耐低温冲击抗震钢筋在山钢股份莱芜分公司棒材生产线试制成功。该产品的开发填补了行业空白，不仅满足当前市场用户迫切需求，而且将改变螺纹钢筋生产、应用质量体系方向，对建筑行业产生深远影响。

400 MPa级耐低温冲击抗震钢筋与传统HRB400E钢筋相比，在满足现有钢筋国家标准性能指标基础上，还具有良好的低温冲击性能，即产品在$-20\ ℃$环境下的冲击功要在34J以上，而普通HRB400E钢筋在该温度下的冲击功仅为个位数。

由于受钢质纯净度、微合金化工艺、控轧控冷、轧材组织等多方面因素影响抗震钢筋低温冲击性能，目前在耐低温冲击钢筋产品开发应用上行业还处于空白。为做好本次产品研发试制，技术中心研发团队联合炼钢厂、棒材厂生产技术人员，优化冶炼、轧制生产工艺，保证了产品各项技术指标达到预期目标，实现该产品一次试制开发。

400 MPa级耐低温冲击抗震钢筋尤其适合应用于长江以北广大区域道路、桥梁、房地产等各类工程，能够切实提升大型工程及建筑物安全质量和抗震等级，是更具环境适应性的全方位精品抗震钢筋，也是目前国内质量等级要求最高的常规螺纹钢产品，可作为现有抗震钢筋升级替代品，市场应用需求前景广阔，经济社会效益明显。

（原载于2023年4月2日人民网，

作者：方金林　梁　辉）

山钢股份大型机械装备用高强度中厚钢板斩获钢铁行业"奥斯卡"大奖

2023年3月9日，中国钢铁工业协会正式发布2022年度中国钢铁工业产品开发市场开拓奖获奖名单，全国仅10个产品获奖，山钢股份大型机械装备用高强度中厚板位列其中，喜获大奖。

中国钢铁工业产品开发市场开拓奖由中国钢铁工业协会设立，每两年评选一次，主要表彰钢铁企业在代表性钢铁实物产品的开发和市场开拓中作出的示范作用及重大贡献。获奖产品具有高技术含量、高附加值，在行业发展中起导向作用。该奖项对技术创新性、市场开拓的先进性要求极为严苛，自2009年首届评选表彰以来，连续开展8届总计获奖项目仅60项。申报项目技术必须引领，市占率必须第一，号称钢铁行业"奥斯卡"大奖，这是山钢获得的第一个中厚板市场开拓奖，也是行业内唯一的中厚板市场开拓奖。至此山钢股份2021年、2023年连续两届荣膺该奖，彰显了强大的产品研发和市场推广能力。

本次获奖项目通过加强公司两生产基地协同，自主研发了低缺陷铸坯和热处理高效柔性化生产、在线淬火热处理高强度钢板形性一体化、V-N微合金化高强钢低屈强比控制等关键创新性技术，通过"五位一体"商业模式及QCDVS用户定制化服务体系创新，取得了产量和市场占有率全国第一的市场业绩。2022年12月23日，山钢集团副总经理，山钢股份党委书记、董事长王向东领衔的山钢股份答辩团队，从Q550~Q1100系列高强度钢板产品规格、生产流程、工艺装备、关键技术、产品实物质量、产品开发、市场开拓、用户反馈及产品发展前景等方面进行了系统汇报，顺利通过答辩，成功斩获大奖。

（原载于2023年3月17日大众日报App、大众网、海报新闻，作者：王玉军　李希海　麻　衡）

山钢集团自主研发100套工业机器人两项技术国内首创

日前，山钢集团旗下山信软件成功实现山钢集团日照公司冷轧厂连退、镀锌生产线取样机器人的迭代升级，在取样功能的基础上新增分拣、储存、搬运等新技能，应用价值再次提档。

截至2023年8月底，山信软件自主研发的工业机器人数量达100套，适用13种应用场景。其中，智能化自动折铁系统、鱼雷罐车自动插拔电机器人为国内首创，

填补技术空白，已在东北某钢厂成功投用。

山信软件自主研发的工业机器人，可适用于包括鱼雷罐车自动拔插电、测温、实验室、喷号、焊标、加渣、打磨、贴标、激光打码、拆捆带、轧线取样、加炮泥、烧结机注油等13种应用场景。其中，山钢内部投用66套，主要应用于山钢股份莱芜分公司和日照公司，涵盖钢铁主业铁前、轧后等全流程工序；山钢外部投用34套，

应用于东北、河北等地钢厂。

近年来，山信软件聚焦"四个一律"，密切跟进山钢集团莱芜、日照两基地少人化、无人化、集控化、智能化项目需求，积极推进工业机器人项目建设。从2018年7月成立工业机器人专业研发团队开始，年年都有新项目、新产品、新跨越，持续提升钢铁主业智慧制造水平。

2019年3月，山钢第一套板坯喷号机器人研发成功并应用于莱钢银山型钢某厂，4年多来推动该厂实现生产效率和效益的双提升。2021年6月，山钢首套实验室机器人成功应用于山钢股份莱芜分公司某厂，6种应用场景的机器人和实验室设备完美联动，实现了在实验室里制样、流转、数据管理等功能的一体化呈现，填补了山钢实验室无人化操作的空白，为该厂后续工艺技术调整提供了有效的数据参照。

从2021年开始，山钢自主研发的工业机器人受到外部钢铁企业青睐。国内首套智能化自动折铁系统、鱼雷罐车自动插拔电机器人成功应用于东北某钢厂。如今，鱼雷罐车自动插拔电机器人四次迭代升级，功能更强大，智能化水平更高，成功率持续提升，市场前景广阔。

"我们将在以工业机器人为核心的无人化系统基础上，重点打造'云—边—端'解决方案、集控中心解决方案和以产销一体化为核心的软件产品、以大数据平台为核心的'工业大脑'系统，提升差异化竞争新优势，推动山钢集团从制造向'智'造转变。"山信软件党委书记、董事长张元福对未来充满信心。

（原载于2023年9月21日《中国冶金报》，作者：赵 腾 杜 慧 王 静）

《山钢年鉴》(2024) 撰稿、审稿人员名单

序　号	撰稿人	审稿人	单位名称
1	张海明　孙　波　魏　东 孙亚宁　张　序　宋玉前 刘孝存　郑　玮	李波涛	办公室/党委办公室
2	刘　晨　刘　宁　于　奇	陈茂文	董事会办公室/公司治理部
3	王传斌　王　刚　崔大成	邱现金	战略发展部
4	鉴　康　周林琳	李　强	经营财务部
5	王德志	黄振辉	资本运营部
6	胡　玉　罗　剑　马丽萍 郭全生　朱碧桃　郑　丽	王　磊　孙日东	运营改善部/数字化转型办公室
7	张怀鹏　马家泰　魏　鹏 李小权	李　林　阎文龙	党委组织部/人力资源部
8	徐　晨	罗文军	风险合规部
9	孙　霞　崔中晔	于文波　张海鹰	党群工作部/工会/团委/机关党委
10	王利峰　徐大天	于文波	党委宣传部/企业文化部
11	梁玉超	李荣臣	纪委/监察专员办公室
12	徐　毅　李　志	马　帅　刘兰雪	巡察办/审计部
13	韩怀平	王志强	安全监督部/节能环保部
14	牛玉波　谢　晖	李丰功	科技创新部
15	张文坛	王　勇	资金中心
16	赵修华	沈立军	审计中心
17	宋　哲	宋　正	法律顾问中心
18	于亦海	张　岳	人力资源服务中心工作
19	刘志飞　李建辉　王天宁 刘　芳　李盛熙　党　浅 赵　腾　李　淼　杜　慧 王　静　崔　爽　袁伟祎 丁书洪　韩圣鹏　杨位钦 刘佳宝　张荣海　郭　阳 祝　叶　刘佳宝　张　胜 赵思远　苗　睿　宫　宇 黄训建　方金林　梁　辉 李希海　麻　衡　亓　迪 王　瑞　蒲　旭　郝雨辰	张庆斌	新闻传媒中心
20	赵呈德	李洪建	莱芜钢铁集团有限公司
21	毛瑞萍	李志波	山东工业职业学院
22	王　哲	封常福	山东钢铁集团矿业有限公司
23	李乃亮　王敬兰	王佑宝	山东耐火材料集团有限公司
24	孟祥龙	孟祥龙	山东钢铁集团永锋淄博有限公司

序　号	撰 稿 人	审 稿 人	单 位 名 称
25	耿佃标	王兴强	山东钢铁集团淄博张钢有限公司
26	赵党党	王　勇	山东钢铁集团财务有限公司
27	杨玉晶　张本磊	刘洪波	山东钢铁集团国际贸易有限公司
28	张　强　赵增翼	王文学	山东钢铁集团房地产有限公司
29	李　宁　李晓丹	黄振辉	山钢集团金融控股（深圳）有限公司
30	赵成文	范　鹍	山信软件股份有限公司
31	杨　鑫　刘　敏　宿　昊 侯丽娜　孔德明　于　涛 吴　昊　张　锋　尚敬强 段　伟　陈豪卫　盛芹世 于利国　周振峰　王玉军 常　骁　伊　瑞　栾长河 李　林　商启亮　赵建忠 李　赛　刘运丽　马学照 邹怡明　侯文娟　董　晓	王春刚　张金良　徐西刚 王清刚　董永峰　张　军 李家波　徐锡坤　刘武修 姜广忠　李　锐　陈云鹏 郭伟达　王中学　徐继山 张思勋　刘建迅　柏进财 杜富仁	山东钢铁股份有限公司
32	于丽媛	封常福	山东金岭矿业股份有限公司